"十三五"国家重点出版物出版规划项目

中国生态环境演变与评估

中国土地覆被

吴炳方 等 著

科学出版社
龙门书局
北京

内 容 简 介

本书是对中国土地覆被数据生产所涉及的分类系统、信息提取方法、不同区域尺度监测成果的总结，介绍基于面向对象的分类技术生产中国土地覆被数据的技术方法，同时提出面向碳收支与生态评估需求的分类系统，并根据建设完成的2010年土地覆被数据集，采取全国—大区—典型区—分省逐层递进的方式，全面展示中国土地覆被的基本特点。

本书内容丰富，资料翔实，新颖，图文并茂，体系严谨，可供从事GIS和遥感应用、景观生态以及环境保护方面的科技工作者、高等院校有关专业的师生和政府相关部门参考。

图书在版编目(CIP)数据

中国土地覆被／吴炳方等著.—北京：科学出版社 龙门书局，2017.6
（中国生态环境演变与评估）

"十三五"国家重点出版物出版规划项目 国家出版基金项目
ISBN 978-7-03-050409-8

Ⅰ.①中… Ⅱ.①吴… Ⅲ.①土地–覆盖–研究–中国 Ⅳ.①F321.1

中国版本图书馆CIP数据核字（2016）第262753号

责任编辑：李 敏 张 菊 李晓娟／责任校对：彭 涛
责任印制：肖 兴／封面设计：黄华斌

科学出版社 龙门书局 出版
北京东黄城根北街16号
邮政编码：100717
http://www.sciencep.com

中国科学院印刷厂 印刷
科学出版社发行 各地新华书店经销

*

2017年6月第 一 版 开本：787×1092 1/16
2017年6月第一次印刷 印张：26
字数：680 000

定价：268.00元
（如有印装质量问题，我社负责调换）

《中国生态环境演变与评估》编委会

主 笔　欧阳志云　王　桥

成 员　(按汉语拼音排序)

邓红兵　董家华　傅伯杰　戈　峰

何国金　焦伟利　李　远　李伟峰

李叙勇　欧阳芳　欧阳志云　王　桥

王　维　王文杰　卫　伟　吴炳方

肖荣波　谢高地　严　岩　杨大勇

张全发　郑　华　周伟奇

《中国土地覆被》编委会

主　笔　吴炳方

成　员　（按汉语拼音排序）

　　　　包安明　陈劲松　黄进良　李爱农

　　　　刘成林　马荣华　王宗明　颜长珍

　　　　于信芳　曾　源　张　磊

总　　序

我国国土辽阔，地形复杂，生物多样性丰富，拥有森林、草地、湿地、荒漠、海洋、农田和城市等各类生态系统，为中华民族繁衍、华夏文明昌盛与传承提供了支撑。但长期的开发历史、巨大的人口压力和脆弱的生态环境条件，导致我国生态系统退化严重，生态服务功能下降，生态安全受到严重威胁。尤其 2000 年以来，我国经济与城镇化快速的发展、高强度的资源开发、严重的自然灾害等给生态环境带来前所未有的冲击：2010 年提前 10 年实现 GDP 比 2000 年翻两番的目标；实施了三峡工程、青藏铁路、南水北调等一大批大型建设工程；发生了南方冰雪冻害、汶川大地震、西南大旱、玉树地震、南方洪涝、松花江洪水、舟曲特大山洪泥石流等一系列重大自然灾害事件，对我国生态系统造成巨大的影响。同时，2000 年以来，我国生态保护与建设力度加大，规模巨大，先后启动了天然林保护、退耕还林还草、退田还湖等一系列生态保护与建设工程。进入 21 世纪以来，我国生态环境状况与趋势如何以及生态安全面临怎样的挑战，是建设生态文明与经济社会发展所迫切需要明确的重要科学问题。经国务院批准，环境保护部、中国科学院于 2012 年 1 月联合启动了"全国生态环境十年变化（2000—2010 年）调查评估"工作，旨在全面认识我国生态环境状况，揭示我国生态系统格局、生态系统质量、生态系统服务功能、生态环境问题及其变化趋势和原因，研究提出新时期我国生态环境保护的对策，为我国生态文明建设与生态保护工作提供系统、可靠的科学依据。简言之，就是"摸清家底，发现问题，找出原因，提出对策"。

"全国生态环境十年变化（2000—2010 年）调查评估"工作历时 3 年，经过 139 个单位、3000 余名专业科技人员的共同努力，取得了丰硕成果：建立了"天地一体化"生态系统调查技术体系，获取了高精度的全国生态系统类型数据；建立了基于遥感数据的生态系统分类体系，为全国和区域生态系统评估奠定了基础；构建了生态系统"格局–质量–功能–问题–胁迫"评估框架与技术体系，推动了我国区域生态系统评估工作；揭示了全国生态环境十年变化时空特征，为我国生态保护与建设提供了科学支撑。项目成果已应用于国家与地方生态文明建设规划、全国生态功能区划修编、重点生态功能区调整、国家生态保护红线框架规划，以及国家与地方生态保护、城市与区域发展规划和生态保护政策的制定，并为国家与各地区社会经济发展"十三五"规划、京津冀交通一体化发展生态保护规划、京津冀协同发展生态环境保护规划等重要区域发展规划提供了重要技术支撑。此外，项目建立的多尺度大规模生态环境遥感调查技术体系等成果，直接推动了国家级和省级自然保护区人类活动监管、生物多样性保护优先区监管、全国生态资产核算、矿产资源开发监管、海岸带变化遥感监测等十余项新型遥感监测业务的发展，显著提升了我国生态环境保护管理决策的能力和水平。

《中国生态环境演变与评估》丛书系统地展示了"全国生态环境十年变化（2000—2010年）调查评估"的主要成果，包括：全国生态系统格局、生态系统服务功能、生态环境问题特征及其变化，以及长江、黄河、海河、辽河、珠江等重点流域，国家生态屏障区，典型城市群，五大经济区等主要区域的生态环境状况及变化评估。丛书的出版，将为全面认识国家和典型区域的生态环境现状及其变化趋势、推动我国生态文明建设提供科学支撑。

因丛书覆盖面广、涉及学科领域多，加上作者水平有限等原因，丛书中可能存在许多不足和谬误，敬请读者批评指正。

《中国生态环境演变与评估》丛书编委会
2016 年 9 月

序

从原始的刀耕火种开始，人类就开始了改变地球表面的进程。漫漫历史长河中，土地覆被是人类改变自然的一个缩影，也关系着人类持续发展的福祉，其变化对全球气候、物质与能量循环、生物多样性和陆地生态系统生产力有着深刻的影响。近3个世纪以来，约有50%的陆地表面被人类改造，但囿于早期观测能力不足，地球表面的剧变和由此产生的影响难以记录，时空连续的土地覆被监测与制图更是无从谈起，导致缺乏土地覆被的实证资料，缺失土地覆被历史巨变的信息镜鉴。直到20世纪中后期，对地观测技术突飞猛进后，出现了土地覆被概念，也成为全球变化的研究热点和对地观测技术的主要应用领域。1995年，国际地圈－生物圈计划（IGBP）和国际全球环境变化人文因素计划（IHDP）共同将"土地利用/土地覆被变化科学研究计划"列为核心项目，世界气候研究计划（WCRP）、国际生物多样性计划（DIVERSITAS）和正在实施中"未来地球计划"（Future Earth）也将土地覆被研究设为密切相关的内容。

2011年起历时3年，吴炳方博士领衔的中国科学院土地覆被遥感监测团队充分利用了国产的环境星HJ-1 A/B数据，建立了完整的全国土地覆盖分类系统，制定了统一的土地覆盖遥感监测技术体系，得到多部门联合的地面调查数据的支持，采用全数字化、半自动化生产工艺，经过严格、科学的质量控制、精度验证和用户确认，完成了覆盖中国全境的30m空间分辨率的土地覆被遥感数据产品（ChinaCover），是我国自主遥感数据综合应用的一次重要实践。数据集的完成与共享，对推动我国土地覆盖变化及其对生态环境安全影响的研究具有重要参考价值。

本书的出版，有助于读者更好地了解2010年土地覆被遥感数据产品，对生态环境遥感也有参考价值，对我国土地覆被科学的发展和生态环境评估的实践起到推动作用。特做此序，为之推介。

中国科学院院士 徐冠华

2016年12月21日于北京

前　言

中国地处中纬度热带、亚热带、温带地区，由于青藏高原的山体效应，使其具有寒带的气候特征，从而使得中国土地覆被类型丰富多样。与其他国家的土地覆被相比，中国土地覆被具有类型与结构的独特性：人口众多、土地开发强度大、土地管理方法多样，土地覆被具有破碎化、连续性低的特点；山地多、平地少、地形起伏大，加之四季分明的季风气候影响过程，使得土地覆被垂直与水平景观空间异质性大；人类活动干扰与自然条件的胁迫，使土地覆被类型丰富而富有空间变化。

为了准确了解我国土地覆被现状，在中国科学院战略性先导科技专项"陆地生态系统固碳参量遥感监测及估算技术研究"课题（编号 XDA05050100）及中国科学院和环境保护部联合支持项目"全国生态环境十年变化遥感调查与评估"的"全国生态环境十年变化土地覆盖与地表参量遥感提取"专题（编号 STSN-01-00）的支持下，在继承前人研究成果的基础上，中国科学院遥感与数字地球研究所联合中国科学院东北地理与农业生态研究所、中国科学院地理科学与资源研究所、中国科学院寒区旱区环境与工程研究所、中国科学院水利部成都山地灾害与环境研究所、中国科学院新疆生态与地理研究所、中国科学院南京地理与湖泊研究所、中国科学院测量与地球物理研究所、中国科学院深圳先进技术研究院、南昌大学等多家单位分区域合作完成。

从 2011 年起历经 3 年时间，研究团队先后完成了土地覆被野外考察、训练样本库构建、数据收集与预处理、面向对象的土地覆被分类、多轮土地覆被分类结果修订、跨区域土地覆被接边、土地覆被精度验证等工作。其中，全国 2010 年 30m 空间分辨率土地覆被数据集（ChinaCover2010）的数据源主要是国产 HJ-1 A/B 影像，实际工作中结合应用了美国 Landsat TM 影像以保障全国土地覆被信息源的完整和丰富。

参加本书编写的主要人员有中国科学院遥感与数字地球研究所吴炳方、曾源、张磊、李晓松、赵旦、伊坤朋、高文文、郑朝菊等；中国科学院东北地理与农业生态研究所王宗明、任春颖、贾明明、毛德华等；中国科学院地理科学与资源研究所于信芳、王正兴、王世宽等；中国科学院新疆生态与地理研究所包安明、常存等；中国科学院寒区旱区环境与工程研究所颜长珍、谢家丽、李森等；中国科学院南京地理与湖泊研究所马荣华、罗菊花、李飞等；中国科学院水利部成都山地灾害与环境研究所李爱农、雷光斌、边金虎等；中国科学院测量与地球物理研究所黄进良、王立辉等；中国科学院深圳先进技术研究院陈劲松、韩鹏鹏等；南昌大学刘成林等。本书在编写过程中还参考了大量有关文献资料，在此表示衷心的感谢。由于编写人员水平及资料有限，疏漏之处请广大读者批评指正。

作　者

2016年6月

目　　录

总序
序
前言

第 1 章　绪论 ·· 1
　1.1　土地覆被 ··· 1
　1.2　土地覆被数据的应用 ··· 2
　1.3　土地覆被数据集 ·· 6
　1.4　中国土地覆被数据特色 ·· 8
　1.5　经验与启示 ··· 10
　1.6　不足与展望 ··· 13

第 2 章　中国土地覆被分类系统 ·· 15
　2.1　土地覆被分类系统的建立方法 ·· 15
　2.2　国际上主要的土地覆被分类系统 ··· 17
　2.3　中国土地覆被分类系统设计 ··· 22
　2.4　中国土地覆被分类系统特色 ··· 38

第 3 章　中国土地覆被数据生产方法 ·· 41
　3.1　HJ-1 A/B 卫星数据的特色与能力 ·· 41
　3.2　HJ-1 A/B 卫星数据自动预处理系统 ·· 46
　3.3　数据生产作业区 ·· 53
　3.4　分类特征数据层 ·· 54
　3.5　样本库建立 ··· 59
　3.6　面向对象的分类方法 ·· 64
　3.7　决策树方法 ··· 68
　3.8　雷达信息的利用 ·· 73

第 4 章　典型土地覆被信息的遥感提取方法 ·· 77
　4.1　山区森林常绿、落叶特征遥感自动识别算法 ···························· 77
　4.2　基于多时相遥感数据的橡胶林遥感识别 ·································· 86

4.3　面向对象的人工表面信息的遥感提取方法 ··· 94
4.4　基于知识库及特征权重的山区土地覆被遥感监测方法 ································· 99
4.5　基于环境星数据的平原绿化信息提取方法研究 ··· 108
4.6　平原区园地信息遥感提取方法 ·· 117
4.7　面向对象的广东省桉树人工林目标提取方法 ·· 124
4.8　沼泽湿地的特征及提取方法 ··· 132
4.9　基于环境卫星数据的南方灌丛信息提取研究 ·· 140
4.10　冰川积雪及荒漠植被信息提取方法 ·· 144

第 5 章　土地覆被质量控制与精度验证 ··· 149
5.1　质量控制及核查方法 ·· 149
5.2　质量检查与用户核查 ·· 155
5.3　精度验证方法 ··· 164
5.4　中国土地覆被精度评估 ··· 170

第 6 章　中国土地覆被特征 ··· 179
6.1　中国土地覆被总体特征 ··· 179
6.2　中国不同类型土地覆被特征 ··· 183

第 7 章　中国各大区土地覆被特征 ··· 200
7.1　华北地区土地覆被特征 ··· 200
7.2　东北地区土地覆被特征 ··· 202
7.3　华东地区土地覆被特征 ··· 205
7.4　华中地区土地覆被特征 ··· 208
7.5　华南地区土地覆被特征 ··· 210
7.6　西南地区土地覆被特征 ··· 213
7.7　西北地区土地覆被特征 ··· 216

第 8 章　中国典型地区土地覆被特征 ·· 220
8.1　青藏高原土地覆被特征 ··· 220
8.2　黄土高原地区土地覆被特征 ··· 223
8.3　珠江三角洲土地覆被特征 ·· 233
8.4　长江三角洲土地覆被特征 ·· 235
8.5　黄河三角洲土地覆被特征 ·· 241
8.6　海河河口土地覆被特征 ··· 246
8.7　辽河三角洲土地覆被特征 ·· 248
8.8　西北干旱区土地覆被特征 ·· 250

第9章 中国分省土地覆被特征 ··· 260

- 9.1 北京市土地覆被特征 ·· 260
- 9.2 天津市土地覆被特征 ·· 263
- 9.3 河北省土地覆被特征 ·· 266
- 9.4 山西省土地覆被特征 ·· 270
- 9.5 内蒙古自治区土地覆被特征 ·· 272
- 9.6 辽宁省土地覆被特征 ·· 276
- 9.7 吉林省土地覆被特征 ·· 279
- 9.8 黑龙江省土地覆被特征 ·· 282
- 9.9 上海市土地覆被特征 ·· 286
- 9.10 江苏省土地覆被特征 ·· 288
- 9.11 浙江省土地覆被特征 ·· 291
- 9.12 安徽省土地覆被特征 ·· 294
- 9.13 福建省土地覆被特征 ·· 297
- 9.14 江西省土地覆被特征 ·· 300
- 9.15 山东省土地覆被特征 ·· 303
- 9.16 河南省土地覆被特征 ·· 307
- 9.17 湖北省土地覆被特征 ·· 310
- 9.18 湖南省土地覆被特征 ·· 313
- 9.19 广东省土地覆被特征 ·· 316
- 9.20 广西壮族自治区土地覆被特征 ·· 319
- 9.21 海南省土地覆被特征 ·· 322
- 9.22 重庆市土地覆被特征 ·· 325
- 9.23 四川省土地覆被特征 ·· 329
- 9.24 贵州省土地覆被特征 ·· 332
- 9.25 云南省土地覆被特征 ·· 335
- 9.26 西藏自治区土地覆被特征 ·· 339
- 9.27 陕西省土地覆被特征 ·· 342
- 9.28 甘肃省土地覆被特征 ·· 345
- 9.29 青海省土地覆被特征 ·· 349
- 9.30 宁夏回族自治区土地覆被特征 ·· 352
- 9.31 新疆维吾尔自治区土地覆被特征 ·· 355
- 9.32 台湾省土地覆被特征 ·· 359

9.33 香港和澳门特别行政区土地覆被特征 …………………………………………… 362

第 10 章　中国土地覆被地图集 ……………………………………………………… 365
 10.1　地图集总体设计 ………………………………………………………………… 365
 10.2　地图集色彩库 …………………………………………………………………… 369
 10.3　地图集符号库与注记库 ………………………………………………………… 373
 10.4　制图综合 ………………………………………………………………………… 378

参考文献 ……………………………………………………………………………………… 380
索引 …………………………………………………………………………………………… 397

第1章 绪 论

土地覆被客观记录了人类改变地球表面特征的空间格局,而且再现了地球表面的时空动态过程,是开展全球变化、生态系统、生物多样性、生态安全评估以及人类与环境之间相互作用研究的基础数据。

1.1 土地覆被

土地覆被(也常见"土地覆盖")是一种地理特征,是陆地表面可被观察到的自然营造物和人工建筑物的综合体,是自然过程和人类活动共同作用的结果,既具有特定的时间和空间属性,也具有自然与社会属性。

土地覆被遥感监测主要对地表覆盖物(包括已利用土地和未利用土地)进行解译和分类。通过遥感监测某一时刻地表土地覆被信息,实际上就是识别此刻地表土地覆被的类型信息,了解其空间分布状况,记录自然过程和人类活动改变地球表面特征的空间格局。对某一时段地表土地覆被信息的获取,目的是刻画地表土地覆被类型的变化(王长耀,2005),再现地球表面的时空变化过程。土地覆被的最主要组成部分是植被,但也包括土壤和陆地表面的水体。土地覆被信息与植被覆盖度、地上生物量、生物多样性等植被特征信息相结合,可以进一步反映土地覆被各类型的质量信息。

土地覆被是随遥感科学的发展而出现的概念,不同时期的研究者对土地覆被有自己的理解和定义。土地覆被主要取决于自然因素以及人类活动对土地的利用和整治产生的影响(李秀彬,1996)。国际地圈生物圈计划(International Geosphere-Biosphere Program,IGBP)和国际全球环境变化人文因素计划(International Human Dimensions Programs on Global Environmental Change,IHDP)将土地覆被定义为地球陆地表层和近地面层的自然状态,是自然过程和人类活动共同作用的结果(Turner et al.,1995)。美国生态学会将土地覆被定义为土地表面的生态状态和自然表现;美国全球环境变化委员会(USSGCR)将土地覆被定义为覆盖着地球表面的植被及其性质(US-SGCR/CENR,1995);吴传钧和郭焕成(1994)认为,土地覆被的基本概念和定义是在土地的基本概念和定义的基础上发展和建立起来的,土地是指地球陆地表层一定范围内的地域单元,是自然特征和社会特征的复杂综合体;联合国粮食及农业组织(Food and Agriculture Organization,FAO)将土地覆被定义为地球表面可被观察到的自然覆盖(Di Gregorio and Jansen,1998)。《中国大百科全书》中,土地覆被是指覆盖在陆地表面和近地面层的植被、土壤、水体等所组成的自然环境综合体,是地球系统中的大气圈、水圈、岩石圈、生物圈、人文圈之间相互交叠层次上形成的特殊层圈。太阳光能在这里被吸收、转化和储存,成为地球上各种生物生长和繁衍最为活跃的场所。此外，这里也是人类活动最为集中的地方，是人类赖以生产、生活的最重要资源和活动空间，因而现代土地覆被的状况也是人类活动长期作用的结果。20世纪90年代以后，土地覆被不再仅仅被看成是单一的土地和植被类型，而是以土地类型及其所具有的一系列自然属性和特征的综合体，包括土地类型和植被类型（杨立民和朱智良，1999），还包括与土地覆被类型密切相关的生态环境要素，例如，植被所处的生态区域、地形与气候条件、土壤的理化性质以及土地利用状况等。

土地覆被的含义与"土地利用"相近，只是研究的角度有所不同。土地覆被侧重于土地的自然属性，而土地利用侧重于土地的社会属性。例如，对林地的划分，土地覆被分类根据林地生态环境的不同而形成的结构特征，将林地分为针叶林、阔叶林、针阔混交林等，以反映林地所处的生境、分布特征及其地带性分布规律和垂直差异。土地利用分类则从利用目的和利用方向出发，如将林地分为用材林地、经济林地、薪炭林地、防护林地等。比例尺小时，能更多地体现土地覆被信息，随着比例尺的增大，出现更多的土地利用信息。但两者在许多情况下有共同之处，故在开展土地覆被和土地利用的调查研究工作中常将两者合并考虑，建立统一的土地利用/土地覆被分类体系。

随着研究方法、技术的发展以及理论的创新，土地覆被研究逐渐发展为土地覆被科学，主要针对土地覆被类型的时间属性和空间属性的特征进行研究。土地覆被类型的形态和状态可在多种时空尺度上变化，而且产生土地覆被变化的原因也是复杂的（杨立民和朱智良，1999）。土地覆被信息的空间特征主要表现在土地覆被的空间分布，它包括土地覆被类型、面积、空间位置和区域差异等方面。土地覆被研究与所采用的空间尺度联系在一起，在不同的空间尺度上，土地覆被的类型、所采用的分类系统、所研究的问题和研究的方法都存在差异。不同国家、不同项目采用不同的分类系统，进行相应的土地覆被分类、建模和预测（陈佑启和Verburg，2000）。获取土地覆被信息，研究土地覆被变化，对指导人类应对全球变化、合理利用土地和植被资源、保护与改善生态环境、维护生态环境安全、实现社会经济自然协调发展具有重要作用。

土地覆被遥感监测方法与遥感数据类型、信息提取精度要求、速度与效率要求有关（甘甫平等，1999）。随着可用于土地覆被分析与监测的遥感数据类型日益丰富，学术界已经发展了许多有效的信息提取方法，主要有自动分类、目视解译手工勾绘边界、影像分割与面向对象的分类等方法（Yu et al.，2013；Vaduva et al.，2013）。在中尺度土地覆被遥感监测方面，近年来也出现了不少遥感分类的新方法，包括人工智能神经元网络分类、分类树方法、多元数据的专家系统和计算机识别法等。随着地球观测卫星数量的增加，卫星影像时间序列也在不断延长，这些数据集有利于加强土地覆被动态变化的监测效果（Sexton et al.，2013）。

1.2 土地覆被数据的应用

土地覆被及其变化数据不仅在全球环境变化研究中起关键性作用（魏学琼等，2014），同时也是区域规划、生态系统评估、气候变化研究、环境建模等多项研究的基础数据之一,对地球系统科学、全球生态变化和可持续发展研究都具有重要的科学数据支撑作用。土地覆被的变化对生态环境的影响会导致生态系统结构和功能的改变;反之,生态环境的变化又在很大程度上影响土地覆被的变化。土地覆被变化不仅是地表生态系统变化的直接表现,其本身也是土地系统发生变化的直接原因,所以在进行土地覆被变化的驱动因素研究时,土地覆被数据能够解释不同类型土地覆被的变化原因,其中进行转移矩阵分析是最基本的分析手段,能够明确不同土地覆被类型的土地流向(史培军等,2000;杨桂山,2001;朱会义和李秀彬,2003)。

土地覆被及其变化与以气候变化为主的全球变化研究密不可分。土地覆被研究贯穿于全球变化研究的"四大计划"中(WCRP、IGBP、IHDP、DIVERSITAS),也是未来地球研究计划的主要内容。土地覆被变化对气候的影响主要通过陆面与大气间温室气体和感热的交换、地面辐射平衡、粗糙度及其对大气角动量的作用等方式实现(Walker et al.,2004;Zimmerer and Bassett,2003),任何改变地球表面覆盖状况的行为都将影响到气候变化(李谢辉,2005;钱乐祥和丁圣彦,2005),因此研究土地覆被变化是研究全球变化的重要内容(史培军等,2000;李巧萍和丁一汇,2004)。人类活动造成的土地利用/土地覆被变化也使大气成分正发生着有史以来从未有过的急剧变化,对大气组成等也产生重要的影响(张润森等,2013;Pielke,2002),也改变大气的化学性质和变化过程(Crutzen and Andreae,1990),导致大气中 CO_2、CH_4 和 N_2O 等气体的浓度产生显著变化。19世纪以来,土地利用/土地覆被变化导致了相当于同期化石燃料向大气中净释放的 CO_2 量(Houghton et al.,1983);20世纪以来,快速城市化进程的推进带来了显著的城市空气污染(张润森等,2013)。气候的变化又会通过大气循环影响到区域及其周边的土地覆被状况、水分循环与热量循环(周广胜和王玉辉,1999),土地覆被数据又成为评价气候变化效应的重要指标。

土地覆被数据被广泛应用到生态系统服务和生物多样性评估中。土地利用/土地覆被通过类型、格局和强度的差异对生态系统服务产生不同的影响(Ouyang et al.,2016;傅伯杰和张立伟,2014)。土地覆被类型的变化影响着生态系统的能量交换、水分循环、土壤侵蚀与堆积、生物地球化学循环等主要生态过程,从而也改变着生态系统服务价值的变化。耕地的农产品供给服务能力较强,而调节、文化与支持服务能力较弱;天然林的调节与支持服务能力较强,而产品供给服务能力则较弱;等等。不同土地覆被格局会产生相应的生态过程,从而对生态系统服务造成影响(Fu et al.,2013)。土地覆被数据的应用不仅体现在生态环境单一要素的效应研究方面,也体现在生态系统整体的功能和服务价值方面的研究上。早期生态系统服务价值的测量主要依靠土地利用/土地覆被数据进行估算,通过土地覆被单位面积生态系统服务价值当量表来进行区域生态系统服务价值量的估算(谢高地等,2003)。近年来,生态系统服务价值测量的趋势是采用模型和观测、采样等定量化手段,土地利用/土地覆被数据是其中最重要的输入参数之一。例如,利用 InVEST 模型的产水、土壤保持和水质净化模块,评估北京密云水库流域 1990~2009 年由土地利用变化引起的生态系统服务功能变化(李屹峰,2013)。在黄土高原坡面尺度上对不同土地利用格局开展对比研究后发现,从坡顶到坡底,林地—草地—坡耕地的土地利用格局与林地—坡耕地—草地和草地—林地—坡耕地的利用格局相比，具有较好的土壤水分和养分保持能力（Fu et al.，2000）。因此精准的土地覆被数据为生态系统服务评价的精度提高提供可靠保障（Martínez-Harms and Balvanera，2012；Eigenbrod et al.，2010；Naidoo et al.，2008）。在生物多样性的研究中，人类活动所引起的土地覆被变化导致的生境转换或退化会使生物多样性降低。土地变化能够引起局部地区和全球尺度的陆地生物多样性的丧失，已有的研究表明，土地变化会导致全球平均样方内种丰富度（within-sample species richness）减少13.6%、总丰富度减少10.7%、基于稀疏标准化方法的种丰富度（rarefaction-based species richness）减少8.1%（Newbold et al.，2015）。在意大利环地中海地区的研究发现，山区森林面积增加可促使鸟类、有蹄类和食肉类动物数量增加（Falcucci et al.，2007）。

土地覆被数据是精确估算陆地生态系统碳存储的重要数据之一。在全球和区域尺度上，生态系统碳循环与土地覆被的相互作用过程及效应是研究全球碳循环的重要内容。土地覆被变化是人类改变陆地生态系统碳物质生产的主要方式之一，是影响陆地系统碳循环过程，引起碳源、碳汇变化的重要原因（葛全胜等，2008；Watson et al.，2000）。不同的土地覆被类型具有不同的生态系统结构、群落组成和生物量，它们以不同的速率吸收和固定碳，这对碳元素在土壤、大气和水中的分布有重要影响（陈泮勤和孙成权，1994）。在土地覆被变化过程中，使植被和土壤碳库储量增加或减少的过程较多，如植被类型内部结构的变化、植被型的变化等直接或间接影响植被和土壤碳储量的增加或减少，因此准确认识和评估陆地生态系统碳存储，需要精确的土地覆被数据。全球碳计划（Global Carbon Project，GCP）2016年报告指出（Le Quéré et al.，2016），2006~2015年，由土地变化所引起的碳排放量达到了（3.5±1.8）Gt CO_2/a，这说明土地变化已经深刻影响着全球范围内的碳循环过程。

生态安全是指一个区域的可持续发展不致因生存空间和生态环境遭受破坏而受到威胁的状态，在诸多影响区域生态安全的因素与过程中，土地利用/土地覆盖及其格局的变化是影响区域生态安全最重要的因素（高清竹等，2006；肖笃宁等，2002）。目前土地利用/土地覆被生态环境综合评价首先需要建立可用的指标体系和评价标准，如常用的综合指数评价法和土地承载力分析法等，在这些指标体系的构建中，土地覆被数据是最基础，也是最重要的指数（谢花林，2008）。例如，基于压力-状态-响应（PSR）模型对鄱阳湖生态经济区的土地利用可持续性水平进行的定量分析中所采用指标"人均建设用地"、"耕地压力指数"等，均需获得土地覆被数据（谢花林等，2015）。对于环境已经破坏的地区，利用土地覆被变化的监测可分析其区域功能并对其价值进行评价，在此基础上确定的修复方法也可为环境修复提供数据支持（周俊起，2010），例如，在荒漠化（封玲，2007）、水土流失（梁宗锁等，2003）、地质灾害（闫亮等，2011；包维楷，2008）、资源开采（包维楷，2008；李伟，2008）等评价中，在土地覆被及其变化数据支持下的生态环境退化评估和生态重建技术规划才更具科学性，可保证生态恢复区可持续发展。

土地覆被数据广泛应用于区域环境质量评估。通过监测区域内土地覆被的变化可发现生态环境存在的问题及变化趋势。例如，植被对水质的改善效应起着十分重要的作用；建筑用地也成为影响水质状况不可忽视的因子，例如，闽江流域水质的研究认为，流域内部的各种土地利用与土地覆被类型比例的变化是造成河流水质发生变化的主要原因（从丽侠，2007）。空气质量也与土地覆被存在联系，以北京城区为例，植被覆盖率和绿地与可吸入颗粒物呈负相关，建筑用地与颗粒物呈正相关，且建筑用地与颗粒物的相关系数大于绿地（唐明，2011）。森林、城市的变化对内陆地区空气质量的影响相对较大。城市扩张、森林砍伐等人为因素使绿色植被大面积减少，导致地表吸附颗粒物的能力降低、空气污染加重，研究表明，城市大气颗粒物污染与土地覆被变化存在着密切关系（韦晶等，2015）。

在城市化过程研究方面，随着中国城市化水平的不断提高，城市土地利用/土地覆被变化的相关研究逐渐增多，并已经成为综合遥感、地理信息和生态学等领域的研究热点。利用遥感数据的解译结果，对城市用地的空间变化进行监测和未来情景模拟。例如，通过城市扩展度量指标和网络样方等空间分析手段，研究上海地区城市扩展规模、强度和空间分异特征（李晓文等，2003）；采用CEM模型对北京城市未来扩展情景进行了模拟（何春阳等，2003）。此外，城市扩张引起的诸如城市热岛效应、城市内涝等生态环境问题，也因土地覆被数据的支撑和参与不断受到重视（刘珍环等，2011；李福建等，2009）。

土地覆被数据在土地生产力研究中广泛应用。土地覆被通过改变土壤质量和生态环境以及人类的社会经济行为，影响土地的自然条件和生产能力，主要体现在土地覆被变化对土地生产潜力的影响（潘佩佩等，2012）。土地覆被变化通过影响生态系统功能与资源可利用性，影响全球或区域农业生产潜力和净初级生产力（Cao et al.，2004）。土地覆被变化对粮食生产能力的影响成为当前有关土地利用问题研究的重点，主要侧重于耕地资源数量和质量变化对粮食生产的影响，土地覆被数据主要应用于耕地资源动态监测和耕地质量评价等方面（王卫和李秀彬，2002；Turner et al.，1994）。因此，当前研究土地覆被变化对土地生产力和粮食生产的影响，切实保护和提高土地生产能力，已经成为必然的战略选择，对建立可持续的土地利用模式和保证国家粮食安全具有重要意义。

土地是资源环境承载力研究的载体，精确的土地覆被数据是支持区域承载力评估的前提条件。土地覆被类型作为土地资源指标被应用在各种承载力模型中，如草地资源承载力（张慧等，2005）、水资源承载力（段应元和刘学录，2011）、资源承载力（顾康康等，2007）、生态承载力（岳东霞等，2011）和土地综合承载力（王书华和毛汉英，2001）等，土地覆被数据为其提供基本评价单元。

土地覆被数据是开展土地资源管理的基础，同时也是研究土地资源可持续利用的指标。土地作为基本的不可替代的生产要素和活动载体，是土地资源调查、管理和规划、监督、评估等行业部门需要优先考虑的内容（张增祥等，2012）。土地覆被及其变化数据研究有助于资源调查与保护相关的研究，以及地方、区域和全球尺度下的政策的制定（张健等，2010）。此外，土地覆被数据可为土地执法检查工作提供有力支撑，其与实地调查、用地合法性审查等相结合，可更全面掌握违法用地情况，从而遏制土地违法行为，降低土地违法案件发生率，促进辖区经济与社会和谐、稳定、高速发展（陈璐璐，2014）。

土地利用/土地覆被变化是水文变化的主要驱动要素之一，其数据是构建水文模型的重要下垫面参数（史晓亮等，2013）。流域土地覆被通过影响地表水热通量改变流域产汇流过程，从而改变水循环的空间格局，加速水循环要素时空分异的复杂性和不确定性，进而影响水量和水质的变化，使水资源供需关系发生变化。森林砍伐、草地过牧、湿地排水、灌溉及非农建设用地增加等都对水分循环产生影响。例如，地表植被的截留量、土壤水分的入渗能力和地表蒸发等因素影响着流域的水文情势和产汇流机制，改变流域洪涝灾害发生的频率和强度（邓慧平等，2003）。土地覆被通过包括植被变化（如毁林和造林、草地开垦等）、农业开发活动（如农田开垦、作物耕种和管理方式等）、道路建设及城镇化等对水文过程，尤其是水资源产生影响（Bronstert et al.，2002）。土地利用/土地覆被对水质的影响途径主要是非点源污染，如化肥、农药的使用，农田灌溉回水等都是重要的非点源污染来源。土地覆被数据对流域水文过程的认识和掌握、流域水资源规划管理、减少人类活动对生态系统的不利影响等方面具有重要的作用（姚允龙等，2009）。

土地覆被与土壤圈物质循环和能量流动密切相关。不同的土地利用和管理方式，如耕作制度、灌溉、施肥等可以改变土壤性质物理、化学和生物学特性，以及土壤环境状况。人类通过不同的利用方式干预和调整土壤的生物地球化学循环的方向、变化速率及地表物质再分配过程，使土壤结构、性能发生变化，进而影响许多生态过程，导致土壤质量下降，加速土壤侵蚀和土壤退化（巩杰等，2004；郑华等，2004）。林地转变为耕地后土壤有机质、全氮、全磷含量大幅度降低，全钾、速效钾含量增加，且增加明显（蒋勇军等，2005），所以了解土地覆被的变化过程也是理解土壤生态系统结构功能及生态过程、评价土地利用及土壤生态效应的关键（李灵，2010）。土壤变化的土地覆被效应研究方面的多数研究是从土地覆被对土壤侵蚀的影响入手，利用常见的通用土壤侵蚀模型（USLE）及修正模型（RUSLE）进行土壤质量对土地覆被变化影响的研究（杜习乐等，2011）。

土地覆被研究也广泛地应用在灾害评估方面，通过对比灾害前后的土地覆被变化情况，评价当地生态环境质量的变化（胡宝荣，2009；齐述华等，2008）。

土地覆被数据也是其他遥感研究的重要基础数据。农业干旱监测（Yagci et al.，2013）、农情监测（Wu et al.，2015）、水文过程（任宪韶和吴炳方，2014）、农业耗水（Sepulcre-Canto et al.，2013）、城市不透水层的监测与评估（Liu et al.，2013）等，都需要以土地覆被数据作为基础。

1.3　土地覆被数据集

遥感技术的发展，特别是遥感数据分辨率的不断提高，促进了土地覆被研究的发展和深化。陆地表面的形态特性和动态变化特征可以通过以反映地表覆盖物空间维、光谱维及时间维为核心的遥感信息来识别。多平台、多传感器、多波段、多时相及多种分辨率的遥感数据为土地覆被类型识别和信息提取提供丰富的遥感信息源（张健等，2010；明冬萍等，2008）。不同遥感平台获取的数据其空间分辨率、光谱分辨率和时间分辨率各不相同，不同类型的遥感数据具有不同的土地覆被信息提取的能力，从而适应于不同的研究目的。目前广泛应用于土地覆被监测的数据主要是光学遥感数据，而合成孔径雷达微波遥感数据用于特殊地物的提取。

20世纪80年代以来,以NOAA/AVHRR、EOS/MODIS、SPOT VGT、FY系列卫星数据为代表的低分辨率遥感数据广泛应用于全球及大区域范围的土地利用/土地覆被的变化监测中(Weiss et al.,2001;Borak et al.,2000)。目前,基于遥感影像数据获取的全球土地覆被数据产品主要包括:美国马里兰大学的全球土地覆被数据(UMD数据集)、国际地圈-生物圈计划的全球土地覆被数据(IGBP-DISCover数据集)、美国波士顿大学的全球土地覆被数据(MODIS数据集)和欧盟联合研究中心的全球土地覆被数据(GLC2000数据集)。上述全球土地覆被数据产品的空间分辨率都是1km,都是一个时相的,应用于全球或区域尺度的生态和地理研究(吴文斌等,2009),提高了人类对全球土地覆被类型的数量和空间分布格局的认识及了解。欧洲空间局通过全球合作完成了300m分辨率的全球土地覆被数据(GLOBCOVER)。

由于高分辨率的影像更容易捕捉细微的土地覆被类型,Landsat-MSS、TM、ETM及OLI数据、SPOT数据、CBERS、HJ-1/2等主流数据广泛应用于中尺度土地覆被遥感监测(Yu et al.,2013)。如美国建立的基于Landsat-TM遥感数据的国家土地覆被数据集(national land cover data,NLCD),其分类系统划分9个一级类和21个二级类(Vogelmann et al.,2001);早在1985年,欧洲委员会就决定制定环境信息协作计划(Coordination of Information on the Environment,CORINE),建立一种稳定且一致的欧洲土地覆被数据库(CORINE)。CORINE土地覆被分类系统包括人造区域、农业区、森林和半自然区、湿地和水体5个一级类,15个二级类和44个三级类(Lavalle et al.,2002)。面向土地规划、资源管理和决策支持多目标需要,由FAO发起、意大利政府支持,采用Landsat卫星影像交互式解译方法,在2002年完成了东非10国30m分辨率的土地覆盖产品(Africover),首次采用FAO LCCS标准定义了土地覆盖类型,形成了类型一致、空间可比的土地覆盖数据集(Antonio,2005)。

国内早期由国土资源部面向土地资源管理开展了土地利用现状第一次调查(1984~1997年),采用影像勾绘方法,完成了1:1万(西部地区降至1:5万~1:10万)、57个类别的土地利用产品,并在2007~2009年进行了数据更新(第二次调查)。为满足对土地资源及环境信息的迫切需求,中国科学院组织开展了全国土地资源调查,利用Landsat卫星,通过人机交互式屏幕解译方式,实现了26个类型、1:10万土地资源遥感监测,形成了20世纪80年代晚期、90年代中期和晚期,以及21世纪初的4期的土地资源数据集(刘纪远等,2003;2009;2014),该数据集完整地体现了中尺度土地覆盖特征的空间一致性、时效性。

随着全球变化研究的日益深入和遥感技术的进步,2010年中国开展了30m分辨率全球土地覆盖制图。国家地理信息中心等机构利用全球TM数据,基于像素-对象-知识(POK)相结合方法(Chen et al.,2015),完成全球10类30m土地覆被数据产品,总精度80%。同期,清华大学利用相同数据、相同类型,采用最大似然法、决策树法、随机森林法、支持向量机法,基于样本训练全自动处理,完成了全球30m土地覆被数据产品(Gong et al.,2013),其中支持向量机法精度达到64%。

本书后续各章讨论的是中国土地覆被数据集(ChinaCover),采用的分类系统共分6

个一级类、40 个二级类。数据源主要是国产 HJ-1 影像，实际工作中使用了一部分 TM 数据、雷达数据，以及大量的地面调查数据，保障了全国土地覆被信息源的完整和丰富。采用面向对象的自动分割和分类方法完成土地覆被数据产品生产，地面样本数据用于土地覆被数据产品生产的解译标志建立、分类规则训练、质量控制、类型修订与精度验证。

1.4　中国土地覆被数据特色

中国土地覆被数据是利用国产的 HJ-1 A/B 数据和面向对象的自动分割、分类与人工修改方法生成的，是适应中国区域特色的高精度土地覆被数据。

1.4.1　分类系统能满足生态评估与碳收支估算需求

中国土地覆被分类体系把遥感技术和生态学研究结合起来，其中一级类与 IPCC 要求一致，便于生态服务评估与碳收支相关问题的分析，二级类由 FAO LCCS 产生，具有全球统一代码，可以与国际上其他地区的数据进行对比分析。在二级类下还可以再次细分三级类，包括植被覆盖度、植被生育期、环境参量、生态系统/植物群落、管理功能等特征，其中环境参量包括多年平均气温、多年平均降水量、高程、坡度、坡向等。

1.4.2　HJ-1 A/B 数据的高时间分辨率是土地覆被特征描述的基础

近年来遥感技术不断发展，遥感分辨率已有很大提高，但遥感图像的分类技术远远跟不上土地覆被信息高效快速提取的需要。人机交互目视解译虽然精度高，但费时费力，还严重依赖于解译者的专业水平与经验。在自动分类方面，尽管发展了众多利用遥感数据进行土地覆被分类的方法，但没有哪一种是普适的、高效的，其主要原因在于地物在遥感数据上表现出的同物异谱与异物同谱特征使在大面积土地覆被分类时自动分类精度达不到实用的要求。国产环境卫星 HJ-1 A/B 数据的高时间分辨率时相特征是土地覆被类型特征描述的基础。

HJ-1 A/B 包括 A、B 两颗卫星，每颗星的 CCD 幅宽为 360km，拼接后形成 700km 带宽的影像，完全重返过境为 31 天，但影像覆盖面积大，平均 2～3 天同一地区可以覆盖一遍。同一区域一年可以至少有约 120 次的覆盖机会，从而一年内可获取的遥感数据基本能反映物候变化的规律。用于中国土地覆被分类的 HJ-1 影像有 8703 景，其中北方和青藏高原 5900 景、南方 2803 景。由于北方云雨天气少于南方，一年内大部分地区都能获取四季内的多期影像；而南方获取的云覆盖较少的数据主要在秋冬季。利用多期影像通过物候变化和季相特征来改善地物识别和分类是本次土地覆被调查的重要特点及优势。

在中国土地覆被制图中采用基于面向对象的分类方法，有效地提高了分类效率和精度。几何信息和空间关系信息的分析、辅助数据的引入，丰富了参与分类的信息，使土地覆被分类更加精细、可靠。影像的多尺度分割技术减除了人工地类边界的勾绘，让作业人员的精力更多地投入在分类规则建立和类型修正中，极大提高了信息提取的工作效率。

1.4.3　多源数据支持下的数据修改与完善

由于 HJ-A/B 数据与 Landsat5 TM 数据具有相近的波段和近似的空间分辨率，2010 年全国土地覆被遥感监测中部分地区也采用了 TM 影像，以提高遥感数据覆盖的时相数。雷达遥感数据具有全天候、全天时、不受云雨干扰的对地观测能力，同时能够反映地物几何分布和物理参数特性，在土地覆被制图方面也具有很大的应用潜力。近年来雷达遥感发展迅速，雷达遥感数据也日益丰富。考虑到雷达遥感数据的特点，运用收集到的全国范围内分布的 2009～2011 年获取的 ERS2、ENVISAT ASAR 等雷达数据，对包括工业用地、居民地在内的人工表面，包括湖泊、水库/坑塘、河流、运河/水渠等在内的水域湿地进行专题提取和修正，然后将这些信息融入到基于光学数据的分类结果，以提高中国土地覆被相应地类的分类精度。尤其在南方多云雨地区，利用雷达遥感数据作为补充也可提高分类精度。

1.4.4　基于超算平台的图像预处理技术保障了海量数据的预处理

全国 HJ-1 影像的几何纠正是一项繁重的任务。在充分分析现有遥感数据几何纠正方法的基础上，针对全国制图需要处理的海量遥感数据，利用超算技术与图像处理技术研发的宽幅 HJ-A/B 数据的自动几何配准和辐射纠正方法极大提高了数据预处理的效率。超算平台由 5 台曙光服务器组成，其中 1 台为管理节点、另外 4 台为计算节点，均为 8 核心，16 线程，总共可支持多达 64 个并行计算任务。影像纠后根据影像空间重叠特点全国划分了 835 个作业区，以方便分类与数据后处理。

1.4.5　大量地面调查样点数据支持面向对象的土地覆被分类

由于地物复杂性和遥感数据时空分辨率的限制，仅靠大面积自动分类，其精度很难满足实际应用需求。中国土地覆被分类工作在充分利用了野外调查样本、各种典型地物的遥感光谱特性和空间分布属性的基础上，采用面向对象的分类算法，通过人机交互、样本对比，建立了二元分类决策树和阈值。总体流程采用层次分类方法，开发了各种地物类型分类规则，包括全国统一标准的顶级决策树及区域特征的次级决策树。针对以往土地覆被分类中较难识别的地物类型，如山区林地、南方破碎不连续地物分布和农作物等，建立分类规则，其不仅利用遥感和地面调查点信息，也综合利用物候、气象、坡度、海拔、种植模式等各种辅助信息，提高这些地物的识别精度。

大量地面调查数据不仅是分类规则建立、数据验证和质量控制的基础，还可以用来修订相应位置的土地覆被属性数据，进一步提高数据质量。

1.4.6　用户参与提高了解译人员对区域土地覆被的认识水平

数据生产过程中，数据使用方的深度参与也是数据质量保证的基础。数据生产方与数据使用方的对接，由各数据生产方到对应省（自治区、直辖市）环保部门与专家、管理者、数据使用人员就土地覆被数据生产过程、反映的生态环境现状及变化特征进行分析，共同找出存在的问题，针对问题对数据进行修正与完善。通过对接增进了数据使用方对数据特点、类型内涵、生产方法的了解，从而对数据的使用范围、数据表达有了深刻认识；而数据生产方在对接中，获取到不同渠道、不同背景下生产的其他生态环境数据，以及地方掌握的土地覆被信息，从而能及时发现问题，通过修订不断提高数据精度。

1.5　经验与启示

土地覆被制图是一个由来已久的研究内容。不同的国家、地区、组织根据自身的应用需求先后完成了大量全球、大陆、区域、景观尺度的土地覆被遥感制图产品，所采用的遥感数据源包括光学、微波、SAR、LiDAR 等，采用的方法包括人工目视解译、计算机自动分类等。中国的土地覆被遥感制图最早开始于 20 世纪 80 年代，经过 30 多年的发展，目前已形成了一系列的土地覆被数据。中国土地覆被数据是在继承前人研究成果的基础上，根据国际土地覆被遥感制图最新研究成果并结合中国土地覆被遥感制图现状和应用需求，由中国科学院遥感与数字地球研究所联合中国科学院所属 8 家单位分区域合作完成。中国土地覆被数据生产历经 3 年的时间，先后完成了土地覆被野外考察、训练样本库构建、数据收集与预处理、面向对象的土地覆被分类、多轮土地覆被分类结果修订、跨区域土地覆被接边、土地覆被精度验证等工作。中国土地覆被数据的生产时间紧、任务重，为了能够在尽可能短的时间内得到精度尽可能高的土地覆被数据，无论在研究方法上还是项目组织实施、人才建设上都做了精心准备，从而保证中国土地覆被数据的顺利完成，也获得了一系列的经验与启示，供后续研究借鉴和完善。

1.5.1　研究方法中的经验与启示

可获取的遥感数据源、可利用的分类方法和需达到的现实要求成为土地覆被遥感制图研究方法选择必须考虑的三个主要因素。为了保证中国土地覆被数据的质量，研究正式实施前，项目实施组组织各参与单位经充分调研并召开了多次研讨会与专家论证会，就分类方法、分类系统、数据源与数据预处理、野外考察、精度验证等与中国土地覆被数据生产相关的研究方案进行充分讨论，从而形成了中国土地覆被实施方案，并积累了丰富的经验与启示。

(1) 计算机自动分类与人工目视解译相结合的方式，既保证数据质量又提高分类效率

人工目视解译由于加入了人脑的判断，其判读精度高，一直是土地覆被遥感制图的重要方法，但该方法需要投入大量的人力和时间，时效性难以保证。计算机自动分类方法能大大提高土地覆被遥感制图效率，通过引入人工智能算法不断提升制图精度，但在当前，其制图精度还是难以超越目视解译的精度。为了能够在短时间内生产出具有高质量的中国土地覆被数据，研究人员经充分讨论后采纳了计算机自动分类与人工目视解译结合的方法。该方法首先采用面向对象与人工智能算法（决策树、支持向量机等）相结合的方法自动提取土地覆被信息，再采用人工目视判读的方式逐一修改土地覆被自动分类中的错误。采用该方法使以前至少需要3年才能完成的土地覆被遥感制图工作能够在短短一年多的时间内完成。

(2) 采用面向对象与人工智能算法相结合的方法，紧跟国际土地覆被自动制图研究前沿

当前土地覆被遥感自动制图的研究主要集中于如何基于多源多时相遥感数据与人工智能分类算法提高土地覆被遥感自动制图的精度，以及将纹理、几何信息和相关地学知识加入到决策过程中的面向对象的土地覆被遥感自动制图方法。中国土地覆被计算机自动分类采用了面向对象与人工智能算法相结合的方法，该方法既能紧跟国际国内土地覆被遥感制图最新研究进展，又能简单、方便地操作，还能确保基于该方法生产的土地覆被遥感数据能满足应用需求和精度目标。人工智能算法有多种，包括神经网络、遗传算法、决策树、支持向量机等，然而各片区对各种人工智能算法的使用倾向和掌握程度不一，因此并未规定采用何种人工智能算法，各片区可以根据自己的实际情况选择最适合的智能算法。

(3) 开展全面而细致的土地覆被野外考察工作，为土地覆被制图积累感性认识

通过土地覆被野外考察，能够为制图人员提供研究区域土地覆被的总体特征、空间分布格局的感性认识，建立实地的土地覆被类型与遥感影像光谱特征之间的联系，同时可以为分类过程和精度验证提供土地覆被样本信息。因此，土地覆被野外考察工作是土地覆被遥感制图的基础工作，但由于经费的制约，大多数土地覆被遥感制图研究未开展或仅开展了少量的土地覆被野外考察工作。中国土地覆被项目同样面临经费不足的客观现实，但各片区仍然开展了全面而细致的土地覆被野外考察工作，为土地覆被积累了大量的第一手资料和感性认识，为土地覆被遥感制图工作的开展奠定了坚实的基础。

(4) 采用多源多时相数据为遥感数据源，注重遥感数据源的国产化

各个国家对对地观测技术上的重视和投入，让越来越多的遥感传感器发射升空，在获取了丰富遥感数据的同时，也带动了土地覆被遥感制图数据源由单源单时相向多源多时相的转变，美国USGS在2008年实施的Landsat系列遥感数据开放获取政策则进一步加快了转变的进程。中国自1999年开始，先后发射了CBERS、HJ等资源环境系列卫星，特别是2008年发射的环境与灾害监测预报小卫星星座A、B星具有更大的幅宽、更短的回访周期（单星4天，双星结合2天），能够获取更多Landsat系列卫星无法获取的遥感影像，丰富了土地覆被遥感制图的数据源。因此，中国土地覆被数据的生产采用以国产HJ遥感影像为主，Landsat系列遥感影像为辅的数据源，从项目实施成果来看，国产HJ遥感影像能够胜任全国尺度下的土地覆被制图工作。土地覆被遥感制图研究数据源的国产化有利于中国自主遥感技术与遥感科学的健康有序发展，同时能够摆脱土地覆被遥感制图研究对国外遥感数据源的依赖，使土地覆被遥感制图数据能够真正实现国产化。

（5）集多方意见完善土地覆被分类系统，既与国际主流分类系统对接，又满足行业应用需求

受研究目的、研究尺度、研究区域的影响，统一规范的标准土地覆被分类系统难以形成。为了便于土地覆被数据之间的比较与共享，要求土地覆被分类系统能够与国际主流分类系统对接，同时还能满足大多数行业的需求。中国土地覆被分类系统在充分借鉴FAO LCCS分类系统，并吸收中国现有的土地利用/土地覆被分类系统的特征，同时在生态、林业、国土等领域的专家多次沟通与交流的基础上形成了当前的具有"生态学"意义的中国土地覆被分类系统。该分类系统能够保证生产的土地覆被数据满足大多数行业的应用需求，同时为土地覆被数据的持续更新提供支撑。

（6）采取第三方独立验证，保证数据精度评估报告的客观性与真实性

客观真实的数据精度评估报告是全面反映中国土地覆被数据质量的关键。为了保证数据精度评估报告的客观性，研究结果采用了第三方独立验证的方式。精度评估由中国科学院遥感与数字地球研究所专门成立的独立的第三方完成。独立第三方进行的中国土地覆被数据精度评估采用的验证样点主要来自其单独的土地覆被野外考察。各省环保部门采集的土地覆被验证样点和中国科学院战略性先导科技专项森林、草地、灌丛和农田课题组提供的实地样方信息也参与到了土地覆被精度评估。为了保证样点的空间代表性，还基于高空间分辨率遥感影像人工判识了部分土地覆被验证样点。最终经第三方独立验证，中国土地覆被数据一级类精度达到94%，二级类精度达到86%。

1.5.2 组织实施与人才建设中的经验与启示

此项研究的组织与管理是土地覆被制图能够顺利实施的保障，合理的人才建设是项目能够持续开展的动力。为了中国土地覆被研究的顺利实施，研究创建的实施管理组在研究队伍安排、数据检查等方面做了精心规划，保证了研究有序的运行和数据的按期保质完成，也在组织与人才建设方面积累了一些宝贵的经验与启示。

（1）合理安排各大区研究团队，充分考虑土地覆被制图工作的地域性特征

土地覆被具有明显的地域特征，因此决定了土地覆被遥感制图工作需要由熟悉当地土地覆被特征并长期从事土地覆被相关工作的研究团队承担。中国土地覆被子课题的设置根据地域特征，将全国划分为东北地区、华北地区、西北地区、新疆地区、西南地区、华南地区和华东地区7个大区，各大区由长期从事该项研究的研究团队承担，包括东北地理与农业生态研究所、地理科学与资源研究所、寒区旱区环境与工程研究所、成都山地灾害与环境研究所、新疆生态与地理研究所、南京地理与湖泊研究所、测量与地球物理研究所、深圳先进技术研究院。各研究团队大多长期从事其所在区域的土地覆被遥感监测工作，积累了丰富的遥感影像目视判读和项目运作经验，为中国土地覆被的实施奠定了基础。

（2）组织多次集中检查，保证土地覆被数据质量和空间上的一致性

质量控制是中国土地覆被制图获得高精度数据的关键。在质量控制方面，实施管理组专门成立了数据质量检查组，对数据源质量、数据预处理效果、分类方法等进行全程监控，同时对分类结果进行多次拉网式检查,每一次检查结果均记录进质量控制报告中,从而保证最终的土地覆被数据质量。中国土地覆被数据生产中,不同制图人员对光谱的理解不一致,加之所采用的遥感影像时相、数据质量的差异,必然会导致相邻工作单元的分类图在成果拼接时出现明显的边界线,从而造成土地覆被数据空间上的不连续性。为了保证区域内土地覆被类型的连续性和一致性,各子片区的分类人员进行了多次集中,针对有明显接边线的区域,通过双方制图人员的充分讨论,形成一致的修改意见,很大程度上消除工作单元间的接边线。

(3) 排除干扰,保证数据的真实性和公正性

此次参与中国土地覆被数据生产的单位均是中国科学院直属事业单位,这些单位与各地方政府和相关职能部门相对独立,从而保证了所生产的数据客观、真实,能够服务于国民生产各部门的应用需求。

(4) 加强青年人才的培养,促进中国土地覆被事业的持续健康发展

土地覆被数据是科学研究、资源管理、宏观政策制定最重要的本底数据,随着自然环境的变化和人类活动的干扰,土地覆被也会随之发生变化,长期监测土地覆被动态变化就成为土地覆被研究领域最基础的工作,该项工作的开展需要大量的专业技术人才。在完成中国土地覆被数据的生产之外,还特别注意对土地覆被专业人才的培养,特别是加强青年人才建设,形成老中青多层次人才队伍,为 2015 年中国土地覆被、2020 年中国土地覆被等后续土地覆被动态监测工作的开展储备技术人员。

1.6 不足与展望

1.6.1 中国土地覆被的不足

此次全国范围的土地覆被遥感制图,时间紧迫,任务量极其繁重,虽投入了大量人力、物力、财力,尽最大努力保证中国土地覆被数据的高精度,但由于中国陆地生态系统的复杂性、遥感影像数据本身的限制,以及面向碳收支的土地覆被分类系统对遥感应用的高要求等因素的存在,对数据质量造成了一定的影响。

1) 土地覆被遥感监测精度受影像拍摄质量限制,如云雾、烟、阴影等的影响(图 1-1)。

(a)云雾

(b)烟

(c)建筑阴影

(d)山体阴影

图 1-1 云雾、烟、阴影的影响示意图

2）由于 HJ-1 影像空间分辨率是 30m，混合像元会导致非纯净像元的分类结果与地面调查存在差别。而且中国土地覆被最小制图单元为 5400m^2，复杂细碎的地物类型（图 1-2）在数据中较难准确反映。

(a)碎小耕地、果树、自然林、居住地混合　　　　　　　(b)耕地中套种果树

图 1-2　部分混合地类示意

3）本次全国土地覆被遥感监测，定位精度要求：平原区为 30m、丘陵为 60m、少数高山为 90m 的误差。几何纠正的误差会给地物图斑的定位带来一定的不确定性。

4）全国土地覆被遥感监测的分类系统类型多而且复杂，二级类中不但包括植被的生活型，还包括土地利用特征，给土地覆被的分类增加了难度和不确定性。例如，草地二级类中的草原、草甸和草丛是生态学角度的分类；稀疏植被和裸土或裸岩，在遥感影像上信息较弱，很难根据植被覆盖度的量化指标进行严格区分；部分园地和林地、灌木和乔木、不同类型的人工表面和水体等从光谱特征上也较难区分。

5）南方阴雨天气较多，很难找到适用于土地覆被分类的多期遥感影像数据，给分类造成一定难度。一些季节性变化较大的类型，如水面、湿地等的边界则只能以所收集到的影像为准。

1.6.2　展望

为了保证土地覆被数据的可追溯性、参与人员的责任感及土地覆被精度，本书组织编写了以地级行政单元为最小统计单位的中国土地覆被数据说明书。说明书中包括了野外观测、数据处理、分类、精度评价、具体环节责任人等各步骤详细信息。

中国土地覆被完成之后，将组织第二次地面验证，采取分层整群抽样方法。全国范围内共选取 84 个集群，每个集群面积约 2500km^2，集群分类所用影像为 5.8m 分辨率的资源三号卫星影像。此外，仍将补充地面清查数据，扩大样点库；利用国产遥感数据实现中国土地覆被的年度更新；利用变化检测方法实现对前期土地覆被的追溯；在国际会议及国际平台上推广与宣传。

第 2 章 中国土地覆被分类系统

土地覆被分类系统是将各种土地覆被按其固有自然特征进行概括和简化、按一定的等级进行归类，从而使比较杂乱的现象条理化、各类型之间的可对比性和差异性更为显著，以达到认识土地覆被特征、提供应用服务的目的。土地覆被的特点及产品服务的对象不同、监测尺度存在差异，造成土地覆被分类系统各类繁多，而这些土地覆被分类系统由于划分标准不一致，形成的产品难以进行地区间、尺度间的数据对比。因此，联合国粮食及农业组织（FAO）制定了土地覆被类型分类系统（LCCS），以推动土地覆被分类的标准化。

2.1 土地覆被分类系统的建立方法

土地覆被分类强调的是地表覆盖物质的组成、内部结构、空间分布。土地利用分类强调的是人类利用方式，很多土地利用类型遥感很难识别。土地利用类型定义与土地覆被没有交叉，但它在类型表现形式上与土地覆被有交叉。

土地覆被分类系统最难的是对植被的划分。通常的植被分类以植物的型组、型、亚型、群系、亚群系及区域环境特征进行划分。这种划分方法充分反映了植被的物质组成，但是划分指标基于植物种类，划分过于细化，缺少植被空间结构的表述。目前，遥感的监测能力还不足以监测到植被种类的空间分布。生态系统分类是指一定区域内物质、能量交换相联系的类型组合，强调环境与生物的关系，通常会利用气候指标、区域性划分植被类型，如干旱半干旱灌丛、滨海湿地等，环境参量是类型划分需要考虑的因素之一。

通常土地覆被分类系统的建立有两种方式。第一种方式为先验划分系统，将分类方法与分类结果分开，按分类指标的阈值和标准化定义进行刚性划分。类型是实际类别的抽象概括，这种方法是基于数据采集前的类型定义，LCCS 即属于这一系统。建立一套普适性的分类原则、分类流程、分类方法，或称之为分类系统，在此基础上，根据不同区域、不同尺度的要求，生成实用的图例系统。不同区域建立不同的图例系统，但采用统一的分类系统划分，这样跨区域的数据可以进行转换、对比分析。第二种方式为后验划分系统，以区域实际类型为依据，根据实际地类的特征准确定义具体类型，此类划分较为灵活，区域适应性强。现有的土地覆被分类系统基本上属于这一类型。它的区域适应性较强，但不适合跨尺度、跨区域推广使用。另外，在现实应用中，大多数土地覆盖制图依赖于遥感数据，而分类系统的建立是基于应用需求与遥感解析能力之间的平衡。

在全球缺乏一个普遍接受或可用的土地覆被分类系统的背景下，开发了土地覆被分类系统（LCCS），LCCS 是一个分类系统定义的方法和工具，根据指标和阈值，通过二分法将陆面景观逐级量化细分成多层次的土地覆盖类型。它是一个系统的、标准化的、弹性的、普适的、先验性的分类系统，并独立于制图比例尺、遥感数据、土地覆盖监测方法，通过一个层次分级结构设计以满足多尺度的分类。在分类系统中，每种土地覆盖类型都有明确的、量化的、系统的定义，具有内在的一致性，因而能够进行土地覆盖类型之间的对比。LCCS 已于 2013 年获国际标准化组织（ISO-19144—2：2012）批准。东非 10 国的土地覆被产品（Africover），以及欧盟的全球土地覆被产品（Globcover 和 GLC2000）的研制，都应用到了 LCCS 分类系统。

LCCS 能够在不考虑制图尺度、土地覆被类型、数据采集方法和地理位置的情况下进行土地覆被类型划分，通过 LCCS 可建立适宜不同区域、目标的土地覆被分类或图例系统，LCCS 基于分类指标划分的类别的各种组合可以适应不同用户需求。LCCS 是将地表划分为 8 个普适性的基本类，在此基础上，为适应不同区域景观特征、应用需求，采用不同的指标，如植被结构和物候、裸地的颗粒、水体的性状，以及环境特征等进行灵活组合、细化，进行不同层级的类型划分（表 2-1）（Antonio，2005）。

表 2-1　FAO LCCS 基本类与分类指标

LCCS 的基本类	分类指标
耕作和管理的陆生植被	植被生活型，植被叶型
自然和半自然植被	植被物候
水生耕作或周期性淹没植被	植被覆盖度
水生自然和半自然的或周期性淹没植被	植被高度，植被分层
人工表面和相关区	植被物种
裸露区域	持水时间，水的稳定性
人工水面、雪和冰	地表颗粒
自然水面、雪和冰	空间分布
	灌溉方式
	盐度
	地质，地形
	气温，降水等

LCCS 具有以下 4 个特点：①土地覆被的定义严格区分于土地利用，类型定义具有准确的定量指标，设计类型中考虑到所有的涵盖面；②将土地覆被本身指标与环境影响指标区别对待；③具有尺度变化、层次结构的继承关系；④独立于信息源和监测方法。LCCS 对区域的土地覆被特征拟合不够完美，存在部分类型的定义指标过于微观、与遥感的观测能力不对应的问题，如土壤的颗粒性、禾本与非禾本草地等。

FAO LCCS 属于先验系统，它均衡全球各区域的类型特征。例如，植被覆盖度指标定义要平衡各个地区间的差异，如平衡中东地区与南美地区的差异，以便区域间的数据进行对比，但它不能充分反映一个区域的土地覆被类型特征。后验系统是根据实际出现地物特征直接定义的，这种方法是基于采集样本的类型特征。欧洲的 CORINE 土地覆被和中国的国土资源部土地利用采用后验系统，突出了区域的类型和特色。但由于主观性原因，类型的划分常常出现突出或忽略一些土地覆被类型的问题，降低了分类系统的均等性原则。

实际应用中，没有一个理想的土地覆被分类系统适用于所有需求，而是根据不同的应用目标制定不同的分类系统。对于局部的、特定的应用服务，可以制定类型精细、反映应用目标特征的土地覆被类型；对于大区域或多目标应用服务，可以制定类型定义宽泛的分类系统。

2.2 国际上主要的土地覆被分类系统

早在 1971 年 Anderson 就提出了土地覆被两级分类系统，一级 9 类、二级 37 类（Anderson，1976）。该分类系统属普适性较强的后验系统，部分类型引入了环境参量（生态参量），如苔原的划分（表 2-2）。美国地质调查局对 Anderson 的土地覆被分类系统进行了评估，制定了适用于遥感数据的美国地质调查局（USGS）的土地覆被分类系统，主要是面向资源管理需求而设计的，如土地承载力、土地脆弱性和土地价值评估等。该分类系统由 4 个层次构成，其中一级有 9 类，包括建设用地、农业用地、水体、森林、湿地、荒漠、草地、苔原和永久性冰雪覆盖区（Anderson，1976）（表 2-2）。USGS 的 Anderson 土地覆被分类系统提出后得到了广泛的接受，以该分类系统为基础，发展出许多新的分类系统，其中有代表性的分类系统是美国多尺度土地特征联盟（MRLC）建立的国家土地覆被数据集分类系统（national land cover data，NLCD），包括 9 个一级类和 21 个二级类（Vogelmann et al.，2001；Homer et al.，2004）。NLCD 基于该分类系统，利用 Landsat TM 数据完成了美国 1992 年、2001 年、2006 年 30m 国家土地覆盖数据集。

表 2-2 国际中尺度主要土地利用/土地覆被分类系统对比

Anderson 系统	CORINE 系统	IGBP	GLC2000	GlobalCover
建成区	人工表面	常绿针叶林	常绿阔叶林	雨养耕地
居住区	连续的城市建筑	常绿阔叶林	密闭落叶阔叶林	灌溉耕地
商业与服务用地	不连续的城市建筑	落叶针叶林	开放落叶阔叶林	耕地植被交错地
工业用地	工业或商业用地	落叶阔叶林	常绿针叶林	植被耕地交错地
交通、通信和公共设施	公路、铁路用地	混交林	落叶针叶林	常绿阔叶林
工业和商业复合用地	港口区	密闭灌木林	混交林	密闭落叶阔叶林
其他城市或建设用地	机场	开放灌木林	乔木淡水湿地	开放落叶阔叶林
耕地	矿区	乔木稀疏草原	乔木盐水湿地	密闭常绿针叶林
耕地、轮作牧草地	废弃物堆积处	稀疏草原	林灌草交错地	开放落叶针叶林
果园	建筑用地	草地	火烧迹地	针阔混交林
围栏牧场	城市绿化区	永久湿地	开放常绿灌木林	林灌草交错地
其他农业用地	运动和休闲场所	耕地	开放落叶阔叶林	草林灌交错地

续表

Anderson 系统	CORINE 系统	IGBP	GLC2000	GlobalCover
草地	农业用地	城市和建设用地	开放草地	灌木林
草本草地	非灌溉耕地	耕地植被交错地	稀疏灌木或草地	草地
灌丛草地	永久性灌溉耕地	冰川与积雪	灌木或草本湿地	稀疏植被
混交草地	水田	裸露与稀疏植被	耕地	密闭乔木淡水湿地
森林	葡萄园	水面	耕地林地交错地	密闭乔木盐水湿地
落叶林	果园和浆果园		耕地灌草交错地	其他植被淡水湿地
常绿林	橄榄园		裸露地	裸露地
混交林	牧场		水面	水面
水面	一年生与永久性耕地		永久冰雪	永久冰雪
河流、运河	混合作物耕地		人工表面	人工表面
湖泊	混合植被耕地			
水库	农林复合区			
海湾和河口	森林与半自然区			
湿地	阔叶林			
森林湿地	针树林			
非森林湿地	混交林			
裸露地	天然草地			
盐碱地	荒草地			
海滩	灌丛			
沙地	过渡林地			
裸岩	海滩、沙丘、沙地			
露天矿、石场、沙石坑	裸岩			
过渡类型	稀疏植被区			
混合裸露地	火烧迹地			
苔原	冰川和永久积雪			
灌丛苔原	湿地			
草本苔原	内陆沼泽			
裸露苔原	泥炭沼泽			
湿地苔原	盐沼			
混合苔原	晒盐地			
冰雪	潮间地			
永久雪地	水体			
冰川	河流			
	湖泊和水库			
	海滨咸水湖			
	河口			
	海洋			

欧洲环境署（EEA）和欧盟联合研究中心（JRC）1985年组织实施了欧洲CORINE土地覆被项目，目的是在欧盟区域内形成具有一致性的、可比性的土地覆被数据集，以供成员国进行环境管理（Ferane et al.，2007）。其制定的土地覆被分类系统共划分4级类型，开展1：10万和1：5万土地覆被制图，一级类、二级类、三级类数分别是5类、15类、44类（Lavalle et al.，2002）（表2-2）。该分类系统主体为土地覆被，但考虑到环境保护的应用，引入了一些土地利用类型，如牧场、休闲地等。该系统为后验系统，主要是针对欧洲特有的地类和景观进行设计的，如橄榄园、混合作物耕地、混合植被耕地、农林复合区等类型。这种针对性强的分类系统在实际中的应用效果较好，但应用范围受到限制、可比性差，在分类系统设计中，类型定义不易量化、制图过程可操作性差，所以CORINE土地覆被产品生产时采用手工制图的方式进行解译。

随着全球气候变化、碳排放等环境问题研究的深入，全球土地覆被信息产品应运而生。联合国开发计划署（UNDP）的国际地圈–生物圈计划（IGBP）建立了全球7个产品的数据集，由USGS地球资源观测系统数据中心（EROS Data Center）与内布拉斯加—林肯大学（UNL）、欧盟联合研究中心（JRC）成立了IGBP土地覆盖工作组（LCWG），开展1992~1993年基于1km AVHRR数据的全球土地覆盖调查。数据集包括IGBP DISCover全球土地覆盖（Loveland et al.，2000）。该分类系统覆盖17个土地覆盖类型（表2-2），类型划分主要依赖于AVHRR数据的解析力，并在植被类型划分时引入叶型、覆盖度的指标进行细分。随后，MODIS土地覆盖产品也采用同样的分类系统（Friedl and Mclver，2002）。美国马里兰大学完成的全球土地覆盖产品（UMD）中，其分类系统也是在IGBP土地覆盖基础上综合成14类（Hansen et al.，2000）。

GLC2000是欧盟JRC全球植被监测组（GVMU）开展的全球土地覆被制图计划，目的是建立全球一致性的土地覆被数据，为全球环境评估，特别是千年生态系统评价（MA）服务。GLC2000采用FAO LCCS进行类型定义，利用多指标、分层定义土地覆盖类型。GLC2000将全球划分为22个土地覆被类型，特别是通过植被覆盖度定量细分植被类型（表2-2）。

GlobalCover是由ESA发起的，协同UNEP、FAO、IGBP、GOFC-GOLD完成的土地覆被计划，旨在监测陆面过程（森林退化、荒漠化、城市化、土地退化、农业发展等）及气候系统和生物多样性丧失，同样采用FAO LCCS系统进行类型定义。GlobalCover将全球划分为22个土地覆被类型，多数类型与GLC2000保持一致，但在植被混合类型和耕地类型上做了调整（表2-2）。

中国土地覆被分类系统主要有国土资源部土地利用分类系统、中国科学院土地资源分类系统，以及国家地理信息中心的全球30m土地覆被数据产品的分类系统。国家尺度的土地覆被/土地利用分类系统带有明显的区域特征，依赖于监测的数据源和监测的方法。

国土资源部土地利用分类系统源于1984年全国农业区划委员会制定的《土地利用现状调查技术规程》，开展全国农区1：1万、林区1：5万、牧区1：10万的第一次土地详查，包括8个一级类和46个二级类。在2002年将该分类系统与《城镇地籍调查规程》统一后形成《土地分类》，全国3个一级类、15个二级类、71个三级类。在2007年该分类系统又提升为国家标准的《土地利用现状分类》，对类型做了进一步简化、完善，形成12个一级类、57个二级类的土地利用分类系统（表2-3）。国土资源部分类系统是土地利用分类系统，一些类型按土地用途和服务功能划分，主要为县区级土地管理部门提供土地资源、权属等管理服务。其中人工类型较为详细，制图时需要大量地面调查获取资料。

表 2-3 中国中尺度主要土地覆被/土地利用分类系统对比

国土资源部土地利用分类系统	中国科学院土地资源分类系统	国家地理信息中心和清华大学全球30m土地覆被分类系统
耕地	耕地	水体
水田	水田	湿地
水浇地	旱地	人工表面
旱地	林地	耕地
园地	有林地	森林
果园	灌木林地	灌木林
茶园	疏林地	草地
其他园地	其他林地	裸露地
林地	草地	永久积雪与冰川
有林地	高覆盖度草地	苔原
灌木林地	中覆盖度草地	
其他林地	低覆盖度草地	
草地	水域	
天然草地	河渠	
人工草地	湖泊	
其他草地	水库、坑塘	
商服用地	冰川和永久积雪地	
批发零售用地	海涂	
住宿餐饮用地	滩地	
商务金融用地	城乡工矿居民用地	
其他商服用地	城镇用地	
工矿仓储用地	农村居民点用地	
工业用地	工交建设用地	
采矿用地	未利用土地	
仓储用地	沙地	
住宅用地	戈壁	
城镇住宅用地	盐碱地	
农村宅基地	沼泽地	

续表

国土资源部土地利用分类系统	中国科学院土地资源分类系统	国家地理信息中心和清华大学全球30m土地覆被分类系统
公共管理与公共服务用地	裸土地	
机关团体用地	裸岩石砾地	
新闻出版用地	其他未利用土地	
科教用地		
医卫慈善用地		
文体娱乐用地		
公共设施用地		
公园与绿地		
风景名胜设施用地		
特殊用地		
军事设施用地		
使领馆用地		
监教场所用地		
宗教用地		
墓葬用地		
交通运输用地		
铁路用地		
公路用地		
街巷用地		
农村道路		
机场用地		
港口码头用地		
管道运输用地		
水域及水利设施用地		
河流水面		
湖泊水面		
水库水面		
坑塘水面		
沿海滩涂		
内陆滩涂		
沟渠		
水工建设用地		
冰川及永久积雪		

续表

国土资源部土地利用分类系统	中国科学院土地资源分类系统	国家地理信息中心和清华大学全球30m土地覆被分类系统
其他土地		
空闲地		
设施农用地		
田坎		
盐碱地		
沼泽地		
沙地		
裸地		

中国科学院土地资源分类系统，服务于国家资源环境遥感宏观调查与动态分析，制定了两级分类体系，包括6个一级类、25个二级类（刘纪远，1996；徐新良等，2012）（表2-3）。类型划分充分考虑了遥感数据源的信息可提取性，在国土资源部分类系统的基础上，对人工类型进行了归并，将草地利用类型替换成土地覆被类型。该系统植被类型比例偏少，是一个介于土地覆被与土地利用之间的分类系统。刘纪远等（1996）利用该分类系统，完成了20世纪80年代末至2010年共计6期全国1∶10万土地资源数据集。

为了有效地支撑全球变化研究和地球系统模式发展，2010年国家地理信息中心开展了全球30m土地覆盖产品研制（GlobeLand30）。完成2000年、2010年共计两期全球30m土地资源数据集，其分类系统共10类，基本上就是通常分类系统的一级类（表2-3）。通过简化土地覆盖类型设计，提高全球大数据量的处理能力和精度水平。清华大学采用同样的分类系统、不同方法也生产出一套全球土地覆盖数据。

2.3　中国土地覆被分类系统设计

中国地跨中纬度热带、亚热带、温带地区，由于青藏高原的山体效应，使其具有寒带的气候特征，从而使中国土地覆被类型丰富多样。与其他国家的土地覆被相比，中国土地覆被又具有类型与结构的独特性。由于人口众多，中国的土地开发强度大，土地覆被具有景观破碎化、连续性差的特点；山地多、平地少、地形起伏大，以及四季分明的季风气候，使土地覆被垂直与水平景观空间异质性较强；人类活动干扰与自然条件的双重胁迫，使土地覆被类型多样，土地覆被类型之间的转换比较频繁。

中国地域广阔，西部地区荒漠景观单一、地块大，东部平原区景观斑块适中，中部山区景观破碎、图斑较小，特别是在中国中部山区的第二地貌台地与第一地貌台地过渡区显得尤为突出。这使土地覆被监测需要更大的比例尺才能达到较高的监测精度。30m分辨率的影像解析能力基本上均衡了各地区的土地特征，能够反映大部分地区的土地覆被特征与变化，也能降低破碎地块形成的混合像元对监测精度的影响。

中国土地覆被分类系统的制定主要服务于中国生态系统评估，以及中国碳收支的潜力、速率和机制研究。因不同植被类型的固碳能力差异较大，需要细分自然植被，以具备表达碳收支的数量和潜力特征的能力。面向生态系统评估，特别是在经济快速发展阶段的生态系统评估，土地覆被分类系统需要考虑自然与人工生态系统类型间的转化。同时，土地覆被的类型需要具有国际、国内认可的、标准化的定义，使数据可交换。

2.3.1 分类系统划分原则与依据

中国土地覆被分类系统设计时，根据数据生产时采用的遥感信息源特点、数据应用需要及信息提取方法确定了以下基本原则。

1）类型内部差异最小，类型之间差异最大，具有明显的类型差别定义。
2）类型之间无定义上空缺，通过分割、取反的方法定义，以避免定义上的空缺。
3）类型之间无定义上的重叠，并列的类型应采用同一指标判别，以避免定义上的重叠。
4）类型不能有功能上的混合，如建成区的定义包含了不同功能的植被、水面与建筑；大于最小制图单元时，道路与行道树不能统称道路，应分开考虑。

考虑到利用土地覆被产品估算的中国陆地碳收支，旨在满足联合国气候框架会议及碳贸易谈判的需求，中国土地覆被主体类型的定义采用 LCCS 系统的定义标准，建立中国土地覆被分类统。虽然它与中国及其他国家现行的土地覆被的类型定义不完全一致，但随着全球环境问题的日益突出，土地覆被数据在国际上的数据使用、交流与对比更加频繁，标准化的 LCCS 将是未来的应用趋势。中国土地覆被分类系统代码与 FAO LCCS 分类系统类型一致，以便参与国际土地覆被的数据交流与对比。

分类系统设计要求以土地覆被为主、土地利用为辅。土地覆被包括类型内部特征（物质组成、结构、排列、季节等特征）和环境特征。内部特征反映固碳能力和生态系统的现状。土地覆被是环境与人类活动共同作用产生的结果，某些土地利用方式对土地覆被的干扰强度、数量、过程（经营、管理等）影响生态系统的固碳能力及碳收支水平，因此分类系统设计应考虑土地覆被与土地利用的结合。考虑到分类系统的完整性、数据生产过程的可操作性，两类型采用分级设计，土地覆被通过遥感调查，空间一致性强，放在二级类；土地利用类型空间异质性大，通过人工地面调查的方式获得，放在三级类。

土地覆被是地表覆盖物特征与环境特征的结合。地表覆盖物特征包括物质的组成、结构、排列等，这些特征是因物质的存在而存在的。环境属性包括地形（高程、坡度、坡向等）、地貌、气候等，它是土地覆被的背景，但对土地覆被变化和演化产生影响。环境参数不仅反映土地覆被现状，它对生态系统的碳循环机制、变化速率、潜力产生重要影响。从地表覆盖物特征与环境特征不同侧面表达土地覆被的构成和生态特征，有利于充分利用下垫面信息，开展不同应用目标的研究。本次土地覆被分类系统考虑土地覆被自身特征与环境生态特征，形成多重属性的土地覆被数据集（图 2-1）。

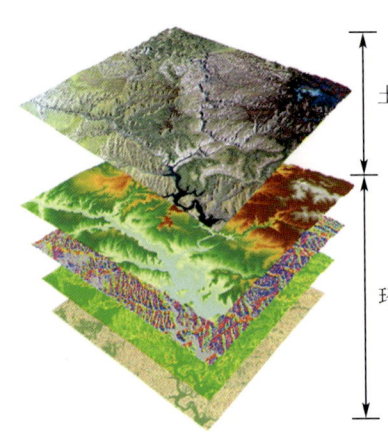

图 2-1 全国 30m 格网土地覆被的产品结构

分类系统应从类型的完整性要求建立一致性的类型尺度。尽管在分类系统设计中，根据区域大小、监测比例尺，很多分类系统考虑了分级问题，但对每一级内类型之间的均衡性和一致性考虑不足。例如，同一级中森林考虑了覆盖度指标，草地也应该利用覆盖度进行细分，而不能从数据获取的可行性方面进行分类系统设计，如可以识别的类型就分细些，不能识别的类型就合并。

人工植被与自然植被的界定。在人工植被与自然植被之间存在的过渡类型为半自然植被类型，它是人工种植的，但人工干扰和影响程度较弱，如果一年中只有小于 10% 的时间进行经营和管理，则植被的生长和习性保留大部分自然属性，在分类系统中应将其归为自然植被，如人工造林、放牧草地等，而绿地、山上的经济林，其人为的干扰程度较高，应划分为人工植被。

季节性类型问题。具有季节性特征的类型有植被、作物、水面、冰雪等。在判别类型的特征时应以某一代表性时段的地物特征为基准。植被以茂盛期特征为基准划分；作物以一年生长中代表性的作物为基准，如小麦-水田组合称为水田、小麦-玉米组合称为玉米或小麦玉米；水面以多年平均洪水位之下或平均高潮位之下的区域为基准，其包括低位滩地和潮间带；冰雪以一年内覆盖面积最小特征为基准。

混合类型问题。分为空间上和时间上的混合类型。作物有轮作现象，可通过组合类型命名方式。空间上混合按 LCCS 的定义比较完善，各类覆盖比例为 25%~75% 的类型为混合类，如针阔叶混交、常绿与落叶混交等。

垂直叠加问题。有些类型有垂直叠加关系，如树冠与林下植被关系、行道树与道路关系、桥梁与水面关系、地表与隧道关系、地下开采矿藏与地表覆盖关系等。一般以顶层为准，它与环境接触关系最为密切，但也应考虑其功能的重要性，如行道树覆盖下的道路应定义为道路。对于植被，应该根据垂直结构和水平覆盖度复合类型定义，如斑块中顶层乔木郁闭度很低时，应以下层的灌木、草地为主体定义。

植被覆盖度定义。对于植被的定义，特别是森林的定义，覆盖度阈值在各国、国际组织不一致。LCCS 系统中的植被类型定义的覆盖度为 >20%，FAO 的全球森林资源评估

（FRA）计划、美国林业部门定义的森林定义为大于10%郁闭度。在国内，中国科学院土地资源分类系统为森林郁闭度大于30%，国家林业局森林清查定义的森林郁闭度为20%。为了便于各类植被类型的对比，应制定连续的植被覆盖度和森林郁闭度数据层，以便不同分类系统之间的转换。

采用并行结构细化类型。通常利用不断增加的分类指标丰富土地覆被类型，但指标增加会使土地覆被类型倍增，从而增加数据生产的难度，也不利于土地覆被数据的灵活应用。并行处理方式是将每个指标划分的类型形成独立的数据层，每个指标之间不交叉，根据应用的需要，选择不同的指标组合，使分类系统应用更加简便、灵活。

生态系统碳收支监测是对森林、灌木、草地、湿地与耕地五大类分别进行估算、统计的，每一大类中，根据固碳特征分级细分植被类型。

森林划分的类型中，需要关注叶型、季节性、热量特征，具体表现为阔叶/针叶、常绿/落叶、热带/亚热带/温带/寒带。叶型反映植物光合作用的方式，季节性反映生物量积累的能力，热量条件决定了固碳速率以及固碳的潜力特征。叶型和季节性可以利用绿度进行遥感识别，热量可以通过热红外监测提取，并能反映地表空间的细小差异。一些特殊的林地对固碳影响较大，如竹林、经济林、四旁树、城镇乔木绿地等。竹林是特殊的自然林，具有草本的属性及林地的结构，在遥感上有一定的光谱异常；经济林由于人为的管理经营使其固碳能力差异较大，在遥感监测上有不确定性；四旁树、城镇乔木绿地及道路林带单独面积很小，累积起来非常可观，可以通过遥感覆盖度监测分离出小于制图单元的植被（有些面积较小，达不到上图标准）。森林进一步划分类型时，要体现建群林种。

灌木林次一级主要以叶型、季节性划分，如常绿阔叶、落叶阔叶、常绿针叶（如伏地柏，主要在秦岭）；进一步划分主要考虑环境要素，如热量（温性、暖性、热性、高寒等）、地貌（山地、丘陵、低地等）、基质（沙、石质、砾石、土等）等。

草地的制约因素是水分，划分类型首先应从水分条件开始，草甸、草原、荒漠、草丛、灌草丛。次一级分类引入热量（温性、暖性、热性、高寒、干热等）、覆盖度（0~100%）、地形（山地、丘陵、平原、低地、滨海、河流、湖盆、沙、砾石、土壤等）等信息；草地利用方式对生物量影响较大，如未利用草地、封育草地、割草地、冬春放牧草地、夏秋放牧草地、全年放牧草地的区分；进一步划分草地基于物种特征等知识。

耕地明确区分为水田、旱地，并在此基础上进一步考虑几种主要作物的区分和不同熟制（一年一熟/两年三熟/一年两熟等）的确定，以及灌溉方式。

湿地生态系统是基于生活型进行划分的，在细分类型中，应考虑划分红树林、芦苇等分布广的湿地类型。

2.3.2　中国土地覆被分类系统

土地覆被分类系统分为四级，一级类要求与政府间气候变化专门委员会（IPCC）土地覆被类型兼容，一级为6类，与IPCC的分类系统相对应，包括林地、草地、湿地、耕地、人工表面、其他类型；二级类基于LCCS土地覆被类型并能满足碳收支与生态系统评估的需求；三级类结合植被水平结构、群落建群种、土地利用方式、土地生态特征；四级类考虑植被垂直结构。其中前三级土地覆被分类体系服务于全国30m土地覆被数据，第四级服务于样区尺度的10m分辨率土地覆被数据。

2.3.2.1 二级分类

二级类型由 FAO LCCS 的方法进行定义，共40类，具有统一的数据代码，便于政府间、国际组织的数据交换与对比分析，反映通用的土地覆被特征（表2-4）。

表 2-4 面向碳收支的全国土地覆被一级类、二级类系统

一级类	管理码	LCCS 码	二级类	指标
林地	101	20089，20131	常绿阔叶林	$H=3\sim30\text{m}$，$C\geq0.2$，常绿，阔叶
	102	20090，20132	落叶阔叶林	$H=3\sim30\text{m}$，$C\geq0.2$，落叶，阔叶
	103	20092，20134	常绿针叶林	$H=3\sim30\text{m}$，$C\geq0.2$，常绿，针叶
	104	20093，20135	落叶针叶林	$H=3\sim30\text{m}$，$C\geq0.2$，落叶，针叶
	105	20088-20130	针阔混交林	$H=3\sim30\text{m}$，$C\geq0.2$，$0.25<F<0.75$
	106	20152，20173	常绿阔叶灌丛	$H=0.3\sim5\text{m}$，$C\geq0.2$，常绿，阔叶
	107	20153，20174	落叶阔叶灌丛	$H=0.3\sim5\text{m}$，$C\geq0.2$，落叶，阔叶
	108	20155，20176	常绿针叶灌丛	$H=0.3\sim5\text{m}$，$C\geq0.2$，常绿，针叶
	109	20052	稀疏林	$H=3\sim30\text{m}$，$C=0.04\sim0.2$
	110	20055	稀疏灌丛	$H=0.3\sim5\text{m}$，$C=0.04\sim0.2$
	111	10001	乔木园地	人工植被，$H=3\sim30\text{m}$，$C\geq0.2$
	112	10013	灌木园地	人工植被，$H=0.3\sim5\text{m}$，$C\geq0.2$
	113	11177	乔木绿地	人工植被，人工表面周围，$H=3\sim30\text{m}$，$C\geq0.2$
	114	11178	灌木绿地	人工植被，人工表面周围，$H=0.3\sim5\text{m}$，$C\geq0.2$
草地	201	20025-05011，20045-05011	温性草原	$K<1$，$H=0.03\sim3\text{m}$，$C\geq0.2$
	202	20025-07011，20045-07011	高寒草原	$K<1$，$T<1300℃$，海拔$>3200\text{m}$，$H=0.03\sim3\text{m}$，$C\geq0.2$
	203	20025-05012，20045-05012	温性草甸	$K\geq1$，$H=0.03\sim3\text{m}$，$C\geq0.2$
	204	20025-07012，20045-07012	高寒草甸	$K\geq1$，$T<2300℃$，海拔$>3200\text{m}$，$H=0.03\sim3\text{m}$，$C\geq0.2$
	205	20037-05013	草丛	$K\geq1.0$，$H=0.03\sim3\text{m}$，$C\geq0.2$
	206	20058	稀疏草地	$H=0.03\sim3\text{m}$，$C=0.04\sim0.2$
	207	11179	草本绿地	人工植被，人工表面周围，$H=0.03\sim3\text{m}$，$C\geq0.2$
耕地	301	3001	水田	人工植被，土地扰动，水生作物，收割过程
	302	10025	旱地	人工植被，土地扰动，旱生作物，收割过程

续表

一级类	管理码	LCCS 码	二级类	指标
湿地	401	40003, 40007	乔木湿地	$W>2$, $H=3\sim30\text{m}$, $C\geq0.2$
	402	40009, 40011	灌木湿地	$W>2$, $H=0.3\sim5\text{m}$, $C\geq0.2$
	403	40013, 40019	草本湿地 4031-滨海草本湿地	$W>2$, $H=0.03\sim3\text{m}$, $C\geq0.2$ 咸水
	404	8001-5	湖泊	自然水面，静止
	405	7001-5	水库/坑塘 4051-盐田	人工水面，静止水面用于撒盐
	406	8001-1	河流	自然水面，流动
	407	7001-1	运河/水渠	人工水面，流动
人工表面	501	5003-9, 5003-8	建设用地	人工硬表面，居住建筑，生产建筑
	502	5002	交通用地	人工硬表面，线状特征
	503	5004	采矿场	人工挖掘表面
其他	601	21435, 21438	苔藓/地衣	自然，苔藓/地衣覆盖
	602	6001-1	裸岩	自然，坚硬表面，石质，$C<0.04$
	603	6001-2	戈壁	自然，坚硬表面，砾质，$C<0.04$
	604	6005	裸土	自然，松散表面，壤质，$C<0.04$
	605	6006	沙漠	自然，松散表面，沙质，$C<0.04$
	606	6007	盐碱地	自然，松散表面，高盐分
	607	8005, 8008	冰川/永久积雪	自然，水的固态

注：C，覆盖度/郁闭度；H，植被高度（m）；W，水一年覆盖时间（月）；K，湿润指数，$K=\dfrac{r}{0.0018(25+t)^2(100-f)}$，$r$ 为月降水量、t 为月均气温、f 为月均相对湿度；T，年积温（℃）；F，针叶树与阔叶树的比例

在土地覆被一、二级分类中，考虑到空间一致、工作效率问题，以遥感为分类的主要手段。划分的指标首先考虑的是遥感的解析力，然后是类型的特征，重点是植被的特征。采用 21 个指标（表 2-5），有些类别划分使用 2 个或 3 个参数。

表 2-5 土地覆被二级分类系统中的分类指标

序号	指标	阈值
1	植被的覆盖	植被、无植被（覆盖度<1%）
2	水的覆盖	植被区：水覆盖>2 月，水覆盖<2 月，无植被区：水覆盖>1 月，水覆盖<1 月
3	人类活动	自然/半自然、人为形成的表面
4	植被生活型	乔木、灌木、草本
5	植被高度	$0.03\sim3\text{m}$，$0.3\sim5\text{m}$，$>3\text{m}$
6	植被叶型	针叶、阔叶
7	植被物候	落叶、常绿/休眠

续表

序号	指标	阈值
8	植被覆盖度	$C>20\%$、$C=4\%\sim20\%$、$C<4\%$
9	植被下土壤扰动	耕作、非耕作
10	植被的收获性	收割、非收割
11	植被与人工表面的空间关系	植被在建筑周边，植被不在建筑周边
12	水分条件	$K<1.0$、$K\geqslant1.0$
13	积温	$T<1300℃$，$T<2300℃$
14	海拔	$H>3200m$
15	人工表面功能	居住、工业、交通
16	土壤结构	坚硬、松散
17	土地颗粒性	岩、砾、砂、土
18	土壤盐分	盐分、无盐分
19	土壤水分	饱和、非饱和
20	水面状态	固态、液态
21	水面流动性	流动、静止

注：K，（草本）湿润指数（盛文萍等，2010），$K=\dfrac{r}{0.0018(25+t)^2(100-f)}$，$r$ 为月降水量、t 为月均气温、f 为月均相对湿度；C 为植被覆盖度，$C=\dfrac{C_植}{C_总}$，$C_植$ 为植被叶面投影面积，$C_总$ 为总地表面积

对于林地的细分类型，主要利用了植被生活型、植被高度、植被叶型、植被物候、植被覆盖度、人类活动，产生 14 种类型，基本反映了林地的结构；草地采用了植被覆盖度、水分条件，水分是制约草地的重要环境因素，通过覆盖度、水分基本上反映了草地的生物量，产生 7 种类型；耕地采用植被下土壤扰动、植被的收获性、水的覆盖特征，产生 2 类完全不同的植被种类、土壤固碳能力的类型。

2.3.2.2 二级类定义

（1）林地

木本为主的植物群落。包括自然、半自然林和人工林。

常绿阔叶林：主要由常绿阔叶树组成的森林。林冠垂直投影面积中阔叶树占总面积比例的 75% 以上，常绿阔叶树占阔叶树比例的 50% 以上，高度在 3m 以上，郁闭度不低于 0.2。

落叶阔叶林：主要由落叶阔叶树组成的森林。林冠垂直投影面积中阔叶树占总面积比例的 75% 以上，落叶阔叶树占阔叶树比例的 50% 以上，高度在 3m 以上，郁闭度不低于 0.2。

常绿针叶林：主要由常绿针叶树组成的森林。林冠垂直投影面积中针叶树占总面积比例的 75% 以上，常绿针叶树占针叶树比例的 50% 以上，高度在 3m 以上，郁闭度不低

于 0.2。

落叶针叶林：主要由落叶针叶树组成的森林。林冠垂直投影面积中针叶树占总面积比例的 75% 以上，落叶针叶树占针叶树比例的 50% 以上，高度在 3m 以上，郁闭度不低于 0.2。

针阔混交林：由针叶树和阔叶树混交组成的森林。林冠垂直投影面积中针叶树与阔叶树的比例分别在 25%~75%，高度在 3m 以上，郁闭度不低于 0.2。

常绿阔叶灌丛：主要由常绿阔叶灌木组成的灌丛，高度为 0.3~5m，覆盖度不低于 0.2。

落叶阔叶灌丛：主要由落叶阔叶灌木组成的灌丛，高度为 0.3~5m，覆盖度不低于 0.2。

常绿针叶灌丛：主要由常绿针叶灌木组成的灌丛，高度为 0.3~5m，覆盖度不低于 0.2。

稀疏林：高度在 3m 以上，郁闭度为 0.04~0.2 的林地，其中灌木和草本植物的覆盖度均小于 0.2。

稀疏灌丛：高度为 0.3~5m，覆盖度为 0.04~0.2 的灌丛，其中草本植物的覆盖度小于 0.2。

乔木园地：包括果园、桑园、橡胶林等，高度在 3m 以上，郁闭度不低于 0.2。

灌木园地：包括茶园、葡萄园等，高度为 0.3~5m，覆盖度不低于 0.2。

乔木绿地：分布在居住区内人工栽培的乔木林，高度在 3m 以上，郁闭度不低于 0.2。

灌木绿地：分布在居住区内人工栽培的灌丛，高度为 0.3~5m，覆盖度不低于 0.2。

(2) 草地

以一年或多年生草本植物为主构成的植物群落。乔木和灌木所占比例均在 0.2 以下。

温性草原：温带干旱半干旱气候下的草本植被，湿润指数小于 1，高度为 0.03~3m，覆盖度不低于 0.2。

高寒草原：高原高寒气候下的草本植被，湿润指数小于 1，高度为 0.03~3m，覆盖度不低于 0.2，年积温小于 1300℃，海拔大于 3200m。

温性草甸：温带半干旱气候下的草本植被，土壤湿润，湿润指数不低于 1，高度为 0.03~3m，覆盖度不低于 0.2。

高寒草甸：高原高寒气候下的草本植被，土壤湿润，湿润指数不低于 1，高度为 0.03~3m，覆盖度不低于 0.2，年积温小于 2300℃，海拔大于 3200m。

草丛：中生和旱生多年草本植物为主要建群种的植被，在大多数情况下群落中散生有稀疏的矮小灌木，湿润指数不低于 1，高度为 0.03~3m，覆盖度不低于 0.2。

稀疏草地：高度为 0.03~3m，覆盖度为 0.04~0.2 的草地。

草本绿地：分布在居住区内人工栽培的草地，包括休闲地和运动场地等，高度为 0.03~3m，覆盖度不低于 0.2。

(3) 耕地

农作物覆盖的地表，一年内至少播种一次。

水田：种植水稻或其他水生作物的耕地。
旱地：种植旱生作物的耕地和有灌溉设施的种植中生旱生作物的耕地。

（4）湿地

一年中超过 2 个月被水覆盖或长期处于水分饱和状态下的植被，及在非植被区被水覆盖超过 1 个月的表面，包括人工湿地和自然湿地。

乔木湿地：以乔木植物为主的湿地，一年被水覆盖在 2 个月以上，高度在 3m 以上，郁闭度不低于 0.2。

灌木湿地：以灌木植物为主的湿地，一年被水覆盖在 2 个月以上，高度为 0.3~5m，覆盖度不低于 0.2。

草本湿地：以草本植物为主的湿地，一年被水覆盖在 2 个月以上，高度为 0.03~3m，覆盖度不低于 0.2。

滨海草本湿地：沿海草本湿地，覆盖度不低于 0.04。

湖泊：天然、相对静止的水面。

水库/坑塘：人工建造的静止水面。

盐田：沿海晒盐场地。

河流：自然流动、线状水面。包括一年洪水位以下的滩地，不包括干旱区径流时间很短的季节性河流。

运河/水渠：人工建造的、宽于 30m 的流动线状水面。

（5）人工表面

人工建造的陆地表面，包括城乡居民点、工矿区、交通用地等，在制图单元内，人工表面占总面积的 50% 以上。

建设用地：包括居住地和工业用地。居住地指城市、乡镇、村庄等人口聚居区以居住为主的土地。工业用地指主体为工业设施的区域，包括工厂、工业园区及有关的服务设施。

交通用地：宽度大于 30m 的道路。

采矿场：包括露天矿、采石场和采沙场等。

（6）其他

年内最大植被覆盖度小于 0.04 的地表和冰雪覆盖区域。

苔藓/地衣：由苔藓或地衣覆盖的地表。

裸岩：由岩石覆盖，植被覆盖度小于 0.04。

戈壁：由砾石覆盖，植被覆盖度小于 0.04。

裸土：由土层覆盖，植被覆盖度小于 0.04。

沙漠：由松散沙粒覆盖，植被覆盖度小于 0.04。

盐碱地：由盐碱含量高的土层覆盖的地表。

冰川/永久积雪：由冰川和永久积雪覆盖的地表。

2.3.2.3　三级分类及指标

三级类型是在二级分类的基础上对植被群落和管理功能进行细分。植物群落为自然植被的建群种和作物类型，管理功能反映土地利用管理方式对碳收支的干扰作用，划分指标主要基于地面调查，植被建群种和土地方式采用地面调查的方式。

同时为了充分反映植被固碳的机制、变化速率、潜力等特征，提供植被覆盖度、生育期和环境参量3组辅助性的生态指标用于三级类型的细分。植被覆盖度反映植被水平结构；生育期反映植物在年内的生长期长度；环境参量包括水分、热量、地貌、坡度、坡向等，反映固碳的环境控制参量。植被覆盖度、生育期和环境参量作为二级植被类型的附属特性，形成空间数据层，与二级土地覆被数据层并列，组成多层土地覆被数据集。

三级分类系统采用了6类10个指标（表2-6），三级分类系统中的指标相比二级类，植被覆盖度和生育期涉及几乎所有二级类的细化。为此，三级类型采用并行数据存储的管理方式，只进行指标的划分，不表述具体类型，根据不同目标的需要进行组合。

表2-6 土地覆被三级分类系统中的分类指标

序号	指标		阈值
1	植被覆盖度		连续值0～100%，根据需要定制
2	生育期		月数（1～12）
3	环境		
		热量	寒带（$T<1300℃$）、寒温带（$T=1300～2300℃$）、温带（$T=2300～3700℃$）、暖温带（$T=3700～5300℃$）、亚热带（$T=5300～8000℃$）、热带（$T>8000℃$）
		水分	极干旱（$K<0.1$）、强干旱（$K=0.1～0.13$）、干旱（$K=0.13～0.3$）、半干旱（$K=0.3～0.6$）、半湿润（$K=0.6～1.0$）、湿润（$K>1.0$）
		地貌	平原（$H_r=0～30m$）、台地（$H_r=30～100m$）、丘陵（$H_r=100～200m$）、山地（$H_r>200m$）
		坡度	平地（$H_r=0°～6°$）、缓坡（$H_r=6°～15°$）、斜坡（$H_r=15°～25°$）、陡坡（$H_r>25°$）
		坡向	阴坡（315°～45°）、半阴坡（45°～90°和270°～315°）、半阳坡（90°～135°和270°～315°）、阳坡（135°～225°）、无坡向（坡度小于2°）
		海陆关系	海水、饱和海水土壤的环境、陆生环境
4	植物种类		植被的建群种划分：按植物群落的建群种马尾松林、白桦林、杉木林、青冈林、竹林、桉树林等 园地按种类：柑橘园、橡胶园、板栗园、核桃园、龙眼园、荔枝园、沙棘园等 水田：水稻 旱地：小麦、玉米、大豆、棉花、菜地、饲料植物等 湿地：红树林、芦苇、其他
5	土地利用方式		林地：防护林、特种用途林、用材林、薪炭林、经济林 草地：天然草地、封育草地、割草地、冬春放牧草地、夏秋放牧草地、全年放牧草地、休憩用地等；绿地：公园绿地、附属绿地、道路绿地、景观绿地

注：T 为一年大于0℃的积温；H_r 为相对高差；K 为湿润指数

自然植被植物种类（代码：101～108、201～207）的划分依据《中国植被图集》（1∶100万）中的植物分类系统（候学煜，2001），将建群种划分植被型组、植被型、群系组，全国共 586 个群系组（571 个群系和 4 个亚群系），如寒温带和温带山地针叶林–华北落叶松林。

园地植物种类（代码：111~112）以实际种植的植物定义，如柑橘园、橡胶园、板栗园、核桃园、龙眼园、荔枝园、沙棘园等。

耕地植物种类（代码：301~302）定义大宗作物，如水稻、小麦、玉米、大豆、棉花等。

湿地植物种类（代码：401~403）主要划分为红树林、芦苇和其他。

林地土地利用方式是依据 2003 年颁布的《国家森林资源连续清查主要技术规定》中提出的 5 类功能林地：防护林、特种用途林、用材林、薪炭林和经济林。

草地土地利用方式是依据国土资源部草地利用方式与中国科学院植物研究所的草地功能分类进行划分的，包括天然草地、封育草地、割草地、冬春放牧草地、夏秋放牧草地、全年放牧草地、休憩用地和绿地等。

2.3.2.4 三级类指标组合

由于有些指标之间有一定关联性或者是中国特殊的地域特征，指标组合后，有些类型并不存在。为了进一步表述可能产生的类型，在三级分类系统中，对环境参量划分了组合类型。通过热量（表 2-7）、地貌（表 2-8）和坡向（表 2-9）产生的林地类型分别为 30 类、40 类和 50 类（侯学煜，2001）；通过热量和湿度、地貌和坡向产生的草地类型 13 类（表 2-10）、10 类（表 2-11）和 16 类（表 2-12）（苏大学，1996）；通过海陆关系产生的湿地类型 6 类（表 2-13），通过坡度产生的耕地类型 5 类（表 2-14）。

表 2-7 土地覆被三级分类系统按热量划分自然林地

序号	类型	积温/℃
1	暖温带常绿阔叶林	$T=3700~5300$
2	亚热带常绿阔叶林	$T=5300~8000$
3	热带常绿阔叶林	$T>8000$
4	高寒落叶阔叶林	$T<1300$
5	寒温带落叶阔叶林	$T=1300~2300$
6	温带落叶阔叶林	$T=230~3700$
7	高寒常绿针叶林	$T<1300$
8	寒温带常绿针叶林	$T=1300~2300$
9	温带常绿针叶林	$T=2300~3700$
10	暖温带常绿针叶林	$T=3700~5300$
11	亚热带常绿针叶林	$T=5300~8000$
12	热带常绿针叶林	$T>8000$
13	暖温带落叶阔叶林	$T=3700~5300$
14	高寒落叶针叶林	$T<1300$
15	寒温带落叶针叶林	$T=1300~2300$

续表

序号	类型	积温/℃
16	温带落叶针叶林	$T=230\sim3700$
17	暖温带落叶针叶林	$T=3700\sim5300$
18	亚热带落叶针叶林	$T=5300\sim8000$
19	温带针阔混交林	$T=230\sim3700$
20	暖温带针阔混交林	$T=3700\sim5300$
21	亚热带针阔混交林	$T=5300\sim8000$
22	亚热带常绿阔叶灌丛	$T=5300\sim8000$
23	热带常绿阔叶灌丛	$T>8000$
24	高寒落叶阔叶灌丛	$T<1300$
25	寒温带落叶阔叶灌丛	$T=1300\sim2300$
26	温带落叶阔叶灌丛	$T=230\sim3700$
27	暖温带落叶阔叶灌丛	$T=3700\sim5300$
28	亚热带落叶阔叶灌丛	$T=5300\sim8000$
29	温带常绿针叶灌丛	$T=230\sim3700$
30	暖温带常绿针叶灌丛	$T=3700\sim5300$

注：乔木园地、灌木园地、乔木绿地、灌木绿地与环境关联较小，不在环境因素下细分

表 2-8 土地覆被三级分类系统按地貌划分林地

序号	类型	相对高差/m
1	平原常绿阔叶林	$0\sim30$
2	平原落叶阔叶林	$0\sim30$
3	平原常绿针叶林	$0\sim30$
4	平原落叶针叶林	$0\sim30$
5	平原针阔混交林	$0\sim30$
6	平原常绿阔叶灌丛	$0\sim30$
7	平原落叶阔叶灌丛	$0\sim30$
8	平原常绿针叶灌丛	$0\sim30$
9	平原乔木园地	$0\sim30$
10	平原灌木园地	$0\sim30$
11	台地常绿阔叶林	$30\sim100$
12	台地落叶阔叶林	$30\sim100$
13	台地常绿针叶林	$30\sim100$
14	台地落叶针叶林	$30\sim100$
15	台地针阔混交林	$30\sim100$
16	台地常绿阔叶灌丛	$30\sim100$

续表

序号	类型	相对高差/m
17	台地落叶阔叶灌丛	30~100
18	台地常绿针叶灌丛	30~100
19	台地乔木园地	30~100
20	台地灌木园地	30~100
21	丘陵常绿阔叶林	100~200
22	丘陵落叶阔叶林	100~200
23	丘陵常绿针叶林	100~200
24	丘陵落叶针叶林	100~200
25	丘陵针阔混交林	100~200
26	丘陵常绿阔叶灌丛	100~200
27	丘陵落叶阔叶灌丛	100~200
28	丘陵常绿针叶灌丛	100~200
29	丘陵乔木园地	100~200
30	丘陵灌木园地	100~200
31	山地常绿阔叶林	>200
32	山地落叶阔叶林	>200
33	山地常绿针叶林	>200
34	山地落叶针叶林	>200
35	山地针阔混交林	>200
36	山地常绿阔叶灌丛	>200
37	山地落叶阔叶灌丛	>200
38	山地常绿针叶灌丛	>200
39	山地乔木园地	>200
40	山地灌木园地	>200

表2-9 土地覆被三级分类系统按坡向划分林地

序号	类型	坡向/(°)
1	阴坡常绿阔叶林	315~45
2	阴坡落叶阔叶林	315~45
3	阴坡常绿针叶林	315~45
4	阴坡落叶针叶林	315~45
5	阴坡针阔混交林	315~45
6	阴坡常绿阔叶灌丛	315~45
7	阴坡落叶阔叶灌丛	315~45

续表

序号	类型	坡向/(°)
8	阴坡常绿针叶灌丛	315~45
9	阴坡乔木园地	315~45
10	阴坡灌木园地	315~45
11	半阴坡常绿阔叶林	45~90 和 270~315
12	半阴坡落叶阔叶林	45~90 和 270~315
13	半阴坡常绿针叶林	45~90 和 270~315
14	半阴坡落叶针叶林	45~90 和 270~315
15	半阴坡针阔混交林	45~90 和 270~315
16	半阴坡常绿阔叶灌丛	45~90 和 270~315
17	半阴坡落叶阔叶灌丛	45~90 和 270~315
18	半阴坡常绿针叶灌丛	45~90 和 270~315
19	半阴坡乔木园地	45~90 和 270~315
20	半阴坡灌木园地	45~90 和 270~315
21	半阳坡常绿阔叶林	90~135 和 270~315
22	半阳坡落叶阔叶林	90~135 和 270~315
23	半阳坡常绿针叶林	90~135 和 270~315
24	半阳坡落叶针叶林	90~135 和 270~315
25	半阳坡针阔混交林	90~135 和 270~315
26	半阳坡常绿阔叶灌丛	90~135 和 270~315
27	半阳坡落叶阔叶灌丛	90~135 和 270~315
28	半阳坡常绿针叶灌丛	90~135 和 270~315
29	半阳坡乔木园地	90~135 和 270~315
30	半阳坡灌木园地	90~135 和 270~315
31	阳坡常绿阔叶林	135~225
32	阳坡落叶阔叶林	135~225
33	阳坡常绿针叶林	135~225
34	阳坡落叶针叶林	135~225
35	阳坡针阔混交林	135~225
36	阳坡常绿阔叶灌丛	135~225
37	阳坡落叶阔叶灌丛	135~225
38	阳坡常绿针叶灌丛	135~225
39	阳坡乔木园地	135~225
40	阳坡灌木园地	135~225
41	无坡常绿阔叶林	坡度小于2°

续表

序号	类型	坡向/(°)
42	无坡落叶阔叶林	坡度小于2°
43	无坡常绿针叶林	坡度小于2°
44	无坡落叶针叶林	坡度小于2°
45	无坡针阔混交林	坡度小于2°
46	无坡常绿阔叶灌丛	坡度小于2°
47	无坡落叶阔叶灌丛	坡度小于2°
48	无坡常绿针叶灌丛	坡度小于2°
49	无坡乔木园地	坡度小于2°
50	无坡灌木园地	坡度小于2°

表2-10 土地覆被三级分类系统按热量和湿度划分草地

序号	类型	积温（T）和湿度（K）
1	热性草丛	$T=4800\sim8000℃$，$K>1.0$
2	干热稀树草丛	$T>8000℃$，$K=0.6\sim1.0$
3	暖性草丛	$T=3900\sim4800℃$，$K>1.0$
4	高寒草甸	$T<2300$，$K>1.0$
5	温性草甸草原	$T=1300\sim3900℃$，$K=0.6\sim1.0$
6	温性草原	$T=1300\sim3900℃$，$K=0.3\sim0.6$
7	温性荒漠草原	$T=1300\sim3900℃$，$K=0.13\sim0.3$
8	高寒草甸草原	$T<1300℃$，$K=0.6\sim1.0$
9	高寒草原	$T<1300℃$，$K=0.3\sim0.6$
10	高寒荒漠草原	$T<1300℃$，$K=0.13\sim0.3$
11	温性草原荒漠	$T=1300\sim3900℃$，$K=0.1\sim0.13$
12	温性荒漠	$T=1300\sim3900℃$，$K<0.1$
13	高寒荒漠	$T<1300℃$，$K<0.1$

表2-11 土地覆被三级分类系统按地貌划分草地

序号	类型	相对高差/m
1	平原草丛	0~30
2	平原草甸	0~30
3	平原草原	0~30
4	平原草本绿地	0~30
5	台地草丛	30~100
6	台地草甸	30~100

续表

序号	类型	相对高差/m
7	台地草原	30~100
8	台地草本绿地	30~100
9	丘陵草丛	100~200
10	山地草丛	>200

表 2-12 土地覆被三级分类系统按坡向划分草地

序号	类型	坡向/(°)
1	阴坡草丛	315~45
2	阴坡草甸	315~45
3	阴坡草原	315~45
4	半阴坡草丛	45~90 和 270~315
5	半阴坡草甸	45~90 和 270~315
6	半阴坡草原	45~90 和 270~315
7	半阳坡草丛	90~135 和 270~315
8	半阳坡草甸	90~135 和 270~315
9	半阳坡草原	90~135 和 270~315
10	阳坡草丛	135~225
11	阳坡草甸	135~225
12	阳坡草原	135~225
13	无坡向草丛	坡度小于 2°
14	无坡向草甸	坡度小于 2°
15	无坡向草原	坡度小于 2°
16	无坡向草本绿地	坡度小于 2°

表 2-13 土地覆被三级分类系统按海陆关系划分湿地

序号	类型	关系
1	内陆森林沼泽	内陆
2	内陆灌木沼泽	内陆
3	内陆草本沼泽	内陆
4	红树林	滨海
5	滨海灌木沼泽	滨海
6	滨海草本沼泽	滨海

表 2-14 土地覆被三级分类系统坡度划分耕地

序号	类型	坡度
1	水田	无坡度
2	平地旱地	坡度<6°
3	缓坡旱地	坡度=6°~15°
4	斜坡旱地	坡度=15°~25°
5	陡坡旱地	坡度>25°

表 2-7~表 2-14 是在二级类上按某一指标进行组合的类型,如果多个指标在一起,类型为倍数增长。在应用中,并不生成类型组合命名(串形)的单个数据层,而是生成(并行)类型数据集,便于数据的灵活使用。每个空间像元的多层属性就是它的组合类型。

1)对于林地,若不考虑建群种的变化,考虑覆盖度(101类)、生育期(12类)、热量(6类)、地貌(4类)、坡向(4类),理论上可以产生 116 352 个类型。例如,形成的类型可能会有:暖温带/落绿阔叶林/半阴坡/生育期 4 个月/覆盖度 45%/山地/用材林/白桦树建群种。

2)对于草地,若不考虑建群种的变化下,考虑覆盖度(101类)、生育期(12类)、热量(5类)、地貌(4类)、坡向(4类),理论上可以产生 96 960 个类型。例如,形成的类型可能会有:热性/草丛/半阳坡/生育期 4 个月/覆盖度 25%/山地/天然草地/芒草建群种。

3)对于耕地,若不考虑建群种的变化下,考虑生育期(12类)、坡度(4类),理论上可以产生 48 个类型。例如,形成的类型可能会有:缓坡/旱地/生育期 4 个月/小麦。

4)对于湿地,若不考虑建群种的变化下,考虑覆盖度(101类)、生育期(12类)、海陆关系(2类),理论上可以产生 2424 个类型。例如,形成的类型可能会有:内陆/草本沼泽/生育期 5 个月/覆盖度 55%/芦苇建群种。

2.3.2.5 四级分类

四级分类是在三级分类系统上增加植被的垂直结构,反映植被的生态功能、生物量特征。四级分类体系是为区碳估算遥感反演模型服务的。植被垂直结构以地面调查为主完成。

四级分类系统采用了两个指标,分别是植被高度和植被层次性。

植被高度指标:乔木,3~7m,7~14m,>14m;灌木,0.3~0.5m,0.5~3m,3~5m;草本,0.03~0.3m,0.3~0.8m,0.8~3m。

层级指标:分成乔木层、乔灌层、乔灌草层、乔草层、灌木层、灌草层、草层(各层郁闭度/植被覆盖度均>20%)。

2.4 中国土地覆被分类系统特色

中国土地覆被分类系统是为生态系统碳收支估算和生态评估的土地覆被数据而设计

的。该系统由一、二级土地覆被基本类型,以及三级土地覆被辅助类型构成。基本类型以地表覆盖物类型为主,通过组成、结构、排列、季节变化等内部特征划分为40个类型,反映生态系统现状。三级辅助类型通过引入生态参数和环境变量,反映生态系统碳储备的潜力和强度,通过土地利用方式,反映人类活动对植被演替过程的扰动。生态参数包括植被覆盖度、植被生育期、物种特征等,进一步细化植被的结构与特征,反映生态系统的质量。

2.4.1 面向碳收支与生态评估的需求

中国土地覆被分类系统主要服务于生态系统及碳储量评估,也兼顾其他的生态环境评价目标。分类系统在植被类型中划分更多类型,通过植被的生活型、植被垂直与水平结构、植被叶型、植被物候、植被下土壤扰动、植被的收获性等,反映不同生态系统的固碳能力。同时,考虑人工表面、水面、耕地、裸露表面的类型,以便服务于大尺度的生态环境监测。

中国土地覆被分类系统具有6个特点:①分类体系整体构架均衡,分类层次清晰,在一级分类体系上进行了更细的二级分类,增加了类型的多样性;②体现了陆地生态系统的特色,分类体系中的每一个土地覆被类型均可看成单独的生态子系统来进行研究;③科学、量化定义了土地覆被类型,使之具有与其他系统的可对比性和转换能力;④着重从土地覆被及植被结构着手,摒弃了易于混淆的土地覆被信息类型;⑤突出体现了与土地利用类型间的联系,便于向国际分类体系转换和归并;⑥植被类型划分详细,建立了遥感与生态应用学的有机联系。

中国土地覆被分类系统更多地考虑了人工植被的划分。中国的人为干扰、半自然的林地很多,如经济林、城市绿地、环境保护林或城外景观林地等,其产生的固碳作用各不相同。经济林的人为管理最为强烈,为了达到经济收益,需要对植被进行修剪、施肥、灌溉等,具有较高的固碳能力,分类系统中划分了乔木园地和灌木园地;城市绿地为景观林地,也有一定的人为干扰,如修剪、浇水等,分类系统中划分为城市乔木林、城市灌木林和城市草地;环境保护林属于半人工、半自然的林地,但人为干扰较少,归入自然林类型。有些人工林与建设用地混合在一起,如四旁树、行道树等,在30m分辨率下很难独立划分,在二级类中与居住地混合在一起,但在三级类中,利用植被覆盖度再将植被的成分分离出来。

中国土地覆被分类体系能够把遥感技术和生态学研究结合起来,其中一级类与IPCC要求一致,便于服务生态评估与碳收支相关问题的分析,二级类由FAO LCCS产生,具有全球统一代码,可以与国际上其他地区的数据进行对比分析。在二级类下还可以再次细分三级类型,包括植被覆盖度、植被生育期、环境参量、生态系统/植物群落、管理功能等特征,其中环境参量包括多年平均气温、多年平均降水、高程、坡度、坡向等。

2.4.2 遥感能力与需求的平衡

中国土地覆被分类系统的第一级、第二级土地覆被类型,以及第三级类的森林郁闭度/

植被覆盖度和生育期，适合利用多尺度遥感方法进行监测。土地覆被遥感监测在空间上尽量采用同一数据，以保证分类的一致性。目前，遥感卫星很多，但能提供 2010 年全国范围、多时相数据的卫星并不多，这与卫星重访周期和观测方式有关。存档数据较多的卫星包括陆地卫星 TM/ETM、环境星 HJ-1 A/B、CBERS01/02/02B。其中，HJ-1 A/B 数据量最大，在北方可保障每个月 1~2 期数据覆盖，南方可保障一个季度 1~2 期数据覆盖；CBERS01/02/02B 空间分辨率较高；TM/ETM 卫星的辐射分辨率较高；其他数据覆盖能力较差。多时相数据往往比高空间分辨率具有更强的土地覆被判别能力，空间分辨率解决的是混合像元问题，而多时相数据解决类型识别能力。

中国土地覆被分类系统二级分类的 40 类土地覆被类型，用一个时相的遥感数据识别所有类型的难度很大，其中耕地、湿地、水面、落叶植被等至少需要两个时相数据。关键季节包括自然植被最茂盛期、枯萎期，第一、第二季作物播种期和收割期，水面的平水期。综合分析以上三种数据，HJ-A/B 的信息量更大，更适合该分类系统类型识别。

遥感数据识别不同类型的能力有所差异。自然乔木林的 5 种类型中，混交林相对难分，可以从斑块的纹理中进行识别，其他 4 类有较明显的光谱差异，通过年最大 NDVI、最小 NDVI 就可以识别。在分类系统中乔木林定义在 3m 以上，而灌丛定义在 5m 以下，故矮小乔木林与高大灌丛不容易区别。果园类的植被光谱异质性强、能力较差，大面积的、成熟的果园是可以识别的，因为它有明显的边界、光谱均一、分布地带性等特点，但需要大量的地面调查建立知识库，小斑块的、邻近自然林的果园一般不易识别。

草地类型具有明显的气候区域特征，可利用气候区划处理，草甸的土壤水分高，其近红外的反射率比一般的草地高，它与城市草本绿地近似。

湿地中无植被的水面类型与其他类型的光谱有明显差异，但需要多期数据以获取平水季节的较大水面覆盖，而水面的细分类型可能通过对象的形状指数、面积大小进行区分。湿地中的植被类型光谱是水体、植被的混合光谱，划分相对困难，它相对同类的非湿地植被的反照率略低，但这种差异不足以完全区分陆地与水面上的植被，还需要地形、相对空间关系等参数协同识别。

人工表面容易识别，特别是在植被生长的茂盛期，通过裸地指数就可以有效地区分，只是人工表面的细分类型区分需要更多的知识，如采矿场为不规则形状、有一定坡度等信息进行识别。绿地类型容易划分，利用面向对象和层次分析中的空间关系，可以区划绿地与自然植被。但在 30m 尺度上绿地往往与居住地形成混合像元，增加了识别难度。

在裸露地类型判别中，反照率指标有一定指示作用，一般为冰川/永久积雪>盐碱地>裸岩>裸土，但这种差别微小，也需要参照环境的参量进行区分。由于类型识别能力的差异性，需要野外调查和辅助数据的补充，以提高分类精度。

第3章 中国土地覆被数据生产方法

利用海量遥感数据快速、有效地提取土地覆被数据需要构建一套完整的方法体系。中国土地覆被数据的核心分类技术采用面向对象的分类技术，将多时相的影像生成有物理意义的生理参数参与分类，进行多尺度的数据分割，提取对象的空间、光谱与纹理信息，引入非影像光谱信息强化目标的识别能力，特别是空间关系信息的判别；为增加目标的识别能力，通过分层采样框架，利用样本特征建立解译标志库、分区分类决策树，进行分区块分类，并根据各区块的景观差异，进行决策树优化、再分类。分类后拼接的积木式工作方式可以有效地控制数据质量，提高作业效率。作业平台基于超级计算平台的并行处理构架，支持快速、高效分类技术运行。

3.1 HJ-1 A/B 卫星数据的特色与能力

中国土地覆被生产所用的遥感数据源主要是国产环境减灾小卫星星座 HJ-1 A/B 多光谱数据。该卫星自 2008 年 9 月发射以来，就以其高空间分辨率、高时间分辨率、大幅宽等优势在环境灾害监测、生态环境健康状况评估、地表参数定量反演等方面获得了广泛的应用（Chen et al.，2011；黄彦等，2011；赵少华等，2011；陈鹏飞等，2010；于冰洋等，2010）。

3.1.1 HJ-1 A/B 卫星数据概况

2008 年 9 月，中国在太原卫星发射中心"一箭双星"成功发射了环境一号卫星 A/B（HJ-1 A/B）。HJ-1 A/B 是中国自主研发的国产卫星，可获取高时间分辨率、中等空间分辨率的对地观测数据，对中国大部分地区可实现两天一次的重复观测，可用于生态环境和灾害的大范围动态监测，提高了中国环境生态变化、自然灾害发生和发展过程监测的能力（魏宏伟和田庆久，2012）。

HJ-1 A 卫星和 HJ-1 B 卫星各装载了宽覆盖多光谱 CCD 相机，以星下点对称放置，每个 CCD 卫星天顶角为 0°～35°（赵凯等，2013），平分视场、并行观测，相比 Landsat 卫星有更宽范围的观测角度，每个 CCD 幅宽为 360km，拼接后形成 700km 带宽、4 个谱段、地面像元分辨率为 30m 的遥感数据，是当时国内外同等分辨率的多光谱相机中幅宽最大的。在同一轨道面内组网飞行将重访周期缩短到 2 天，平均 2～3 天同一地区可以覆盖一遍，同一区域一年可以至少有约 120 次的覆盖机会（中国资源卫星应用中心，2009；白照广等,2009)。环境星数据广泛应用于灾害、生态破坏、环境污染等方面的大范围动态监测,能够满足许多业务化遥感应用对多光谱信息的需求,同时为中国周边国家和地区、亚太空间合作组织成员国以及其他国家的灾害管理与环境监测提供数据资源和技术支持(贾福娟等,2009;李传荣等,2008a;李传荣等,2008b)。

HJ-1 A/B 卫星 4 个波段的光谱设置基本与美国 Landsat、法国 SPOT 及中巴资源卫星 CBERS 等系列卫星数据的光谱范围接近(表 3-1)(孙中平等,2010),使用的是可见光-近红外波段,CCD 相机无法在夜间和有云雾等天气条件下工作。由于 CCD 相机所获取影像波长的不同,不同波段的主要应用范围有所差异。蓝光波段主要用于水体质量监测,绿光波段主要用于植被监测,红光波段主要用于叶绿素、水中悬浮泥沙、陆地监测,近红外波段主要用于植物识别、水陆边界、土壤湿度监测。

表 3-1 HJ-1 A/B 和 Landsat TM/ETM 卫星参数比较

参数		HJ-1 A/B CCD	Landsat TM/ETM	Landsat OLI	CBERS	SPOT4	IRS—1C
光谱/μm	蓝光	0.43~0.52	0.45~0.52	0.450~0.516	0.45~0.52	—	—
	绿光	0.52~0.60	0.52~0.60	0.525~0.600	0.52~0.59	0.50~0.59	0.52~0.59
	红光	0.63~0.69	0.63~0.69	0.630~0.680	063~0.69	0.61~0.68	0.62~0.68
	近红外	0.76~0.90	0.76~0.90	0.845~0.885	0.77~0.89	0.79~0.89	0.77~0.86
空间分辨率/m		30	30	30	19.5	20	23.5
幅宽/km		360	185	185	113	60	141
重访周期/d		2~3	16	16	26	26	24
传感器高度/km		649	705	705	778	832	817

HJ-1 A/B 卫星数据质量可从时间、空间,以及光谱分辨率、光谱范围及幅宽等数据特征进行分析。目视直观而言,HJ-1 A/B 数据反差明显,明暗显著,但受噪声干扰较严重,且像元间相互影响,图像有模糊感;能够识别典型地物,且辨识度总体高于 TM,对影像分类的目视解译有很大优势(魏宏伟和田庆久,2012)。HJ-1 A/B 影像的成像质量在各波段信噪比较弱,存在较强的条带噪声。

HJ-1 A/B 卫星 CCD 影像 4 个波段的直方图分布比较散乱,第 1、第 2、第 3 波段的直方图左偏,说明影像偏暗,且图像显示的动态范围小,说明影像层次不够丰富,信息量小;第 4 波段效果相对较好,该波段主要反映植被信息,因而 HJ-1 A/B 影像适用于对植被分类应用。同时 HJ-1 A/B 与 TM 相当的地面分辨率对于识别植被和其他地物也是适用的,能够辨认出粗糙的植被纹理,但是边界模糊,不如 TM 数据锐利,导致影像的反差低而模糊、数据动态范围过窄、影像层次较差,影像量化值普遍为 8 比特,无法满足精细记录土地利用/土地覆被要素信息的要求(刘顺喜等,2013)。HJ-1 A/B 数据在辐射精度、信噪比方面有待提高,如果得到提高,HJ-1 A/B 能更细致有效地区分地物,可以在农业、林业、环境、能源、灾害监测等方面发挥更重要的作用(魏宏伟和田庆久,2012)。常用的经典植被指数计算公式多用到可见光和近红外波段，使用 HJ-1 A/B 影像也能完成（杨永顺等，2011）。

3.1.2　HJ-1 卫星数据特色

HJ-1 A/B 卫星数据具有中高空间分辨率、高时间分辨率、幅宽大的特点，能初步满足中国大范围、多目标、多专题、定量化的环境遥感业务化运行的实际需要。HJ-1 A/B 数据比 Landsat TM 数据具有更高的时间分辨率及幅宽，比较适合中国地域大的特点。单景 HJ-1 A/B 卫星 CCD 影像覆盖区域接近于 4 幅 TM 影像的范围，一景影像或 CCD1 与 CCD2 拼接影像基本可以覆盖一个景观单元、省级行政区，宏观覆盖特性更加明显，有利于对大范围生态环境进行同步观测（中华人民共和国环境保护部，2012）。在大区域制图上也具有明显的优势，能使某些"色彩缝隙"得到明显改善，使专题图件图面美观，可读性强（杨永顺等，2011）。从全国尺度来看，2009 年 HJ-1 A/B 卫星中分辨率数据平均每个季度能够覆盖全国陆地面积的 95% 以上，每半年就能基本覆盖全国一遍，年度完全可以全覆盖全国。从分省尺度来看，2009 年 HJ-1 A/B 卫星中分辨率数据平均每个季度能够完全覆盖 27 个省级行政区，平均每半年能够完全覆盖 30 个省级行政区，全年能覆盖所有省级行政区（吴海平等，2012）。

单颗卫星 4 天 CCD 数据尽管没有全部覆盖全国陆地范围，但也基本达到了覆盖全国 60%~70% 的范围；两颗星协同，在不考虑云覆盖等影响的情况下，基本每 2~3 天就可以获取覆盖全国陆地范围的 HJ-1 A/B 卫星 CCD 数据一次（中华人民共和国环境保护部，2012）。获取的遥感数据基本反映物候变化的规律（图3-1）。HJ-1 A/B 卫星时间分辨率甚高，但由于图幅宽，单景影像云覆盖少于 30% 的非常少。充分利用时间分辨率高的优点，开发提供去云化处理的数据产品具有广泛的应用潜力（杨永顺等，2011）。

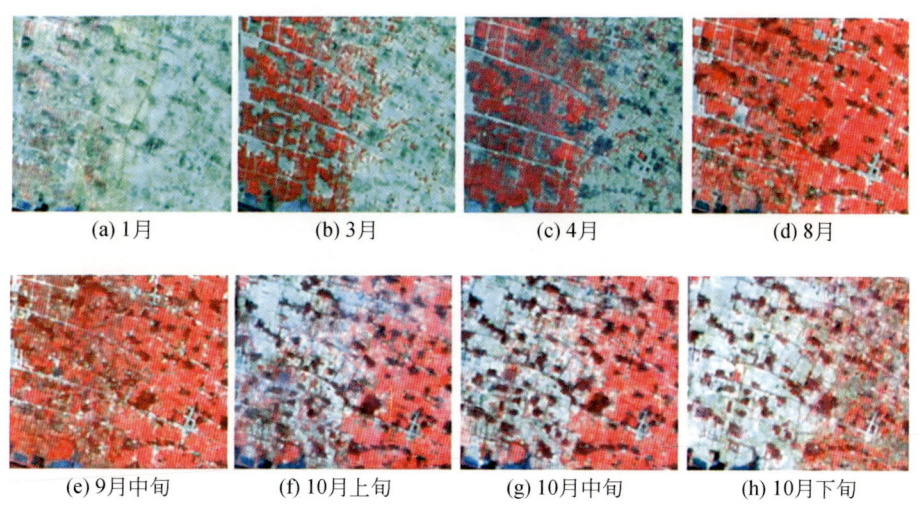

(a) 1月　　(b) 3月　　(c) 4月　　(d) 8月

(e) 9月中旬　　(f) 10月上旬　　(g) 10月中旬　　(h) 10月下旬

图 3-1　同一地区多时相 HJ-1 影像集

HJ-1 A/B 卫星 CCD 数据各波段与 Landsat TM 数据相应波段之间有较高的相关性，两种数据的整体效果比较接近，纹理清晰，地物边界清楚。各波段平均相关系数为 0.84，第 1、第 2、第 3 波段之间相关系数均大于 0.85；第 4 波段相关系数达到 0.64；色调、纹理、几何特征等方面效果接近（中华人民共和国环境保护部，2012）。影像质量评价参数比较中，TM 影像较优。在对各类地物解译识别时，HJ-1 A/B 影像能够分辨大部分的地物类型，但整体色彩稍暗淡，纹理不清晰，尤其是草地等地物内部的纹理，原因可能是 TM 影像的接收处理过程中，人为放大增益处理的痕迹较明显，因而相对来说，HJ-1 A/B 影像的优化空间更大一些（杨永顺等，2011）。就局部细节而言，HJ-1 A/B 影像不如 TM 影像信息丰富。无拉伸时，HJ-1 A/B 影像相对较暗（吴海平等，2009）。相近的光谱特征保证了两种数据可以联合使用，更有利于开展长时间序列的生态环境监测。

3.1.3 HJ-1 卫星数据土地覆被监测能力

利用 HJ-1 A/B 卫星数据进行全国范围土地覆被制图，可以充分发挥多时相、覆盖范围大的数据特点。以标准 25 万图幅 J48015 所在区域 HJ-1 A/B CCD 数据分析，根据试验的目视判读结果，图像光谱信息丰富，纹理结构清晰，几何性能良好，从影像中能够区分出主要城市、农村居民点、植被、水体、河流和建设用地等（图 3-2）。

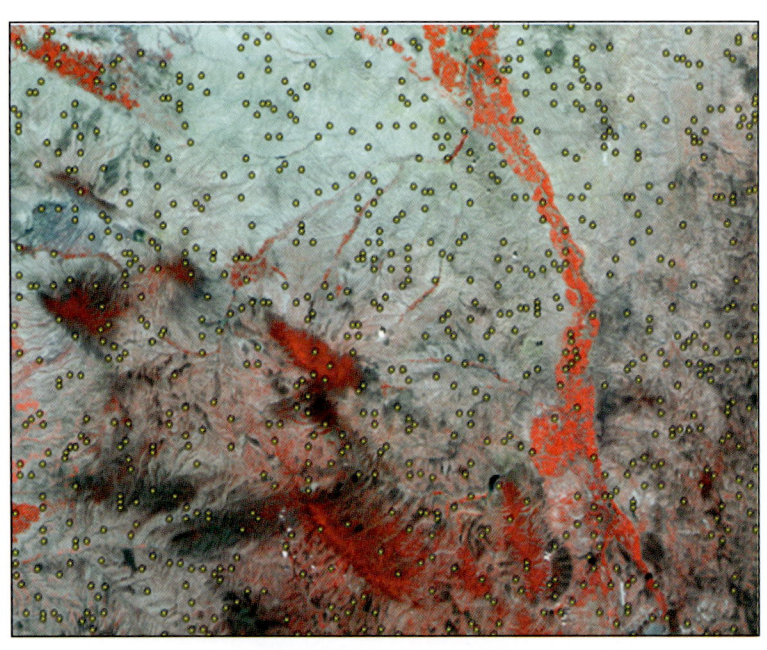

(a)标准25万图幅J48015所在区域的HJ-1 CCD数据

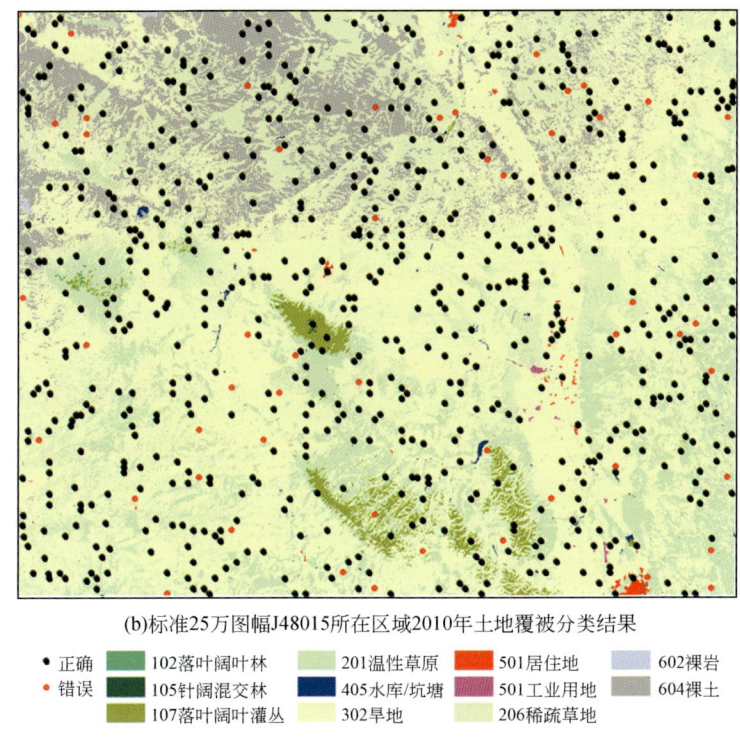

(b) 标准25万图幅J48015所在区域2010年土地覆被分类结果

· 正确　　102落叶阔叶林　　201温性草原　　501居住地　　602裸岩
· 错误　　105针阔混交林　　405水库/坑塘　　501工业用地　　604裸土
　　　　　107落叶阔叶灌丛　302旱地　　　　206稀疏草地

图 3-2　HJ-1 CCD 数据（2010 年 7 月 19 日）及土地覆被分类结果

为了评价自动分类精度，将高分辨率数据判读与外业调查样点结合，建立了精度评价样点，试验区共有样点 752 个，与自动分类结果比较，二级类自动分类正确的有 551 个，分类精度为 73.27%。不同类型的自动分类精度相差较大，分类精度较高的是森林、耕地和裸土，精度最低的是稀疏草地（表 3-2）。干旱区植被稀疏，植物生长受降水影响强烈，而分类影像与调查时间时相的差别是草原与稀疏植被混淆的主要原因；耕地当年未耕种，在遥感影像上的光谱特征也与稀疏植被相似，也产生一定数量的混分。

表 3-2　典型试验区自动分类精度评价表　　　　　　　　（单位：个）

土地覆被类型	温性草原	旱地	居住地	稀疏草地	裸土	针阔混交林	落叶阔叶灌丛	总计	生产精度/%
温性草原	65	30	—	3	—	1	7	106	61.32
旱地	8	305	1	14	19	—	1	348	87.64
稀疏草地	35	43	—	56	16	—	—	150	37.33
裸土	1	11	2	7	115	—	—	136	84.56
针阔混交林	—	—	—	—	—	1	—	1	100.00
落叶阔叶灌丛	—	1	—	—	—	—	9	10	90.00
总计	109	390	3	80	150	2	17	751	—
用户精度/%	59.63	78.21	0.00	70.00	76.67	50.00	52.94	—	—

虽然全自动分类的精度达不到实用要求，但是在大量野外调查样点、高分辨率影像支持下，通过人机交互修改，分类精度可以得到逐步提高，达到分类精度的要求。

由于遥感信息源、地物复杂程度及认识差异的影响，西北、华北及华东的分类精度要稍高于东北、西南及华南。主要原因是前者土地覆被类型较为单一，且分布较为集中，如西北的主要土地覆被类型为沙漠和稀疏草地，华北和华东主要为耕地；而后者由于地形及气候条件复杂，导致土地覆被类型多样，且分布破碎化严重，不集中连片，分类难度较大、精度较低。不同土地覆被类型的精度也有差别，全国平均耕地、人工表面、湿地的精度相对高，而草地、林地和其他类型的精度较低。

3.2 HJ-1 A/B 卫星数据自动预处理系统

2010年全国累计获取云量少于30%的HJ-1 A/B卫星多光谱CCD影像超过8703景，能够为土地覆被自动分类提供多时相的地物光谱信息，提高土地覆被分类精度。与Landsat卫星数据相比，HJ-1 A/B卫星数据在时间分辨率、幅宽范围上均占有较大优势。然而，当前存档的海量HJ-1 A/B数据并未得到充分利用，几何定位不准确及山区地形畸变误差是限制其应用的瓶颈之一。传统几何纠正算法需手工选取控制点，十分耗时且精度较低，难以满足海量遥感数据处理的需求。因此，需发展自动化的几何精纠正与正射校正系统，实现高效的处理过程，获取高精度的国产卫星数据定位产品，服务于国家生态环境调查与评估需求。

HJ-1 A/B影像有与TM影像类似的光谱分辨率与空间分辨率，TM影像的正射校正方法已有了成功的尝试（Gao et al.，2009；Huang et al.，2009）。在Landsat的生命周期中发展了3套数据产品生成系统（Chander and Markham，2003）。初始的系统称为TM影像处理系统（TM image processing system），主要被美国国家海洋和大气局（NOAA）及地球观测卫星公司（EOSAT）所采用（Singh，1985）。美国地球观察卫星EOSAT商业公司于1991年对其进行了更新并更名为增强型影像处理系统（enhanced image processing system，EIPS）。同时，美国地质调查局开始生产自己的TM数据产品，并采用国家陆地卫星数据集产品系统（national landsat archive production system，NLAPS）进行TM的数据处理（Chander et al.，2008）。Landsat系列产品具有规范化、自动化的特点，产品分发时均同时分发其快视图与校正残差报告，为后续数据应用精度评价奠定了基础。

在中低分辨率遥感影像产品化的过程中也发展了大量的自动化处理系统，如整合了地球定位算法的MODIS 1级产品处理系统（Justice et al.，1998）、VEGETATION影像处理中心（VEGETATION processing centre，CTIV）发展的SPOT VEGETATION数据处理系统（Passot，2000）。

随着中国卫星对地观测计划的发展，对高精度的自动化数据处理系统需求越来越迫切，尤其在开展如全国、洲际乃至全球尺度下的研究工作时，数据处理的效率与精度是决定性环节。中国已建立不同规模的卫星数据接收和处理系统（沈照庆等，2009；朱素云等，2007；汪承义和赵忠明，2006），如徐玉湄等（2012）设计实现了海洋卫星数据处理系统、王文芳和付东洋（2011）对卫星地面站接收与处理系统关键流程进行了分析、杨仁忠等（2009）对通用遥感卫星快视处理系统技术进行了探讨。但目前国内数据处理系统处理流程规范化程度低，数据处理结果残差不明确，暂无针对中国 CBERS、HJ 等中空间分辨率资源环境卫星的高精度自动化的数据预处理系统。用户获取初级数据后往往需要自己发展算法开展数据预处理工作。大量的项目试验说明目前数据处理流程的问题主要集中在标准化的制定、可定制流程的实现及流程有效控制等方面。为解决中国土地覆被分类面临的海量环境减灾卫星宽覆盖 CCD 相机数据自动化几何精纠正及正射校正问题，发展了一种适用于 HJ 影像的自动精纠正与正射校正系统。

3.2.1 预处理系统设计

HJ-1 A/B 卫星多光谱 CCD 影像数据预处理系统的建设目标是构建一个环境减灾卫星多光谱 CCD 影像的几何精纠正与正射校正自动化处理平台。该平台通过读取系统校正（Level 2）产品后，通过全自动化处理，最终输出具有准确坐标的正射校正产品，形成一套标准化的数据命名规范与数据精度的评价体系。在当前卫星遥感数据不断增加但数据处理系统发展相对滞后的形势下，对国产环境减灾卫星进行自动化的几何精纠正、正射校正、标准化命名分析，为后续发展更高级卫星遥感产品提供技术支持。

遥感图像预处理系统不同于一般的图像处理系统，具有以下三个特征：①遥感数据量大；②数据类型格式复杂，如 HDF、TIFF、IMG 等；③处理过程要求数据质量损失小，数据处理精度高。预处理系统能够高效、高精度地完成环境减灾卫星多光谱 CCD 相机影像的控制点自动选择、筛选、自动几何精纠正、影像飞行路径模拟、像元侧视误差估算、正射校正及精度验证的流程，最终为数据使用者提供高精度的影像数据。

预处理系统组成主要包括遥感影像图形用户界面前端，后台数据处理中枢、精度验证与产品标准化输出等部分（图 3-3）。为了满足跨平台的通用性和可移植性，分别针对 Linux 和 Windows 两种操作系统开发了两个预处理系统版本，在 Linux 系统下能够实现批量化处理，在 Windows 系统下能够实现互操作，满足了不同用户的需求。

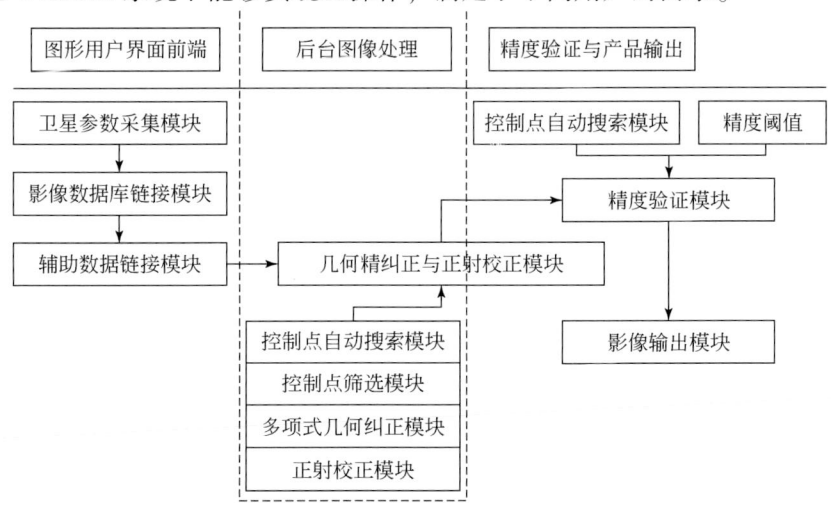

图 3-3　预处理系统模块构成

运行在 Windows 操作系统下的 HJ-1 A/B 卫星多光谱 CCD 影像数据预处理系统，通过交互式输入的方式获取影像基本参数。参数设置包括基本参数设置与高级参数设置（图 3-4）。

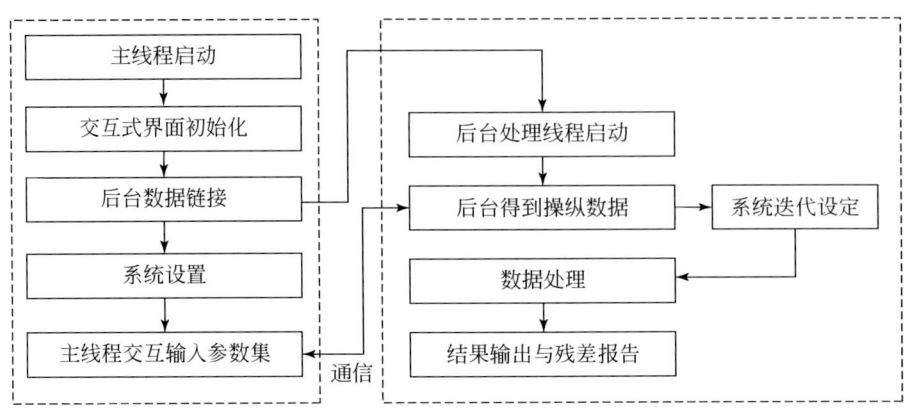

图 3-4　系统流程

基本参数主要包括卫星选择、传感器选择、纠正波段选择、影像投影带输入、参考影像、输入影像、卫星中心位置等（图 3-5）。同时可选择性的设置卫星的高级参数，包括卫星高度设置与传感器侧视角度设置。预处理系统默认的卫星高度是根据环境减灾卫星设计高度设定，其值为 649.093km，然而，由于卫星可能存在漂移现象，该值可根据所获取影像的实际卫星高度进行设定。环境减灾卫星上搭载的两台 CCD 相机同底安装，有一定侧视角度，预处理系统根据其设计角度，降轨数据 CCD1 的默认角度为 15°，CCD2 的默认角度为 –15°。参数设定完成后，系统自动将参数传递给后台数据处理中枢进行数据处理。通过系统迭代次数设定进行迭代处理，通过精度验证模块进行精度验证，最终输出校正结果与残差报告。Linux 系统下系统参数与卫星参数由控制文件确定，后台程序直接运行，便于批处理实现。

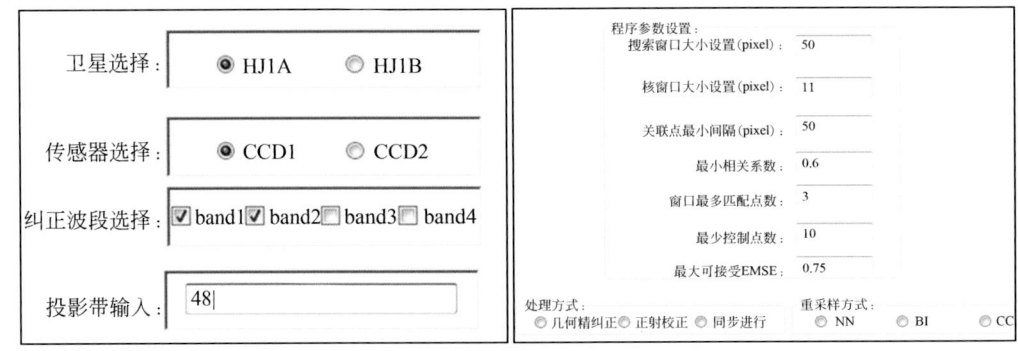

图 3-5　预处理系统参数设置

3.2.2　系统功能实现

HJ-1 A/B 卫星影像数据描述采用 XML 组织方式，从 XML 元数据文档获取影像定标参数、数据成像时间、空间参考信息、数据质量信息，是较为通用的数据格式，用XML存储数据接口传递具有标准、规范的特点。关于空间数据集的元数据应包括的内容，国际上已有一系列的规范和标准。环境减灾卫星数据的元数据信息由标准化的XML格式分发，包含其卫星编号、CCD编号、定标参数等多个数据项，对应于卫星处理的不同需求。然而，XML的读写较为困难，字符串解析的方法需要对文本进行遍历，同时准确地给出需要截取的字符串的位置，容易出错。针对这一问题，预处理系统采用.NET XML DOM（document object model）模式，分别使用XmlDocument、XmlNode、XmlNodelist等类定义XML文档、节点、长度等对象（图3-6），然后根据字符串前缀能够准确快速的获取系统运行所需的各项参数。文件解析卫星编码示例C#代码如下：

```
using System.Xml;
protected void btReadXML_Click(object sender,EventArgs e)
{
XmlDocument doc=new XmlDocument();
doc.Load(pathfile);//加载文档路径
XmlNodeList nodeLst=doc.GetElementsByTagName("satelliteId");//获取程序所需的数据节点
String satelliteId=node.InnerText;//获取节点内的数据
}
```

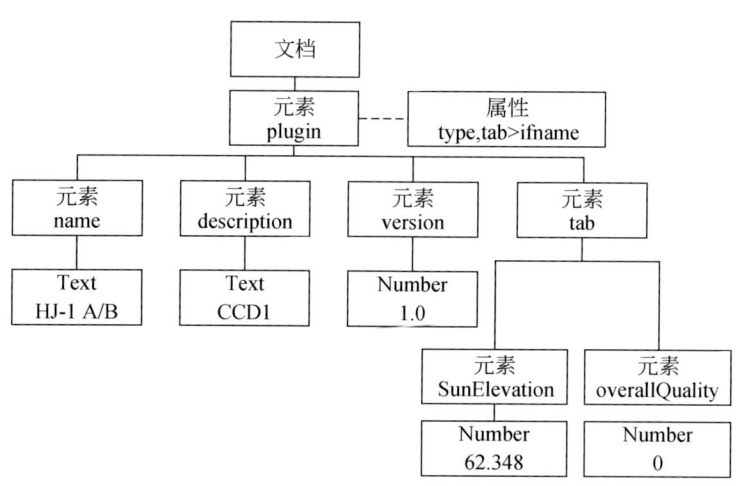

图3-6　XML元数据文档格式

在影像完成正射校正后，影像的元数据信息一并分发，便于用户了解该影像的原始情况及其相应的定标参数，为后续开展如大气校正等研究提供依据。

在现有的遥感图像处理商业软件中，很多软件集成了影像自动纠正模块，用户可节省大量的控制点搜索时间，如ENVI 4.7版本中的Automatic registration：Image to Image模块、ERDAS 9.1版本的AutoSync模块等。这些软件模块也和预处理系统采用相同的基于区域光谱相似度的Image to Image的控制点搜索策略（Gao et al.，2009）。基于此类软件搜索获取的控制点进行几何纠正在平原地区能够获取较高的精度。然而，山区影像的几何畸变除了卫星翻转、平移、抖动等系统误差外，还包括地形引起的非系统误差。采用正射后的基准影像校正大幅宽的环境减灾卫星数据将面临以下三个问题：第一，基准影像上经过光谱匹配获取的控制点已经做过了正射校正，而待校正影像上的同名地物点由于其偏离星下观测，在系统畸变的同时还叠加了地形畸变，直接采用多项式模型无法进行准确纠正非系统误差；第二，自动光谱匹配过程中，光谱的错误匹配使获取的控制点中包含较多的伪同名地物点；第三，搜索窗口内由于空间异质性不高，如草地、大面积水体、冰雪等，导致同一窗口内搜索得出的控制点较多的情况，控制点代表性差。以上问题将导致影像校正结果精度达不到要求。

预处理系统综合考虑基准影像与待校正影像之间的系统误差与非系统误差，在自动搜索获取控制点后通过设置系列规则剔除错误控制点。预处理系统首先根据待校正影像成像规律，将基准影像上的控制点恢复成与待校正影像一致的观测条件下的坐标位置，去除由地形引起的非系统误差，然后将控制点筛选策略加入系统中（Huang et al.，2009），实现了控制点的自动筛选，进而通过筛选后的控制点拟合多项式，纠正系统误差，提高了算法精度（Bian et al.，2013；李爱农等，2012）。

预处理系统通过光谱匹配，在基准影像和输出的正射校正结果之间搜索同名地物点作为验证点，将验证点按照影像中心分为左上、右上、左下、右下4个象限，分别判断每个象限内同名地物点配准误差，仅当4个区域的验证点比例均大于60%时，报告当前影像通过验证，输出校正结果与残差报告，否则增加配准多项式阶数配准后返回纠正程序重新进行几何纠正与正射校正，同时为了避免过校正，设定的多项式阶数最高为3次。

残差报告是了解影像正射校正精度的基本信息，是影像质量控制的关键环节之一。在海量遥感数据的处理中，为使用户了解每一景影像的残差情况，及时发现校正过程中的问题，生成每景影像的残差报告与精度信息是自动化处理过程中的必备环节。

预处理系统结合中国 HJ-1 A/B 卫星数据的特点，参照 USGS 关于 TM 的残差说明文件，制定了残差报告基本格式，给出了每一景影像校正结果的残差报告（表3-3），主要内容包括三部分：第一部分为基准影像信息（轨道号、获取日期、传感器类型）与待校正影像信息（文件名、获取日期、轨道号），便于用户了解纠正该景影像选用的基准影像情况；第二部分为控制点信息，用户可将控制点导出至影像上，验证控制点的分布规律与选取精度；第三部分为最终验证点信息，用户可根据验证点分析数据的残差分布规律。

表3-3 HJ-1 A/B 卫星数据校正残差报告基本格式

名称	属性信息	字段类型	格式	备注
待校正影像与基准影像信息	Date	Time	Fri. Dec 5, 2011	影像处理日期
	Satellite	String	HJ-1 A/B	卫星类型
	CCD	Ennum	CCD1/CCD2	CCD 类型
	Path/Row	String	42/76	轨道号
	Reference Image	String	131039	参考影像轨道号
	Acquisition Date	Date	2002-01-06	参考影像获取日期

续表

名称	属性信息	字段类型	格式	备注
控制点信息	GCP_X	Float	—	控制点 X
	GCP_Y	Float	—	控制点 Y
	GCP_Height	Float	—	控制点高程
	GCP_Across	Float	—	旁向误差
	GCP_Along	Float	—	航向误差
	GCP_Residual	Float	—	总误差
验证点信息	VP_X	Float	—	验证点 X
	VP_Y	Float	—	验证点 Y
	VP_Height	Float	—	控制点高程
	VP_Across	Float	—	旁向误差
	VP_Along	Float	—	航向误差
	VP_Residual	Float	—	总误差

　　数据命名的目的是服务于数据集的检索与标准化管理。对正射校正后的影像文件名称采用统一的命名规则。为了便于以时间、卫星获取情况、CCD 类别为条件的数据检索，预处理系统生成的影像数据产品命名考虑了影像获取时间、卫星类型、轨道号、波段号等因素。

　　遥感影像校正结果。名称采用"处理情况+卫星来源编号+轨道编号+获取日期+CCD 相机编号+波段编号"的编码方案。其中卫星来源编号包括 HJ-1 A 和 HJ-1 B。预处理系统处理结果为正射校正结果，因此，在其前面加上前缀 Reced 或 Orthoed 分别表示仅做了几何精纠正和同时做了几何精纠正与正射校正。卫星的轨道编号采用原始数据的轨道编号。获取日期采用年、月、日的 8 位编码的形式。

　　影像元数据。影像元数据参照其原始数据分发时的 .XML 格式，将其文件名改为对应的影像名称，但不包括波段编号。

　　残差报告文本数据。残差报告的文本文档命名采用与影像命名相同的格式，但不包括波段编号，采用 .txt 格式存储，便于用户读取。

　　采用 .net 软件平台实现了系统功能，提供基本参数、高级参数设置、程序输出过程交互等功能（图 3-7）。预处理系统采用了美国地质调查局用于计算地图投影的通用影像转换包（general cartographic transformation package，GCTP）软件代码（Elassal，1987），并将其编译成为 DLL 动态链接库形式，能够实现基准影像与待校正影像投影不一致时的自动投影转换功能。同时能够处理 TIFF 格式与 BINARY 二进制格式数据，系统程序输出界面用于监视程序运行过程。

　　为了验证系统效率，分别选取 4 景不同区域环境减灾卫星进行系统效率测试。测试环境为 CPU Inter（R）Core（TM）2 Duo E8400 @ 3.00GHZ，内存 4.00GB，硬盘 1TB，操作系统 Windows 7 专业版。测试数据与测试结果表明，系统处理单景影像时间均在 40min 以

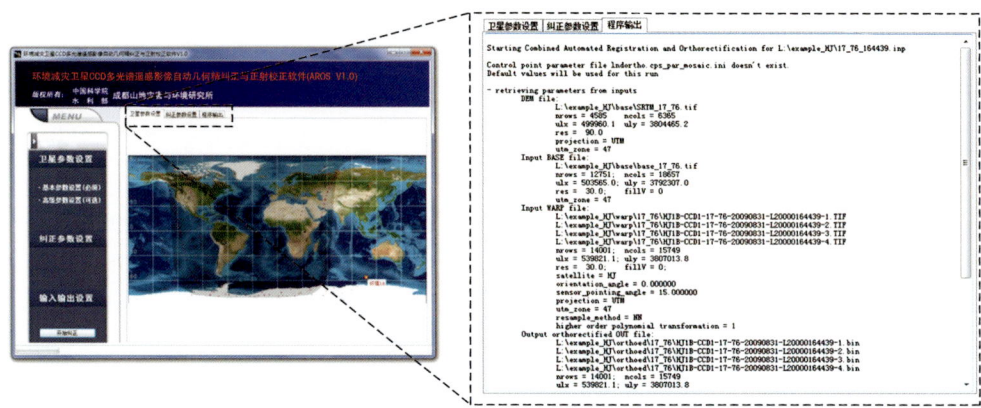

图 3-7 预处理系统界面

内，人工控制点选择效率大大提高（表 3-4）。由于环境减灾卫星影像采用大幅宽相机，单景影像大小为 15 000 行与 14 000 列左右，均大于 800MB，其基准影像由 TM 影像拼接而成，大小也均为 200～600 MB，预处理系统采用分区存储与分块索引技术，对数据进行分区存储和检索，大大提高了数据的处理能力。

表 3-4 预处理系统运行测试结果

测试数据	影像大小（4 波段）	参考影像大小（单波段）	DEM 影像大小	系统运行时间
HJ1B-CCD1-17-76-20090831-L20000164439	15 749 行×14 001 列，840M	18 657 行×12 751 列，226M	6 365 行×4 585 列，55.6M	33′20″
HJ1A-CCD1-17-80-20110430-L20000528458	15 923 行×13 968 列，848M	18 657 行×12 751 列，226M	6 365 行×4 585 列，55.6M	33′54″
HJ1B-CCD1-31-80-20110826-L20000601026	16 072 行×13 928 列，854M	23 971 行×23 806 列，544M	8 193 行×8 185 列，127M	37′45″
HJ1A-CCD1-39-76-20110825-L20000600391	16 460 行×14 450 列，907M	27 084 行×29 047 列，854M	10 402 行×13 288 列，263M	39′27″

预处理系统校正结果如图 3-8 所示。图 3-8（a）中灰度图像为基准 TM 影像，由美国马里兰大学 GLCF 平台上下载的 6 景 TM 影像拼接获取。图 3-8（b）和图 3-8（c）分别为校正后与校正前的对比情况。通过对比可以看出，HJ 影像校正前与基准影像位置误差较大，预处理系统校正结果与基准影像匹配较好。仔细对比还可以看出，由于地形造成的山体畸变得到了很好的纠正。

遥感影像的自动几何精纠正与正射校正系统是遥感实现产业化发展不可或缺的应用服务平台。环境减灾卫星遥感影像自动化纠正与正射校正系统可高效、准确的开展环境减灾卫星影像的处理工作，满足不同应用领域的需求。国内遥感数据的标准化处理是必然的发

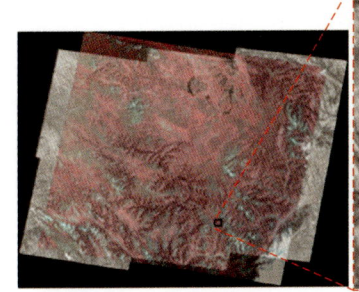
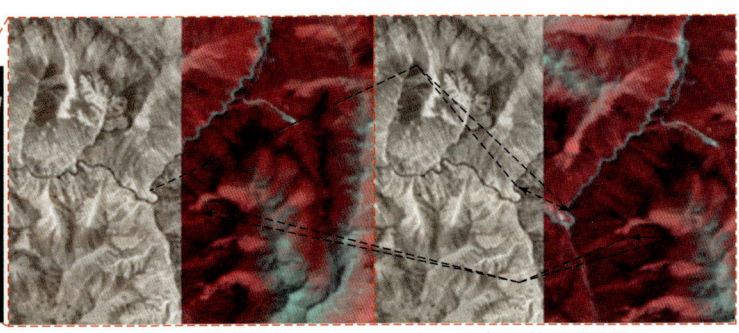

(a) 彩色影像为HJ影像432波段标准假彩色合成，灰度图像为6景TM影像拼接获取的基准影像
(b) 校正后匹配效果
(c) 校正前匹配效果

图 3-8　预处理系统正射校正效果

展趋势，在日益增多的遥感数据面前，自动化、标准化、高精度的数据处理系统发展相对滞后。遥感数据的自动化处理平台作为一个专业的数据处理工具，在以后的更新过程中，不仅要考虑其通用性，还要把握数据自身特点，不断引入最新的研究成果，增强规范化机制，使数据处理系统趋于成熟和完善，以适应当前飞速发展的遥感技术的需要。

预处理系统需要在以下 4 个方面改进或加强：①研究复杂山区影响几何纠正的关键因子；②进行卫星定位参数下的准确模拟；③研究新型国产卫星的自动化处理方法；④制定数据处理的标准化规范。

3.3　数据生产作业区

考虑到中国区域的差异性和全国遥感数据处理的工作量巨大，中国土地覆被数据产品的分类采用分区-分块的作业方式，分作业区进行土地覆被分类，在分类结果基础上进行分块拼接，完成全域土地覆被制图。

以省为行政单元，划分成多个作业分区，由长期在该区域从事生态环境研究的优势单位承担。其中中国科学院的遥感与数字地球研究所负责数据的集成及香港特别行政区（以下简称"香港"）、澳门特别行政区（以下简称"澳门"）、台湾省和南海诸岛，地理科学与资源研究所负责华北区（北京、天津、河北、山西和河南），东北地理与农业生态研究所负责东北区（黑龙江、吉林和辽宁），成都山地灾害与环境研究所负责西南区（重庆、四川、贵州、云南和西藏），新疆生态与地理研究所负责新疆，寒区旱区环境与工程研究所负责西北区（陕西、甘肃、青海和宁夏），南京地理与湖泊研究所负责华东区（上海、江苏、浙江、山东和安徽），深圳先进技术研究院和武汉测量与地球物理研究所负责华南区（广东、海南、湖北、湖南、广西和福建，其中南昌大学负责江西省）的分类工作。内蒙古跨越多个气候区，将其按"地区"边界分开，分别并入东北区、华北区、西北区。

每个作业区根据区域特征确定作业块，作业块的大小取决于景观的异质性、影像的采集方式与计算机处理能力。土地覆被分类采用面向对象的方法，其在影像像素转换成对象时，派生出大量矢量数据和属性信息，数据量很大，再加上多期数据、地形等其他辅助数据，从而使一次处理影像的范围不能太大。另外，作业块的大小必须限制于同一景影像内。根据 HJ、TM 卫星影像的大小特征，TM 一帧为 185km×170km，重返周期为 16 天，每次过境位置东西向误差为 5km 左右，HJ-1 A/B 星一景为 360km×360km，由于是双 CCD 同步运行，可以拼接成 700km×700km 影像，形成大幅宽影像，重复覆盖周期为 2~3 天，但每次覆盖区域会在东西向偏移，为了获取作业块内多时相数据，作业块选取采用最小重叠区方法（图 3-9），选取作业区内多个时相影像。这样作业块大小比影像范围小、大小也不一致，全国共生成 835 个作业块。

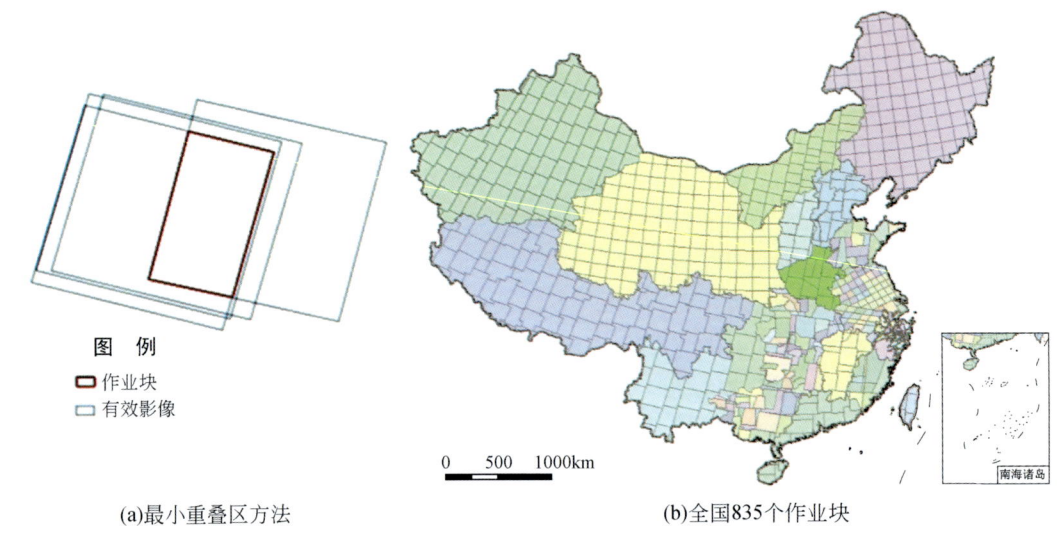

(a) 最小重叠区方法　　　　　　(b) 全国 835 个作业块

图 3-9　HJ 卫星影像作业块选取方法

3.4　分类特征数据层

不同季节的影像能反映物候变化特征，从而有效地辅助土地覆被信息的识别。自然植被、水、雪/冰的覆盖度和空间结构显示明显的物候特点。基于土地覆被的定义，最佳影像获取时间的选择决定了自然植被、水、雪/冰目标识别能力和精确的边界提取。

由于气候变化和植被固有的特性，自然植被类型在生长过程和枝叶凋落过程的变化速率及生育期具有不一致性和不稳定性，植被类型内部光谱差异（如多物种组成的群落）有时大于植被类间（如常绿阔叶林与常绿阔叶灌丛）的光谱差异。因此，这两个时期的影像不适合用于普适性、大范围的分类，而植被休眠期和茂盛期（绿度峰值期）因其光谱的稳定性更能反映植被类型的特征，适合自然植被的分类。

在中国东北、西北、青藏高原地区，一季种植制度下的作物与自然植被生长的物候过程基本同步，作物类型和自然植被光谱易于混淆，不同之处在于作物的收获时期，作物与自然植被有明显的差异。在中国中东部、南方地区，双季轮作制度下的作物栽培中，在第二季作物播种期与自然植被的生长阶段有明显的差异,以上两种情况,即为耕地类型区划于自然植被的图像"识别窗口"。

时相的选取要考虑类型的定义,如水体、冰/雪的边界在一年内是不断变化的。平水期、冰雪融化期是准确提取水面、冰/雪地类边界的最佳时相。

3.4.1 物候特征指数

物候特征数据集的建立主要基于季相的 HJ 数据,由于数据量大,在实际应用中,选择三期影像进行数据分析,分别是植被鼎盛月、植被枯萎月、第二季作物播种月或第一季作物播种月(限于一季作物)。

(1)植被鼎盛期归一化指数

植被鼎盛期归一化指数($NDVI_{max}$)[式(3-1)]通过 NDVI 叶面叶绿素吸收特征反映植被类型及结构。鼎盛期 NDVI 表示一年中以月为单位自然植被平均最大的 NDVI,一般在 7~8 月。取值为 -1~1。

$$NDVI_{max} = \frac{R_{infrared} - R_{red}}{R_{infrared} + R_{red}} \tag{3-1}$$

式中,$R_{infrared}$ 为近红外波段光谱反射率;R_{red} 为红波段光谱反射率。

(2)鼎盛期近红外

鼎盛期近红外(Infrared_Max)反映近红外水体、植被反射强度,是指鼎盛期最大的 NDVI 所在月份的近红外波段。取值大于 0。

(3)鼎盛期硬面指数

鼎盛期硬面指数(BI)[式(3-2)]反映裸土、裸岩、耕地等之间的差异,表现在蓝波段、红波段反射率的变化。取值为 -1~1。

$$BI = \frac{R_{red} - R_{blue}}{R_{red} + R_{blue}} \tag{3-2}$$

式中,R_{blue} 为蓝波段光谱反射率;R_{red} 为红波段光谱反射率。

(4)鼎盛期硬面亮度指数

鼎盛期硬面亮度指数(BB)[式(3-3)]反映裸土、裸岩、耕地等的反射强度,通过蓝波段、绿波段反射率表达。取值大于 0。

$$BB = \frac{R_{blue} + R_{green}}{2} \tag{3-3}$$

式中,R_{blue} 为兰波段光谱反射率;R_{green} 为绿波段光谱反射率。

(5)枯萎期植被归一化指数

枯萎期植被归一化指数($NDVI_{min}$)[式(3-4)]通过 NDVI 叶面叶绿素吸收特征反映植被类型及结构。枯萎期 NDVI 表示一年中以月为单位自然植被平均最小的 NDVI,一般在 1~2 月。取值为 -1~1。

$$NDVI_{min} = \frac{R_{infrared} - R_{red}}{R_{infrared} + R_{red}} \tag{3-4}$$

式中，R_{infrared}为近红外波段光谱反射率；R_{red}为红波段光谱反射率。

（6）枯萎期近红外

枯萎期近红外（$\text{Infrared}_{\min}$）反映红外水体、植被反射强度，是指枯萎期所在的月份近红外波段。取值大于0。

（7）第一季作物收割指数

第一季作物收割指数（CHI）[式（3-5）]反映耕地的植被变化，只应用于两季作物生长地区的耕地提取。表示为第一季作物收割期月份NDVI与第一季作物生长期NDVI之间的归一化处理。取值为-1~1。

$$\text{CHI} = \frac{\text{NDVI}_g - \text{NDVI}_h}{\text{NDVI}_g + \text{NDVI}_h} \tag{3-5}$$

式中，NDVI_g为第一季作物生长期月份的NDVI；NDVI_h为第一季作物收割期月份的NDVI。

（8）第二季作物播种期植被归一化指数

第二季作物播种期植被归一化指数（NDVI_S）[式（3-6）]利用作物苗期的土壤水分差异反映水田与旱地的差异。若在两季作物区，选择第二季作物苗期月份的NDVI；若在一季作物区，选择作物苗期月份的NDVI。取值为-1~1。

$$\text{NDVI\_S} = \frac{R_{\text{infrared}} - R_{\text{red}}}{R_{\text{infrared}} + R_{\text{red}}} \tag{3-6}$$

式中，R_{infrared}为近红外波段光谱反射率；R_{red}为红波段光谱反射率。

3.4.2 地形及景观特征指数

辅助数据包括高程、坡度、坡向、道路数据，这些数据经过面向对象处理后形成的斑块属性数据也参与分类过程。

（1）高程

高程（height）可解决地带性分布的植被的划分，表示为绝对高度（相对黄海基准面的高度），取值大于-160m。

（2）坡度

坡度（slope）解决耕地、建设用地、水体等坡度规律特征的划分。表示为坡面与地面夹角，取值0°~90°。

（3）坡向

利用坡向（aspect）信息解决北方水分缺乏区的植被地带性特征的划分。表示为正北方向与坡面法线投影顺时针的夹角，取值0°~360°。

（4）斑块面积

斑块面积（area）是根据不同尺度分割后形成的单块斑块的面积，反映不同土地覆被类型景观的特征。

（5）斑块形状指数

斑块形状指数（SI）[式（3-7）]是指影像对象的边界长度除上它的面积的平方根的

4倍。使用形状指数以描述影像对象边界的光滑度。影像对象越破碎，它的形状指数越大。取值 1～∞。

$$SI = \frac{P}{4 \cdot \sqrt{A}} \quad (3-7)$$

式中，P 为对象周长；A 为对象面积。

（6）斑块信息熵

斑块信息熵（E）[式（3-8）]表示斑块内部的混乱程度，特别是大尺度斑块内部的组织与结构的变化，对植被、建设用地、耕地等有较大的影响，但不确定性也较大。

$$E = -\sum_{j=1}^{n} P_j \log_2(P_j) \quad (3-8)$$

式中，P_j 为 j 类样本占对象总体的频度。

（7）斑块距离

斑块距离（OD）表示影像对象与邻近斑块的关系，指两对象中心之间的距离。通过距离表达土地覆被类型的空间共生性、邻近性。

（8）斑块邻近性

斑块邻近性（OC）[式（3-9）]表示影像对象与邻近斑块的关系，指一对象与另一对象的公共边界除以该对象的总边长，阈值为 0～1，一对象包容在另一对象中时，其值为1。通过相对边界的表达，反映两对象的接近程度。

$$OC = \frac{L_c}{L_t} \quad (3-9)$$

式中，L_c 为两个对象邻近的公共边长；L_t 为一个对象的总边长。

（9）道路

道路（transportation）是指收集国家交通部门的全国道路数据，该道路不产生最终分类结果，但可用于目标识别。通过辅助道路数据导入，建立道路缓冲区，在地类识别中，通过影像对象的掩膜，对道路空间邻近的类型进行限定，如难以识别的种植园、工业矿地、居民地等类型。

以上参数直接参与土地覆被的识别与分类，除此之外，收集中国科学院遥感所2000年、2005年1∶10万全国土地利用数据，收集中国科学院地理所1∶100万全国土地利用图集、中国1∶100万植被图，收集国土资源部1∶1万～1∶10万土地利用数据及县级1∶5万～1∶10万土地利用资料。参考收集的土地利用数据宏观控制分类结果，对分类结果进行检验与改进。

3.4.3　全国标准分类数据层

用于土地覆被数据提取的标准数据层有4类数据：影像数据、影像派生数据、辅助数据、对象数据。有效信息的增加有利于精度的提高，需要对现有的影像数据进行相关分析，派生一些新的参数，与土地覆被较为敏感的特征数据参与最终的决策树分类，而过多不关联数据的参与不仅影响分类的效果，还会增加数据冗余，也影响数据处理的效率。为此，全国土地覆被涉及的分类数据选择 25 个数据层（表 3-5），包括硬面指数 BI、BB、NDVI、近红外，标准差的 BI、BB、NDVI、近红外；植被鼎盛期的 BI、BB、NDVI、近红外；植被枯萎期的 BI、BB、NDVI、近红外。

表 3-5 全国土地覆被分类的标准数据集

序号	指标	数据特征	类型形式	数据格式	辐射分辨率
1	植被鼎盛期 NDVI	派生参数	空间	img	8bit
2	植被鼎盛期近红外	标准影像	空间	img	8bit
3	植被鼎盛期硬面指数	派生参数	空间	img	8bit
4	植被鼎盛期硬面亮度	派生参数	空间	img	8bit
5	植被鼎盛期标准差 NDVI	派生参数	空间	img	8bit
6	植被鼎盛期标准差 band4	标准影像	空间	img	8bit
7	植被鼎盛期标准差硬面指数	派生参数	空间	img	8bit
8	植被鼎盛期标准差硬面亮度	派生参数	空间	img	8bit
9	植被枯萎期 NDVI	派生参数	空间	img	8bit
10	植被枯萎期近红外	标准影像	空间	img	8bit
11	植被枯萎期硬面指数	派生参数	空间	img	8bit
12	植被枯萎期硬面亮度	派生参数	空间	img	8bit
13	第一季作物收割指数/第二季作物播种期 NDVI	派生参数	空间	img	8bit
14	平水期 NDVI	派生参数	空间	img	8bit
15	平水期近红外	标准影像	空间	img	8bit
16	高程	辅助数据	空间	img	16bit
17	坡度	辅助数据	空间	img	8bit
18	坡向	辅助数据	空间	img	16bit
19	道路数据缓冲区	辅助数据	空间	img	2bit
20	斑块面积	对象参数	属性	dpr	—
21	斑块长宽比	对象参数	属性	dpr	—
22	斑块形状指数	对象参数	属性	dpr	—
23	斑块信息熵	对象参数	属性	dpr	—
24	斑块距离	对象参数	属性	dpr	—
25	斑块邻近性	对象参数	属性	dpr	—

3.4.4 区域分类数据层

中国地跨热带至寒温带、湿润至干旱多个气候带、从平原到高山多个垂直带，形成各异的地带性景观。在实际各作业区分类中，各区分类数据层在全国标准数据层基础上，对区域的土地覆被数据层进行一定的取舍或增加，以适应区域土地覆被类型的识别。

在中国华北作业区，植被有明显的落叶阶段，以两季旱作物为主。数据层至少应有冬季的影像与第二季作物播种时段的影像所生成的数据参数层，有利于自然植被与耕地的识别。

在中国东北作业区，植被有明显的落叶阶段，以一季旱作物为主耕地。作物与自然植被同步生长，二者光谱混淆严重，难以识别，引入对象的纹理参数有助于人工植被与自然植被的区分，如 GLDM contrast、GLDM dissimilarity、GLDM StdDev 等参数层。而湿地类型在东北分布较广，引入 TM 的 NDWI 数据层有利于提升湿地类型的识别能力。

在中国南方作业区，以常绿植被分布为主，有一期植被茂盛期的数据基本上就可以了；湖泊的季节性也影响分类效果，植被茂盛期与湖泊的平水期时间基本一致。鄱阳湖、洞庭湖等大湖的季节性差异太大，应避免出现洪水期、枯水期的影像。部分高山区需要冬季的数据层解决落叶植被的分类。多云多雨气象条件也是该区域的特点，不利于数据获取，极化雷达数据可以部分补充数据层识别水体、城市等类型。

在中国西南作业区，垂直地带景观形成的物候差异以及地形影响下的光谱照度差异是西南地区土地覆被识别的难点。多时相数据的分析有利于植被的识别。

在中国西北作业区，主要是草地、稀疏植被类型、裸露地的识别。草地类的细分类型识别引入了大尺度的积温、湿润指数数据层，以补充遥感影像在草地细分类型识别的不足。稀疏植被类型、裸露地细分类型属于弱信息提取，需要引入早期土地利用等数据补充先验知识。

3.5 样本库建立

样本库是用于分类器训练、实现土地覆被识别与分类的基础。样本分布和数量取决于区域的大小、通达性和复杂程度，以及采用的遥感数据的解析力，而样本的类型、数量、分布决定了样本的代表性，最终决定了分类精度。如果土地覆被类型和数量均匀分布，随机分布的样点布设就可以达到较好的效果；如果土地覆被类型和数量分布不均，分层抽样是比较可行的方案。通过分层抽样建立样本库，达到土地覆被类型样点的充分性、代表性。

3.5.1 采样点布设

全国土地覆被样点的选择采用分层抽样分析方法。利用不同层次、不同变量确定采样地区与数量，以反映不同层次的土地覆被空间和类型的特征。样点选择的依据为中国科学院 1:400 万的土地利用图，并根据项目作业区的范围，通过分层抽样的方式，确定采样样本和分布。

样点选择与外业调查线路的确定依据以下原则。

1）环境梯度。根据生态环境的地域分异特征，样点应能代表不同地貌、气候、植被分异以及不同人类活动强度类型。在西部地区（内蒙古自治区、青藏高原、西北地区），因自然景观单一、景观异质性小，采样点可以少一些；而东部地区环境梯度大，人类活动强度大，类型变化快的特点，需要布设更多样点。

2）采样密度。每个作业块区内，每一土地覆被类型采样点不低于 3 个。样本分布与采集需要考虑作业块的范围，因为每个作业块遥感数据的获取时间不一致，因此基于样本制定的分类规则会有不同。

3）采样可达性。由于野外调查受经费、人力条件等诸多因素的限制，野外调查工作应综合考虑经济、人力条件，样点选在主要公路经过地区，以保证验证工作能达到预期目的。一些采样点无法在野外调查获取时，通过高分辨率影像和 Google Earth 的解译获取。

4）采样成本。考察线路选择尽可能短而不重复，以便在经费有限的条件下，能够实现对所有土地覆被进行全面调查。

5）遥感解析力。不同地类的解译能力不同，易于判读的类型样点可以少些，不易判读的类型样点可以多些。

6）土地覆被特点。根据历史资料，分析各类土地覆被的面积比例，按一定比例分配样本数。有些地类的重要性和精度要高于其他类型，其采样的数量要有所提高，如城市用地、耕地等。

根据以上设计原则，由各作业块根据影像的特征布设采样点，并确保在片区边界两侧有足够的样点分布，以保证片区之间数据产品的无缝连接。

3.5.2 样本采集

野外采样工作基本上是沿公路两旁 2km 范围内的地物采样，在车载 GPS 导航系统和屏幕勾绘中实现野外采样。利用 ArcGIS 的 GPS Tool 工具实现 GPS 导航系统，在 ArcMAP 矢量点文件中将在室内布设的采样点输入属性，生成采样点分布图和相应的属性表。在野外逐点进行确定，并将描述的信息填写在野外采样表和矢量属性表中（表3-6）。GPS 导航系统使用的是 HJ 影像底图，在检索和到达采样地物时，确定地块的准确位置，并在样点库中输入属性信息，依据野外调查表的内容进行一一描述和照相。

表3-6　土地覆被外业调查样点属性表

序号	土地覆被 ID	土地覆被类型	植被类型	植被功能	高度/m	植被分层	类型说明	照片 ID	日期
1	201	温性草原	—	—	0.8	—	覆盖度20%	5012	—
2	501	建设用地	—	—	—	—	建筑密度30%	5013	—
3	302	旱地	—	—	—	—	水土保持措施	—	—
4	101	常绿阔叶林	—	—	12	乔灌	郁闭度40%，	5014	—
……	……	……					……	……	

中国土地覆被数据生产过程是在采样→分类→检查→再采样→分类的过程中，通过不断样点扩充、训练，提高认知、改进分类质量，先后进行了 13 轮土地覆被数据的修订，最后通过验证。通过多个渠道在不同时期先后采集的样本补充到分类中。整个数据生产过程共采集样点 151 653 个，组织科研人员进行野外调查，获取 22 680 个土地覆被样点，用

于遥感分类方法研究；获取了全国独立地面调查修正样点 22 465 个，用于分类数据质量控制；全国七大片区野外调查行程约 12 万 km，收集样点照片 193 618 张，用于建立土地覆被分类规则。国家环境保护部所属各级政府部门提供了地面核查有效样点数 49 974 个，碳专项森林、灌丛、草地、农田课题共提供地面样点数 16 237 个，产品验证样点 31 658 个，另外获取 Google Earth 采集样点 11 120 个（图 3-10）。

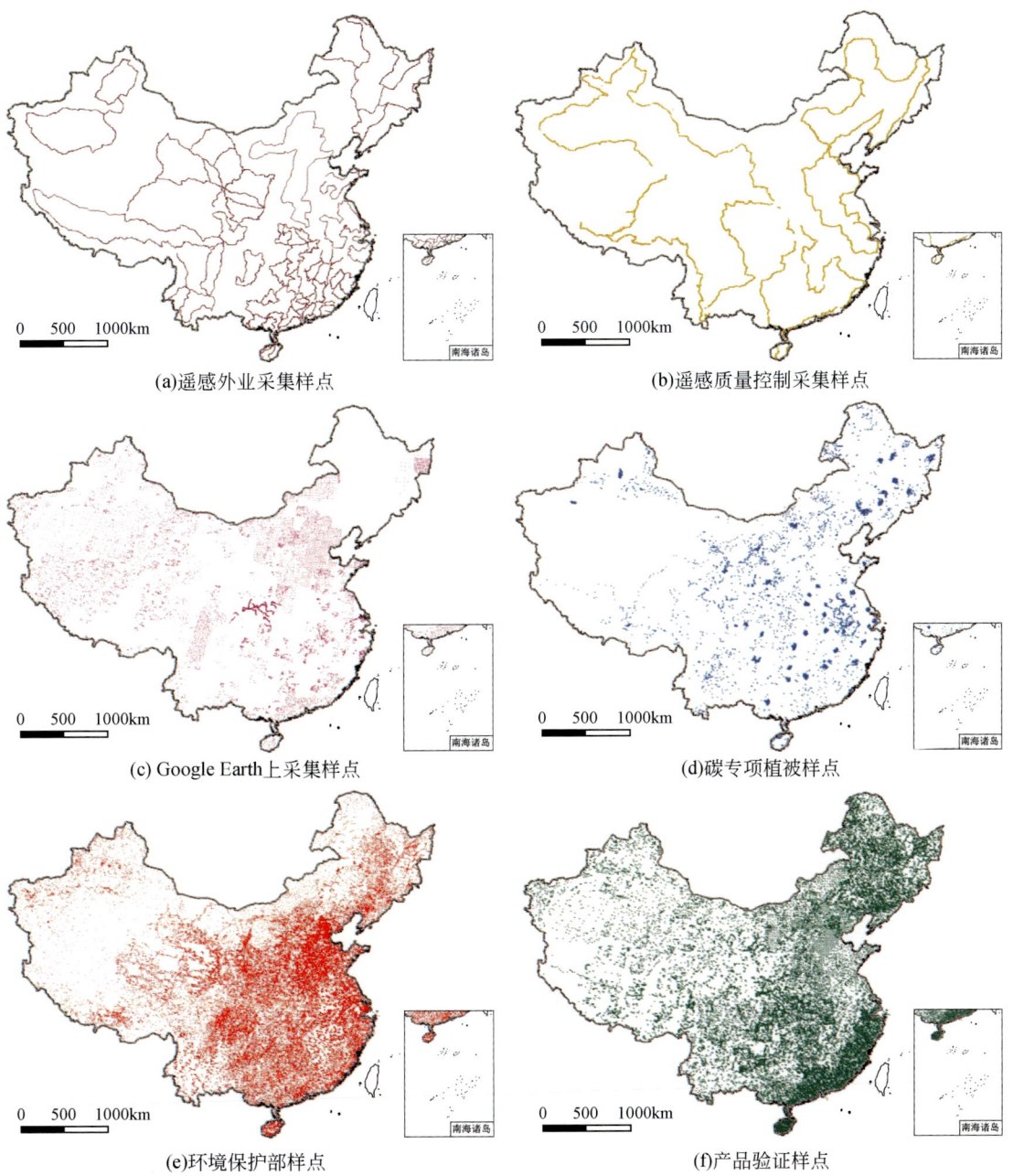

图 3-10　2010 年全国土地覆被样本分布图

第一次样本采集是各作业区根据采样方案，通过野外调查完成样点采集，受公路分布和采集时间的限制，样点主要沿公路干线分布，不足部分样点参照早期土地利用资料进行土地覆被分类器的训练，首次分类结果并未达到项目要求的 85% 以上的精度。

第二次样本采集是基于 Google Earth 上高分影像，加密采集的样本，特别是在林区、无人区进行样点加密，保证每个作业块 50 个样点。进一步改进数据分类，分类结果有所提高。

第三次样本采集是利用项目组收集的质量控制样点，通过举一反三的方式，提高样本认知和对比分析，进一步改进分类质量。

第四次样本采集是基于碳专项植被样点，碳专项课题组在全国主要生态系统进行了地面典型样方调查，该数据先用于精度验证，然后引入土地覆被分类，修改错分地块，提高分类质量。

第五次样本是国家环境保护部所属各省（自治区、直辖市）采集的样点。为了进一步提高数据质量，研究按分层抽样的方法，重新增补样本，由环境保护部各省（自治区、直辖市）环境保护厅负责野外调查，获取大量的样本数据，由于人员投入多、水平差异大，其中有部分样本存在质量问题，但这次大量的样本引入，对数据质量的改进起到重要作用。经验证后达到预定精度，并将产品验证样点又发给作业单位，进一步修订数据。

第一次和第二次样本采集主要由各区遥感制图单位和质量控制组分别进行的野外调查数据，样本基本上分布于主要国家一、二级公路两侧。从大尺度上讲，样本数量与分布比较合理；从小尺度分析，样本的分布并不均匀，有些类型和数量可能没有覆盖到。第一个版本的土地覆被数据产品基本上是基于第一次采集的样本进行分类的。在完成了数据产品的质量检查后，第二次样本数据用于类别的修改。第三次样本采集是基于 Google Earth 的高分辨率的影像及其他相关资料，样本的空间分布覆盖了各个类型，用于数据产品的再次修改。第四次样本采集是基于碳专项提供的野外调查样点资料，全是典型植被类型样本。在引入这批高质量的样本后，植被类型分类得到进一步提高。第五次是由国家环境保护部提供的样本数据，对遥感光谱混淆、难以自动分类的类型进行补充，通过手工修改及自动分类相结合，改进数据质量，使各个类型的精度比较均衡。

3.5.3 分类样本库

调查点数据涵盖了全国主要的土地覆被类型，是建立对象特征的基础。将野外采样点属性赋予所对应的影像对象，形成样本多边形。每个多边形除包括土地覆被类型属性外，也具备了影像对象丰富的光谱特征、形状特征、纹理特征及空间关系特征。全国所有样本多边形及其对象特征的集合就是中国土地覆被的分类样本库，应用于实际分类工作中。

为了获得足够的土地覆被分类的样本并增加样本的代表性，对现场调查的样点进行空间扩展，获取对象样本（图 3-11）。对图像进行分割提取光谱特征一致的对象，如果对象的光谱特征与样点反映的土地覆被类型的特征一致，样点类型相应地分配给对象样本。将作业块内的样本数据导入 eCognition 后，利用软件的 "classified image objects to samples"

工具，使点样本扩展到对象样本。样点的扩展方式不仅增加了样品的面积（约占总面积的1%），形成了面信息，使样本信息更加稳定；同时便于识别土地覆被对象的几何特征，增加地类识别和分类的信息量。利用对象样本信息替代样点训练分类器。

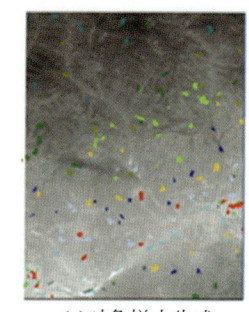

(a)影像分割　　　　　(b)点样本叠加　　　　　(c)对象样本生成

图 3-11　点样本的对象化过程

解译标志库是建立分类决策、提供划分指标和阈值设定的主要信息源。解译标志库基于同质对象样本单元，建立各土地覆被类型的信息标志库。解译标志库以 eCognition 软件为支撑，以预处理后影像层、影像派生层的光谱与几何信息为基础，提取样本的解译信息，每个作业块建立相应的分类型的 25 类参数的对象样本图谱直方图（图3-12）。对象样本视窗可以显示每类样本各参数的阈值范围、频度、方差。通过样本不同参数特征直方图的叠加、对比，选取差别大的参数和阈值，建立分类决策树。

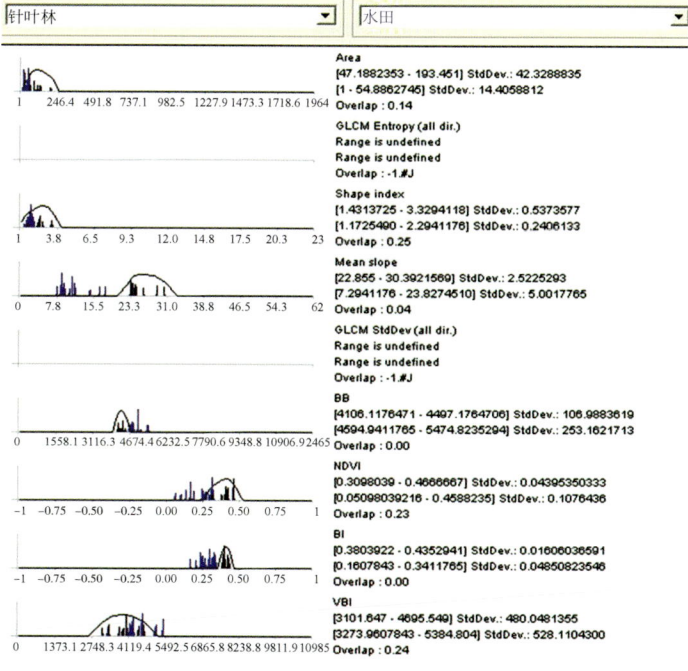

图 3-12　土地覆被对象样本图谱库

3.6 面向对象的分类方法

面向对象的分类方法是基于影像对象的光谱、纹理、形状和空间关系等对象信息通过决策树进行综合类别判定，具有方便的操作性和较高的分类精度。由于不同土地覆被类型的尺度不同，中国土地覆被在充分分析全国不同区域土地覆被类型的光谱和空间分布信息基础上，采用不同分割尺度提取对象信息，使不同区域的土地覆被类型特征得以更准确地描述，达到不同区域每个土地覆被类型都有其最佳拟合尺度。

基于面向对象的分类算法，总体流程采用层次分类方法，通过人机交互、样本对比方法，建立二元分类决策树和阈值，包括全国统一标准的顶级决策树及区域特征的次级决策树。

3.6.1 面向对象分类方法的原理

面向对象技术是基于视觉理论、人类大脑认知事物过程的模拟。大脑通过颜色、纹理和形状进行判别、认识对象；面向对象的方式考虑了尺度变化的识别特征，或可解释为空间距离的视觉差异而产生的不同识别效果。基于对象的分类包括两个步骤，即对象的生成和分类过程。对象生成或者分割过程可以相应地分为两大类方法：基于边界提取的方法和基于区域的方法。前者如边缘生长（Maeda，1998）、边界检测（Canny，1986）等，后者如阈值分割（Otsu，1979）、区域增长（Ugarriza et al.，2009）、区域分裂－合并（Nammalwar et al.，2010）等。对象是通过像素合并而形成的同质对象，对象具有了双重特征，即光谱特征与几何特征（图3-13），根据对象信息，进一步提高识别、分类精度。

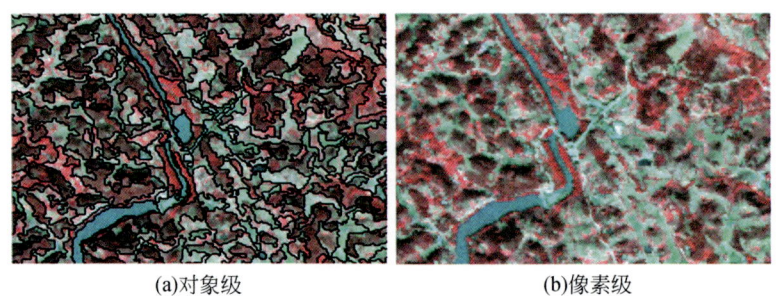

(a)对象级　　　　　　　　　　(b)像素级

图 3-13　对象级与像素级分类基本单元对比

区域增长模型在土地覆被分类中广泛应用，它是基于种子像素的特征与融合特征进行对比，通过用户的阈值确定分割的程度和大小 [式（3-10）]。

$$P(R) = \begin{cases} \text{TRUE} & \sqrt{\sum_{k}^{\text{Bands}} (u_{jk} - u_{ik})^2} \leq \Delta \\ \text{FALSE} & \text{otherwise} \end{cases} \quad (3\text{-}10)$$

式中，u_{jk}为波段k邻近像素的光谱亮度值；u_{ik}为波段k种子像素的光谱亮度值；Δ为用户定义的异质性变化的阈值。

尺度的变化反映不同地类的景观特征，不同尺度下可识别不同的地类。区域增长方法可以实现多尺度对象分割，通过不同参数阈值设定的变化，产生多尺度的分割效果。较小的阈值分割形成小尺度、小对象的分割层，在此基础上，通过边界融合，形成高一级的大尺度、大对象的分割层。各对象分层间具有继承性的拓扑关系，不同尺度的分层适应不同的土地覆被类型。

利用多尺度的分割对象数据层构建影像对象的层次网络，反映不同空间分辨率的影像信息。影像对象所形成的上下、左右空间关系，使各土地覆被类型的对象"知道"邻域关系，以及它的上层对象和下层对象关系，分类过程就是对识别各类型的内部特征和空间关系的描述。

通过建立的解译标志库样本，生成分类知识库，来编辑、描述类型。然后进行基于知识库的决策树分类或学习机的分类，进行分层分类、多层叠加，形成最终的分类结果。

基于对象的土地覆被分类（OB）融合了"谱"与"图"的特征。通过对象实现对探测目标的抽象表达，充分利用"像元–基元–目标"继承关系进行目标的识别（周成虎，2009）。基于对象的分类方法比基于像素的方法有明显的优越性。从像素到影像对象过程，减少了类型内部的异质性，去除"椒盐"现象的出现，克服了传统的基于像素（PB）分类的缺点（Lu，2007）。另外，相对于单个像元，OB方式将光谱近似的像素合并成对象，使影像对象携带了更多的非光谱属性，它包括空间信息、空间关系信息，如对象大小、方差、长宽比、形状指数、朝向、邻近关系、包容关系、方向关系、距离关系等，从对象上提取的非光谱信息结合光谱信息分类可提高分类精度（Guo et al.，2007）。

3.6.2 多尺度对象分割

对象的异质性由光谱的异质性和形状异质性两部分组成，若仅考虑光谱的异质性会导致分割后对象大小的差异较大，没有地图的综合效果，考虑形状异质性后可均衡对象的大小，避免一些椒盐现象的出现。

分割采用多尺度分割方法。其原理是基于影像单元的光谱异质性和形状异质性进行区域增长、不断合并邻近像元的方式进行尺度推绎。一个影像对象的异质性值f是由4个变量计算而得到的（Definiens，2009）[式（3-11）]。在分割中可通过调节参数W来调整分割过程中光谱异质性和形状异质性的权重，若光谱异质性占权重大，在分割过程中光谱信息所起作用就大，相应的，形状异质性权重就小，在分割过程中对象形状起到的作用就小，反之亦然。两个相邻对象是否合并的异质性函数表达为（Benz et al.，2004）：

$$f = w_{color} \cdot h_{cover} + w_{shape} \cdot h_{shape} \tag{3-11}$$

式中，w_{color}为光谱信息权重；w_{shape}为形状信息权重；h_{color}为光谱异质性值；h_{shape}为形状异质性值。w是用户定义的权重，取值为0~1，且$w_{color}+w_{shape}=1$。

光谱异质性值h_{color}不仅与组成对象的像元数目有关，还取决于各个波段标准差[式（3-12）]。

$$h_{\text{color}} = \sum_c w_c \left[n_{\text{Merge}} \cdot \sigma_c^{\text{Merge}} - \left(n_{\text{Obj1}} \cdot \sigma_c^{\text{Obj1}} + n_{\text{Obj2}} \cdot \sigma_c^{\text{Obj2}} \right) \right] \qquad (3\text{-}12)$$

式中，c 为多波段图像中的序号；w_c 为此波段图像在对象异质性计算中所占的权重，当某一波段对分割较为重要时，可改变权重值；Obj1 和 Obj2 为相信的两个对象的像元数；σ_c^{Obj1} 和 σ_c^{Obj2} 分别为两对象及两对象像元的标准差值；n_{Merge} 为两对象合并后的对象内像元数；σ_c^{Merge} 为两对象合并后对象像元的标准差值。光谱的异质性是由对象合并后的特征对比决定的。

形状异质性值由紧致度和光滑度两部分组成 [式 (3-13)]：

$$h_{\text{shape}} = w_{\text{cmpct}} \cdot h_{\text{cmpct}} + (1 - w_{\text{cmpct}}) \cdot h_{\text{smooth}} \qquad (3\text{-}13)$$

式中，h_{cmpct} 为紧致度；h_{smooth} 为光滑度；w_{cmpct} 为紧致度和光滑度的权重值。

形状紧致度 h_{cmpct} 由式 (3-14) 计算得到

$$h_{\text{cmpct}} = n_{\text{Merge}} \cdot \frac{l_{\text{Merge}}}{\sqrt{n_{\text{Merge}}}} - \left(n_{\text{Obj1}} \cdot \frac{l_{\text{Obj1}}}{\sqrt{n_{\text{Obj1}}}} + n_{\text{Obj2}} \cdot \frac{l_{\text{Obj2}}}{\sqrt{n_{\text{Obj2}}}} \right) \qquad (3\text{-}14)$$

式中，l_{Obj1}、l_{Obj2} 分别为两相邻对象各自的最长边长（最小包围对象的长方形长边长度）；n_{Obj1} 和 n_{Obj2} 分别为两相邻对象内各自的像元数；l_{Merge} 为两相邻对象合并后的最长边长。

形状光滑度 h_{smooth} 由式 (3-15) 计算得到

$$h_{\text{smooth}} = n_{\text{Merge}} \cdot \frac{l_{\text{Merge}}}{b_{\text{Merge}}} - \left(n_{\text{Obj1}} \cdot \frac{l_{\text{Obj1}}}{b_{\text{Obj1}}} + n_{\text{Obj2}} \cdot \frac{l_{\text{Obj2}}}{b_{\text{Obj2}}} \right) \qquad (3\text{-}15)$$

式中，b_{Obj1} 和 b_{Obj2} 分别为两相邻对象最短边长（最小包围对象的长方形短边长度）；b_{Merge} 为两相邻对象合并后短边长。光滑度是由对象自身边长比例决定的。

根据以上尺度分割方法，图像的分割受 4 个参数的影响：尺度阈值、形状/光谱权重、紧致度/光滑度权重、数据层权重。尺度阈值即异质性值，在分割的两个对象进行对比中，当异质性值小于给定的尺度阈值的，则两个对象合并；形状/光谱权重的设定取决于光谱判断和形状判断两个成分的比例，而紧致度/光滑度权重是由对象的光滑度与紧致度的比例所决定的。对于多波段数据，还需要给定波段的权重因子。图像的分割始于像元，将单像元视为一个个对象，进行对比、合并。每一次合并进行尺度的阈值对比，不断迭代，直到满足异质性的阈值，合并终止。

形状参数决定着两相邻对象异质性计算中光谱因子和形状因子权重。在遥感图像中，光谱信息在识别地物中要优于形状特征，形状特征也是通过光谱信息的差异衍生出来的。为此，光谱信息权重值要高于形状因子。形状因子的采用有助于通过图像对象形状来识别地类，如耕地中的地块特征。形状因子高，对象的综合性增加，而对象的均质性下降。原则上，光谱因子选择 0.7~0.9，在某一地区的地类异质性较大、地类空间混合较多时，光谱因子选择 0.7~0.8，反之，光谱因子选择 0.8~0.9。紧致度和光滑度因子在形状中的作用，由于其总体作用较小，在实际过程中，各设为 0.5，除非区域类型中有较多的线状地物出现，可以将光滑度因子调大一些。

由于尺度的影响，对影像进行过度分割或欠分割均会导致光谱、空间特征的错误利用（Nijland et al., 2009；Addink et al., 2007）。不同土地覆被类型对空间尺度的依赖性、稳定性各不相同。各类型有不同的最佳观测距离和尺度，才能有效、完整地识别，并不一定是距离越近越好、观测越细微越好（李小文，2005）。各种土地覆被类型，甚至同一类型，由于其内部结构和光谱的变化，在多数情况下，最佳拟合的对象并不在同一分割尺度上（图3-14）。

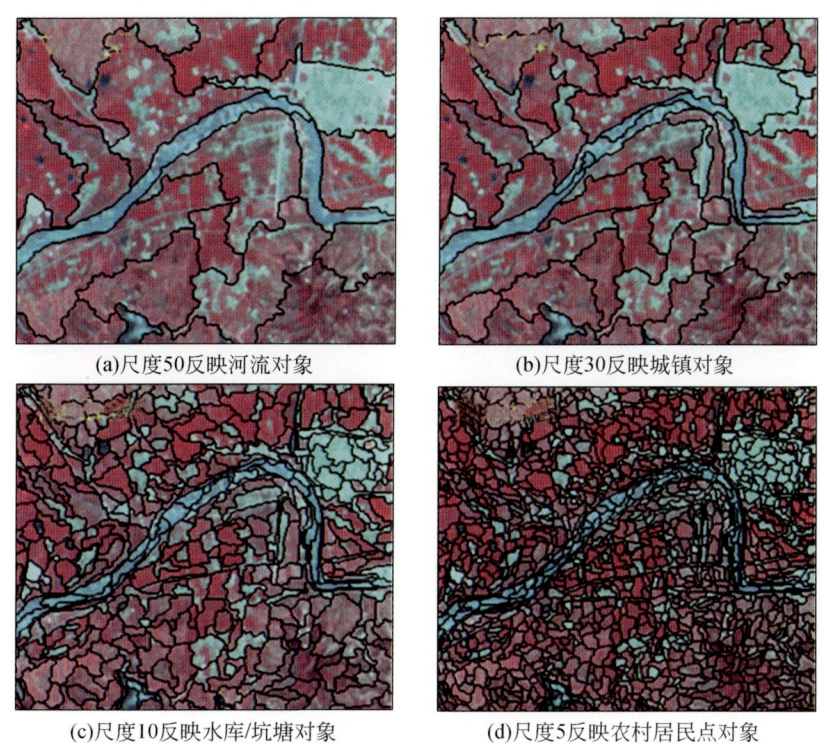

(a)尺度50反映河流对象　　　　(b)尺度30反映城镇对象

(c)尺度10反映水库/坑塘对象　　(d)尺度5反映农村居民点对象

图3-14　多尺度分割效果

注：影像为HJ数据Band 4、3、2假彩色合成影像

对于单尺度的分类，一个类型处在最佳尺度时，其他类型可能处于过分割和欠分割状态，所以对于单尺度分类，选择最佳尺度实际上是大多数类型平均适合尺度。而多尺度分类是将更多的类型拟合到相对适合的尺度上分别分类后再进行合并处理的方式，这种方式相对单尺度分类精度较高，但存在多尺度分类重叠现象，结果叠加时需要进行优先级的判别。多尺度分割技术的应用，弥补了单个对象层各土地覆被类型精度不一致的缺陷，达到一个真实地物的景观斑块和图像对象之间的边界匹配。因此，单一优化的空间尺度很难精确表征复杂影像下的土地覆被类型（Ju，2005），多尺度方法适用于每个土地覆被识别的空间特征和覆盖的多尺度分类对象（Drăguţ et al.，2010）。目前，优化分割尺度参数选取主要依靠试验-误差方法（Kim et al.，2011）。

中国土地覆被监测采用多尺度分割分类方法，通过小样区连续尺度的试验分析，确定几个优化拟合尺度和类型，推广至全局的方式。尺度的数量视区域的类型复杂性和类型光谱差异而定。尺度控制首先考虑最小制图单元（minimum mapping units，MMU），尺度分割具有"短板"效应，面积最小的对象接近MMU的面积时，该尺度就是最小分割尺度，在此基础上进行尺度上推。中国土地覆被制图标准为影像 2×3 个像元，对于 30m 分辨率监测，MMU 为 60m×90m，由于各分区块的类型景观不一致，形成的尺度大小不同，但尺度数量不宜太多。

多尺度的分割操作包含复杂的规则和占用大量的计算机内存。为提高操作效率，中国土地覆被的分类实际上使用两个尺度：一个是基本分类尺度，即它适合大多数土地覆被类型的对象边界分割，或者它最邻近多数土地覆被类型的适合尺度（多类适应尺度的中间尺度）；另一个是远离基本尺度的一个类型合适尺度。

3.7　决策树方法

土地覆被监督分类是基于先验知识，通过样本训练分析结果和专家知识，选择特征变量、确定判别函数或判别规则，进行像元尺度分割的分类方法，达到分类边界更加接近划分的类型和取得相对较高的精度。监督分类的主要方法有平等六面体法、最小距离法（minimum distance，MD）、最邻近法（nearest neighbor，NN）、马氏距离、最大似然法（maximum likelihood classification，MLC）、光谱角制图（spectral angle mapper，SAM）、混合像元模型（mixed-pixel model，MM）、专家系统（expert system，ES）、决策树分类（decision tree classifier，DTC）（Quinlan，1996）、人工神经网络（artificial neural network，ANN）（Coillie，2011）、支持向量机（support vector machine，SVM）（Mountrakis，2011；Cortes and Vapnik，1995）等。中国土地覆被数据生产中分类主要采用决策树分类方法，其实质主要是建立层次分类树（hierarchical clustering，HC），也是近几年发展起来的、适用性强、精度较高的分类方法。

3.7.1　决策树方法特点

决策树方法是一个树形框架，通过节点的参数及阈值的规则集和语义表达进行类型分配的方法。决策树的建立是土地覆被分类的基础和依据，通过决策树节点、指标、阈值的三要素分析，判别土地覆被类型归属。类别的分离操作是将一个复杂的分类问题简化为一个回归式、二分步骤，它是从根节点、枝节点到叶节点的串型的过程。每个节点的分类规则和阈值的选择取决于样品特征的直方图分析和经验知识。决策树方法运算速度快、分类结果稳定（图 3-15）。

决策树方法分为单要素和多要素建树分类，通常单要素指标划分结构清晰，适用性较广；多要素划分更适合于大比例尺、复杂地类的划分。决策树方法的优越性在于其使用独立的判别参数，分类过程进行流程化，谱系结构使其具有目标的分层分析能力，以及算法调整和再改进能力，通过不断调整参数和阈值，改进分类精度。而大多数学习机分类器是一个"黑箱"，隐含操作过程，虽然分类简单，但精度的改进较难。相比最大似然法，决策树方法训练不依赖于任何正态分布假设，适合于偏态、多态分布的分类，可以有效综合遥感数据与辅助数据，其精度要高于最大似然方法。决策树方法所具有的优越性使其得以

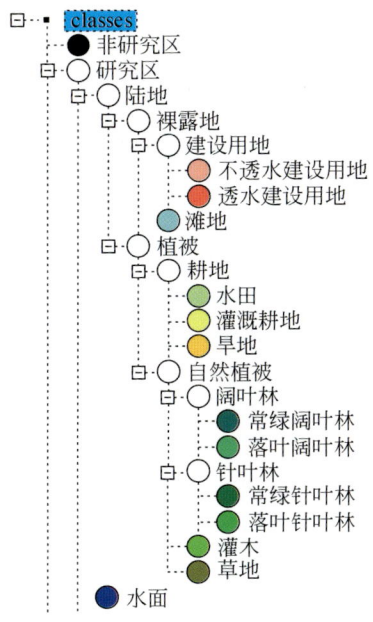

图 3-15 土地覆被决策树建立

广泛应用,其不足之处在于样本对比、分析较为繁琐,特别是对高维空间的分析难度较大。

支节点数过多会降低工作效率、增大分析工作量,在每次节点划分中,尽量保证均匀的类型数据平均分开,如将 10 个类型分成 5/5 或 4/6 的划分方式。由于上层的节点划分结果影响下层的分类精度,所以上层的划分必须确保准确,减少误差的传递。将光谱跨度大、区域性变率高的混合类型或多变类型放在下层节点,类型内部方差小、光谱区域变化小的类型放在顶层。依据解译标志各类型的光谱特征,进行各类型之间的对比,选择类型之间最大的光谱差、最小混合的划分指标,一个指标分不清楚时,需要多指标划分(图 3-16),指标数量要有控制,否则会使决策树过于复杂而降低工作效率。

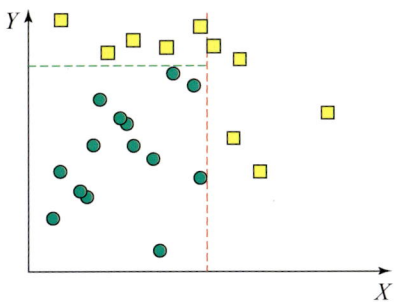

图 3-16 多指标土地覆被类型划分

阈值的设定同样决定分类的最终精度,最理想的阈值是划分类型没有光谱重叠

[图 3-17（a）]，阈值选取在各类型之间即可。若出现类型光谱部分重叠［图 3-17（b）］，但重叠部分占总光谱跨度小，阈值选取在重叠部分的中间，划分后类型可以达到较高的分类精度；若重叠部分占总光谱跨度太大，阈值选取划分后达不到精度要求，必须利用双指标、多指标的阈值判别，阈值的设定要以其中的一类或多类的光谱边界为准，然后在另一个指标中将重叠的区域分离出来［图 3-17（c）］。

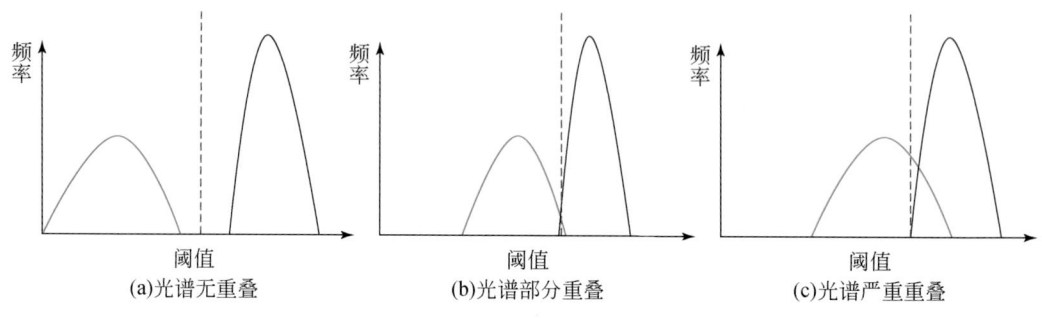

图 3-17　阈值判别点的选取

决策树方法遵循逐步递进、自上而下的流程而建立规则集，并执行二分分类。与机器学习的自动方法相比，决策树方法具有产品质量的有效控制，并通过检验每个支节点的分类效果，调整分类参数与阈值，减少误差的传递，即分类精度是通过修改规则集和阈值来提高的，这种方法适合于样本不是随机分布或代表性不足的区域。在实际分类过程中，由于对区域土地覆被类型和分布不清楚，样本的选取往往没有代表性，造成分类结果不满意，而通过参数和阈值的修改，可以不断改进分类效果。另外，先验知识在分类中也发挥补充作用，如耕地大多分布在坡度小于 25°的先验知识可以限定耕地的分布。决策树分类的方法耗时、费力，并且需要对样本特性进行充分的分析，如果区域覆盖的类型复杂，规则集的建立有一定的局限性。

3.7.2　全国普适性分类树

中国土地覆被数据生产中分类树建立采用人工建树方法，人工建树应用的前提是对区域土地覆被有详细全面的了解，虽然速度较慢，但精度较高。自动建树的速度快、效率高，问题是进一步改进精度较为困难，因为建树的过程不清楚、受样本分布影响较大。为了保证空间一致性和减少土地覆被数据的误差，将分类树分为普适性的和区域性的二元谱系结构。初始的或顶级分类树设计为普适性的分类树，它将划分统一的、一致性的层次结构和规则集，以适应大部分地区。而在普适性分类树以下的次一级分类树需要适应区域的土地覆被特征，根据影像作业块样本类别和数量分析，建立针对性的分类树。建立普适性分类树遵循以下 5 个原则：①类型特征的变化与其分布无关；②特征参数选择是基于类间的混合最小；③最少的划分指标；④具有类间显著差异的类别先分类，减少积累误差的传递；⑤每次支节点划分尽可能分离均等类型，以简化、缩短分层结构。

根据土地覆被类型的特征与光谱规律，采用统一的结构，全国性的普适性分类树采用

5个节点划分出 10 个类型组（图 3-18）。5 个节点划分的类组如下：水面与非水面、植被与非植被、线性与非线性（河流和库湖）、耕地与非耕地、落叶与非落叶。

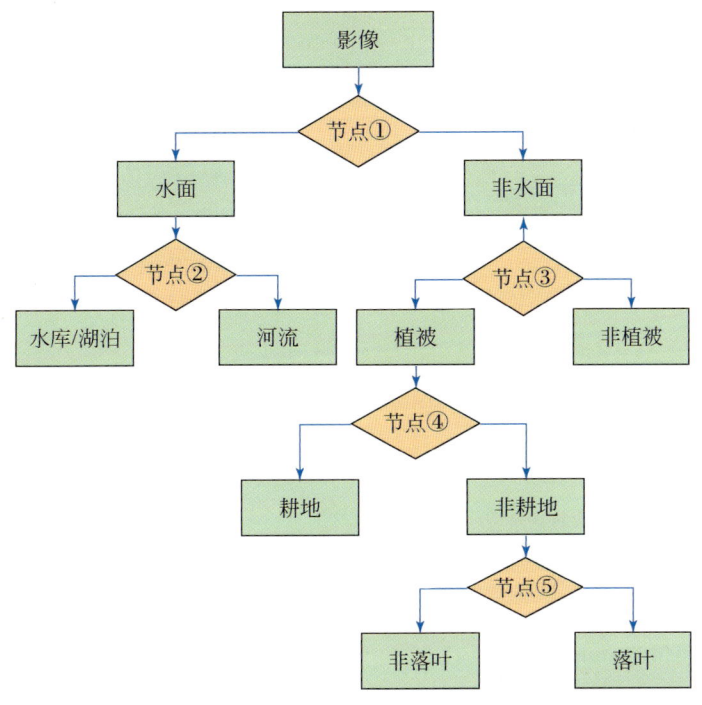

图 3-18　土地覆被分类初级阶段建立的普适性分类树

分类过程是在各分割尺度水平上同时进行的。土地覆被分类在一个尺度上划分的类别是不允许出现在另一个尺度上的。在基本尺度上的分类涵盖整个地区（没有未分类的区域），而其他的尺度水平只划分部分适合该尺度的类型（保留未分类的区域）。分类结果是其他尺度分类结果叠加在基本尺度层上。

(1) 水面与非水面划分

普适性分类树中首先是水面与非水面划分（分支节点①）。划分原理：水面的反射率在地物类型中最小（除阴影外），各波段的水面反射率一般小于 10%，并随着波段向长波的增长而减小，在近红外以外的波段反射率几乎为 0。在分类中与其他类型混淆较少，为此，第一层次划分水面，精度较高。

水面特征：水面具有季节性变化、水色变化特征，枯水季节的光谱吸收率高、空间面积小，洪水季节的光谱吸收率低、空间面积大；水体悬浮物质、叶绿素、黄色物质对光谱有一定影响。可选用的划分指标有 NDVI、近红外波段。容易混淆的类型包括湿地、湿润的土地（水田播种期）、瓦砾顶的建筑用地、泥滩地、阴影等。

采用指标：①平水期 NDVI，水面阈值取小；②平水期近红外，水面阈值取小。

(2) 水面线性与非线性划分

水面划分后，根据其形状特征划分为水面线性与非线性（分支节点②）。划分原理：

目标是解决河流与水库/湖泊的划分。流动水体与静态水体基本上是线性与非线性的关系，基于多尺度拟合或对象融合后形成的几何特征是线性与非线性判别的主要依据。

水面几何特征：河流的形状一般长宽比大于3，而水库、坑塘的长宽比小于3。峡谷型的水库形状指数接近与河流，而中下游宽浅型的河流形状指数接近与水库。容易判别错误的情况是北方的河流或南方河流的支流，以滩地为主的河流类型，河流为滩地所分割，在河流识别中存在误判。

采用指标：①形状指数，河流阈值取大；②斑块大小，河流阈值取大。

（3）植被与非植被划分

非水面节点也就是陆地表面，可分为植被与非植被（分支节点③）。划分原理：植被与非植被是主要的两个类型群体，在此节点划分可以减少分支总量、减少误差传递机会。同时，植被与非植被的光谱差异较大，可分性强。

植被特征：植被光谱反射率具有双峰特征，绿波段与近红外波段反射较强，并具有明显的物候变化特征，包括出苗、生长、鼎盛、落叶、枯萎的过程。植被包括森林、灌木、草地、人工植被等，非植被包括建设用地、裸露地、冰雪等；耕地介于其间，划分时可属于植被，也可划入非植被，在此划分中归入植被中，以便与植被进行对比。容易混淆的类型包括耕地、湿地。中国耕作是个体经营的，耕作的品种、时间、复种指数在空间上的一致性差，特别是在山区，具有垂直物候变化的特征，可能导致耕地在划分中会分别出现在植被与非植被中。

采用指标：①累积NDVI，植被阈值取大；②鼎盛期NDVI，植被阈值取大；③鼎盛期近红外（infrared），植被阈值取大。

（4）耕地与非耕地划分

有植被区域可分为耕地与非耕地（分支节点④）。划分原理：耕地是光谱变化相对复杂的地物，由于其重要的研究价值，安排在上层划分，最后划分往往会影响精度。

耕地特征：耕地光谱反射率一年中变化最大，但有一定的规律，作物播种季节的土壤湿润、显示近似水体的图谱，特别是水田，生长初期由于株间影响，光谱显示裸土特征，随着施肥和灌溉，作物生长速率较自然植被快，并在近红外波段的反射值较高，生长季节后期以植被光谱为主，但由于覆盖度变化的影响，NDVI的变化在达到鼎盛期前与自然植被过程不一致，收割后的秋冬季节土壤硬化，反射率较高。受作物耕作方式和作物无霜期影响，耕地有明显的季节性、地带性。播种期和收割后的NDVI低于自然植被，而生长季的NDVI与植被相似。作物轮作制度/复种指数影响作物的识别，大体上长城以北、中国西北地区，耕地实行一季作物种植制度，而在中国南方多实行二季作物种植制度。作物与自然植被光谱有类似性，但在季节上有差异性。一季作物区的作物与自然植被基本同步生长，生育期基本一致，不同之处为作物收割期与自然植被有明显的差异，该阶段为作物识别的光谱"时间窗口"，而在二季作物轮作区，第二季作物的播种期与自然植被生长不在同一生育期上，两者光谱差异大，该阶段为作物识别的光谱"时间窗口"。由于作物的叶型、叶面厚度、叶面积指数、叶面角、株间排列方式等影响，作物本身的光谱类型与植被中的阔叶林、灌木和草地光谱类型很容易混淆。

采用指标：①第一季作物收割指数，耕地阈值取小；②第二季播种期 NDVI，水田阈值取小，旱地阈值取区域值；③同期近红外，耕地阈值取大；④坡度，耕地阈值取小；⑤高程，耕地阈值取小。

（5）落叶与非落叶划分

对于非耕地，植被覆盖的主要特征是落叶与非落叶划分（分支节点⑤），主要是针对常绿与落叶森林植被的细分。划分原理：落叶自然植被受冬季持续低温影响，叶子有脱落特征，常绿自然植被在春、夏、秋季为生长过程，而在冬季为休眠状态。

落叶植被特征：落叶植被在冬季落叶后失去了叶绿素，裸露枝下层的土壤物，影像获取地表枯枝落叶的信息，植被 NDVI 较低。在中国一般最小值在 1~2 月，中国伏牛山、大巴山以北主要分布落叶植被，以南为常绿植被。容易混淆的类型包括冬季生长的耕地、落叶与常绿混交林。

划分指标：①枯萎期 NDVI，常绿植被阈值取大；②累积枯萎期 NDVI，常绿植被阈值取大。

3.8　雷达信息的利用

主动雷达由于具有全天时、全天候成像优势，不受云、雾干扰，穿透能力强，对水体、城区、湿地等地物类型的提取具有显著优势。水体对主动雷达波产生镜面反射，使雷达回波强度大大减弱，从而能够较好地从雷达影像中提取出来。城区对雷达波主要产生二面角散射，雷达回波强度大大增强，也易于从雷达图像提取（Alexandre，2011；Dingand，2011；Teresa，2013；陈富龙等，2008）。因此，在中国土地覆被分类数据的制作过程中，采用主动雷达信息，来对光学分类结果进行进一步修正和完善。具体来说，是在光学分类和样点修正全国土地覆被数据结果的基础上，针对雷达优于光学的地物类别，包括水体、城区以及部分区域的林区与非林区等进行土地覆被专题信息提取，从而进一步提高全国土地覆被数据的分类精度。后期修正过程中主要采用 2004~2006 年、2009~2010 年的 ENVISAT ASAR、2009 年的 ERS2 等雷达数据。

3.8.1　雷达数据处理

ENVISAT 卫星是欧空局对地观测系统卫星之一，于 2002 年 3 月 1 日发射升空，2012 年 4 月 8 日结束运行，卫星上搭载的合成孔径雷达（ASAR）工作在 C 波段，波长为 5.6cm，具有多极化、多观测角度和宽幅成像等特点，有图像模式、交叉极化模式，以及宽幅、全球监测和波谱模式。本次使用的是交叉极化模式 30m 分辨率数据。ERS-2 是欧空局的第二颗资源遥感卫星，搭载有合成孔径雷达、雷达高度计等传感器，于 1995 年 4 月 21 日发射升空，于 2010 年 7 月 1 日结束运行，其合成孔径雷达工作波段为 C 波段 5.3GHz，极化方式为 VV 单极化，空间分辨率为 30m。

雷达图像需要经过辐射定标、正射校正、斑点噪声滤波等处理（图 3-19），数据处理采用欧空局 NEST 软件建立批处理流程完成。

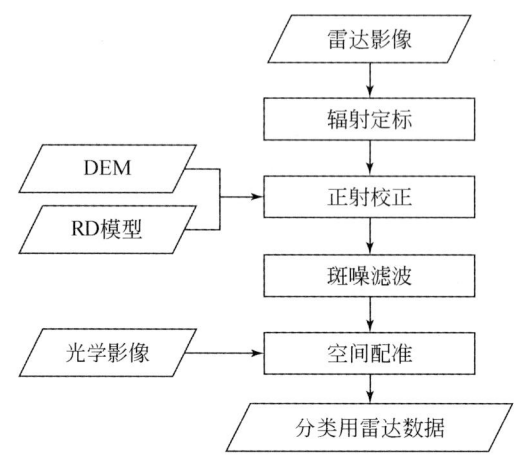

图 3-19　雷达数据处理流程图

雷达图像的辐射定标是将图像由像元 DN 值转变为地物的后向散射系数测量值，主要通过像元入射角、绝对定标常数、天线增益来计算。具体的辐射定标公式因卫星、传感器、成像模式等的不同而有所差异（Laur et al.，2004）。由于雷达侧视成像造成图像上存在严重的几何畸变，需要在成像区域数字高程模型数据的支持下，采用星载 SAR 成像几何关系模型——距离多普勒模型（range Doppler model，RD 模型）对图像进行正射校正，需要通过图像自带的元数据和精确轨道信息对成像时间段里的卫星平台位置进行拟合，通过计算地面 DEM 法向矢量和雷达回波方向之间的夹角，即局部入射角对 SAR 图像进行正射校正，坐标系统和光学影像保持一致（Small and Schubert，2008）。空间配准首先检查雷达影像和光学影像的空间位置匹配水平，如果偏差较大，需要以光学分类影像为标准图像，选择一定数量的同名控制点，将雷达影像进一步配准到光学影像上。

雷达发射的相干电磁波照射的地表像元内包含了大量随机分布的散射体，而像元的总回波是各散射体后向散射电磁波的相干叠加，导致 SAR 图像出现随机分布的黑白斑点，即斑点噪声，为了提高 SAR 图像的解译精度，需要通过滤波、多视处理等方法来去除斑点噪声，通过改进的 Lee 滤波方法来去除斑点噪声（Lopes et al.，1990）。

3.8.2　雷达专题信息提取

专题信息提取采用基于面向对象技术的 eCognition 软件进行。该软件采用面向对象的信息提取方法，充分利用对象信息（色调、形状、纹理、层次等）、类间信息（与邻近对象、子对象、父对象的相关特征），同时采用决策专家系统支持的模糊分类算法，突破仅仅根据光谱信息进行影像分类的局限性，因此能够大大提高地物自动识别精度（罗开盛等，2013）。

采用 eCognition 进行面向对象专题信息提取首先对经过预处理的 ASAR、ERS2 雷达影像进行多尺度分割,将影像由像元分割成一个个对象,通过多次试验,将雷达影像的分割尺度设为45,形状参数设为0.1,紧密度参数设为0.5,使得分成的对象尺度适中,既不至于和别的类别混在一起,导致后续分类精度降低,又不至于过分琐碎,增加分类运算工作量。

尺度分割后,需要根据要提取的专题信息进行特征样本的选取,重点针对水体、人工表面分别选取一定数量的样本对象,并赋予相应地物类别属性。样本的选择要具有代表性、均质性,这些将作为后续信息提取的先验知识。样本选择完成并赋予类别属性后,需要对选择的样本进行训练。训练的方法采用SVM方法,该函数选择线性模型。SVM是一种基于统计学习理论和结构风险最小化原则的新型机器学习算法,它通过解算最优化问题,在高维特征空间中寻找最优分类超平面,从而解决复杂数据的分类问题(张睿和马建文,2009)。训练完成后,利用建立的规则判别待分类对象及其包含像元的类别。

利用2005年ENVISAT ASAR图像提取了水体类别(图3-20),利用2009年ERS2图像提取了人工表面(图3-21)(凌飞龙等,2012)。

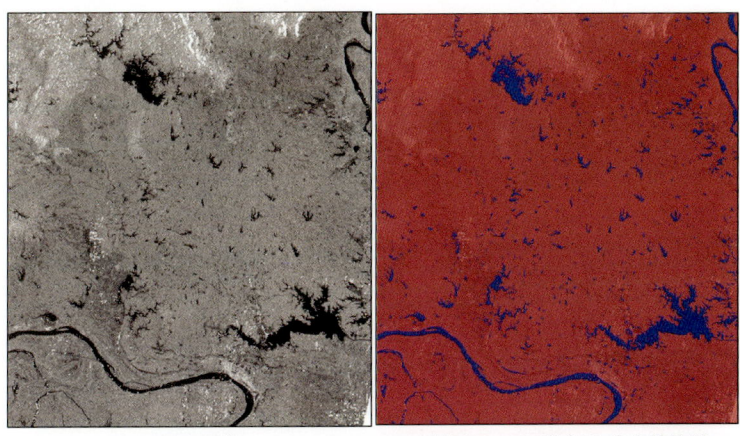

(a)ASAR图像　　　　　　(b)利用ASAR图像提取的水体结果

图3-20　湖北中南部

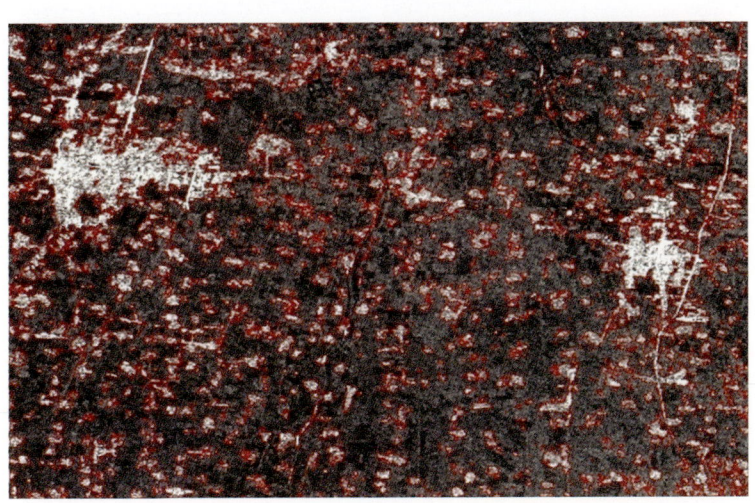

图3-21　2009年ERS2雷达数据提取河北北部人工表面

在 C 波段单极化雷达影像上，水体呈现明显的黑色调，人工表面呈现明显的亮色调，与周围地物区分度明显，可以准确、完整地提取出来。该专题信息导出成 shape 矢量文件后，经过拓扑关系检查、碎图斑处理，作为重要的辅助参考信息，对光学影像分出的水体、人工表面等一级类图斑进行进一步修正，有利于提高土地覆被一级类别的识别精度。需要注意的是在山区，雷达阴影也呈现黑色调，需要慎重修正。

采用冬季 ASAR 双极化模式及其比值图像进行波段合成后，可显著增强林地和耕地、草地等非林地信息的区分度，可用于获取林地专题信息，通过该信息和光学分类林地信息的融合，可进一步提高光学分类结果里林地一级类型的精度（图3-22）。

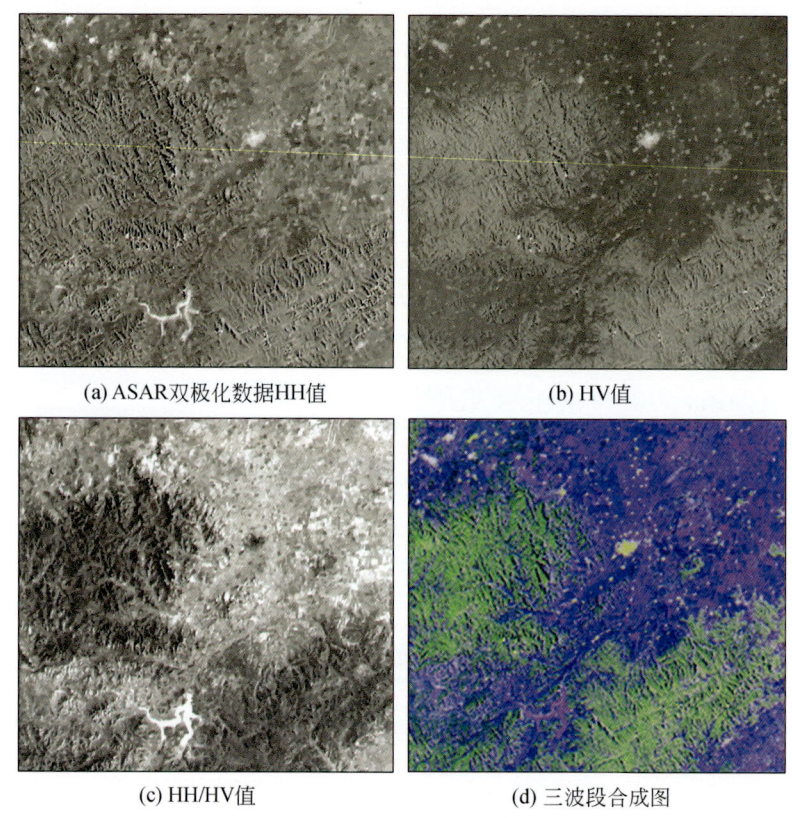

图 3-22　HH、HV、HH/HV 值和三波段合成图（2005 年 2 月 26 日）

总体来说，单极化（VV）ERS2 数据可以用于水体一级类信息提取，夏季为最佳，冬季由于水体结冰会带来误差；单极化（VV）ERS2 数据，通过共生矩阵纹理特征提取（均值、熵等）、彩色合成，可以用于提取平原地区人工表面一级类提取；双极化冬季 ASAR 及其比值数据，可以用于林地信息一级类信息提取。通过雷达专题信息数据和相应类别光学分类数据的融合，进一步提高了中国土地覆被数据的精度和质量。

第4章 典型土地覆被信息的遥感提取方法

土地覆被信息提取中，由于不同地物的光谱反射特征相差较大，通用的方法提取不同类型土地覆被的技术路线及精度存在较大的差异。在目前的遥感信息获取、地物识别技术条件下，需要综合利用现有各种多时相、多源遥感数据，针对不同土地覆被类型发展新的独有分类方法来提高遥感数据分类精度。

4.1 山区森林常绿、落叶特征遥感自动识别算法

土地覆被产品是全球气候变化研究（Vitousek，1994；邵璞和曾晓东，2012）、陆地生态系统物质与能量循环研究（冉慧等，2010）、生物多样性与生态环境评估（郭中伟等，2001；吴建国和吕佳佳，2008）、土地利用和土地管理决策（戴锦芳，2002）等工作中最重要的本底数据。遥感影像因其具备高效、客观、价格低廉、可操作性强等特征成为土地覆被制图最重要的遥感数据源（Hansen and Loveland，2012）。虽然不同国家、地区采用不同遥感数据源和提取方法生产的土地覆被产品均有其独有的特征和服务对象，但是难以满足所有领域的应用需求。对于以森林生态学为主的应用领域，其使用的土地覆被产品需要能够体现森林生态系统类型在树形（乔木/灌木）、叶型（阔叶/针叶）、生长期（常绿/落叶）等方面的差异。

常见的土地覆被产品或是仅区分了森林类别（刘纪远，1997），或是虽区分了森林的树形、叶型和生长期，但大多被作为二级类，其产品精度不高（Hansen et al.，2000；Loveland et al.，2000；Friedl et al.，2002；Bartholome，2005）。当前已有不少研究针对如何利用遥感影像自动区分乔木与灌木、针叶与阔叶等森林类型（Pilli，2012），但专门研究如何利用遥感影像自动区分森林的常绿、落叶特征却不多见。尤其山区受地形、海拔等的影响，水、热、光照条件差异明显，使各森林类别的常绿、落叶特征难以准确提取，加之因地形起伏造成的地形阴影以及云和云下阴影，进一步加大了山区森林常绿、落叶特征提取的难度。

基于遥感影像区分森林的常绿、落叶特征主要是利用常绿和落叶树种在生长季和非生长季光谱特征变化的差异，选择能够体现光谱特征变化的指标和分割阈值是实现自动化提取森林的常绿、落叶特征的关键环节。针对山区森林常绿、落叶特征难以客观、自动提取的问题，提出基于多源多时相遥感影像，以常绿针叶林样本为参照，通过统计参照样本在生长季和非生长季 NDVI 差值的分布规律，自动确定能够合理区分常绿、落叶特征阈值的算法，从而客观地提取山区森林的常绿、落叶特征。

4.1.1 信息提取方法

4.1.1.1 山区森林常绿、落叶特征提取原理

植被在红波段由于受叶片中叶绿素的控制，大量吸收辐射能，形成吸收谷；而在近红外波段由于叶片内部细胞结构的支配，大量能量被透射和反射，形成反射峰，从而形成植被特有的光谱特征。常绿植被终年被绿叶覆盖，无论在生长季还是非生长季，其光谱特征变化较小，而落叶植被的叶片则经历生长、脱落等周期性变化，其光谱特征变化大。植被指数是通过对能够反映植被生长特征的特征波段进行加、减、乘、除等组合运算得到的数值，它是植被生长状态和覆盖度的最佳指示因子（赵英时，2003；Carlson and Ripley，1997）。目前，最常用的植被指数是基于红波段和近红外波段组合运算的归一化差值植被指数，因此该算法选择最能反映植被生长特征的 NDVI 作为指标，利用生长季和非生长季遥感影像 NDVI 的差值来自动提取森林常绿、落叶特征。

基于时相之间 NDVI 差值来提取森林常绿和落叶特征的方法主要包括以下步骤：首先，选择合适的森林类型作为样本；然后，计算生长季与非生长季遥感影像的 NDVI 值，以及两个时相之间的 NDVI 差值，再统计选择的样本的 NDVI 差值的分布规律，找出明显的拐点，该拐点即是确定的阈值；最后，根据确定的阈值，区分各森林类型的常绿、落叶特征。

4.1.1.2 山区森林常绿、落叶特征提取技术流程

基于 NDVI 差值自动提取山区森林常绿、落叶特征的算法主要是基于常绿树种与落叶树种在生长季和非生长季遥感影像上光谱特征变化的差异（图 4-1）。山区森林类型提取方法主要基于多源多时相遥感影像，采用面向对象分类思想与决策树分类器相结合的方法，将山区森林类型划分为阔叶林、针叶林、针阔混交林和灌木林。其提取流程包括以下步骤：首先利用面向对象商业软件 eCognition 对参与分类的影像进行分割，得到同质的对

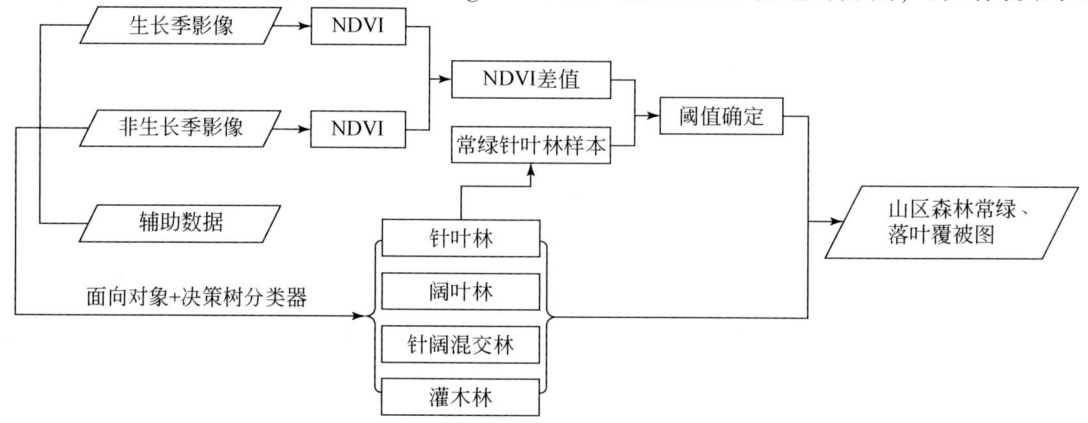

图 4-1 山区森林常绿、落叶特征遥感自动识别算法流程图

象；再根据野外实地考察与高分辨率遥感影像判读，构建训练样点集，同时选择参与训练的特征；然后利用决策树分类器 C5.0 对训练样本进行训练生成用于分类的决策树；最后在 eCognition 中重建训练生成的决策树，提取山区森林类型。

多源多时相遥感影像需至少包含一期生长季和一期非生长季的遥感影像。森林类型提取前需要对参与分类的影像做几何纠正、正射纠正、大气纠正等预处理工作。影像分割是面向对象分类方法的基础，影像分割采用 eCognition 软件中最常用的多尺度分割算法（Benz et al.，2004）。参与分割的影像仅选择一景无云、地物边界区分能力好的影像，分割尺度设置为 25，其他参数均以软件默认值为准。训练样本主要来源于高分辨率遥感影像的目视判读和土地覆被野外科学考察，该样点一方面用于决策树的训练，另一方面用于结果的精度验证。特征选择则主要利用多源多时相遥感影像的光谱信息和一些常用的指数，如 NDVI、NDWI 等（Gao，1996）。分类决策树构建则基于决策树分类器 C5.0 训练得到，然后将生成的决策树在 eCognition 中重建，对全图进行分类，并利用 DEM、坡度、坡向等辅助数据对分类的错误进行修正，最终得到研究区域森林类型图。

4.1.1.3 参考样本选择

选择的参考样本必须满足以下两个条件：①参考样本在区域内广泛分布，而不是局部区域分布的特殊地物类型。②参考样本一年四季的光谱变异小，受环境因子的干扰小。如西南山区地处亚热带与暖温带的过渡区，区域内植被类型丰富，以冷杉、云杉、松柏为主体的常绿针叶林在区域大量分布，而落叶针叶林分布较少。常绿针叶林光谱在一年四季变化小，其生长状态在短时间内基本不受环境的影响，因此，选择常绿针叶林作为参考样本。

基于自动分类提取的常绿针叶林样本中，不可避免存在一些误分的情况，对常绿林样本进行筛选是必不可少的。筛选常绿林样本时，需要去除面积过小的样本和阴影区的样本。面积过小不能真实反映常绿林的光谱特征，容易将错误引入；阴影区常绿林样本的 NDVI 值的变化很可能是由于阴影造成的，从而造成统计阈值不准确。

4.1.1.4 阈值确定

合理确定 NDVI 差值的阈值是区分森林类型常绿、落叶特征的关键。阈值的确定主要通过统计参考样本在生长季和非生长季之间 NDVI 差值的分布特征，找到变化的拐点，该拐点即为分割阈值。

确定常绿针叶林样本为参考样本后，通过分类和样本提纯，得到用于分析的参考样本。首先计算各个样本在生长季的 NDVI 值（$NDVI_{t2}$）和非生长季的 NDVI 值（$NDVI_{t1}$），然后计算两个时相的 NDVI 差值［式（4-1）~式（4-3）］。

$$NDVI_{t1} = \frac{(B4_{t1} - B3_{t1})}{(B4_{t1} + B3_{t1})} \tag{4-1}$$

$$NDVI_{t2} = \frac{(B4_{t2} - B3_{t2})}{(B4_{t2} + B3_{t2})} \tag{4-2}$$

$$\mathrm{NDVI\_D} = \mathrm{NDVI}_{t2} - \mathrm{NDVI}_{t1} \tag{4-3}$$

式中，$B4$ 代表遥感影像近红外波段；$B3$ 代表遥感影像红波段；$t1$ 代表非生长季；$t2$ 代表生长季。

计算参考样本 NDVI 差值的均值（$M_{\mathrm{NDVI\_D}}$）、标准差 $D_{\mathrm{NDVI\_D}}$ ［式（4-4），式（4-5）］。

$$M_{\mathrm{NDVI\_D}} = \sum_{i=1}^{n} \mathrm{NDVI\_D}_i / n \tag{4-4}$$

$$D_{\mathrm{NDVI\_D}} = \sqrt{\frac{\sum_{i=1}^{n} (\mathrm{NDVI\_D}_i - M_{\mathrm{NDVI\_D}})^2}{n-1}} \tag{4-5}$$

式中，n 代表参考样本总数。

统计参考样本 NDVI 差值的频率分布，从而得出其频率分布直方图。一般来说，其分布规律服从正态分布，绝大多数样本分布在 $M_{\mathrm{NDVI\_D}} \pm D_{\mathrm{NDVI\_D}}$ 内，分布在 $M_{\mathrm{NDVI\_D}} \pm 2D_{\mathrm{NDVI\_D}}$ 外的样本非常少。因此，本书取 $M_{\mathrm{NDVI\_D}} - D_{\mathrm{NDVI\_D}}$、$M_{\mathrm{NDVI\_D}} + D_{\mathrm{NDVI\_D}}$、$M_{\mathrm{NDVI\_D}} + 2D_{\mathrm{NDVI\_D}}$ 作为划分山区森林常绿、落叶特征的阈值。

4.1.1.5 常绿与落叶特征判别

根据样本统计得出划分的阈值后，需要根据阈值对研究区内其他植被类型的常绿、落叶特征予以划分，其划分的方案如下：

如果 $\mathrm{NDVI\_D}_i \in [M_{\mathrm{NDVI\_D}} - D_{\mathrm{NDVI\_D}}, M_{\mathrm{NDVI\_D}} + D_{\mathrm{NDVI\_D}}]$，则该森林类型判定为常绿森林。

如果 $\mathrm{NDVI\_D}_i > M_{\mathrm{NDVI\_D}} + 2D_{\mathrm{NDVI\_D}}$，则该森林类型判定为落叶森林。

如果 $\mathrm{NDVI\_D}_i < M_{\mathrm{NDVI\_D}} - D_{\mathrm{NDVI\_D}}$，首先需要判定是否存在森林与非森林类型的误判，然后再判定是否由于地形阴影、云及云阴影造成的 NDVI 差值异常。如果是地形阴影、云及云阴影造成的，则采用邻近相似原则，用周围森林类型的常绿、落叶特征来替代该森林类型的常绿、落叶特征（图 4-2）。

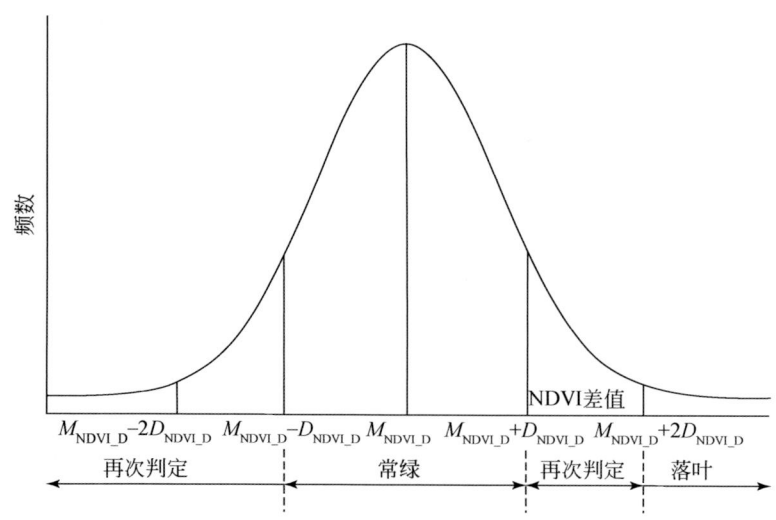

图 4-2 山区森林常绿、落叶特征自动识别逻辑示意图

如果 NDVI_D$_i$ ∈ (M_{NDVI_D}+D_{NDVI_D}, M_{NDVI_D}+2D_{NDVI_D}]，则利用非生长季的遥感影像再次判定该森林类型的常绿、落叶特征。

4.1.2 信息提取方法验证

精度验证是遥感分类不可或缺的环节，评价结果是数据应用者最主要的参考信息（Herold et al.，2008）。山区森林常绿、落叶特征自动识别精度仅考虑常绿和落叶两个特征是否正确，而不考虑森林类型中阔叶林、针叶林、灌木林以及针阔混交林的判别正误。为此，采用样本点逐一对比的方法，并形成误差矩阵表，以此计算用户精度、生产精度、总精度和 Kappa 系数，Kappa 系数[式（4-6）]。

$$\text{Kappa} = \frac{N\sum_{i=1}^{r} x_{ii} - \sum_{i=1}^{r}(x_{i+}x_{+i})}{N^2 - \sum_{i=1}^{r}(x_{i+}x_{+i})} \tag{4-6}$$

为了验证基于 NDVI 差值的山区森林常绿、落叶特征遥感自动识别算法的有效性和算法在不同数据源上的适用性，以中国西南地区垂直地带性最具代表性的贡嘎山地区作为研究区，选择了多时相 TM 影像、多时相 HJ 影像以及多时相 HJ、TM 组合影像 3 组数据进行对比试验。通过试验，一方面检验算法对不同数据源的适用性和分类效果，另一方面，对比多源数据与单源数据针对本算法的优劣。为了使 3 组试验可对比性更强，各组试验中采用的山区森林类型提取结果均采用同一套提取成果。试验采用的所有遥感影像均采用了采用美国国家航空和航天管理局下设 LEDAPS 课题组开发的自动配准与正射纠正程序包 AROP 进行正射纠正和几何配准（Gao et al.，2009），保证同源与异源数据之间不存在位置偏差。已有研究表明，AROP 对山区 TM 影像及类 TM 影像的配准误差小于 0.5 个像元（李爱农等，2012）。

贡嘎山地区位于四川省甘孜藏族自治州境内。该区域地处横断山脉构造带内，地形起伏大，特别是东南部的贡嘎山东坡，在水平距离不到 30km 的范围内，地形起伏达 6400m（沈泽昊等，2004）。区域从南到北热量的递减、从东到西水分的递减，加之海拔的作用，使该区域内形成了从亚热带到冰雪带的不同植被带谱，且植被带谱的地域分异和垂直地带性均十分明显（姚永慧等，2010）。该研究区域植被类型复杂多样，是山区森林常绿、落叶特征区分的难点地区，也是山区森林类型自动分类理想的试验区。研究区范围根据 Landsat 数据分幅大小确定，对应的轨道号为 131-39（WRS-2）（图 4-3）。

为了验证算法对不同数据源的可靠性，以及对比多源数据与单源数据针对本算法的优劣，本书共设计了 3 组试验进行对比验证。每一组试验均选择了两期遥感影像，一期位于生长期，一期位于非生长期，两期影像时间间隔尽量保持在 1 年内，避免由于土地覆被变化造成的误判。每一组试验的两期遥感影像均做了几何精纠正和正射纠正，防止位置偏差造成的误判。

试验一采用多时相 TM 影像为数据源，参与试验的两期影像的获取时间分别是 2008 年 10 月 13 日[生长期，图 4-4（a）]和 2009 年 2 月 18 日[非生长期，图 4-4（b）]，由于

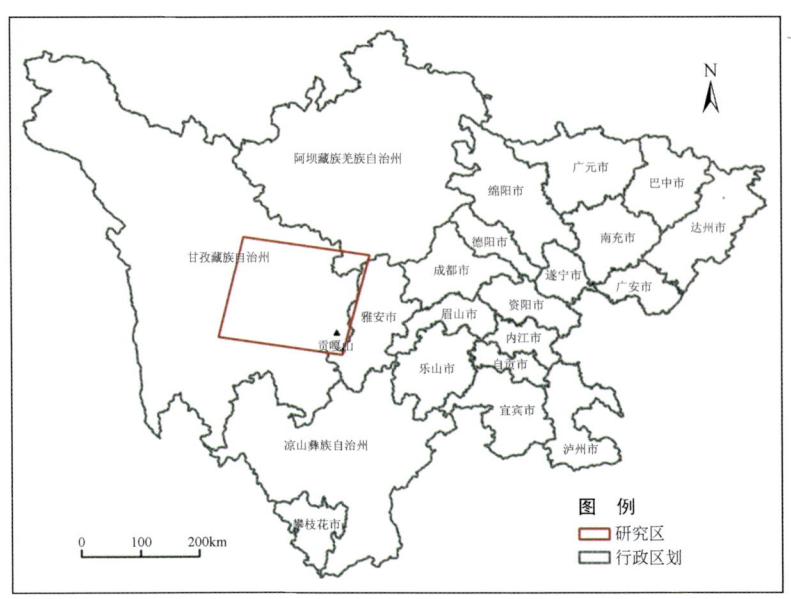

图 4-3 研究区位置图

该试验区云雾较多,难以获取 8 月、9 月生长季的影像。

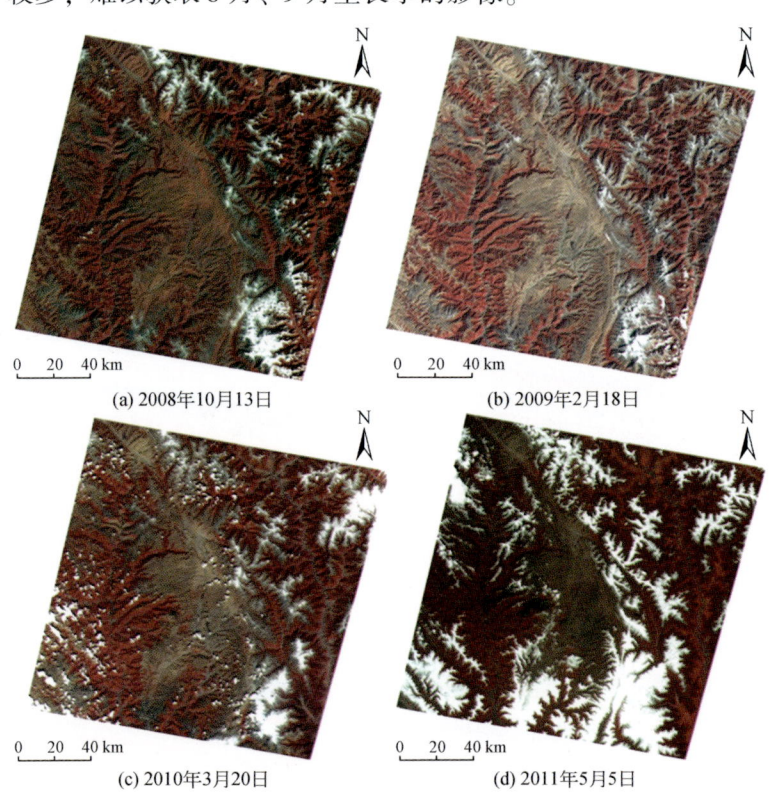

图 4-4 三试验采用的影像

注:影像均为 432 标准假彩色合成。

试验二采用多时相 HJ 影像为数据源,参与试验的两期影像的获取时间分别是 2010 年 3 月 20 日 [非生长期,图 4-4 (c)] 和 2011 年 5 月 5 日 [生长期,图 4-4 (d)]。

试验三组合多时相 TM 影像和 HJ 影像为数据源,选择了一期生长季的 TM 影像和一期非生长季的 HJ 影像进行试验。参与试验的两期影像的获取时间分别是 2008 年 10 月 13 日(生长期)获取的 Landsat TM 影像 [图 4-4 (a)] 和 2010 年 3 月 20 日(非生长期)获取的 HJ 影像 [图 4-4 (c)]。

在提取山区森林类型的基础上,每组试验分别计算两期影像的 NDVI 值和 NDVI 差值。利用森林类型中的针叶林作为参考样本,对于面积过小的样本以及被云和阴影覆盖的样本需进行剔除,然后统计常绿针叶林样本两个时相 NDVI 差值的分布情况,并分别计算 NDVI 差值的均值和标准差,最后绘制 NDVI 差值频率分布直方图。

计算后得出,试验一的 $M_{NDVI\_D}=0.11$,$D_{NDVI\_D}=0.06$,其 NDVI 差值分布如图 4-5 (a) 所示;试验二的 $M_{NDVI\_D}=-0.03$,$D_{NDVI\_D}=0.12$,其 NDVI 差值分布如图 4-5 (b) 所示;试验三的 $M_{NDVI\_D}=0.20$,$D_{NDVI\_D}=0.13$,其 NDVI 差值分布如图 4-5 (c) 所示。

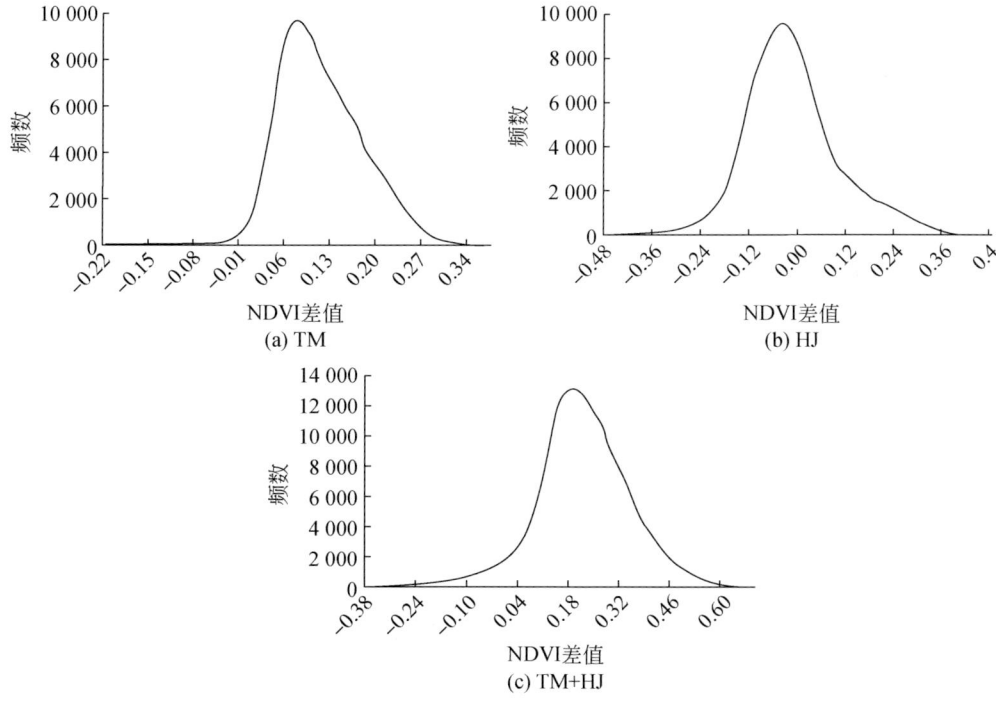

图 4-5　三组试验 NDVI 差值分布图

计算出阈值后,根据前文确定的判别规则,以 $M_{NDVI\_D}-D_{NDVI\_D}$、$M_{NDVI\_D}+D_{NDVI\_D}$、$M_{NDVI\_D}+2D_{NDVI\_D}$ 为阈值对各森林类型的常绿、落叶特征进行自动识别。试验一的阈值设置为 0.05、0.17、0.23;试验二的阈值设置为 -0.15、0.09、0.21;试验三的阈值设置为 0.07、0.33、0.46。

采用不同的数据源提取的同一地区的森林常绿、落叶特征结果如图 4-6 所示,统计其各个类别的面积（表4-1）。从表4-1中可以看出，试验一和试验三对灌木林的常绿、落叶特征区分比较一致，而试验二和试验三对于阔叶林的常绿、落叶特征区分比较一致。阔叶林主要分布在海拔较低的河谷区域，试验一采用的TM影像在河谷区域均有不同程度的云覆盖，造成两个时相NDVI差值在该区域较大，有不少常绿阔叶林被误判为落叶阔叶林。研究区内的灌木林主要分布在海拔较高的高原面上，试验二采用的生长季HJ影像积雪面积较大，部分常绿的灌木林被冰雪所覆盖，从而造成了提取的常绿灌木林相对于TM影像提取的少。试验三结合了两者的优势，避免了两者的不足。

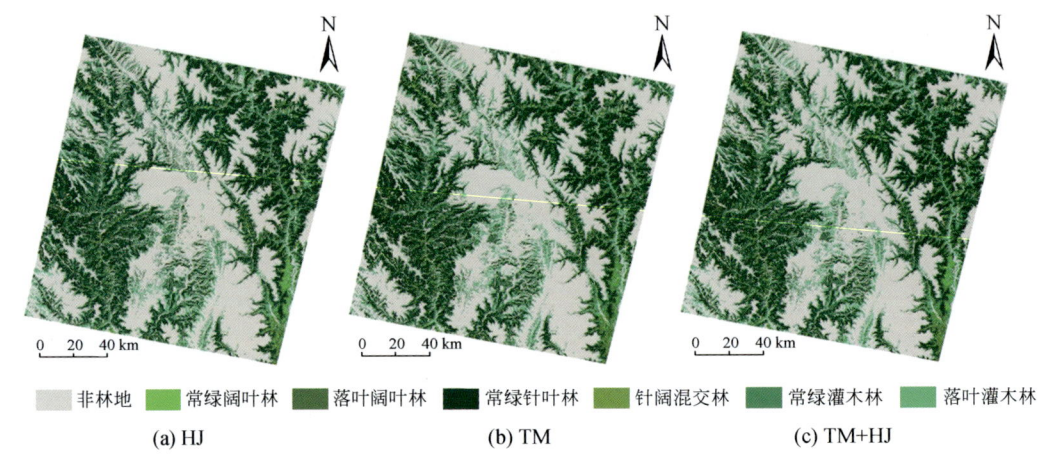

图 4-6　3 组山区森林常绿、落叶特征提取试验结果

表 4-1　3 组山区森林常绿、落叶特征提取实验结果面积统计表　（单位：km²）

类型	试验一（TM）	试验二（HJ）	试验三（TM+HJ）
落叶阔叶林	249.60	123.69	137.76
落叶灌木林	2 227.27	2 731.16	2 263.84
常绿阔叶林	485.92	611.82	598.40
常绿灌木林	2 599.61	2 091.36	2 558.98
常绿针叶林	8 594.49	8 598.88	8 595.50
针阔混交林	87.58	87.14	86.79
非林地	12 574.89	12 573.05	12 575.15

采用野外考察样点分别对3组试验结果进行逐样点对比，野外考察样点来源于两次野外考察，第一次在2011年7月11日，第二次在2011年9月18日，共获得野外样点近500个，去除非林地的样点后共有森林样点276个。由于常绿针叶林作为参考样本，因此精度评价时未纳入常绿针叶林样本，共计163个样本参与精度评价，其中常绿样本65个，落叶样本98个。3组试验常绿、落叶特征提取的精度评价结果见表4-2。

表 4-2　3 组试验精度评价表

类型	试验一（TM）	试验二（HJ）	试验三（HJ+TM）
常绿	90.77%	96.92%	95.38%
落叶	92.86%	89.80%	92.86%
总精度	92.02%	92.64%	93.87%
Kappa 系数	0.8341	0.8496	0.8734

基于多时相 TM 影像的试验中常绿植被误判较多，而基于多时相 HJ 影像的试验中落叶植被被误判较多，主要是由于云以及季节性积雪造成的。试验三采用多源影像，由于可供选择的数据较单源影像多，因此，其精度较单源数据高。采用多源影像进行山区森林常绿、落叶特征自动识别时，影像的光谱特征、几何分辨率尽量一致，本书采用的 HJ 卫星影像和 TM 卫星影像具有相同光谱范围的近红外波段和红波段（Wang et al.，2010），同时两者均属于中分辨卫星影像，从而保证了多源数据识别常绿、落叶特征的精度。

时相是影响山区森林常绿、落叶特征自动识别的首要因素。自动识别常绿、落叶特征需要选择能够最大化落叶植被光谱差异的时相。植被生长最茂盛的 7 月、8 月及落叶植被基本全部落叶的 1 月、2 月是理想的时相。然而，7 月、8 月也是北半球的雨季，云雾日数多，影像质量难以得到保证；1 月、2 月对高海拔地区来说，季节性的积雪较多，也难以找到合适的影像。非生长季选择的时相需要位于落叶植被的落叶期，对于高海拔和高纬度地区来说，非生长季选择的时相范围较大，然而，对于低海拔和低纬度地区来说，落叶植被落叶时间较短，以及落叶植被落叶的同时伴随着新叶的生长，使非生长季可选择的时相十分有限。

地形阴影、云及云阴影是另一个影响山区森林常绿、落叶特征自动识别的因素。生长季太阳高度角大，遥感影像上形成的地形阴影小，非生长季太阳高度角小，遥感影像上形成的地形阴影大。利用 NDVI 差值的阈值提取森林常绿、落叶特征容易将一些地形阴影区的常绿植被识别为落叶植被。云覆盖了其下部地物的光谱信息，其 NDVI 值大多为负值，若两景影像的同一个区域只有一景有云，则易将常绿植被识别为落叶植被。本书采用临近相似原则获取云区域的森林的常绿、落叶特征，去除了大部分云的影响。但是，对于大面积的云区域，由于其周围缺少供其参考的正确信息，其提取精度较低，本书中贡嘎山东坡河谷存在的部分误判，大多由于云的影响。季节性积雪是高海拔区域和高纬地区山区森林常绿、落叶特征自动识别需要考虑的一个问题。积雪覆盖了地物的光谱信息，两个时相 NDVI 差值较大，该区域的植被均被判为落叶，由于季节性积雪大多成片分布，难以采用临近相似原则去除其影响，因此，在时相选择时尽量避开有明显季节性积雪的影像。

山区森林常绿、落叶特征遥感自动识别算法不仅仅局限于山区，对平原和丘陵区域同样适用。平原与丘陵区域由于地形起伏小，地形阴影的影响小，同时，该区域云雾覆盖概率较山区小，可用于自动识别的遥感影像多，因此，利用该算法识别平原和丘陵区域森林的常绿、落叶特征更加有效。该算法在不同区域推广时，参考样本的选择是最关键的环节。参考样本需要在区域内广泛分布，并且一年四季的光谱变异小。常绿针叶林作为参考样本难以适用于既存在常绿针叶林又存在落叶针叶林的区域，对于这些区域需要选择其他地物作为参考，需要进一步研究。

4.2 基于多时相遥感数据的橡胶林遥感识别

天然橡胶与钢铁、石油、煤炭并称世界四大工业原料，是国防和工业建设不可缺少的战略物资，在我国国民经济中占有特殊的地位，是政府确定的未来投资发展的重点。近些年来，随着国际上对天然橡胶需求持续增加和价格的不断抬升，橡胶种植在中国迅猛发展。截至 2011 年年底，我国的橡胶种植面积已经达到 1570 万亩[①]，而 2000 年仅为 941 万亩，主要分布于海南、云南、广东和广西部分区域。

橡胶具有显著的经济效益，橡胶产业已然成为种植区的支柱产业和农民增收的主要依托。橡胶的大规模种植促进了当地经济的发展和农民收入的提高，但是，不适宜的种植也引发了一系列的生态环境问题（金羽，2006；邓燔等，2007；王树东等，2012a）。橡胶林蓄水功能低、但用水需求量大，大规模的单一种植易导致土壤中的水减少，河流、水井干涸；砍伐天然林改作橡胶种植园不仅释放大量的碳，而且还将导致生物多样性损失（Feehan et al.，2009）。经济利益与生态环境保护之间的矛盾已经凸现，如何合理发展橡胶种植产业，处理橡胶林种植业发展与生态环境保护之间的矛盾、寻求生态环境与经济效益之间的平衡已经成为当前迫切需要解决的问题。

合理发展橡胶种植产业首先需明确该区域橡胶林的种植面积和空间分布，及时获取橡胶种植的动态变化信息。开展地面资源调查存在劳动强度大、成本高、不易大面积范围开展等问题。遥感技术具有快速、客观、大面积同步观测、花费低、不受地面条件限制等优势，是进行区域尺度地物识别和监测研究的一种重要手段（Sivanpillai et al.，2006）。基于遥感技术进行专题信息的提取是当今数据挖掘领域中的热门话题之一。目前，遥感技术在小麦、水稻、玉米、甘蔗等农作物种植信息识别提取已有较多的成功应用（程乾和王人潮，2005；丁美花等，2008；杨桄等，2006；贾建华等，2005），但对橡胶林遥感识别的研究仍处于探索性阶段（刘晓娜等，2012）。目前，展开的研究大多局限于单一时相的影像数据（刘晓娜等，2012；张京红等，2010；王树东等，2012b）。生长天然橡胶的热带生态系统复杂、四季常绿、地物破碎，极易产生同物异谱、异物同谱现象，单一时相的遥感识别存在较大的不确定性，得到高精度的分类结果难度较大。地物生长有相对稳定的时间变化规律，其光谱也会随时间表现出一定的周期性，因此，多时相遥感数据包含了更丰富的地物物候特征信息，通过地物生长节律的差异，可在一定程度上弥补和改善地物复杂地区单一时相分类精度偏低的缺陷，是提高分类精度一种行之有效的方法（俞军和 Ranneby，2007；彭光雄等，2009）。

鉴于此，本书以多时相 Landsat TM 影像为主要数据源，同时辅助 MODIS NDVI 时间序列数据和 DEM 数据，在分析橡胶时相和光谱特征的基础上，系统研究橡胶林的提取方法，

[①] 1 亩 ≈ 666.7m^2，后同。

实现橡胶林的高精度提取，为相关部门提供更精确的数据。

4.2.1 信息提取方法

面向对象的决策树信息提取方法是热带地区精细地物提取的重要途径，相比于传统的基于像元的监督分类方法，能获得更高的精度（王树东等，2012b；明冬萍等，2005）。该方法充分结合了面向对象和决策树方法的优点，是一种建立在先验知识基础上的分层次处理结构。它利用构建的部分特征指数及分割后所得对象的形状、语义等特征作为建立决策树所描述的多项判断准则，对影像的各对象进行逐层识别和归类，逐步将待提取目标从地物中分离出来，从而避免此目标对其他目标提取时造成的干扰和影响。即通过一组独立变量，将一个复杂数据集逐步分解为更纯、更同质的子集的过程。目前，基于面向对象的决策树分类方法已经在不同领域得到有效应用（Quinlan，1986；McIver and Fried，2002；王树东等，2012b）。

4.2.1.1 橡胶林遥感识别技术流程

本书基于地物的光谱和时相特征以及区域地形特征，构建面向对象的决策树模型，对 TM 影像进行面向对象分类（图 4-7）。

1）数据预处理。Landsat TM 数据预处理主要包括辐射定标和大气校正，将影像灰度值转换为地物反射率。南方地区 MODIS NDVI 数据受云、水汽、气溶胶等因素影响严重，NDVI 时序数据不能真实反映地物的生长特征，需要对时序数据进行重构。研究采用傅立叶分析法重构 MODIS NDVI 时序数据，最大程度上消除云、雨等的影响（Roerink and Menenti，2000），同时基于 DEM 数据计算区域坡度。

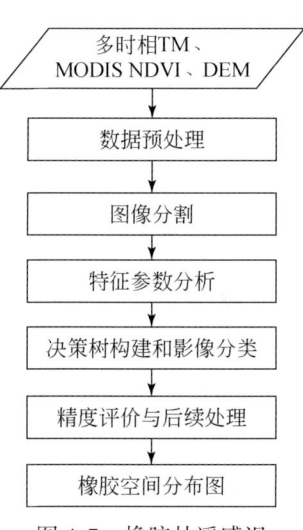

图 4-7 橡胶林遥感识别总体流程

2）图像分割。选择参与分割 TM 波段数据，设置分割尺度、形状和紧致度参数对数据进行多尺度分割，将像元划归到不同的对象。

3）特征参数分析。分析典型地物对象的光谱和季相特征，确定区分地物的特征参数。

4）决策树构建和影像分类。基于确定的特征参数建立决策树分类层次模型，利用模型对影像进行分类处理，实现影像分类。

5）精度评价与后续处理。基于地面调查数据，对研究区分类结果进行精度评价，并进一步改善分类精度，绘制橡胶分布图。

4.2.1.2 分类对象特征分析

地物特征的选择和确定是决策树构建的前提，地物在遥感影像上的时相和光谱特征是两个最直观的特征。样本的选择对地物特征的分析至关重要。本书以野外调查点为基础，同时参考高分辨率影像,选择典型样本点,样本选择时遵循典型性、代表性、均一性原则,最大程度上避免选择混合像元,以样本为基础进行地物的光谱和时相特征分析。

(1)季相特征分析

地物有不同的生长或变化规律,其光谱随时间表现出一定的周期性。对时间序列的分析一方面可认知地物的时间变化特征,另一方面有助于选择区分地物的最佳时相。NDVI是反映植被生长状态及植被覆盖度的最佳指示因子(Tucker,1979;吴炳方,2000),其时间序列数据变化曲线能精确反映地表植被的动态生长过程。其计算公式如下所示:

$$\text{NDVI} = \frac{R_{\text{nir}} - R_{\text{red}}}{R_{\text{nir}} + R_{\text{red}}} \tag{4-7}$$

式中,R_{nir}为近红外波段反射率;R_{red}为红波段反射率。对于不同的传感器,其光谱范围存在一定的差异。对于 MODIS NDVI 而言,R_{nir} 和 R_{red} 的波谱分别为 620~670μm、841~876μm,而 TM 数据两个波段的波谱分别为 630~690μm、760~900μm。

基于重建后 MODIS NDVI 时间序列数据,选择典型地类样本,计算每种地类样本的 NDVI 均值,建立典型地类的 NDVI 时间序列曲线(图4-8)。

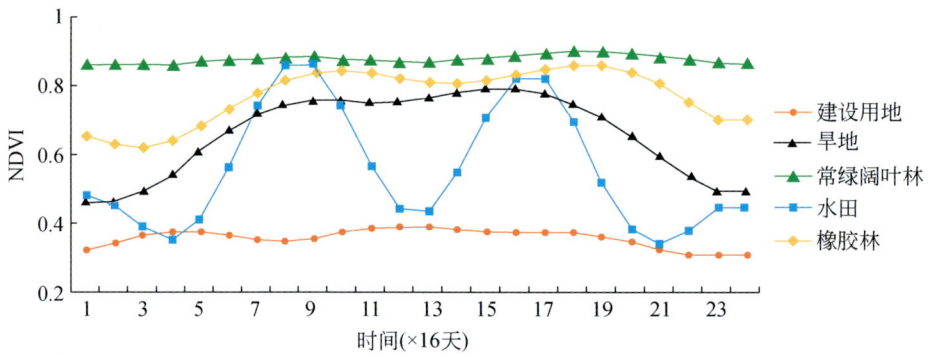

图4-8 研究区典型地物的时间变化曲线

区域5种典型地类中,林地(橡胶林除外)年内波动小,全年保持高的 NDVI;橡胶林的 NDVI 稍低于林地,有显著的季节波动。5~10月月底是橡胶的生长旺盛期,橡胶林保持着较高的 NDVI;从11月开始,橡胶进入生长减缓期,NDVI 开始降低,并且随着温度的降低和降雨的减少,橡胶进入落叶期,NDVI 逐渐降低,在2月达到最低值。此后,随着橡胶的重新发芽、叶片扩展,NDVI 又开始升高。水田具有明显的周期特征,一年有两个峰值,表示为两季作物。在生长旺盛期,水田 NDVI 与林地、橡胶相近,收割后水田的 NDVI 降低明显,形成明显的波谷。旱地的时间变化曲线和橡胶林类似,但 NDVI 值稍低。尽管同为农用地,但旱地作物不同于水稻,种植后生长迅速,并且由于 MODIS NDVI 数据是采用最大值合成法得到,因此其周期性不如水田明显,但冬季收割后的水田和旱地的 NDVI 相近。建设用地 NDVI 年内变化不显著,且值较小。

(2)光谱特征分析

光谱特征分析是光学遥感进行地物识别的基础和建立分类规则的前提,同时也是特征指数构建的基础。基于野外调查数据,选择典型地物样本,分析地物地光谱特征。考虑到橡胶的季节性和究的目的,选择橡胶休眠期(2月)、生长旺盛期(5月)和生长减缓期(12月)3个时期的TM影像,分别进行地物光谱特征分析。

12月、2月和5月不同地物的波谱曲线表明在橡胶生长减缓期,橡胶和林地展现了健康绿色植被的光谱特征。地物波谱之间的差异主要体现在TM4波段。林地反射率最高,其次为橡胶,建设用地最低。由于大部分旱地和水田此时已经收割,水田和旱地的TM4波段表现出较低的反射率;在TM3波段,林地和橡胶有较低的反射率,其他3种地物反射率相近;TM5和TM6波段旱地反射率较其他地物偏高。2月,地物的波谱与12月有所不同,林地在TM4波段仍具有最高的反射率,但橡胶由于大量落叶,反射率下降,与收割后的水田和旱地趋同,但在TM5波段,林地和旱地、水田、橡胶之间的差异大。5月是植被生长的旺盛期,相比于其他两个时期,此时地物在TM4波段的反射率都有所增加,但除建设用地外,其他地物之间的光谱差异较小(图4-9)。

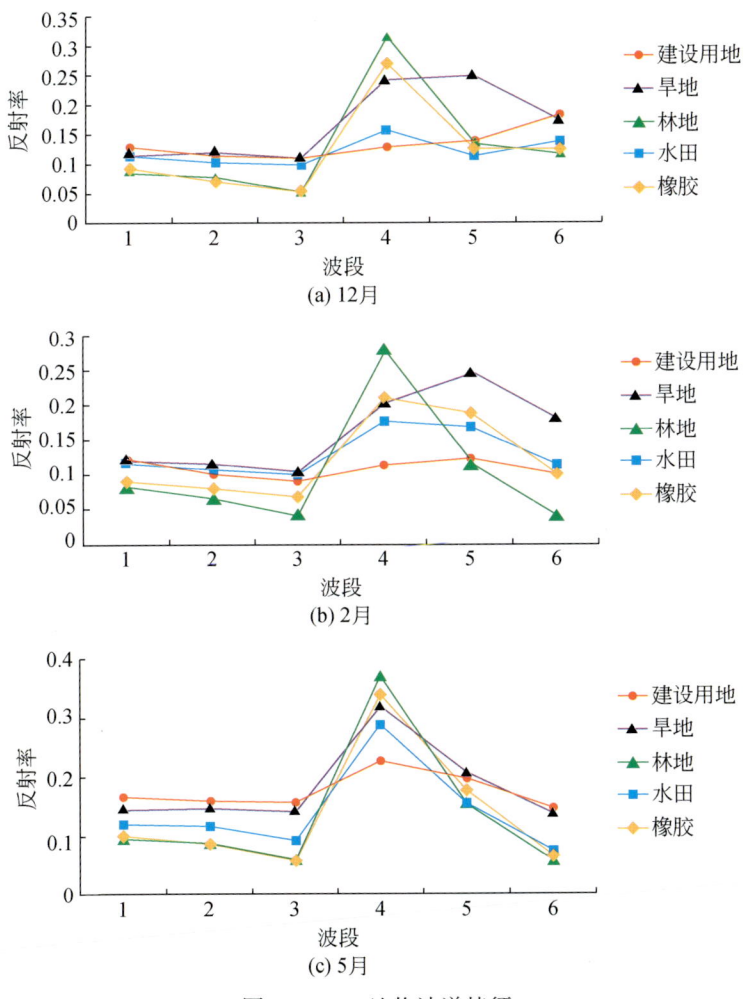

图 4-9 TM 地物波谱特征

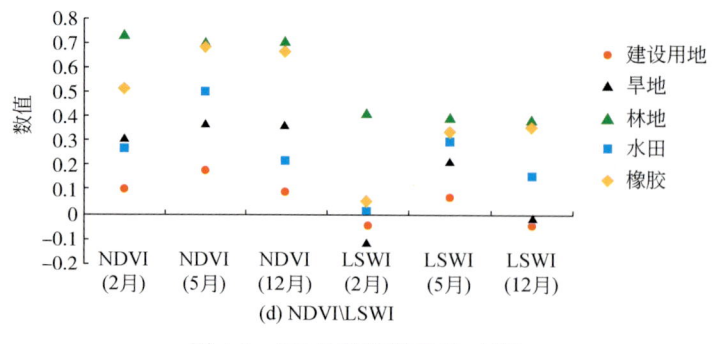

(d) NDVI\LSWI

图 4-9　TM 地物波谱特征（续）

4.2.1.3　分类对象特征选择

考虑到 MODIS 和 TM 传感器参数设置的差异，本研究计算了 3 个时期 TM 数据的 NDVI，以分析基于 TM 数据的典型地物 NDVI 差异。12 月，建设用地、水田、旱地、橡胶、林地的 NDVI 依次增加，除林地和橡胶之间差异小难区分外，其他 4 种地物之间 NDVI 差异明显［图 4-9（a）］；2 月林地 NDVI 明显高于其他 4 种地物，尽管此时橡胶已经开始落叶，但是其 NDVI 仍较旱地、水田和建设用地高，水田和旱地相近，建设用地 NDVI 值最低［图 4-9（b）］。5 月，橡胶新叶完全舒展，橡胶和林地的 NDVI 几乎相同，较其他地物 NDVI 值高［图 4-9（c）］。尽管基于 MODIS 和 TM 数据计算得到的橡胶 NDVI 值存在一定差异（主要是传感器设计差异和合成算法导致），但两者反映的地物变化规律基本一致，橡胶具有显著的季相特征。在休眠期的 NDVI 与其他地物差异大，而生长旺盛期与林地的 NDVI 相近。休眠期的 NDVI 影像可作为识别橡胶的一个特征。但是应注意，橡胶光谱受光照、林地环境、树龄等多种因素的影响，同时，橡胶属于人工植被，其生长情况在一定程度上还受人类管理影响，导致落叶程度和落叶时间不一致，甚至在肥水充足条件下，部分橡胶树在休眠期仍可保持较多的叶蓬（刘晓娜等，2012），此时橡胶可保持相对较高的 NDVI 值，与林地相近，因此，仅仅依赖休眠期的 NDVI 难以有效提取橡胶。

根据 TM 影像地物的光谱曲线分析，2 月地物在 TM4 和 TM5 波段反射率值分散，如果参照 NDVI 的计算公式，计算 TM4 和 TM5 波段计算的归一化指数能突出地物在两个波段上的差异，Xiao 等（2002）将该指数称为陆表水分指数（land surface water index，LSWI），计算公式为

$$\text{LSWI} = \frac{R_{\text{nir}} - R_{\text{swir}}}{R_{\text{nir}} + R_{\text{swir}}} \tag{4-8}$$

式中，R_{nir}、R_{swir} 分别为 TM 的第 4 波段（760～900μm）和第 5 波段（155～175μm）。

2 月林地的 LSWI 明显高于其他 4 种地物，建设用地、水田、旱地、橡胶之间的 LSWI 差异较小［图 4-9（d）］。5 月 5 种地物的 LSWI 差异偏小，林地仍具有最高的 LSWI，但只稍高于橡胶和水田、建设用地最低。12 月地物之间的林地和橡胶林的 LSWI 相近，建设用地和旱地的 LSWI 相近，而水田的 LSWI 与其他 4 种地物差异明显，可区分度大。

橡胶的自动识别必须选择最大可分特征指数，以最大程度避免错分和误分，确保提取

精度。林地、橡胶与其他 3 种地物在 12 月的 NDVI 影像上具有最大可分性，而 2 月的 LSWI 可作为林地与其他地物的最大区分指数，所以，本研究结合 12 月 NDVI 和 2 月的 LSWI 数据提取橡胶信息，以期获得高精度的结果。

4.2.1.4 面向对象的决策树构建

选择 MNDWI（徐涵秋，2005）、NDVI 和 LSWI 以及 Slope 4 种特征参数，构建 3 层结构的决策树，采用基于决策树规则的面向对象的分类方法，逐层分类，提取橡胶信息。节点层 0，为总节点；节点层 1，应用 MNDWI 通过设定阈值区分分离水体和非水体，同时利用坡度数据 Slope 排除山体阴影导致的水体错分；节点层 2，应用 12 月 NDVI 分离植被和非植被，由于水田和大部分旱地此时已经收割，覆盖度少，可以认为是非植被区（王正兴和王亚琴，2012；王树东等，2012b），但部分旱地会有冬季作物种植，此时也保持较高的 NDVI，因此植被区域中会包含部分旱地；节点层 3，设定 2 月的 LSWI 和 Slope 阈值区分林地和橡胶，同时基于 NDVI 区分建设用地和耕地（图 4-10）。

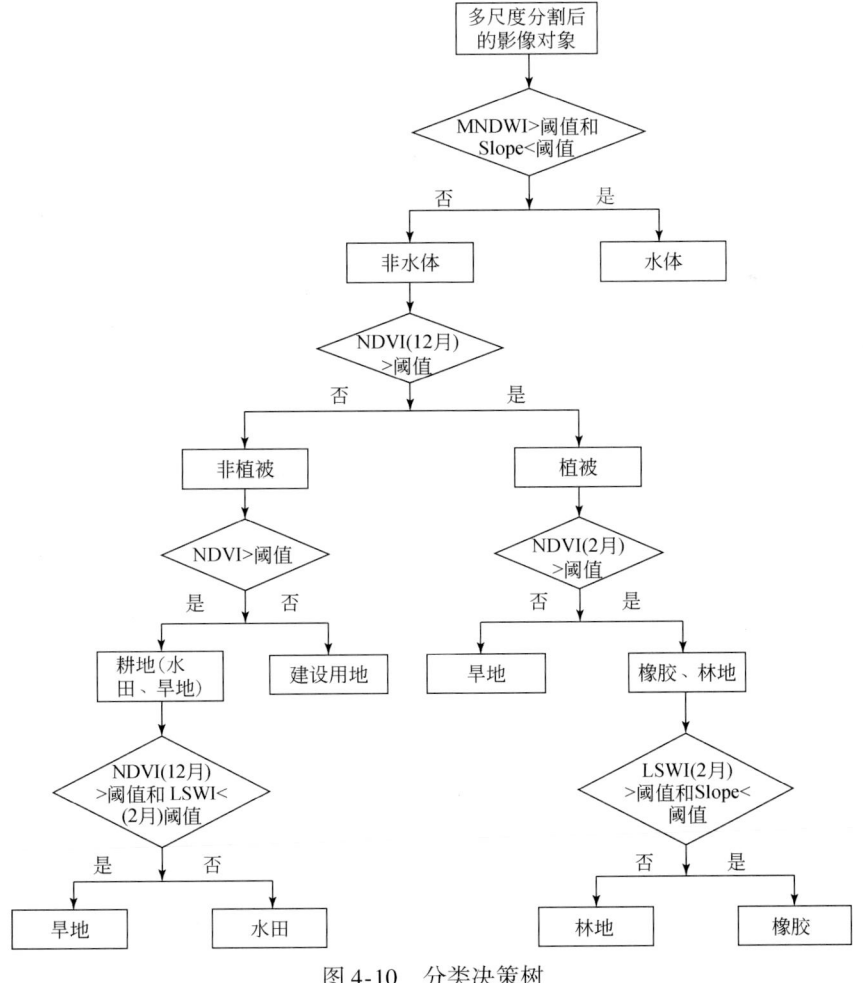

图 4-10　分类决策树

4.2.2 信息提取方法验证

试验区位于海南松涛水库周边辐射地区，该区域是海南省重要的橡胶种植区，包括海南中部山区北缘的山地、低山丘陵和台地地带，涉及儋州、白沙、屯昌和琼中等县市的部分区域（图4-11）。该区域为典型的热带季风气候，年均气温23.8℃，其中月均最低气温出现在1月（17.2℃），月均最高气温出现在7月（28.4℃）；雨量充沛（年均降雨量为1500~2000mm），干湿季分明，11月至次年4月降雨量偏低为旱季，5~10月降雨量大幅提升为雨季；光、热资源充足（年平均日照时数大于2000小时），风速适中（年均风速<3m/s）。区域生态系统类型多样，生物资源丰富，水田、旱地、橡胶林、天然林、人工林交错分布。橡胶种植区主要分布在海南省最大的水库，避免了台风直接登陆影响和冬春干旱的直接影响区域良好的气候和自然条件非常适宜天然橡胶的生长，是海南天然橡胶的最适宜种植区之一（张莉莉，2012）。天然橡胶是海南省重要的经济作物，喜高温、高湿，具有显著的季相特征，其年生长周期可分为生长期和相对休眠期。生长期通常自春季萌芽开始至冬季落叶时止（3~12月），该期又可根据橡胶树季相特征分为恢复生长期（3~4月）、旺盛生长期（5~10月）和生长减缓期（11~12月）。相对休眠期自冬季落叶时起至春季萌芽时止（1~2月），落叶主要集中在1~3月干旱季节的干热时段，落叶量占全年落叶量的73.87%，此时叶面积指数因集中落叶呈现全年最低水平（周文君等，2008）。

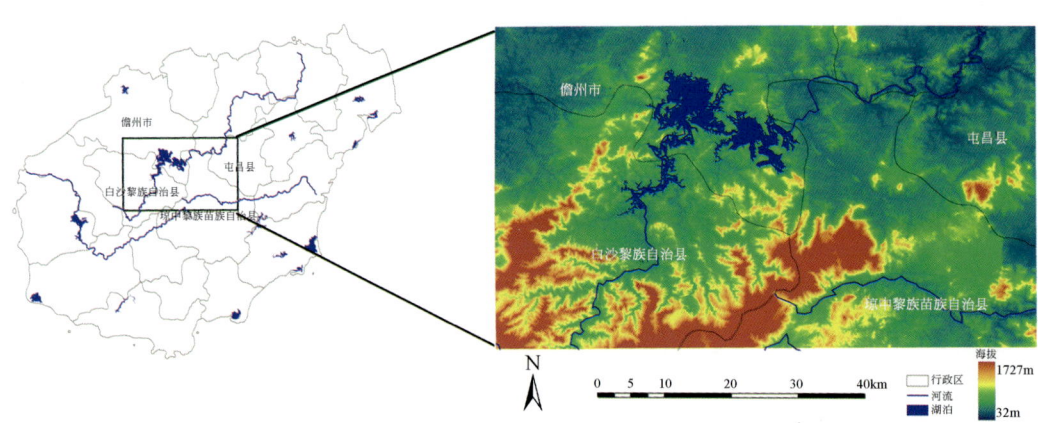

图4-11 橡胶林遥感提取研究区位置

本书采用的数据包括以下4种：

1) Landsat TM 数据。Landsat 是美国陆地探测卫星系统，回访周期为16天。Landsat TM 影像包含7个波段，波段1~5和波段7的空间分辨率为30m，波段6（热红外波段）的空间分辨率为120m。该数据是进行海南橡胶园地提取的主要数据源。

2) MODIS NDVI 时间序列数据。该数据来自 USGS LPDAAC，空间分辨率为250m，合成周期16天，主要用于分析地物的时序特征。

3) DEM 数据。该数据来自 USGS 的 ASTER GDEM，空间分辨率为30m，主要用来生成坡度数据,辅助 TM 数据进行橡胶信息提取,改善分类结果。

4)野外调查数据。2011 年和 2012 年的野外调查数据,用于典型地物的样本选择和提取精度验证。

基于两个时相(12 月、2 月)的 Landsat TM 数据以及地形数据,采用面向对象的决策树方法,选择 MNDWI、NDVI、LSWI 以及坡度数据作为分类特征对试验区的 TM 影像进行分类,采用野外调查点及基于 ArcGIS 生成的随机样本点作为检验样点(共 386 个),对分类结果进行精度评价。

分类影像和遥感影像表现出了较好的空间一致性(图 4-12),试验区总体分类精度为 95.5%,天然橡胶和林地有较高的分类精度,用户精度分别为 95.6%、95.3%,而制图精度分别达到 96.2%、97.6%;但旱地分类效果不佳,用户精度只有 82.3%,制图精度仅为 70%(表 4-3)。相比于相关学者基于单时相影像的分类结果(王树东等,2012b;刘晓娜等,2012;张京红等,2010),本研究中橡胶的提取精度有所提高。

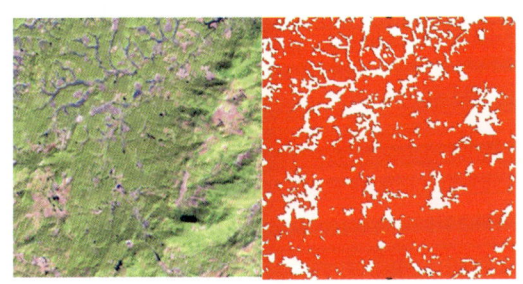
(a)植被(红色)与非植被(12月影像)

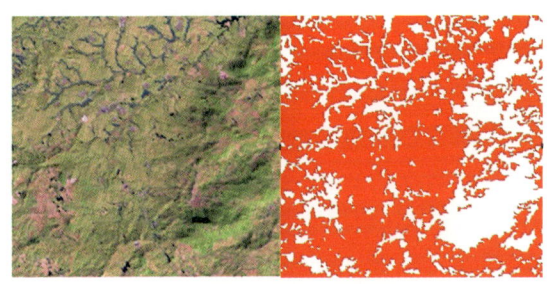
(b)橡胶(红色)(2月影像)

图 4-12 提取效果分析

表 4-3 土地覆被分类精度评价表

类型	橡胶	林地	水体	水田	旱地	建设用地	总计	用户精度/%
橡胶	153	4	0	0	3	0	160	95.6
林地	6	165	—	—	2	—	173	95.3
水体	—	—	15	1	—	—	16	92.3
水田	—	—	2	22	—	—	24	91.6
旱地	—	—	—	2	14	1	17	82.3
建设用地	—	—	—	—	1	9	10	90
总计	159	169	17	25	20	10	400	—
制图精度/%	96.2	97.6	88.2	88	70	90		
总体精度/%	95.5	—	—	—	—	—	—	—

错分的地类主要分布在地类的交界处和地物破碎地带。在山区,橡胶与林地之间的界限模糊,且橡胶种植较为破碎,分布零散,不易区分;平地地区土地归属的复杂性形成了条块分割的种植模式,地类混合情况比山区更为复杂,橡胶林地和旱地作物交叉种植。由

于秋末水稻收割后，水田蓄水，导致部分水田与浅水河流混分（图4-13）。

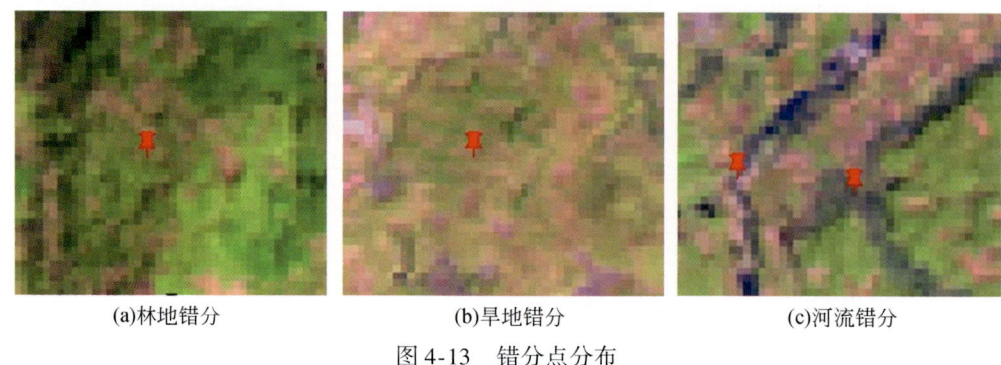

(a)林地错分　　　　　　　(b)旱地错分　　　　　　　(c)河流错分

图4-13　错分点分布

地物的破碎性和地物光谱的空间异质性是影响地物分类的两个重要因素，但是，面向对象方法的分割参数的设置也会对分类结果造成一定的影响。多尺度分割后，影像中的每个像元按照设定参数被划归到不同的对象。尺度设置过大，光谱相近但非同类地物可能会归为同一对象，但是尺度过小，严重影响分类执行效率。

本研究针对热带地区地物破碎、同物异谱和异物同谱现象严重的问题，研究了基于多时相遥感数据的地物信息提取方法，主要着重于橡胶信息的提取方法。通过分析MODIS NDVI时间序列数据和3个时相的Landsat TM数据地物的时间变化特征，发现橡胶冬眠期是利用遥感数据进行橡胶提取的最佳时期，NDVI和LSWI可作为橡胶的最大区分指数。基于两种指数特征辅以坡度和MNDWI构建的决策树，可有效区分研究区的主要地物，实现橡胶的高精度提取。同单一时相的分类结果相比，多时相的组合更有利于橡胶的高精度提取。

尽管研究中采用了两个时相的数据，仍然不能保证完全准确地提取橡胶信息，主要由于地物个体特性和环境复杂使地物光谱的空间异质性增加所致。同时，海南冬春季节多云天气和频繁的低温阴雨过程，使高质量的遥感数据获取困难，造成本研究的方法应用推广受到一定的限制。在未来的研究中有必要结合其他卫星数据，研究基于多源多时相的数据提取橡胶信息，突破有效数据不足的限制。在目前可用的遥感数据中，HJ-1 A/B是个不错的选择，它与Landsat TM数据有相同的空间分辨率，但是其时间分辨率更高（2天），但其缺陷在于仅包含4个波段的数据（对应TM1~TM4波段），本研究所采用分类特征LSWI无法计算，两种数据结合提取橡胶信息的方法更进一步的研究。

4.3　面向对象的人工表面信息的遥感提取方法

人类的生产、生活活动对土地资源的空间分布、质量和数量有着强烈的影响，产生大量的人工表面。随着时间的推移，人工表面具有极强的动态性（张银辉和赵庚星，2000）。实时提取人工表面信息，对了解和研究区域土地资源以及生态环境有着重要的意义。但是，传统的外业实地调查很难快速获取大面积的实时信息。遥感技术以探测周期短、现时性强、可大面积同时观测的特点，成为地物定性、定量探测的重要手段，为地球资源监测提供了大量的数据支持（童庆禧，1994；陆灯盛和游先祥，2003；陈鹏飞等，2010）。随着遥感技术的改进和应用的深入，遥感专题信息的提取方法也在更新，经历了目视解译（濮静娟，1992）、自动分类（周红妹和杨星卫，1995）、光谱特性的信息提取（田国良，1991；陈伟荣和郭德方，1995）、光谱空间特征的专题信息提取（喻光明等，1996）、面向对象分类以及多尺度分类（杜凤兰等，2004；钱巧静等，2005）等多个阶段。目前除地物光谱特征外，人们越来越注重通过影像的空间特征如纹理、形状和地学辅助数据等在信息提取中的作用（Gong et al.，1992）。面向对象的分类方法将影像基于不同波段的权重进行分割，以对象作为处理单元，综合了纹理、上下文等特征信息，在分类精度和速度上比传统的方法有显著的提高（Baatz et al.，1999；李先，2009；Yan et al.，2006）。

人工表面信息的提取一直是影像分类中的难点，尤其是在大面积土地覆被信息提取中更是如此。目前国内外学者基于 SPOT 和 IKNOS 等高分辨率影像以及中分辨率的 Landsat TM 数据进行了大量的面向对象专题信息分类提取的研究，但由于影像光谱信息和时相信息过于单一，人工表面信息的提取精度总是不理想（Yu et al.，2006；张峰等，2003）。2008 年 9 月 6 日，我国发射了专门用于环境与灾害监测的预报小卫星（HJ-1 A，HJ-1 B），实现了可见光探测在 30m 分辨率下每两天对国土进行全覆盖观测，同时具备大范围、全天时、全天候环境与灾害监测等方面的能力（曲伟等，2011；刘睿等，2012），也为人工表面信息的提取提供了丰富的信息源。本研究以 HJ-1 A/B 卫星 CCD 数据为主要数据源，以关中平原为例发展面向对象的多尺度分类提取人工表面信息的方法，为大面积土地覆被分类中人工表面信息的提取提供成熟的方法。

关中平原位于陕西省的中部，西起陇山，东至潼关，南至秦岭北麓，北至陕北黄土高原，总面积 5.56 万 km²，关中平原地处温带大陆性季风气候区，年平均降水量由南向北递减，由东向西递减（张俊香和延军平，2003；李平华和程燕，2002）。此区开发历史长，人为活动密集，土地覆被中人工表面信息类型多、分布广，在西北地区具有典型的代表性。

4.3.1 信息提取方法

面向对象分类方法是指通过对影像的分割，使同质像元组成大小不同的对象（陈云浩等，2006），以每个对象作为处理单元，获取对应地物的光谱信息，并综合利用影像对象的纹理、形状、空间拓扑关系等信息实现对对象的分类。影像的多尺度分割技术是一个局部优化过程，从任一个像元开始，采用自上而下的区域合并方法形成对象，每一个对象的大小调整必须确保合并后对象的异质性小于给定的阈值（陈云浩等，2006；Benz et al.，2004）。对每一种面向对象的信息提取方法来说，成功的影像分割是必要的前提，影像分割本身不是目的，但其分割的尺度和精度对下一步分类的精度影响很大（钱巧静等，2005）。

4.3.1.1 数据预处理

HJ-1 A/B 卫星数据来源于中国资源卫星中心，作为主要的数据源，并辅以 Aster 30m 的 DEM 数据①以及由 DEM 经过空间分析生成的坡度数据和 Landsat TM 数据②。HJ-1 A/B 卫星 CCD 数据供有 4 个波段，分别为：①蓝色波段，0.43～0.52μm，对水体有透射能力；②绿色波段，0.52～0.60μm，探测健康植被绿色反射峰；③红色波段，0.63～0.69μm，测量植物绿色素吸收率；④近红外波段，0.76～0.90μm，测定生物量和作物长势。前 3 个波段可区分人造地物类型，而近红外波段可区分植被类型。

对研究区已经几何纠正的 TM 影像数据采用 WGS_1984_UTM 投影坐标系进行统一的投影转换，作为 HJ-1 A/B 数据纠正时的控制点获取的参考影像。对 HJ-1 A/B 数据进行了大气校正、辐射校正、几何精校正、波段合成等预处理。由于 HJ-1 A/B 数据幅宽较大，为了提高工作效率，在进行几何精校正时采用自动配准生成控制点，并人工检查和修改匹配不准的控制点，模型选用 Rubber Sheeting，误差控制在 1.5 个像元内。

在做土地覆被分类工作时，对影像的选择要求尽量选择植被生长期的影像，能很好地反映植被类型和现状；其次是云量，尽可能选择云覆盖量最少的影像。但在实际中很难找到同时满足这两个条件的数据，而且目前的去云技术只能消除薄云对定量遥感反演的影响，而对于土地覆被分类工作来说，要获取云覆盖区域的地物类型的难度较大。因此，为了提高土地覆被信息提取的精度，需要进行去云处理。鉴于不同的云相对于植被、土壤、水域等不同下垫面在可见光和近红外波段具有较高的反射率，而在热红外波段具有较低的亮温，这为判云带来了有利条件（周红妹和杨星卫，1995）。

本研究利用云指数将研究区内被云覆盖的区域全部提出，经过多次试验，取 CI>60 的区域赋值为"云"，但是由于部分居住地的光谱反射值较大，所以也被包含在"云"里面，因此对"云"需要再次设定阈值，采用建筑指数将这部分居住地提出，然后对"云"进行影像替换，重新分类。

本研究主要是利用德国 Definiens Imaging 公司开发的面向对象遥感分类软件 eCognition 进行人工表面信息的提取。基于面向对象的理论知识，利用多尺度分割技术，统计分析对象的光谱属性，建立规则集对影像进行分类，并用野外样本点对分类结果进行精度验证。依据项目需求制定的中国土地覆被分类系统，将人工表面分为 3 个一级类和 6 个二级类，并对研究区主要的人工表面信息进行 DN 值采样（图 4-14）。影像对象 DN 值的差异、变化特征及相应人工表面的

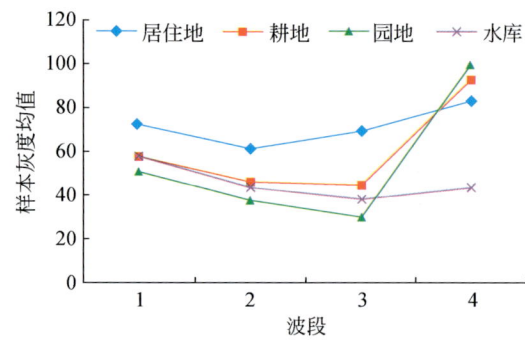

图 4-14　主要人工表面地物类型样本光谱响应曲线

---

① http://asterweb.jpl.nasa.gov/gdem-wist.asp。
② http://glovis.usgs.gov/。

特征指数是建立分类规则集的基础依据。

4.3.1.2 特征指数构建

1) 云指数计算。通过对影像不同地物类型进行 DN 值采样, 剔除对植被的强烈反射通道(即第 4 通道的近红外波), 引入了云指数(cloud lndex, CI)[公式(4-9)]。

$$CI = (HJ1+HJ2+HJ3)/3 \tag{4-9}$$

式中, HJ1、HJ2、HJ3 分别代表 HJ 卫星 CCD 数据的第 1、第 2、第 3 波段的 DN 值。

对云指数进行阈值设定, 即可将云全部提取, 然后对云覆盖区利用其他时相数据或 TM 数据做替换重新分割, 以完成全区域的分类信息提取。

2) 水体指数计算。水体在近红外波段的反射率远低于其他地物, 并且随着波长从蓝光增加到近红外水体的反射率有很大程度的降低, 根据对水体的光谱特征分析, 建立基于蓝光波段的归一化差异水体指数(normalized difference water index-blue, NDWI-B)模型[式(4-10)](曲伟等, 2011)。

$$NDWI-B = (Blue-Nir)/(Blue+Nir) \tag{4-10}$$

式中, Blue 为 HJ 卫星 CCD 数据的蓝光波段; Nir 为 HJ 卫星 CCD 数据的近红外波段。

3) 建筑指数计算。建筑用地是一类复杂的土地利用类型, 其反射电磁波在 TM 的 5 波段和 4 波段上具有明显的异质性, 以此建立归一化建筑指数(normalized difference built-up index, NDBI)[式(4-11)](Zha et al., 2003; 徐涵秋和杜丽萍, 2010)。

$$NDBI = (TM5-TM4)/(TM5+TM4) \tag{4-11}$$

式中, TM4 和 TM5 分别为 Landsat TM 数据的第 4 波段和第 5 波段的 DN 值。

4) 分类规则建立。对研究区影像进行多尺度分割, 以一级分类 15 的分割尺和二级分类 5 的分割尺度进行分割。在信息的自动提取过程中采用决策树(温兴平等, 2008; 刘睿等, 2012)的分类思想逐级建立分类规则。

利用基于蓝波段的改进型归一化差异水体指数 NDWI-B 提取水体, 理论上水体的 NDWI-B 的值应在大于 0 的范围, 但是由于影像的时相以及传感器等因素的影响, 本研究中取 NDWI-B>0.045 为水体。研究区内的水体包括河流、湖泊和水库/坑塘, 利用形状指数将河流剔除。通过对湖泊和水库/坑塘的地理空间关系的分析, 自定义"Relation Feature", 将耕地附件的水体划分为水库/坑塘。

通过对影像中耕地的光谱特征值分析, 对 4 个波段的值进行求和, 设定阈值提取耕地, 本研究中取 SUM(HJ_{1-4})>240。在关中平原, 园地和耕地呈交叉分布, 容易混淆。在耕地中需要利用耕地的季节差异, 通过不同时相的 NDVI 和 HJ 卫星第 4 波段的值区分耕地和园地, 选取研究区同年 3 个季节的影像对比分析得出: 春季农田的 NDVI 值大于 0.3, 而夏季和秋季农田的 NDVI 值位于 0 附近; 春季园地的 NDVI 值在 0 附近, 而夏季和秋季园地的 NDVI 值大于 0.25。

利用坡度和建筑指数提取建设用地信息, 建设用地分为居住地、工业用地和交通用地。首先通过形状指数可以将交通用地提出, 然后根据亮度区分居住地和工业用地。建设用地的 NDBI>0.12, 由于关中平原人类活动比较集中, 因此居住地通常分布在低平区,

Slope<10。此外,分布于耕地间的居民地可用纹理值提取,取其值大于2.25的为居住地。

综合利用地物对象的光谱特征、亮度、纹理、地理空间关系等信息参数,运用面向对象分类方法,并进行多尺度分割,对分割后的影像对象进行逐级信息提取,得到研究区人工表面及周围土地覆被信息的分类结果(图4-15)。

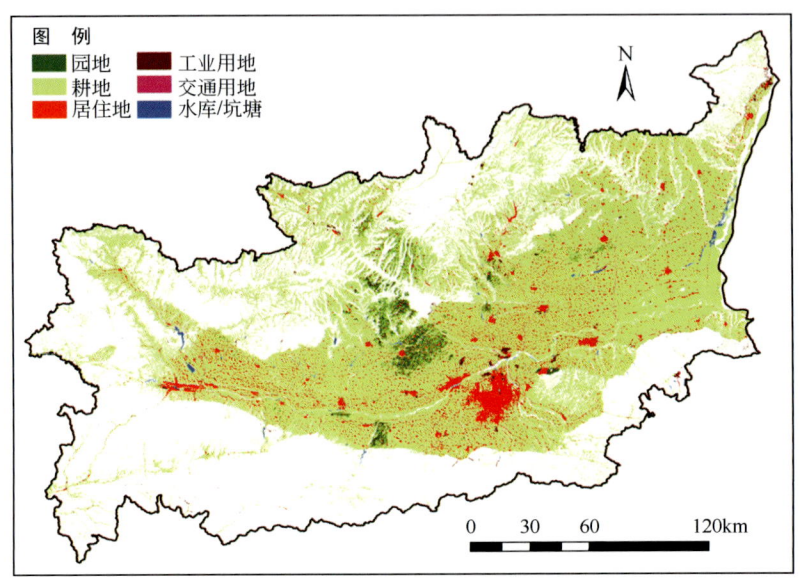

图4-15 关中平原人工表面信息分类结果

4.3.2 信息提取方法验证

利用外业采样验证点和基于 Google Earth 等高分辨率影像的目视解译随机采样点共1286个,对关中平原人工表面信息分类精度进行验证,可达到85.9%(表4-4)。但是由于受 HJ 卫星影像数据空间分辨率以及混合像元等因素的影响,建设用地和园地分类精度相对较低,需要后期人工修改完成,最终使分类精度达到93%。

表4-4 人工表面信息分类精度验证结果

项目	耕地		园地		水库/坑塘		居住地		工业用地		交通用地	
结果	正	错	正	错	正	错	正	错	正	错	正	错
总计/个	1067	104	1	1	4	3	29	66	3	7	1	0
正确:1105个					错误:181个						正确率:85.9%	

试验研究表明:①HJ-1 A/B 卫星的 CCD 数据具有重访周期短、覆盖范围大和空间分辨率较高的特点,在大区域人工地表信息分类提取的应用中具有很大的潜力,能够快速、准确地提取地物分类信息。②与传统的目视解译分类方法相比,面向对象的计算机自动分类方法的效率显著提高,并且 eCognition 软件可以充分利用分类之前采集的野外解译样本

点作为样本专题层，在分类时加入多时相影像数据以及 DEM、Slope 和 TM 等辅助数据参与分类。此外，面向对象分类方法不仅利用了地物本身的光谱特性，而且综合了纹理、形状、地理空间关系等参数信息，提高了分类的精度。③由于影像数据空间分辨率的限制和混合像元的影响，建设用地、园地的分类精度相对较低，需要后期进行手工修改，提高分类精度。此外由于计算机自动分类图版的破碎化，需要进行手工整饰，以便进行专题制图。

4.4 基于知识库及特征权重的山区土地覆被遥感监测方法

山区地形比较复杂，地面植被覆盖茂密且光谱信息差异不大，但山区的道路、居民地、农田等一般多以点状的形式分散于山中，利用传统的基于像素的分类方法，分类的结果不仅会有严重的"椒盐现象"，而且分类的精度较低（冯朝阳等，2009）。面向对象方法，通过对影像的分割，使同质像元组成大小不同的对象，在分类过程中，考虑地物的纹理、形状、尺寸等空间特征，以像元的空间特征辅助光谱信息，可以提高分类精度（苏簪铀等，2009；陈云浩等，2006a；汪求来，2008；Baatz et al.，2001；Yan，2003）。如在对桂林寨底山区的研究表明，使用 SPOT 影像采用面向对象的分类方法，通过分层提取的思想设置不同的分割尺度，获取提取特定地物的最佳尺度，利用地物在影像上的特征信息进行分类（祖琪等，2011）；利用影像对象的光谱特征、几何特征和空间关系建立知识库，利用知识库中的规则来提取农村居民聚落信息的研究（罗震等，2009）；以南方丘陵区为研究对象，在地物光谱分析的基础上，利用知识型光谱合成及主成分变换对影像进行增强处理，通过监督分类和非监督分类的相结合的方法，开展 TM 影像自动分类的试验（卢远和刘卓颖，2003）；通过研究适合遥感信息提取中的特征知识库模型及管理方案，结合面向对象的分类方法，建立基于特征知识库的遥感信息提取框架，在此基础上通过研究对象构建中的分割参数的优化方法，解决基于对象的多特征组合优化及目标识别问题（高伟，2010）。面向对象的分类方法，已成为高分辨率遥感影像信息提取的首选（宫鹏等，2006；Burrough et al.，2000；Walter，2004；Mather and Tso，2009），然而对于单时相的山区 SPOT 影像通过采用不同影像融合方法提高特征信息维度，设置特征权重提高分割效果，构建分类对象，充分挖掘对象信息建立分类规则开展的研究较少。

本研究重点借助数据挖掘，确立用于影像分割的特征信息及权重，建立一套较为有效的基于知识规则及特征权重的山区土地覆被遥感监测方法技术流程。经实地验证采用该方法可有效地解决山区农田及道路提取困难的问题，获得较高的山区土地覆被信息提取精度。

为验证模型的有效性，选择安徽省金寨县古碑镇为研究区，以 SPOT5 为数据源，进行土地覆被信息提取。古碑镇位于大别山腹地，梅山水库上游，居金寨县中心，东邻青山镇，南接花石乡及天马国家级自然保护区马鬃岭林场，西连南溪镇。全镇总面积 $221km^2$，辖 15 个行政村，355 个居民组，是县中部地区经济、文化、商贸、人居中心和重要商品集散地，是一个集老区、库区、山区、红色地区于一体的山区重镇。全镇共有耕地 1286hm²，水田 1094hm²，林地 16088hm²，森林覆盖率为 64.9%。

4.4.1 信息提取方法

遥感影像的原始波段经过各种增强处理后得到的能够突出某些特征信息的新波段及对信息提取有益的能够反应地物特征的专题图统称为变量（王蕾等，2007）。专题图 DEM 及利用 DEM 生成的坡度、坡向图以及区域土壤类型图，林相小斑图等也可作为主要的空间变量。将变量叠加可增加影像中地物的特征，分析地物在不同变量上的差异，结合地学知识设置合适的变量权重，通过试验不仅可以获取提取不同地物的最佳分割尺度，而且有助于建立提取影像信息的语义规则。

训练样区选取是为了收集一系列描述影像分类中要分出种类的地面覆盖类型的光谱特征、形状特征、纹理特征、拓扑特征等信息，通过对数据分析，选取用于构建分类规则的特征信息（王圆圆和李京，2007；郭亚鸽等，2012）。训练数据必须既具有代表性又具有完整性，同时训练样区的统计结果要充分反映每种信息类型中光谱类别的所有组成，保证获得较高的分类结果。

4.4.1.1 数据预处理及特征参数生成

研究所用 SPOT5 影像获取时间为 2009 年 5 月 21 日，轨道号为 285~287，能够全面覆盖研究区。影像由多光谱数据和全色数据两部分组成，其中多光谱数据包括 4 个波段，分别为：处于可见光波段的绿波段（0.50~0.59μm）、红波段（0.61~0.68μm），近红外波段（0.78~0.89μm），短波红外（1.58~1.75μm），其中前 3 个波段的空间分辨率为 10m，短波红外的波段分辨率为 20m。全色波段（0.48~0.71μm）空间分辨率为 2.5m。空间变量数据主要为 Aster 30m 的 DEM[①] 与 DEM 经空间分析后生成的坡度数据。

对研究区数据进行投影变换、辐射定标、正射校正、波段合成等预处理后，将所有的数据都转换到统一的坐标系中。由于古碑镇地处山区，地形较为复杂，地形对影像的干扰比较大，因此对影像数据进行了正射校正，结合 DEM 数据及实际调查数据，通过在影像上均匀的选取空间点对其进行校正，使误差控制在 1.5 个像元之内（图 4-16）。

遥感影像的融合处理是提高已获取同一目标影像的光谱和空间分辨率的重要手段（Houzelle，1991；周前祥等，2003），所谓遥感影像信息融合就是针对不同环境条件、不同应用目的，对其选择最佳的波段组合和分辨率，将具有各种特征影像的遥感信息融合在一起，以充分发挥各自的优点，最大限度地提供有用信息，最终得到对感知影像更精确的描述（周前祥和姜世忠，2002；党安荣和毛其智，2000）。特征级 Brovey 变换融合方法是目前影像融合方法中使用最为广泛的融合方法之一（许民，2010），该方法是将影像中的 3 个波段按照式（4-12）进行波段计算，从而获得融合后的各个波段的数值。

---

① http：//asterweb.jpl.nasa.gov/gdem-wist.asp。

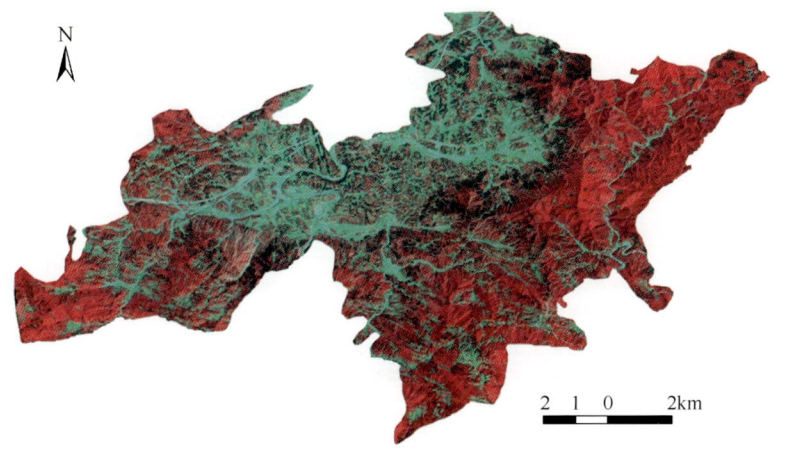

图 4-16 研究区假彩色合成影像

$$B_{i-\text{new}} = [B_{i-m}/(B_{r-m}+B_{g-m}+B_{b-m})] \times B_h \tag{4-12}$$

式中，$B_{i-\text{new}}$ 代表融合以后的波段数值（$i=1$，2，3…）；B_{r-m}、B_{g-m}、B_{b-m} 分别代表多波段影像中的红、绿、蓝波段数值；B_{i-m} 表示红、绿、蓝波段之一；B_h 代表高分辨率的遥感信息。

采用以 Brovey 变换融合为基础的改进型针对 SPOT5 山区影像的融合算法可有效地克服山区影像中山地阴影的问题［式（4-13）］，同时增加了部分地物在影像中的特征信息，融合后的影像有着较好的目视效果，能够应用于结合先验知识的训练样区选取以及特征的选择（林辉，2012）。

$$R = B_N \times P_{an}/(B_N+B_R \times 0.5+B_S \times 0.5+B_G)$$
$$G = (B_N \times 0.5+B_R \times 0.5) \times P_{an}/(B_N+B_R \times 0.5+B_S \times 0.5+B_G) \times 2+(P_{an}+B_G)/3$$
$$B = B_N \times P_{an}/(B_N+B_R \times 0.5+B_S \times 0.5+B_G \times 3) \tag{4-13}$$

式中，R、G、B 分别表示红、绿、蓝 3 个波段；B_G、B_R、B_N、B_S、P_{an} 分别表示 SPOT5 谱数据中的绿、红、近红外、短波红外以及全色波段。

利用 GEOimage 软件对 SPOT5 影像做 Andorre 融合是处理 SPOT5 影像较为常用的方法（毕艳玲，2005），主要分为全色数据预处理、融合、伪自然色转换、后期增强处理等步骤。首先对全色影像做正态化处理，其次按式（4-14）融合各个波段，其中 R、G、B 分别表示红、绿、蓝 3 个波段，B_G、B_R、B_N、B_S、P_{an} 分别表示 SPOT5 数据中的绿、红、近红外、短波红外及全色波段，在完成各个波段的融合后做伪自然色转换，依照用途做影像后期的增强处理、如线性直方图拉伸、亮度对比度调整等处理，从而突出目标地物。

$$R = 0.3P_{an}+0.7B_N \quad G = 2P_{an} \times B_R/(B_G+B_R) \quad B = 2P_{an} \times B_G/(B_G+B_R) \tag{4-14}$$

采用上述两种融合方法处理后影像整体都能够取得较好的视觉效果，改进后的 Brovey 变换融合获取的影像植被呈现高亮的红色（图 4-17），增强了植被区和非植被区对比度，山区的道路、耕地及居民地得以突出显示，植被中不同植被类型间的纹理信息得以增强、同时有效地消除了山地阴影，便于目视解译。Andorre 融合方法获得的影像有着自然的地物色彩，不同植被间的对比明显、耕地纹理信息突出，但山地阴影较为明显。

(a)改进型Brovey变换融合后影像　　　　(b) Andorre融合后影像

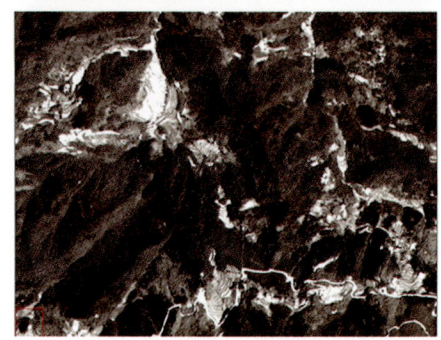

(c)全色影像

图 4-17　融合影像对比图

通过影像融合、比值计算等处理方法，在本次研究中共生成 15 种变量：Green、Red、Nir、Swir、依次为 SPOT5 多光谱数据中的 4 个波段；FB1、FB2、FB3 为 Andorre 融合后的 3 个波段；FB4、FB5、FB6 为改进型 Brovey 变换融合后的 3 个波段；NDVI 为归一化植被指数；NDVI5 为影像红波段与绿波段之差与之和的比值，DEM、Slope 分别为数字高程模型和坡度；Brightness 为分割后对象的亮度值。

4.4.1.2　可分性判断及知识规则建立

波段可分性是遥感影像信息提取的关键环节之一（王蕾等，2007），即对通过光谱和空间变量叠加的信息，采用数学统计的方法判断可分性，确定用于构建分类规则的特征变量。变量可分性简单的判断可以通过训练样区的均值直方图、光谱响应模式图来判定（王婷等，2008；闫利和孙颖超，2009）。直方图可以直观地反映地物在某一变量上亮度值分布，选取的训练样本在某一变量亮度值应趋于正态分布，当同一变量上的多种训练样本数据在同一直方图中表现时，如出现两个以上的峰值，则说明这一变量可用于区分不同地物。

影像特征知识库是遥感影像信息提取决策过程中的特征、规则知识的集合（王惠林，2007），首先通过对数据的初步处理，提出这些数据所反映的地学特征，然后由人或者机器通过学习和认知获取特征所蕴含的分类信息，形成具有语义逻辑的知识，从而构建与影像的纹理特征、形状特征等相关的分类知识库。据此可建立基于知识库及特征权重的信息提取模型（图 4-18）。

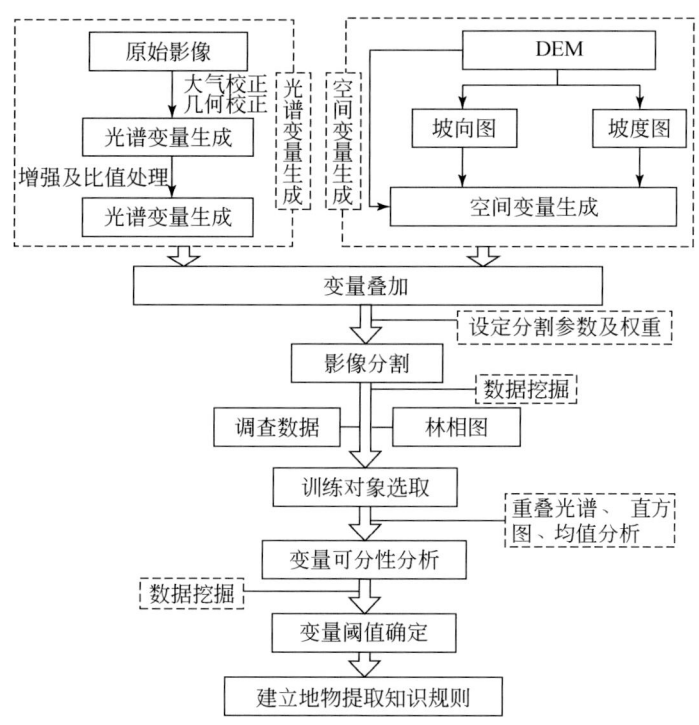

图 4-18 基于知识库及特征权重的信息提取模型

4.4.2 信息提取方法验证

4.4.2.1 影像分割

影像分割就是将影像中具有相同光谱特征、相同属性的同质像元分割为若干个多边形对象组（Mather and Tso，2009）。对象是面向对象分类的最小单元，因此分割尺度的选择直接影响着分类的精度（Burnett et al.，2003）。由于不同地物在光谱及形状上的差异，因此对其提取所需要的尺度也不同（Chen et al.，2006）。在 eCognition 软件中影像分割的均质标准由颜色及形状标准两部分组成，颜色标准是影像的光谱特征、形状特征包括了两方面的参数，即光滑度和紧凑度。

研究区地处大别山腹地，地形复杂，影像图斑大小不一，比较破碎，采用单一尺度分割无法满足分类的精度要求，所以利用多尺度分割，依照分层提取的思想，比较地物在光谱变量中不同波段上的特征，挑选部分特征波段设置较高的权重参与分割，通过结合采样点选取主要地物类型的样本，构建不同地物类型样本变量响应曲线（图4-19），从图4-19可知，地物在第 5～第 7 变量上特征信息差异明显，除居民地与园地及其与阔叶混分外，其他类型在这几个变量上具有较好的区分度。

在影像分割中应适当增加这些特征变量的权重，提高分割的效果。在此次研究中通过设

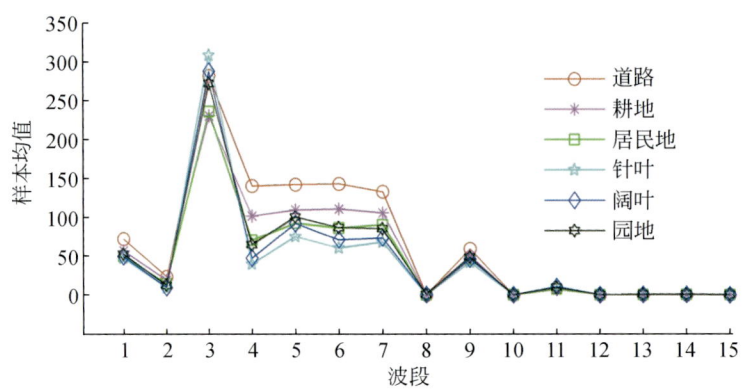

图 4-19 不同地物类型样本变量响应曲线

注：横坐标为波段编号；1~4 为 SPOT5 绿、红、近红、短波红外波段；5~7 为改进型 Brovey 变换融合后的 3 个波段；8~10 为 Andorre 融合后的 3 个波段，其余依次为 NDVI、NDVI5、DEM、Slope、Brightness。

置不同的参数组合，多次试验最终获得较好的分割参数组合（表 4-5），按组合设置权重并开展影像分割工作，生成了 lever1（大）、lever2（中）、lever3（小）尺度的分割对象。

表 4-5 变量参与影像分割权重表

地物类型	Fushion1			Fushion2			SPOT5				辅助数据		尺度
	B1	B2	B3	B1	B2	B3	B1	B2	B3	B4	DEM	Slope	
针叶、阔叶	2	3	1	0	0	0	0	1	2	1	0	0	100
道路、水体、耕地、园地	2	1	1	1	3	0	0	0	1	1	0	1	50
居民地、裸地	1	1	1	2	3	0	0	0	0	1	1	1	40

注：Fushion1 为 Andorre 融合；Fushion2 为改进型 Brovey 变换融合。

植被（针叶、阔叶）对象面积较大，水体光谱单一，可以在 Lever1 尺度上提取；道路、耕地、园地、部分位于乡镇附近的居民地图斑纹理信息明显可在 Lever2 尺度上提取；位于山区的居民地及裸地图斑面积小而破碎，因此在最小的尺度 Lever3 上进行提取。

4.4.2.2 样本选取及可分性判断

对获得的研究区部分二次林相调查的小斑图进行矢量化，提取小斑图的中心点，结合实地调查的样点，通过目视解译获取研究区地物类型的样点，由于研究区较大部分处于山地，因此在研究中重点参照小斑图中心点及调查点提取针叶林 273 个样点、阔叶林 325 个样点。通过目视解译分别提取道路、耕地、园地、居民地、裸土、水体样点各 112、246、183、120、80、32 个。

通过图 4-20 可知，针叶和阔叶在 Andorre 融合方法处理后的影像上呈现出较好的颜色差异：针叶表现为较深的绿色且纹路粗糙，阔叶呈现为较浅的绿色且平滑，通过样本建立的 FB2 变量上的均值直方图具有明显的两个波峰，由此判定两种地物类型在此变量上特征信息差异较大；道路、耕地、居民地在改进型 Brovey 变换融合方法融合的影像上高亮显示且各自的纹理清晰，选取的典型样本建立的变量 FB5 上的均值直方图上具有独立的波峰，3 种地物的特征信息在此变量上差异明显。

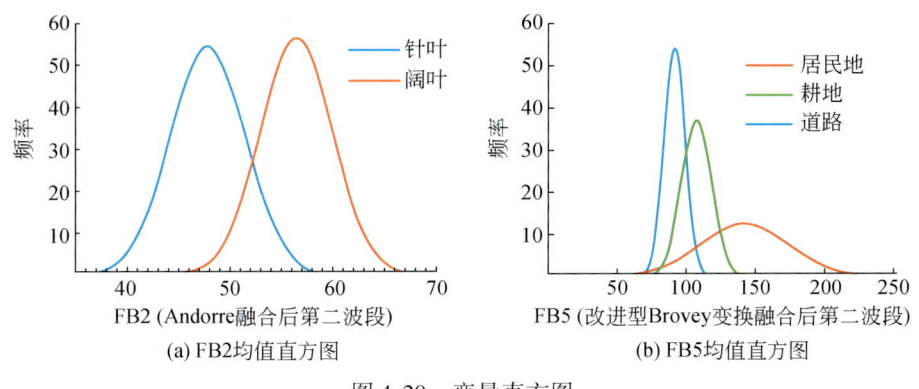

图 4-20　变量直方图

4.4.2.3　特征权重确定及知识规则构建

从 eCognition 中导出选取的所有样本及相关变量，首先将针叶、阔叶归为植被类，其余的归为非植被类；通过知识发现的方法，自动地获取分类阈值，其次按照此种方法将道路、耕地、园地等逐一分出。

决策树归纳分析以其易于提取显式规则、计算量相对较小、可以显示重要的决策属性和较高的分类准确率等优点而得到广泛应用（陈鑫，2006）。主要的决策树算法有 CART 算法、CHAID 算法、C4.5 算法和 J48 算法等（刘莺迎，2008）。J48 算法产生的分类规则易于理解，且对用于分类的变量赋予权重（程克非等，2012），便于在影像分类中优先考虑权重较高的特征，所以此研究选用 WEKA 数据挖掘软件中的 J48 算法，将样本数据按照二分法的思想归类并编辑为软件能够识别的格式，通过 J48 算法生成决策树，选取优先用于分类且权重较高的变量及变量阈值，采用最邻近法、隶属度函数法开展影像的分类工作。

在 Lever1 通过模糊分类的方法，采用归一化植被指数 NDVI 阈值可以将植被和非植被较好的区分开，参照获得的决策树选取 FB2 为植被类中区分针叶及阔叶的最佳变量，参考样本生成的变量阈值多次试验将针叶及阔叶区分开。针对分类结果中部分针叶误分入阔叶的情况，可通过 FB4 及近红外 Nir 阈值组合将其有效提取。水体光谱单一，在此尺度上利用 Nir 将其提取出来。

lever2 中道路呈现规则的长条状且亮度较高，利用 FB5、Brightness 变量组合可提取分布于研究区西部的过境高等级公路，对分布在山区的盘山公路可在此基础上可利用 NDVI5 及 FB4 组合提取；耕地在 FB1 波段上纹路清晰且与其他地物对比度高，通过合适的阈值设置可将耕地提取出来；分布于乡镇附近的居民地面积较大，在此分割尺度上分割效果明显，亮度比道路低，通过亮度值提取部分居民地。园地一般分布于居民地及道路附近，且坡度低于 15°，园地内分布的植被相对稀疏，有规则的条状纹理，采用 NDVI5 可在提取出耕地及植被基础上有效地提取出园地。

lever3 零星分布于山中的居民地及裸土在此分割尺度采用亮度、Swir 及 FB4 组合可以将其提取（图 4-21）。

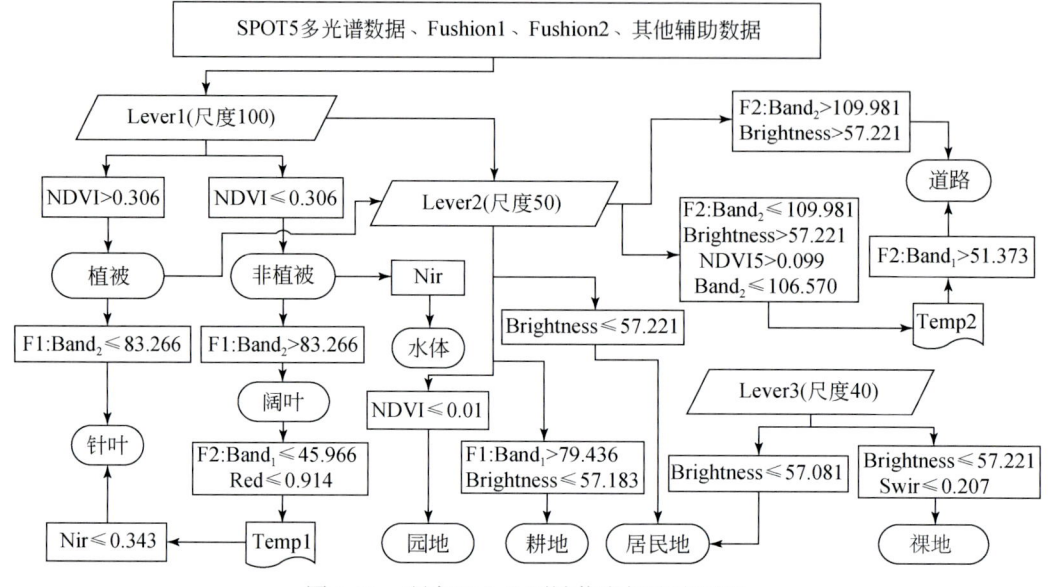

图 4-21 研究区土地覆被信息提取流程图

4.4.2.4 分类结果

根据影像中地物的亮度、颜色、纹理等特征参数，采用面向对象的分类方法，通过多次试验获取较好的多尺度分割参数组合，依照实际采样点、林相图及部分目视解译的结果为训练样本，通过数据挖掘分析选择特征并设置权重，建立上述知识规则，结合光谱、形状、纹理等特征对分割后的影像进行逐层提取，得到研究区分类结果（图 4-22）。

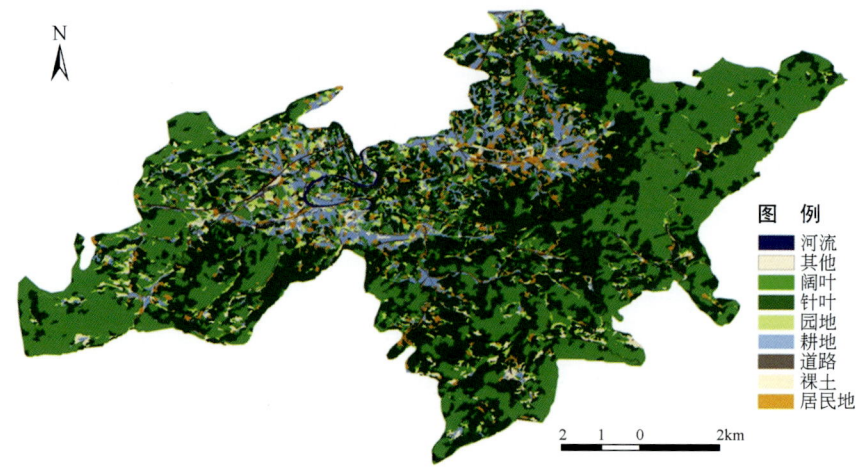

图 4-22 古碑镇面向对象方法分类结果

4.4.2.5 精度评价

精度分析是遥感分类过程中一项不可缺少的工作。通过精度分析，分类者能确定分类方法的有效性并进行改进，以提高分类精度；使用者能根据分类结果的精度，正确、有效地获取分类结果中的信息。结合野外实地调查及原始影像目视解译随机挑取检测样本，建立混淆矩阵，对研究区的分类结果展开精度评价。由于研究区水体的分布很少，所以在精度评价中未对水体进行提取精度评价。

本研究构建基于知识及特征权重的信息的山区植被覆盖分类提取模型，并以典型山区古碑镇为研究区评价了改进后分类方法的精度和通用性，研究结果表明，改进后分类方法对研究区土地覆被分类的总体精度为83%，除园地的使用精度低于80%外，其他地物类型的精度均能达到80%以上，其中道路及旱地的分类精度高达87%（表4-6）。

表4-6 分类混合矩阵表

地物类型	针叶	阔叶	道路	旱地	居民地	园地	合计
针叶	232	23	3	0	4	23	285
阔叶	27	239	5	0	0	27	298
道路	0	3	192	5	8	0	208
旱地	0	0	7	138	7	3	155
居民地	2	4	13	16	101	8	144
园地	20	10	0	0	3	179	212
合计	281	279	220	159	123	240	1302
用户精度（%）	83	86	87	87	82	75	
生产者精度（%）	81	80	92	89	70	84	
总体精度=83%				Kappa系数=0.79			

通过试验得出：①山区地物光谱的复杂性决定了信息提取的复杂性，本研究通过不同的融合方法有效地增加有益于提取地物的信息，参照地物在不同波段上的差异，构建了分割参数及权重，依据分层提取的思想，使分类规则的设计更具有针对性。②利用单一影像上的植被二级分类较为困难，以往的研究大多采用多时相的影像，通过比较不同季节的植被指数来开展植被分类工作，本研究通过不同的融合方法有效增加了植被类型的特征信息，通过统计分析的方法，判断参与分割、分类的有效特征波段，采用机器学习的方法构建分类决策树，分析不同波段的参与权重，从而构建用于影像全局的语义规则。③样本光谱响应曲线的建立不仅用于变量可分性的判断，而且应用于影像分割中参数的构建，改善了影像分割的效果，分析不同地物的地理属性，采用不同尺度分层提取，有效提高土地覆被信息提取精度。

4.5 基于环境星数据的平原绿化信息提取方法研究

"平原绿化"(plain afforestation, PA)既是一个行政管理术语,也可特指一种土地覆被和土地利用方式,具有特定的含义和计量方法。"平原"是指在县级行政单元内平原比例≥30%的平原。"绿化"包含5类以林木为主的绿化：①农田防护林(包括农田内部的经济林和速生丰产林)；②通道林(交通,水系)；③荒沙、荒滩、荒地防护林；④城镇绿化(包括乔灌草)；⑤村庄绿化(包括乔灌草)。根据国家林业局《全国平原绿化三期工程规划(2011—2020年)》和《平原绿化工程建设技术规定》,中国平原绿化分6个片,每片的五类绿化分别要达到一定的标准,除了城镇与村庄包含草地外,在实际计量时,四旁林木绿化按照"1667 株=1hm^2"折算,因此平原绿化率大于森林覆盖率(国家林业局,2013；韦希勤,2011)。除特别说明外,本书中的"平原绿化"泛指以上5种绿化后的土地覆被类型。

平原绿化是农田稳产高产的保障,《全国新增1000亿斤粮食生产能力规划(2009—2020年)》和《全国现代农业发展规划(2011—2015年)》都将农田防护林建设列为重要内容。在山丘地区森林实施天然林保护后,可以源源不断地提供各种林产品。平原绿化是新农村建设中"绿化美化"的具体实现。另外,农村荒废院落的自然绿化数据也是农村土地整理的参考信息(赵江红,2005；杨朝兴,2010；袁爱荣等,2009；冯俐丽等,2002；朱泰峰等,2013)。

当前正在实施的《全国平原绿化三期工程规划(2011—2020年)》工程总投资457.82亿元。工程执行过程中需要及时获取平原绿化信息,以便对工程进度和效益进行评估。传统的平原绿化信息获取方法主要有两个：一是根据下级上报的信息,这不仅需要大量人力,而且受绩效评估影响,容易虚报；二是以5年为周期、以抽样为基础的全国森林普查,该方法除了周期较长之外,轮流安排引起的各省时间不一致,也不利于比较。

遥感技术在平原绿化信息提取中尚未大面积应用,主要难点有三：第一,土地覆被分类系统定义困难。某些平原绿化具有立体结构,上层为高大林木,下层为各种土地覆被与利用(居民地、道路、水渠、农田)。一般土地覆被分类系统都是以下层土地覆被类型为主,忽略了上层的平原绿化。第二,平原绿化与背景植被的光谱差异小。平原绿化的背景主要是农作物,在全年大部分时间,光谱特征接近。只有在农作物覆盖地面前或收割后,平原绿化才有明确的信号。因此,平原绿化遥感适合的时间窗口很小,需要较高时间分辨率的遥感资料。第三,平原绿化空间斑块可能比较细小,包括点(四旁树)、线(农田林网、通道林),所以需要遥感数据具有较高的空间分辨率。因此,在分类系统明确包含平原绿化的前提下,遥感数据的"时间-空间"组合就显得非常重要。实践中,在较大的空间范围内,目前只有美国归档了生长季(4~10月)每月的Landsat数据(Hansen and Loveland, 2012；Gutman et al., 2013),全球其他地区除了城市等少数地区外,30m分辨率遥感数据的覆盖频率很低,因此对严重依赖时间分辨率的应用有很大限制(王正兴和王亚琴,2012)。以Landsat TM/ETM+为代表的"16天-30m"组合,其30m的空间分辨率能够分辨大部分平原绿化,但是其理论上 16 天的时间分辨率,因为种种原因导致关键物候期实际可用的数据非常有限。因此,大部分平原绿化遥感局限于城市地区和个别县份(贾宝全,2013;李明诗等,2013;郭云开和王杨,2013;赵宇鸾等,2012),当空间范围扩大时,由于遥感数据季节差异,会出现明显的接边问题(郭伟伟等,2012)。

我国于 2008 年 9 月发射的"环境一号卫星(HJ-1)",保留了 Landsat TM/ETM+ 30m 空间分辨率的优势,HJ-1 A/B 两台 CCD 相机以 4 天重逢周期全球观测,幅宽高达 720km(王桥等,2010)。虽然只有 4 个波段,但是其 Red 和 Nir 波段可以保障一般植被变化检测,其高时间分辨率和幅宽优势在某些应用中优于 Landsat TM/ETM+(金焰等,2010;代玉丽,2011)。为了验证 HJ-1 A/B CCD 数据在大范围内提取平原绿化信息的潜力和局限,使用 2009~2011 年 4 月和 6 月 HJ-1 A/B CCD 数据,对河南省平原绿化进行了初步探索,以便在"年度—省域"时空尺度对平原绿化进行更深入的研究。

河南省位于 31°23′~36°22′N,110°21′~116°39′E,全省土地面积 16.7 万 km^2。河南省平原面积广阔,主要有豫东大平原、南阳平原、豫西山地中伊洛河中上游河谷平原、汝河中上游河谷中的许多带状河谷平原等,面积约为 9.5 万 km^2,占全省面积的 56.9%。"秦岭–淮河"是中国重要的南北气候分界线。在河南平原,淮河以南主要为水稻,淮河以北主要为冬小麦–秋粮。

4.5.1 信息提取方法

4.5.1.1 遥感数据及预处理

1)HJ-1 A/B CCD 数据选取。河南平原地区主要是"冬小麦–秋粮"种植制度,每年 6 月冬小麦成熟与收割后并且套种秋粮作物尚未覆盖地面前是一个重要的物候期。在该时段内,覆盖平原地区的只有居民地四旁绿化、农田林网、果园、水稻,播种较早的一季作物等少数植被,因此,结合 4 月植被覆盖和土地覆被数据库,可以排除播种较早的一季作物和水稻。选择 6 月和 4 月 8 景 HJ-1 A/B 卫星 CCD 数据(表 4-7)。

表 4-7 HJ-1 A/B 卫星数据获取时间与定标参数(云量小于 5%)

数据时间 (年–月–日)	环境卫星数据文件	定标参数			
		$Band_3\text{-}g$	$Band_3\text{-}L_0$	$Band_4\text{-}g$	$Band_4\text{-}L_0$
2011-04-28	HJ1A-CCD1-1-72-20110428-L20000526769	1.031 2	3.612 3	1.004 9	1.902 8
2011-04-24	HJ1A-CCD1-1-76-20110424-L20000524449	1.031 2	3.612 3	1.004 9	1.902 8
2011-04-18	HJ1B-CCD2-4-76-20110418-L20000522183	1.131 6	5.253 7	1.057 8	6.349 7
2010-04-23	HJ1B-CCD2-2-72-20100423-L20000292276	1.246 1	5.253 7	1.126 1	6.349 7
2009-06-24	HJ1B-CCD1-1-72-20090624-L20000132930	0.684 95	6.219 3	0.722 45	2.830 2
2009-06-24	HJ1B-CCD1-1-76-20090624-L20000132923	0.684 95	6.219 3	0.722 45	2.830 2
2011-06-07	HJ1A-CCD1-6-72-20110607-L20000551747	1.031 2	3.612 3	1.004 9	1.902 8
2011-06-08	HJ1B-CCD2-3-76-20110608-L20000552402	1.131 6	5.253 7	1.057 8	6.349 7

2)经过分类合并后的中国科学院碳专项项目制作的 2010 年河南省土地覆被数据（图 4-23）。该数据采用面向对象的方法对 2010 年覆盖整个河南省共 12 景 TM 影像分类处理而得，数据已经经过国家环境保护部和各省环境保护厅的验证，精度达到 90% 以上，可被本研究所用。

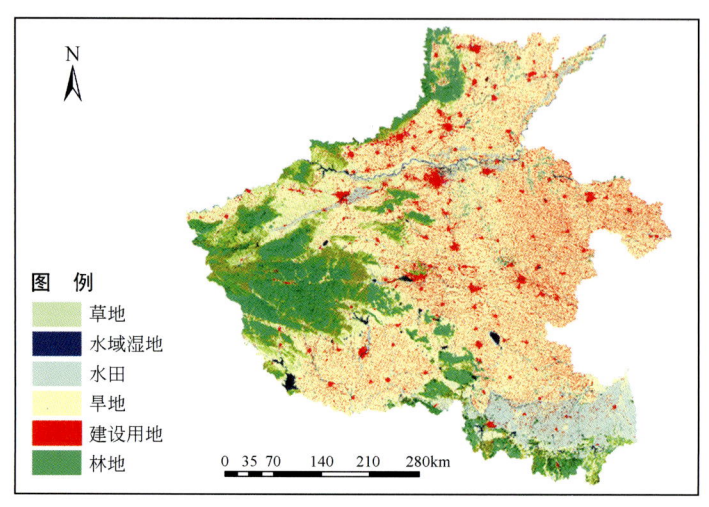

图 4-23　2010 年河南省土地覆被图

3) 河南省 2012 年月统计年鉴数据中（河南省统计局，2013），2011 年城市市区园林绿化数据为河南省 38 个主要城市的城区绿化面积，使用了其中 26 个平原城市绿化面积进行验证。

预处理主要包括地理配准、辐射定标等内容（图 4-24）。地理配准以经过地理精校正和地形校正的 Landsat GLS 数据为基准，配准误差在 1 个像元内。

对环境星 2 级数据 B3、B4 波段进行辐射定标[表 4-7，式（4-15）]。

$$L = DN/g + L_o \qquad (4\text{-}15)$$

式中，L 为辐射亮度值；DN 为像元值；g（gain）为增益；L_o 为较正偏差量（较正增量和数）。

本研究所用数据季节差很小，全部为晴天数据。已有研究表明，如果遥感影像之间的季相一致、成像时的太阳天顶角接近，且影像晴空无云时，则经过正规化处理的影像和未经过该处理的影像之间的区别不大（徐涵秋，2008）。本研究对实际数据处理后发现接边效果较好，因此只进行

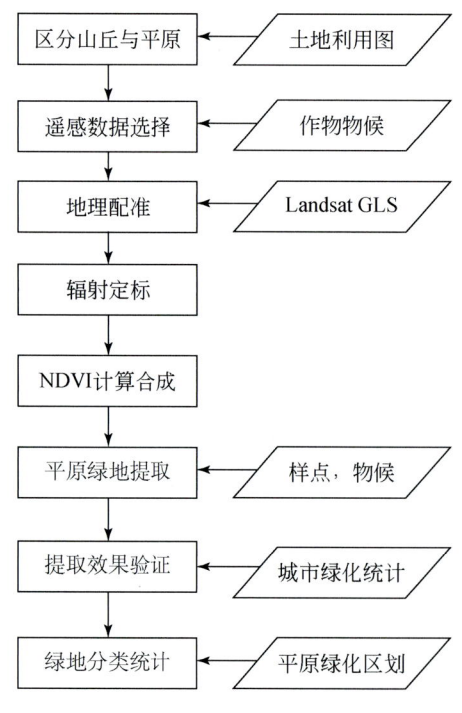

图 4-24　平原林地提取算法流程图

了大气校正，未做辐射归一化处理。

NDVI 计算与合成分别计算 8 景 HJ 数据 NDVI [式（4-16）]，并采用最大值合成法（MVC）对 4 月和 6 月的影像进行合成，得到覆盖河南全省的 NDVI 数据（$NDVI_{4月}$ 和 $NDVI_{6月}$）。

$$NDVI = (B_4 - B_3)/(B_4 + B_3) \tag{4-16}$$

4.5.1.2 信息提取模型构建

首先，利用 2010 年土地覆被数据库分割山丘地区与平原地区；然后，利用 6 月 HJ-1 A/B 卫星的 CCD 数据，直接剔除"冬小麦-秋粮"两季作物分布区；最后，利用 4 月 HJ-1 A/B 卫星的 CCD 数据剔除一季作物分布区。

1) $NDVI_{4月}$：4 月河南平原主要分布以冬小麦为主的两季作物，$NDVI_{4月}$ 在 0.55 以上；绿地林木的 $NDVI_{4月}$ 值在 0.22 以上；一季作物尚未播种或处于幼苗期，$NDVI_{4月}$ 小于 0.22。

2) $NDVI_{6月}$：河南平原以冬小麦为主的两季作物，在 6 月经历"小麦成熟-收割-第二季作物播种或幼苗期"，地面近裸露，此时小麦区 $NDVI_{6月}$ 在 0.30 以下，一季作物与绿地的 $NDVI_{6月}$ 为 0.35~0.9。

3) 确定 NDVI 阈值（$NDVI_h$）依据：提取平原绿地理论基础是"植被-土壤"二分模型 [式（4-17）]（贾宝全，2013；郭伟伟等，2012）。

$$F = (NDVI_i - NDVI_{min})/(NDVI_{max} - NDVI_{min}) \tag{4-17}$$

式中，F 为森林郁闭度；$NDVI_{max}$ 和 $NDVI_{min}$ 分别为郁闭度为 1.0 和 0 时对应的 NDVI；$NDVI_i$ 为特定像元 NDVI 值。

按照国家森林法，森林需要 $F \geq 0.2$。然而，如何确定 $NDVI_{max}$ 和 $NDVI_{min}$ 却有多种不同处理方法（贾坤等，2013；程红芳等，2008；贾宝全，2013；李明诗等，2013；郭云开和王杨，2013；赵宇鸾等，2012；郭伟伟等，2012）。

在提取平原绿化信息时，主要使用 $NDVI_{6月}$，$NDVI_{4月}$ 只是用来去除一季作物。选择 $NDVI_{max}$ 时，需要考虑 3 个因素：首先，6 月不是平原绿化植被生长的高峰期；第二，实际的平原绿化郁闭度很少达到 1.0；第三，即使是在生长高峰期（一般在 7 月下旬至 8 月上旬），郁闭度达到 1.0，NDVI 值也很难达到 1.0，主要原因是在高植被覆盖区 NDVI 存在严重的饱和现象。综合以上因素，本研究取 $NDVI_{max} = 0.95$，代表植被郁闭度达到 1.0，而且 NDVI 不发生饱和时的理论值。

与 $NDVI_{max}$ 相似，$NDVI_{min}$ 本来是表达"裸土"的 NDVI 值。但是，实际的 NDVI 数值与土壤颜色、水分含量有关。Montandon（2008）使用全球 2906 种土壤样品，在实验室测得 NDVI 达 0.2±0.1，认为普遍存在 $NDVI_{min}$ 低估是导致美国植被覆盖度高估的重要原因。本研究区主要为壤土和沙质土，6 月小麦收割后，这些裸露土壤除了土壤类型差异外，还存在作物残留、野草、显露的套种作物、焚烧秸秆后的炭黑、小的水泊等，裸地 NDVI 为 0.10~0.25，因此在本项研究中 $NDVI_{min}$ 在全省的统一取值确定为 0.20。

采用法定最低郁闭度 $F = 0.20$ 及 $NDVI_{max} = 0.95$ 和 $NDVI_{min} = 0.20$，则式（4-18）可写为

$$(\mathrm{NDVI}_h - \mathrm{NDVI}_{\min})/(\mathrm{NDVI}_{\max} - \mathrm{NDVI}_{\min}) \geqslant F \tag{4-18}$$

因此，可以得出利用 6 月 NDVI 提取平原绿地的阈值为 $\mathrm{NDVI}_h \geqslant 0.35$。

平原绿地在 6 月小麦收割后部分植被依然覆盖地表，同时 4 月一季农作物尚未播种前已经开始覆盖地面，因此可认为是平原绿化（PA）区应该满足式（4-19）：

$$\mathrm{PA} = (\mathrm{NDVI}_{4月} \geqslant 0.22) \cap (\mathrm{NDVI}_{6月} \geqslant 0.35) \tag{4-19}$$

依据《河南统计年鉴（2012）》中关于城市市区园林绿化情况（2011 年），使用其中 26 个平原城市绿化面积统计数据，对城区绿化遥感解译结果进行验证。

4.5.2 信息提取方法验证

河南省平原绿化信息分析按照居民地规模和平原绿化工程区分类方式进行统计。按照人口规模和斑块规模分类，根据文献（杨淑红，2009），将环城防护林建设分为特大型城市环城林带、大城市环城林带、中等城市环城林带、小城市和村镇环城林带。利用 2010 年土地覆被数据库建设用地矢量数据，分别建立 210m、120m、60m 和 30m 的缓冲区，提取环城林带和村镇绿化面积。由于河南省内高速公路、铁路、国道、省道的绿色通道建设每侧绿化宽度为 5~10m，城市规划区内的公路、铁路旁的防护林带宽度为每侧 30~50m，县、乡道路每侧绿化宽度 3~5m，因此利用河南省内高速道路、铁路和水系矢量图做 60m 的缓冲区，得到绿化通道面积以及水系植被面积，其他林地信息按照农田林网进行面积统计。按照 4 个平原绿化工程区分类，根据文献（郭利华等，2011），提取 4 个平原绿化工程区分县数据，并对黄淮海平原黄泛区做了重点分析。

4.5.2.1 河南省平原绿化空间分布

根据平原绿化信息提取算法得到 2010 年河南省平原绿化空间分布图（图 4-25，图 4-26）。黄河南岸开封市区、开封县、中牟县、尉氏县和通许县 5 县区的东南部属于一般平原，而西北部属于黄泛区平原。4 月时，东部与东南部冬小麦覆盖度最高，此时，居民地四旁绿化被隐没于冬小麦中［图 4-25（a）］；6 月小麦收割后，东部与东南部冬小麦区农田处于裸露期，凸显出农田区的居民地四旁绿化和道路两侧绿化［图 4-25（b）］。与此形成反差的西北部，冬小麦比例小，平原绿化比例高，因此在 4 月植被稀少，而在 6 月植被覆盖明显增加。只有平原绿化部分在 4 月和 6 月保持一定的覆盖水平［图 4-25（c）］。

平原绿化主要分布在黄河南岸黄泛区的开封县-中牟县-尉氏县-通许县；黄河北岸黄泛区的内黄县及其周边；西部的洛宁县，中部中国北方重要花木基地县的鄢陵县（图 4-26）。此外，在河南南部淮河干流的信阳市，虽然对中国北方重要花木基地潢川县的绿化有所体现，但是淮河干流两侧提取出的"绿化"整体可疑。全国主要综合自然地理区划都把"秦岭-淮河"作为中国南北主要地理分界线，在 6 月野外工作期间发现较多花生。由于缺少可靠验证数据，再考虑到"水稻-小麦"过渡区的复杂性，推测可能有一季作物因为其南部较早的物候期而错分。因此本书以后的统计中不包括信阳市 10 县。同理，西南部的新野县也应该是未来验证重点。

第 4 章 | 典型土地覆被信息的遥感提取方法

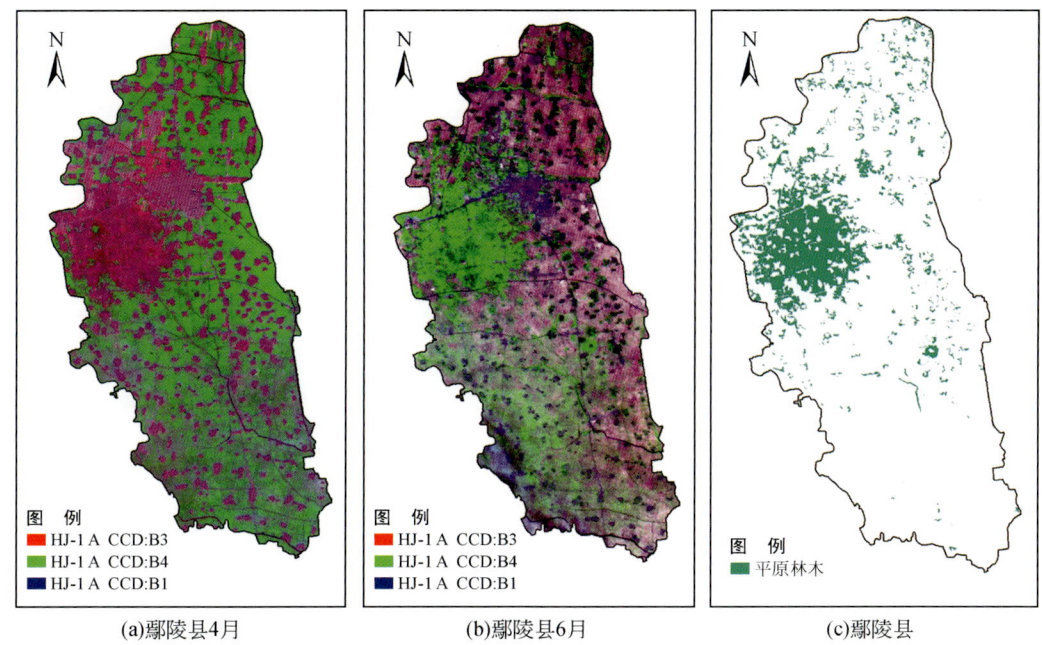

图 4-25　河南省平原绿化信息提取典型地区示意图

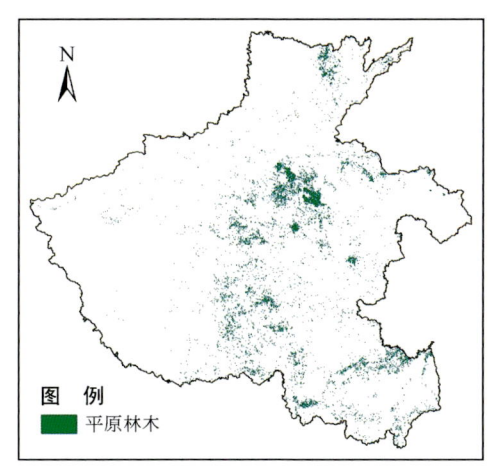

图 4-26　2010 年河南省平原绿化状况空间分布

4.5.2.2　河南省平原绿化分类统计分析

遥感信息提取得到河南省各级居民地绿化以及通道绿化（护路林、护水林）面积（表 4-8）。由于环境卫星数据的空间分辨率为 30m，一些面积小于 900m^2 的林地将无法进入统计。统计中的护路林和护水林面积与国家林业局颁发的《全国绿化工程三期规划》的统计数据相差不大。除信阳市 10 县外，河南省 2010 年平原绿化面积 6909.8km²，占全省绿化面积的 20.53%，河南省统计局（2013）统计结果为，2010 年河南省森林面积为 33 659km²，森林覆盖率为 20.2%（河南省统计局，2013）。平原绿化主要来自 4 个工程区农田林网及农田内部的绿化，其次来自小城镇以下居民地四旁绿化。

表 4-8　平原绿化 HJ-1 A/B CCD 遥感解译分类统计

统计范围	个数/个	面积/km²	斑块平均/km²
特大城市	2	184.55	92.28
大城市	7	215.37	30.77
中等城市	17	232.23	13.66
小城镇以下居民地	93 524	1 019.06	0.010 9
护路林	—	94.05	
护水林	—	145.38	
4 个工程区农田林		5 019.16	
平原林木绿化合计	—	6 909.8	占全省绿化 20.53%

按照 4 个工程区，得到河南省平原绿化三期工程建设 4 个工程区的平原绿化面积合计为 5019.94km²，主要在黄泛区 39 县（表 4-9，表 4-10，图 4-27）。黄淮海平原黄泛区的绿化效果较为显著，在黄泛区 39 县中，中牟县、内黄县、尉氏县、通许县和开封县 5 县林木覆盖率大于 15%，另外 5 县为 10%~15%。鄢陵、潢川、获嘉是我国北方主要花木基地之一，内黄和新郑主要种植枣树、民权和兰考以葡萄种植为主。22 个县林木覆盖率不足 5%，除了砂质土壤比例差异外，同时也说明绿化还有很大的发展潜力。

表 4-9　4 个工程区平原绿化遥感解译分类统计　　　　　（单位：km²）

4 个工程区	林木面积
黄淮海平原黄泛区	2976.2
黄淮海平原一般农区	827.38
淮北淮南低洼平原	561.01
南阳盆地	655.35
4 个工程区平原绿化合计	5019.16

表 4-10 黄淮海平原黄泛区工程区平原绿化分县统计

地级市	区（县）	绿化面积/km²	覆盖率/%	地级市	区（县）	绿化面积/km²	覆盖率/%
郑州市	中牟县	343.05	24.06		清丰县	40.62	4.66
	新郑市	105.74	11.97		南乐县	20.71	4.66
开封市	兰考县	77.78	7.01	濮阳市	濮阳县	71	4.95
	开封县	195.75	13.78		台前县	50.29	11.43
	杞县	53.91	4.27		范县	60.75	10.12
	通许县	224.8	29.52		华龙区	13.45	5.19
	尉氏县	329.87	25.36		虞城县	66.28	4.27
安阳市	内黄县	270.96	23.54		宁陵县	66.14	8.32
	滑县	73.39	4.13	商丘市	睢县	9.56	1.04
	汤阴县	16.59	2.57		夏邑县	13.95	0.94
鹤壁市	浚县	20.68	2.04		民权县	120.47	9.72
	淇县	5.06	0.88		睢阳区	11.95	1.26
许昌市	鄢陵县	105.51	12.2		梁园区	49.35	7.03
新乡市	原阳县	25.58	1.97		太康县	45.47	2.57
	延津县	29.96	3.15	周口市	淮阳县	69.82	4.76
	封丘县	25.52	2.08		扶沟县	149.19	12.77
	长垣县	43.1	4.16		西华县	74.27	6.17
	新乡县	2.91	0.76		温县	9.5	1.79
	卫辉市	13.59	1.55	焦作市	武陟县	19.67	2.32
	—	—	—		孟州市	50.03	9.76
黄泛区总计		2976.2					

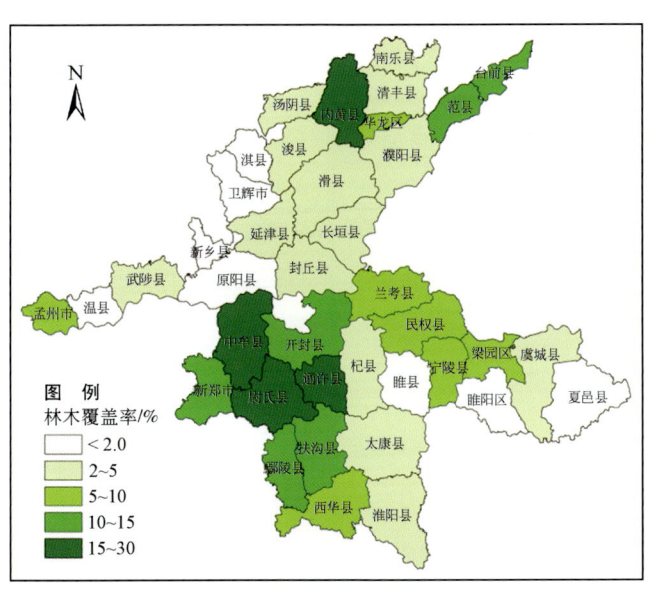

图 4-27 2010 年河南省黄泛区平原绿化空间分布

4.5.2.3 平原绿化信息精度验证

1)点数据验证。根据项目组 320 个野外观测样点和 Google Earth 判定的 70 个点数据,进行平原绿化分类结果的验证,野外样点数据来源于 2010 年 4 月和 6 月在河南地区得到的野外调查数据,包括采样点的坐标、周围植被类型以及植被覆盖状况等信息;Google Earth 高分验证数据选取自 2010 年高分影像图,采用平原地区随机选点的方式,进行目视判读。其中提取的分类结果与验证数据共有 342 个一致点,正确率为 87.8%,提取的平原绿化精度较高。

2)面数据验证。冬小麦区平原绿化与土地覆被图的居民地、道路、水渠等有较好的对应关系,但在城区和生态过渡带,情况比较复杂。根据《河南统计年鉴(2012)》之"12-7 城市市区园林绿化情况(2011 年,近似代表 2010 年)",选择 26 个平原城市城区统计绿地面积,与 HJ-1 解译绿地面积进行相关分析。结果表明:①26 个城市城区 2010 年统计绿化面积为 682.88km^2,本研究遥感解译面积为 631.45km^2,少 4.28%。二者相关分析的决定系数(R^2)为 0.9166(表 4-11,图 4-28),说明遥感解译整体上可描述城区绿化。个别县、市统计与解译存在较大差异。二者差异整体规律为绿地面积越大,误差越小。例外城市为洛阳、许昌、安阳,这 3 个城市统计绿地面积较大,但是与解译面积差异也较大。差异可能来自三方面:第一,城区边界不一致,由于城市边缘的模糊性,目前尚无统一的城市边界,两套数据使用的城市边界可能不一致。第二,绿地定义不一致,本研究仅包括实际绿地,但是某些城区绿化是把公园整体作为绿地统计的。第三,实际的解译误差和时间差。

表 4-11　2010 年 26 个平原城市市区绿化面积与遥感解译对比　　　　　　　　　　（单位:km^2)

城市	统计	遥感解译	相差	相差百分比	城市	统计	遥感解译	相差	相差百分比
郑州	124.58	125.34	-0.76	-0.61%	周口	21.37	21.01	0.36	1.68%
开封	33.41	36.07	-2.66	-7.96%	驻马店	22.26	20.77	1.49	6.69%
洛阳	60.8	40.32	20.48	33.68%	济源	13.72	7.97	5.75	41.91%
平顶山	27.21	30.56	-3.35	-12.31%	荥阳	8.82	2.96	5.86	66.44%
安阳	29.43	15.66	13.77	46.79%	新郑	10.67	14.74	-4.07	-38.14%
鹤壁	23.5	20.35	3.15	13.40%	新密	7.03	5.25	1.78	25.32%
新乡	44.12	35.79	8.33	18.88%	辉县	7.6	6.24	1.36	17.89%
焦作	37.96	36.54	1.42	3.74%	沁阳	4.5	10.58	-6.08	-135.11%
濮阳	17.51	15.32	2.19	12.51%	禹州	12.59	8.78	3.81	30.26%
许昌	31.87	45.58	-13.71	-43.02%	长葛	8.48	13.73	-5.25	-61.91%
漯河	22.99	31.25	-8.26	-35.93%	邓州	10.36	3.87	6.49	62.64%
南阳	29.4	34.21	-4.81	-16.36%	项城	9.5	14.89	-5.39	-56.74%
商丘	23.29	20.24	3.05	13.10%	—				
信阳	28.95	25.16	3.79	13.09%	总计	671.92	643.18	28.74	4.28%

研究表明，利用环境卫星 HJ-1 A/B CCD 数据高时间分辨率和适当空间分辨率优势，把平原绿化遥感监测扩展到了"年度—全省"的时空尺度。其冬小麦区的绿地信息简单易读；相对复杂的城区绿化，按照平原区 26 个城市城区绿化统计面积进行验证，二者相关分析的决定系数 R^2 达 0.9166；最复杂的"水稻-小麦"过渡区，提取可靠性较低，未来应该重点关注。通过 30m 的 HJ-1 A/B CCD 卫星数据解译的 2010 年河南省平原绿化面积为 6909.8km^2，占当年统计森林面积 20.53%。

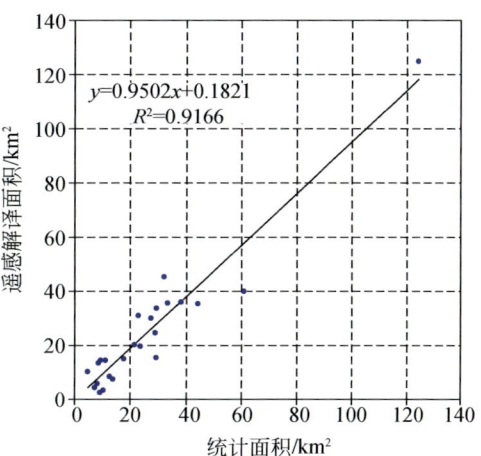

图 4-28 遥感解译与统计平原绿化相关分析

未来可在两个方面进行改进：第一，提高空间分辨率及地理配准精度，以便提取普通农田林网与道路两旁林木面积；第二，算法改进，考虑到河南省南北跨度和土壤差异，未来应在分区的基础上，充分利用环境卫星多时相优势，分别建立提取算法，以减少不同物候期的一季作物可能引起的干扰。

4.6 平原区园地信息遥感提取方法

园地信息提取历来是遥感专题信息提取的难点之一，国内外相关研究总体较少。以往的研究主要集中在利用高分辨率遥感影像的纹理特征进行园地的提取（Ranchin，2001；Trias et al.，2006；Yalniz et al.，2010；Bruzzone and Persello，2009；颜梅春，2007）；同时，雷达数据也应用在园地信息提取与种类识别中（Wang et al.，2009；Herold et al.，2004）。但大面积园地信息提取，特别是在动态研究过程中，中分辨率遥感影像仍然是最常用的数据源（Sedano et al.，2005；李增加等，2008）。目前常用的提取方法有监督分类、非监督分类（Boyd，2010），监督分类过分依赖于样本，而非监督分类则要求有充足的先验知识。大量实践表明，根据山区和平原区不同的土地覆被特点，将园地分为山区园地和平原区园地，分别根据其各自的分布特征进行园地信息提取，精度会有很大的提高（张安定等，2007）。本书主要对平原区园地提取进行研究。

4.6.1 信息提取方法

平原区园地则主要是果园和桑园、橡胶园等其他园地，一般分布在农村居住地周围，与耕地相邻接。遥感影像上，园地和落叶林的光谱信息和季相特征极其相似，而农村居住地周围和内部常常有落叶林覆盖。冬季，园地落叶，分布在农村居住地周围和内部的落叶林也落叶 [图 4-29（a）]；夏季，园地植被信息丰富，同时落叶林也达到植被指数的最大值 [图 4-29（b）]，导致园地和农村居住地难以区分。所以，若简单地用冬季影像进行提取，则易将居住地和落叶林同时提出；若只用夏季的影像进行提取，则易将落叶林和上覆有落叶林的居住地同时提出；两种情况都可能造成园地面积过大。

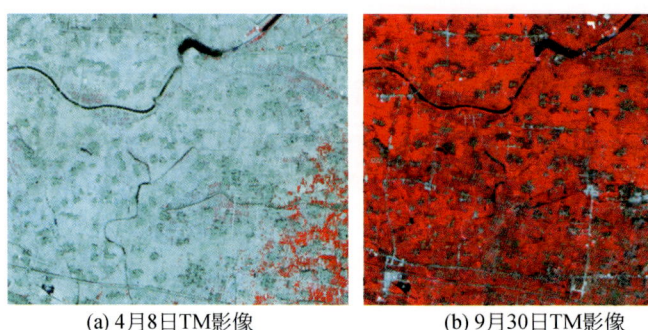

(a) 4月8日TM影像　　　　(b) 9月30日TM影像

图4-29　平原区园地分布情况

利用中国资源卫星中心公布的 HJ-1 A/B 卫星各载荷在轨绝对辐射定标系数，结合各波段的光谱响应函数，进行辐射定标；采用 FLAASH 原理进行大气校正；以 2009 年 Landsat 5 数据作为参考影像，对 HJ-1 A/B 卫星 CCD 影像进行几何精校正，误差在 1 个像元之内。基于面向对象的分类方法来提取平原区园地信息。

4.6.1.1　园地和耕地的区分

在植被遥感中，NDVI 是应用最为广泛的指示因子［式（4-20）］。水体、人工表面、裸土、植被等几种主要的地面覆被类型在 NDVI 影像上区分鲜明；同时也是植被生长状态及植被覆盖度的最佳指示因子。

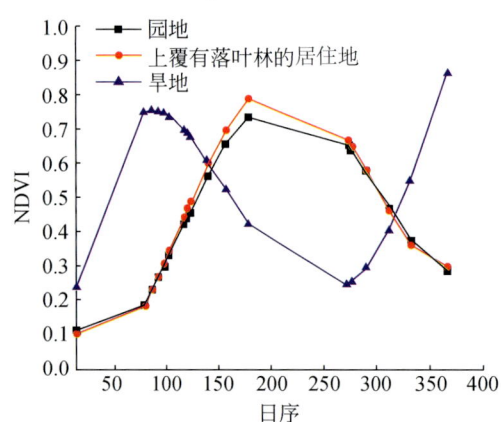

图4-30　主要地物类型的 NDVI 时间序列四次多项式拟合

$$\mathrm{NDVI} = \frac{\rho_n - \rho_r}{\rho_n + \rho_r} \quad (4\text{-}20)$$

式中，ρ_n 为近红外波段的反射率；ρ_r 为红波段的反射率。对于 HJ-1 CCD 而言，ρ_n、ρ_r 分别选取第 4 波段和第 3 波段。

园地和耕地的区分，根据农作物跟园地植被的物候差异（图4-30），选择 4 月 NDVI 区分园地和耕地，同时选取 12 月影像的 NDVI 作为提取特征指标。

4.6.1.2　园地和上覆有落叶林的居住地的区分

首先对预处理后的遥感影像进行缨帽变换（tasseled cap transform），然后提取缨帽变换的第 3 波段，与原始影像各波段结合构造特征指标。该特征指标进一步夸大了不同地物之间水分条件的差别。

缨帽变换又称 K-T 变换，是 Kauth 和 Thomas（1976）在研究 Landsat MSS 影像反映农

作物和植被的生长过程时提出的（Kauth and Thomas，1976）。根据多光谱遥感中土壤、植被等信息在多维光谱空间中信息分布结构对影像做的经验性线性正交变换，变换系数依赖于传感器的类型（波段），变换系数固定。变换模型见式（4-21）：

$$Y = R^T X + a \tag{4-21}$$

式中，X 为变换前多光谱空间的像元矢量；Y 为变换后多光谱空间的像元矢量；R^T 为变换系数矩阵；a 为避免出现负值所加的常数。

将变换后的第 3 波段（记为）与原始影像的第 2、第 3、第 4 波段结合构造分类指标，称为平原区园地指数（index for orchard in plain terrain，IOPT）[公式（4-22）]。

$$IOPT = (KT\_3 + Band_2) - (Band_3 + Band_4) \tag{4-22}$$

式中，KT_3 为缨帽变换后的第 3 波段湿度，反映地面水分条件；$Band_2$、$Band_3$ 和 $Band_4$ 分别为缨帽变换原始影像的第 2、第 3、第 4 波段值。

变换系数矩阵选择 Landsat MSS 数据缨帽变换系数矩阵。结果表明，9 月底至 10 月初这段时间园地和上覆有落叶林的居住地之间的 IOPT 差别最大（图 4-31）。

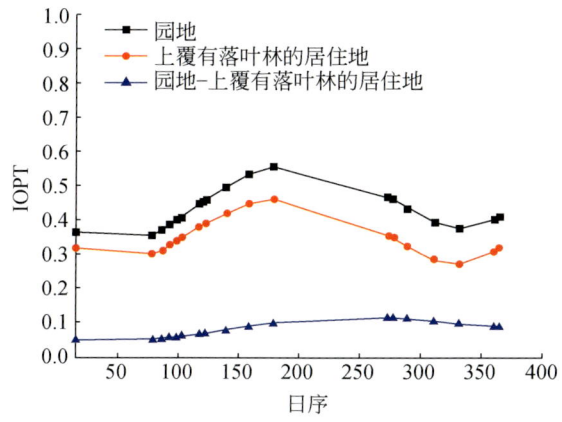

图 4-31　园地和居住地的 IOPT 时间序列四次多项式拟合

4.6.1.3　园地与其他地物的区分

第 4 波段、亮度特征等是水体的最佳提取因子。首先利用 4 月和 12 月的 NDVI 值将耕地信息尽可能剔除；然后根据 4 月影像数据的第四波段及亮度特征剔除湿地信息；最后根据提出的平原区园地指数将居住地及上覆有落叶林的居住地剔除，得到园地分布情况（图 4-32）。

4.6.1.4　平原区园地信息提取模式

平原区园地信息提取模式依据面向对象的遥感影像分析方法建立（图 4-33）（Baatz et al.，1999）。面向对象的遥感影像分析方法能够有效地克服基于像元分类方法的不足，避免"椒盐现象"；除了对象的光谱信息，还能利用对象的形状、纹理特征以及对象和对象之间的邻接等相互关系进行分类。

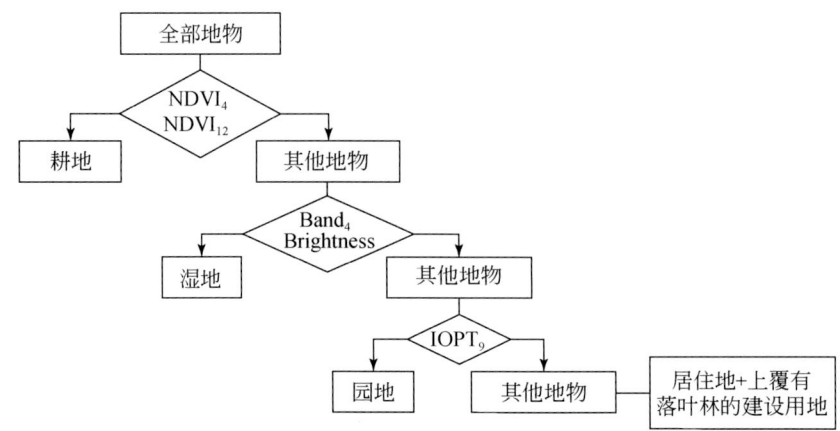

图 4-32　平原区园地信息提取指标选择

注：$NDVI_4$、$NDVI_{12}$ 分别为 4 月和 12 月的 NDVI 值；$IOPT_9$ 为 9 月 HJ CCD 影像进行 KT_B 变换求得的平原区园地指数。

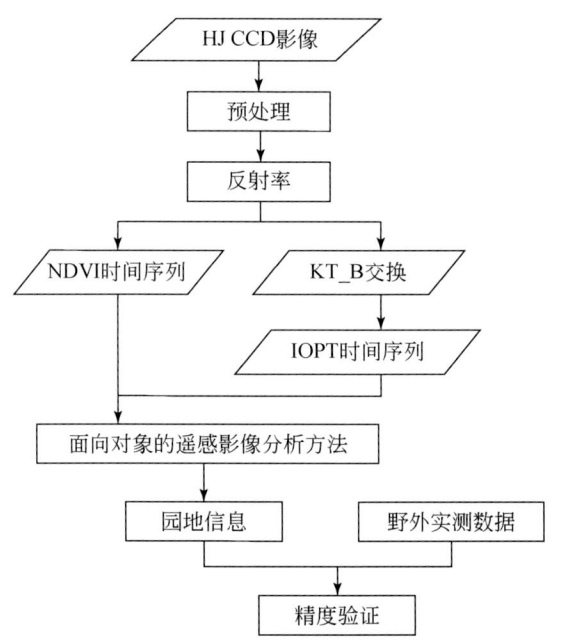

图 4-33　平原区园地信息提取模式

4.6.2　信息提取方法验证

针对平原区园地的土地覆被类型特点，将安徽省砀山县作为典型研究区，基于多时相的中分辨率遥感影像，提出一种新的平原区园地信息提取特征指标，并基于面向对象的遥感影像分析方法，构建平原区园地提取的新方法，最后进行精度评价及分析。

4.6.2.1 典型区概况

安徽省砀山县有世界上最大的连片梨园（宋丰顺，2004），具有典型的平原区园地分布特点（图 4-34）。砀山县位于安徽省最北部，地处 34°16′~34°39′N，116°29′~116°38′E，面积为 1193km²。全县共 386 个行政村，总人口 94 万。县境地势平坦，中部略高，南北稍低。气候界于暖温带和北亚热带之间，属于季风半湿润气候区。地理气候条件适宜多种植物生长繁衍。依据本研究区 2005 年土地覆被和土地利用分类数据及目视解译和实地调查，确定该研究区包含 5 种主要土地覆被类型：耕地、园地、林地、城镇村及工业用地。

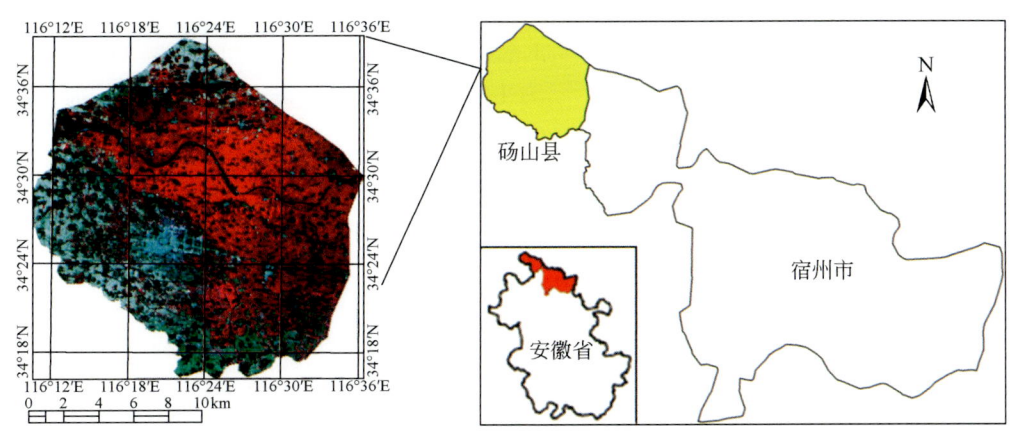

图 4-34 研究区位置示意图

4.6.2.2 数据源获取

获取了 2010 年共 19 个时相（1 月 14 日、3 月 19 日、3 月 27 日、4 月 2 日、4 月 5 日、4 月 13 日、4 月 27 日、4 月 30 日、5 月 1 日、5 月 3 日、5 月 20 日、6 月 7 日、6 月 28 日、9 月 12 日、9 月 30 日、10 月 4 日、11 月 8 日、11 月 28 日、12 月 31 日）的 HJ-1 A/B 卫星的 CCD 影像（下称 HJ-1 CCD）以及 2009 年 2 个时相（4 月 8 日、10 月 17 日）的 Landsat TM 影像。HJ-1 CCD 数据含 3 个可见光波段和 1 个近红外波段，可满足农情监测多时相、大范围的需求（Wang et al.，2010）。

结合高分辨率遥感影像随机选取 10 个园地样本点、10 个旱地样本点及 10 个上覆有落叶林的居住地样本点，对每一时相影像分别求三类地物样本点的 NDVI 平均值作为该类地物的 NDVI 值，共 21 个时相数据，据此进行四次多项式最小二乘法拟合（江东等，2002）。通过遥感影像上主要地物类型的物候特点及时间序列 NDVI 分布特征，确定选取 2010 年 4 月 2 日、9 月 30 日和 12 月 31 日 HJ-1 CCD 三期影像作为主数据源。

分类精度的验证与评价，使用 2011 年 7~8 月及 2012 年 7~8 月两个时间段内的野外实地考察所得的共 77 个样本点数据。其中，园地 27 个，非园地 50 个（落叶阔叶林 8 个，居住地 19 个，工业用地 5 个，旱地 9 个，水库/坑塘 6 个，河流 3 个）。

4.6.2.3 信息提取结果

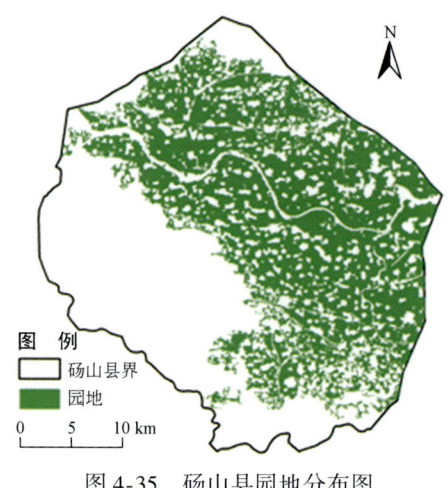

图 4-35 砀山县园地分布图

首先对 2010 年 4 月影像进行分割，经过试验确定分割尺度为 30，波段权重为 1，形状因子和紧致度因子分别为 0.1、0.5；在此基础上，根据 4 月、12 月 NDVI 剔除耕地信息；根据第 4 波段、亮度特征等水体最佳提取因子将湿地剔除；对未分类影像进行处理时将 4 月、9 月、12 月 3 个时相的 KT_B 变换结果作为 3 个波段参与分割，分割尺度为 30，波段权重为 1，形状因子和紧致度因子分别为 0.1、0.5；最后，根据 9 月 IOPT 值剔除落叶林、人工表面及上覆有落叶林的人工表面，得到园地信息（图 4-35）。

4.6.2.4 精度验证

结合原影像，将提取出的园地信息与原影像进行叠加，从目视上看，园地信息均被提取出来，人工表面及上覆有落叶林的人工表面完全被剔除，总体效果较好；据野外实地采样数据统计，园地信息提取生产者精度达 96.3%，用户精度达 92.9%（表 4-12）。对提取结果进行面积统计，得园地面积为 502km^2，与相关研究中的该县有果园 500km^2 的记录结果相吻合（李丹，2010；董思永和张宏民，2012）。

表 4-12 园地信息提取精度评价表

覆被类型	检验样本数/个	被分类总数/个	正确分类数/个	生产者精度/%	用户精度/%
园地	27	28	26	96.3	92.9
非园地	50	49	48	98.0	96.0
总体	77	77	74	—	—
总体分类精度=96.1%					

分别使用单一时相和多时相影像进行园地信息提取，比较分析提取结果。在剔除居住地及上覆有落叶林的居住地过程中，由于两者相似的光谱信息和季相特征，当设置 NDVI≥0.51 时，几乎所有园地都被提取出来 [图 4-36（a）]，但园地中分布的居住地剔除效果很差，尤其是园地覆盖度大的区域几乎全部被当做园地提出，导致园地面积过大，达 511km^2（表 4-13）；随着 NDVI 设定阈值的增加，居住地及上覆有落叶林的居住地的剔除效果越来越好，但园地也被同时剔除了，当 NDVI 阈值增大到 0.59 时，居住地剔除效果最好，园地提取面积降至 252km^2 [图 4-36（b）~（f）]；无论在哪一个阈值状态下，样本点检验精度都在 70% 以下。

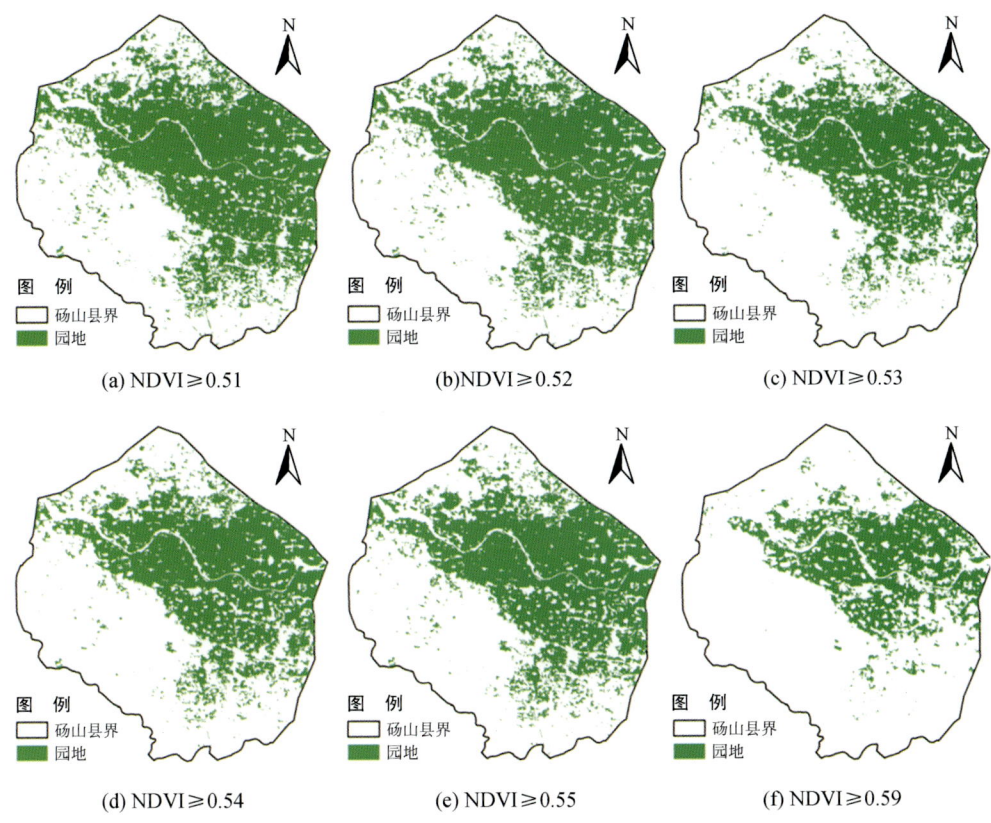

图 4-36　单一时相影像不同 NDVI 阈值下园地提取效果对比

使用 4 月和 12 月两个时相的影像提取园地时，较单一时相影像提取效果好得多（图 4-37），但仍然存在严重的居住地不能完全剔除的现象，若居住地被完全剔除了，部分园地也同时被剔除了（表 4-14）。

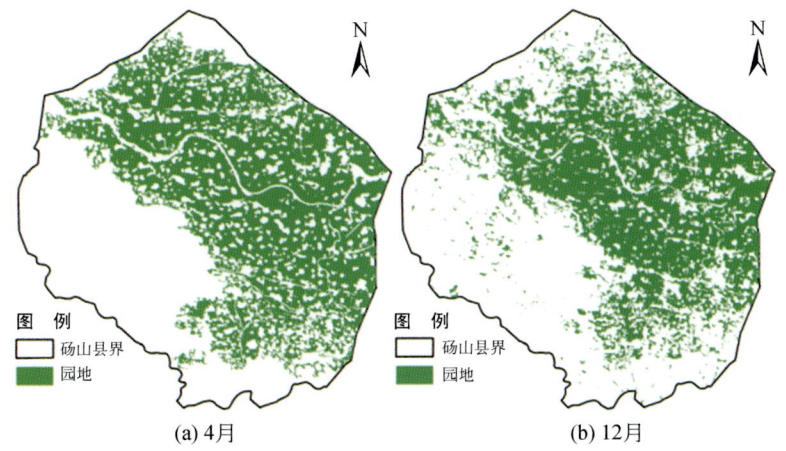

图 4-37　多时相影像不同提取特征指标下园地提取效果对比

表 4-13 单一时相影像不同 NDVI 阈值下园地提取面积统计

图名	NDVI 阈值	面积统计/km²
图 4-36（a）	0.51	511
图 4-36（b）	0.52	481
图 4-36（c）	0.53	449
图 4-36（d）	0.54	415

针对平原区园地的土地覆被特点，提出平原区园地指数，构建平原区园地信息的提取模式：①4 月初（或 3 月底），9 月底（或 10 月初）及 12 月影像为平原区园地信息提取的最佳时相数据。利用 4 月（或 3 月底）及 12 月的 NDVI 可以将耕地信息尽可能的剔除；3 个时相影像进行 KT_B 变换结果参与多尺度分割，可以得到园地和上覆有落叶林的居住地之间清晰的边界线；在分割基础上，利用平原区园地指数将居住地和上覆有落叶林的居住地剔除。②平原区园地提取的难点在于如何将分布于园地中的居住地和上覆有落叶林的居住地剔除，仅靠 NDVI 很难消除落叶林对居住地的影响，导致园地提取精度不高，而 KT_B 变换得到的平原区园地指数能够有效地将上覆有落叶林的居住地剔除。该指数进一步夸大了不同地物之间水分条件的差别。还发现，园地的植被类型越单一、覆盖度越大，该指数应用效果越好。③目前还没有通用的 HJ-1 CCD 影像进行缨帽变换的系数转换矩阵，但发现，当将 Landsat MSS 数据的缨帽变换系数转换矩阵应用到 HJ-1 CCD 影像上时，其效果与 TM 数据做 KT_B 变换的结果相比更好。

表 4-14 多时相影像不同提取特征指标下园地提取精度和面积统计

图件	指标特征	样本统计精度	面积统计/km²
图 4-37（a）	NDVI、IOPT	92.9%	502
图 4-37（b）	NDVI	85.7%	481

本书提出的平原区园地提取方法充分利用了遥感影像的多时相特点，有效地解决了园地与上覆有落叶林的居住地难以区分的问题，并可以在其他平原区进行应用。有利于快速监测园地分布，对于园地的合理种植、生态环境保护以及有关部门的规划决策具有重要的科学价值和指导意义。同时也可为获取全国的园地空间分布情况提供技术支持。

4.7 面向对象的广东省桉树人工林目标提取方法

桉树是我国南方人工林速生树种中生长最快、发展最迅速、创汇最多、兼有生态效益的树种。由于目前我国对木材的进口总额已经是仅次于石油的进口原料，桉树是一个比较理想的、能在短期内帮助我国缓解木材供需紧张局面的树种（侯元兆，2007；杨民胜和彭彦，2001）。桉树也具有很强的适应性，目前全国桉树主要分布在广东和广西，其中广东省地处热带、亚热带，雨量充沛，热量丰富，发展桉树人工林得天独厚，初步估计广东省有 1000 万亩以上，树林种植业已经遍布广东省。

准确高效估算桉树种植面积，对桉树蓄积量估算具有重要意义。利用遥感方法对桉树进行面积估算可较大节省人力物力，但遥感提取桉树信息是一个难题。原因在于传统的在中低分辨率遥感影像上提取不同种植物的方法以光谱来区分不同种植物,但桉树林和其他树种林光谱差异较小,因此较难区分。桉树在广东地区为引进树种,是人工林,自然桉树林较少,在高分辨率卫星影像上,人工桉树林排列整齐,大小均匀,高大,树冠突出。其他自然林由于是随机自然生长,排列不齐,树冠大小不均匀。中低分辨率遥感影像上桉树人工林难以表现纹理特征,在高分辨率影像上利用纹理特征较理论有利于区分两者,所以本研究利用纹理的方法在高分辨率影像上提取桉树林。

采用面向对象的分类方法提取桉树林,数据为 QuickBird 影像,是高分辨率遥感影像,分辨率为 0.61m,该影像上地物纹理特征清晰,适合于利用纹理提取地物。

由于高分辨率影像的局部异质性大,而基于像元的分类方法没有充分考虑像元与邻近像元的上下文关系,会出现所谓"椒盐现象",这是传统方法固有的局限性,面向对象的分类能有效避免"椒盐现象"的发生,并减少基于像元分类方法中的同物异谱和异物同谱现象对分类精度的影响(黄慧萍等,2004;胡进刚,2006;蒲智,2006)。

4.7.1 信息提取方法

首先对最佳的特征参量进行选取,方法是选择不同地物,得出不同地物的纹理指标;对纹理指标进行归一化比较,构建公式计算出最佳指标,用于地物类的描述中。分类时采用 3 种不同的方法进行了分割,对分类结果进行了比较并且分析了原因。

4.7.1.1 分类流程

处理流程:先对影像进行校正后,进行 3 种地物纹理参数提取,3 种地物为桉树、草地、其他树木。提取参数后进行统计,构造区分度指标,选择最佳参数。将选择的最佳参数运用于类的描述。之后进行面向对象的分类,分类包括了分割、训练(选择样本)、分类。其中本研究中讨论了分割的方法对结果的影响,选取最佳的分割方法;之后对分类图进行统计与精度计算(图 4-38)。

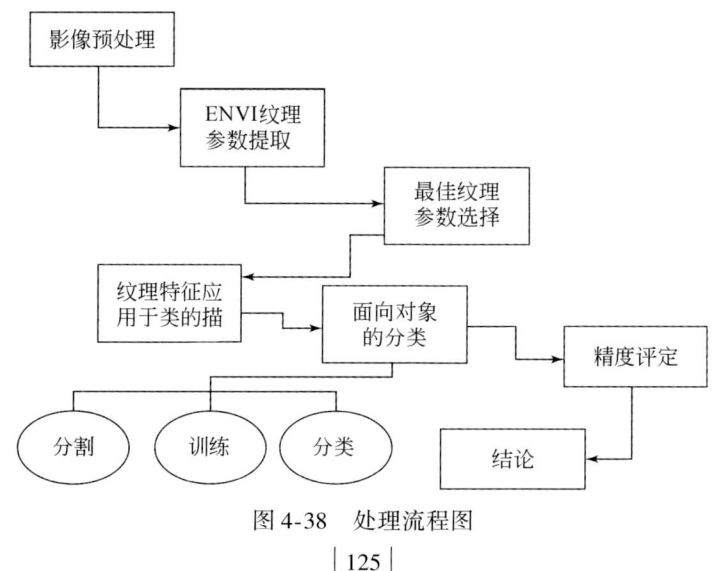

图 4-38　处理流程图

4.7.1.2 纹理参数的选择

得出遥感影像波段灰度值在 R、G、B 三波段近似，不宜用各波段像素值进行区分。结合研究区域现状，主要区分地物为桉树、草地、自然树林（其他树林）。选择最适宜分类的若干个特征，以减少计算时间、提高分类效率。在分类过程中选者过多特征会让计算冗余，还会影响精度（孙家柄，2009）。

选择区域进行 3 种地物提取纹理参数，红色表示桉树提取区域，绿色表示草地提取区域，蓝色表示其他树林（图 4-39）。桉树、草地和其他树林 3 种的提取指标各不相同（表 4-15，表 4-16），为了对比哪个指标能较好地反映 3 种地物差别，而且为了便于对比，将指标归一化表示（图 4-40，图 4-41）。

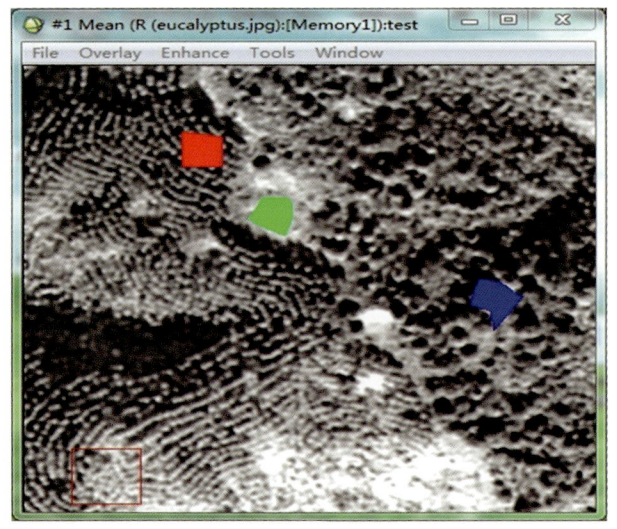

图 4-39 桉树纹理指标提取区域

表 4-15 3 种地物 co-occurrence 提取指标

地物	均值	方差	均一性	对比度	相异性	熵值	二阶距	相关性
桉树	17.01	24.11	0.18	35.93	4.8	2.17	0.12	−0.92
草地	31.08	3.61	0.39	6.58	1.97	2.01	0.14	−284.15
其他树林	17.18	8.48	0.35	12.48	2.6	2.04	0.14	−50.06

表 4-16 3 种地物 occurrence 提取指标

地物	数据范围	均值	方差	熵值	偏度
桉树	39.76	47.32	176.69	2.09	$7.30E^{-05}$
草地	14.65	85.35	26.11	1.87	0.00502
其他树林	20.94	47.79	61.51	1.93	0.01

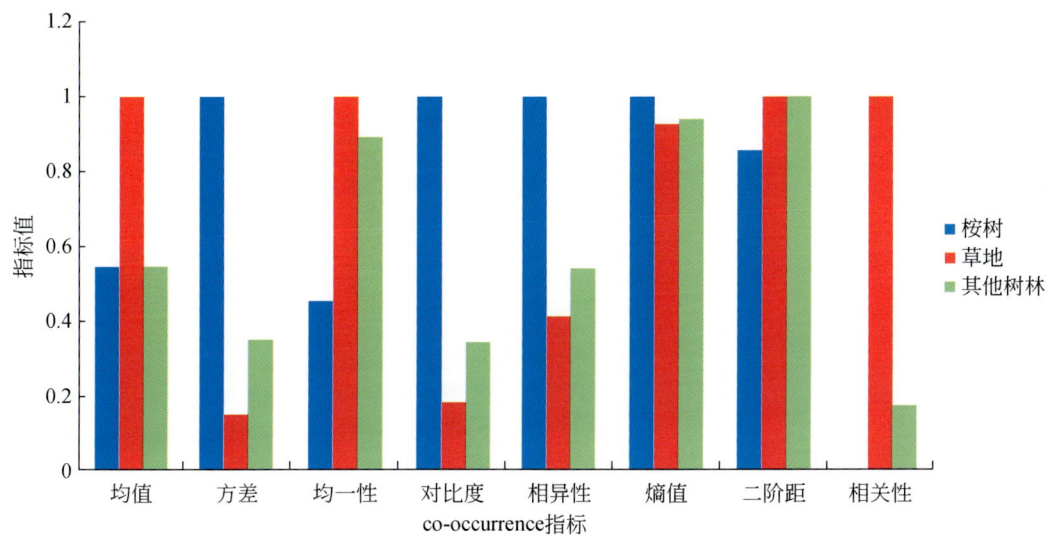

图 4-40　3 种地物的 co-occurrence 提取指标

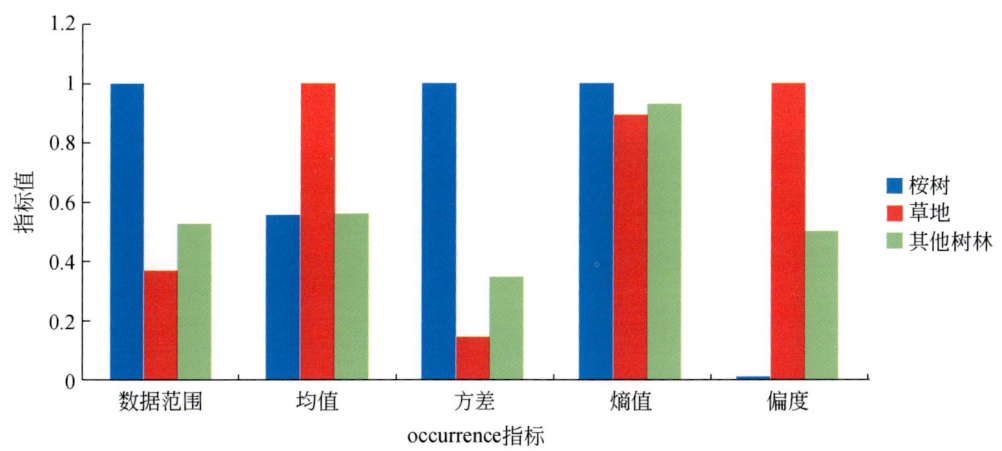

图 4-41　3 种地物的 occurrence 提取指标

比较各提取指标存在几个差异度很大的指标，为了选择最佳指标，进行差异性量化度量，构建公式进行选择。

$$\text{aver} = \frac{\sum_{i=1}^{n} t_i}{n} \qquad (4\text{-}23)$$

式中，n 为待区分地物数目；t_i 为该指标第 i 类地物归一化值；aver 为 n 种地物对应的平均值。此例中地物种类 $n=3$。

根据差异性指标，在 co-occurrence 中，方差、对比度、相异性、相关性能够很好地区分 3 种地物（图 4-42）；在 occurrence 指标中，得出数据范围、方差、偏度能很好地区分 3 种地物（图 4-43）。可为之后面向对象分类中纹理参数的选择提供参考。

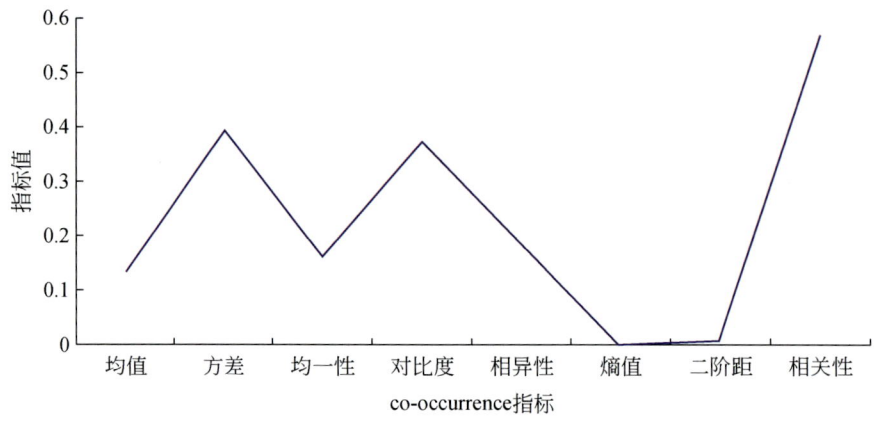

图 4-42　co-occurrence 差异度

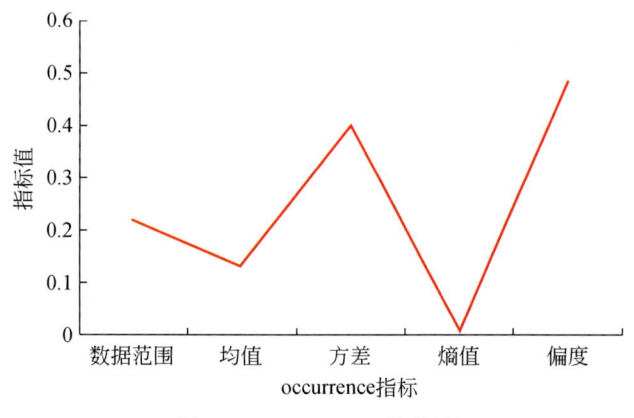

图 4-43　occurrence 差异度

4.7.2　信息提取方法验证

典型研究区域选择在广东省河源市。河源市位于处于粤东北山区与珠江三角洲平原地区的结合部，属山地丘陵地区。分布着冲积小平原和宽广的谷地，土层深厚，地理气候条件适宜多种植物生长繁衍，在城市郊区广泛种植经济作物林。试验区位于广东省河源市市区东南部 36km 处。该地段植被茂密，桉树人工林大面积种植。研究区域坐标为 23°33′N，114°44′E，平均海拔 110m。

4.7.2.1　数据源选择

影像数据来源于 2013 年 4 月的 Quickbird 影像。QuickBird 高分辨率遥感卫星 2001 年 10 月在美国加利福尼亚州发射。重访周期为 1~6 天，可提供 0.61m 分辨率全色影像和 2.44m 分辨率多光谱影像（高喜霞等，2008）。

4.7.2.2 影像分割

面向对象的分类第一步是要进行正确的影像分割（孙家柄，2009）。影像分割的质量将决定最后分类的结果，因为分类以分割的对象为单位，分割单位过大，会造成欠分割；分割单位过小，会造成过分割。欠分割，造成两种或两种以上地物被分类为同一种地物，降低分类精度；过分割，同样降低分类质量。因此合适的分割方法对分类十分重要（Chen and Blong，2003；Elmqvist et al.，2008；Guo et al.，2001）。

本研究运用纹理方法来研究，要选择适合于纹理指标的分割方法和尺度。试用 3 种分割方法，即四叉树分割（quadtree based segmentation）（图 4-44）、多尺度分割（multiresolution segmentation）（图 4-45）和棋盘格分割（chessboard segmentation）（图 4-46）。四叉树分割尺度为 60。多尺度分割分割尺度为 30，其他参数有 shape：0.1，compactness：0.5。棋盘格分割尺度为 60。

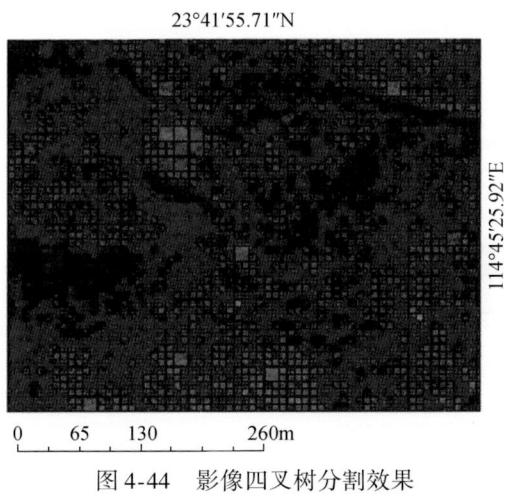

图 4-44 影像四叉树分割效果

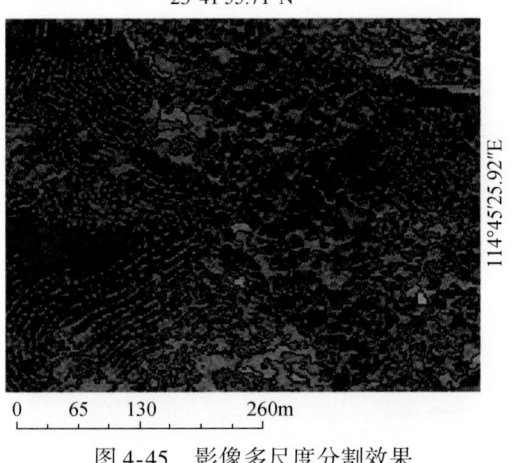

图 4-45 影像多尺度分割效果

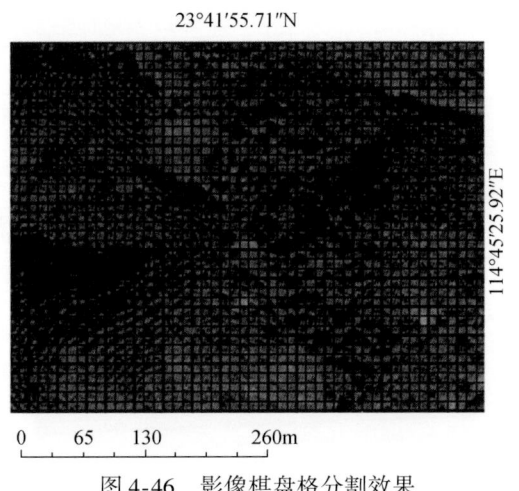

图 4-46 影像棋盘格分割效果

4.7.2.3 影像分类

在面向对象分类过程中，类描述中加入了纹理特征分析的灰度共生矩阵（gray-level co-occurrence matrix，GLCM）的3个指标GLCM Correlation、GLCM Dissimilarity和GLCM Contrast指标，影像Layer value中包括Mean Layer、Standard deviation Layer、Max diff.、Brightness，其中GLCM 3个指标均为all dir（quick 8/11）全方向。预先设定的类为三类：草地、其他树木、桉树。其中GLCM是根据以上的试验选择最优的3个指标，以提高计算效率。在之后分类过程中，运用这些指标能够达到快速处理的目的，尤其对以后数据量很大的遥感影像处理，会有较重要意义。

研究区域影像中，左侧为较大面积的桉树区域，右侧为生长不均匀的自然林，浅色或白色为草地（图4-47）。

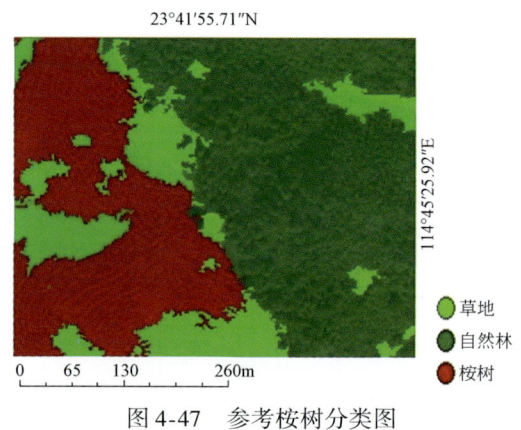

图4-47 参考桉树分类图

图4-47中，红色区域为桉树，浅绿色和深绿色地物分别为草地和自然林。对不同的分割方法分类结果进行比较（图4-48～图4-50），运用棋盘格分割后分类方法，棋盘格分割分割尺度选定为60。棋盘格分割后分类结果能较好地符合参考影像，分类结果图如

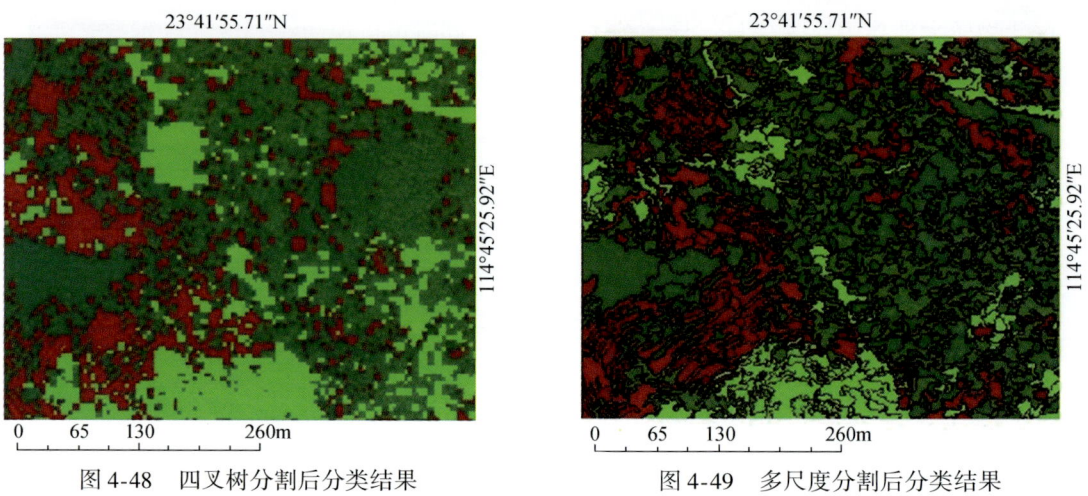

图4-48 四叉树分割后分类结果　　　　　图4-49 多尺度分割后分类结果

图 4-50（a）所示，右侧出现一些桉树小区域。由于广东地区桉树林为大面积人工桉树林，呈团状，因此小板块的桉树可以认为是误分类，可通过规则集将小块去除，图 4-50（b）为规则集去除后效果。

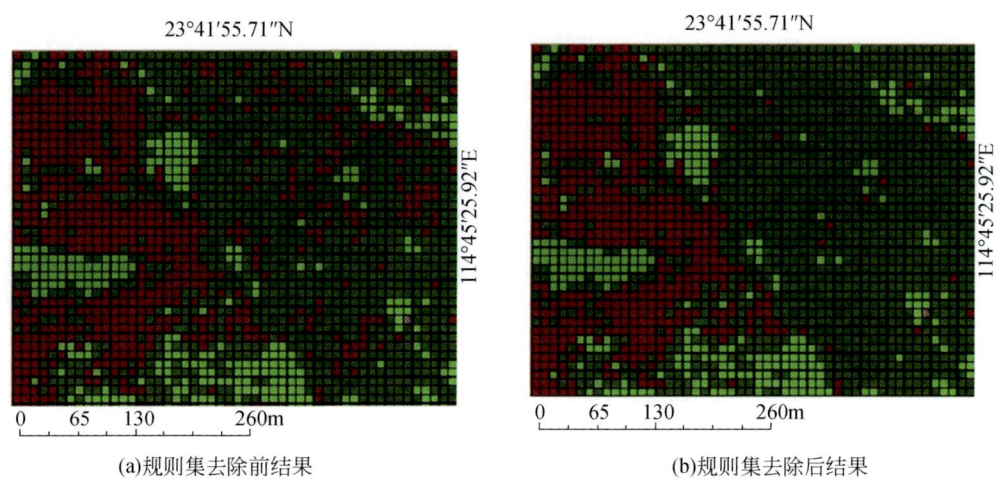

(a) 规则集去除前结果　　　　　　　　(b) 规则集去除后结果

图 4-50　棋盘格分割方法分类结果

4.7.2.4　分类结果

在以上试验过程中，类的描述中选择的 3 个纹理参数和其他 layer value 参数，分类时计算时间少于 3 分钟，较以前计算效率有较大提高。加入过多类描述会大量增加计算时间，尤其数据量很大（数据量为 G 级或 T 级）时，计算时间会显著延长，不利于处理大数据量的影像。因此本试验选择的指标参数降低了计算复杂度，提高效率，对于以后大数据量影像处理有参考作用。

运用四叉树分割，四叉树分割分类效果质量很低，原因在于四叉树分割规则为：对象被分成一定均质阈值内的小对象，否则继续往下分割，直到达到阈值为止。但是小对象会导致地物较大地损失纹理信息，导致分类精度低。同时可以说明纹理特征在本次试验中的重要作用，丢失了纹理信息分类精度会较大。

运用多尺度分割，精度有较大提高，但是影像右侧本为其他树林区域，被较多错分为桉树区域，左侧较多为桉树的区域被分为其他树木。分析原因是多尺度分割对象大小形状不一样，一定程度上影像纹理特征，降低分类质量和精度。

棋盘格分割后对象较好地保留了纹理信息，在分割中得到了较高的精度。对于棋盘分割方法，采用的分割尺度为 20 的尺度试验比以上采用尺度为 60 的分割尺度分类精度更高，可以得出分割尺度对分类精度的影响。

由此可以得出，多尺度分割对于纹理信息保留效果不佳，而四叉树分割有时会完全剪掉对象的纹理信息，导致分类出现较大误差；棋盘格分割能够较好的保留对象的纹理信息，用于分类时候的训练，效果较好。

4.7.2.5 精度分析

本试验的分类精度还有较大提升空间,如加入 DEM 等数据综合地区分其他地物;棋盘格分割的边缘具有锯齿状,一定程度上影响分类精度,可结合多尺度分割的边缘叠加去除掉边缘的锯齿状,使分类对象边缘更符合实际情况,提高分类精度(表4-17);目视制作的参考图存在一定误差,可用质量更好的图提高质量;从分割的优化中可以得出,选择合适的棋盘格分割尺度具有提高分类精度的作用;影像质量对分类结果也具有影响;计算机本身算法也有一定局限性,目前出现了一系列效果更好地提取纹理的算法,有利于提高分类精度。

表 4-17 结果精度统计表

分类方法	四叉树分割	多尺度分割	尺度60棋盘格分割	尺度60规则集去除后	尺度20棋盘格分割
总体精度	<50%	57.4%	76.02%	78.02%	81.7%

研究表明,由于桉树在广东等南方地区种植广泛,对桉树面积提取具有重要意义。利用土地调查等估算面积会耗费大量人力物力,采用遥感方法可以较大节省资源。但在遥感方法中传统提取森林的方法难以区分桉树和自然林,原因在于两者光谱相似。本研究利用高分辨率遥感影像上桉树具有突出纹理特征的特点,计算了最优描述纹理特征的参量,提高计算效率,并应用于类的描述中。再利用面向对象的分类方法,运用棋盘格分割,再分类,达到了较高的提取精度。

4.8 沼泽湿地的特征及提取方法

沼泽湿地是水陆相互作用的形成的特殊自然综合体,是陆地上常年积水、季节性积水或者土壤过湿的土地,它与生长、栖息其上的生物种群构成一个独特的生态系统。沼泽湿地是东北地区的典型土地覆被类型之一,具有典型的空间分布特征和时相特征。由于沼泽湿地生态系统丰富的含水量和典型的植被类型,因此沼泽湿地在遥感影像上表现出与其他类型明显不同的色调与纹理特征。

为了防止天然湿地的进一步损失并对其进行有效保护,沼泽湿地分布信息提取是沼泽湿地宏观管理与可持续利用的重要前提,卫星遥感技术是在区域尺度上,准确、及时监测的唯一可行手段(Shanmugam et al.,2006)。遥感技术具有观测范围广、信息量大、获取信息快、更新周期短等特点,近20年已广泛用于湿地资源调查、识别等研究中。目前,已有多种分类算法应用到卫星遥感数据的湿地信息提取和制图应用中。传统方法常用的包括平行算法、最大似然法、最小距离法、非监督分类法等。在传统分类算法基础上,又出现了一些新的分类方法,包如人工神经网络分类法、模糊分类法、支持向量机分类法、基于知识的决策树分类法等(赵英时,2003)。这些用于湿地分类的新技术新方法与传统的分类方法相比,分类效果明显提高,但有些新方法的运算过程较复杂,模型参数多,而且大多是依靠光谱信息,未充分利用目标地物的多种特征属性。面向对象的遥感信息提取方法显示出较强的土地覆被信息提取能力。面向对象的影像分析基本处理单元是对象，而不是单个像元。面向对象的分类技术已被逐渐应用在湿地信息的提取分类，如湿地边界的划分、河漫滩的识别提取、湿地植被群落的分类、高精度湿地分类数据的获取等（Costa et al.，2002；Hess et al.，2003；Sugumaran et al.，2004），展现出巨大的应用潜力。

当前用于资源环境监测的中分辨率遥感影像数据源多样，时相较多且覆盖面积和范围广，大部分数据免费，因此探讨应用中分辨率影像进行湿地分类，具有重要的理论和生产实践意义。HJ-1 A/B CCD 影像具有幅宽大、重访周期短等特点。与其他光学卫星遥感影像相比，在中国东北地区，获取同一地区 HJ-1 A/B 多季相影像比较容易。本研究选取小三江平原作为研究区，采用多时相 HJ-1 A/B CCD 影像，结合面向对象的分类方法，基于不同月份的多季相遥感影像进行湿地信息提取，为湿地变化监测和保护提供依据。同时，本研究有针对性地评估 HJ-1 A/B 在湿地资源调查动态遥感监测中的应用能力，将为今后应用 HJ-1 A/B 遥感数据开展更多领域的应用研究提供方法借鉴。

4.8.1　信息提取方法

选取位于中国黑龙江省三江平原核心区域的小三江平原（46°48′~48°30′N，132°26′~135°8′E）为典型研究区，该区是三江平原乃至东北地区沼泽湿地分布的典型区，土地面积为 1.61 万 km^2，分布有多个典型湿地，如洪河和三江两个国际重要湿地。该区是由黑龙江、乌苏里江和松花江 3 条河流冲积形成的冲积平原，区域气候属温带半湿润向半湿润大陆性季风。该区年降水量为 500~650mm，降水集中在夏季、秋季两季，冬季和春季降水较少，其中 5~9 月降水量约占年降水量的 80%。土壤以暗棕壤、黑土、白浆土、草甸土和沼泽土为主。该区土壤渗水能力差，因此水通常积累在土壤层及其表面而形成大面积的内陆沼泽湿地。

4.8.1.1　数据来源与预处理

本研究以 2010 年 HJ-1 A/B 数据为遥感信息源。根据可获得数据的日期、质量和三江平原年降水规律、物候期规律，选取下列 HJ-1 A/B CCD 数据进行研究：HJ-1 B CCD2，轨道号 439-56，获取时间 2010 年 6 月 14 日，为夏季雨水较多月份；HJ-1 B CCD2，轨道号 441-56，获取时间 2010 年 9 月 12 日，为秋季水田收割后的月份；HJ-1 A CCD2，轨道号 440-56，获取时间 2010 年 10 月 19 日，为秋季降水较少月份。三景影像均覆盖了研究区的全部区域，云量均小于 5%，影像质量较好。

数据预处理依照以下流程进行：①HJ-1 A/B 数据预处理。首先进行遥感影像的辐射标定，然后采用常用的 6S 模型完成大气校正，最后基于 Landsat TM 参考影像数据库，利用二次多项式法进行几何精纠正，纠正误差控制在 0.5 个像元。最后得到 HJ-1 CCD 数据 4 个波段的地表反射率数据。②研究区裁切。利用小三江平原界线矢量数据分别对预处理后的 3 个时相的环境星影像进行裁切。多季相数据集由三期影像共 12 个波段组成，包括每景影像的第 1~第 4 波段。③结合野外采样资料和影像光谱特征，建立不同土地覆被类型解译标志。④建立湿地精度评价库。利用 2010 年 3 次野外考察的 GPS 定位样点和通过 Google Earth 高分辨率影像获取的样点，建立湿地精度评价样点库，用于湿地分类的精度评价。

4.8.1.2　沼泽湿地信息提取流程

基于面向对象的分类方法，湿地信息提取的 3 个步骤为：①利用多尺度的分割算法，以不同分割阈值分割影像，提取对象。②区分湿地和非湿地影像对象，提取湿地信息。③对湿地信息进一步分类和归并。本研究中影像分割和基于面向对象方法的湿地分类使用 eCognition8.6 软件，其他处理流程借助 ArcGIS 9.3，ENVI 4.8 软件完成。

4.8.1.3　多尺度分割影像

影像分割是为了得到影像对象，本研究采用多尺度分割算法。此算法基于影像对象的光谱特征、几何特征、纹理以及和其他对象的关系，此外，质地、形状大小也考虑在内，从一个像元开始到整个区域生成，由最初的较小的接近像元的对象开始自下而上逐渐合并为较大的影像对象，形成具有相似大小的多边形影像对象并保持结果影像中对象异质性的最小化。

为确保不同尺度湿地类型的质地、形状大小、光谱特性、几何特征、纹理以及和其他对象的关系能够被充分利用，经过反复试验，本研究中多季相影像数据是在 3 个不同的尺度（分别为 50，10 和 5）进行选择性分割（图 4-51）。因为中分辨率影像大部分是混合像元，地物的形状较高分辨率影像模糊，与光谱特征相比，形状特征对影响影像分割的程度较小。因此，本研究将形状异质性和光谱异质性的权重参数分别设置为 0.2 和 0.8。考虑到影像的平滑度比紧促度更重要，将紧促度异质性和平滑度异质性的权重参数分别设置为 0.3 和 0.7。因各波段都参与湿地信息提取，且重要性相同，故多季相影像数据集各波段权重值都设为 1。对多季相影像数据集进行全局多尺度分割，选择粗尺度分割阈值（50）产生 26 623 个对象，主要作用是屏蔽干扰信息和初级预分类。直接用于分类的对象则基于更细的尺度参数 10 和 5 以提高分类精度，阈值 10 分割水体矢量层，用于水体的二级分类；阈值 5 分割植被矢量层，用于沼泽湿地植被层提的提取和分类。

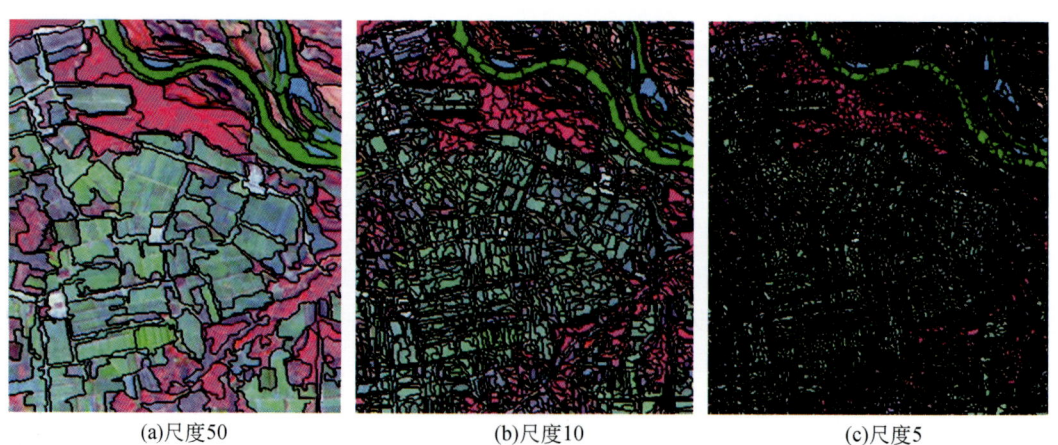

(a) 尺度50　　　　(b) 尺度10　　　　(c) 尺度5

图 4-51　影像数据集的不同分割阈值下对象的形状和数量对比

4.8.1.4 沼泽湿地影像特征分析

地物的光谱信息是遥感影像解译的依据，但遥感影像在成像过程中往往产生"同物异谱，异物同谱"现象，即相同地物的影像由于区域差异、季节差异等表现出不同特征，而不同的地物也有可能因为不同传感器其影像光谱存在差异而出现光谱值不易区分的情况。为准确、快速地从影像提取湿地信息，必须根据实际要求来选择遥感影像的波段来合成彩色影像进行信息提取（表4-18）。

表4-18 三江平原湿地分类影像特征

类型	空间位置	几何特征	波段特征	纹理特征
森林沼泽（乔木湿地）	分布在平原上，主要临近大河	块状，条状，边界自然，但8月模糊	乌红色，秋后部分红色	结构粗糙，但生长旺季平滑均一
灌丛沼泽（灌木湿地）	分布在平原上	块状、点状、边界模糊	乌红色，秋后部分浅红色	结构较粗糙，但生长旺季平滑均一
草本沼泽（草本湿地）	分布在平原上	几何特征明显，边界清晰	乌红色、乌黑色，秋后部分浅红、浅白	杂乱但细腻
河流	分布在平原上	自然弯曲，局部平直边界明显	深蓝，蓝，浅蓝	结构均匀
湖泊	分布在平原上	几何特征明显，边界明显	深蓝，蓝，浅蓝	平滑均一
水库/池塘	分布在平原农田、居住地中	形状规则，边界明显	深蓝，蓝，浅蓝	平滑均匀，临近人工用地
人工河渠	分布在平原农田中	规则细直，边界明显	雨季深蓝，蓝，浅蓝，旱季可呈白色	粗糙，临近行道树和河流
水田	主要分布在波状冲积平原和台地	形状规则，边界明显	8月及之前影像比旱地颜色深，之后比旱地颜色浅；浅灰色或者浅黄色（春）、红色或者浅红色（夏）、褐色（收割后）	纹理均匀单一，且平滑

4.8.1.5 特征选择

面向对象的分类方法通过分割使影像对象成为信息载体，由此提取到大量特征信息；充分利用影像对象的光谱特征（植被指数、灰度平均值、亮度值和标准差等）、纹理特征（同质性、异质性、反差、熵等）和空间特征（对象形状、长度、长宽比等），可以产生更加精确详细的分类结果。此外，还利用类相关特征（拓扑关系、上下文关系）、场景特征和进程相关特征。本研究中采用的3个分割尺度方案均包含了HJ-1 A/B多季相遥感影像数据集12个波段的信息。

基于湿地的特点，本研究选取了包括波段，质地，形状和位置等对象特征。描述了主要用于分类的对象特征的详细信息（表4-19）。此外，分类中还用到了上下文关系，邻接关系等。

表 4-19 分类的对象特征集描述

特征	特征描述及公式	备注
亮度值	$\text{Brightness} = \frac{1}{12}\sum_{i=1}^{12}\left(\frac{1}{n}\sum_{j=1}^{n}\overline{C_{i,j}}\right)$	各公式中 i 是波段的序列号，$i=1$，2，…，12；j 为对象的序列号，$j\in[1, n]$；n 是数层数；m 是组成一个影像对象的像元数；$C_{i,j}$ 是 i 波段的 DN 值。
面积	对象内所有像元真实面积的总和	
长度/宽度	LW = 长轴/短轴	
最大差异	$\text{Maxdif}_{i,j} = \text{Max}(C_{i,j}) - \text{Min}(C_{i,j})$	
对象位置	对象的重心位置	
标准差	$\text{Stdv}_{i,j} = \sqrt{\frac{1}{m-1}\sum_{i=1}^{m}(C_{i,j} - \overline{C_{i,j}})^2}$	
对象分维	$2\ln(p/4)/\ln(A)$	
形状指数	$\text{Shape} = P/4\sqrt{A}$	
指数	NDVI，NDWI 等	
光谱值	12 个波段的光谱值	

4.8.1.6 湿地信息的提取分类

eCognition 软件中常用的分类方法有两种：隶属度函数法和最邻近分类法。隶属度函数可以精确定义对象属于某一类的标准，一个隶属度函数是一维的，基于一个特征（Sugumaran et al.，2004）。通常，类别可以通过将各种特征组合起来进行识别。因此，可以建立语义层次结构，综合各种特征对影像进行分类。最临近分类法则是对于每一个影像对象计算其与样本对象之间的距离，在特征空间中寻找最近的样本对象，如果影像对象在特征空间中与属于 A 类样本对象的距离越近，则属于 A 类的隶属度越大。针对湿地地物类别，本研究采用多种分类方法相结合的方法，以弥补单一方法的不足；在基于结构明确且容易解释描述的决策树分类思想的规则集中引入最邻近分类法和隶属度函数法，将两种方法补充使用，以发挥各自的优势，提高分类的精度。

基于多季相影遥感像数据集的湿地分类方法具体做法是第一次对整个多季相数据集进行全局分割（分割阈值设为 50）。采用的办法是通过反复试验对象特征，设置恰当的亮度值、NDVI、NDWI 阈值结合最大差异、对象分维，用 eCognition 软件中的隶属度函数法和最邻近分类法功能在多季相数据集中先后提取水体、植被信息，屏蔽掉其他地物信息。然后，将提取出来的同类信息合并。由于第一次分割得到的矢量图层中，水体和植被已经全部提取完毕，第二次分割只针对水体和植被，采用分区控制策略进行分类。由于水体和植被的内部构成不同，结构不一致，如水体内包含的类型相对较少、同质斑块较大、结构相对简单，植被内包含的类型较多、空间分布交错、结构复杂，在第 2 次分割中，两者采用不同的分割参数，水体的分割尺度较大（分割阈值 10），植被的分割尺度较小（分割阈值 5）。然后对二次分割后的地物用成员函数法和最临近分类法进一步提取水体和植被内每种地物。对于植被，利用纹理、对象位置、最大差异特征，结合 NDVI 和光谱值的季相变化提取出永久沼泽、季节沼泽和农田，屏蔽掉林地和草地信息。然后，利用形状指数结合 NDVI 和光谱值的季相特征从农田中分出水田，屏蔽掉旱地。利用纹理特征结合 NDVI 和光谱值的季相变化，从永久沼泽地提取永久森林沼泽、永久灌丛沼泽和永久草本沼泽，季节沼泽分为季节森林沼泽、季节灌丛沼泽和季节草本沼泽。对于水体，利用 NDWI 和光谱值的季相特征区分出永久水体和季节水体。然后，利用形状指数、对象位置和长宽比从季节水体中分出洪泛湿地和季节性有水的人工河渠，利用形状指数、面积、长宽比、空间位置分出河流、湖泊和常年有水的人工河渠。至此，所有地物都已分开，再将生成的地物归并复合。根据以上分析建立了沼泽湿地类型整体分类流程图和分类规则集（图4-52，表4-20）。

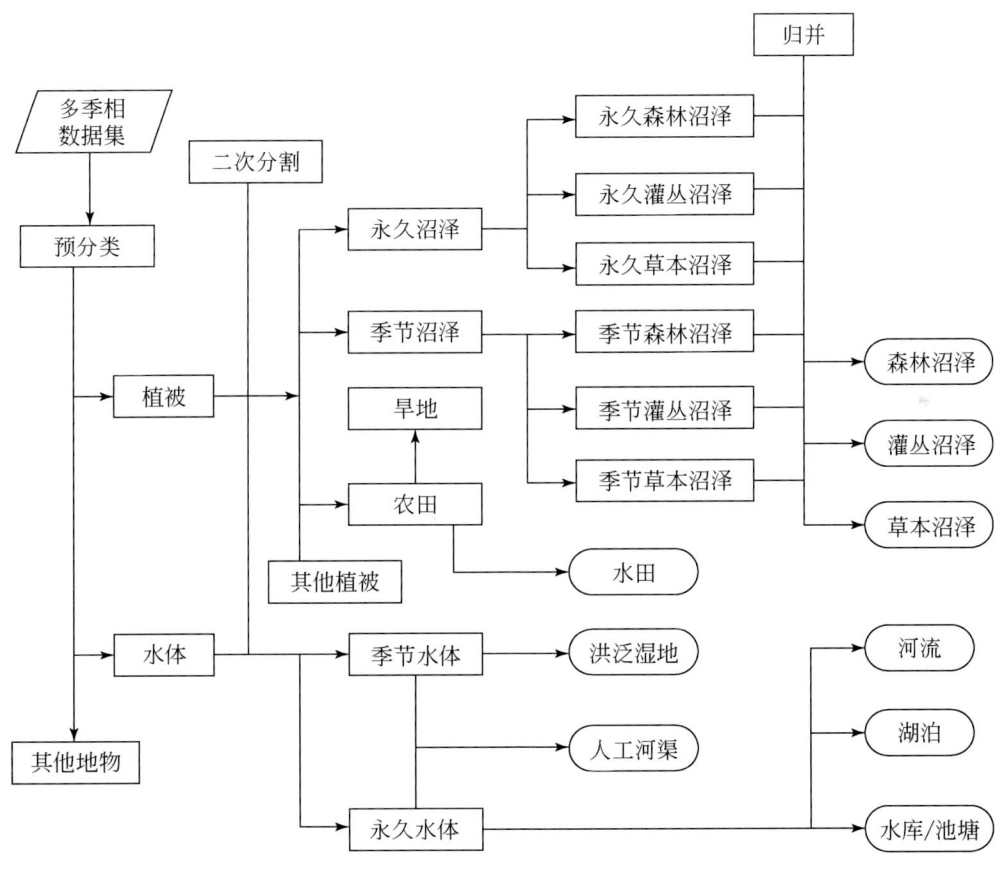

图 4-52 沼泽湿地提取分类流程图

面向对象的分类技术在提取湿地信息的过程中，充分结合了光谱、空间、纹理、季相、上下文信息，减少了局部光谱变化。就分类结果而言，可有效避免传统基于像元分类方法易于产生的椒盐现象。

表 4-20 多季相影像湿地分类规则集示例

层次	子类型	父类型	分割尺度	方法规则
初始层	水体	Unclassificatied	50	$NDWI_5 \geq 0.25$ 且 $NDWI_9 \geq 0.15$
	植被	Unclassificatied	50	$NDVI_5 \geq 0.18$ 且 $NDVI_9 \geq 0.03$
	其他地物（人工用地、裸土沙地）	Unclassificatied	50	$NDVI_{10} \leq 0.02$ 且 $Brightness \geq 220$；及最近邻算法
过渡层	永久积水沼泽	植被	5	$NDVI_{10} \geq -0.03$ 且 $Nir_{10} < 80$；$NDVI_{10} \geq -0.03$ 且距水体距离 $\leq 30pxl$；
	季节积水沼泽	植被	5	$NDVI_{10} \geq -0.03$ 且 $Nir_{10} \geq 80$；$Nir_5 \leq 120$；及 $Nir_9 \leq 110$
	农田	植被	5	$NDVI_{10} \leq 0.13$
	其他植被（草地与林地）	植被	5	$0.11 \geq NDVI_{10} \geq -0.03$ 且距林地距离 $\leq 30pxl$；及最近邻算法；
	旱地	植被	5	$NDVI_5 < -0.25$ 且 $NDVI_9 \geq 0.2$
	季节水体	水体	10	$Maxdif < 2$
	永久水体	水体	10	$Maxdif \geq 2$
	永久积水森林沼泽	永久沼泽	5	$NDVI_{10} \geq 0.38$ 且 $NDVI_9 \geq 0.4$
	永久积水灌丛湿地	永久沼泽	5	$NDVI_{10} \geq 0.24$ 且 $NDVI_9 \geq 0.25$
	永久积水草本湿地	永久沼泽	5	$NDVI_{10} < 0.24$ 或 $NDVI_9 < 0.25$
	季节积水森林沼泽	季节沼泽	5	GLDV Contrast (all dir.) $Nir_{10} \geq 120$ 且 $NDVI_{10} \geq 0.35$
	季节积水灌丛湿地	季节沼泽	5	GLDV Contrast (all dir.) $Nir_{10} \geq 125$ 且 $NDVI_{10} \geq 0.21$
	季节积水草本湿地	季节沼泽	5	GLDV Contrast (all dir.) $Nir_{10} < 125$ 或 $NDVI_{10} < 0.21$
结果层	水田	农田	5	$NDVI_5 \geq -0.25$ 且 $NDVI_9 < 0.2$
	人工河渠	季节水体	merge region	$Asymmetry \geq 0.95$ 且 Shape index ≥ 3.8 且 Existence of 水田 (distance=0)
		永久水体	merge region	
	森林沼泽	永久森林沼泽	merge region	merge
		季节森林沼泽	merge region	
	灌丛沼泽	永久灌丛湿地	merge region	merge
		季节灌丛湿地	merge region	
	草本沼泽	永久草本湿地	merge region	merge
		季节草本湿地	merge region	
	河流	永久水体	merge region	Shape index ≥ 4 且 Length/width >3
	湖泊	永久水体	merge region	Area$>1000pxl$ 且 Compactness ≤ 4
	水库/池塘	永久水体	merge region	Area$\leq 1000pxl$ 且 Compactness ≤ 4

注：各指数的下标 5、9、10 分别指代 5 月、9 月和 10 月。

小三江平原2010年湿地空间分布可以看出（图4-53），湿地为小三江平原的主要土地覆被类型，面积为9084.16km²，占研究区土地总面积的56.53%。其中天然湿地2635.09km²，人工湿地6449.07km²，分别占湿地总面积的29.01%和70.99%。天然湿地中，草本沼泽面积为1856.78km²，是最主要的天然湿地类型，占天然湿地总面积的70.46%；森林沼泽为265.39km²，占天然湿地面积的10.07%。其他天然湿地类型面积较小，灌丛沼泽、洪泛沼泽和湖泊面积总和247.53km²，占天然湿地面积的9.39%。其余类型面积很小，水库/坑塘和人工河渠面积总计32.34km²，占人工湿地面积的0.49%。

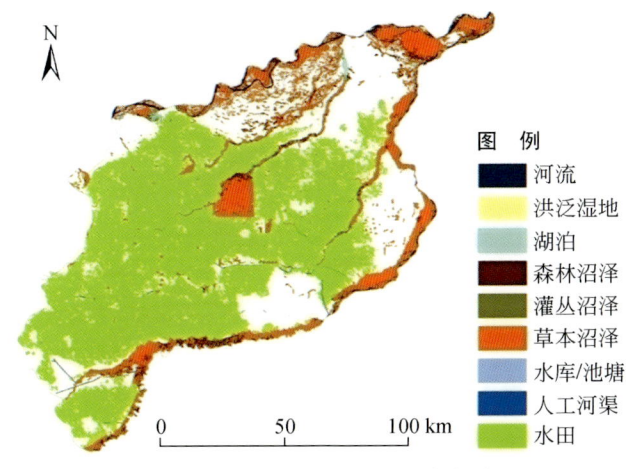

图4-53 小三江平原湿地分类图

从湿地的空间分布特征上看，天然湿地主要分布在小三江平原的低洼地区，集中的草本沼泽分布在洪河保护区、河岸以及边远国界周围；零散破碎的草本沼泽主要散布在农田及其他地物类型当中，斑块数较多，特别是洪河湿地自然保护区以北、黑龙江以南地带。森林沼泽和灌丛沼泽多数呈现岛状分布在草本沼泽类别中，分布散乱破碎。河流和湖泊主要分布在国界线周围的低洼地区。其他诸如人工河渠及水库/坑塘主要分布在农田和居民地周围，面积较小。

4.8.2 信息提取方法验证

利用野外考察获取的329个样本点和由Google Earth影像随机获取的99个湿地验证点作为精度评价样点，计算基于面向对象和多季相影像数据进行湿地分类的混淆矩阵，并计算生产者精度、用户精度、总体精度以及Kappa系数。

通过建立混淆矩阵分别计算分类结果的生产者精度、用户精度、总体精度以及总体Kappa系数。利用采集的428个样本点，根据混淆矩阵对湿地的提取结果进行检验，其中湿地样点237个，非湿地样点191个。在区分湿地与非湿地的分类结果中，湿地信息提取的生产者精度为92.82%，用户精度为90.16%，总体精度为90.42%，Kappa系数0.82。对提取出来的湿地进一步分类归并，产生二级分类结果之后，利用湿地验证样点对湿地二级分类精度进行评价（表 4-21）。结果表明，二级分类的总体精度为 85.45%，总体 Kappa 系数 0.8108。使用多季相中等空间分辨率遥感影像，结合面向对象的分类技术能够达到较高的湿地分类精度。主要原因是对象分割算法能够有效提取湿地边界，这使分类处理的是均匀的对象，而不是单个像元；除了有限的光谱特性，面向对象的方法还利用了纹理、空间和上下文等特征。

表 4-21 多季相数据集的湿地分类结果精度评价

湿地覆被类型	生产者精度	用户精度	Kappa 系数
河流	68.75%	96.30%	0.8631
湖泊	100.00%	100.00%	1
森林沼泽	80.00%	70.59%	0.7198
灌丛沼泽	54.55%	85.71%	0.6531
草本沼泽	86.81%	89.77%	0.8023
水库/池塘	83.33%	100.00%	0.9068
人工河渠	63.64%	100.00%	0.7688
水田	100.00%	76.00%	0.8303
总体精度=85.45%		总体 Kappa 系数=0.8108	

精度评价结果表明：湖泊、草本沼泽及水田的生产者精度最高；河流、森林沼泽及水库/池塘次之；灌丛沼泽和人工河渠生产者精度较低。分类结果与地面实际情况之间存在一些误差，但是一些分类的误差不完全由错分引起，主要是由于湿地覆盖范围随时间的推移会发生变化，遥感影像获取时间与野外考察获取样点存在错位；实际采样操作对采样方法客观性的影响同样不容忽视。

三江平原水体信息本身容易提取，草本沼泽和水田的有效提取与多季相影像的丰富特征信息密不可分，6 月和 9 月影像体现的物候变化特征有利于水田和草本沼泽的提取。同样，物候特征的利用使森林沼泽的分类也达到了较高的精度，而干湿季节影像的结合应用对河流和水库/池塘的提取效果更好。灌丛沼泽和人工河渠不易提取，分类精度也较低，主要原因是灌丛沼泽可能错分为森林沼泽和草本沼泽类；由于中分辨率影像空间分辨率不高，加之人工河渠提取较为困难，生产者精度也很低。总之，多季相遥感影像数据集在湿地分类中的使用使湿地信息的识别提取更加容易，增加了湿地分类的准确性。5~9 月是小三江平原降雨量最集中的月份，清楚地区分界定湿地较为容易。由以上结果可知，在中国东北地区，最有效的湿地提取办法是获取一年中降雨量最多和最少月份且物候特征区别明显的遥感影像来进行湿地信息提取分类。

4.9 基于环境卫星数据的南方灌丛信息提取研究

中国南方灌丛基本上是湿热森林逆向演替的产物，并非顶级群落。贾慎修（1985）认为，我国南方灌丛区的北界为秦岭淮河一线，也就是我国南北景观过渡地带——暖温带混交林黄棕壤地带的北界。我国南方灌丛具有强烈的不稳定性，农、林、牧业矛盾突出。南方山地丘陵居多，水热条件利于森林的生长，灌丛大多是在人类砍伐森林、火烧、开荒撂荒的影响下出现的群落。灌丛进一步恶化则变成裸地，水土流失严重；如果不遭人类破坏并进行封山则可成为森林。群落很不稳定，特别是在村镇居民点附近的山上表现得十分清楚。不仅林、牧争地，甚至农、林、牧相互争地。南方灌丛单位面积生物量高，质量差。由于气候湿热，利于灌丛草类生长，单位面积生物量高；但是南方牧草质量差，有的甚至没有饲料价值。南方植物的灰分一般为3%~4%，北方的灰分含量一般可达10%~30%，为南方的3~10倍。不论矿物养分还是蛋白质的含量，都高于我国南方酸性土壤上的灌丛植被。由于植物起源古老、区系复杂、地域气候土壤类型多样、人类活动方式及强度的不同，我国南方灌丛的性质、类型表现出明显的地域差异性。其次，分布零散，表现出零星、小块与林地交错分布，由于地形复杂、灌丛的坡度大都为15°~30°。根据地域类型、地域组合特点、稳定程度、存在问题等方面，我国南方灌丛分成四川盆地区、武陵岩溶山原区、江南丘山区、沿海山丘区、云南高原区、横断山区和滇南谷地区（李万等，1989）。

4.9.1 信息提取方法

本研究以广西阳朔县为典型区进行南方灌丛的遥感信息提取研究。阳朔县位于广西壮族自治区东北部，桂林市区南面，地处110°13′~110°40′E，24°28′~25°04′N。全县面积为1428.38km²，属于中亚热带季风性气候，热量丰富，雨量充沛，日照充足，温和湿润，四季分明。阳朔县内喀斯特地貌发育众多，动植物资源丰富，有大面积的灌丛植被分布。

4.9.1.1 数据源及预处理

遥感数据主要源于HJ-1 A/B CCD数据。在遥感数据的时相选取时，主要考虑灌丛特征与周围其他地物的可区分性，分别选取2010年8月30日和2010年12月2日两期数据。辅助数据主要为基于ASTER数据生成的全球数字高程模型GDEM，空间分辨率为30m。

首先对获取的HJ-1 A/B影像进行几何校正，配准精度控制在1个像元以内，然后分别进行辐射校正和大气校正，并利用矢量边界截取出阳朔地区的遥感影像。

在南方喀斯特地区，30m分辨率的HJ-1 A/B数据对乔灌区分具有较高的空间解译能力。尤其是RVI对于植被覆盖度较大时乔灌区分效果比较明显，另外坡度可以为提取喀斯特地区灌丛信息提供辅助作用。但是南方多山地丘陵，地形破碎，影像质量相对较差，且阴影较多，一定程度上制约着灌丛信息提取的效果和精度。HJ-1 A/B数据具有明显的时间分辨率优势，在本研究试验中作为初步尝试，仅利用2个时相的影像参与分类提取，影像选取仅考虑了有利于乔灌区分的原则，没有兼顾到草地等地物类型。

4.9.1.2 灌丛信息提取

首先对两期HJ-1 A/B影像进行多尺度分割，由于eCognition软件的分类规则是基于异质性最小的区域合并算法，因此本研究在对遥感影像进行最优分割时，先进行多分辨率分割,然后再依次进行光谱差异分割。多分辨分割的标准是保证研究所要提取的地物类型细节都能分割出,一般情况下分割尺度较小;光谱差异分割标准是参考所要提取地物类型特征,不同地物往往设置不同的分割权重,分割尺度具有层次性。

利用面向对象的分类方法,根据南方灌丛的特征构建多层次多尺度上的分类规则集提取灌丛信息。

植被与非植被的提取时,归一化植被指数是植物生长状态及植被空间分布密度的最佳指示因子,与植被分布密度呈线性相关。在非水体的分割数据层,通过设定NDVI阈值划分植被与非植被类型。

林地与非林地(乔灌区分)时,在植被层上首先进行光谱差异分割,然后再进行多分辨率分割,从而在植被类型内部划分出尺度更小的分割数据层进行林地与非林地的区分。

1)乔灌层的区分主要基于生物量积累最高时,植被冠层的反射特性,体现在近红外波段乔木层比灌丛的反射率要高,植被覆盖度要高[式(4-24),图4-54]。

$$FVC = \frac{NDVI - NDVI_{min}}{NDVI_{max} - NDVI_{min}} \tag{4-24}$$

式中,FVC为植被覆盖度;$NDVI_{min}$、$NDVI_{max}$分别为归一化植被指数NDVI的最小与最大值。

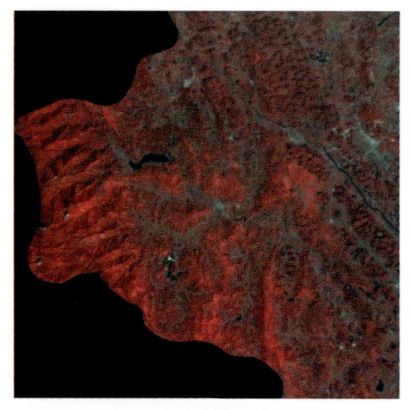
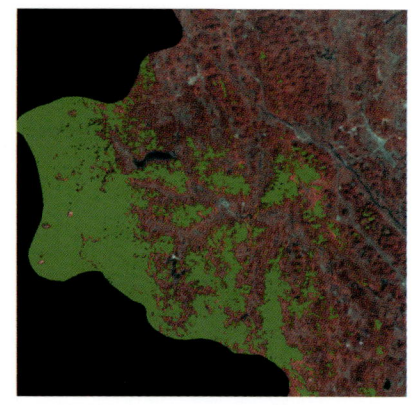

(a) 2010年8月30日HJ星影像　　　　(b) FVC>0.67区分乔木林

图4-54　植被覆盖度与乔木林信息关系

2)当植被覆盖率大于50%时,比值植被指数(RVI)对植被十分敏感,与生物量的相关性最大[式(4-25),图4-55]。

$$RVI = B_4 / B_3 \tag{4-25}$$

式中,RVI代表比值植被指数;B_3、B_4分别代表环境星的第3波段与第4波段DN值。

HJ-1 A/B数据第4波段为近红外区,不同植物因叶面内部结构不同而引起的反射率差异甚为敏感,从而可以用来进行植物的区分(图4-56)。综合利用植被覆盖度、比值植被指数和近红外波段值3个特征信息,进行乔灌信息分离。

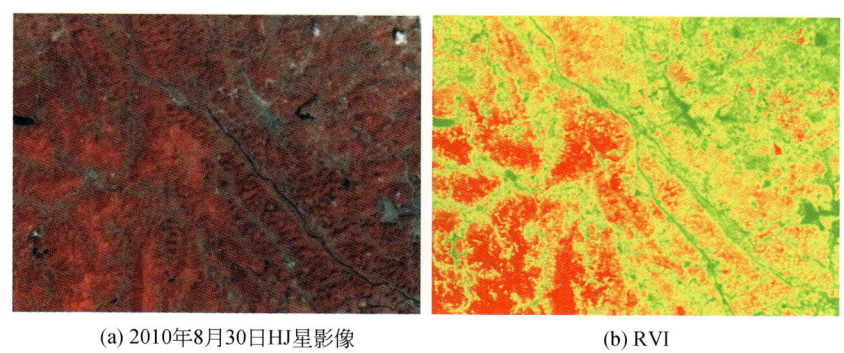

(a) 2010年8月30日HJ星影像　　　　(b) RVI

图 4-55　乔灌区分与 RVI 的响应关系

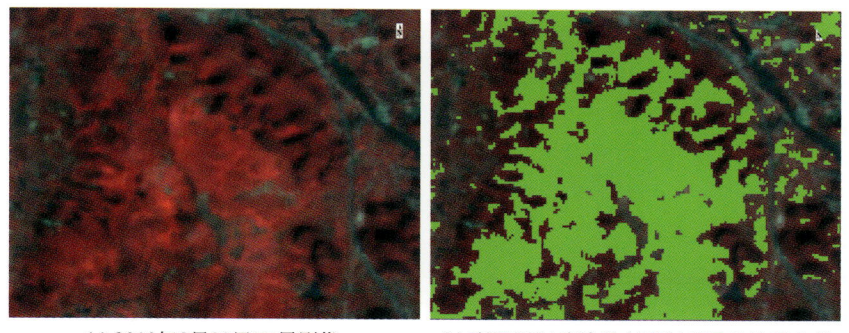

(a) 2010年8月30日HJ星影像　　　　(b) 利用近红外波段高反射率区分的乔木林

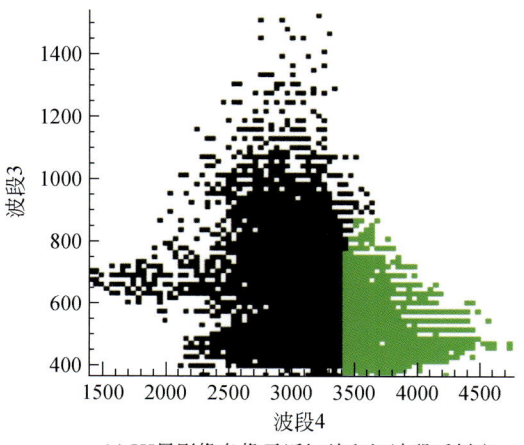

(c) HJ星影像各像元近红外和红波段反射率

图 4-56　近红外波段与乔木林信息关系

4.9.1.3　灌丛信息优化

在提取的非林地信息中主要包括灌丛和耕地，因此要从非林地信息中将耕地信息剔除（图 4-57）。喀斯特地区的特殊地理环境特征，灌丛主要分布在山麓人类活动极为频繁的居民点后方与山顶多风矮林灌丛地带。前者海拔多在 500m 以下，后者海拔多在 1600m 以上。耕地的分布与坡度有紧密的联系，耕地往往分布在坡度小于 15°的地区。因此，利用 DEM 和坡度特征信息，设定特征分割阈值，将耕地信息从非林地类型中分离，提出灌丛分布信息。

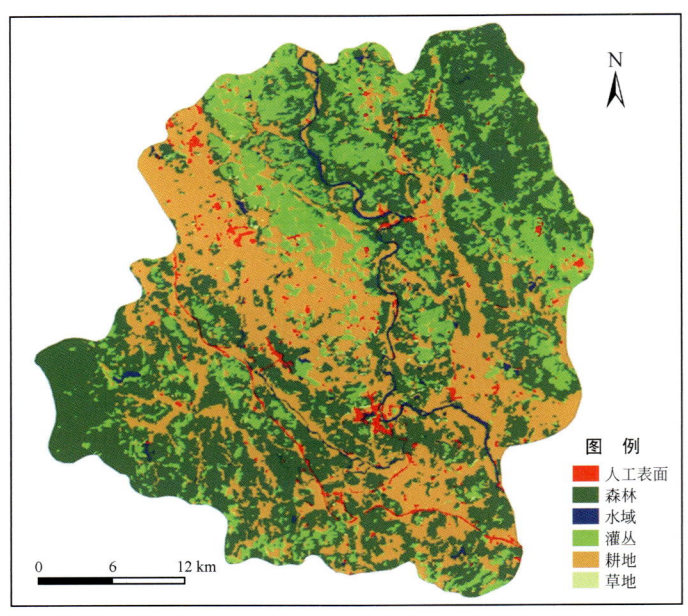

图 4-57　2010 年阳朔县土地覆被分类结果

4.9.2　信息提取方法验证

根据项目组野外观测样点和 Google Earth 人工判定样点对阳朔县灌丛信息提取精度进行验证。野外样点数据来源于 2010 年 5 月和 9 月在广西境内得到的野外调查数据，另外有地面调查样点 20 个。样点数据包括采样点坐标、周围植被类型及植被覆盖状况等信息。Google Earth 高分数据验证是采用高分影像图，在阳朔县境内进行随机选点方式，进行目视判读。对比评价得到灌丛信息提取精度达到 90% 以上。

本研究利用 HJ-1 A/B CCD 数据的时空分辨率优势，在县域尺度上试验的灌丛信息提取算法，算法规则相对简单易操作，灌丛提取精度较高。需要改进的地方主要有提高配准精度，利用多源数据，从多光谱多尺度的角度上分析南方灌丛的特征信息；利用 HJ-1 A/B 影像的多时间分辨率优势，构建长序列的特征空间，分析灌丛在长时间序列上的响应特征；基于实测灌丛样点，在考虑分区差异的基础上，分别建立精度更高的自动提取算法。

4.10　冰川积雪及荒漠植被信息提取方法

高效准确的冰川积雪及荒漠植被信息提取方法是西北地区主要土地覆被制图的关键。为了能够更好地提取冰川积雪及荒漠植被信息，以 Landsat TM 数据为信息源，试验采用面向对象的多尺度分割方法来提高土地覆被制图精度和效率。多尺度分割即在影像信息损失最小的前提下，以任意尺度生成属性信息类似的有意义的影像对象，构建不同尺度的影像对象网络层次结构，不同等级的地学过程可在相应尺度的影像对象层中得到反映。

4.10.1 冰川积雪信息提取方法

在 eCognition 中，对象均质性由其均质标准的组成所决定，包括 3 个标准：颜色、光滑度和紧致度。在参数设计中，颜色和形状权重和为 1，光滑度和紧致度权重和为 1。因此在分割尺度一定的情况下，改变任一参数都会改变对象的划分（陈小良，2009）。在进行影像分割的过程中应遵循两条原则：一是尽可能地将颜色因子的权重设大，因为光谱信息是影像数据中包含的主要数据，形状因子权重太高会导致光谱均质性的损失；二是对于那些边界不很光滑但聚集度较高的影像对象尽可能使用必要的形状因子（黄慧萍等，2004）。

冰川积雪在遥感影像上表现了较强的反射率，使冰川积雪与周围的植被和高寒荒漠较容易区分，但是从视觉信息上来看，在遥感影像上与冰川积雪相似的有云和反射率很强的裸岩，造成了在冰川积雪信息提取时的难度。在 Landsat TM 数据中，可利用第 5 波段的短波红外来区别云和雪（图 4-58）。

(a) 尺度为50的影像分割图　　　　　　(b) 尺度为10的影像分割图

图 4-58　不同分割尺度的影像分割图

从图 4-58 可以看出，在第一波段处，裸岩与其他两类区别明显，而在第 5 波段和第 7 波段处冰川积雪与其他两类区别明显（图 4-59）。冰川积雪在整个可见光内，反射率都很高，几乎在 90% 左右，随着波长的增加，反射率下降，在近红外波段反射率迅速降低，在短波红外处，反射率很低，形成这种现象的原因主要是因为积雪对可见光的吸收和透射较弱、前向散射较强，进而表现出较高的反射率；在短波红外处，积雪对此波段的能量吸收作用表现明显，雪的色调暗，反射率较小（图 4-60）（韩杰，2011）。

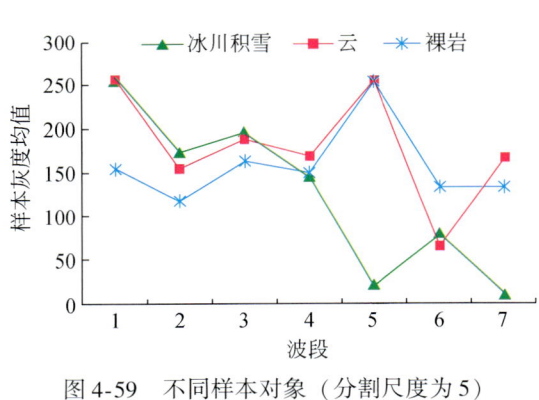

图 4-59 不同样本对象（分割尺度为 5）的光谱响应曲线

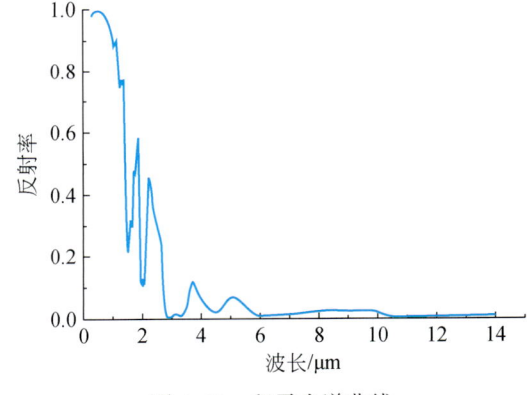

图 4-60 积雪光谱曲线

除了利用传统方法对影像对像包含像元的灰度值进行直方图、方差、均值等的统计外，雪盖指数适合于冰川提取。归一化雪盖指数（normalized difference snow index，NDSI）对冰雪含水量变化十分敏感，式（4-26）中 B_3 和 B_4 分别为 Landsat TM 数据的第 3 波段和第 4 波段的 DN 值。

$$\text{NDSI} = (B_3 - B_4)/(B_3 + B_4) \tag{4-26}$$

NDSI 的值域为 $-1 \sim 1$，根据具体研究区影像特点，本次试验中，设置 0.46 作为 NDSI 的阈值提取冰川积雪信息。

手工解译修改是影像分类后期处理的一个非常重要的过程，可以通过软件中自带的一些修饰工具来完成，可以进行合并等操作，同时也可以手动进行相关的修改（周国琼，2012）。将分类结果放大可以看到部分冰川积雪边缘没有提取出来，可以通过修改工具将与冰川积雪相临近的对象归为冰川积雪（图4-61）。

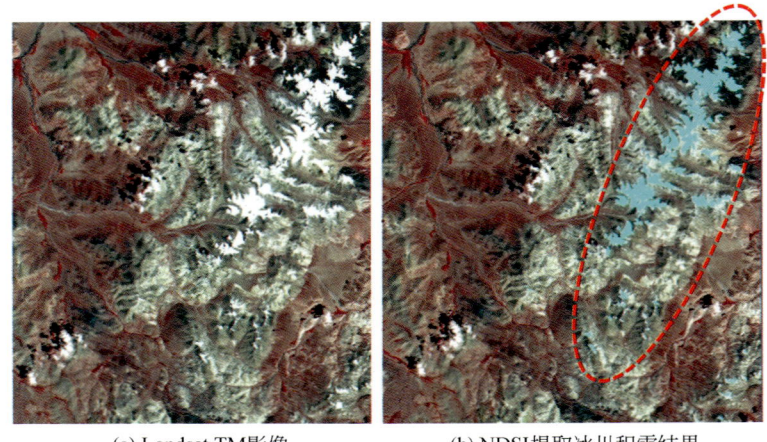

(a) Landsat TM 影像   (b) NDSI 提取冰川积雪结果

图 4-61 冰川积雪信息提取结果图

4.10.2 荒漠植被信息的提取方法

荒漠植被由于生长稀疏、类群结构简单，在光谱曲线上往往不具备健康植被的典型特征，没有明显的强吸收谷和高反射峰，使遥感影像上获取的植被光谱信息极其微弱，甚至于难以检测。干旱地区荒漠稀疏植被由于地面土壤信息的干扰强，因此植被失去了健康植被的蒲县特征（绿峰消失、红谷逐渐被填平、近红波峰降低，波段梯度差异不显著）（图4-62）。

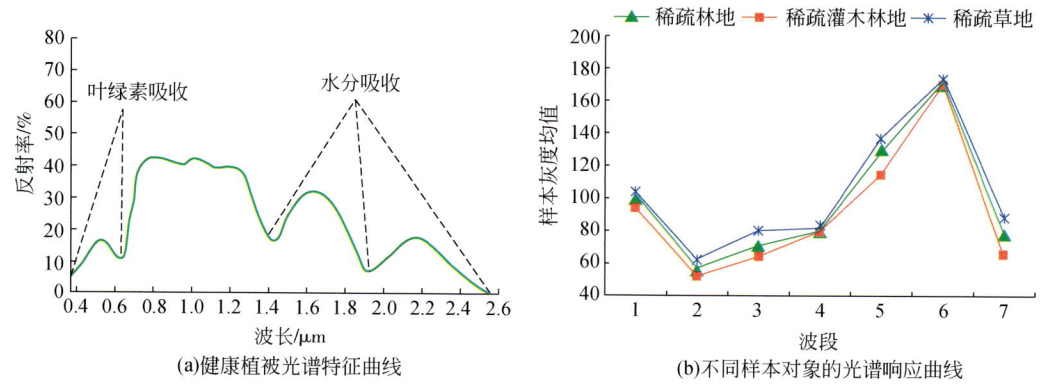

图 4-62　植被光谱曲线图

根据分类系统中对荒漠植被的定义，荒漠植被主要分为三类：①稀疏林，植被覆盖度为4%~20%的林地，其中灌木和草地的覆盖度小于20%。②稀疏灌木林，植被覆盖度为4%~20%的灌木林，其中草地的覆盖度小于20%。③稀疏草地，植被覆盖度为4%~20%的草地，包括干旱区一年中曾经返青过、后来又枯死的草地。

在基于面向对象分类方法提取荒漠植被的流程有两种思路（图4-63），根据多次试验，选择第二种为最优方法。

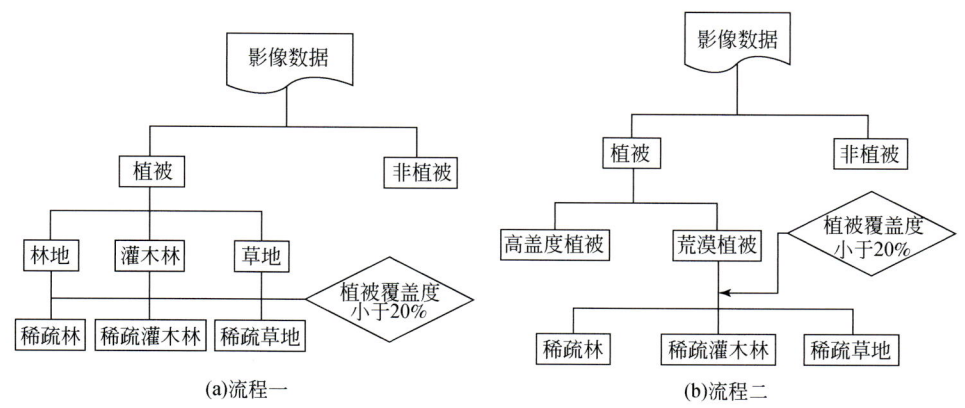

图 4-63　荒漠植被提取流程图

在植被信息的提取过程中影像分割尺度的选择尤为重要，尺度太大会导致对象内部异质性较大［图4-64（a）］，会有一些信息不能被分割出来，丢失很多信息。

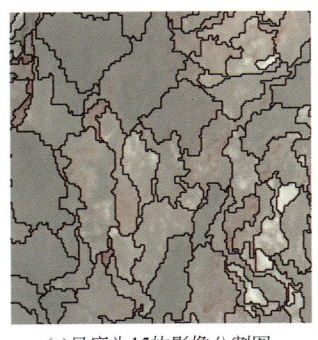 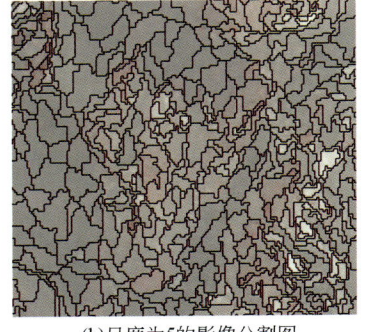

(a) 尺度为15的影像分割图　　(b) 尺度为5的影像分割图

图 4-64　不同分割尺度的影像分割图

在特征参数的选择上首先就是植被覆盖度，根据分类系统的定义，20% 的覆盖度是定义荒漠植被的首要和重要的参数。因此，在从分类的第二层植被类型中分别提取荒漠植被的关键参数是植被覆盖度，根据已有的文献和研究，对于干旱区的植被覆盖度计算采用改进的最大三波段梯度差法（唐世浩等，2003；古丽和陈曦，2009），式（4-27）如下：

$$A = \frac{d}{d_{\max}}, \quad d = \frac{TM_4 - TM_3}{\lambda_4 - \lambda_3} - \frac{TM_5 - TM_4}{\lambda_5 - \lambda_4} \tag{4-27}$$

式中，A 为植被覆盖度；d 为 3 个波段梯度差；$d_{\max}$ 为 3 个波段的最大梯度差；TM_3、TM_4、TM_5 分别为红、近红、短波红外波段反射率；λ_3、λ_4、λ_5 分别为红、近红、短波红外波段波长。

干旱区荒漠植被的提取由于受裸土地背景的干扰，提取难度很大。通过对对象样本特征指数的分析，稀疏草地的亮度值比较高，通常亮度值 Brightness>88 的阈值为稀疏草地，此外第 4 波段值大于 82。稀疏林地和稀疏灌木林地可通过纹理值来进行区别，选取熵值大于 3.8 的对象为稀疏林地（图 4-65）。

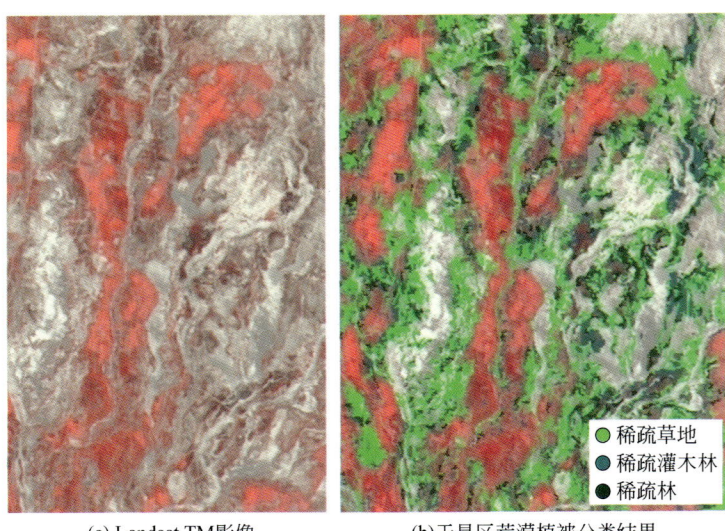

(a) Landsat TM 影像　　(b) 干旱区荒漠植被分类结果

图 4-65　荒漠植被信息提取结果图

第5章 土地覆被质量控制与精度验证

土地覆被数据生产时的质量控制是数据产品可靠性的保证，客观可靠的精度验证是对数据质量检验和精度特征的分析。中国土地覆被在生产过程中建立了一套完整的质量控制与精度验证程序，以保证生产出满足应用需求的数据产品。

5.1 质量控制及核查方法

为了确保全国土地覆被监测质量，得到符合精度要求的高质量的土地覆被产品，中国土地覆被生产过程中制定了较为完整的质量控制步骤和方案。

中国土地覆被生产流程包括遥感数据预处理、尺度分割、土地覆被分类、跨区接边、变化检测和制图6个流程（图5-1）。根据各工作流程和任务的重要性及精度保障，检查和质量控制工作分为6个节点，每个流程和节点都制定了质量控制技术指标、质量控制和检查方法。

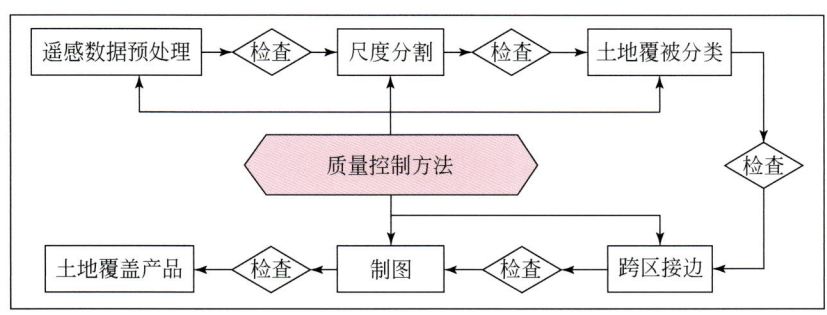

图5-1 全国土地覆被数据生产质量控制流程图

质量控制包括以下三个方面。

1）各个任务区自检（作业块分类人员相互检查），质量自检合格，提交给项目检查组，填写质量检查表（表5-1）。

表 5-1 中国土地覆被作业质量检查表

片区/作业块编号：　　　覆盖面积：km²

流程	检查类型	质量	检查类型	质量
遥感数据预处理	投影信息	□有□无	最大时相跨度	月
	HJ-1 影像比例		影像数量	
	辅助数据类型		多时相配准精度	误差像元
	样点数量		样点质量	□好□差
尺度分割	最小尺度/辐射分辨率		波段权重值合理性	
	是否达到 MMU		分割形状合理性	
土地覆被分类	类型一致性	□是□非	是否基于面向对象	□是□非
	规则集 参数使用合理性			
	规则集 非光谱参数应用合理性			
	规则集 节点数、逻辑性合理性			
	规则集 规则集的普适性和区域性			
	采用分类算法		手工算法比例	
	图斑的定位精度	m		
跨区接边	平均定性精度	%	接边线两侧空间延展性	
	平均定位精度	m	□好□一般□差	
制图	类型代码完整性	□是□非	投影及坐标系统	□是□非
	分幅边界	□是□非	拓扑结构合理	□是□非
	同类合并	□是□非	MMU 吻合性	□是□非
	三级类数据生产	□是□非		
变化检测	伪变化/遗漏变化	□是□非	空间密度	□是□非
	变化接边	□是□非	不合理类型变化	□是□非
评价	问题和意见			
	质量评价	□优□良□合格□返工		
	审核人签字		检查时间	

2）对各任务区的阶段性成果进行质量初检。检查人员对各任务流程进行抽样检查，填写质量检查表。

3）用户进行质量抽查。通过产品对接的方式，用户通过独立样本的采集和其他资料，对遥感生产的数据产品进行核查。

5.1.1 遥感数据预处理质量控制

遥感数据预处理是生产高精度中国土地覆被数据的基础和先决条件，预处理质量控制不好将直接影响土地覆被产品的精度，因此，质量控制和数据检查至关重要。

基于技术和地形的限制，为了保证土地覆被数据产品的质量，在开展影像的几何纠正时，不同的地形条件其质量控制标准不同。在平原区，影像几何纠正误差要控制在 1 个像元之内；山区地形复杂，地形对影像成像质量的影响较大，因此对山区遥感影像数据进行几何纠正时，需结合 DEM 数据进行正射纠正，影像几何纠正误差在相对高差大于 500m 的山区 RMS 小于 2 个像元，高山区不超过 3 个像元。山区纠正算法需要考虑地形、传感器扫描方式、入射角大小、入射角方向、地球表面曲率等因素。

考虑到计算机的性能及分类软件所需的内存，需要对整个区域进行分块作业，分块时同一作业块应尽量保证其具有季节影像的空间一致性；保证该区域内至少有植被茂盛期影像。为了避免后期分类数据拼接时的数据缺失问题，通过分块矢量进行影像裁剪前，应先对作业块（SHP 文件）做缓冲区处理，工作区留缓冲区保证了接边区无数据空白，避免最后拼接时出现边界区域分类数据的缺失。

中国土地覆被数据量大，在土地覆被数据产品生产过程中，数据的规范化命名也是数据预处理中质量控制的一部分。规范化命名可以增加数据的识别和可读性，此外，在利用某些批处理处理程序时，极为方便。数据的规范化命名方法应该包括轨道行列号、数据获取时间、预处理流程和数据类型等。

根据数据预处理的技术指标，对数据预处理各项进行检查，检查工作分为自查和他查。

1）频度：5% 作业块的抽样率，对完成处理的数据集进行检查，完成检查调查表，针对存在的问题提出修改意见。

2）方式：在 ERDAS 或 ArcGIS 中导入空间数据，对数据的投影、分辨率、空间配准等进行检查，完成检查调查表，标注出不符合制图要求和有问题的地方。

基础影像精纠正精度是变化检测质量的保证。几何纠正误差应该严格控制在指标要求的范围内，影像数据必须进行精校正，否则在分类结束后，数据后处理的各个步骤会出现一些无法纠正的问题，甚至要彻底返工，尤其在变化检测时会出现很多伪变化，直接影响变化检测的精度（图 5-2）。

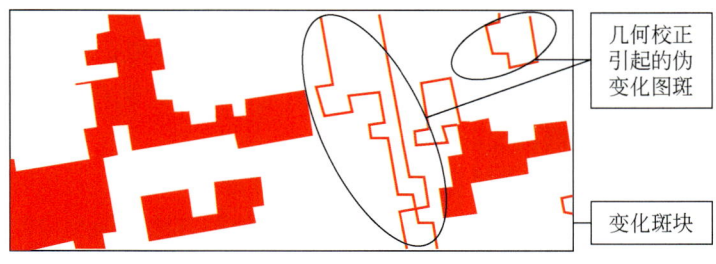

图 5-2　几何偏差造成的伪变化

5.1.2 尺度分割质量控制

土地覆被分类采用面向对象分类的方法，面向对象分类的方法要求首先要进行影像尺度分割，分割的好坏直接影响分类结果，为保证土地覆被产品的准确性，要注意控制尺度分割质量。由于存在土地覆被类型、区域化特征差异，尺度分割没有硬性的指标。原则上必须满足最小制图单元的要求，保证30m分辨率下地面类型的空间完整性。根据不同的土地覆被类型及区域特征，分割尺度的大小、分割层次和分割参数的确定均需通过反复试验和验证来确定（图5-3）。

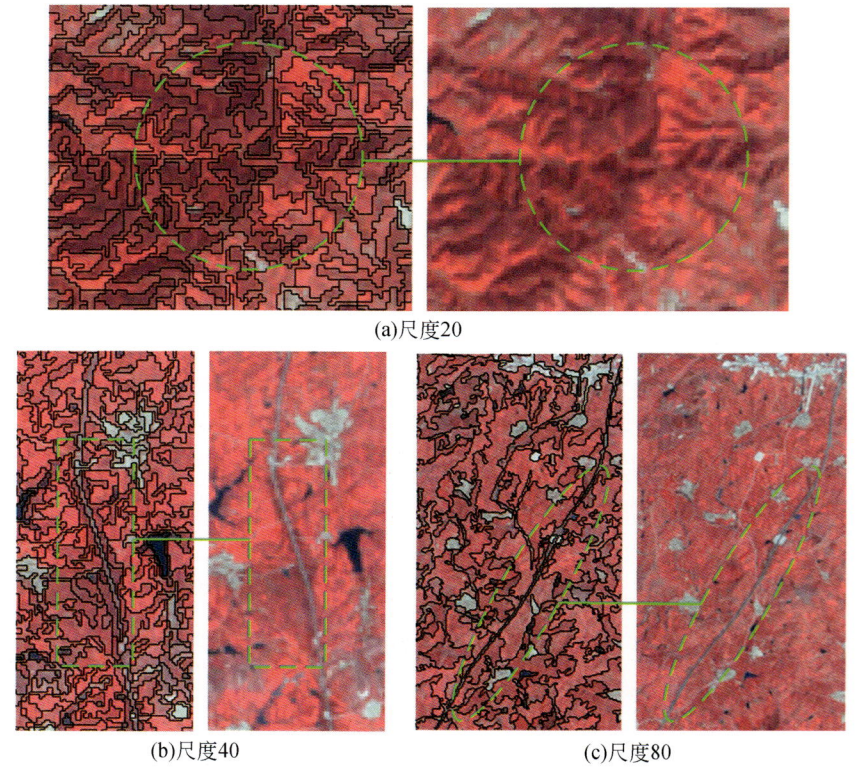

图5-3　分割尺度与原图对比

尺度分割质量控制检查方法。评价分割对象与地物的边界拟合程度；检查参与分割影像各波段权重值的设定，权重值是否基于充分利用光谱特征的影像和专题层信息的考虑；分割中均一性组成指标中的形状权重不能过大。

1）频度：20%抽样率，对分割后的数据集进行检查。

2）方式：在eCognition中导入分块工程文件，对分割方法、最小分割尺度、参与的分割影像权重值、均一性组成指标等进行检查。

为提高计算效率去除冗余，同时提高分割对象的形状精度，尽量采用多时相过分割的方法（基准影像分割后的矢量数据覆盖补充影像再分割，以形成过分割）。分割时可以选夏季某日的影像作为基准影像，冬季影像作为补充影像进行过分割。在 eCognition 中，将基准影像在 L1 尺度下进行分割，得到分割对象的矢量表达 O1，然后将 O1 作为强制图层对冬季影像在 L1 尺度下再进行分割，分割的对象矢量结果 O2 上 O1 将仍然保持。这样，不仅各时期影像上对象边缘几何精度较高，因几何纠正等原因带来的偏差图斑也可因被正确分类而消失。

5.1.3 土地覆被分类质量控制

土地覆被分类是整个流程的核心，决定分类结果的精度。

（1）检查内容

分类系统检查。划分的类别与技术规范确定的分类系统类型及定义一致，不能出现另类或类型缺失；可以出现一类多种表达形式，如旱地1、旱地2等。

影像时相检查。影像的数据与时相选择反映区域土地覆被类型的光谱特征及类型间的光谱差异。

规则集建立的合理性检查。检查从影像中派生指标的方程及应用的合理性；对象、纹理、空间关系指标应用的合理性；规则集建立的节点数、逻辑性；规则集是否考虑土地覆被类型的普适性和区域性特征，即主节点采用统一的规则集、支节点采用针对性的规则集。

分类算法检查。算法包括半自动的层次分类法、全自动的最小邻近法、CART、SVM、KNN｜、贝叶斯法及手工辅助分类等，手工分类面积和类型应少于 20%。

分类效果检查。从类别、边界真实表达土地覆被类型。

（2）检查要求

图斑分类精度。类型定性检查未分类、错分类，包括云和阴影区的处理。定位精度检查分类后对象是否对目标的拟合偏大或偏小，或者某类别的总体面积偏多或偏少。按照一级类总体精度大于 95%、二级类总精度大于 85% 为标准开展检查。

分类系统、影像时相、规则集建立和分类算法检查频度为 20% 抽样率，对分类后的数据集及质量检查频度为 100% 抽样率。

（3）检查方式

在 eCognition 中导入分块工程文件，在"Process Tree"模块中检查规则集，"Class Hierarchy"中检查分类系统，在"View"视窗中检查精度，样点采用各已采集的数据。

分类结束后，为了避免漏检现象，将分类结果以格网式检查方式进行地毯式检查（将分类区域按照公里网格进行划分，对照多时相影像和样点在 ArcGIS 里进行逐网格检查），检查包括土地覆被错类、偏类、图斑尺度或密度、空间延展的一致性、同类是否合并、有无接边痕迹等（图5-4）。对错误的图斑，生成一个独立的矢量文件，提供给分类人员。

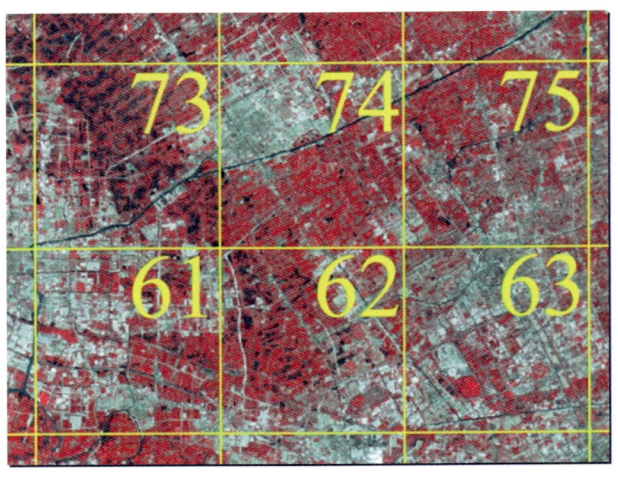

图 5-4 土地覆被全样本检查方法（10km×10km 网格）

5.1.4 跨区接边质量控制

由于主观及客观原因，接边现象在作业块内和各任务分区必然存在，因此，接边也是中国土地覆被数据产品生产过程中的一个重要环节。图幅接边包括作业块的接边和各任务分区的接边。检查接边线两侧图斑密度的一致性，一定范围土地覆被类型空间延展趋势的一致性，检查接边线两侧数据的一致性。

1）频度：100%抽样率，对接边后的数据集进行检查。

2）方式：在 ArcGIS 中导入二分块/分区的土地覆被矢量文件，对接边线两侧的位移和类别一致性进行检查。

为了尽量避免土地覆被分类数据中的接边问题（图5-5），作业块内和任务区间分类人员应该较多地进行交流讨论，对边界类型达成共识。

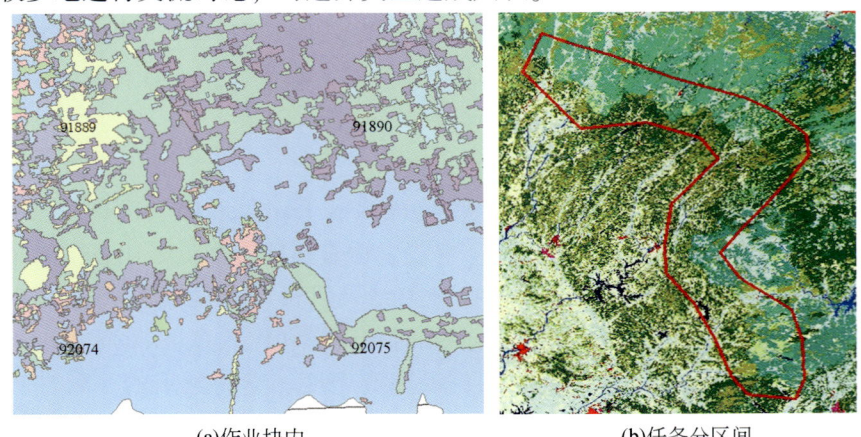

(a)作业块内　　　　　　　　　　　(b)任务分区间

图 5-5 作业块内和任务分区间的接边问题

5.1.5 数据产品质量控制

数据产品质量控制内容包括检查数据类型代码的完整性,如无代码、错代码、中文码与代码不一致等现象;邻近图斑同码现象;检查数据的最终投影信息及其空间坐标系统;检查地形图分幅/行政单元分幅边界的准确性;检查数据的拓扑结构的正确性,如图斑叠加、空洞、不规则拓扑等;MMU 吻合性。

1)频度:100%抽样率,对后处理数据集进行检查。
2)方式:在 ArcGIS 中导入二分块/分区的土地覆被矢量文件,对其属性表、投影信息、空间拓扑等进行检查。

5.1.6 用户核查方法

用户核查是一次重要的数据质量检查和改进的过程。中国土地覆被数据产品的一个重要用户是环境保护部,用于全国生态环境十年评估工作。

环境保护部组织各省(自治区、直辖市)环境保护厅分区域开展地面调查和样点采集工作。地面调查人员利用遥感项目组提供的土地覆被数据、样点坐标、类型,实地进行GPS 调查类型、标注、拍照,对于难以到达的地方,也要求目视可及,并在土地覆被图上找到相应的位置进行样本类型标注。各省(自治区、直辖市)环境保护厅投入了大量的人员和精力,用了近半年时间完成了野外样点的采集工作,得到约 4.9 万个有效样点数据,并依此完成了各省(自治区、直辖市、特别行政区)土地覆被数据质量评估报告。

在完成样本采集后,各省(自治区、直辖市)环境保护厅提供一份书面数据质量核查报告,数据生产单位针对核查报告中存在的问题提供一份反馈报告,并进行数据修订,提高质量。完成数据修订后,数据生产各作业区的负责单位前往对应省环境保护厅进行数据质量对接工作,对接工作少则 1 次,多则 3 或 4 次,尽可能地发现问题,根据问题进行修订和完善。最后一次是官方对接,环境保护部、省(自治区、直辖市)国土资源厅、省(自治区、直辖市)农业厅、本研究组派人参与对接工作。对接工作内容包括土地覆被数据、野外调查情况、环境保护厅掌握的生态环境资料,以及国土资源厅土地调查数据进行交流,各方讨论确定需要进一步修改的方案,双方签署对接协议,并将环境保护部的样点数据分发给作业区,进一步完善数据。

通过用户对接工作,得到了多渠道的相关资料,而且也使用户对土地覆被类型的含义和定义有了更深刻的认识。

5.2 质量检查与用户核查

5.2.1 质量检查结果分析

在土地覆被制图过程各环节中开展质量检查,包括数据预处理、土地覆被分类、作业区接边、变化检测等。通过质量检查，及时发现问题，采取措施，进一步改进产品质量。本研究质检人员对数据生产作业组进行严格的质量检查，2011~2015年共组织了8次大规模的集中封闭，对数据进行接边、修正校对。2016年，针对制图上出现的区域性问题，组织西南、新疆和西北等作业区，进行了3次局部的集中修改工作。

（1）数据预处理检查

2011年11~12月，本研究质量检查人员分别前往各作业区进行第一次数据预处理检查，对发现的问题进行总结，并要求进行整改。

华北作业区每一个子作业区数据均有统一的投影信息，多时相数据最大时相跨度一般为数年，影像数量平均为1.31景/作业区，没有充分利用HJ-1影像，要求整改，尽可能利用HJ-1数据；分类样点数量平均为65.8个/块，样本点覆盖各个土地覆被类型，但样本点分布不均，仍然存在一个样点对应多个类型的情况，需要补充样点；影像没有进行辐射纠正，影像辐射分辨率均为8bit；作业区最小分割尺度平均为8.4，分割后最小影像对象大小均为900m^2，分割尺度合理，分割后的对象边界基本能与对应的地物类型边界吻合。

东北作业区数据均有统一的投影信息；多时相数据最大时相跨度一般为3~4个月；HJ-1影像占比64.7%，影像数量平均为1.13景/作业区，要求补充环境星数据；分类样点数量平均为172.8个/块，样点较多（包括历史采样点），覆盖土地覆被各个类型，也存在一个样点对应多个类型的情况。影像没有进行辐射纠正，影像辐射分辨率均为8bit；作业区最小分割尺度平均为10.3，分割合理，影像分割后的对象边界基本能与对应的地物类型边界吻合。波段权重赋值因子作业区特征不同而不同，多数情况为各波段权重赋值为1。

华东作业区影像都有投影信息，最大平均时相跨度为9.5个月，HJ-1影像平均比例为57.5%，辅以TM数据，每个作业块平均影像数量为2.3景，多时相配准精度为2个像元以内。每个作业块采集到的样点质量总体较好，但样点数量分布明显偏少，采样点集中在公路两侧，记录的是周围6个方向的土地覆被信息，需要增加样点数量和代表性。最小尺度为10~50，辐射分辨率为16bit和32bit。波段权重值总体较为合理，形状指数0.1，紧凑度0.5，较为合理。

华南作业区使用数据基本包括春、夏、冬共3景环境星影像，1景Landsat TM影像，辅助数据主要包括DEM及衍生数据。湖南和湖北影像没有进行辐射纠正，辐射分辨率为8bit，少部分影像的几何纠正超过2个像元，最小分割尺度为5，分割尺度适合景观的异质性。福建、广西尺度分割主要基于夏季HJ-1影像，辐射分辨率为16bit，不同类型尺度分割不同，最小尺度为10，分割尺度多样，对分类结果有一定影响。作业块设计不合理，出现不同拼接块存在明显光谱信息差别，需要重新划分作业块。广东、海南采用的主要是冬季影像，光谱差异小，需要补充夏季的遥感影像。

西南作业区多时相影像数据的空间配准精度不准，有些山地达到3~4个像元，需要重新纠正；进行了辐射纠正，辐射分辨率为16bit，尺度分割合理。

西北作业区多时相影像数据的空间配准精度高，但有些时相不好，不利于耕地等植被的识别，需要补充影像；尺度分割合理。

新疆作业区的天山山脉和昆仑山脉地区纠正较差，几何纠正为 2~5 个像元，需要重新进行纠正，其他地区纠正较好。一个作业块只有一景影像，没有使用 HJ-1 数据，分割尺度过大，需要补充 HJ 数据。

(2) 土地覆被分类第一次检查

2011 年 11~12 月，本研究质量检查人员同时进行了作业区土地覆被数据的初步检查。

华北作业区的植被阈值设定存在错误，山西山区大面积的落叶阔叶林或落叶阔叶灌丛划分为草地或旱地，把内蒙古锡林郭勒盟成片草原划分为稀疏草地。草原和草丛界定不清，由于该类型的定义是以大尺度的热量和湿度进行区划的，不适合小尺度的类型划分，为此研究在全国尺度进行的气候区划的基础上，以区域尺度山地与平原之间的地缘线为标准，提供了小尺度的草丛与草原分界线。人工表面的道路往往被行道树遮蔽，或者光谱特征与路两旁建筑特征相似，分类结果不能连续或者粗细不均匀；农村居民点周围和内部有大量落叶阔叶林，这部分需要通过光谱、纹理、地形相结合进一步提取；采矿场边界不准，建筑物周边的光谱特征往往与裸土或裸岩接近。乔木园地与旱地或森林存在错分，在生长季它们有相近的光谱特征，特别是密度低的乔木园地。在山西干旱的山区，旱地纹理特征不明显，部分旱地影像特征与草丛近似，二者较难区分，引入 DEM 和坡度作为辅助数据，有助于质量改进。

东北作业区森林覆盖面积大，落叶针叶林与落叶阔叶林、针阔混交林分类混淆。存在湿地与林地、草地混分现象，尤其是长势茂密的乔木湿地与灌木湿地，其影像特征与森林和灌丛相近，很容易被划为林地类型，地表无水体的草本湿地则容易被划为草甸或者草原等草地类型。耕地与草地存在错分，很多草原开垦为耕地，其生长期、枯萎期均与草原同季，在影像上较难区分。吉林西部盐碱地在影像上表现出亮度非常高的特征，当地农村居民普遍使用附近的盐碱土盖房造成盐碱地与居住地易于错分。盐碱地与草地在影像上通常分布于重度盐碱化土地与草地之间的过渡地带，在进行尺度分割后，要么被归并到盐碱地对象中，要么被归并到草地对象中，较难确定其类型。

华东作业区的水田分类中出现部分错误的居民点，有些居民点显暗目标特征；旱地与草地会混分；道路和居民点会混分，形状指数可以改进这两类的分类质量；错误的影像时相造成居民点被分成旱地，需补充其他时相的遥感数据；山东沿海没有分出盐碱地类别。多数城市绿地部分没有划分出来。对分类系统认识不清，对滩涂、海边人工养殖场、河谷中的河漫滩等的划分等未形成统一意见。平原耕地中的林地、园地丢失严重。

华南作业区的主要问题是旱地与园地的区分存在偏差，由于光谱信息特别接近，需要采用多源多时相数据、纹理参数进行进一步分析。由于是冬天影像，林地内光谱信息很难再进行划分（针叶林、阔叶林、灌木林、园地划分效果都较差），同样需要夏季时相数据进行更进一步改进。另外，分割尺度不合理，对象内存在多个类型。

西南作业区云和地形阴影的问题比较突出，发现明显的阴阳坡格局，在大量山体阴面出现水体。仍有部分薄云未从分类结果去除，造成图斑显示模糊。对山区地形复杂，云、阴影在土地覆被分类中带来的不确定性问题，需要充分考虑地形的照度纠正，或进行分区建立规则集，解决地形差异问题。草甸、草原与稀疏草地出现混淆划分问题。基于构建的湿润指数和植被指数解决草甸与草原易混淆问题。林地周边的草丛斑块没有进行有效区分。

西北作业区的问题主要存在于裸露地类型划分中。一方面，对类型的光谱认识不清；另一方面，季节性影像选择考虑不足。稀疏草地的分类偏少，而沙漠、裸土地偏多。稀疏植被、沙漠、裸岩混淆，岩性、地层纹理的干扰对分类影响较大；西北地区地处草原、草丛交错区，分类中没有处理好边界；居住地分类效果不佳，居住地、河流滩地未识别出来；存在稀疏草地错分为裸土地、草原错分为稀疏草地、高山草甸错分成草丛草原等现象；盐碱地太多，将部分沙地、裸土地错分为盐碱地；冰雪有季节性，错误使用的时相数据而使冰川面积过大；有些二级小类没有区分出来，如乔木园地、灌木园地、城市绿地、交通用地、采矿场等。

新疆作业区乔木林没有细分类型；弱信息分类不理想，如稀疏植被、裸土之间的混合较多，裸土类面积偏大。盐碱地偏多，大部分是干枯湖盆上的裸土地（粉砂土），反射强烈；森林湿地偏多，大部分是落叶阔叶林、草甸，分布于河漫滩周边，水分条件较好，河流大多淹没不到。缺少园地类别。多期影像的缺乏对草地、冰川、水面分类准确边界提取影响较大。

（3）土地覆被分类第二次检查

2012年3月上旬对作业区的分类结果进行集中检查。

华北作业区的北部地区山区落叶阔叶林面积偏大，落叶阔叶灌丛面积略偏小，常绿针叶林面积偏小，使用冬季的影像相比夏季影像对常绿针叶林的识别会得到较好的效果；坝上草原有较多草原与耕地混合，河北北部耕地过大，其中有小部分草地、落叶阔叶灌丛，以及落叶阔叶林等被划分成耕地；而落叶阔叶林与落叶阔叶灌丛未有效分开。大城市的绿地大多划为草本绿地，城市绿地一部分应为乔木绿地或灌木绿地。山西高山草甸也没有识别出来，而黄土高原上的耕地划分不够精细，应考虑多时相，将不同季节生长的耕地识别出来。

东北作业区东部长白山林地区常绿针叶林错分为落叶针叶林，落叶阔叶林、旱地中的农村居民点没有识别出来，而部分居住地图斑偏大，混有落叶阔叶林或旱地等类型，这是由于采用了森林落叶后的影像或农作物收割后或种植前的影像；吉林中部台地平原区使用不合适的影像，将部分水田错分成旱地。吉林西部大面积盐碱地偏大，应为草原。辽宁省的林区分类所采用的样本点偏少，落叶阔叶林斑块常混有的落叶阔叶灌丛、常绿针叶林、草丛没有划出。分割尺度不一致，造成作业块之间的密度差异较大。

华东作业区部分水田与旱地存在混淆，存在水田面积过大现象，部分应是居民地；部分道路两侧的落叶阔叶林未识别出来。安徽省部分各森林类型之间有混淆现象，对划分指标选择存在问题。山东的针阔混交林划分不清楚，与纯林混分。旱地类型的面积比例偏大较多，期间的林地、园地没有识别出来，也是使用不当时相的影像造成的。浙江省的森林样点分布不合理，造成分类参数选择和阈值设置差异较大，形成作业块之间明显的边界。

华南作业区的广东和海南分割尺度过大，边界与类型空间不吻合；林地中很多耕地没有识别出来，平原区的园地类型与耕地也没有区分清楚；水田与旱地混淆，出现成片水田被错分成水体的情况；只用冬季影像，使针叶林划分偏少，建设用地明显偏少。而海南省常绿阔叶林与乔木园地混淆，乔木园地过大，可考虑采用纹理信息参与识别。整个福建省提取了过多灌丛，期间的耕地、建设用地没有识别出来。湖南省针叶林阔叶林被错分为针叶林。华南作业区的数据质量差、多有薄云覆盖，需要进行大气纠正或者在规则集分层建立规则。

西南作业区的重庆市影像时相误差 2~3 年、时效性差，需要补充后重做。尺度分割过大，很多耕地错分成林地类型，耕地整体被低估；常绿林和落叶林存在混淆；三峡地区的园地也被低估了，山区园地植被密度低，容易与耕地混淆；受地形的影响，针叶林与阔叶林错分。贵州省草地与灌木混淆，图斑面积过大，耕地中存在大量错分的草地、灌木类型。云南省的草地与耕地不分，园地划分不准确。

西北作业区的主要问题是稀疏草地的错分，稀疏草地为弱信息，很容易与基底岩性及土色混淆。有些稀疏草地误分为沙漠与裸土，耕地中的居民点分成草原。盐碱地偏多，有两种情况的错分：一种是原生的乳白色土壤，另一种是乳白色的干河谷/湖盆。盐碱地在影像上多呈现出纯白或烟青色的特征；陕西的乔木园地偏少，城市绿地未识别出来。

新疆作业区缺少多时相的 HJ-1 影像数据，对季节敏感的草地、冰川、水面的划分面积不准确，需要补充数据；对稀疏植被、盐碱地等定义识别不清，弱信息分类不理想，如稀疏植被、裸土之间的混合较多，通常裸土偏大；盐碱地偏多，大部分是干河谷的裸土地（粉砂土），反射强烈；园地划分偏少。

(4) 第一次作业块接边检查

2012 年 9 月中旬，进行作业块之间、作业区之间的土地覆被接边工作检查。影响接边区差异的原因主要受规则集、参数阈值、分割尺度的变化。通过调整这些因子，使接边两侧和延伸区类型的空间梯度保持一致。

东北与华北接边总体边界吻合较强，辽宁西部林区尺度分割过大，分类图斑较大，纵深需要进一步细化（图 5-6）。新疆与西南接边问题不大。新疆使用了不合适的影像，边界冰川分类过大，纵深需要进一步细化。新疆与西北接边没有问题。

(a) 接边前　　　　　　　　　(b) 接边后

图 5-6　跨区域土地覆被 5km 缓冲区接边过程

西南与华南接边问题较大，云南与广西接边差距较大，云南区主要划成灌丛，广西区主要划成阔叶林，主要问题在华南区，广西的灌丛偏少，只沿边修改，纵深需要进一步细化。贵州与广西接边时，在广西百色地区的差距较大，广西阔叶林偏多，贵州乔木园地偏多而灌丛偏少，纵深需要进一步细化。西南与湖南、湖北的接边基本上可以接上。

西南与西北接边问题较大。接边区的西藏、川西北草原应改为草甸，纵深需要进一步细化。华东与华北接边没有问题。江西与华东接边有一些小问题。浙江的分割尺度过大，纵深需要进一步细化。江西与华南接边没有问题。广东与华南接边有些问题。广东西部的耕地偏大，纵深需要进一步细化。广东与江西接边没有问题。华北与西北接边没有大问题。陕北榆林与内蒙古的接边中榆林的草原偏少，纵深需要进一步细化。华北与华南接边没有大问题，但襄阳北部接边的旱地与水田差别太大，由于影像不合适，还需要进一步确认。襄阳以东的阔叶林偏多，纵深需要进一步细化。湖南东南部的针叶林偏多。华南与华东接边问题较大。浙江缺针叶林，而福建省针叶林偏多。浙江一方纵深需要进一步细化。另外，浙江分割尺度太大，类型单一，手工修改痕迹明显。华南与西北接边问题较大。湖北的针叶林太多，应改为阔叶与灌丛，纵深需要进一步细化。

作业块接边问题较多的地区主要是西南地区和华南地区。主要错分的类型是灌木与乔木、灌木与草丛。由于是采用人为设定的规则集阈值，接边的过程也是改进邻近作业块规则集参数选择与阈值设定、提高数据质量的过程。

5.2.2 用户核查结果分析

2013 年 3~5 月，研究人员分别前往各省（自治区、直辖市）环境保护厅进行产品质量对接，双方针对存在的问题进行交流、达成共识，并分析原因和提出解决方案（表 5-2）。研究人员与用户核查受多方面因素影响，对接过程并不是非常顺利。各省（自治区、直辖市）的核查方式也不一样，一方面针对环境保护厅核查点进行核对；另一方面，通过环境保护厅掌握的国土资源厅、林业厅、农业厅、统计局等辅助资料进行核对，这些辅助资料由于数据调查的尺度、时间、定义、方法不一样，对接存在一定难度，如退耕还林工程数据、耕地面积数据的使用等。对于不同来源的数据，需要具体分析差别原因。

表 5-2 土地覆被生产单位与用户单位第一次对接发现的问题

省（自治区、直辖市）	对接问题	原因	改进方法
北京	多期数据国土面积不一致	在 Dissolve 处理中，没有设置边界固定条件产生的图斑丢失现象	ArcGIS 修改
	落叶灌丛/针阔混交误分为草地；落叶灌丛误分为落叶阔叶林，落叶阔叶林误分为"草地"	北京近十年的林地恢复很大，森林、灌木、草地一直处于转换过程中，有很多过渡类型，现有样本太少，需要增加	重采集、再分类

续表

省（自治区、直辖市）	对接问题	原因	改进方法
天津	国土面积比官方公布面积小	省界不同，本次调查采用2009年1：25万国家测绘局省界。另外，沿海港口变化也影响面积	不改
	草本绿地中有些应是草地	没有将城区内植被分离出草本绿地	使用对象空间关系参数修改
	沿海裸土或盐碱地错分为水库/坑塘	季节差异形成的临时水域	手工修改
河北	多期数据国土面积不一致	制图问题	ArcGIS修改
	近十年林地、草地几乎不变不符合实际	变化检测阈值设置过宽	重新变化检测
山西	林地占比比部门掌握的数据多17%	—	进一步核查
内蒙古	东部大量草原错分为林地，西部地区大片草原误判为沙地	草原的季节性非常敏感，特别是受降水影响大。不同时相下的草原会产生不同的覆盖度，甚至会被误判为沙地	重新调整参数阈值、再计算
	十年变化中，森林减少的趋势与生态工程建设不一致	生产方认为是过火面积、东部土地开垦大于还未显现的生态工程效果	需要进一步核查
	未利用地与官方对不上	稀疏草地在统计数据上归为草地，而本次分类系统初期归于其他类型	不改
辽宁	水库/坑塘与湖泊混淆、落叶阔叶灌丛与旱地混淆、落叶阔叶灌丛与落叶阔叶林混淆等	参数阈值设置不合理	重计算
吉林	耕地面积比官方公布面积大	30m分辨率遥感监测的耕地通常比国土部门1m监测的耕地要多25%~30%，主要是尺度差异，30m分辨率耕地中包括道路、田埂、农村居民点等细小地物	不改
黑龙江	问题不明确	—	—
上海	绿地相比0.25m航飞监测结果偏小，黄浦江上游水源涵养林增加很多没识别出来	尺度不同，本次最小制图单元为5400m²，绿地多数属小图斑	尽量手工补充
江苏	各期国土面积不统一	受滩涂变化影响	不改
	十年坑塘、草本湿地变化太大	多期影像未配准，出现"双眼皮"现象	景对景纠正
浙江	存在接边问题	邻近作业块参数阈值不一致	调整阈值
	山区的耕地边界对不上	分割尺度偏大，混淆了其他类型	重新分割

续表

省（自治区、直辖市）	对接问题	原因	改进方法
安徽	旱地与水田混淆较多；水库/坑塘被错分为湖泊、河流、水田等类型	影像季相不适合	增加影像
福建	常绿针叶林误分为常绿阔叶林	数据质量不高，参数阈值不对	调整阈值
	建设用地过于连片	分割尺度过大，未将耕地分离	重新分割
江西	存在接边问题	邻近作业块参数阈值不对	调整阈值
山东	三期数据多数边界不套合	几何纠正误差在1个像元以上，变化检测将出现"双眼皮"现象	景对景纠正
	耕地、人工表面面积2005年以后变化大于2005年以前，与统计年鉴变化趋势相反	"双眼皮"现象造成的伪变化	景对景纠正
	耕地仍然偏大，其中有落叶阔叶林、建设用地没有识别出来	尺度偏大，多数混在一起；影像时相有非生长季的，建设用地与耕地混合；参数阈值不对，无法识别植被	调整尺度、影像、阈值
	水库/坑塘边界偏小	影像时相	换适合影像
河南	耕地面积比官方公布面积大	尺度不同，包括了非耕地	不改
湖北	问题不明确	—	—
湖南	湿地偏小	影像季相问题。洞庭湖采用冬季影像，湖面很小	用平水期影像
	山区林地中的草地未划出	参数阈值不对	调整阈值
广东	旱地、水田易被错误解译成建设用地；常绿阔叶灌丛、针叶林面积偏小。水田类别误分到湖泊、河流；草地覆被面积偏低	参数阈值不对	调整阈值，部分需要手工调整
	耕地图斑太大、交通用地偏少	分割尺度过大	再分割
广西	边界地带漏数据	Dissolve处理的制图问题	ArcGIS修改
	接边问题	还是草地与灌木林不清问题，参数阈值不对	调整阈值
	常绿阔叶误分为常绿针叶	与地形阴影有关，参数阈值不对	调整阈值
海南	常绿阔叶林和乔木园地混淆	参数选取	改用纹理方法
	十年变化图斑太大，都是伪变化	多期影像几何纠正不准	景对景纠正
重庆	对接的是重庆市林业规划设计院数据，不好对比	—	—
四川	部分林地误分了水田，农村居民地被破碎分类成了旱地	混合光谱对象	调整阈值

续表

省（自治区、直辖市）	对接问题	原因	改进方法
贵州	最大的问题是灌木的混分	贵州的灌木矮小，容易与草地光谱混合，而生产方影像很多是非生长季，降低了识别能力	夏季影像替换
云南	常绿阔叶林误分为针叶林	地形阴影造成	地形照度纠正或分区分类
云南	很多灌丛划成了草地	参数阈值不对	调整阈值
云南	灌木园地面积偏大，应该是灌丛	灌木园地与灌木光谱一样，不能有植被指数参数	改用纹理方法
西藏	草地对不上	定义不同。统计部门的草地包括稀疏草地	不改
陕西	建设用地与旱地混分	参数选择不合理。黄土高原干旱区耕地，即使在生长季光谱的绿度也很低，与建设用地光谱近似	改用纹理方法
甘肃	与部门数据接近	—	—
青海	与部门数据接近	—	—
宁夏	湿地误为水田，草地误判为裸地，山区退耕还林还草的灌丛和草地误判为耕地	西北地区的稀疏草地、裸土等属地弱信息提取，难度较大	调整参数，结合手工修改
新疆	未说明具体存在的问题	—	—

通过几轮对接和数据修改，最终于 2013 年的 9 月完成全国 31 个省（自治区、直辖市）环境保护部门签署的数据接收协议，均认可并利用该数据，进行中国生态环境变化十年评估。

5.2.3 制图专家检查及质量改进

本研究先后组织地理、生态、制图领域专家，针对数据的科学性、制图效果召开了十余次专家咨询会。结合地理学、生态学等相关学科的科学规律和专家们丰富的野外实践经验，专家们提出了许多建设性意见，指出了数据存在的问题。主要包括山西、陕西交界黄河两岸植被类型不对称，西南垂直地带性错分，沿海滩涂面积过大，西藏与新疆交接处斑块尺度不一致等问题；以及因分类时采用影像季节不一致，而产生的长江中下游湖泊面积不合理、重庆与湖北省的接边存在问题；内蒙古草原区个别稀疏林地图斑边界过于平直，自然过渡不明显的问题；喜马拉雅山脉以南地区草甸和草原的错分问题；昂孜错湖、南容藏布一带，草甸面积偏小等局部地区的细节问题。针对这些细节问题，多次组织各作业区进行修改，对遥感影像无法判读的复杂问题进行了野外实地查证，经过地面核实后再进行修改。

根据专家的意见,对分类系统类型也进行了局部调整。裸土的定义范围过大,将其中松散的砾质土壤从裸土中区分出来,定义为戈壁,主要分布于中国西北干旱区的冲积扇上,遥感光谱上难以识别,需要通过地貌条件,结合野外调查可以确定边界。而草甸、草原的分布面积过大、地带性强,根据热量和高程,细分为温性草甸、高寒草甸、温性草原、高寒草原。遥感光谱也无法识别,需要通过热量和高程进行区分。

5.3 精度验证方法

目前,土地覆被数据的质量验证方法很多,由于采用的验证方法不同,同一产品由不同团队验证会得到不同的验证精度(DeFries et al.,2000)。在全球土地覆被数据库中,IGBP DISCover 1km 数据采用分层随机抽样方法(Kelly et al.,1999),验证 17 类中的 15 类,每类 25 个样点,基于 TM 或 SPOT 数据目视解译,选择三位专家独立解译,形成一套意见一致的样点数据库进行评价,虽然样点相对较少,但质量较高、代表性较强。NASA MODIS 全球土地覆被数据(MOD12Q1)采用整群抽样方法,全球布设 1000 个 30m 分辨率的样方,每个样方大小为 20km×20km,对样方全体进行调查后进行土地覆被数据评价(Strahler et al.,2003)。美国马里兰大学采用同样的方法,基于全球 150 景 TM 的分类,开展了全球覆盖精度验证,该方法可操作性强,样本量大、但代表性较弱,而且高分辨率影像的分类本身也存在精度问题。与中国土地覆被同一尺度的美国全国土地覆被(NLCD)的验证,采用分层随机抽样方法对土地覆被数据进行精度评价(Wickham et al.,2010),将美国划分 10 个生态区,每个区 15 个类别、每个类别 100 个样点进行随机抽查,分层后采用随机抽样的方法,利用高分辨率的航片等资料,对全区、分区分别进行精度评价。该方法适用于区域差异较大情况下的精度评价,但方法依赖于样本数据源,除了美国之外,别的国家很难实现。还有些相对验证方法,通过多个土地覆被数据的对比,进行其中的一致性分析,评估遥感监测的质量(Hansen et al.,2000),这种相对评价的方法只能进行土地覆被类型一致性判断分析。

5.3.1 分层随机抽样

中国地域辽阔,地形复杂,覆盖多个气候区,土地覆被类型在不同区域、生态系统中也呈现出不同的结构和景观特征。例如,中国西北地区土地覆被景观单一、类型面积大,而南方斑块小、类型多,混合类型也较多。利用遥感方法提取土地覆被类型信息,在不同地区会受到景观特征的影响,遥感分类精度会有差异。为了验证土地覆被数据的精度,采用等概率抽样方式,不能客观反映不同区域的特征与精度差异,采用分层随机抽样的验证方法可以增大各分层中区域的共性,容易抽出具有代表性的调查样本,合理评价不同地区的土地覆被分类精度。为此,根据中国地域特征总体情况复杂,各区域之间差异较大、区域较多的特点,考虑到不同层的异质性,采用分层抽样方法评价 2010 年全国土地覆被数据的精度。

分层抽样（stratified sampling）将总体分为若干个子体，抽样单元按某种特征或某种规则划分为不同的层，分别进行独立抽样，将各层的样本结合起来，对总体的目标量进行估计。它保证了样本中包含有各种特征的抽样单元，样本的结构与总体的结构比较相近，从而可以有效地提高估计的精度和抽样效率。分层抽样估计量的方差值与层内方差有关，与层间方差无关。通过对总体分层，尽可能地降低层内差异，使层间差异增大，从而提高估计的精度，减少简单随机抽样可能出现极端的情况，避免了简单随机抽样缺点，而结果的统计正确性方面保留了随机性的优点。分层抽样不仅能对总体指标进行推算，而且能对各层指标进行估计。

基于分层抽样方法，2010 年全国土地覆被验证方案（图 5-7）：首先确定样本大小，建立全国等大的样本总体，根据总体数量与土地覆被监测精度要求，进行样本量的估计；根据全国土地覆被空间的异质性特征，建立全国土地覆被分层；在分层的基础上，依据各层的参数比例，确定分层样本量，遵循随机分布的原则，分层分配样本；对确定的样本进行野外实地调查或通过其他渠道获取与数据生产一致的地面真实数据，验证调查基本上与最初的土地覆被调查同步进行，反映验证的有效性；将样本数据与 2010 年的土地覆被分类数据进行空间叠加，建立误差混合矩阵，进行精度评估；分析每个一级类和二级类的土地覆被类型的总精度、用户者精度、生产者精度及分层精度。

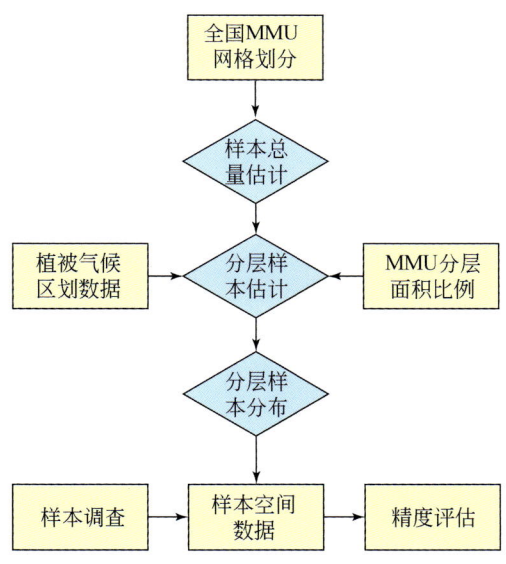

图 5-7 2010 年全国土地覆被验证流程图

5.3.2　总体样本量

全国土地覆被制图的最小制图单元面积为 60m×90m。故验证点所代表的面积至少不小于 MMU 面积，采样总体可以理解为 MMU 的集合，即国土面积除以 MMU 的商。中国陆地范围样本总体为 1.78 亿个。根据样本总体大小,估算总体样本量,以及分配至各个层次的样本量。

抽样样本量是指保证达到调查结果预期精度所必须抽取的最小样本单元数。适宜的样本量是通过综合考虑调查估计值的精度要求和对调查实施的各种制约因素权衡决定的。为了满足估算精度的要求,根据抽样的要求,抽样最小样本 n 的计算公式如下(金勇进等,2002):

$$n_0 = \frac{t_\alpha^2 p (1-p)}{d^2} \tag{5-1}$$

$$n = \frac{n_0}{1 + \frac{n_0 - 1}{N}} \tag{5-2}$$

式中,N 为目标总体;d 为要求的估算误差;t_α 为在某个置信度下对应的系数,可从查找表中获取;p 为抽样保守值;n_0 为未修正的样本数量;n 为修正后的样本数量。

全国土地覆被验证的置信度 $p = 95\%$,对应的 $t = 1.96$,验证最大允许绝对误差为 $d = 1\%$,当保守值 p 为 0.5 时,达到极大样本量。全国土地覆被验证样本量为 9604 个。

$$n_0 = \frac{1.96^2 \times 0.5 \times (1-0.5)}{0.01^2} = 9604$$

$$n = \frac{9604}{1 + \frac{(9604-1) \times 0.54}{9600000 \times 100}} = 9604$$

5.3.3 分层样本量

建立土地覆被植被-气候分层,通过分层,使土地覆被类型特征具有层内一致、层间差异的效果。从空间角度分析,影响土地覆被精度的因素主要有土地覆被类型的光谱响应和土地覆被的区域特征。不同土地覆被类型的分类精度不一样,如水面比耕地相对容易识别。土地覆被的区域特征使同一土地覆被类型在不同区域上有结构、成分的差别,如北方的灌丛矮小、南方的灌丛高大,而同一类型精度在小范围内比较一致。假设气候-植被区划与土地覆被的异质性有明显的相关性,同一气候分区内的土地覆被类型特征一致,同一类型具有相同或类似的高度、盖度、分层结构、物候和光谱特征,从而反映一致的分类精度。

植被气候区划是基于水热状况划分的,热量带主要参照多年平均气温,干湿状况参照多年降水指标。通过全国 303 个气象站点的 30 年年平均气温和 30 年年平均降水的空间插值,其中气温插值利用 1km DEM 数据垂直梯度方法,在此基础上根据不同气温、降水阈值进行分区,阈值的设定考虑自然植被的地带性分布。最后在水热状况相对一致的同时兼顾区域完整性的原则,把全国分为 9 个区(图 5-8,表 5-3)。

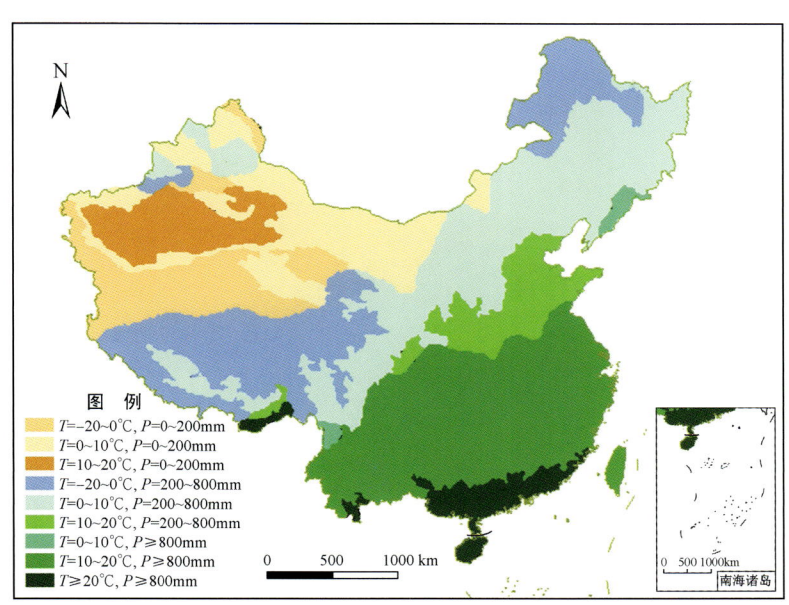

图 5-8　全国土地覆被植被–气候分层

注：T 为多年平均气温，P 为多年平均降水。

表 5-3　中国植被–气候分层表

编号	名称	多年平均气温/℃	多年平均降水/mm	样本比例/%	总样本/个	分层样本/个
Z1	热带湿润区	$T>20$	$P>800$	3.80	9604	368
Z2	亚热带湿润区	$T>10$	$P>800$	22.10	9604	2126
Z3	西南亚热带湿润区	$T=0\sim10$	$P>800$	0.80	9604	77
Z4	华北暖温带半湿润地区	$T>10$	$P=200\sim800$	5.90	9604	571
Z5	北方温带半湿润地区	$T=0\sim10$	$P=200\sim800$	23.10	9604	2229
Z6	西北暖温带干旱区	$T>10$	$P=0\sim200$	5.90	9604	568
Z7	北方温带干旱区	$T=0\sim10$	$P=0\sim200$	12.30	9604	1182
Z8	寒温带与青藏高原半湿润区	$T=-20\sim0$	$P=200\sim800$	16.90	9604	1619
Z9	寒温带与青藏高原干旱区	$T=-20\sim0$	$P=0\sim200$	9.00	9604	864

样本分配采用分层定比法，即各层样本数与该层总体数的比值相等。将植被–气候的总体按 9 个分层子体个数所占的比例进行各个分层样本的分配，确保每个分层的样本数据量不因随机性分配减少或增多样本量（表 5-3）。

在满足抽样分层样本数量的基础上，进行空间上随机地分配样点。以 MMU 为基本样本单元，划分全国 MMU 矢量网格，以各分层样本数为控制数量，随机分配分层样本（图 5-9）。

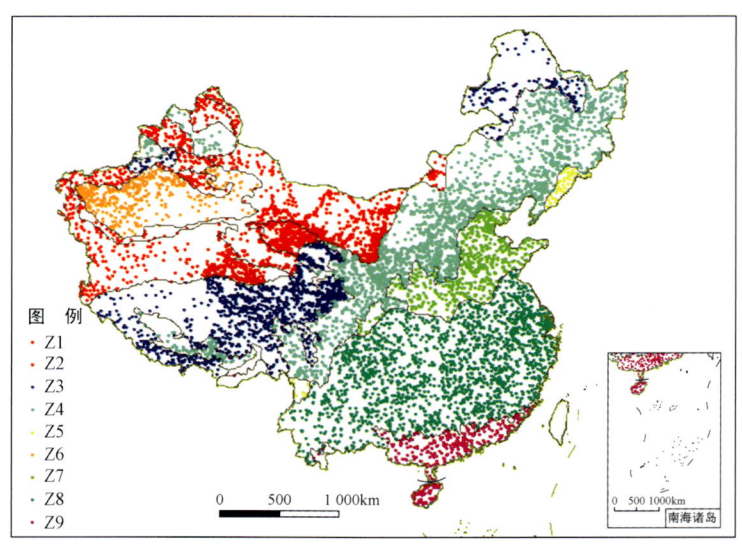

图 5-9 全国分层抽样的 9604 样点分布图

5.3.4 验证样本调查

土地覆被验证样本的调查采用三种途径：野外样本点调查、高辨率影像识别和 Google Earth 的样点识别。大部分野外样点在公路两侧的调查样点构成，地面无法抵达的样点从高分辨率影像上识别补充。野外调查中，根据样点布设，利用 ArcGIS 的 GPS Tool 工具实现 GPS 导航系统，在 ArcMAP 矢量点文件中将在室内布设的采样点输入属性，生成采样点分布图和相应的属性表。在野外逐点进行标定，在样点周围找到纯地类的中间位置，如果样点不在纯地类中（60m×90m），将布设样点进行平移，确保样点落在 MMU 大小以上的纯地类中，在影像上相应的位置标定样点，并将描述的信息填写在野外采样表和矢量属性表中（表 5-4）。GPS 导航系统使用的是 2010 年前后环境星影像底图辅助地物的识别，利用空间相对关系确定地块的准确位置（GPS 有一定误差，要找相对位置），在影像相应的地点生成空间属性的点文件，并在样点库中输入属性信息，依据野外调查表的内容进行一一描述和照相。

表 5-4 土地覆被外业调查样线及样点属性表

序号	LC_ID	LC_Type	VGT_Type	VGT_fun	Discription	Photo	Date
1	201	温性草原	芒草	自然放牧	覆盖度20%	5012	—
2	501	建设用地	—	—	建筑密度30%	5013	—
3	302	旱地	—	—	水土保持措施	—	—
4	101	常绿阔叶林	—	—	郁闭度40%	5014	—
……	……	……	……	……	……	……	……

野外调查未能到达的地区的样本时,采用遥感高分辨率影像、Google Earth 进行辅助抽样。样地采用优于 2m 分辨率的遥感数据,收集近期的影像数据,包括 QB、Wordview、Ikonos、Orbview 等影像数据,以及同一年代的航片数据、Google Earth 上的高分辨率影像。由于影像与地面调查仍然有差异和不确定性,为确保验证点的真实性判别,采用多个判读人员独立对影像进行目标点的解译,三人解译达成共识的类型为有效验证点。考虑到验证分全国层次和气候区层次精度评估,在气候区层次上需要更多的样点,实际样点采集点在理论样点的基础上,扩充到 31 658 个(图 5-10)。

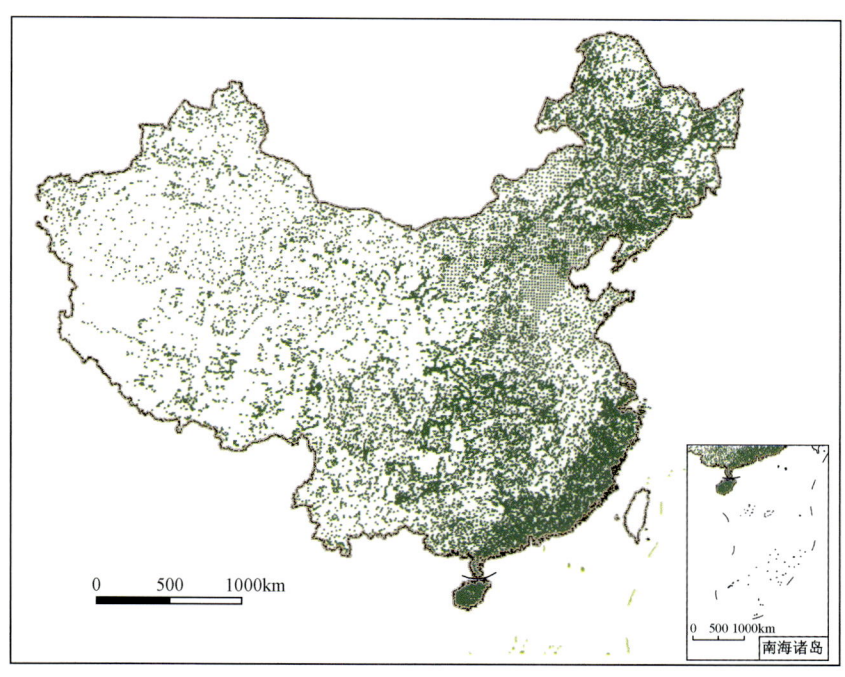

图 5-10　全国 31 658 个验证点分布图

5.3.5　土地覆被精度评估方法

验证样本的土地覆被类型与相应位置的 2010 年全国土地覆被进行空间叠加,逐个图斑判断正误率。验证提供 4 组精度,全国土地覆被一级分类精度、全国土地覆被精度二级分类、植被-气候分区的土地覆被精度一级分类、气候分区土地覆被二级分类精度。

精度评估分为总体精度、用户精度、生产者精度。在分层抽样后,每一抽样单元精度的计算可以通过分类结果与样点数据之间比较,计算其正确率。对于某一样本 i,其分类的正确率计算公式为

$$y_i = \frac{p_a}{p} \tag{5-3}$$

式中,p_a 为解译正确的图斑数;p 为样本 i 中所包含的所有图斑数。

5.4 中国土地覆被精度评估

精度是土地覆被数据产品的基础，是用户利用数据产品的前提，因此，数据产品验证和精度评估是分类后的必要步骤。中国土地覆被产品的精度评估采用分层随机抽样方法，通过野外实地调查进行验证，保证精度评估的可靠性，而且分层随机抽样也使样本的类型结构与总体结构相近，评估结果更具代表性。

5.4.1 全国土地覆被精度

根据分层随机抽样原则，首先按照最小制图单元，确定全国总体样本大小；然后依据全国土地覆被的地带性特征进行分层，并估计各层样本量；最后在满足分层样本数量的基础上，在空间上随机分配样点。样点采集之后，通过直接对比野外验证点与分类结果，形成数据转换混合矩阵，计算分类的用户者精度、生产者精度和总精度，在分区精度评估中，对样本量小于5个点的类型不进行评估。

经验证，全国土地覆被一级类精度达到94%，二级类精度为86%（图5-11、图5-12）。在土地覆被遥感分类过程中，受遥感信息源、地物复杂程度及认识差异的影响，西北、华北及华东的精度要稍高于东北、西南及华南，主要原因是前者土地覆被类型较为单一，且同一土地覆被类型分布较为集中；而东北、西南及华南由于地形和气候条件复杂，土地覆被类型多样，且分布破碎化严重，不集中连片，分类难度较大，精度较低。

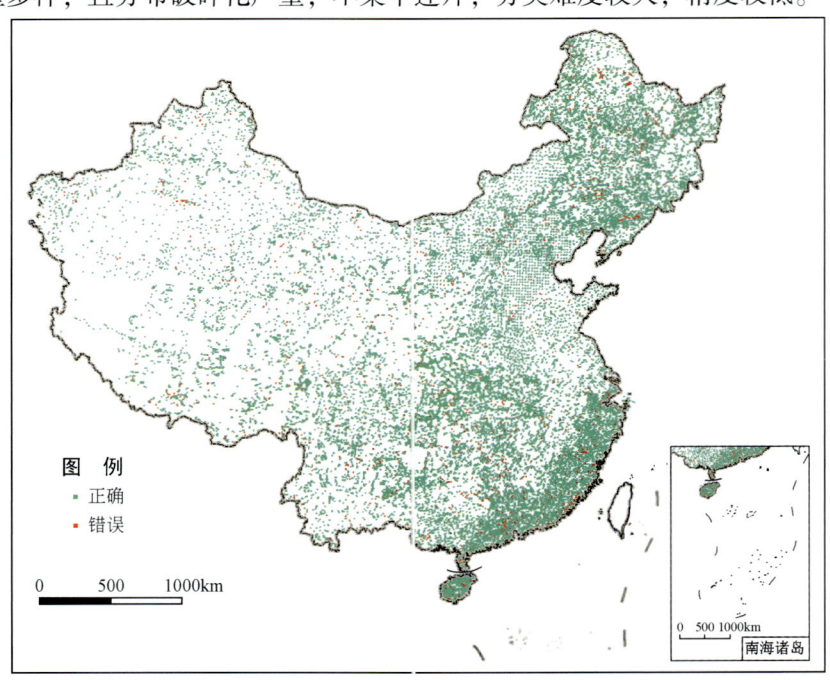

图 5-11　全国土地覆被一级类验证结果

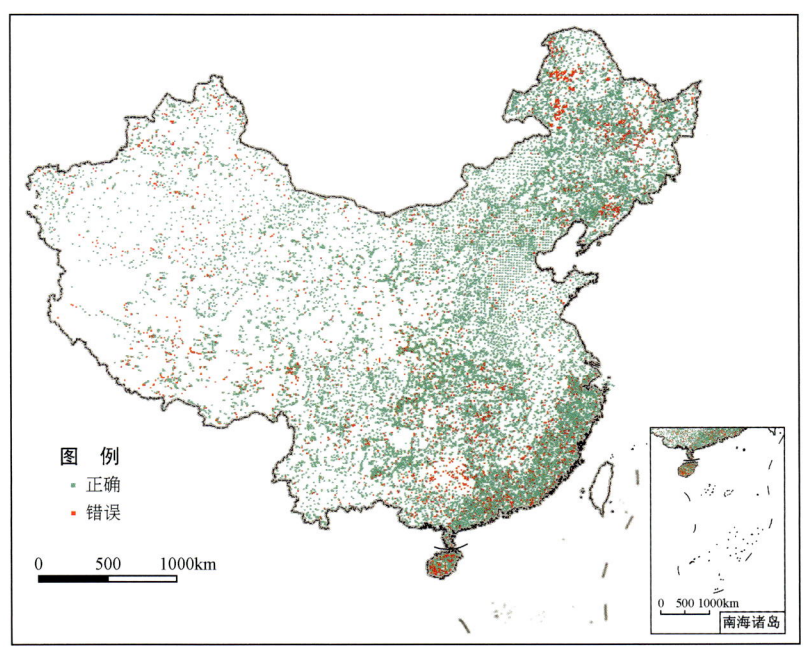

图 5-12 全国土地覆被二级类验证结果

不同类的精度有差别,一级类中,湿地的精度相对较高,草地的精度相对较差(图 5-13)。主要是因为在湿地类型中,湖泊、河流、水库/坑塘和运河/水渠(四者总面积占湿地的 60%)的影像特征较为明显,容易与其他类型进行区分,分类精度也较高;而草地类型则容易与其他植被类型混淆,如草原与旱地、草甸与草本湿地、山区中的草丛与灌丛较难区分,分类精度相对较低。

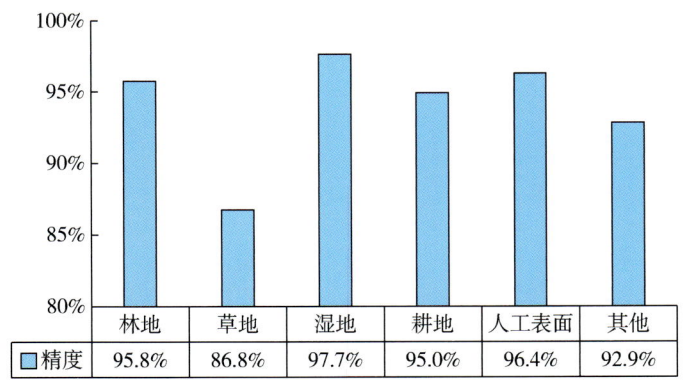

	林地	草地	湿地	耕地	人工表面	其他
精度	95.8%	86.8%	97.7%	95.0%	96.4%	92.9%

图 5-13 全国土地覆被一级类精度

二级类中,冰川/永久积雪、沙漠、湖泊等单一连片的类型往往容易识别,分类精度较高;而绿地、沼泽等类型,一般面积较小,且往往镶嵌在其他类型中,分类难度较高,精度也较低(表 5-5)。此外,位于类型定义边界处的分类容易出现错误而导致分类精度

表 5-5 全国及分区土地覆被二级类型精度评估

(单位:%)

类型	全国 UA	全国 PA	热带湿润区 UA	热带湿润区 PA	亚热带湿润区 UA	亚热带湿润区 PA	西南亚热带湿润区 UA	西南亚热带湿润区 PA	华北暖温带半湿润区 UA	华北暖温带半湿润区 PA	北方温带半湿润区 UA	北方温带半湿润区 PA	西北暖温带干旱区 UA	西北暖温带干旱区 PA	北方温带干旱区 UA	北方温带干旱区 PA	寒温带与青藏高原半湿润区 UA	寒温带与青藏高原半湿润区 PA	寒温带与青藏高原干旱区 UA	寒温带与青藏高原干旱区 PA
常绿阔叶林	94	86	94	86	94	86	100	71	94	97	55	69	—	—	—	—	87	87	—	—
落叶阔叶林	82	79	—	—	85	75	74	85	87	91	80	83	94	74	86	75	80	50	—	—
常绿针叶林	90	90	83	94	89	91	85	79	90	85	94	89	—	—	100	100	96	86	100	100
落叶针叶林	68	52	—	—	87	33	75	36	83	71	65	70	—	—	—	—	60	39	—	—
针阔混交林	64	80	79	86	76	90	70	87	88	86	74	58	—	—	—	—	31	84	100	93
常绿阔叶灌丛	71	73	45	39	75	81	86	86	—	—	61	55	—	—	—	—	20	39	—	—
落叶阔叶灌丛	71	73	100	40	74	83	67	31	87	71	72	69	—	—	70	100	45	70	—	—
常绿针叶灌丛	56	83	—	—	—	—	—	—	—	—	—	—	—	—	—	—	—	—	—	—
稀疏林	50	20	—	—	100	22	—	—	—	—	—	—	100	20	71	79	—	—	—	—
稀疏灌丛	67	88	—	—	—	—	—	—	—	—	96	96	10	100	—	—	85	88	75	75
乔木园地	83	86	85	87	82	86	78	100	80	86	—	—	86	75	—	—	—	—	—	—
灌木园地	82	85	59	93	85	84	—	—	—	—	88	88	88	100	81	81	80	67	50	33
乔木绿地	81	88	55	100	85	90	—	—	—	—	76	70	14	—	70	64	78	63	81	66
灌木绿地	67	22	—	—	100	22	—	—	—	—	—	—	—	100	—	—	—	—	—	—
温带草原	86	87	—	—	80	84	—	—	—	—	89	91	50	30	85	81	85	88	66	96
高寒草原	78	62	—	—	—	—	—	—	78	86	82	92	89	—	88	83	59	67	50	—
温带草甸	77	66	—	—	—	—	—	—	—	—	84	81	14	100	70	64	78	63	81	66
高寒草甸	93	97	—	—	—	—	—	—	—	—	89	100	—	—	75	100	96	96	88	96
草丛	80	84	100	62	80	84	—	—	—	—	82	92	89	36	—	—	—	—	—	—
稀疏草地	80	81	—	—	—	—	—	—	—	—	84	81	89	—	88	83	59	87	81	72
草木绿地	67	57	—	—	—	—	—	—	—	—	91	—	100	100	100	100	83	—	—	—
水田	85	90	63	81	89	91	90	100	100	95	91	91	100	100	100	100	83	100	—	—

第5章 | 土地覆被质量控制与精度验证

续表

类型	全国 UA	全国 PA	热带湿润区 UA	热带湿润区 PA	亚热带湿润区 UA	亚热带湿润区 PA	西南亚热带湿润区 UA	西南亚热带湿润区 PA	华北暖温带半湿润区 UA	华北暖温带半湿润区 PA	北方温带半湿润区 UA	北方温带半湿润区 PA	西北暖温带干旱区 UA	西北暖温带干旱区 PA	北方温带干旱区 UA	北方温带干旱区 PA	寒温带与青藏高原半湿润区 UA	寒温带与青藏高原半湿润区 PA	寒温带与青藏高原干旱区 UA	寒温带与青藏高原干旱区 PA
旱地	91	89	74	65	85	85	98	93	96	97	95	94	96	92	96	97	99	84	—	—
乔木湿地	25	38	—	—	10	20	—	—	—	—	—	—	—	—	—	—	—	—	—	—
灌木湿地	86	45	—	—	—	—	—	—	—	—	—	—	—	—	—	—	91	51	—	—
草本湿地	87	89	—	—	91	74	—	—	—	—	81	97	—	—	100	93	89	89	77	100
湖泊	93	98	—	—	77	99	—	—	55	100	97	95	—	—	100	100	100	99	100	99
水库/坑塘	96	93	98	93	96	92	—	—	97	93	94	96	100	100	93	93	100	100	—	—
河流	95	95	96	93	95	96	100	100	96	98	98	88	83	100	92	100	100	95	100	100
运河/水渠	100	88	—	—	100	100	—	—	—	—	—	—	—	—	—	—	—	—	—	—
建设用地	93	94	88	94	92	93	86	100	96	97	94	97	83	100	98	100	100	97	—	—
交通用地	80	86	71	71	82	89	—	—	94	94	71	65	—	—	50	71	75	100	75	75
采矿场	91	70	—	—	94	60	—	—	—	—	100	100	—	—	100	100	—	—	—	—
苔藓/地衣	50	100	—	—	—	—	—	—	—	—	—	—	—	—	—	—	—	—	—	—
裸岩	93	94	—	—	71	83	—	—	—	—	76	90	67	86	96	97	99	94	97	97
戈壁	91	97	—	—	—	—	—	—	—	—	—	—	92	97	91	97	—	—	—	100
裸土	81	90	100	57	86	81	—	—	—	—	78	100	76	76	79	98	83	91	79	97
沙漠	92	93	—	—	82	74	—	—	—	—	89	98	99	96	94	97	—	—	80	57
盐碱地	87	78	—	—	—	—	—	—	—	—	91	74	79	92	98	79	—	—	—	—
冰川/永久积雪	97	100	—	—	100	100	86	100	—	—	100	100	—	—	—	—	97	100	96	100
类别数	40		16		28		13		15		28		18		22		24		16	
面积/(×10⁴km²)	957		37		212		8		57		222		57		118		161		86	
总精度	86		83		87		82		92		88		89		83		81		85	

注：UA，用户者精度（%）；PA，生产者精度（%）

下降，如沙漠/沙地、稀疏草地和草原三者的区分，阔叶林、针叶林和针阔混交林的区分，等等。地理地带边界处的分类也容易出现错误，如长城内外的草原和草丛、秦岭—淮河一线的常绿阔叶林和落叶阔叶林的区分等。

5.4.2 分层土地覆被精度

通过建立土地覆被植被-气候分层，对中国土地覆被进行抽样验证和精度评估。全国共分为9层。

(1) 热带湿润区

本区多年平均气温大于20℃，年平均降水量大于800mm，地处南岭以南地区。主要土地覆被类型为常绿阔叶林、乔木园地、水田和旱地，二级类别数为16个。一级土地覆被类型分类精度见图5-14，二级分类精度见表5-5。在该区域，橡胶林面积较大，在分类系统中属于乔木园地，但其影像特征与阔叶林相近，较难与其区分，造成二者的分类不确定性较大。

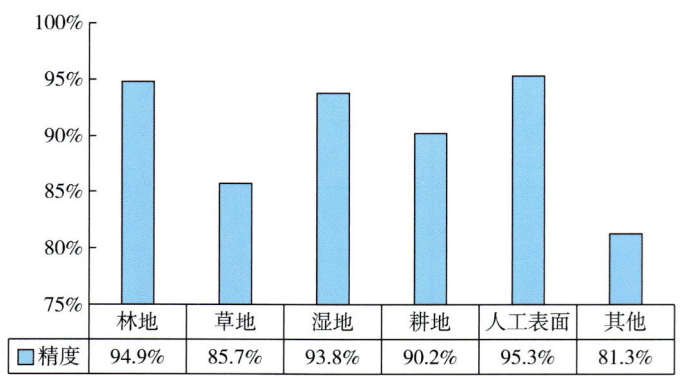

图5-14 热带湿润区土地覆被一级类精度

(2) 亚热带湿润区

本区多年平均气温为10~20℃，年平均降水量大于800mm，地处长江中、下游和云贵高原地带。主要土地覆被类型为常绿阔叶林、水田和旱地，二级类别数为28个。一级土地覆被类型分类精度见图5-15，二级分类精度见表5-5。在该区域，草地类型主要是草丛，是森林群落被破坏后形成的次生植被，一般分布在山地海拔较低的地方，其影像特征与灌丛及周围的耕地相近，分类难度较大，一定程度上影响了分类的准确性；阔叶林与灌丛界线划分的不确定性较大，导致二者的分类精度相对较低；此外，有部分农作物种植区域水旱轮作，水田和旱地交替存在，给耕地二级类划分造成一定困难。

(3) 西南亚热带和东北温带湿润区

本区多年平均气温为0~10℃，年平均降水量大于800mm，地处云南西北部，分布面积较小。主要土地覆被类型为落叶阔叶林、常绿阔叶林、落叶针叶林、常绿针叶林及针阔

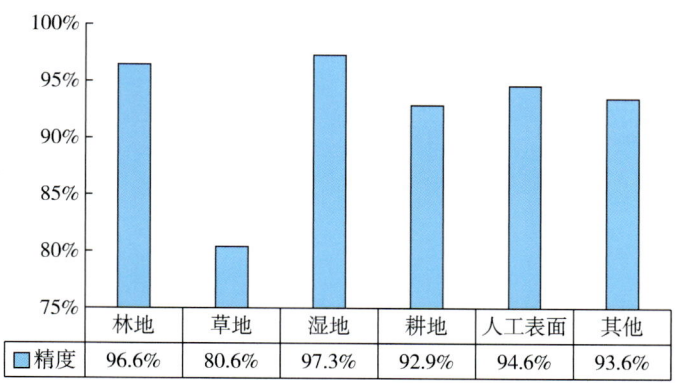

图 5-15 亚热带湿润区土地覆被一级类精度

混交林，二级类别数为 13 个。一级土地覆被类型分类精度见图 5-16，二级分类精度见表 5-5。在东北长白山地区，由于人工林较多，无明显的垂直地带分布规律，而且大多属于落叶林，包括落叶阔叶林、落叶针叶林以及二者的混交林，多时相影像也很难反映出差异，分类的不确定性相对较大。

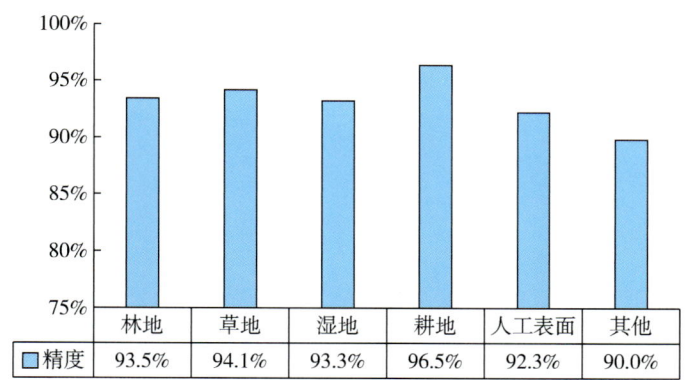

图 5-16 西南亚热带和东北温带湿润区土地覆被一级类精度

（4）华北暖温带半湿润地区

本区多年平均气温一般为 10~20℃，年平均降水量为 200~800mm，地处华北平原和关中地带。主要土地覆被类型为旱地、居住地、落叶阔叶林和常绿阔叶林，二级类别数 15 个。一级土地覆被类型分类精度见图 5-17，二级分类精度见表 5-5。耕地连片、建设用地分布其间，这些类型的划分精度较高。该区域位于暖温带向亚热带过渡的区域，分布有落叶阔叶林和常绿阔叶林的混交林，混交比例不同，类型归属也不同，而在中分辨率遥感影像中较难精确判断二者所占比例，一定程度上影响了分类的精度。

（5）北方温带半湿润地区

本区多年平均气温为 0~10℃，年平均降水量为 200~800mm，地处中国华北北部、东北、黄土高原地带。主要土地覆被类型为草原、旱地和落叶阔叶林，二级类别数为 28

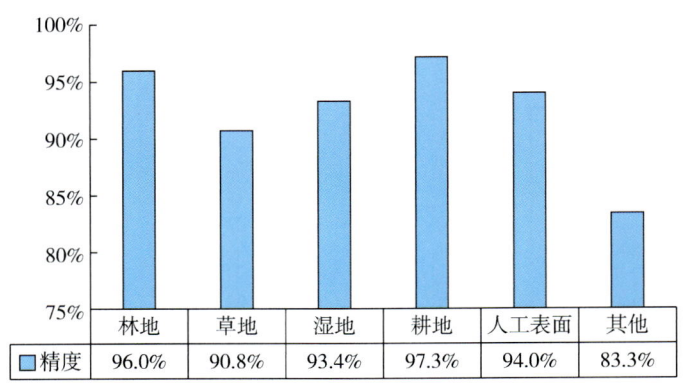

图 5-17　华北暖温带半湿润地区土地覆被一级类精度

个。一级土地覆被类型分类精度见图 5-18，二级分类精度见表 5-5。该区分布有大量的温性草原，特征明显，分类精度高，同样常绿针叶林分类效果较好，而常绿阔叶林与常绿灌丛相互混淆，精度都不太高；在暖温带落叶阔叶林向温带草原过渡的区域内，灌草丛是典型的地带性植被类型，灌木和草的比例决定了类型的划分，但影像对于比例变化的敏感度较差，给二者的分类带来了一定程度的不确定性。此外，在山西山区和内蒙古，耕地纹理特征不明显，部分耕地影像特征与草地近似，也会影响分类的精度。

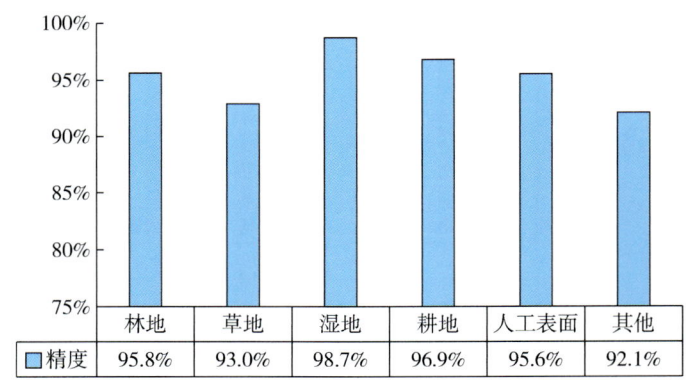

图 5-18　北方温带半湿润地区土地覆被一级类精度

（6）西北暖温带干旱区

本区多年平均气温为 10～20℃，年平均降水量为 0～200mm，地处塔里木盆地地带。区域内类型较为单一，二级类别数为 18 个，主要土地覆被类型为沙漠/沙地。一级土地覆被类型分类精度如图 5-19 所示，二级分类精度见表 5-5。这一地区的耕地、水体、永久积雪与其他类型有明显的差异，分类精度较高，而大量的荒漠类、草地类土地覆被类型，分类的不确定性较大，存在少量稀疏草地和裸土之间的分类易受遥感数据的时相影响，边界识别的精度相对较低。

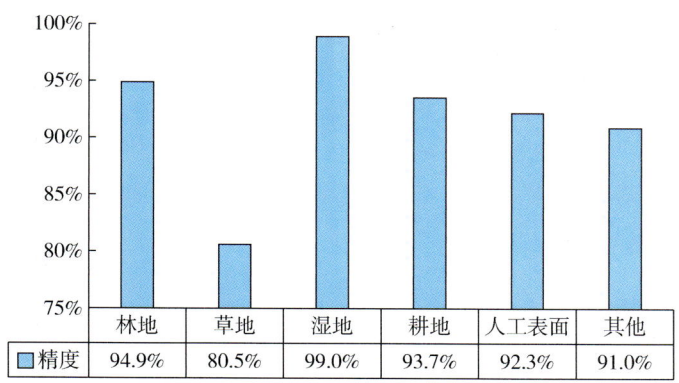

图 5-19　西北暖温带干旱区土地覆被一级类精度

(7) 北方温带干旱区

本区多年平均气温为 0~10℃，年平均降水量为 0~200mm，地处中国西北地区。这一地区虽然景观单一，类别数为 22 个，但出现的类型多是在影像上容易混淆的类型，主要土地覆被类型包括草原、稀疏草地、裸土、裸岩和沙漠/沙地，一级土地覆被类型分类精度见图 5-20，二级分类精度见表 5.9。草原、稀疏草地和裸土受季节变化影响，会出现相互转换的情况。降水较多的年份，植被覆盖度升高，部分裸土变成稀疏草地，也有稀疏草地转化成草原；反之，在降水较少的年份，部分稀疏草地也会向裸土转变，草原也会转为稀疏草地。同一区域内如果遥感数据的时相不一致，就会产生分类不一致的问题，不仅降低数据精度，还会影响用户对数据的使用。为避免这一问题，数据生产时采用了时相一致的较低分辨率的遥感影像辅助分类，解决了数据时相不一致的问题，也提高了分类精度，但相对较低的分辨率也给类型边界的识别带来了一定的不确定性。此外，中分辨率影像对覆盖度比例变化的敏感性较低，也给草原和稀疏草地、稀疏草地和裸土之间的分类带来了困难。

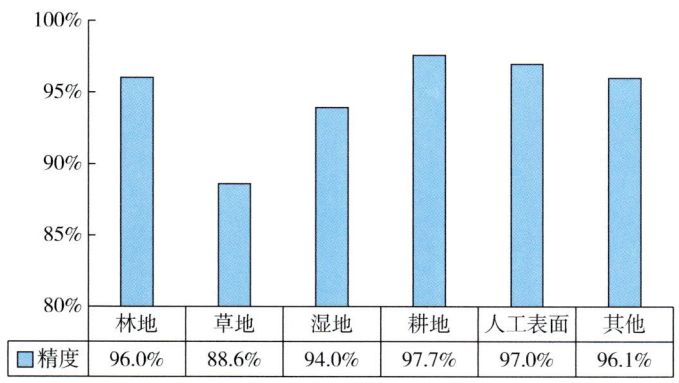

图 5-20　北方温带干旱区土地覆被一级类精度

(8) 寒温带与青藏高原半湿润区

本区多年平均气温为 -20~0℃，年平均降水量为 200~800mm，包括中国青藏高原中、东部和黑龙江北部。主要土地覆被类型为草原、草甸和草本沼泽，植被类型单一、地带性强，森林类、耕地类、裸露类划分精度较高，二级类别数为 24 个。一级土地覆被类型分类精度见图 5-21，二级分类精度见表 5-5。草原是地带性植被，草甸一般不呈地带性分布，它的形成与中、低温度和适中的水分条件相关。草原和草甸在影像中的特征相近，因此，在对二者进行区分时，主要依据是其分布特点。但在青藏高原东部，以蒿草为主的高寒草甸成为独特的高原地带性植被类型，且其边界较为模糊，给分类增加了不确定性。

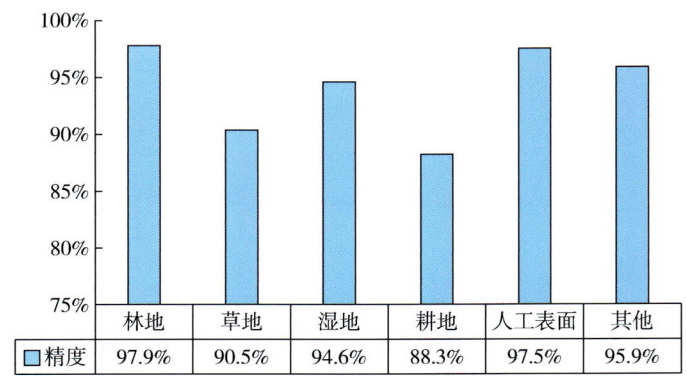

图 5-21　寒温带与青藏高原半湿润区土地覆被一级类精度

(9) 寒温带与青藏高原干旱区

本区多年平均气温为 -20~0℃，年平均降水量为 0~200mm，地处中国青藏高原西北部。主要土地覆被类型为稀疏草地、裸土、裸岩、冰川/永久积雪，二级类别数为 16 个。一级土地覆被类型分类精度见图 5-22，二级分类精度见表 5-5。冰川/永久积雪往往呈连片分布，分类的不确定性较小，乔木类型影像特征明显，地带性强，有利于遥感识别；裸露类型比较单一，分类精度高；稀疏草地和裸土或裸岩之间的分类易受遥感数据的时相影响，且中分辨率影像对覆盖度比例变化的敏感性相对较低，给二者边界的识别造成一定程度的不确定性。而温性草原和高寒草原季节性强，由于气候干旱，影像相对典型草原覆盖度较低，特征不是很明显，不容易识别。

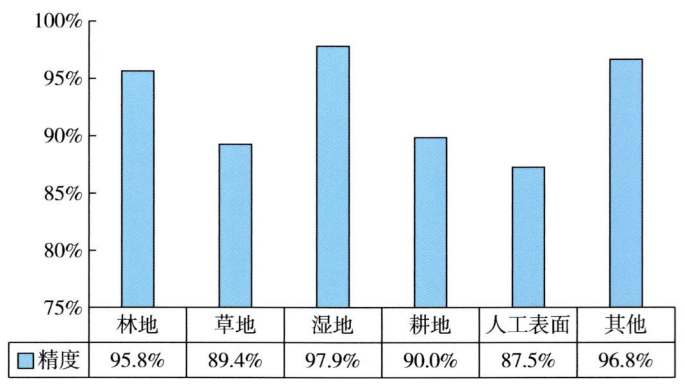

图 5-22　寒温带与青藏高原干旱区土地覆被一级类精度

第 6 章　中国土地覆被特征

土地覆被是自然和人文因素综合作用的反映,对其研究不仅要考虑中国的综合特征,还要针对不同区域类型分析关键地区的独自特征。我国的土地覆被不但存在自然条件差异下的区域分异现象,还有不同行政经济管理区划下的大区域及省、市级的区域特征。

6.1　中国土地覆被总体特征

中国地势东南低、西北高,北部和南部是呈东西走向的山脉,西北部是较完整的高原,东南部是南北走向的高山峡谷,山地、高原和丘陵约占陆地面积的2/3,盆地和平原约占陆地面积的1/3。季风影响显著,范围广阔,来自印度洋和太平洋的水汽进入,东南温暖湿润、西北寒冷干旱。东部沿海是主要农业基地、工业区,交通尤其是海运交通便利,经济国际化程度高;中部地区位于中国腹地,担负承东启西的作用,能源和矿产资源丰富,是农业、林业、牧业产品的重要产区,有色金属和重工业发达;西部地区农业基础薄弱,交通落后,科技文化不发达,西北地区荒漠化严重,生态有恶化趋势。中国复杂多样的自然与社会条件决定了中国土地覆被类型多样性,陆地上的主要土地覆被类型在中国均有分布,而空间差异特征决定了不同类型土地覆被分布不均匀的显著特征,其中耕地主要分布在湿润、半湿润平原、盆地及低山丘陵,北方以旱地为主,南方以水田为主;林地主要分布在东北、西南的深山区和边远地区及东南山地;草地主要分布在内陆干旱、半干旱高原、山地及青藏高原;而西北部气候干旱,植被稀少、裸地广泛分布;在有水分条件的平坦地区分布有绿洲,高山地区发育有现代冰川(图6-1)。

2010年中国土地覆被总体以草地所占比例最大(表6-1),占总土地面积的29.65%,其次是林地占28.37%,耕地占18.25%,其他覆被类型占17.32%,湿地占3.74%,而人工表面所占比例最小,仅为2.68%。

中国各地干湿状况差异很大,根据降水量和蒸发量比值而确定的干燥度(黄秉维,1958),我国自东南向西北分布湿润地区、半湿润地区、半干旱地区、干旱地区和极干旱区,其分别占国土总面积的比例依次为36.28%、15.63%、10.82%、19.96%和17.32%。可见仅靠降水,中国将近一半的土地植物生长受缺少胁迫。

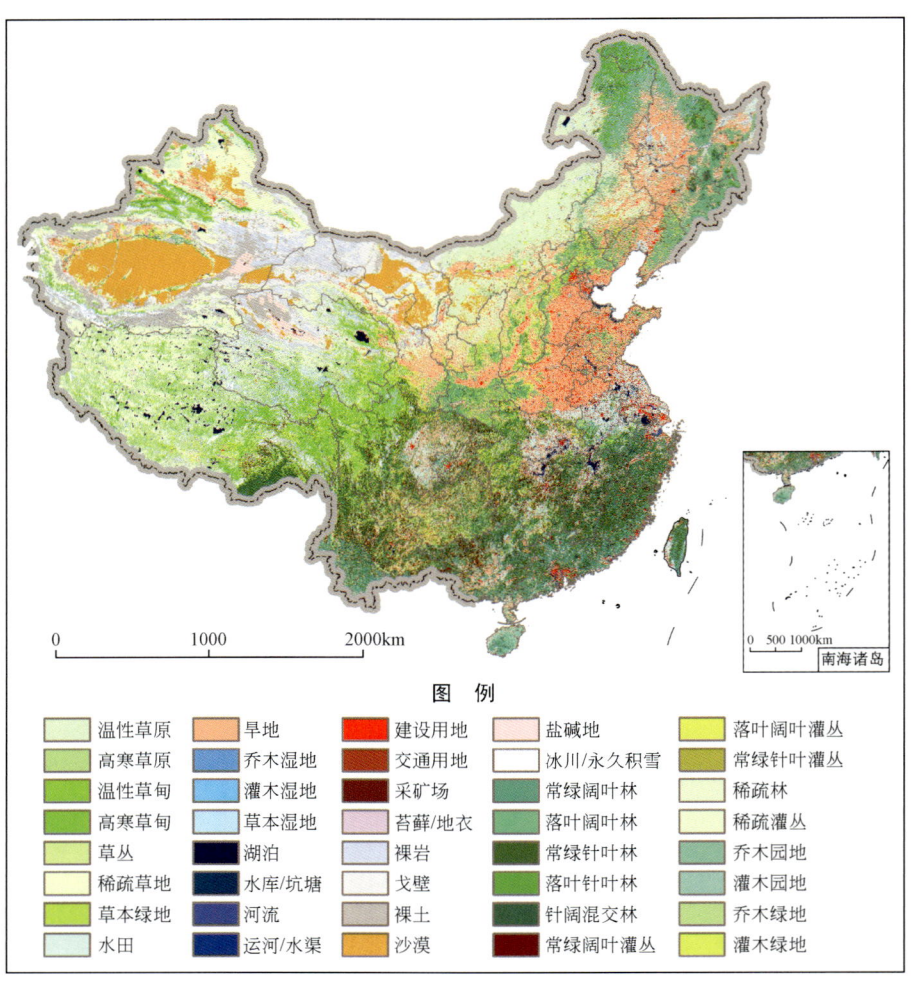

图 6-1　2010 年中国土地覆被现状图

表 6-1　2010 年中国不同类型土地覆被分省面积　　　（单位：km²）

省（自治区、直辖市、特别行政区）	林地	草地	耕地	湿地	人工表面	其他	总计
北京	9 269.275	1 054.475	2 821.985	286.783	2 938.139	35.176	16 405.833
天津	545.639	165.597	6 112.127	2 036.644	2 706.863	119.569	11 686.439
河北	61 878.646	19 217.089	86 581.127	3 654.147	15 989.083	418.775	187 738.867
山西	46 584.814	44 625.251	58 340.960	673.612	6 459.573	99.976	156 784.186
内蒙古	200 976.564	527 307.422	117 283.978	47 465.444	13 588.999	239 242.000	1 145 864.407
辽宁	61 678.598	1 920.219	65 110.677	5 742.462	11 402.169	202.940	146 057.065
吉林	85 676.049	6 751.195	81 406.403	7 405.692	7 623.681	2 114.171	190 977.191
黑龙江	200 745.767	5 895.284	185 390.946	47 900.309	11 841.078	770.949	452 544.333
上海	661.189	33.822	3 695.297	815.080	2 746.557	0.000	7 951.945

续表

省(自治区、直辖市、特别行政区)	林地	草地	耕地	湿地	人工表面	其他	总计
江苏	4 488.030	178.239	57 285.905	15 714.846	24 235.470	70.560	101 973.050
浙江	63 746.538	1 384.392	21 702.077	6 590.414	10 960.959	73.850	104 458.230
安徽	37 005.764	2 204.496	75 749.323	9 963.382	15 032.301	167.507	140 122.773
福建	102 680.789	814.745	11 568.439	1 948.596	5 036.708	17.241	122 066.518
江西	11 0015.220	3495.895	34 528.366	9 188.677	9 533.116	181.941	166 943.215
山东	19 770.982	6 397.361	94 752.828	9 503.615	24 751.863	1 191.110	156 367.759
河南	34 573.864	4 166.077	104 290.014	2 880.316	19 408.689	329.222	165 648.182
湖北	89 511.206	1 458.065	72 825.986	14 035.382	8 022.317	43.023	185 895.979
湖南	129 812.976	4 422.303	62 138.796	8 248.490	6 805.653	435.929	211 864.147
广东	116 487.224	255.063	37 797.828	8 920.971	12 912.505	1 056.569	177 430.160
广西	158 747.073	4 647.221	63 426.134	4 079.166	5 606.241	5.318	236 511.153
海南	23 216.925	93.324	8 674.382	2 231.308	752.323	5 649.565	40 617.827
重庆	46 764.265	6 124.089	25 833.112	1 529.468	2 122.940	13.459	82 387.333
四川	233 263.958	121 512.975	102 485.963	9 508.713	3 827.792	15 516.216	486 115.617
贵州	97 372.621	30 725.339	44 193.968	1 225.973	2 503.935	76.381	176 098.217
云南	259 702.721	53 405.983	61 248.453	3 156.806	3 742.136	1 939.106	38 3195.205
西藏	171 066.662	851 766.338	5 791.179	53 816.129	655.773	119 386.545	1 202 482.626
陕西	94 208.691	48 607.460	54 858.140	1 169.352	4 140.761	2 565.224	205 549.628
甘肃	55 377.069	118 274.854	73 540.191	2 727.850	3 843.610	171 679.250	425 442.824
青海	29 379.677	376 986.344	8 760.622	48 517.847	1 830.236	231 171.318	696 646.044
宁夏	4 589.629	22 203.202	17 474.942	552.186	1 684.337	5 453.639	51 957.935
新疆	121 388.013	551 699.420	80 964.469	22 275.396	9 559.936	845 843.346	1 631 730.580
台湾	24 623.760	251.714	7 975.559	1 356.471	2 091.905	18.524	36 317.933
香港和澳门	818.665	0.482	143.430	37.738	101.415	0.000	1 101.730
总计	2 696 628.863	2 818 045.735	1 734 753.606	355 159.265	254 459.063	645 888.399	9 504 934.931

注：因四舍五入原因，总计可能不严格等于各项之和。下同。

中国土地覆被在不同干湿气候区相差很大（表6-2）。湿润区以林地为主，所占面积超过本区面积的一半以上，其次是耕地，占本区面积的比例接近1/4，其他类型区域所占比例都不足1%。半湿润区则以耕地为主，占本区域总面积的41.34%，林地和草地所占比例均大于20%，面积所占比例最小的是其他类型。半干旱区以草地为主，占本区域面积的54.70%，其次是林地和耕地，两者各占本区域面积的比例略超过15%，其他类型的面积相对于前两个区域增加。干旱区仍以草地为主，且其比例比半干旱区有所增加，其他覆被类型也大面积增加，所占面积比例位居第二位，林地所占比例急剧减少，人工表面所占比例也减少较多。但是湿地所占比例比半干旱区高。极干旱区以其他类型为主，其占本区域面积的比例达64.29%，其次是草地，占本区域面积的比例为23.13%；耕地所占比例不足 5%，湿地和人工表面所占比例都不足 1%。

表 6-2 2010 年中国不同气候区土地覆被面积及结构

土地覆被类型		林地	草地	耕地	湿地	人工表面	其他	总计
湿润区	面积/km²	2 038 633.717	298 111.835 7	814 572.595 2	155 752.900 7	114 732.245 9	26 379.869 91	3 448 183.164
	比例/%	59.12	8.65	23.62	4.52	3.33	0.76	100.00
半湿润区	面积/km²	310 171.955 9	326 596.150 3	613 974.004	80 671.418 56	106 331.663 8	47 471.270 31	1 485 216.463
	比例/%	20.88	21.99	41.34	5.43	7.16	3.20	100.00
半干旱区	面积/km²	171 294.444	562 598.295 8	157 323.906 9	32 172.860 35	14 853.479 39	90 284.775 03	1 028 527.761
	比例/%	16.65	54.70	15.30	3.13	1.44	8.78	100.00
干旱区	面积/km²	68 691.935 39	1 250 053.737	71 380.536 18	75 249.164 75	8 166.228 903	423 595.485 9	1 897 137.088
	比例/%	3.62	65.89	3.76	3.97	0.43	22.33	100.00
极干旱区	面积/km²	107 836.808 9	380 685.718	77 502.564 06	11 312.920 05	10 375.447 19	1 058 156.995	1 645 870.453
	比例/%	6.55	23.13	4.71	0.69	0.63	64.29	100.00
中国	面积/km²	2 696 628.861	2 818 045.736	1 734 753.606	355 159.264 4	254 459.065 2	1 645 888.396	9 504 934.929
	比例/%	28.37	29.65	18.25	3.74	2.68	17.32	100.00

不同气候区的水热条件决定了土地覆被的基本格局。林地集中分布在湿润区，从湿润区到干旱区林地面积所占的比例急剧减小，在干旱区最少，极干旱区比例增加是因为该地区稀疏灌丛分布较多。草地主要分布在干旱和半干旱区，草地面积所占比例在干旱区最大，在极干旱区分布为 13.51%，是因为该地区有大面积稀疏草地的存在。湿地主要分布在湿润区、半湿润区和干旱区，其面积在湿润区所占比例最高，在极干旱区分布最少。耕地面积所占比例在湿润区最大，而在干旱区所占比例最小；由于耕地大面积的分布，人工表面面积在湿润区所占比例也最高，在干旱区所占比例最小。其他类型占极干旱区的绝大部分，在湿润区所占比例最小（表 6-3）。

表 6-3 2010 年中国不同气候区土地覆被类型比例 （单位:%）

土地覆被类型	湿润区（干燥度<1.0）	半湿润区（干燥度为 1~1.5）	半干旱区（干燥度为 1.5~2.0）	干旱区（干燥度为 2.0~4.0）	极干旱区（干燥度>4.0）
林地	75.60	11.50	6.35	2.55	4.00
草地	10.58	11.59	19.96	44.36	13.51
耕地	46.96	35.39	9.07	4.11	4.47
湿地	43.85	22.71	9.06	21.19	3.19

续表

土地覆被类型	湿润区 （干燥度<1.0）	半湿润区 （干燥度为1~1.5）	半干旱区 （干燥度为1.5~2.0）	干旱区 （干燥度为2.0~4.0）	极干旱区 （干燥度>4.0）
人工表面	45.09	41.79	5.84	3.21	4.08
其他	1.60	2.88	5.49	25.74	64.29
总计	36.28	15.63	10.82	19.96	17.32

6.2 中国不同类型土地覆被特征

6.2.1 中国林地覆被特征

中国特殊的地理位置和自然历史条件下林地覆被丰富，森林类型多样，分布格局具有明显的地带性分布特征，但是森林覆盖率低，地区差异很大（图6-2）。中国绝大部分林地覆被集中分布东北、西南交通不便的深山区和边疆地区以及东南部的山地。东北地区的森林资源主要集中在大兴安岭、小兴安岭和长白山等地区。西南地区的森林资源主要分布在川西、滇西北、藏东南的高山峡谷地区。南方地区人工林占有很高的比重，森林资源的分布比较均匀。

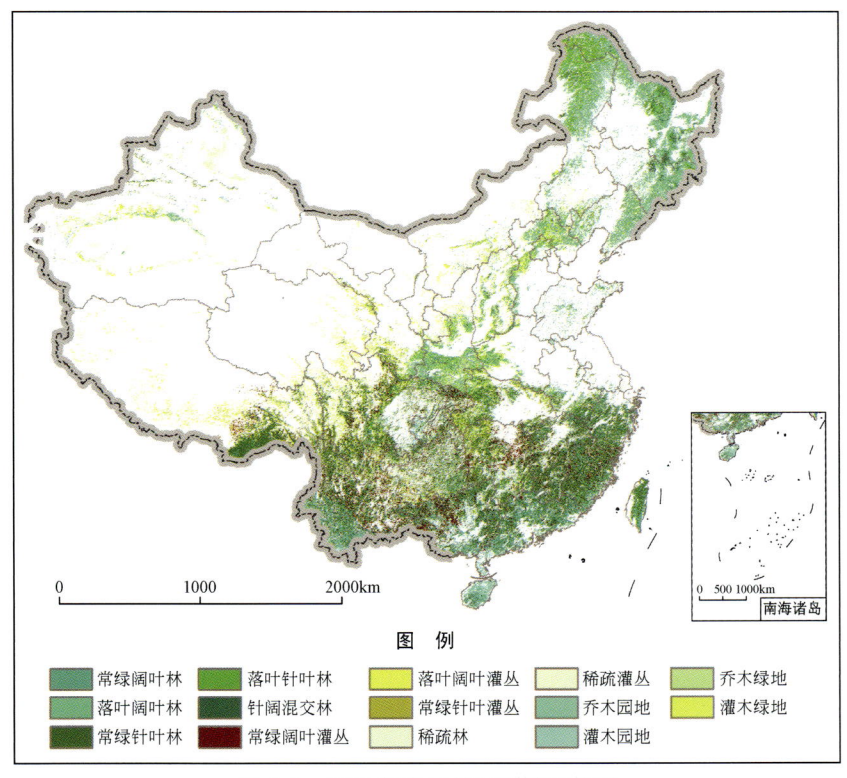

图6-2 2010年中国林地覆被现状图

中国林地覆被总面积 2 696 628.861km²，占国土总面积的 28.37%。林地覆被面积占土地总面的比例超过 50% 的有福建、广西、云南、台湾、广东、江西、海南、湖南、浙江、重庆、北京、贵州、香港和澳门 13 省（自治区、直辖市、特别行政区），比例为 30%~50% 的有四川、湖北、黑龙江、陕西、吉林、辽宁和河北 7 个省，比例为 10%~30% 的有山西、安徽、河南、内蒙古、西藏、甘肃和山东 7 省（自治区），小于 10% 的有宁夏、上海、天津、江苏、青海和新疆 6 省（自治区、直辖市）。

中国林地覆被中常绿针叶林面积最大，有 787 467.007km²，占中国林地覆被面积的 29.20%；西南地区的四川、云南、西藏、东部季风区的湖南、江西、广西、福建、湖北、贵州、广东和浙江等省（自治区）的常绿针叶林面积占中国的 87% 以上，其余分布在东北、西北的高山地区及华东丘陵地区。

中国有落叶阔叶林面积 574 353.014km²，占中国林地覆被面积的 21.40%；东北地区黑龙江、吉林、辽宁，华北的内蒙古、河北、山西、河南，西北地区的陕西、甘肃及贵州等地，这些地区的落叶阔叶林面积占中国的 85% 以上，其余分布在山东、湖北的丘陵及西南地区的高山区。

中国有落叶阔叶灌丛面积 420 584.699km²，占中国林地覆被面积的 15.60%，主要分布在西南地区的西藏和四川、华北地区的内蒙古、河北、山西和河南、西北地区的陕西、甘肃、新疆、和青海及华中的湖北、湖南丘陵山区，这些地区落叶阔叶灌丛面积占中国的 90% 以上，其他散布在贵州、安徽及辽宁等地。

中国有常绿阔叶林面积 370 019.057km²，占中国林地覆被面积的 13.72%；主要分布在西南地区的云南、四川、贵州、西藏东南部和重庆，华南地区的广东、广西、海南，华东地区的福建、江西、浙江、湖南及台湾省，这些地区常绿阔叶林的面积占中国的 95% 以上，其他地区都是零星分布。

中国有常绿阔叶灌丛面积 160 077.544km²，占中国林地覆被面积的 5.94%；主要分布在西南地区的云南、四川、贵州、西藏、重庆，华南地区的广西、广东，华中地区的湖南及华东的福建等地，这些地区常绿阔叶灌丛面积占中国的 98% 以上，其他地区都是零星分布。

中国有落叶针叶林面积 105 959.634km²，占中国林地覆被面积的 3.93%；主要分布在东北地区的黑龙江、内蒙古东部、吉林、辽宁省及新疆的天山地区，这些地区落叶针叶林面积占中国的 99% 以上。

中国有针阔混交林面积 90 726.016km²，占中国林地覆被面积的 3.36%；主要分布在东北地区的黑龙江、吉林和内蒙古东部、华东地区的江西和浙江省、华南地区的广东和广西、西北地区的陕西省、西南地区的四川、重庆、西藏东南部等地，这些地区针阔混交林面积占中国的 90% 以上，其他地区是零散分布。

中国有稀疏灌丛面积 85 468.695km²，占中国林地覆被面积的 3.17%；主要分布在新疆，占中国面积的 82.86%，其他分布地主要有内蒙古、贵州、西藏、甘肃等。

中国有乔木园地面积 47 689.170km²，占中国林地覆被面积的 1.77%；主要分布在华南地区的海南、广东和广西，华东地区的福建、西南地区的四川、云南和贵州及新疆等地，这些地区的乔木园地面积占中国的 83% 以上，其余分散分布在除黑龙江、西藏、青海

表6-4 2010年中国林地覆被各类型面积

(单位：km²)

省（自治区、直辖市、特别行政区）	常绿阔叶林	落叶阔叶林	常绿针叶林	落叶针叶林	针阔混交林	常绿阔叶灌丛	落叶阔叶灌丛	常绿针叶灌丛	稀疏林	稀疏灌丛	乔木园地	灌木园地	乔木绿地	灌木绿地	合计
北京	0.000	3 920.447	595.796	45.504	115.288	1.426	3 651.226	0.000	0.000	0.000	840.811	0.000	98.777	0.000	9 269.275
天津	0.000	295.080	11.023	0.733	9.639	1.714	127.725	0.000	0.000	0.000	97.972	0.000	1.754	0.000	545.640
河北	0.000	35 696.249	3 590.380	253.535	16.567	0.000	20 911.892	0.000	0.000	0.000	1 410.022	0.000	0.000	0.000	61 878.645
山西	0.000	18 654.337	5 621.720	7.192	33.624	0.000	21 547.619	0.000	664.400	0.801	52.882	1.097	0.000	1.141	46 584.813
内蒙	0.000	109 755.353	3 155.275	48 285.941	2 735.408	0.000	25 314.809	12.058	4 712.941	6 818.712	3.818	35.281	133.694	13.274	200 976.564
辽宁	0.000	49 459.248	3 918.425	1 855.278	698.715	0.000	5 650.837	7.764	5.945	2.278	25.656	33.006	21.196	0.000	61 678.597
吉林	0.000	67 917.005	4 002.217	2 358.873	9 763.901	0.000	1 579.503	0.000	26.455	10.643	17.451	0.000	0.000	0.000	85 676.048
黑龙江	0.000	128 769.091	4 198.339	46 906.695	20 040.673	0.000	818.020	1.348	0.000	0.516	11.085	0.000	0.000	0.000	200 745.767
上海	42.310	1.507	0.000	5.367	0.000	0.000	0.000	0.000	0.000	0.000	0.460	117.710	493.835	0.000	661.189
江苏	542.160	1 300.290	824.009	76.769	340.333	7.058	146.340	0.000	0.000	3.433	450.540	732.358	64.451	0.288	4 488.029
浙江	18 293.553	1 995.946	32 776.513	0.000	7 674.183	1 435.613	64.560	83.635	4.981	14.730	588.976	806.011	21.241	6.306	63 746.537
安徽	10 569.082	5 428.582	14 658.175	0.000	241.882	192.323	4 813.006	0.000	162.887	0.000	872.017	210.581	19.522	0.511	37 005.766
福建	30 948.333	0.172	51 676.578	0.000	610.316	11 161.370	0.000	0.000	0.085	0.000	6 198.866	1 844.003	241.150	0.000	102 680.788
江西	23 325.467	229.600	65 274.174	0.787	8 923.178	9 546.267	1 048.625	0.000	4.981	14.730	356.317	1 196.577	93.561	0.954	110 015.218
山东	0.000	15 216.548	2 069.732	498.280	472.380	2.246	376.628	0.469	162.887	0.000	433.335	514.616	23.073	0.789	19 770.983
河南	0.536	16 660.616	2 626.231	0.000	1 102.780	0.000	13 889.752	0.000	112.634	0.000	179.861	0.159	1.047	0.248	34 573.864
湖北	2 954.037	14 757.823	42 479.262	24.133	851.777	964.670	26 741.665	2.620	0.458	0.023	534.296	57.086	143.316	0.040	89 511.206
湖南	15 823.071	4 029.354	67 869.906	0.295	1 581.097	17 614.979	21 066.822	3.420	0.020	0.100	394.066	1 326.223	103.624	0.000	129 812.977
广东	63 307.338	5.622	34 758.060	2.004	8 541.394	2 890.371	4.896	0.000	197.718	1.213	6 188.840	226.403	363.268	0.097	116 487.224

续表

省（自治区、直辖市、特别行政区）	常绿阔叶林	落叶阔叶林	常绿针叶林	落叶针叶林	针阔混交林	常绿阔叶灌丛	落叶阔叶灌丛	常绿针叶灌丛	稀疏林	稀疏灌丛	乔木园地	灌木园地	乔木绿地	灌木绿地	合计
广西	62 765.789	2 948.366	52 651.276	0.000	7 768.519	26 385.657	3 050.501	0.000	0.067	0.000	2 250.021	821.667	69.862	35.348	158 747.073
海南	8 699.760	0.000	353.477	0.000	175.073	443.259	0.204	0.000	0.000	0.000	13 542.117	0.000	3.034	0.000	23 216.924
重庆	8 669.796	3 561.546	19 327.349	37.988	1 828.560	9 026.407	2 445.408	0.000	326.085	1.157	756.049	669.701	47.041	67.178	46 764.265
四川	14 919.155	9 100.700	115 669.535	0.672	4 771.490	20 143.173	59 789.531	3 767.996	5.654	230.561	4 741.913	58.154	63.532	1.890	233 263.956
贵州	11 669.730	10 722.536	43 155.953	0.000	1 279.780	12 657.285	14 621.811	0.000	0.000	1 572.011	1 006.271	615.656	56.913	14.676	97 372.622
云南	75 693.322	1 212.568	108 975.309	0.000	4.247	37 505.665	8 256.602	0.189	180.267	0.000	3 727.826	24 275.957	51.038	0.000	259 702.723
西藏	8 547.618	407.886	73 596.120	5.050	2 373.804	10 013.633	69 504.114	3 815.404	99.159	2 608.291	0.716	0.000	13.757	0.000	171 066.660
陕西	398.810	50 872.546	460.646	13.567	7 356.321	14.802	33 631.657	0.000	99.159	700.887	643.620	7.364	0.683	8.628	94 208.690
甘肃	0.000	11 596.891	8 156.635	11.682	1 317.807	0.000	32 388.287	0.000	30.629	1 836.605	11.587	4.668	20.835	1.444	55 377.070
青海	0.000	53.201	2 879.197	0.000	8.165	0.000	25 966.163	0.000	5.364	456.433	0.000	0.000	7.557	3.597	29 379.677
宁夏	0.000	304.955	273.413	9.869	77.222	0.000	3 417.305	0.000	1.086	391.293	57.476	39.971	15.539	1.499	4 589.628
新疆	0.000	9 478.917	9 505.403	5 559.419	0.000	0.000	19 759.192	1 069.878	1 457.801	70 819.009	2 258.622	1 360.850	88.924	29.999	121 388.014
台湾	12 500.840	0.032	11 911.868	0.000	0.000	69.627	0.000	0.000	0.000	0.000	24.305	0.000	117.089	0.000	24 623.761
香港和澳门	348.351	0.000	444.763	0.000	11.890	0.000	0.000	0.000	0.000	0.000	11.375	0.000	2.286	0.000	818.665
总计	370 019.057	574 353.014	787 467.007	105 959.634	90 726.016	160 077.544	420 584.699	8 764.783	7 994.636	85 468.695	47 689.170	34 955.099	2 381.600	187.907	2 696 628.861

和上海外的其他地区。

中国有灌木园地面积 34 955.099km², 占中国林地覆被面积的 1.30%; 主要是云南、福建、湖南、江西省的茶园, 新疆的葡萄园, 这些园地占中国的 85% 以上, 其余灌木园地都是分散分布。

中国有常绿针叶灌木林面积 8764.783km², 占中国林地覆被面积的 0.30%; 主要分布在四川、西藏和新疆, 这些地区的常绿针叶灌木林面积占中国的 98% 以上, 其他地区都是零星分布。

中国有乔木绿地面积 2381.600km², 占中国林地覆被面积的 0.09%; 主要分布在经济发达的东部省市及土地资源丰富的内蒙古、新疆等地, 其他地区所占比例不大。

中国有灌木绿地面积 187.907km², 占中国林地覆被面积的 0.01%; 主要分布在重庆、广西、新疆、贵州、内蒙古、陕西、浙江等省（自治区、直辖市）, 这些地区的灌木绿地面积占中国的 90% 以上。

6.2.2 中国草地覆被特征

中国有草地面积 2 818 045.737km², 占总土地面积的 29.65%, 是我国第一大生态系统, 主要分布在在干旱和半干旱的西北地区、北方高原和山地、青藏高原等地东北草原区、蒙宁甘草原区、新疆草原区、青藏草原区和南方山草坡区（图 6-3）。按占中国草地面积的比例, 西藏最大, 达 30.23%, 其次是新疆, 占 19.58%, 其依次是内蒙古、青海、四川、甘肃、云南、陕西、山西、贵州等, 这些地区草地占中国的 95% 以上（表 6-5）。

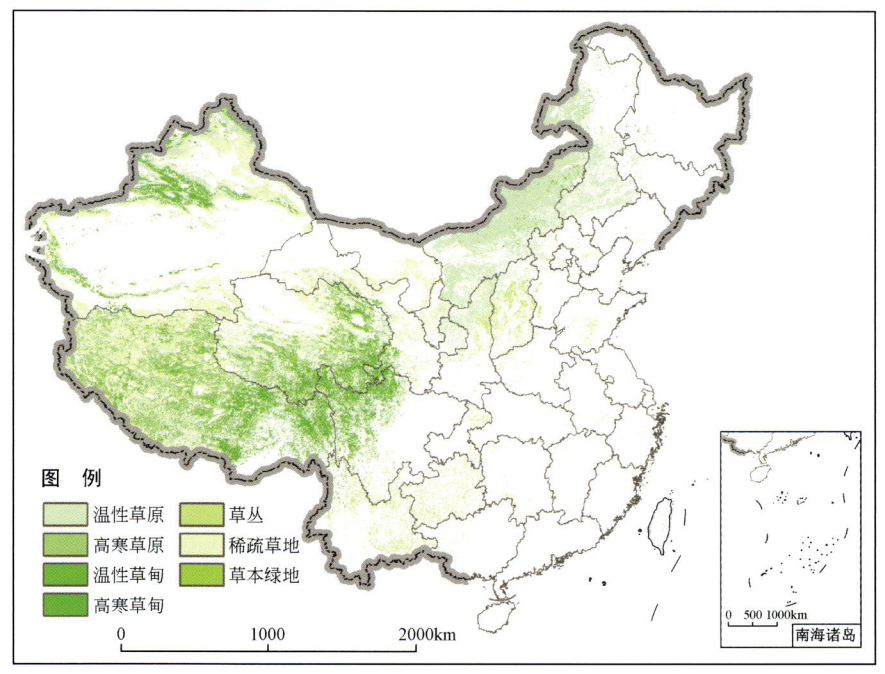

图 6-3 2010 年中国草地覆被现状图

表 6-5　2010 年中国草地覆被各类型面积　　　　　　　　（单位：km²）

省（自治区、直辖市、特别行政区）	温性草原	高寒草原	温性草甸	高寒草甸	草丛	稀疏草地	草本绿地	总计
北京	5.347	0.000	22.637	0.000	814.313	23.754	188.425	1 054.476
天津	0.000	0.000	0.000	0.000	103.065	6.291	56.242	165.598
河北	10 811.410	0.000	387.421	0.000	7 721.104	91.351	205.803	19 217.089
山西	9 043.105	0.000	199.559	0.000	35 304.092	5.672	72.823	44 625.251
内蒙	467 479.625	0.000	10 317.547	0.000	3 295.570	46 200.772	13.907	527 307.421
辽宁	533.510	0.000	59.831	0.000	1 313.458	1.518	11.902	1 920.219
吉林	6 320.474	0.000	32.313	0.000	389.049	9.049	0.310	6 751.195
黑龙江	4 526.174	0.000	957.893	0.000	408.515	0.675	2.027	5 895.284
上海	0.000	0.000	0.000	0.000	0.000	0.000	33.822	33.822
江苏	0.000	0.000	0.000	0.000	146.864	0.000	31.375	178.239
浙江	0.000	0.000	0.000	0.000	1 163.951	0.000	220.441	1 384.392
安徽	0.000	0.000	0.000	0.000	2 204.304	0.000	0.192	2 204.496
福建	0.000	0.000	0.000	0.000	740.153	0.000	74.592	814.745
江西	0.000	0.000	0.000	0.000	2 518.759	965.667	11.470	3 495.896
山东	0.833	0.000	1.481	0.000	6 320.843	41.944	32.259	6 397.360
河南	0.008	0.000	0.781	0.000	4 152.804	0.078	12.405	4 166.076
湖北	0.000	0.000	1.642	0.000	1 456.074	0.349	0.000	1 458.065
湖南	0.000	0.000	1.650	0.000	4 420.415	0.008	0.230	4 422.303
广东	0.000	0.000	0.000	0.000	201.830	0.000	53.233	255.063
广西	0.000	0.000	0.000	0.000	4 646.908	0.000	0.313	4 647.221
海南	0.000	0.000	0.000	0.000	74.312	0.000	19.013	93.325
重庆	0.000	0.000	199.432	0.000	5 924.532	0.110	0.015	6 124.089
四川	2 299.888	24 871.459	538.593	74 677.868	7 785.161	11 339.455	0.552	121 512.976
贵州	0.000	0.000	16.140	0.000	30 690.956	17.275	0.968	30 725.339
云南	803.801	3 317.387	824.226	3 282.942	43 823.857	1 353.770	0.000	53 405.983
西藏	3 144.788	286 071.344	831.657	169 927.930	2.481	391 786.767	1.373	851 766.340
陕西	28 659.067	0.000	9.610	0.000	15 843.402	4 088.781	6.601	48 607.461
甘肃	32 364.511	3 361.761	4 572.194	12 683.827	4 975.149	60 314.277	3.134	118 274.853
青海	60 517.173	76 162.214	21 402.415	87 583.006	0.000	131 315.745	5.792	376 986.345
宁夏	8 509.384	0.000	0.052	0.000	0.355	13 677.804	15.608	22 203.203
新疆	126 084.059	8 599.760	101 243.107	20 323.302	0.000	295 391.134	58.057	551 699.419
台湾	0.000	0.000	201.907	0.000	46.720	0.000	3.087	251.714

续表

省（自治区、直辖市、特别行政区）	温性草原	高寒草原	温性草甸	高寒草甸	草丛	稀疏草地	草本绿地	总计
香港和澳门	0.000	0.000	0.000	0.000	0.000	0.000	0.482	0.482
总计	761 103.157	402 383.925	141 822.088	368 478.875	186 488.996	956 632.246	1 136.453	2 818 045.737

草地覆被中稀疏草地面积为956 632.246km²，为草地的主要类型，占草地面积的33.95%，主要分布在受降水或温度限制的干旱区的新疆、内蒙古、甘肃和宁夏以及青藏高原区的西藏、青海，这些地区的稀疏草地面积占中国稀疏草地面积的98%以上。

中国有温性草原面积为761 103.157km²，占草地面积的27.01%，主要分布在内蒙古、西藏、新疆、青海、陕西、甘肃等省区降雨量小于400mm的地区，这些地区的草原面积占中国草原面积的93%以上。

中国高寒草原面积为402 383.925km²，占草地面积的14.28%，基本分布青藏高原区的西藏、青海、四川和天山、阿勒泰山等分布的新疆，这些地区的高寒草原面积占中国高寒草原面积的98%以上。

中国高寒草甸面积为368 478.875km²，占草地面积的13.08%，分布与高寒草原基本相同但水分条件相对较好的地区，主要在西藏、青海、新疆、四川和甘肃，这些地区的高寒草原面积占中国高寒草原面积的99%以上。

中国有草丛面积186 488.996km²，占草地面积的6.62%，主要分布在云南、山西、贵州、河北、陕西、山东、重庆、甘肃、湖南、河南、四川、江西、安徽等省区次生草地区，绝大部分系森林植被屡遭破坏后形成的次生草地，这些地区的草丛占中国的95%以上。

中国温性草甸面积为141 822.088km²，占草地面积的5.03%，基本分布在新疆、青海、甘肃、内蒙古等省（自治区）的低海拔水分充足的区域，这些地区温性草甸占中国的96%以上。

中国有草本绿地1136.453km²，仅占中国草地面积的0.04%；草本绿地作为城市绿地的主要类型，主要分布在浙江、河北、北京、福建、天津、广东、上海、江苏、山东经济发达省（直辖市）的城市及土地资源比较丰富的新疆、宁夏、内蒙古等地区的城市。

6.2.3 中国湿地覆被特征

中国有湿地355 159.264km²（不包括水田），占总土地面积的3.74%，从寒温带到热带、从沿海到内陆、从平原到高原山区都有湿地分布，但是比较集中的区域有东北、青藏高原和长江中下游地区（图6-4）。按湿地面积占中国总面积的比例，以西藏湿地为最多，达15.15%，其余比较多的有青海、内蒙古、黑龙江、新疆、江苏、湖北、安徽等，这些地区湿地面积占中国的将近70%，其余零散分布其他省（自治区、直辖市）（表6-6）。

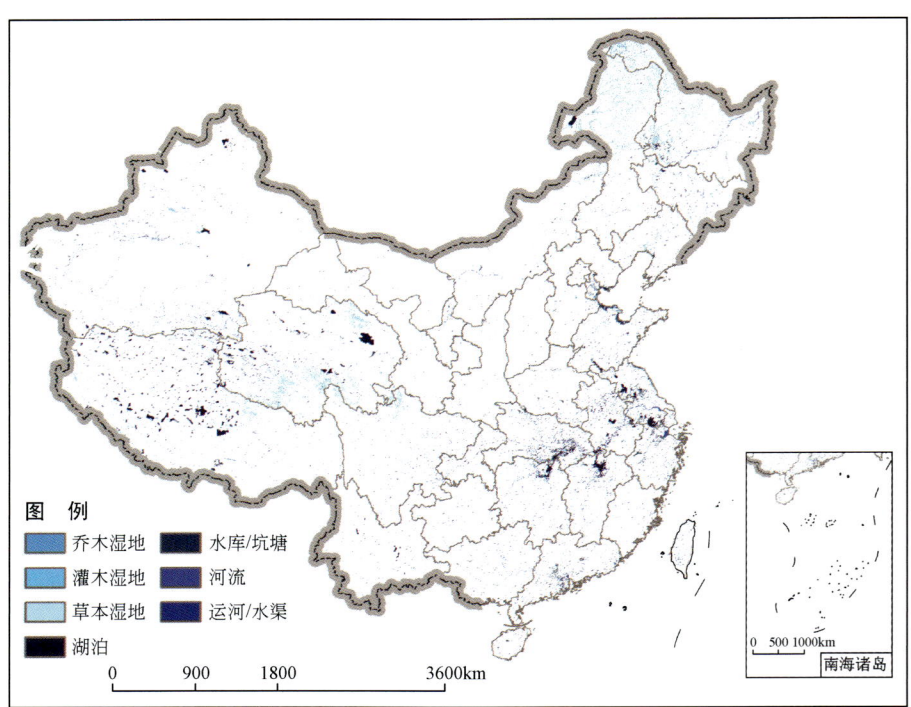

图6-4 2010年中国湿地覆被现状图

表6-6 2010年中国湿地覆被各类型面积　　　　　　　　　　（单位：km²）

省（自治区、直辖市、特别行政区）	乔木湿地	灌木湿地	草本湿地	湖泊	水库/坑塘	河流	运河/水渠	合计
北京	0.000	0.000	36.928	3.497	188.078	50.785	7.495	286.783
天津	0.000	0.000	325.792	0.000	1 431.744	204.124	74.984	2 036.644
河北	0.000	0.000	542.410	33.834	2 494.076	485.107	98.720	3 654.147
山西	0.000	0.000	74.749	29.167	212.975	331.592	25.129	673.612
内蒙古	63.570	985.818	38 568.625	4 052.263	517.449	3 155.222	122.497	47 465.444
辽宁	0.000	2.643	1 942.317	45.925	2 397.909	1 301.282	52.386	5 742.462
吉林	1.598	267.807	2 962.777	1 006.246	1 360.684	1 758.503	48.078	7 405.693
黑龙江	1 026.463	4 347.860	32 553.181	2 299.906	2 409.144	4 958.945	304.808	47 00.307
上海	0.000	0.000	218.291	75.443	359.051	96.226	66.069	815.080
江苏	0.000	0.000	748.036	5 876.977	5 832.676	2 456.660	800.496	15 714.845
浙江	0.000	0.212	131.687	4.923	3 202.645	3 013.513	237.434	6 590.414
安徽	0.000	0.000	70.984	3 560.476	3 844.905	2 309.589	177.428	9 963.382
福建	10.443	15.167	358.859	0.000	745.772	818.356	0.000	1 948.597

续表

省（自治区、直辖市、特别行政区）	乔木湿地	灌木湿地	草本湿地	湖泊	水库/坑塘	河流	运河/水渠	合计
江西	2.815	1.787	150.708	3 895.448	2 841.718	2 296.200	0.000	9 188.676
山东	0.000	285.342	664.101	982.383	5 452.239	1 876.862	242.688	9 503.615
河南	0.000	0.000	115.512	0.000	1 607.962	863.239	293.602	2 880.315
湖北	1.731	1.458	469.772	5 275.681	4 529.602	3 650.990	106.149	14 035.383
湖南	238.990	24.318	783.926	3 380.014	976.721	2 835.166	9.356	8 248.491
广东	2.227	0.000	0.000	312.092	6 098.296	2 508.355	0.000	8 920.970
广西	58.173	4.364	67.851	0.000	1 803.977	2 144.800	0.000	4 079.165
海南	9.990	0.000	0.000	1 150.099	840.100	231.118	0.000	2 231.307
重庆	1.789	1.928	0.742	50.494	847.109	627.407	0.000	1 529.469
四川	0.000	0.958	4 985.890	282.645	1 038.013	3 198.940	2.268	9 508.714
贵州	0.000	0.000	16.945	83.015	409.469	716.544	0.000	1 225.973
云南	0.000	0.000	26.833	1 102.146	937.024	1 077.401	13.402	3 156.806
西藏	36.712	270.928	18 890.857	31 343.532	16.759	3 257.342	0.000	53 816.130
陕西	0.000	0.000	17.202	47.719	358.857	744.429	1.145	1 169.352
甘肃	0.000	0.000	1 422.078	151.595	297.083	853.511	3.583	2 727.850
宁夏	43.955	2.758	28 097.473	14 311.664	791.998	5 240.969	29.030	48 517.847
青海	0.000	0.000	72.578	36.719	229.254	195.893	17.741	552.185
新疆	0.000	0.000	3 966.356	6 571.246	2 023.499	9 510.295	204.000	22 275.396
台湾	0.000	0.000	40.483	46.540	589.340	680.108	0.000	1 356.471
香港和澳门	0.082	0.000	0.000	0.000	36.054	1.602	0.000	37.738
合计	1 498.538	6 213.348	138 323.943	86 011.689	56 722.182	63 451.075	2 938.488	355 159.264

中国湿地中有草本湿地 138 323.944km²，是最多的湿地类型，占中国湿地总面积的 38.95%，主要分布于东北的三江平原、大小兴安岭、长白山，四川若尔盖和青藏高原，各地海滨、湖滨、河漫滩地带也有沼泽发育，山区以乔木湿地居多，平原则多为草本湿地；分布比较多的地区依次为内蒙古、青海、黑龙江、西藏、四川和新疆，这些地区分布的草本湿地占中国的 90%。

中国有湖泊 86 011.689km²，占中国湿地总面积的 24.22%，主要分布区域为长江及淮河中下游，黄河及海河下游和大运河沿岸的东部平原地区、蒙新高原地区、云贵高原地区湖泊、青藏高原地区、东北平原地区与山区；分布比较多的地区依次为西藏、青海、新疆、江苏、内蒙古、湖北、江西、黑龙江和安徽，这些地区分布的湖泊占中国的 90%。

中国有河流 63 451.075km²，占中国湿地面积的 17.87%，因受地形、气候影响，河流在地域上的分布很不均匀，绝大多数河流分布在东部气候湿润多雨的季风区，西北内陆气候干旱少雨，河流较少，并有大面积的无流区；分布比较多的地区依次为新疆、青海、湖北、黑龙江、西藏、四川、浙江、湖南、内蒙古、安徽、广东、江苏、广西、江西、山东等，这些地区河流占中国的83%。

中国有水库/坑塘 56 722.182km^2，占中国湿地面积的15.97%，分布比较多的地区依次为广东、江苏、山东、湖北、安徽、浙江、江西、河北、辽宁、新疆、广西、河南、天津、湖南等，这些地区分布的水库/坑塘占中国的81%。

中国有灌木湿地 6213.348km^2，占中国湿地面积的1.75%，分布比较多的地区依次为黑龙江、内蒙古、山东、西藏、吉林等，这些地区分布的灌木湿地占中国的99%。

中国有乔木湿地 1498.538km^2，占中国湿地面积的0.42%，分布比较多的地区依次为黑龙江、湖南、内蒙古、广西、青海等，这些地区分布的乔木湿地占中国的95%。

中国有运河/水渠 2938.488km^2，占中国湿地面积的0.83%，分布比较多的地区依次为江苏、河南、浙江、山东、新疆、安徽、内蒙古、湖北、河北、黑龙江、天津等，这些地区分布的运河/水渠占中国的92%。

6.2.4 中国耕地覆被特征

中国有耕地 1 734 753.606km^2，占总土地面积的18.25%，主要分布在沿燕山、太行山、大巴山以东的湿润和半湿润地区，东北平原、华北平原、长江中下游平原、珠江三角洲和四川盆地集中了中国八成以上耕地；西北部半干旱区、干旱内陆区的绿洲和青藏高原区水势条件适宜的地段分布有一定数据的耕地（图6-5）。按行政区划为单元比较，耕地面积占中

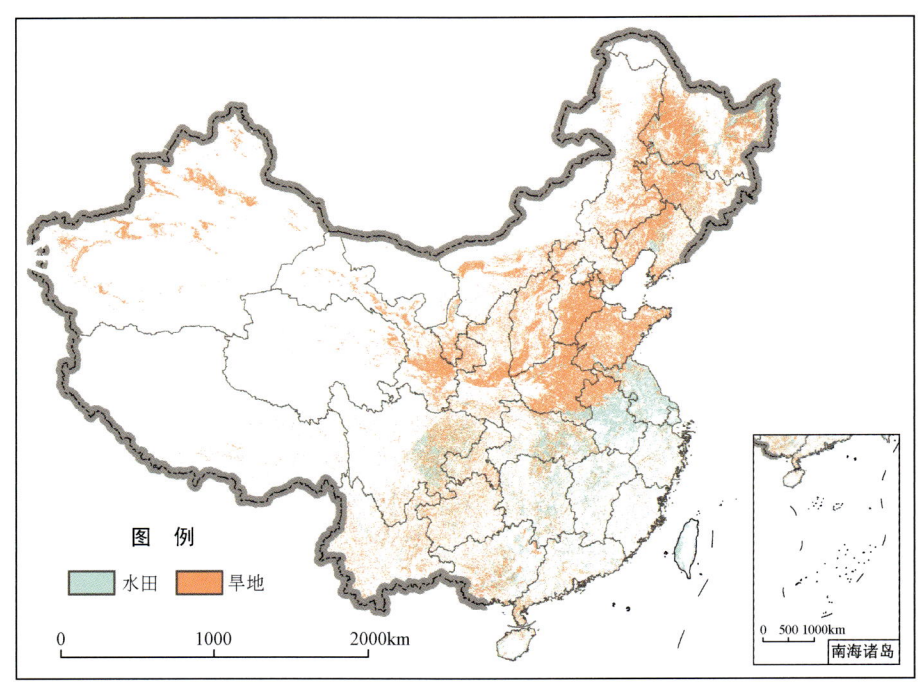

图6-5 2010年中国耕地覆被现状图

国的比例以黑龙江最大,达 10.69%;比例在 5%~10%的地区有内蒙古、河南、四川和山东;比例为 3%~5%的地区有河北、吉林、新疆、安徽、湖北、甘肃、辽宁、广西、湖南、云南、山西、江苏和陕西;比例在 1%~3%的地区有贵州、广东、江西、重庆、浙江和宁夏;其余省(自治区、直辖市、特别行政区)的耕地面积占中国的比例不到 1%,其中北京耕地面积占中国的比例为 0.16%,香港和澳门耕地面积仅占 0.01%(表 6-7)。

表 6-7 2010 年中国耕地各类型面积 (单位:km^2)

省(自治区、直辖市、特别行政区)	水田	旱地	合计
北京	3.152	2 818.834	2 821.986
天津	342.606	5 769.521	6 112.127
河北	796.869	85 784.258	86 581.127
山西	0.000	58 340.960	58 340.960
内蒙古	884.694	116 399.284	117 283.978
辽宁	7 281.411	57 829.265	65 110.676
吉林	8 753.542	72 652.862	81 406.404
黑龙江	36 074.088	149 316.858	185 390.946
上海	3 340.997	354.301	3 695.298
江苏	45 109.524	12 176.381	57 285.905
浙江	15 403.678	6 298.399	21 702.077
安徽	46 642.087	29 107.236	75 749.323
福建	7 137.746	4 430.693	11 568.439
江西	26 374.604	8 153.762	34 528.366
山东	1 519.810	93 233.018	94 752.828
河南	9 047.799	95 242.216	104 290.015
湖北	36 487.688	36 338.299	72 825.987
湖南	35 745.956	26 392.840	62 138.796
广东	19 560.448	18 237.380	37 797.828
广西	23 741.044	39 685.090	63 426.134
海南	4 935.748	3 738.633	8 674.381
重庆	6 691.951	19 141.161	25 833.112
四川	39 564.771	62 921.192	102 485.963
贵州	8 295.343	35 898.626	44 193.969
云南	8 184.921	53 063.532	61 248.453
西藏	213.697	5 577.482	5 791.179

续表

省（自治区、直辖市、特别行政区）	水田	旱地	合计
陕西	867.622	53 990.518	54 858.140
甘肃	35.201	73 504.990	73 540.191
宁夏	0.000	8 760.622	8 760.622
青海	1 272.508	16 202.434	17 474.942
新疆	360.872	80 603.597	80 964.469
台湾	7 972.638	2.922	7 975.560
香港和澳门	36.820	106.609	143.429
合计	402 679.832	1 332 073.774	1 734 753.606

耕地分为旱地与水田，以秦岭-淮河为界，北方以旱地为主，南方以水田为主。中国耕地中有旱地1 332 073.774km^2，占耕地总面积的76.79%；按行政区划比较，旱地面积占中国旱地总面积的比例最高的的是黑龙江，达11.21%；比例在5%～10%的地区有内蒙古、河南、山东、河北、新疆、甘肃和吉林；比例在3%～5%的地区有四川、辽宁、山西、云南和陕西；比例在1%～3%的地区有湖北、广西、贵州、安徽、湖南、重庆、广东和宁夏；其余省（自治区、直辖市、特别行政区）的旱地面积占中国的比例不到1%。中国耕地中有水田402 679.832km^2，占耕地总面积的23.21%；按行政区划比较，水田面积占中国水田总面积的比例最高的是安徽，达11.58%；比例大于10%的地区还有江苏；比例在5%～10%的地区有四川、湖南、湖北、黑龙江和江西；比例在3%～5%的地区有广西、广东和浙江；比例在1%～3%的地区有吉林、贵州、河南、台湾、辽宁、福建、重庆、云南和海南，其余地区的水田面积占中国的比例不到1%，其中北京、山西和青海几乎没有水田分布。

6.2.5　中国人工表面覆被特征

中国有人工表面254 459.065km^2，占总土地面积的2.68%，主要分布在东部经济发达省区的平原地区；西北部西北和西南地区所占比例小，与人口分布状况非常一致（图6-6，表6-8）。

按行政区划为单元比较，人工表面面积占中国的比例以山东省最大，达9.73%；比例为5%～10%的地区有山东、江苏、河南、河北、安徽和广东省6个省；比例为1%～5%的地区有内蒙古、黑龙江、浙江、辽宁、新疆、江西、湖北、吉林、湖南、山西、广西、福建、陕西、甘肃、四川、云南、北京、天津和上海地19个省（自治区、直辖市）；其余省（自治区、直辖市、特别行政区）的人工表面面积占中国的比例不到1%，其中西藏面积占中国的比例仅为0.26%，香港和澳门占0.04%。

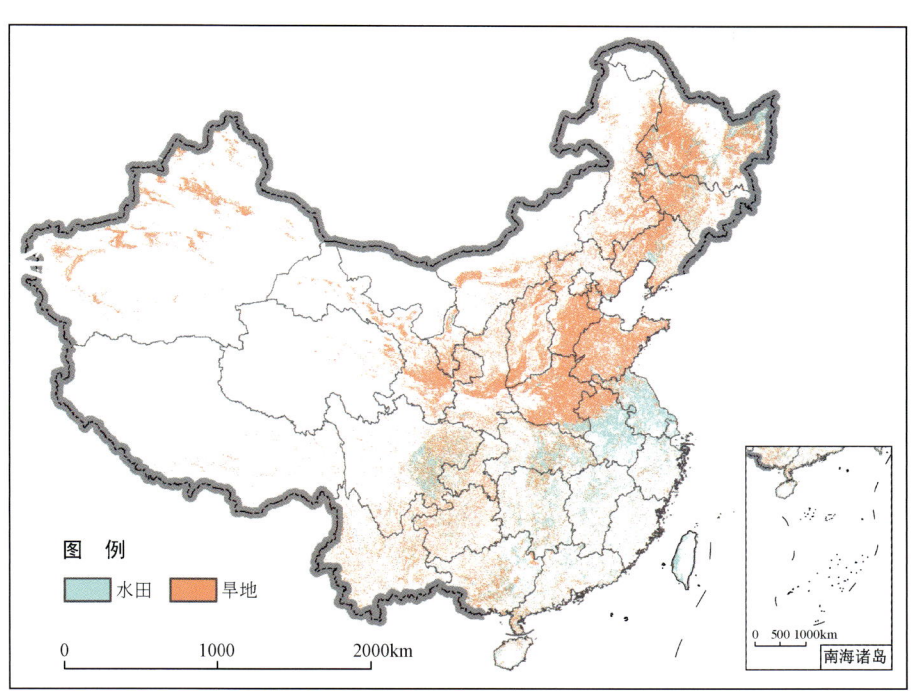

图 6-6 2010 年中国人工表面覆被现状图

表 6-8 2010 年中国人工表面各类型面积　　　　（单位：km²）

省（自治区、直辖市、特别行政区）	建设用地	交通用地	采矿场	合计
北京市	2 773.993	127.034	37.112	2 938.139
天津市	2 553.351	149.345	4.167	2 706.863
河北省	15 085.644	698.922	204.517	15 989.083
山西省	5 913.977	237.857	307.738	6 459.572
内蒙古自治区	9 093.321	3 183.404	1 312.273	13 588.998
辽宁省	10 340.501	610.010	451.658	11 402.169
吉林省	6 867.899	717.178	38.604	7 623.681
黑龙江省	9 477.103	2 025.040	338.935	11 841.078
上海市	2 698.934	47.623	0.000	2 746.557
江苏省	23 421.371	721.898	92.202	24 235.471
浙江省	10 599.689	310.897	50.372	10 960.958
安徽省	14 333.478	590.373	108.450	15 032.301
福建省	4 437.747	472.636	126.325	5 036.708
江西省	8 592.961	818.495	121.660	9 533.116
山东省	23 253.073	1 260.713	238.078	24 751.864

续表

省（自治区、直辖市、特别行政区）	建设用地	交通用地	采矿场	合计
河南省	18 851.483	491.195	66.011	19 408.689
湖北省	6 033.038	1 962.898	26.381	8 022.317
湖南省	5 084.611	1 704.993	16.050	6 805.654
广东省	12 486.298	194.214	231.993	12 912.505
广西壮族自治区	4 812.717	745.610	47.914	5 606.241
海南省	645.499	72.933	33.891	752.323
重庆市	1 972.983	102.624	47.332	2 122.939
四川省	3 409.719	389.049	29.024	3 827.792
贵州省	2 216.212	278.952	8.771	2 503.935
云南省	3 418.917	272.547	50.672	3 742.136
西藏自治区	254.558	401.214	0.000	655.772
陕西省	3 852.428	202.063	86.270	4 140.761
甘肃省	3 372.627	413.053	57.930	3 843.610
宁夏回族自治区	1 057.309	526.336	246.591	1 830.236
青海省	1 416.314	171.516	96.507	1 684.337
新疆维吾尔自治区	8 126.298	1 151.704	281.934	9 559.936
台湾省	2 086.622	5.283	0.000	2091.905
香港和澳门特别行政区	101.415	0.000	0.000	101.415
合计	228 642.092	21 057.613	4 759.360	254 459.065

人工表面中，有建设用地 228 642.092km^2，占人工表面面积的 89.85%；交通用地有 21 057.613km^2，占 8.28%；采矿场最少，有 4759.065km^2，仅占 1.87%。由于制图比例尺限制，遥感尺度效应决定了人工表面面积小于实际面积；不同类型人工表面中线性地物交通用地大多由于其宽度过小没有识别出来。

6.2.6 中国其他覆被类型特征

中国有其他覆被类型 1 645 888.398km^2，占总土地面积的 17.32%，接近于耕地面积。其他覆被类型是生态系统生产力最低类型，主要分布在干旱、高寒严酷气候环境下或者土地退化地区，在我国主要分布在西北干旱区、青藏高寒区、北方农牧交错区、南方石漠化地区（图6-7）。按各地区其他覆被类型面积占中国总面积的比例，以新疆为最多，占中国面积的一半以上，达51.39%；其次是青海与内蒙，两者所占比例都接近14%；其余比较多的是甘肃和西藏，各占10.43%、7.25%，其他省（自治区、直辖市、特别行政区）都是零星分布（表6-9）。

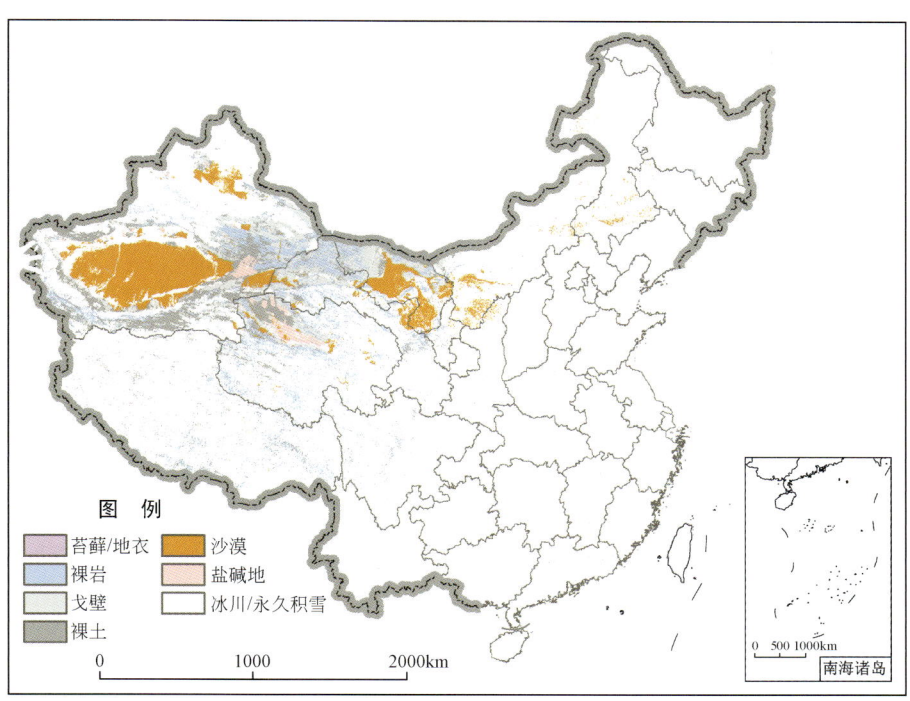

图 6-7 2010 年中国其他覆被类型现状图

表 6-9 2010 年中国其他覆被类型面积 （单位：km²）

省（自治区、直辖市、特别行政区）	苔原/地衣	裸岩	戈壁	裸土	沙漠	盐碱地	冰川/永久积雪	总计
北京市	0.000	5.785	0.000	29.354	0.036	0.000	0.000	35.175
天津市	0.000	0.000	0.000	119.569	0.000	0.000	0.000	119.569
河北省	0.000	1.406	0.000	149.022	150.528	117.819	0.000	418.775
山西省	0.000	2.387	0.000	97.589	0.000	0.000	0.000	99.976
内蒙古自治区	0.000	38 142.400	71 285.283	20 735.693	103 533.123	5 545.500	0.000	239 241.999
辽宁省	0.000	10.664	0.000	111.354	56.261	24.661	0.000	202.940
吉林省	246.035	16.270	0.000	6.737	150.505	1 694.624	0.000	2 114.171
黑龙江省	0.000	0.032	0.000	31.483	108.258	631.176	0.000	770.949
上海市	0.000	0.000	0.000	0.000	0.000	0.000	0.000	0.000
江苏省	0.000	11.988	0.000	58.572	0.000	0.000	0.000	70.560
浙江省	0.000	7.097	0.000	66.753	0.000	0.000	0.000	73.850
安徽省	0.000	34.758	0.000	132.749	0.000	0.000	0.000	167.507
福建省	0.000	5.184	0.000	12.056	0.000	0.000	0.000	17.240

续表

省（自治区、直辖市、特别行政区）	苔原/地衣	裸岩	戈壁	裸土	沙漠	盐碱地	冰川/永久积雪	总计
江西省	0.000	19.051	0.000	162.890	0.000	0.000	0.000	181.941
山东省	0.000	166.242	0.000	907.326	15.325	102.217	0.000	1 191.110
河南省	0.000	12.987	0.000	314.871	0.000	1.363	0.000	329.221
湖北省	0.000	1.876	0.000	41.130	0.017	0.000	0.000	43.023
湖南省	0.000	336.955	0.000	98.974	0.000	0.000	0.000	435.929
广东省	0.000	13.909	0.000	1 042.659	0.000	0.000	0.000	1 056.568
广西壮族自治区	0.000	1.934	0.000	3.384	0.000	0.000	0.000	5.318
海南省	0.000	5 535.495	0.000	114.071	0.000	0.000	0.000	5 649.566
重庆市	0.000	0.000	0.000	13.459	0.000	0.000	0.000	13.459
四川省	0.000	6 068.955	0.000	7 551.876	28.985	0.000	1 866.400	15 516.216
贵州省	0.000	54.683	0.000	5.361	16.337	0.000	0.000	76.381
云南省	0.000	571.326	0.000	527.310	0.000	0.000	840.469	1 939.105
西藏自治区	0.000	39 735.154	0.000	47 624.308	347.783	4 169.579	27 509.722	119 386.546
陕西省	0.000	79.168	0.000	360.983	2 088.127	36.945	0.000	2 565.223
甘肃省	0.000	60 227.009	59 651.955	32 007.459	18 029.948	876.042	886.838	171 679.251
宁夏回族自治区	0.000	90 272.906	30 236.632	63 712.519	11 214.551	30 719.852	5 014.859	231 171.319
青海省	0.000	1 923.328	80.561	2 133.709	1 261.789	54.252	0.000	5 453.639
新疆维吾尔自治区	0.000	118 804.219	131 266.603	209 258.692	327 248.547	20 281.336	38 983.947	845 843.344
台湾省	0.000	5.945	0.000	12.377	0.203	0.000	0.000	18.525
香港和澳门特别行政区	0.000	0.000	0.000	0.000	0.000	0.000	0.000	0.000
合计	246.035	362 069.114	292 521.035	387 444.290	464 250.324	64 255.366	75 102.234	645 888.398

中国其他覆被类型中最多的类型是沙漠/沙地，有 464 250.324km^2，占中国其他覆被类型总面积的 28.21%；沙漠/沙地主要分布在新疆，占中国面积的 70.49%，其次是内蒙古，为 22.30%；其他分布地主要有甘肃、青海等。

中国其他覆被类型中其次是裸土，有 387 444.290km^2，占中国其他覆被类型总面积的 23.54%，主要分布于新疆，约占中国面积的 54.01%，其次是青海、甘肃、内蒙古、西藏等省（自治区），这 5 省（自治区）裸土占中国的 96.36%。

中国有裸岩 362 069.114km^2，占中国其他覆被类型总面积的 22.00%，主要分布在新疆,占中国的 32.81%;其次是青海,占中国的 24.93%;裸岩分布比较多的还有甘肃、西藏、内蒙古,裸岩面积占中国的比例为 10%~20%;其他地区都是零星分布,不足中国面积的 4%。

中国有戈壁 292 521.035km², 占中国其他覆被类型总面积的 17.77%, 主要分布在新疆,占中国的 44.87%;其次是内蒙古,占中国的 24.37%;戈壁分布比较多的还有甘肃、青海,戈壁面积占中国的比例为 20.39% 和 10.34%;其他地区都是零星分布,不足中国面积的 0.03%。

中国有冰川/永久积雪 75 102.234km², 占中国其他覆被类型总面积的 4.56%, 主要分布在新疆,占中国面积的 51.91%;其次是西藏,占中国面积的 36.63%;有冰川/永久积雪分布的地区还有青海、四川、云南和甘肃,其面积占中国的 11.46%。

中国有盐碱地 64 255.366km², 主要分布在青海和新疆,其面积占中国盐碱地面积的 79.37%, 盐碱地分布较多的还有吉林、内蒙古和西藏等地。

中国有苔原/地衣 246.035km², 仅在吉林有分布。

第 7 章 中国各大区土地覆被特征

在自然地带性及长期人类活动的综合影响下,我国南北和东西部地表景观存在着巨大差异(吴炳方等,2014)。全国以秦岭-淮河为南北的主要界线,存在显著的自然景观和人文景观南北差异;按地貌西高东低,形成三大阶梯,形成东西差异,东部比较发达,西部相对欠发达。在考虑东西差异和管理上尊重行政区域的完整性的基础上,我国可划分为东北、西北、华北、华中、华东、华南和西南七大地区,各地区土地覆被的空间分布存在着显著的差异。

7.1 华北地区土地覆被特征

7.1.1 自然地理背景与社会经济特点

华北地区主要包括北京市、天津市、河北省、山西省和内蒙古自治区,土地面积约为151万 km^2,占全国面积的16.0%。2010年,华北地区常住人口为16 482.3万人,东西差异明显,其中京、津、冀的人口稠密,流动性强,对资源环境的压力较大,而处于华北地区西部的山西省和内蒙古自治区,虽然省域面积较大,但是由于地处黄土高原和内蒙古高原,人口聚集度在局部地段也相对较高,因此华北地区存在人口稠密与环境资源短缺的矛盾。

华北地区地势西高东低,处在我国地势的第二、第三级阶梯面上,地貌的形态类型比较齐全。东部以平原为主,西部广泛分布高原和山地,高原主要有内蒙古高原、鄂尔多斯高原、阿拉善高原。区内山地包括大兴安岭、太行山、阴山山脉、秦岭和山西境内的大小山地等,山地海拔大多超过1500m(刘纪远,1996)。

本地区属于大陆性季风性暖温带半湿润气候,四季分明,光照充足;冬季寒冷干燥且较长,夏季高温降水相对较多,春秋季较短。植被随着气候的经向分布规律,由东向西为森林草原—典型草原—荒漠草原—荒漠。土壤以栗钙土、棕钙土、棕漠土和风沙土为主(王荷生,1997)。在岩石山区,随着海拔高度及其相应的生物气候变化,植被和土壤呈明显的垂直分布规律,但垂直结构比较简单(王思远和刘纪远,2002)。

华北地区既是我国政治、文化交流的中心,也是一个资源丰富的经济高速发展地区,拥有丰富的矿产、油气、畜牧、海洋、森林等资源。其中京津冀经济圈是全国政治经济文化中心区域,人口集中,经济发达。西部的山西、内蒙古是全国最大的煤炭能源基地,华北平原、内蒙古草原是全国重要的农牧业生产区,因此华北地区是环渤海经济区中有发展潜能地区，但是，华北地区人口迅速集中增长和经济快速发展的同时，该地区的生态环境面临着草场退化、土壤沙化、水资源严重短缺、空气污染等突出问题。

7.1.2 华北地区土地覆被现状与空间分布格局

（1）土地覆被数量结构特征

华北地区地处中国第二、第三阶梯的过渡地区，山地、平原分布广泛，土地覆被类型复杂多样，其中，草地所占比例最高为39.01%，其次是林地，所占比例为21.02%，耕地为17.86%，其他类型为15.80%，人工表面和湿地所占比例均不足总面积的4%（表7-1）。

表7-1 2010年华北地区土地覆被类型面积及结构

省（自治区）		草地	湿地	耕地	人工表面	其他	林地	总计
北京	面积/km²	1 054.475	286.783	2 821.985	2 938.139	35.176	9 269.275	16 405.833
	比例/%	6.43	1.75	17.2	17.91	0.21	56.5	100
天津	面积/km²	165.597	2 036.644	6 112.127	2 706.863	119.569	545.639	11 686.439
	比例/%	1.42	17.43	52.3	23.16	1.02	4.67	100
河北	面积/km²	19 217.089	3 654.147	86 581.127	15 989.083	418.775	61 878.646	187 738.867
	比例/%	10.24	1.95	46.11	8.52	0.22	32.96	100
山西	面积/km²	44 625.251	673.612	58 340.960	6 459.573	99.976	46 584.814	156 784.186
	比例/%	28.46	0.43	37.21	4.12	0.06	29.71	100
内蒙古	面积/km²	527 307.422	47 465.444	117 283.978	13 588.999	239 242.000	200 976.564	1 145 864.407
	比例/%	46.02	4.14	10.24	1.19	20.88	17.54	100
全区	面积/km²	592 369.834	54 116.630	271 140.177	41 682.657	239 915.496	319 254.938	1 518 479.732
	比例/%	39.01	3.56	17.86	2.75	15.8	21.02	100

由于各省（自治区）地域位置差异，导致各省（自治区）水热分布的空间分布差异明显，因此各土地覆被类型在各省（自治区）所占比例差异较大。草地面积所占比例在内蒙古最高，在天津最低，主要为草原。湿地面积所占比例以天津最高，这主要是因为天津地处渤海湾地区，水库/坑塘及草本湿地分布较多，在山西最低。耕地面积所占比例在地处华北平原的天津和河北占所占比例较高，在内蒙古最低。人工表面面积以河北最多，天津最低，所占比例则是经济发达的京津冀所占比例较山西、内蒙古高，其中天津最高，内蒙古最低。其他类型面积所占比例以内蒙古为最多，其他四省面积和比例都极小。林地覆盖面积以河北为最多，天津最少，但林地覆盖率则是北京最高，天津最低。

（2）土地覆被空间格局

华北地区地势西高东低，地貌的形态东部以平原为主，西部广泛分布高原和山地，且东西水热条件差异明显，东部是湿润半湿润气候，西部则是干旱半干旱气候，加之东西部之间人类干预程度差异巨大，因此无论是从水平带还是垂直带上，其生态系统类型都有较大差异，土地覆被地带性非常明显。对于西部来说，土地覆被主要受水分控制，土地覆被类型以荒漠草原和干旱草原为主，而在山区，由于海拔的差异，热量和水分交替作用，主要覆盖类型为林地。对于华北平原区，水热条件均比较充足，土地覆被类型主要受到人类经济活动的驱动，导致耕地和人工表面所占面积较大。

华北地区位于我国东部季风区的中纬度地带，东部地区水热充足，适合农业发展，西部地区热量充足，水分减少，以荒漠草原居多，从而草地所占面积最大，主要分布在内蒙古高原、鄂尔多斯高原及黄土高原的沟壑地区。由于该区山地较大，因此林地覆盖率相对较高，主要分布在阴山山脉、太行山、燕山山脉、吕梁山等山区。耕地主要分布在内蒙古东部、黄土高原塬地以及华北平原。人工表面主要分布在华北平原及交通沿线、河川谷地。其他类型主要是沙漠，主要是分布在内蒙古的沙地及沙漠（图7-1）。

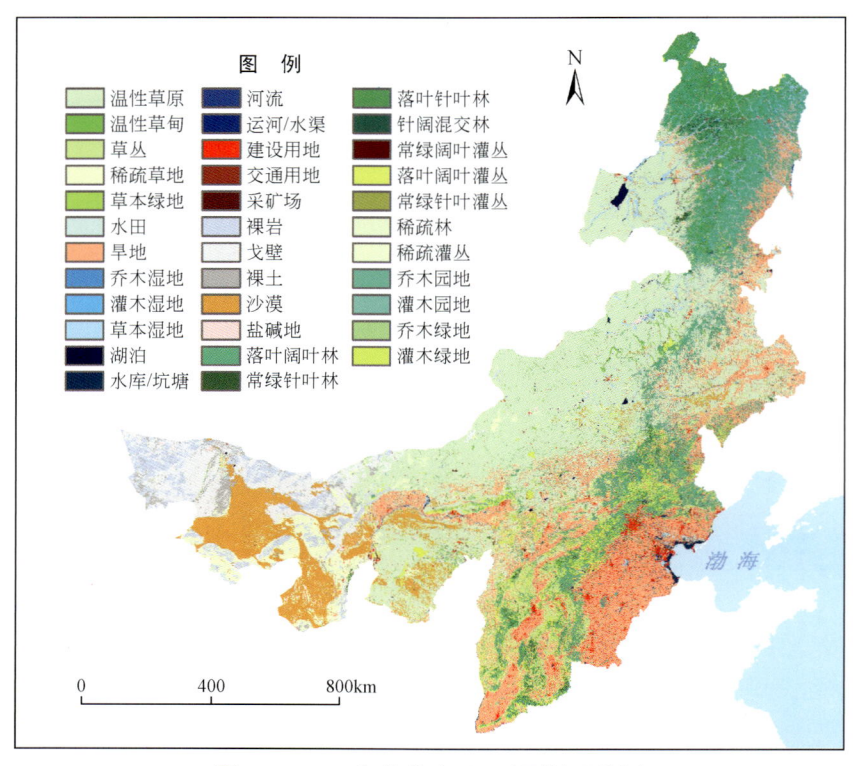

图7-1　2010年华北地区土地覆被现状图

7.2　东北地区土地覆被特征

7.2.1　自然地理背景与社会经济特点

东北地区位于我国东北部，行政区划上包括辽宁省、吉林省及黑龙江省，总面积约78万km^2，约占全国土地总面积的8.31%。东北地区东、北、西三面为低山和中山，中部是广阔的大平原。山脉走向大多为东北向，海拔高度为1000～2000m；西有大兴安岭和辽西山地，东有以长白山为主的多数平行山岭；北部是小兴安岭；三面群山大体呈马蹄形环抱着东北大平原，形成三面环山、南部中开的地形格局（刘廷祥，2012）。

东北地区山地地貌一般相对高度较低，缺少高大的山岭，导致土壤垂直地带性分布比较简单。但东北山地和平原面积广大，大大增加了土壤水平分布的复杂性。同时又位于亚洲大陆的东岸，受大陆性季风气候的影响，山脉走向几乎与季风风向成正交，夏季季风带来的大量水汽受北东向山脉的屏障，导致降水量自东、东南向西、西北方向递减，进而影响了土壤、植被的发育，使之呈明显的有规律的经向变化，分布较广的地带性土壤类型有棕色暗棕壤、针叶林土、棕壤、黑土、黑钙土、栗钙土，植被表现出由东向西有红松阔叶混交林—草甸—草原分布。

东北地区是新中国最早建立起来的以重工业为主体，包括农业、轻工业在内的工业基地，沈阳、长春、哈尔滨等城市是我国重要的工业分布区，有典型的沈大工业带、长吉工业带、哈大齐工业带。东北地区同时也是我国重要的能源基地和商品粮基地。区内石油、煤炭、铁、木材等资源丰富；黑龙江、吉林、辽宁皆为农业大省，大豆、水稻、玉米产量均居全国前列。东北地区旅游资源丰富，森林、草原、湿地、冰雪等旅游资源在全国独具特色，生态环境优越，是中国重要的冰雪旅游和避暑度假旅游目的地。近年来，国家大力扶持东北地区的经济发展，振兴老工业基地等调控措施，促使东北地区经济快速发展。

7.2.2 东北地区土地覆被现状与空间分布格局

（1）土地覆被数量结构特征

东北地区土地覆被类型丰富、土地覆被结构反映了地区土地资源的利用特点，对区域内的可持续发展具有深刻的影响。受气候、地形、人类活动等影响，东北地区土地覆被格局表现出明显的结构特征。林地是东北地区最大的土地覆被类型，约占区域总面积的41.09%，其中林地类型以落叶阔叶林为主，常绿阔叶林、常绿阔叶灌丛和灌木绿地相对较少，是我国的主要林产区（表7-2）。耕地是东北地区的第二大土地覆被类型，分布有我国重要的粮食主产区，如松嫩平原、三江平原等，占区域总面积的42.04%，以旱地为主，旱地面积远远大于水田。本地区草地资源占全区总面积的1.84%，其中以草原类型为主，为畜牧业发展提供了有力的保障。东北地区同时是我国湿地的主要分布区，占区域总面积的7.73%，以内陆草本湿地为主。随着城市化进程加快，人工表面面积约占全区总面积的3.91%。由于气候条件的限制，部分地区沙地、盐碱地分布。

表7-2 2010年东北地区土地覆被类型面积及结构

省		草地	湿地	耕地	人工表面	其他	林地	总计
黑龙江	面积/km²	5 895.284	47 900.309	185 390.946	11 841.078	770.949	200 745.767	452 544.333
	比例/%	1.30	10.58	40.97	2.62	0.17	44.36	100
吉林	面积/km²	6 751.195	7 405.692	81 406.403	7 623.681	2 114.171	85 676.049	190 977.191
	比例/%	3.54	3.88	42.63	3.99	1.11	44.86	100

续表

省		草地	湿地	耕地	人工表面	其他	林地	总计
辽宁	面积/km²	1 920.219	5 742.462	65 110.677	11 402.169	202.940	61 678.598	146 057.065
	比例/%	1.31	3.93	44.58	7.81	0.14	42.23	100
全区	面积/km²	14 566.698	61 048.463	331 908.026	30 866.928	3 088.060	348 100.414	789 578.589
	比例/%	1.84	7.73	42.04	3.91	0.39	44.09	100

草地面积和比例最大均为吉林，在辽宁面积最小。湿地主要分布在黑龙江，辽宁分布面积最小。黑龙江、吉林、辽宁三省耕地面积所占比例均超过其省域面积的40%。人工表面主要分布在交通沿线，以黑龙江所占面积最大，吉林最小。其他类型所占比例极小。林地是该区面积最大的土地覆被类型，黑龙江、吉林、辽宁三省林地面积所占比例均大于40%。

(2) 土地覆被空间格局

东北地区典型的三面群山环抱东北平原的地形格局，加之受大陆季风和海洋季风的控制，造就了东北地区独特的土地覆被特点。山地丘陵地区主要分布有森林和灌丛植被，西部高原区以草甸、草原植被为主；而平原地区主要以耕地为主。湿地主要分布于地势较低地区，以苔草群落、芦苇群落为主。

从图7-2可以看出，东北地区土地覆被分布格局明显，以林地、耕地和草地为主。林

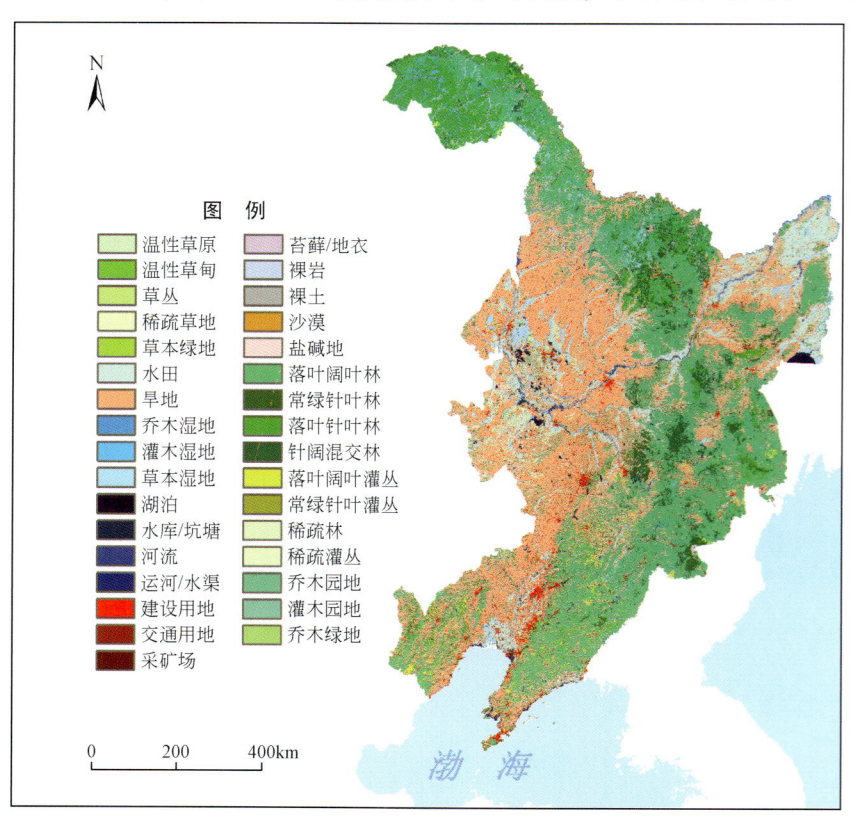

图7-2 2010年东北地区土地覆被现状图

地主要分布在大兴安岭、小兴安岭、长白山、完达山等山区，以落叶阔叶林为主。耕地分布比较典型，主要分布在松嫩平原、三江平原、辽河平原，利用程度较高，松嫩平原多以旱地为主，水田主要分布在三江平原地区。草地主要分布在吉林西部地区。人口分布较为集中，多在平原地区，如松嫩平原和辽河三角洲地区。区域受气候和地形影响，湿地分布广泛，大兴安岭林区低洼地带、三江平原和松嫩平原等有内陆沼泽湿地广泛分布。

7.3 华东地区土地覆被特征

7.3.1 自然地理背景与社会经济特点

华东地区是中国东部地区的简称，包括江苏省、浙江省、安徽省、山东省、江西省、福建省、台湾省和上海市，大致为上述七省一市，其中台湾省因特殊性单独列出，统计资料时一般也不包含在内。整个区域面积为 83.5 万 km²，约占全国面积的 8.65%。华东地区大多地处我国东南沿海，季风性气候显著。华东气候以淮河为分界线，淮河以北为温带季风气候，年平均降水量相对南部地区较少，以南为亚热带季风气候，夏季高温多雨，冬季寒冷干燥，冬季北部常有大雪，通常集中在江苏省和安徽省的中北部地区以及山东省境内。

华东地区地形地貌复杂多样，其地势特征是中部高四周低。华东中部地区长江、淮河横贯境内，将其分为淮北、江淮、和江南 3 个区域，地形以平原为主，自南向北依次为淮北平原、江淮丘陵、大别山区和长江沿岸平原，地势总体上为西高东低缓倾斜（赵松乔等，1985）。

随着水热条件表现出的纬度地带性及地形的变化，华东地区的土壤和植被也表现出相应的地带性。从北到南气温、雨量逐渐递增，反映在植被分布上，具有明显的过渡特征，纬度地带性分布明显，植被的种类组成和类型由简单到复杂，地带性植被类型由落叶阔叶林到落叶阔叶-常绿阔叶混交林到常绿阔叶林。土壤由北到南依次是棕壤、黄棕壤、黄壤、红壤（周忠泽和蒙仁宪，1996）。

华东地区自然环境条件优越，物产资源丰富，商品生产发达，工业门类齐全，是中国综合技术水平最高的经济区。轻工、机械、电子工业在全国占主导地位。铁路、水运、公路、航运四通八达。其中，长江三角洲地处我国经济"T"字形发展战略的沿海经济带和沿江经济带的结合处，是中国第一大经济区。华东地区作为中国最具活力的经济增长带，是中国经济最发达，资金利用率以及资源利用率最高的地区（闫立沙，2011）。地区内汇聚了许多精英城市，其中有 4 个城市（上海、苏州、无锡、杭州）的经济总量进入全国大中城市前十位。华东地区在全国经济发展中的地位举足轻重。经过改革开放三十多年的快速发展，华东地区经济已经积累了相当的实力，特别是近年来大批新的基础设施项目相继建成以及国民经济信息化的快速推进，为加快华东地区的区域现代化创造了新的条件。但是华东地区也存在着区域经济发展不平衡的情况,其中北部地区中心城市,如济南、青岛的经济发展较快,年均国内生产总值增长率明显大于周边济宁、聊城等相对落后的城市。而南部地区虽然经济实力不断增强,但经济增长方式总体上属于粗放型,经济快速发展对环境资源的压力不断增大。

7.3.2 华东地区土地覆被现状与空间分布格局

(1) 土地覆被数量结构特征

华东地区地处我国东部沿海,地势上处于我国第三阶梯,区内多山地、丘陵和平原,人口密集,经济发达,因此土地资源利用极高,这些自然、经济条件决定了该地区土地覆被以林地和耕地为主,二者占土地覆被总面积的80.18%;人工表面所占比例也高达11.29%;草地、其他类型所占比例极小(表7-3)。

表7-3 2010年华东地区土地覆被面积及结构

省(直辖市)		草地	湿地	耕地	人工表面	其他	林地	总计
上海	面积/km²	33.822	815.080	3 695.297	2 746.557	—	661.189	7 951.945
	比例/%	0.43	10.25	46.47	34.54	—	8.31	100.00
江苏	面积/km²	178.239	15 714.846	57 285.905	24 235.470	70.560	4 488.030	101 973.050
	比例/%	0.17	15.41	56.18	23.77	0.07	4.40	100.00
浙江	面积/km²	1 384.392	6 590.414	21 702.077	10 960.959	73.850	63 746.538	104 458.230
	比例/%	1.33	6.31	20.78	10.49	0.07	61.03	100.00
安徽	面积/km²	2 204.496	9 963.382	75 749.323	15 032.301	167.507	37 005.764	140 122.773
	比例/%	1.57	7.11	54.06	10.73	0.12	26.41	100.00
山东	面积/km²	6 397.361	9 503.615	94 752.828	24 751.863	1 191.110	19 770.982	156 367.759
	比例/%	4.09	6.08	60.60	15.83	0.76	12.64	100.00
福建	面积/km²	740.153	1 948.596	11 568.439	5 036.708	17.241	102 680.789	121 991.926
	比例/%	0.61	1.60	9.48	4.13	0.01	84.17	100.00
江西	面积/km²	3 495.895	9 188.677	34 528.366	9 533.116	181.941	110 015.220	166 943.215
	比例/%	2.09	5.50	20.68	5.71	0.11	65.90	100.00
台湾	面积/km²	46.720	1 356.471	7 975.559	2 091.905	18.524	24 623.760	36 112.939
	比例/%	0.13	3.76	22.09	5.79	0.05	68.19	100.00
全区	面积/km²	14 481.078	55 081.081	307 257.794	94 388.879	1 720.733	362 992.272	835 921.837
	比例/%	1.73	6.59	36.76	11.29	0.21	43.42	100.00

草地面积占全区比例较小,为1.73%,分布面积以山东为最多,上海最少。湿地占全区面积比例为6.59%,分布面积以江苏为最多,上海最少。耕地占全区比例为36.76%,分布面积以山东为最多,上海最少。由于华东地区经济发达,人口集中,人工表面面积分

布较大，所占比例为 11.29%，其中山东面积最大，台湾省面积最小。其他类型也是该区分布面积较小的土地覆被类型，仅占 0.21%，主要分布在山东，而上海没有分布。林地是该区分布面积最大的土地覆被类型，森林覆盖率高达 43.42%，其中江西面积最大，而福建的森林覆盖率最高，面积和覆盖率最低的均是上海。

(2) 土地覆被空间分布格局

从图 7-3 可以看出，华东地区土地覆被南部地区主要是山地和丘陵地带，林地种类繁多，分布广泛，而其他土地类型分布面积较少，林地主要分布在浙江、江西和福建三省以及安徽省的南部地区；华东地区耕地资源丰富，旱地大部分分布在安徽北部以及整个山东，而水田则主要分布华东地区安徽中部和江苏，南部的江西、福建两省也有分布，但是面积相对较少；华东地区是中国经济最发达的地区，其中的长江三角洲地区更是我国的经济中心，华东地区人工表面分布广泛，其中华东北部地区、中部长江三角洲以及华东南部沿海地区居住地、工业用地都密集分布，也从侧面反映这些地区经济发展水平明显高于其他地区；华东地区湖泊星罗棋布，水网密集交错，湿地资源丰富，主要分布在太湖流域，洪泽湖流域以及鄱阳湖流域，这些湿地对调节华东地区水资源的综合利用以及维护华东地区的生态平衡起着不可替代的作用；草地在华东地区也有分布，但是面积相对较少；其他地类分布极少，零散分布在华东各地。

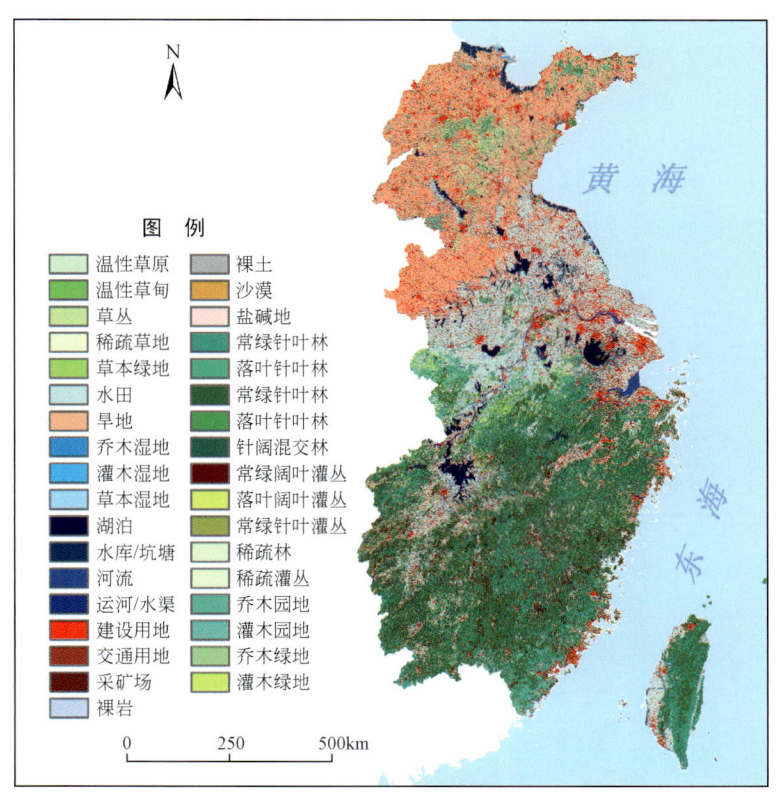

图 7-3　2010 年华东地区土地覆被现状

7.4 华中地区土地覆被特征

7.4.1 自然地理背景与社会经济特点

华中地区位于我国的中部，包括河南省、湖北省和湖南省，总面积为 56 万 km²，约占全国陆地面积的 5.93%。处于我国第二级阶梯向第三级阶梯过渡地带，地貌轮廓呈三面高起、中间低平、向东北敞开，总体上是西高东低。西部、南部和东南部以山地丘陵为主，中部和东北部以平原（含湖泊）和岗地为主（李宗翰，2014）。

本地区处于气候过渡地带，除部分较高海拔的山区外，北部属暖温带半湿润季风气候、中部属北亚热带湿润季风气候、南部属中亚热带湿润季风气候（王立辉等，2010）。南北气候差异较大，但总的特点是四季分明，光热充足，雨热同季。大部分地区冬冷夏热，春季温度多变，秋季温度下降迅速。除高寒山区外，年平均气温为 12~19℃，北低南高。冬季最冷月（1 月）平均温度最南部在 4℃ 以上，最北部在 0℃ 以下。夏季最热月（7 月）平均气温大多为 25~29℃。本地区年平均降水量为 500~1700mm，时空分布很不均匀（李宗翰，2014）。

华中地区跨海河、黄河、淮河、长江、珠江四大水系，河川交错，水网密布，中国主要的五大淡水湖中，分布在这一地区内的就有洪湖、洞庭湖、鄱阳湖和太湖 4 个（李宗翰，2014）。华中地区植被类型多种多样，植物资源丰富。本地区纬度跨越较大，从北到南气温逐渐升高、雨量逐渐增加，反映在植被分布上，具有明显的南北过渡特征，纬度地带性明显，植被的种类组成和类型由简单到复杂，地带性植被类型由落叶阔叶林到落叶阔叶—常绿阔叶混交林到常绿阔叶林。华中地区土壤类型众多，全区主要分布有暗棕壤、棕壤、褐土、黄棕壤、黄褐土、红壤、黄壤、水稻土、潮土、沼泽土、草甸土、砂姜黑土、石灰土、粗骨土、沙土、盐碱土和紫色土等。

华中地区地势平坦低洼，河湖众多，土壤肥沃，是我国重要的商品农业和渔业基地。由于气候变化、泥沙淤积、河道变迁、人口增长、围湖造田和经济发展，湖泊迅速萎缩，耕地、洲滩及各类建设用地大量增加，使该地区的土地利用发生了大的变化。由此引发和产生的资源紧张和生态环境问题，如严重的洪涝灾害、森林资源锐减、水土流失等，得到了国内外的广泛重视。建立华中地区土地覆被监测，可以充分、全面和深刻地了解土地资源现状，是实现保护性开发利用土地资源、保护和改善生态环境、促进实现区域可持续发展的重要决策基础（王宏志等，2000）。

7.4.2 华中地区土地覆被现状与空间分布格局

（1）土地覆被数量结构特征

华中地区处于我国第二级阶梯向第三级阶梯过渡地带，地貌以山地和平原为主，水热条件适宜，这就决定了该地区林地和耕地是其主要的土地覆被类型，两者占土地覆被面积比例为87.53%，而草地、其他类型所占比例极小（表7-4）。

表7-4 2010年华中地区土地覆被面积及结构

省		草地	湿地	耕地	人工表面	其他	林地	总计
河南	面积/km²	4 166.077	2 880.316	104 290.014	19 408.689	329.222	34 573.864	165 648.182
	比例/%	2.52	1.74	62.96	11.72	0.20	20.87	100
湖北	面积/km²	1 458.065	14 035.382	72 825.986	8 022.317	43.023	89 511.206	185 895.979
	比例/%	0.78	7.55	39.18	4.32	0.02	48.15	100
湖南	面积/km²	4 422.303	8 248.490	62 138.796	6 805.653	435.929	129 812.976	211 864.147
	比例/%	2.09	3.89	29.33	3.21	0.21	61.27	100
全区	面积/km²	10 046.445	25 164.188	239 254.796	34 236.659	808.174	253 898.046	563 408.308
	比例/%	1.78	4.47	42.47	6.08	0.14	45.06	100

林地是该地区分布面积最大的土地覆被类型，林地覆盖高达45.06%，三省面积大小依次是湖南、湖北和河南，河南以落叶阔叶林为主，湖南、湖北以常绿针叶林为主。耕地所占比例为42.47%，是该地区第二大土地覆被类型，其中以河南面积最大，湖南面积最小，河南以旱地为主，湖南、湖北旱地和水田面积相当。草地面积占该地区面积比例较小，仅为1.78%，三省面积大小依次是湖南、河南和湖北，主要类型为草丛。湿地所占比例为4.47%，湖南和湖北的面积远高于河南，河南、湖北以水库/坑塘为主，湖南以河流为主。人工表面占该区域比例为6.08%，河南面积最大，湖南最小。其他类型面积所占比例仅为0.14%，湖南面积最大，湖北面积最小。

（2）土地覆被空间格局

华中地区处于我国重要的南北分界线上，其土地覆被南北差异非常明显，对于林地来说，北部主要是落叶阔叶林，南部主要是常绿针叶林，对于耕地来说，北部主要是旱地，南部则是旱地和水田分布相差无几（图7-4）。

从图7-4可以看出，华中地区土地覆被类型以林地、耕地为主，人工表面、湿地也较多。土地覆被类型空间分布差异明显。林地主要分布在太行山、崤山、熊耳山、嵩山、外方山、伏牛山、大巴山、武当山、巫山、武陵山、雪峰山、桐柏山—大别山、大洪山、幕阜山、连云山、九岭山、武功山、万洋山、诸广山、阳明山和南岭山脉等山区。耕地主要分布在黄淮海平原、南阳—襄阳盆地、江汉平原、鄂东沿长江河谷平原岗地、洞庭湖平原、湘中和湘南的河谷平原等区域。人工表面分布与耕地类似，主要分布在平原和低丘岗地区域。湖泊湿地集中分布在江汉平原、鄂东沿长江河谷平原岗地、洞庭湖平原。水库/坑塘中的大型水库主要分布在低丘岗地向山地过渡地带，鱼池主要分布在平原地区，其他中小型的水库/坑塘零星分布在各地。

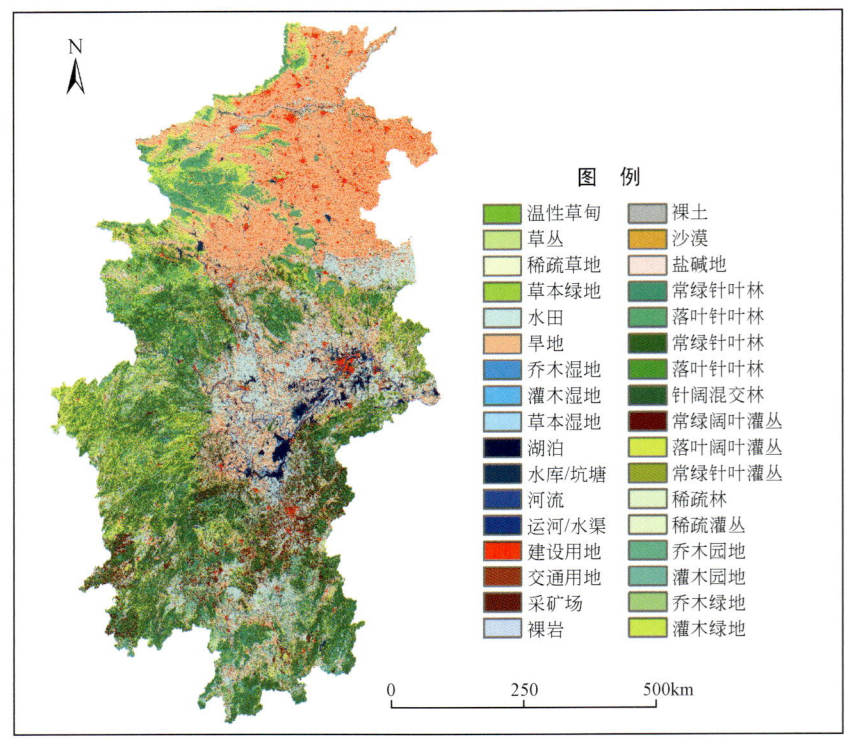

图 7-4 2010 年华中地区土地覆被图

7.5 华南地区土地覆被特征

7.5.1 自然地理背景与社会经济特点

华南地区位于我国最南部，主要包括海南省、广东省和广西壮族自治区以及香港特别行政区、澳门特别行政区，总面积约为 45.6 万 km^2，约占全国陆地面积的 4.79%。华南地区位于我国大陆南部的向南倾斜面上，背接南岭，东接浙闽丘陵，西邻云贵高原。总的地势是由北向南、东南或西南倾斜，境内丘陵、谷地、平原、河川纵横交叉，地形复杂。海南岛四周低平，中间高耸，呈穹隆山地形，以五指山（海拔 1867m）、鹦哥岭为隆起核心，向外围逐级下降，梯级结构明显。山地和丘陵是海南岛地貌的主要特征，山地主要分布在岛中部偏南地区，山地中散布着丘陵性盆地。丘陵主要分布在岛内陆和西北、西南部等地区（张党权，2012）。

华南地区属高温多雨、四季常绿的热带 - 南亚热带 - 中亚热带季风气候（李勇等，2010）。大部分地区年平均气温大于 20℃。由于濒邻热带海洋，水汽来源充分，多数地区年降水量为 1200~2500mm，是全国雨量最丰沛的区域（苏晓燕等，2013）。区内降水分布不均匀，沿海、岛屿少于内陆，平原少于山地，背风坡少于迎风坡，台风活动频繁的地方降水充沛。由于降水丰富，华南地区水系多，河流密度大，河流泥沙含量少，水量变化大，河间分水岭交互错杂，也是华南地区破碎的地面反映。

根据所处的生物气候带和成土母质不同，华南地区大致可分为3种类型的土壤：热带的砖红壤、南亚热带的赤红壤和中亚热带的红壤，黏土矿物以高岭土为主（苏晓燕等，2013）。华南植物生长茂盛，种类丰富多样，是我国植物种类最多的地区，有热带雨林、季雨林和亚热带季风常绿阔叶林等地带性植被（张党权，2012）。

华南地区共有人口1.71亿，56个民族成分齐全，但以汉族为主。华南地区经济发达，是世界上最具经济活力的地区之一，尤其是珠江三角洲（项南，1993）。该地区的海南、深圳、珠海和汕头为我国经济特区，广州和湛江为全国首批沿海开放城市，澳门和香港是我国的特别行政区。该地区的广东省是中国经济总量最大和发展最快的省份。广西壮族自治区是中国西部资源型经济与东南开放型经济的结合部，是中国与东盟之间唯一既有陆地接壤又有海上通道的省份，是华南通向西南的枢纽，是全国唯一的具有沿海、沿江、沿边优势的少数民族自治区。香港是全球第十二大贸易经济体系、第六大外汇市场及第十五大银行中心，是全球最富裕、经济最发达和生活水平最高的地区之一。香港是亚洲重要的金融、服务和航运中心。同时华南地区是中国热带水果的主产地、中国的甘蔗种植基地、制糖业基地。

7.5.2 华南地区土地覆被现状与空间分布格局

（1）土地覆被数量结构特征

华南地区地形以山地、丘陵为主，水热丰富，土地覆被以林地为主，占总土地面积65.68%，其次是耕地，占24.15%，草地所占比例最小，仅为1.10%（表7-5）。

表7-5　2010年华南地区土地覆被面积及结构

省（自治区、特别行政区）		草地	湿地	耕地	人工表面	其他	林地	总计
广东	面积/km²	255.063	8 920.971	37 797.828	12 912.505	1 056.569	116 487.224	177 430.160
	比例/%	0.14	5.03	21.30	7.28	0.60	65.65	100
广西	面积/km²	4 647.221	4 079.166	63 426.134	5 606.241	5.318	158 747.073	236 511.153
	比例/%	1.96	1.72	26.82	2.37	0.00	67.12	100
海南	面积/km²	93.324	2 231.308	8 674.382	752.323	5 649.565	23 216.925	40 617.827
	比例/%	0.23	5.49	21.36	1.85	13.91	57.16	100
香港和澳门	面积/km²	0.482	37.738	143.430	101.415	0.000	818.665	1 101.730
	比例/%	0.04	3.43	13.02	9.21	0.00	74.31	100
全区	面积/km²	4 996.090	15 269.183	110 041.774	19 372.484	6 711.452	299 269.887	455 660.870
	比例/%	1.10	3.35	24.15	4.25	1.47	65.68	100

林地是华南地区最大的土地覆被类型，占区域总面积的 65.68%，广西所占面积最大，香港和澳门最小。华南地区的林地以常绿阔叶林和常绿针叶林为主，其次为常绿阔叶灌丛、乔木园地和针阔混交林。常绿阔叶林和常绿针叶林在广东、广西分布广泛，但海南常绿针叶林主要分布于五指山和尖峰岭等海拔较高的山地，在海岸地带的针叶林主要为防风林。面积较少的落叶针叶林、落叶阔叶林主要在广东、广西的北部山区，而人类影响较大的乔木园地、灌木园地遍布于华南的低山、丘陵和平原地带，海南乔木园地分布相对较为集中，成片分布，以橡胶林和热带水果为主；乔木绿地和灌木绿地主要分布于城区或城郊，面积较少。耕地在华南地区耕地面积仅次于林地，是该地区的第二大土地覆被类型，占华南地区国土总面积的 24.15%，广西所占面积最大，香港和澳门最小。旱地面积稍大于水田，水田主要分布于华南的平原、山谷地带；旱地则分布较广，山区、丘陵和平原地带都有分布。华南地区经济发达，人工表面面积较大，占华南地区国土总面积的 4.25%，广东所占面积最大，香港和澳门最小。该地区的人工表面以居住地为主，居住地和工业用地主要分布于自然地理条件较好平原和山谷盆地，其中珠江三角洲面积最大，其次为潮汕平原，海南人工表面面积较小，主要集中于海口和三亚。该地区的采矿场多分布于山区，较为零散。华南地区降水丰富，平原地区河流密集，水库/坑塘遍布。华南地区的湿地面积占华南区国土总面积的 3.35%，广东所占面积最大，香港和澳门最小。该地区的湿地类型以水库/坑塘和河流为主。区内草地面积较少，仅占区域国土面积的 1.10%，广西所占面积最大，香港和澳门最小。本地区的草地包括两类：草丛和草本绿地，以草丛为主，分布零散，多为与高海拔的山顶，在环境条件较差的山坡也有零星分布；草本绿地面积较少，大多分布于城市或城郊。华南地区其他类型面积仅占 1.47%，海南所占面积最大，香港和澳门没有分布。

（2）土地覆被空间分布格局

华南地区水热丰富，土地覆被的限制因子主要是地形和人类经济活动，因此土地覆被分布具有明显的地形及人类活动影响的印记（图 7-5）：

林地分布广泛，种类繁多，人工林和天然林交错。在广东和广西大陆区，林地主要分布于粤北部、粤东和粤西、桂北、桂西和桂东的山区和丘陵地带，海南省林地主要位于海南中部和南部山区，周围台地和平原地带也有部分林地，以乔木园地（橡胶、果园）为主。华南地区耕地主要分布于盆地、河口三角洲、沿海等地势平坦地区以及山间河谷地带，包括雷州半岛、珠江三角洲、潮汕平原、浔江平原、南流江三角洲、宾阳—武陵山山前平原、玉林盆地、左江河谷、南宁盆地、湘桂走廊、贺江中下游平原、郁江横县平原、钦江三角洲、宁明盆地、海南的北部和西部平原和台地。湿地主要分布于河口三角洲、沿海地区，乔木湿地主要为红树林，在广西北海、广东湛江以及海南岛分布较多，而水库/坑塘主要分布在华南的平原、河口和沿海地区，其中以珠江三角洲和潮汕平原分布最为广泛。人工表面以居住地为主，主要集中分布在自然地理条件较好平原和山谷盆地，其中珠江三角洲地区人工表面面积最大，其次为潮汕平原，草地和其他类面积较小，分布零散。

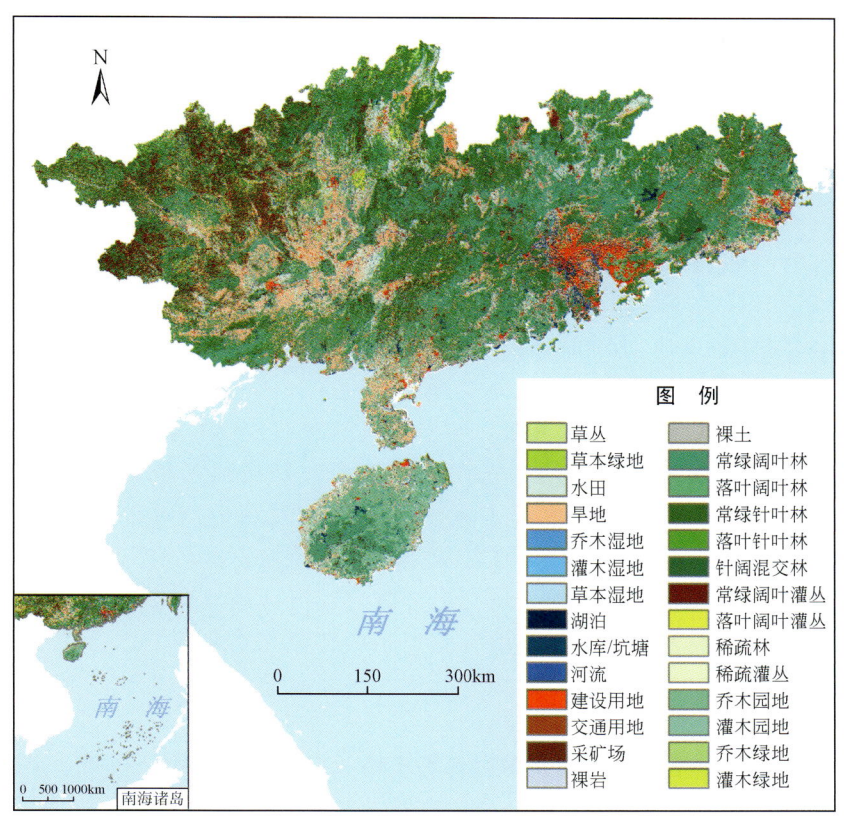

图 7-5　2010 年华南地区土地覆被现状

7.6　西南地区土地覆被特征

7.6.1　自然地理背景与社会经济特点

西南地区地处我国西南边陲，包括四川省、云南省、贵州省、重庆市、西藏自治区三省一市一自治区，国土面积为 233.03 万 km^2，占我国国土总面积的 24.51%。截至 2010 年第六次人口普查，西南地区共有人口 19 298.12 万人，主要民族为汉族，西南地区包含了我国 55 个少数民族，主要的少数民族有彝族、白族、哈尼族、傣族、壮族、苗族、回族、傈僳族、藏族等。除藏族外，其他各少数民族主要分布在云南省及贵州省境内，藏族主要分布在西藏自治区，占西藏自治区总人口的 90% 左右。

西南地区地形、地貌复杂，高原、盆地、山地、丘陵、坝子等纵横交错。整个西南地区主要由青藏高原、云贵高原、四川盆地等大地貌单元组成。西北部地势高耸，最高的西藏高原，为青藏高原的主要组成部分，具有地势高寒的自然特点（国政，2011）。西南地区各省（自治区、直辖市）主要以山地为主，其次为丘陵，占到西南地区总面积的3/5以上。

由于受到地形、地貌以及纬度的综合影响，西南地区的气候十分复杂。西南地区地处亚热带，但地形以山地为主，雨水和云雾多、湿度大、日照时间少的亚热带山地气候特征显著。气候类型主要分为三类：四川盆地为亚热带季风气候（曹永旺和延军平，2015；李来胜，1997）；云贵高原为低纬高原中、南亚热带季风气候；青藏高原为高山寒带气候与立体气候分布区（张勃等，2015；张国斌等，2016）。此外，西南地区南段还分布有少部分热带雨林气候区，代表区域为云南省西双版纳州。四川省和贵州省是全国云雾最多、日照最少的地方，年日照1000~1600小时。一般年降水量为800~1000mm，高的可达1800mm以上（刘晓冉等，2007）。西藏自治区平均海拔4500m，属于高原气候，气温偏低，无霜期短，气候干燥，空气稀薄，日照充足，年平均气温为-3~12℃。

西南地区河流纵横，水网发达，大江大河较多，是我国多条重要水系（太平洋水系）以及周边国家外流水系（印度洋水系）支干流的发源地。本地区中部和北部以长江流域的河流为主。南部和西部分属珠江流域、元江流域、澜沧江流域、怒江流域、伊洛瓦底江流域、恒河流域和印度河流域。另外藏北内流区还有众多的内流河汇入大小高原湖泊。本地区的湖泊主要为高原湖泊，基本集中在藏北高原湖泊区、滇中高原湖泊密集区和滇西北高原湖泊分布区3个区域。其中，藏北高原湖泊区是我国湖泊分布最为密集的区域。

西南地区的土壤包括由热带到寒带的各类土壤。其中，紫色土、红壤、黄壤、山地森林土和高山土占据了土壤的主要类型。对于森林植被，西南地区北回归线以南多分布热带雨林、季雨林，主要分布在云南南部；除滇西北、滇南外云南其他地区，以及贵州全省、四川盆地在全国植被区划中被划分为亚热带常绿阔叶林，包括了湿润常绿阔叶林、半湿润常绿阔叶林、季风常绿阔叶林和山地常绿阔叶林（国政，2011）。青藏高原从东南向西北植被过渡依次为热带、亚热带山地森林—山地灌丛草原—高山草甸—高山草原—高寒荒漠草原—高寒荒漠等不同植被地带。

2010年，西南地区共实现地区生产总值37 445亿元，重庆市和四川省以第二产业为主，第二产业在两地地区生产总值中所占的比例均超过了50%，分别为55.00%和50.46%；贵州省和西藏自治区以第三产业为主，第三产业在两地地区生产总值中分别占47.31%和54.16%；云南省第二产业和第三产业在地区生产总值中所占的比例较为接近，分别为44.62%和40.04%。除西藏自治区外，工业在其他各地第二产业中的比例均超过了80%，西藏自治区这一比例仅为24.24%。除云南省外，第一产业在其他各地区生产总值中所占的比例均未超过15%，重庆市最低，仅为8.65%。

7.6.2　西南地区土地覆被现状与空间分布格局

（1）土地覆被数量结构特征

西南地区面积广阔，土地覆被类型多样，除青藏高原区域景观相对单一外，其他区域景观异质性高。西南地区土地覆被类型以林地和草地为主，二者所占比例为 80.32%，人工表面和湿地面积相对较少。

草地是西南地区面积最大的土地覆被类型，所占比例为 45.64%，西藏的面积最多，重庆最少，草地类型中以高寒草原和稀疏草地面积最大（表 7-6）。林地是西南地区又一主要的土地覆被类型，森林覆盖率为 34.68%，其中除西藏森林覆盖率较低外，其他四省的森林覆盖率均超过 45%，其中以云南为最高，林地中以常绿针叶林为主。西南地区的耕地所占比例为 10.28%，面积以四川最大，处于高寒地区的西藏为最少，以旱地为主。湿地占该区面积比例为 2.97%，以西藏面积为最大，重庆面积最小，以湖泊和草本湿地为主。人工表面是该地区比例最小的土地类型，所占比例仅为 0.55%。其他类型占该区比例为 5.88%，以西藏分布面积最大，重庆最小，以裸土为主。

表 7-6　2010 年西南地区土地覆被面积及结构

省（自治区、直辖市）		草地	湿地	耕地	人工表面	其他	林地	总计
重庆	面积/km²	6 124.089	1 529.468	25 833.112	2 122.940	13.459	46 764.265	82 387.333
	比例/%	7.43	1.86	31.36	2.58	0.02	56.76	100.00
四川	面积/km²	121 512.975	9 508.713	102 485.963	3 827.792	15 516.216	233 263.958	486 115.617
	比例/%	25.00	1.96	21.08	0.79	3.19	47.99	100.00
贵州	面积/km²	30 725.339	1 225.973	44 193.968	2 503.935	76.381	97 372.621	176 098.217
	比例/%	17.45	0.70	25.10	1.42	0.04	55.29	100.00
云南	面积/km²	53 405.983	3 156.806	61 248.453	3 742.136	1 939.106	259 702.721	383 195.205
	比例/%	13.94	0.82	15.98	0.98	0.51	67.77	100.00
西藏	面积/km²	851 766.338	53 816.129	5 791.179	655.773	119 386.545	171 066.662	1 202 482.626
	比例/%	70.83	4.48	0.48	0.05	9.93	14.23	100.00
全区	面积/km²	1 063 534.724	69 237.089	239 552.675	12 852.576	136 931.708	808 170.227	2 330 278.998
	比例/%	45.64	2.97	10.28	0.55	5.88	34.68	100.00

（2）土地覆被空间格局

西南地区地形复杂，类型多样，盆地、丘陵、中山、高山俱全。由于不同的地形条件，影响水热再分配，从而使植被、土壤汲取组合方式，以及土地资源的环境条件发生很大差异，并形成了十分明显的地域土地覆被特点。对于山区来说，高海拔区主要受热量控制，低海拔区水分则成为主导影响因子，两项因子交替作用造成山区生态景观垂直带谱发育，依次为冰川积雪带、高山砾漠、高山草甸；亚高山和山地草甸，森林带、山地草原。对于盆地区而言，水热条件非常充足，人类经济活动成为影响土地覆被类型的决定因素，主要影响人工表面、耕地及湿地的分布。水平地带上从东往西空间分布的最大特点是林地面积逐渐减少，草地面积逐渐增加。

林地主要分布在横断山区，该区域也是我国的第二大天然林区（图 7-6）。草地广泛分布在西藏自治区、川西北地区以及贵州、重庆的石漠化地区。耕地主要分布在四川盆地，盆周山区以及云贵高原上地势平坦的"坝子"上。湖泊主要分布在藏北、滇中和滇西北高原，以藏北高原分布最广，草本湿地主要分布在四川省若尔盖地区，西藏自治区也有零星分布。人工表面分布稀少，主要分布在四川盆地及交通便利沿线。裸土主要分布在云贵高原及西藏土地退化区，裸岩和冰川/永久积雪，主要分布在喜马拉雅山、冈底斯山、念青唐古拉山、横断山等山脉的山峰上。

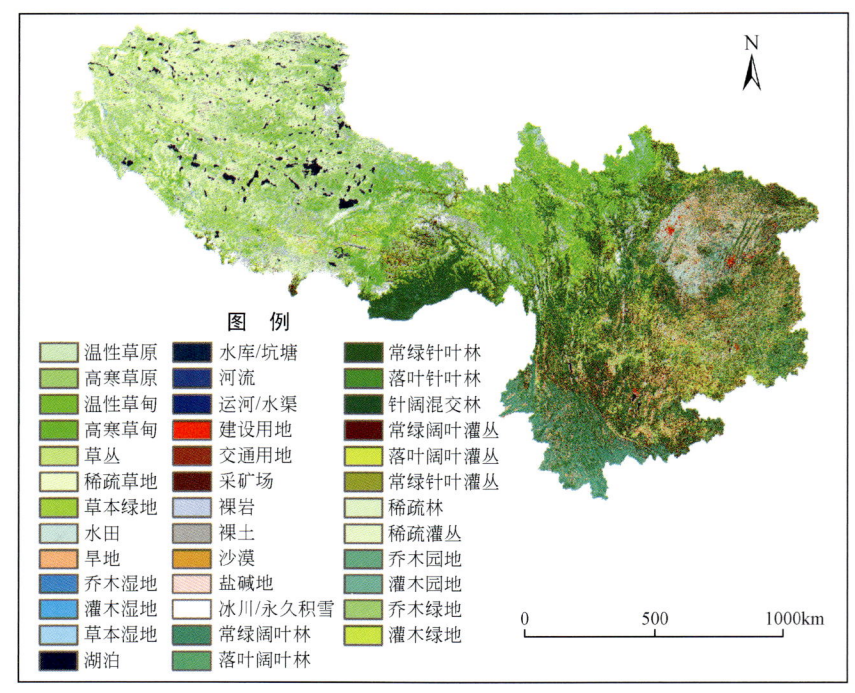

图 7-6　2010 年西南地区土地覆被空间分布

7.7　西北地区土地覆被特征

7.7.1　自然地理背景与社会经济特点

西北地区主要包括陕西省、甘肃省、宁夏回族自治区、青海省、新疆维吾尔自治区，土地面积约 301 万 km^2，约占全国土地面积的 31.7%。西北地区人口总数为 7952 万人，有多个少数民族分布，除陕西的少数民族人口较少外，其他省（自治区）都是典型的西北少数民族地区，也是中国最主要的少数民族地区之一，民族聚居区绝对贫困日益减少、相对贫困日益突出，存在人口素质低、人才流失严重、经济结构不合理等问题。

西北地区深居内陆，主要位于我国地势第二级阶梯，以高原和盆地为主。东部为典型温带草原，中西部多沙漠、戈壁；新疆地形"三山夹两盆"，昆仑山脉、天山山脉、阿尔泰山脉都是亚洲中部重要的山脉，山顶终年积雪，山麓草场广大，"绿洲"是主要的农业区。

本地区属于典型的温带大陆性气候。冬冷夏热，气温日较差和年较差都很大（吐鲁番盆地是我国的"热极"）；降水稀少，年降水量少于400mm，其中塔里木盆地年降水量少于50mm，是我国的"干极"，气候干燥。河流稀少，且多内陆河，河流多为内流河，河流补给以冰雪融水和雨水为主，水量小，汛期短，河流含沙量大，多内流河，冰川融水是主要补给水源，有大片无流区。黄河水量丰富、上游落差大、水力丰。土壤以漠钙土和灰钙土为主。植被由东向西为草原、荒漠草原、荒漠。

西北地区基础设施条件薄弱，水资源稀缺。西北地区是我国最干旱的地区，生态环境也极其脆弱，但经济总体上比较落后。西北地区的多个经济指标落后于全国平均水平，其中，工业结构、产业就业比两大指标与全国的差距更为明显。

西北地区的生态环境在长期历史演变中出现种种问题，如干旱缺水、河湖干涸、水土流失、植被退化等。近10年，国家先后实施了退耕还林、天然林保护、风沙源治理、退牧还草等生态工程，大力增加和恢复林草植被，水土流失减少，风沙危害减轻，长江上游、黄河上中游等重点流域生态环境明显改善，国家西部生态安全屏障得到巩固。

7.7.2 西北地区土地覆被现状与空间分布格局

（1）土地覆被数量结构特征

西北地区独特的自然环境特点决定了土地覆被以其他类型为主，草地也是主要类型，两者共占总土地面积的78%以上；干旱气候条件下人工表面和湿地面积最小（表7-7）。

表7-7　2010年西北地区土地覆被面积及结构

省（自治区）		草地	湿地	耕地	人工表面	其他	林地	总计
陕西	面积/km²	48 607.460	1 169.352	54 858.140	4 140.761	2 565.224	94 208.691	205 549.628
	比例/%	23.65	0.57	26.69	2.01	1.25	45.83	100.00
甘肃	面积/km²	118 274.854	2 727.850	73 540.191	3 843.610	171 679.250	55 377.069	425 442.824
	比例/%	27.80	0.64	17.29	0.90	40.35	13.02	100.00
青海	面积/km²	376 986.344	48 517.847	8 760.622	1 830.236	231 171.318	29 379.677	696 646.044
	比例/%	54.11	6.96	1.26	0.26	33.18	4.22	100.00
宁夏	面积/km²	22 203.202	552.186	17 474.942	1 684.337	5 453.639	4 589.629	51 957.935
	比例/%	42.73	1.06	33.63	3.24	10.50	8.83	100.00
新疆	面积/km²	551 699.420	22 275.396	80 964.469	9 559.936	845 843.346	121 388.013	1 631 730.580
	比例/%	33.81	1.37	4.96	0.59	51.84	7.44	100.00
全区	面积/km²	1 117 771.280	75 242.631	235 598.364	21 058.880	1 256 712.777	304 943.079	3 011 327.011
	比例/%	37.12	2.50	7.82	0.70	41.73	10.13	100.00

草地面积所占比例在青海最大、在甘肃最小，主要为稀疏草地。湿地主要是分布在青海的高原湖泊与草本湿地，在宁夏面积最少。耕地面积以新疆和甘肃最大，但是宁夏和陕西耕地面积占该地区土地面积的比例最高；青海耕地面积最少，占土地面积的比例也最

小。人工表面以新疆面积最大，其次是陕西，而占总土地面积的比例以宁夏最高，青海最小。其他类型以新疆和青海面积最大，占各省（自治区）土地面积的比例以新疆和甘肃最高，陕西省面积和比例都最小。林地面积所占比例以陕西省最高，宁夏比例最低。

（2）土地覆被空间格局

在干旱、风蚀及堆积、水力侵蚀、寒冻与冻融、强烈蒸发及不合理垦殖或过垦、放牧强度过大、森林砍伐和樵采、采集药材破坏草皮、水资源的不合理利用等作用下，西北地区生态条件十分脆弱，中国最大的沙漠塔克拉玛干沙漠就分布在新疆南部；高山地区分布有大量冰川积雪（图7-7）。土地覆被地带性非常明显，无论从水平带还是垂直带上，其生态系统类型都有较大差异。对于山区来说，高海拔区主要受热量控制，低海拔区水分则成为主导影响因子，两项因子交替作用造成山区生态景观垂直带谱发育，依次为冰川积雪带、高山砾漠、高山草甸、亚高山和山地草甸、森林带、山地草原。对于平原区而言，由于热量相对较为充足，生态结构则几乎完全受水分条件控制，沿河两侧依次形成绿洲、过渡带、荒漠；植被等级和盖度逐渐由高向低演变。水平地带上从东往西空间分布的最大特点是植被覆盖面积减少，荒漠面积增加。

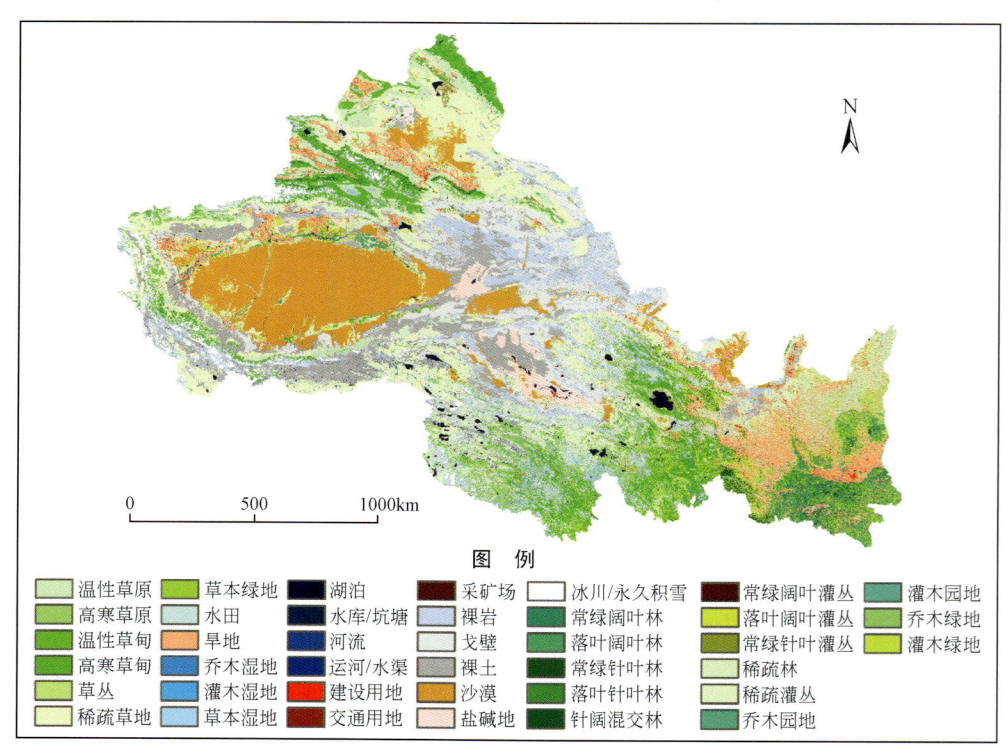

图 7-7 2010 年西北地区土地覆被现状图

西北地区地处欧亚大陆腹地，海洋暖湿气流很难到达，致使大部分地区降水稀少，全年降水量多数在 500mm 以下，从而林地面积小，森林覆盖率还不及全国森林覆盖率的一半，林地主要分布在陕西、甘肃南部的秦岭山区，六盘山、祁连山、天山、阿尔泰山等高山地区。草地主要分布在青海、甘肃南部及山地高山地区。湿地高要分布在青藏高原东北部，以湖泊与草本湿地为主。由于经济发展落后，人工表面相对较少，分布在交通沿线、河川谷地、绿洲内部。西北地区分布着全国最大的沙漠、戈壁、盐碱地、裸岩、裸土等。沙漠中包括塔克拉玛干沙漠、古尔班通古特沙漠、巴丹吉林沙漠，腾格里沙漠以及毛乌素沙漠等。沙漠戈壁中除小面积绿洲之外，大部分为干燥的沙砾所覆盖。在沙漠戈壁外围则是大量稀疏植被。

第 8 章　中国典型地区土地覆被特征

中国现代自然地理格局是由若干个相对稳定的陆块和若干条重要的活动带经过漫长地质时期的发展和演化而形成各具特点的景观组成的。由于不同区域自然条件不同以及经济发展水平存在差异，土地覆被在不同的区域单元自然会呈现出不同的状态，存在着显著的区域差异。

8.1　青藏高原土地覆被特征

青藏高原地处我国西南部，北起昆仑山、阿尔金山和祁连山北麓，南至喜马拉雅山，西迄喀喇昆仑山，东至横断山，地处 73°19′~104°47′E、26°00′~39°47′N，总面积为 258.35 万 km^2，占我国陆地总面积的 26.80%。在行政区划上，中国境内的青藏高原范围涉及 6 个省（自治区）、201 个县（市），包括西藏自治区和青海省的全部、四川省西部、新疆维吾尔自治区南部，以及云南省、甘肃省的一部分。

8.1.1　青藏高原自然环境基本特征

青藏高原是我国"三级"地势台阶中最高的一级，高原山地纵横，分布着多个东西和西北—东南走向的著名山脉，构成了青藏高原的基本骨架；山地之间分布着地势平坦的高原、湖泊和盆地。高原平均海拔在 4500m 以上，以山地为主，占区域总面积的 67.18%。

青藏高原以高寒、半干旱气候为主，气温区域差异及降水时空差异明显。境内大部分地区多年平均气温为 0~10℃，年降水量多为 50~700mm，由东南向西北降水逐渐减少，大部分地区年降水量低于 400mm，属高原半干旱区；东南部（特别是喜马拉雅山南麓）年降水多在 500mm 以上，局部地区降水甚至超过 1000mm，属半湿润和湿润气候。

青藏高原河流众多，流域面积大于 $500km^2$ 的河流有 600 多条。其中，外流区的流域总面积约为 123 万 km^2，内流区的流域总面积约为 134 万 km^2。青藏高原是世界最大的高原湖群区，也是我国湖泊分布最密集的地区，面积大于 $0.1km^2$ 的湖泊有 1770 个。同时，青藏高原还是世界中低纬度地区现代冰川最典型、分布最广的地区，约有 2.43 万条，占全国冰川总量的 54%。

青藏高原的植被以草地植被类型为主，广泛分布着草原、草甸、荒漠植被等类型。高原植被的水平地带性和垂直地带性分异明显，水平方向上，从东南向西北，呈现森林、草甸、草原、荒漠的带状更迭；垂直方向上，在很短的水平距离内，垂直高差常常达数千米（特别在藏东南的高山峡谷区），由此发育了完整的植被垂直带谱。人工植被主要分布在

"一江两河"地区、湟水谷地和藏东南的河谷两侧。农产品包括了水稻、小麦、玉米以及青稞等，藏东南的河谷还有甘蔗和热带、亚热带水果种植。

8.1.2 青藏高原各类型土地覆被特征

2010年青藏高原土地覆被以草地和其他类型为主，约占青藏高原总面积的80.66%，其次是林地、湿地，约占青藏高原总面积的18.46%，耕地和人工表面面积最少，不到2%。青藏高原林地总面积358 998.848km²，占青藏高原总面积的13.89%（图8-1）。

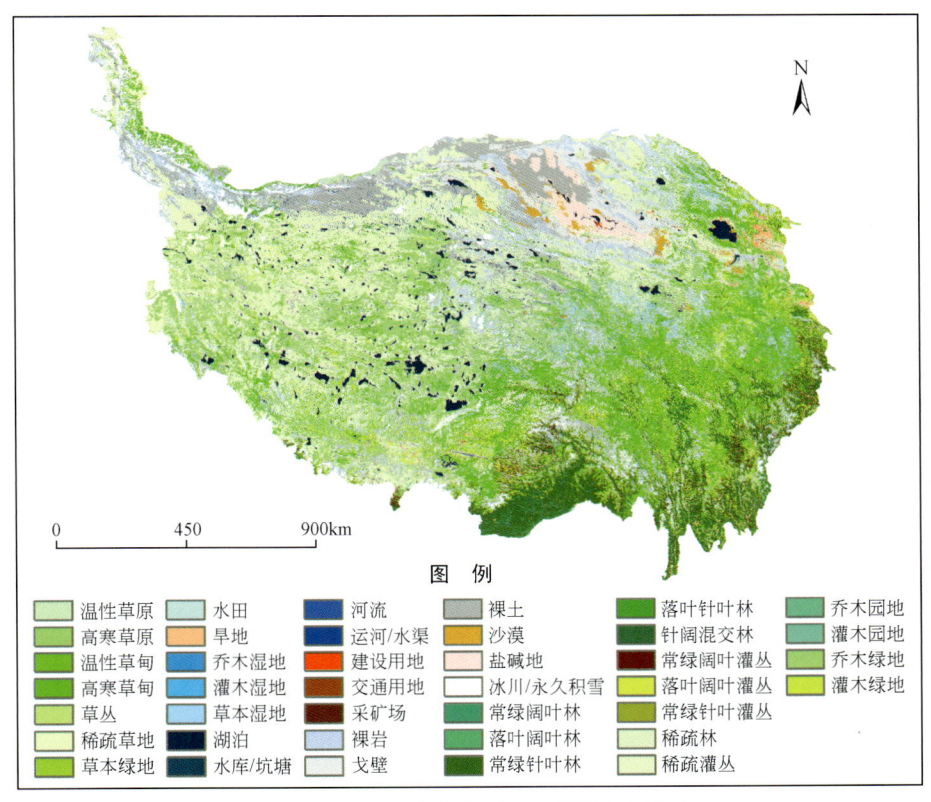

图8-1　2010年青藏高原土地覆被空间分布

草地是青藏高原最主要的土地覆被类型，本次分类系统将稀疏草地划分到草地类型中，包含稀疏草地的草地总面积1 528 401.956km²，占青藏高原总面积的59.16%。青藏高原湿地以湖泊和草本湿地为主，总面积为117 859.665km²，占青藏高原总面积的4.56%。青藏高原的高海拔地区不适宜作物的生长和人类生存，因此，该区域的耕地和人工表面面积比较小，两者分别为19 837.346km²和2925.519km²，占青藏高原总面积的0.77%和0.11%，主要分布在海拔相对较低的河谷地区。青藏高原土地覆被的其他类型面积巨大，面积为555 673.172km²，占青藏高原总面积的21.51%，主要类型是裸土、裸岩和冰川/永久积雪（表8-1）。

表 8-1 2010 年青藏高原土地覆被二级类面积及比例

类型	面积/km²	比例/%	类型	面积/km²	比例/%
常绿阔叶林	13 973.388	0.54	草本绿地	7.164	0.00
落叶阔叶林	1 127.724	0.04	水田	305.567	0.01
常绿针叶林	155 743.342	6.03	旱地	19 531.778	0.76
落叶针叶林	11.048	0.00	乔木绿地	81.944	0.00
针阔混交林	4 573.801	0.18	灌木湿地	274.628	0.01
常绿阔叶灌丛	19 995.670	0.77	草本湿地	53 290.324	2.06
落叶阔叶灌丛	151 722.032	5.87	湖泊	48 678.919	1.88
常绿针叶灌丛	6 980.409	0.27	水库/坑塘	843.706	0.03
稀疏林	185.841	0.01	河流	14 661.115	0.57
稀疏灌丛	4 611.854	0.18	运河/水渠	29.029	0.00
乔木园地	35.335	0.00	建设用地	1 548.341	0.06
灌木园地	13.495	0.00	交通用地	1 115.610	0.04
乔木绿地	21.312	0.00	采矿场	261.568	0.01
灌木绿地	3.597	0.00	裸岩	191 923.512	7.43
温性草原	81 756.021	3.16	戈壁	44 553.687	1.72
高寒草原	397 129.505	15.37	裸土	206 201.309	7.98
温性草甸	26 064.196	1.01	沙漠	13 763.194	0.53
高寒草甸	363 196.086	14.06	盐碱地	34 993.704	1.35
草丛	133 220.561	5.16	冰川/永久积雪	64 237.766	2.49
稀疏草地	527 028.424	20.40	总计	2 583 696.506	100

青藏高原地区林地的主要类型为常绿针叶林和落叶阔叶灌丛，面积分别为 155 743.342km² 和 151 722.032km²，分别占青藏高原林地总面积的 43.38% 和 42.26%，其他林地类型分布均较少。该区域林地主要分布在青藏高原东南部的藏东南地区、横断山区和秦巴山区西侧，属于我国第一、第二级阶梯的过渡地带，高原面零星分布有少量的灌木。

草地是青藏高原的主要土地覆被类型，包含稀疏草地在内的草地面积占青藏高原总面积的 59.16%。草原和稀疏草地是青藏高原最主要的草地类型，面积分别为 478 885.525km² 和 527 028.424km²，占青藏高原草地总面积的 31.33% 和 34.48%，而草甸面积为 389 260.283km²，占青藏高原草地总面积的 25.47%。

青藏高原湿地类型以草本湿地、湖泊和河流为主，面积分别为 53 290.324km²、48 678.919km² 和 14 661.115km²，分别占青藏高原湿地总面积的 45.22%、41.30% 和

12.44%，其他湿地类型分布较少。青藏高原是我国湖泊集中分布的地区之一，主要分布在西藏自治区的北部、青海省的西部和东北部，包括我国最大的内陆湖泊青海湖。青藏高原是我国众多河流的发源地，区域内河网密布，沼泽发育，特别是三江源地区和若尔盖地区，是我国高寒湿地最主要的分布区。

青藏高原耕地稀少，主要分布在海拔相对较低的西藏自治区的雅鲁藏布江河谷、青海省的西宁市和海西地区。耕地以旱地为主，旱地面积为 19 531.778km^2，占耕地总面积的 98.46%。

青藏高原地广人稀，人工表面主要分布在县城及其周边，主要的人工表面是建设用地和交通用地，面积分别为 1548.341km^2、1115.610km^2，占人工表面总面积的 52.93% 和 38.13%。青藏高原的工业用地主要是位于柴达木盆地的察尔汗盐湖区域的盐田，该区域工业用地面积 261.568km^2，占人工表面总面积的 8.94%。

青藏高原土地覆被其他类型以裸土、裸岩、冰川/永久积雪为主，其面积分别为 206 201.309km^2、191 923.512km^2 和 64 237.766km^2，分别占其他类型总面积的 37.11%、34.54% 和 11.56%。裸岩和裸土主要分布在由昆仑山、阿尔金山及祁连山包围的柴达木盆地内。冰川/永久积雪主要分布在喜马拉雅山、冈底斯山、横断山、唐古拉山、昆仑山、祁连山、阿尔金山等山脉的山峰上。盐碱地在柴达木盆地内和藏北高原腹地干涸河床内大量分布，面积为 34 993.704km^2，占其他类型总面积的 6.30%。

8.2 黄土高原地区土地覆被特征

黄土高原指黄土覆盖的高原主体及其北部邻接地区，是我国四大高原之一，它是世界上黄土分布面积最大、最集中和最典型的黄土地貌单元，位于我国地势第二级阶梯上，空间范围上包括太行山以西、日月山-贺兰山以东、秦岭以北、阴山以南的广大国土，形状略呈矩形，行政区划单元包括山西省、宁夏回族自治区全部，陕西省的中部和北部，甘肃省的陇中和陇东地区，青海省的东北部，内蒙古自治区的河套平原和鄂尔多斯高原以及河南省的西部丘陵地带，共 386 个县（市、旗）（表 8-2），总面积为 62.39 万 km^2，约占全国国土总面积的 6.5%（何永涛等，2004）。

表 8-2 黄土高原地区范围及面积

项目	山西	内蒙古	河南	陕西	甘肃	青海	宁夏	总计
县数/个	118	39	40	84	61	22	22	386
面积/km^2	156 690.409	123 169.201	18 562.964	129 488.632	110 006.004	34 256.131	51 758.312	623 931.654
比例/%	25.11	19.74	2.98	20.75	17.63	5.49	8.30	100.00

8.2.1 黄土高原地区自然环境基本特征

黄土高原平均海拔为 1200~1600m。地势南高北低，南依高山，西北面向大陆干旱中心,位于干旱气候、半干旱气候向半湿润气候的过渡区。由西北向东南,由沙漠逐渐过渡为盖沙黄土、沙黄土、黄土和黏黄土,自然植被类型则由干旱荒漠、干草原逐渐过渡为森林草原和落叶阔叶林(许炯心,2008)。黄土高原植被覆盖与水热要素的相关性很强,但限制性因素较多(张翀等,2012)。区内沟壑纵横,梁、峁、塬等黄土地貌极发育。气温大致随着纬度的升高和地势的缓慢抬升而由东南向西北逐渐降低,最南部的洛阳地区年平均气温在14℃以上,至内蒙古包头一带则降低至5℃以下。降水的分布亦是由东南向西北递减,由秦岭、伏牛山北麓与中条山南麓的650mm,至河套西部则逐渐降至150mm。其降水不仅地区分布不均,而且具有强烈的季节变化和年际变化,6~9月降水占全年的70%~80%,越向北夏季降水的比率越大,并且多以暴雨的形式出现,最大年降水量通常为最小年降水量的3倍,有时甚至达7.5倍。黄土高原地区土壤侵蚀最强烈的地带不是发生在降水量最多的水蚀地区,而是发生在降雨量为400mm左右的水蚀风蚀交错带,属半干旱典型的脆弱生态区(赵艳霞等,2003;唐克丽,1998;张厚华和黄占斌,2001;舒若杰等,2006)。黄土高原地区资源丰富,已探明的矿产资源有130多种,其中有一半以上的矿产储量居全国首位,如镍、铂、钯、铱、油、天然气、稀土、铝土等均居全国前列(王天永和陈怀智,2001)。

黄土高原是中华民族的摇篮地之一。秦、汉、唐等兴盛的朝代都建都在黄土高原,据考证,汉唐时代这里林草茂密、环境优美,水土流失轻微(姚玉璧等,2005)。长期不合理的土地利用,特别是人口增长过速、陡坡开垦、广种薄收、轮种撩荒、不合理土地利用、林草植被破坏等原因,加速了黄土高原生态环境恶化程(孟庆香等,2009;王力等,2004),造成植被覆盖率低,是导致该区域水土流失严重的首要因素,出现了以毛乌素沙地为代表的大片沙地(许炯心,2008),是我国生态退化最严重的地区之一(王小平和李弘毅,2006)。为了有效地控制黄土高原的水土流失,此区域首批实施退耕还林还草政策。1998年起,黄土高原所有坡度超过25°的耕地都必须变为林地或草地(王天永和陈怀智,2001;邵宏波等,2004;范泽孟等,2013;张文辉和刘国彬,2007)。退耕还林和禁伐禁牧措施实施以来,黄土高原地区植被覆盖率、质量已经呈现稳定提升的势态,民众生态环境保护意识增强,植被恢复措施优化,多元化投资与城镇化发展使黄土高原植被恢复前景较好(张文辉和刘国彬,2007;黄奕龙等,2003)。但是,在黄土高原林草植被建设中,一直存在重乔木轻灌草等问题,特别在森林草原地带和草原地带营造大面积的乔木林,违背了植被地带性分布规律,导致大面积人工林为小老树林和土壤干层的普遍存在(张翀等,2012;贾耀锋和毛龙江,2009;曹军胜等,2008)。

8.2.2 黄土高原地区土地覆被整体特征

(1) 黄土高原地区总体土地覆被特征

由于自然条件的复杂性,黄土高原地区土地覆被类型多样、不同类型面积与分布相差较大(图8-2,表8-3)。2010年土地覆被以草地和耕地为主,两者占区域总面积的比例将近69%;其次是林地,接近20%;湿地面积最少,不足整个区域面积的1%。

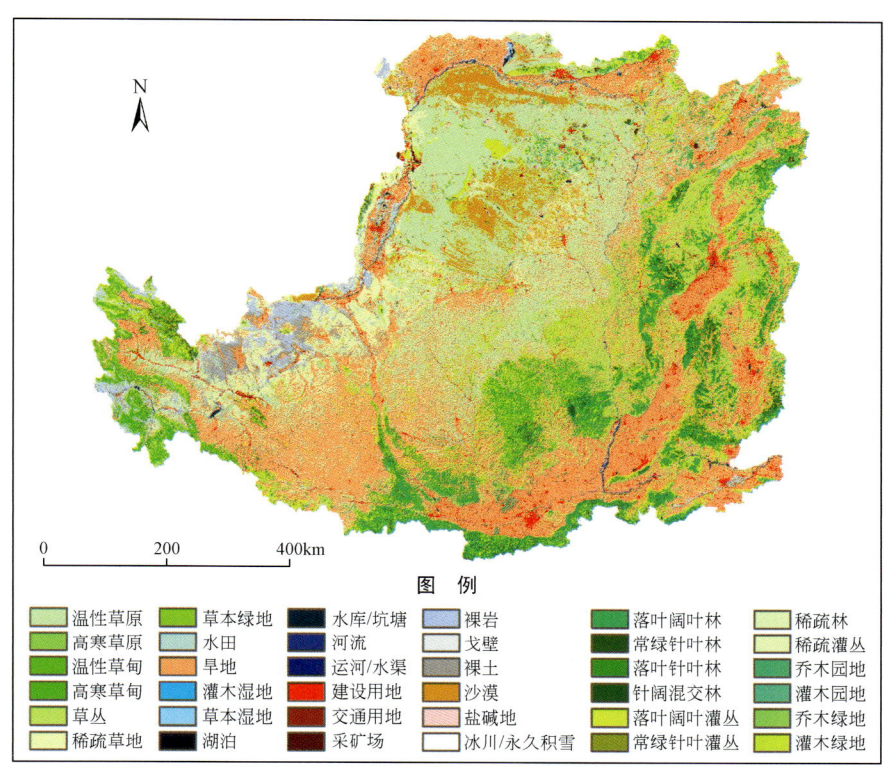

图 8-2　2010 年黄土高原地区土地覆被图

表 8-3　2010 年黄土高原地区各省（自治区）不同土地覆被类型面积及比例

类型		山西	内蒙古	河南	陕西	甘肃	青海	宁夏	总计
林地	面积/km²	46 525.947	13 718.094	5 623.144	34 493.521	16 366.334	7 176.226	4 573.805	128 477.072
	比例/%	36.21	10.68	4.38	26.85	12.74	5.59	3.56	100.00
草地	面积/km²	44 600.981	66 053.651	1 653.449	48 068.631	33 653.709	16 730.136	22 153.782	232 914.338
	比例/%	19.15	28.36	0.71	20.64	14.45	7.18	9.51	100.00
湿地	面积/km²	673.613	1 662.752	284.227	683.457	321.877	301.418	552.068	4 479.413
	比例/%	15.04	37.12	6.35	15.26	7.19	6.73	12.32	100.00
耕地	面积/km²	58 330.688	19 305.961	9 669.065	40 282.532	47 791.894	6 390.005	17 444.469	199 214.613
	比例/%	29.28	9.69	4.85	20.22	23.99	3.21	8.76	100.00
人工表面	面积/km²	6 459.431	3 134.905	1 291.051	3 622.433	1 744.156	518.020	1 682.847	18 452.842
	比例/%	35.01	16.99	7.00	19.63	9.45	2.81	9.12	100.00

续表

类型		山西	内蒙古	河南	陕西	甘肃	青海	宁夏	总计
其他	面积/km²	99.749	19 293.837	42.029	2 338.059	10 128.034	3 140.327	5 351.342	40 393.376
	比例/%	0.25	47.76	0.10	5.79	25.07	7.77	13.25	100.00
总计	面积/km²	156 690.409	123 169.201	18 562.964	129 488.632	110 006.004	34 256.131	51 758.312	623 931.654
	比例/%	25.11	19.74	2.98	20.75	17.63	5.49	8.30	100.00

黄土高原地区有林地128 477.0.72km²，占全区总面积的20.59%。林地主要分布在山西和陕西两省，占全区林地面积的63.06%，其次甘肃占12.74%，宁夏林地面积最少。全区有草地面积232 914.338km²，占全区总面积的37.33%。草地主要分布在内蒙古、山西和陕西，三省（自治区）草地面积占全区草地面积的68.15%。甘肃占14.45%，河南草地面积所占的比例不足1%。全区有湿地4479.413km²，占全区总面积的0.72%。湿地主要分布在内蒙古，占全区湿地面积的37.12%，山西、陕西和宁夏所占比例接近，而甘肃和青海所占总湿地面积的比例不足10%。全区有耕地199 214.613km²，占全区总面积的31.93%。耕地主要分布在山西、甘肃和陕西，三省耕地面积占全区耕地面积的73.49%；青海耕地所占比例最小。全区有人工表面面积18 452.842km²，占全区总面积的2.96%。人工表面主要分布在山西、陕西和内蒙古，三省（自治区）人工表面面积占全区面积的71.62%，青海所占比例最小，仅为2.81%。全区有裸土等其他类型40 393.376km²，占全区总面积的6.47%。

（2）黄土高原地区不同省（自治区）土地覆被特征

黄土高原内部从东南向西北，随着降水减少、干燥度的增加，不同省（自治区）黄土高原部分的土地覆被也相差很大（表8-4）。河南和山西土地覆被以耕地、草地、林地为主，内蒙古以草地为主，甘肃以耕地和草地为主，而青海以草地和林地为主；宁夏以耕地和草地为主。

表8-4 2010年黄土高原地区各省（自治区）土地覆被类型结构　　（单位:%）

类型	山西	内蒙古	河南	陕西	甘肃	青海	宁夏	全区
林地	29.69	11.14	30.29	26.64	14.88	20.95	8.84	20.59
草地	28.46	53.63	8.91	37.12	30.59	48.84	42.80	37.33
湿地	0.43	1.35	1.53	0.53	0.29	0.88	1.07	0.72
耕地	37.23	15.67	52.09	31.11	43.44	18.65	33.70	31.93
人工表面	4.12	2.55	6.95	2.80	1.59	1.51	3.25	2.96
其他	0.06	15.66	0.23	1.81	9.21	9.17	10.34	6.47
全区总计	100.00	100.00	100.00	100.00	100.00	100.00	100.00	100.00

林地以河南为最高，达30.29%，宁夏最低，仅为8.84%；内蒙古和青海由于干旱或

者低温，草地所占比例最大。湿地占河南面积比例最高，达 1.53%；由于湖泊在存在，内蒙古湿地所占比例也较高，为 1.35%。河南垦殖率最高，达 52.09%；其次是甘肃，为 43.44%，内蒙古地处干旱气候区的面积大，垦殖率最低，仅为 15.67%。

8.2.3 黄土高原地区各类型土地覆被特征

(1) 黄土高原地区林地特征

2010 年黄土高原地区有林地 128 477.072km²，占总面积的 20.59%。林地主要分布在黄土高原地区的东南部及青海东部等水分条件较好的山区，高原中北部林地仅有零星分布。在黄土高原地区所包括的 7 个省（自治区）拥有的林地面积中，山西的林地面积最多，占 36.21%；其次是陕西，占 26.85%；拥有林地面积最少的是宁夏，仅占 3.56%（图 8-3，表 8-5）。

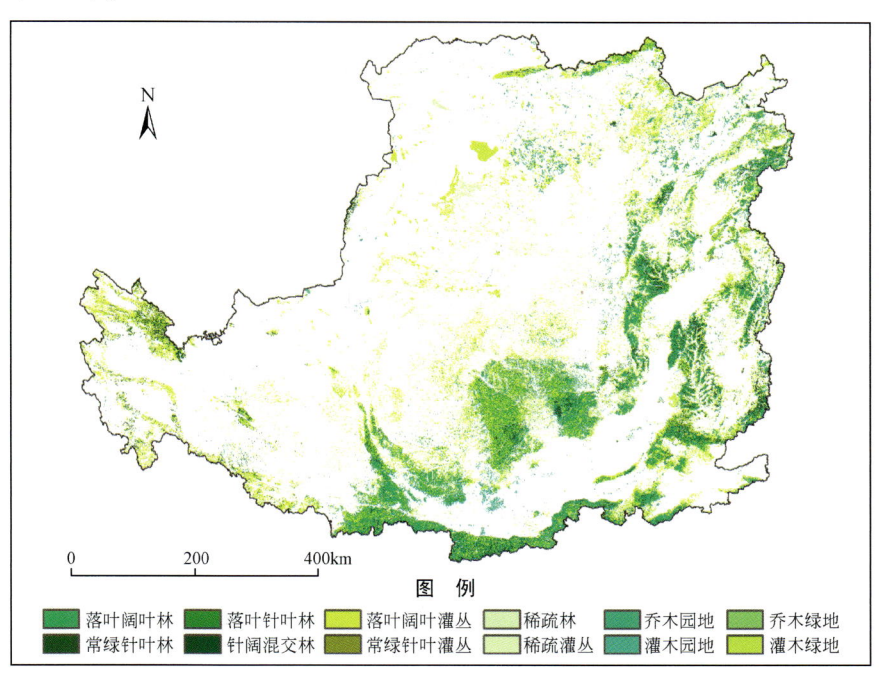

图 8-3 2010 年黄土高原地区林地分布图

表 8-5 2010 年黄土高原地区林地面积及占全区面积比例　　　（单位：km²）

类型	山西	内蒙古	河南	陕西	甘肃	青海	宁夏	总计	比例
落叶阔叶林	18 634.152	2 402.386	2 282.572	15 421.634	4 694.291	35.634	303.518	43 774.187	34.07%
常绿针叶林	5 617.511	115.328	260.824	136.914	447.383	715.182	272.000	8 565.142	6.67%
落叶针叶林	7.192	3.209	0.000	0.076	3.879	0.000	9.818	24.174	0.02%
针阔混交林	33.624	12.047	98.153	1 919.621	663.109	7.833	76.830	2 811.218	2.19%
落叶阔叶灌丛	21 513.184	9 632.075	2 976.392	15 643.368	10 452.0545	413.980	3 406.253	69 037.305	53.74%
常绿针叶灌丛	0.000	8.378	0.000	0.000	0.000	0.000	0.000	8.378	0.01%

续表

类型	山西	内蒙古	河南	陕西	甘肃	青海	宁夏	总计	比例
稀疏林	664.363	459.767	0.167	25.323	0.000	0.000	1.086	1 150.707	0.90%
稀疏灌丛	0.801	956.120	0.000	700.889	86.647	0.000	389.823	2 134.281	1.66%
乔木园地	52.882	1.184	5.036	629.101	3.934	0.000	57.469	749.606	0.58%
灌木园地	1.097	13.026	0.000	7.364	0.879	0.000	39.971	62.337	0.05%
乔木绿地	0.000	111.350	0.000	0.602	13.902	0.000	15.539	141.393	0.11%
灌木绿地	1.141	3.225	0.000	8.628	0.257	3.597	1.499	18.347	0.01%
总计	46 525.947	13 718.094	5 623.144	34 493.521	16 366.3347	176.226	4 573.805	128 477.072	100.00%
比例	36.21%	10.68%	4.38%	26.85%	12.74%	5.59%	3.56%	100.00%	

黄土高原地区不同林地类型中主要是落叶阔叶灌丛，占总林地面积的53.74%，主要分布在高原东部、东南部的山区；其次是落叶阔叶林，占34.07%，广泛分布在高原沟谷和水分条件较好的塬梁峁的阴坡；常绿针叶林占6.67%，主要分布在山西和青海的山地阴坡地段；针阔混交林占2.19%，主要分布在陕西和甘肃两省交界的子午岭及陕西省的黄龙山；其余类型的林地所占比例都不足1%，零星分布在局部地段。

（2）黄土高原地区草地特征

2010年黄土高原地区有草地232 914.338km²，占总面积的37.33%，是黄土高原地区分布最广泛的土地覆被类型。草地广泛分布在黄土高原地区除平原农区和山地森林区外的地区。在黄土高原地区所包括的7个省（自治区）的草地面积中，内蒙古的草地面积最多，占28.36%；其次是陕西，占20.64%；拥有草地面积最少的是河南，仅占0.71%（图8-4，表8-6）。

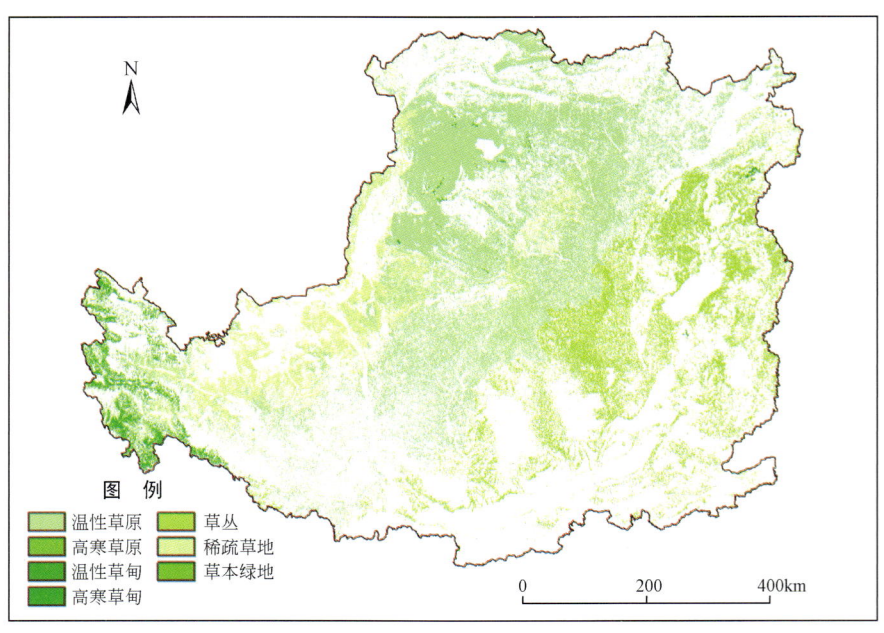

图8-4　2010年黄土高原地区草地分布图

表8-6　2010年黄土高原地区草地面积及占全区面积比例　　（单位：km²）

类型	山西	内蒙古	河南	陕西	甘肃	青海	宁夏	总计	比例
温性草原	9 035.282	62 983.741	0.008	28 658.478	19 781.325	6 872.382	8 496.365	135 827.581	58.32%
高寒草原	0.000	0.000	0.000	0.000	28.562	1 333.549	0.000	1 362.111	0.58%
温性草甸	198.293	435.029	0.000	0.000	688.186	2 095.623	0.051	3 417.182	1.47%
高寒草甸	0.000	0.000	0.000	0.000	103.910	4 363.290	0.000	4 467.200	1.92%
草丛	35 288.911	0.000	1 652.275	15 331.090	2 283.722	0.000	0.353	54 556.350	23.42%
稀疏草地	5.672	2 622.491	0.000	4 072.556	10 768.003	2 060.095	13 641.404	33 170.221	14.24%
草本绿地	72.824	12.390	1.166	6.508	0.000	5.198	15.608	113.693	0.05%
总计	44 600.981	66 053.651	1 653.449	48 068.631	33 653.709	16 730.136	22 153.782	232 914.338	100.00%
比例	19.15%	28.36%	0.71%	20.64%	14.45%	7.18%	9.51%	100.00%	

不同草地类型中，黄土高原地区草地主要是温性草原，占总草地面积的58.32%，主要分布在中、北部的半干旱和干旱气候区；其次是草丛，占23.42%，广泛分布在东、东南部的半湿润气候区；草甸占3.39%，主要分布在青海山区；草本绿地主要分布在城市土地资源不太紧张的宁夏和内蒙古的城市区；稀疏草地主要分布于甘肃中部、宁夏北部和中部地区。

（3）黄土高原地区湿地特征

2010年黄土高原地区有湿地4479.413km²，占总面积的0.72%。湿地主要分布在黄河及其主要支流沿岸河谷地段以及银川平原、河套平原及鄂尔多斯高原。在黄土高原地区所包括的7个省（自治区）的湿地中，内蒙古的湿地面积最多，占37.12%；陕西、山西和宁夏湿地面积相近，所占比例为12%~16%；拥有湿地面积最少的是河南省，占6.35%，主要原因是黄土高原地区在河南总土地面积，但并不代表湿地面积比例小（图8-5，表8-7）。

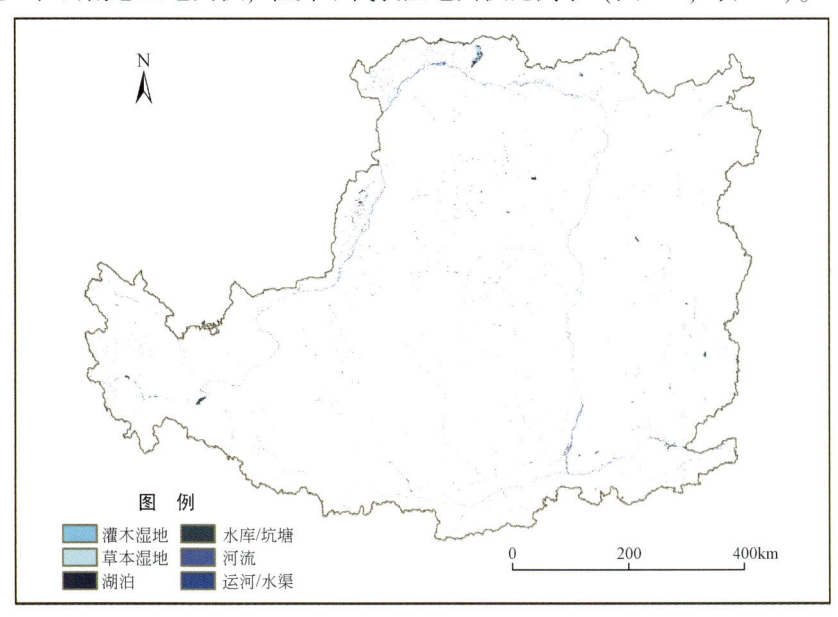

图8-5　2010年黄土高原地区湿地分布图

表8-7　2010年黄土高原地区湿地面积及占全区面积比例　　（单位：km²）

类型	山西	内蒙古	河南	陕西	甘肃	青海	宁夏	总计	比例
灌木湿地	0.000	2.681	0.000	0.000	0.000	0.000	0.000	2.681	0.06%
草本湿地	74.750	637.154	17.639	16.988	1.917	94.916	72.575	915.939	20.45%
湖泊	29.167	311.495	0.000	47.721	0.038	2.837	36.717	427.975	9.55%
水库/坑塘	212.975	89.340	153.800	215.738	123.629	81.210	229.155	1105.847	24.69%
河流	331.592	517.797	101.288	401.865	196.294	122.456	195.880	1867.172	41.68%
运河/水渠	25.129	104.284	11.500	1.145	0.000	0.000	17.741	159.799	3.57%
总计	673.613	1662.752	284.227	683.457	321.877	301.418	552.068	4479.413	100.00%
比例	15.04%	37.12%	6.35%	15.26%	7.19%	6.73%	12.32%	100.00%	

不同湿地类型中，黄土高原地区湿地主要是河流，占总湿地面积的41.68%，主要为黄河及其主要支流；其次是水库/坑塘，占24.69%，广泛分布在黄河沿线平原地区，以养殖鱼塘为主；草本湿地占20.45%，主要分布在内蒙古沿黄河地段；湖泊占9.55%，主要分布在鄂尔多斯高原；其他类型所占比例很小，零散分布在局部地段。

（4）黄土高原地区耕地特征

2010年黄土高原地区有耕地面积199 214.613km²，占总面积的31.93%，是除草地外分布最广泛的土地覆被类型。耕地广泛分布在黄土高原地区除高山、沙漠和森林地带。在黄土高原所包括的7个省（自治区）的耕地面积中，山西的耕地面积最多，占29.28%；其次是甘肃，占23.99%；耕地面积最少的是河南，仅占4.85%（图8-6，表8-8）。

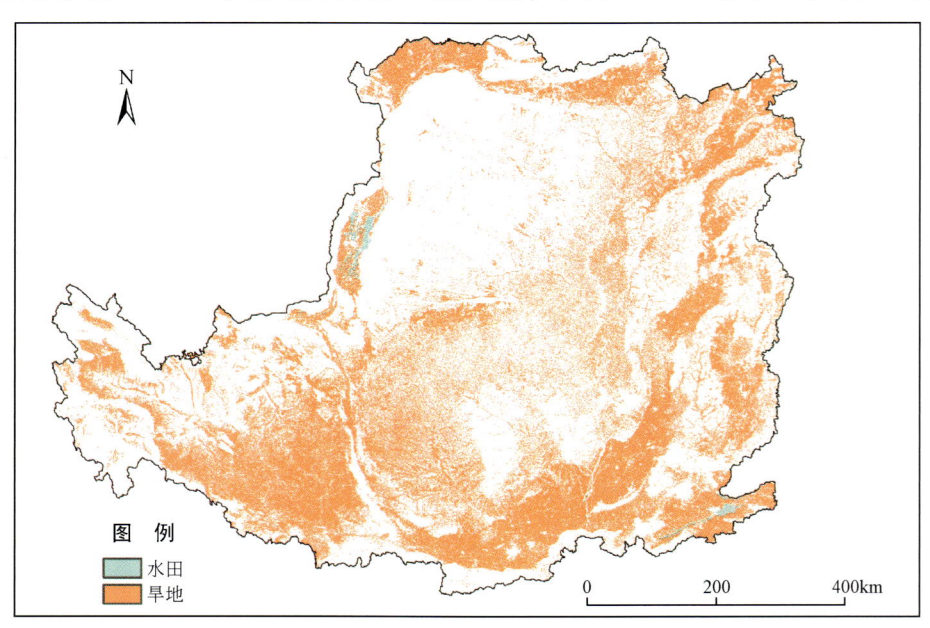

图8-6　2010年黄土高原地区耕地分布图

表 8-8　2010 年黄土高原地区耕地面积及占全区面积比例　　（单位：km²）

类型	山西	内蒙古	河南	陕西	甘肃	青海	宁夏	总计	比例
水田	0.000	0.000	597.825	48.788	23.018	0.000	1 272.486	1 942.117	0.97%
旱地	58 330.688	19 305.961	9 071.240	40 233.744	47 768.875	6 390.005	16 171.983	197 272.496	99.03%
总计	58 330.688	19 305.961	9 669.065	40 282.532	47 791.894	6 390.005	17 444.469	199 214.613	100.00%
比例	29.28%	9.69%	4.85%	20.22%	23.99%	3.21%	8.76%	100.00%	

黄土高原地区耕地主要是旱地，占 99.03%。水田占 0.97%，主要分布在宁夏银川平原、卫宁平原、河南和陕西的黄河沿岸、甘肃景泰县等地。

（5）人工表面特征

2010 年黄土高原地区有人工表面 18 452.842km²，占总面积的 2.96%。人工表面主要分布在平原、河流谷地、交通沿线，与地区经济发展水平高度相关，经济越发达，居住地分布越多越集中。在黄土高原所包括的 7 个省（自治区）拥有的人工表面中，山西的人工表面面积最多，占 35.01%；其次是陕西，占 19.63%；内蒙古占 16.99%；拥有人工表面面积最少的是青海，仅占 2.81%（图 8-7，表 8-9）。

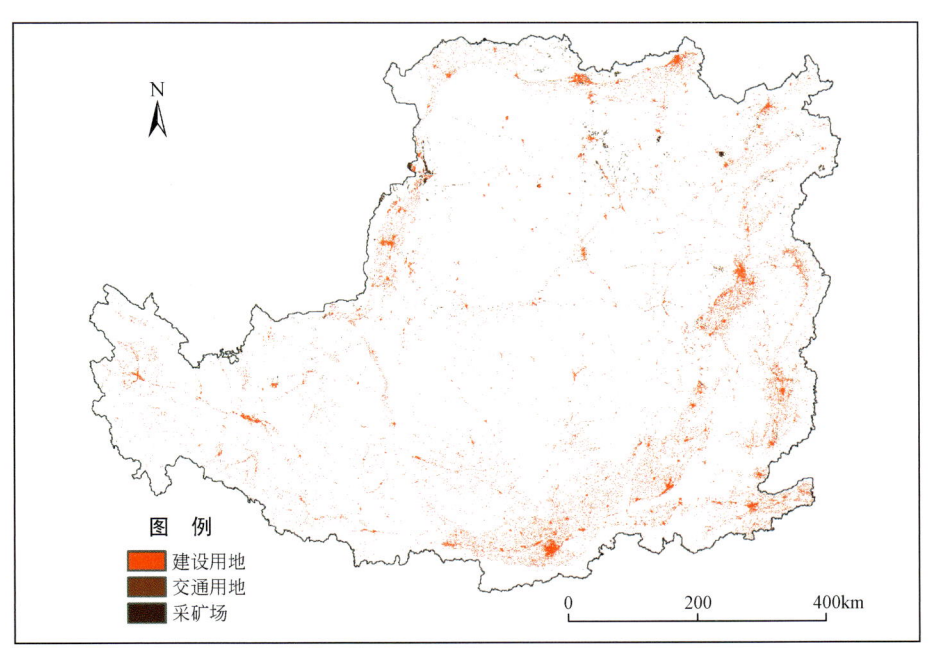

图 8-7　2010 年黄土高原地区人工表面分布图

表 8-9　2010 年黄土高原地区人工表面面积及占全区面积比例　　（单位：km²）

类型	山西	内蒙古	河南	陕西	甘肃	青海	宁夏	总计	比例
建设用地	5 913.854	2 223.103	1 234.935	3 374.213	1 669.590	493.696	1 415.552	16 324.942	88.47%
交通用地	237.851	325.013	54.115	169.293	46.334	22.269	171.271	1 026.145	5.56%

续表

类型	山西	内蒙古	河南	陕西	甘肃	青海	宁夏	总计	比例
采矿场	307.725	586.790	2.001	78.927	28.232	2.056	96.025	1 101.756	5.97%
总计	6 459.431	3 134.905	1 291.051	3 622.433	1 744.156	518.020	1 682.847	18 452.842	100.00%
比例	35.01%	16.99%	7.00%	19.63%	9.45%	2.81%	9.12%	100.00%	

建设用地占人工表面面积88.47%，主要分布在山西、内蒙古、陇西、宁夏等省（自治区）的城市地区。交通用地占人工表面面积5.56%，其分布没有明显的聚集特征。采矿场占人工表面面积5.97%，主要分布在矿产资源丰富的内蒙古、山西和宁夏。

（6）黄土高原地区其他类型土地覆被特征

2010年黄土高原地区有其他类型土地覆被40 393.376km²，占总面积的6.47%，主要分布在鄂尔多斯高原、宁夏西部、甘肃白银等气候干旱地区。在黄土高原地区所包括的7个省（自治区）的其他类型面积中，内蒙古的面积最多，占47.76%；其次是甘肃，占25.07%；河南分布的沙地仅占0.10%（图8-8，表8-10）。

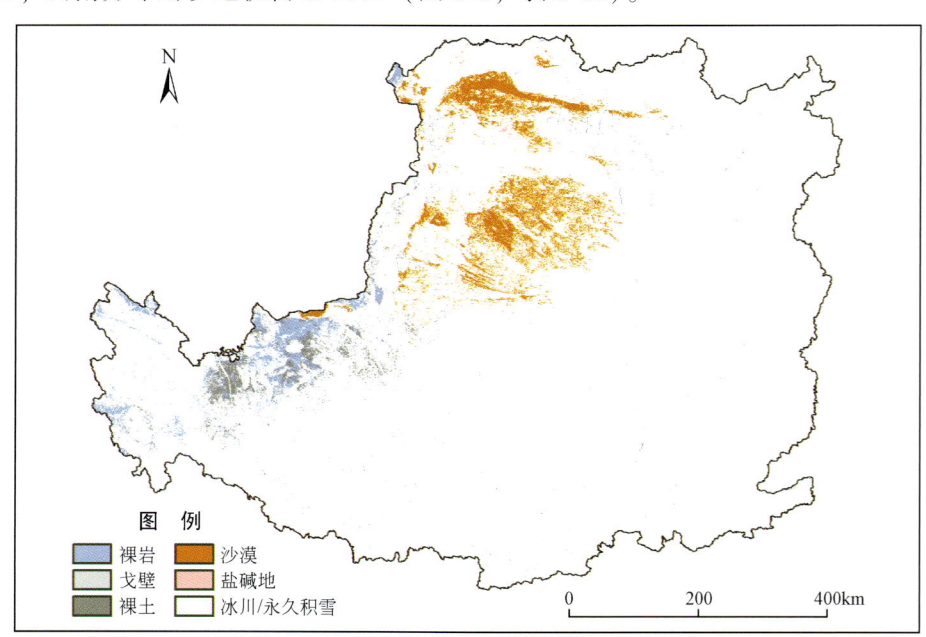

图8-8　2010年黄土高原地区其他类型土地覆被分布图

表8-10　2010年黄土高原地区其他类型土地覆被面积及占全区面积比例　（单位：km²）

类型	山西	内蒙古	河南	陕西	甘肃	青海	宁夏	总计	比例
裸岩	2.387	367.619	3.802	20.742	5 106.380	2 455.379	1 907.097	9 863.407	24.42%
戈壁	0.000	179.638	0.000	0.000	0.000	0.000	80.424	260.062	0.64%
裸土	97.362	583.172	38.228	192.246	5 013.724	624.682	2 128.993	8 678.407	21.48%
沙漠	0.000	17 895.607	0.000	2 088.125	2.935	0.054	1 180.576	21 167.297	52.40%

续表

类型	山西	内蒙古	河南	陕西	甘肃	青海	宁夏	总计	比例
盐碱地	0.000	267.800	0.000	36.945	4.995	0.045	54.251	364.037	0.90%
冰川/永久积雪	0.000	0.000	0.000	0.000	0.000	60.167	0.000	60.167	0.15%
总计	99.749	19 293.837	42.029	2 338.059	10 128.034	3 140.327	5 351.342	40 393.376	100.00%
比例	0.25%	47.76%	0.10%	5.79%	25.07%	7.77%	13.25%	100.00%	

黄土高原地区其他类型土地覆被中，沙漠占其他类型土地覆被总面积的52.40%，主要分布在鄂尔多斯高原的毛乌素沙地、库布齐沙漠及宁夏腾格里沙漠南缘；其次是裸岩，占24.42%，主要分布在甘肃、青海、宁夏的干旱石质山区；裸土略少于裸岩，占21.48%，主要分布在甘肃、宁夏、内蒙古及青海的干旱地区，其他地区仅是零星分布。盐碱地占0.90%，主要分布在内蒙古的河套地区、宁夏银川平原及陕西毛乌素沙地。冰川/永久积雪占0.15%，仅分布在青海石质山高山地区。

8.3　珠江三角洲土地覆被特征

珠江三角洲是中国第二大三角洲，又称珠江平原，旧称粤江平原，由西江、北江、东江、潭江、绥江、流溪河、增江等在珠江河口湾内堆积而成的复合三角洲，简称"珠三角"。珠江三角洲位于广东省东南部，毗邻香港和澳门特别行政区，与东南亚地区隔海相望，北回归线恰经珠江三角洲北境。包括广东省广州、深圳、珠海、佛山、东莞、中山、惠州、江门、肇庆9个城市，是中国人口密度最高、经济最发达的地区之一，也是中国南部的经济和金融中心，海陆交通便利，被称为我国的"南大门"。

8.3.1　珠江三角洲自然环境基本特征

珠江三角洲呈倒置三角形，底边西起三水市、广州市东到石龙为止，顶点在崖门湾。地面起伏较大，四周为丘陵、山地和岛屿。珠江三角洲平原上有众多突起的丘陵、台地和残丘，其中丘陵主要分布在南部，海拔为200~400m，少数高出500m；台地集中在北部番禺至广州之间，可分为40m和20m两级。广州溺谷湾形成是受太平洋和印度板块作用影响，在广宁云浮隆起和河源惠阳隆起间形成坳陷所致。坳陷在中生代即沉积有三水、龙归、东莞、新会等红色盆地，四周为古生代地层所成的山丘包围，并受中生代花岗岩和火山岩侵入。

珠江三角洲属南亚热带的海洋性季风气候，终年温暖湿润，年平均气温为21~23℃。冬季处在大陆冷高压南缘，受大陆季风影响，略带大陆性。夏季则为海上吹来的东南风与西南风所调节。年降水量为1600~2000mm。降水集中在夏季，夏秋间台风频繁，7~9月为珠江口台风最盛季节，暴雨也最多，天气也最热。冬季降水较少，天气冷暖变化无常。

珠江三角洲平原多冲积土和海积淤泥，沿海草滩及红树林海岸发育了盐渍沼泽土，掩埋红树林的地区产生了咸碱田。丘陵台地地貌年龄较老，故风化壳多已发育为赤红壤，属砖红壤性红壤，只有较高山丘才见有红壤发育。

珠江三角洲水系发达，较大水道近百条，较小的港汊更多，交织成网。上游来沙在口门外形成大片浅滩。各个口门由于分水分沙的条件不同，淤涨速度也不一致。蕉门与洪奇沥间的万顷沙平均每年外涨110m，磨刀门的灯笼沙为80~100m，而虎门、虎跳门一带则不足10m。在人工围垦的影响下，浅滩最大伸展速度为70~100m/a。珠江口外水深小于5m的浅滩面积约1265km²，相当于平原面积的18.2%。水深0m左右的可垦滩地约8.17km²。

8.3.2　珠江三角洲土地覆被整体特征

珠江三角洲地区是我国经济最发达的地区之一，人口众多，城市密集。尽管区域人类活动强烈，传统的耕作用地和林地被改造为人工表面，但是林地和耕地仍是该地区面积最大的两类土地覆被类型（图8-9）。

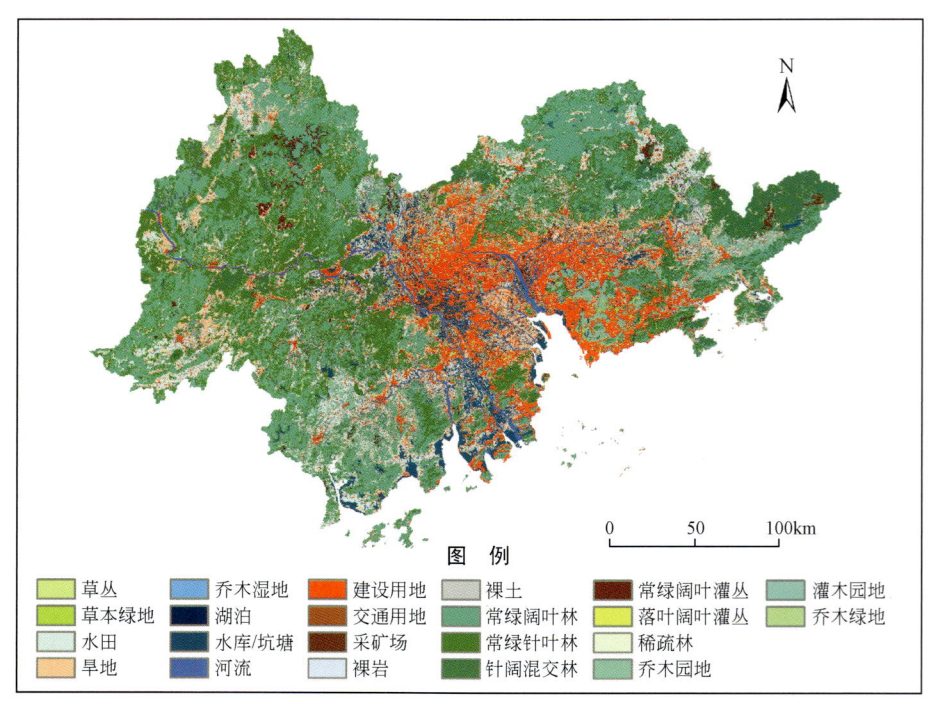

图8-9　2010年珠江三角洲土地覆被图

2010年珠江三角洲林地面积为37 063.953km²，占地区总面积的59.68%，主要分布于三角洲的东西两翼。以常绿阔叶林和常绿针叶林为主，占区域总面积的49.67%，针阔混交林面积为2931.584km²，占总面积的4.72%。同时珠江三角洲乔木园地面积种植较大，占总面积的 3.42%。落叶阔叶灌丛、灌木园地以及乔木绿地面积较小。耕地主要分布于河口三角洲、山间盆地，旱地面积稍大于水田，分别占区域总面积的 9.79%、8.41%。湿地以水库/坑塘和河流为主，分别占区域总面积的 6.50%、2.14%，主要分布于河口三角洲地区。而乔木湿地、湖泊面积相对较小。草地面积和其他类型土地覆被面积小，分布零散，仅占区域总面积的 0.13%、0.30%。人工表面面积达 8088.927km^2，占珠江三角洲总面积的 13.03%，其中以建设用地面积最大，占区域总面积的 12.81%，其次为交通用地和采矿场，面积较少。人工表面主要分布于珠江及河口两侧（表 8-11）。

表 8-11 2010 年珠江三角洲各土地覆被类型的面积及比例

类型	面积/km^2	比例/%	类型	面积/km^2	比例/%
常绿阔叶林	18 304.688	29.48	旱地	6 078.622	9.79
常绿针叶林	12 541.578	20.20	乔木湿地	2.458	0.00
针阔混交林	2 931.584	4.72	湖泊	16.664	0.03
常绿阔叶灌丛	832.636	1.34	水库/坑塘	4 038.880	6.50
落叶阔叶灌丛	4.580	0.01	河流	1 326.572	2.14
稀疏林	0.041	0.00	建设用地	7 952.864	12.81
乔木园地	2 121.120	3.42	交通用地	78.076	0.13
灌木园地	0.395	0.00	采矿场	57.988	0.09
乔木绿地	327.331	0.53	裸岩	5.641	0.01
草丛	26.975	0.04	裸土	179.360	0.29
草本绿地	51.518	0.08	合计	62 101.085	100.00
水田	5 221.515	8.41			

8.4 长江三角洲土地覆被特征

长江三角洲是长江入海之前的冲积平原，是长江中下游平原的重要组成部分，也是中国第一大经济区（佘之祥和骆永明，2007），国家将其定位为我国综合实力最强的经济中心、亚太地区重要国际门户、全球重要的先进制造业基地、我国率先跻身世界级城市群的地区。长江三角洲城市群已是国际公认的六大世界级城市群之一，并致力于在 2018 年建设成为世界第一大都市圈。

8.4.1 长江三角洲自然地理及环境概况

长江三角洲既是地理区域又是经济区域。根据研究的目的不同，长江三角洲的定义范围也存在差异。从自然地理的角度上，长江三角洲大致处于扬州、镇江以东，北沿通扬运河至海安附近向东延至小洋口，南部由太湖平原至杭州湾，面积约 4 万 km^2；从现代沉积学的观点看，长江三角洲较为狭窄，以第四纪松散堆积物形成的广阔的水网平原为主，仅包含太湖沿岸、上海松江、金山与浙江的临平、乍浦等地的一些孤山丘陵；从经济学角度看，长江三角洲经济圈（区）的地域范围比较模糊，不过远远超出了地理上的长江三角洲。包括上海市、江苏省、浙江省和安徽省东部组成的经济圈，一般把上海视为长三角经济圈的中心，南京、杭州为长三角经济圈的两个副中心，被誉为中国的"金三角"，核心城市为上海、南京、杭州（佘之祥和骆永明，2007）。考虑到主要以长江三角洲的土地覆被及变化特征和生态特征研究为主，本节以经济区为主要研究对象。

长江三角洲地处亚热带中、北部，光、热、水分均较为充足。从总体上来看，长江三角洲日照条件优于华北亚热带南部。这一地区的热量也较为丰富，年平均气温为 14~17℃（韩贵锋等，2008），≥10℃的积温为 4500~5500℃，持续时间为 220~240 天。长江三角洲的降水为 1000~1500mm，春夏季节占全年 60%~70%（佘之祥和骆永明，2007）。长江三角洲的光、热、水资源不仅丰沛，而且在季节上的相互配合也很好，十分有利于农作物的生长，农业上具备实行多熟制的条件。

长江三角洲的地带性土壤北部多为黄棕壤，南部以黄红壤为主，滨海地带多为盐土、潮土。经人类的长期利用改良，耕层深厚，大部分属于结构性好、养分含量丰富的高产土壤；这一地区的落叶阔叶林和常绿针阔混交林、常绿阔叶林，是北亚热带向中亚热带过渡的自然特征（刘昉勋和黄致远，1982；周秀佳，1984；高峻，1997；刘其霞等，2006；袁位高等，2009），意味着能栽培多种作物和若干亚热带经济林木。受人类长期活动影响，地带性植被多被天然次生林和人工林所取代。

在长江三角洲区域内，南部和西部有一些山体不大的山地和丘陵，如天目山与莫干山、宁镇山地与宜溧山地等。山地植被发育较好，人工培育的林木甚多，是我国毛竹、茶叶的主产区之一。

长江是我国最长、最大的河流，在长江三角洲段具有流量大、比降小、沙洲多（50 余个）以及深受海潮影响等特征。长江三角洲具有江河湖海之利，平原上的河湖分布密集，尤其是太湖水系具有很大的调蓄功能，加以水资源有长江补给，构成这一地区发达农业的重要自然基础和发展水运的有利条件。在长江三角洲，分布于平原上的低山丘陵，不呈脉络，但是与湖泊、水网相配合。

8.4.2 长江三角洲土地覆被整体特征

长江三角洲区域内水域、河网发达，土地覆被类型多样（图 8-10）；2010 年占据面积最大的为耕地和林地，耕地主要分布于长江三角洲的北部和中部平原区，林地集中分布在长江三角洲南部丘陵山区。

对 2010 年的长江三角洲土地覆被分类图进行统计分析，分别得到了该地区一级类土地覆被类型的面积和比重（表 8-12）。从统计结果上看，该区的耕地所占比重最大，为 36.11%；其次是林地，为 29.34%；人工表面占 21.46%；湿地占 12.44%。

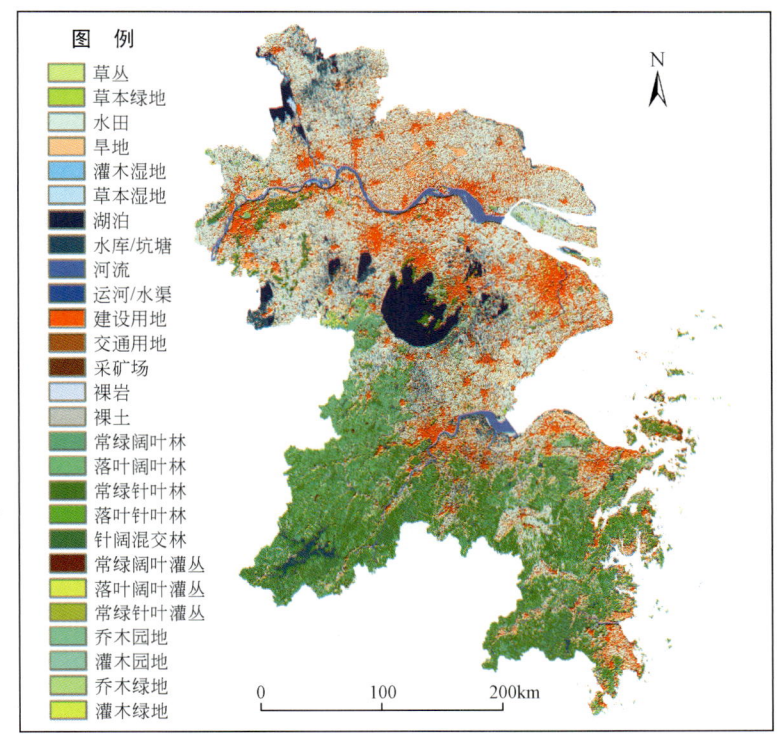

图 8-10　2010 年长江三角洲土地覆被图

表 8-12　2010 年长江三角洲土地覆被一级类面积及比例

项目	林地	草地	湿地	耕地	人工表面	其他	总计
面积/km²	32 368.892	695.388	13 721.789	39 848.402	23 674.334	32.611	110 341.415
比例/%	29.34	0.63	12.44	36.11	21.46	0.03	100.00

8.4.3　长江三角洲各类型土地覆被特征

为了进一步研究长江三角洲一级类的覆被特征，统计了土地覆被二级类的面积、比例及空间分布。由于草地与其他类型所占比例很小，此处不予讨论，主要对面积比例大于10%的林地、湿地、耕地与人工表面进行进一步分析。

(1) 长江三角洲林地特征

2010 年长江三角洲林地总面积为 32 368.892km²，占总面积的 29.34%。林地主要分布在长江三角洲南部丘陵山区，北部仅有零星分布（图 8-11）。不同的林地类型中，面积比例最大的是常绿针叶林，为 43.28%，主要分布在长江三角洲的西南部的山区；其次是常绿阔叶林，占 31.88%，广泛分布于浙江省内的山区丘陵；针阔混交林占 11.20%，其与常绿针叶林和常绿阔叶林相间分布；其他类型比例都小于 5%，零星分布于局部区域（表 8-13）。

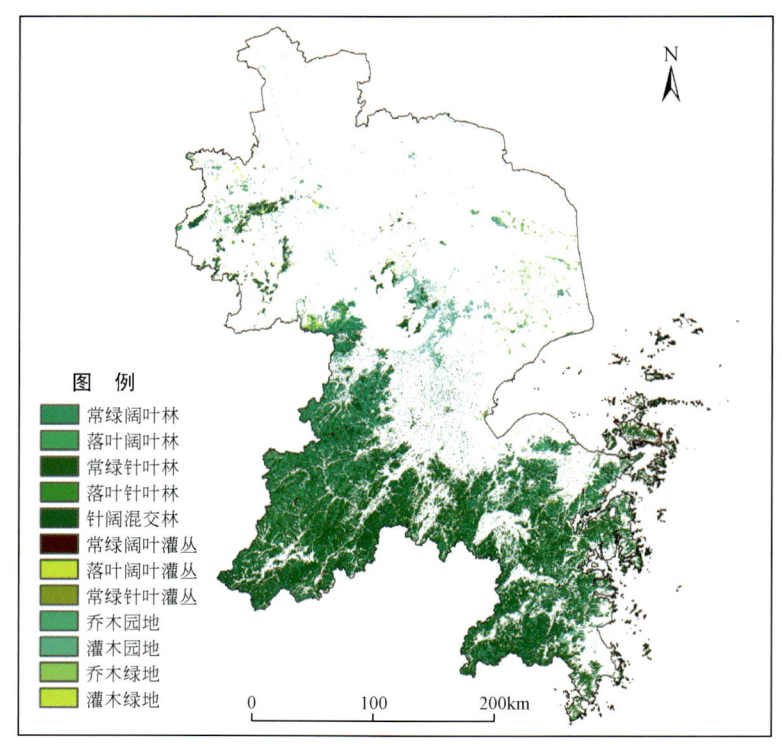

图 8-11 2010 年长江三角洲林地分布图

表 8-13 2010 年长江三角洲林地面积及比例

类型	面积/km²	比例/%	类型	面积/km²	比例/%
常绿阔叶林	10 319.407	31.88	常绿针叶灌丛	64.792	0.20
落叶阔叶林	1 522.564	4.70	乔木园地	491.065	1.52
常绿针叶林	14 010.610	43.28	灌木园地	1 157.967	3.58
落叶针叶林	6.291	0.02	乔木绿地	480.594	1.48
针阔混交林	3 625.368	11.20	灌木绿地	5.860	0.02
常绿阔叶灌丛	517.529	1.60	总计	32 368.892	100.00
落叶阔叶灌丛	166.846	0.52			

(2) 长江三角洲湿地特征

长江三角洲水系发达，区域内河川纵横，湖荡星罗棋布，湿地分布较为均匀（图 8-12）。2010 年长江三角洲湿地总面积为 13 721.789km²，占总面积的 12.44%。在不同的湿地类型中，面积比例最大的是水库/坑塘，为 42.86%，主要分布于太湖流域及长江三角洲的北部；其次是湖泊，占 28.83%，主要分布在江苏省内，太湖、高邮湖是区域内的主要大型湖泊；河流面积居于第三位，为 19.70%，区域内分布均匀，由北向南有淮河、长江、钱塘江等三大水系；运河/水渠为 5.27%，主要分布于江苏境内平原区（表 8-14）。

第8章 中国典型地区土地覆被特征

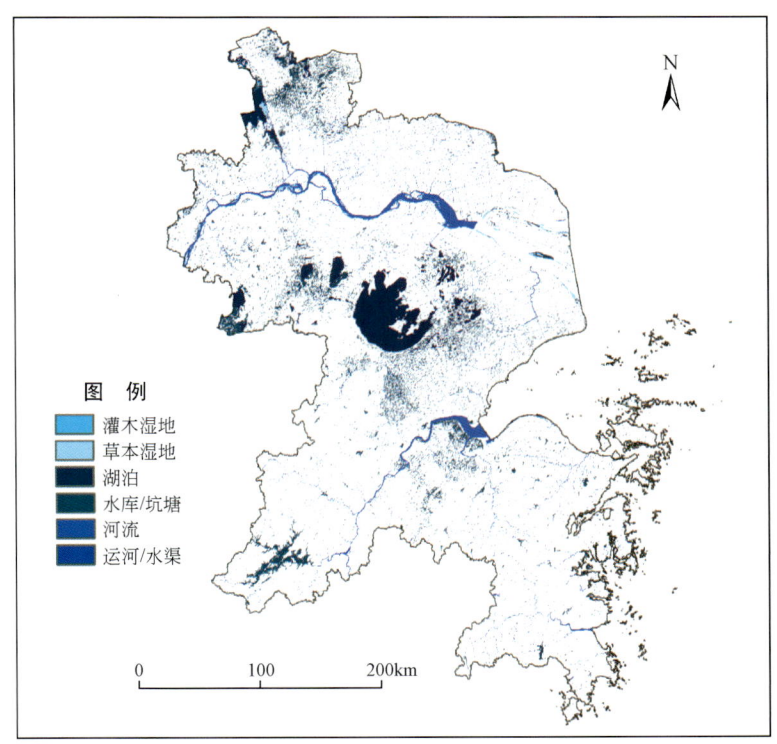

图 8-12　2010 年长江三角洲湿地分布图

表 8-14　2010 年长江三角洲湿地面积及比例

项目	灌木湿地	草本湿地	湖泊	水库/坑塘	河流	运河/水渠	总计
面积/km²	0.212	460.045	3 955.705	5 880.612	2 702.725	722.489	13 721.789
比例/%	0.00	3.35	28.83	42.86	19.70	5.27	100.00

（3）长江三角洲耕地特征

2010 年长江三角洲耕地总面积为 39 848.402km²，占总面积的 36.11%，是长江三角洲面积比例最大的土地覆被类型（图 8-13）。耕地主要分布在长江三角洲北部的平原区，水田是主要的耕地类型，面积占 88.63%；旱地面积占 11.37%，零星分布于长江三角洲的西北与东南方向。

（4）长江三角洲人工表面特征

2010 年长江三角洲人工表面总面积为 23 674.334km²，占总面积的 21.46%，主要分布在长江三角洲北部平原区、河流及交通用地沿线（图 8-14）。长江三角洲人工表面的主要类型是建筑用地，比例为 96.70%，主要分布在江苏境内的平原区，其中太湖流域的苏州、无锡、常州及上海分布较为集中，以及长江沿岸、太湖流域的苏锡常一带、浙江沿海和上海；交通用地占 2.84%，其主要分布于北部平原区，采矿场占 0.46%，零星分布于局部地区（表 8-15）。

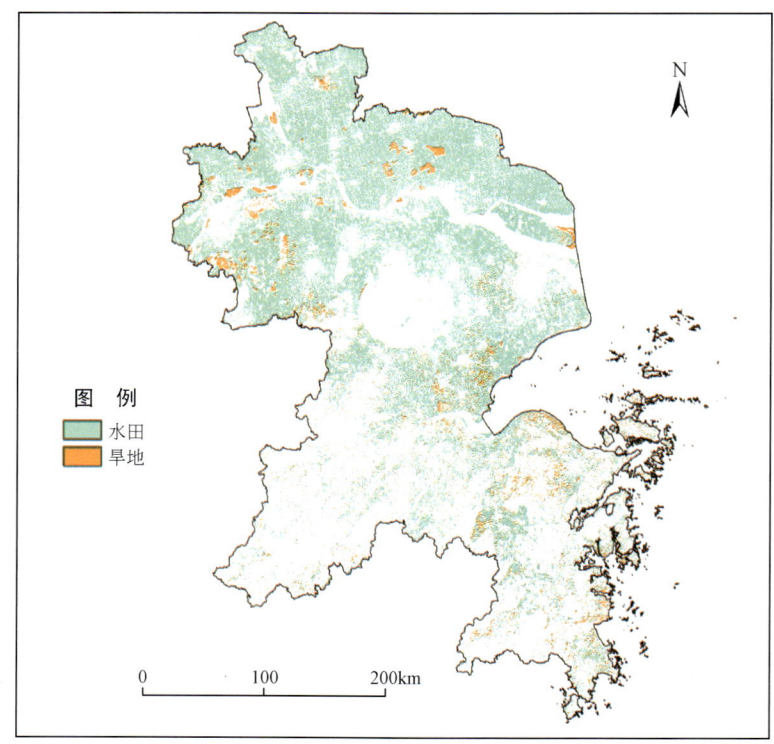

图 8-13　2010 年长江三角洲耕地分布图

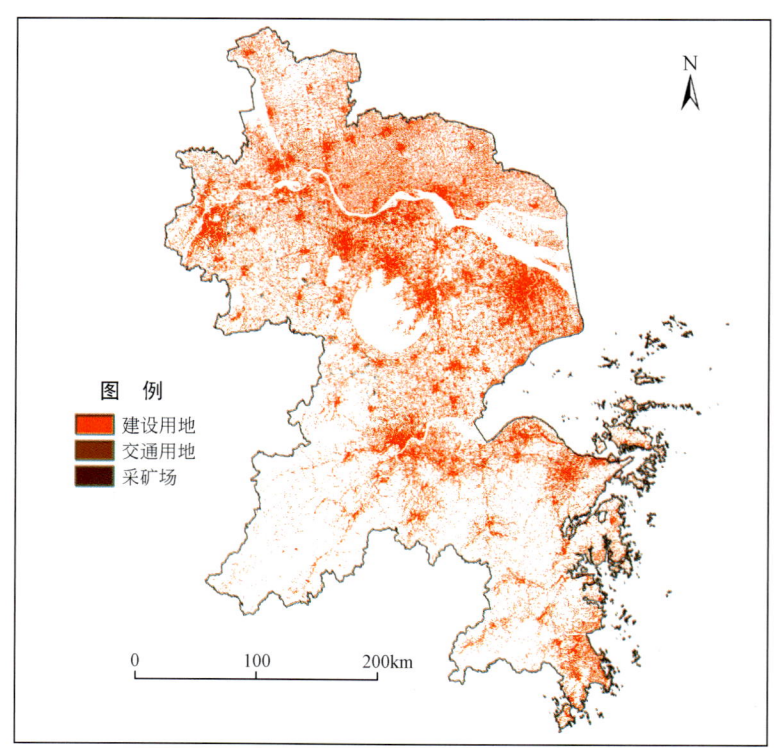

图 8-14　2010 年长江三角洲人工表面分布图

表 8-15　2010 年长江三角洲人工表面面积及比例

项目	建筑用地	交通用地	采矿场	总计
面积/km²	22 892.410	673.259	108.665	23 674.334
比例/%	96.70	2.84	0.46	100.00

8.5　黄河三角洲土地覆被特征

黄河三角洲位于山东省东北部，黄河流域下游，渤海凹陷西南部，呈扇形突出于渤海湾与莱州湾之间。地处 117°31′~119°18′E、36°55′~38°16′N，即以山东省东营市垦利县宁海为轴点，北起套尔河口，南至淄脉河口，向东撒开的扇状地形，超过 90% 的面积分布于东营市。

8.5.1　黄河三角洲自然环境特征

黄河三角洲是黄河携带的大量泥沙在入海口处沉积所形成，为全国最大的三角洲，也是我国温带最广阔、最完整、最年轻的湿地。黄河三角洲是我国乃至世界大河三角洲中海陆变迁最活跃的地区，黄河三角洲是由黄河填海造陆而形成。由于黄河含沙量高，年输沙量大，受水海域浅，巨量的黄河泥沙在河口附近大量淤积，填海造陆速度很快，平均造陆速率为 30km²/a（许学工等，2001）。黄河入海流路按照淤积→延伸→抬高→摆动→改道的规律不断演变，使黄河三角洲陆地面积不断扩大，海岸线不断向海推进，历经 150 余年，逐渐淤积形成近代黄河三角洲，是进行遥感动态监测和多元复合分析的最佳区域（陈述彭等，2001）。黄河三角洲地下水位高，矿化度大。土壤主要为潮土和盐土，发育了广阔的河口新生湿地和滨海湿地，区内设有以保护湿地和珍稀鸟类为目的的国家级自然保护区。在经济上，黄河三角洲是我国重要的石油和商品粮生产基地。胜利油田是我国第二大油田，在地区经济中起支柱作用。黄河三角洲地区的土地资源丰富，而且土地面积不断扩大。同时黄河三角洲也拥有着雄奇多姿的旅游资源，风光秀丽和人文景观丰富。

黄河三角洲地处中纬度，位于暖温带，背陆面海，受欧亚大陆和太平洋的共同影响，属温带季风型大陆性气候，四季分明，光照充足，雨热同期。冬寒夏热，春季干旱多风，早春冷暖无常，常有倒春寒出现，晚春回暖迅速，常发生春旱；夏季，炎热多雨，温高湿大，有时受台风侵袭；秋季，气温下降，雨水骤减，天高气爽；冬季，天气干冷，寒风频吹，雨雪稀少，主要风向为北风和西北风。黄河三角洲四季温差明显，年平均气温为 11.7~12.6℃，极端最高气温为 41.9℃，极端最低气温为 -23.3℃；年平均日照时数为 2590~2830 小时；无霜期为 211 天；年均降水量为 530~630mm，70% 分布在夏季，降水量受季风的影响，具有明显的季节性，也导致地表径流和地下水补给量年内分配极不均匀；平均蒸散量为 750~2400mm。本地区属温带季风气候，植被为原生性滨海湿地演替系列，生态系统类型独特，湿地生物资源丰富，地区内水生生物资源丰富。

8.5.2 黄河三角洲土地覆被整体特征

黄河三角洲属暖温带落叶阔叶林区,地区内无地带性植被类型,植被的分布主要受水分土壤含盐量、潜水水位与矿化度、地貌类型的制约以及人类活动影响(图 8-15)。黄河三角洲地势平坦,耕地主要以旱地为主,旱地面积为 3707.876km²,占全区总面积的 48.58%(表 8-16)。

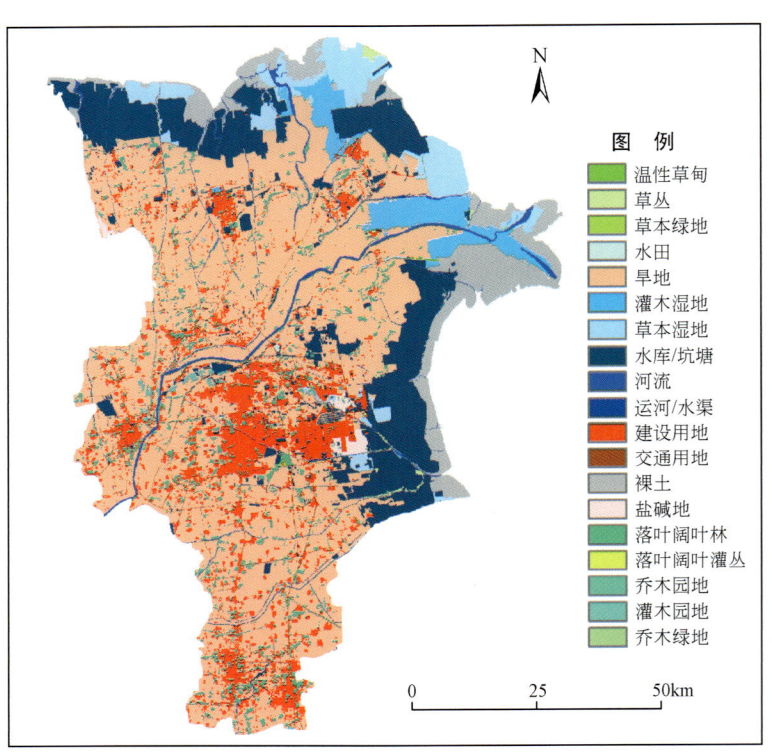

图 8-15 2010 年黄河三角洲土地覆被图

表 8-16 2010 年黄河三角洲土地覆被一级类面积及比例

项目	林地	草地	湿地	耕地	人工表面	其他	总计
面积/km²	346.887	32.619	1975.203	3710.031	966.774	601.583	7633.096
比例(%)	4.54	0.43	25.88	48.60	12.67	7.88	100.00

植物区系的特点是植被类型少、结构简单、组成单纯。在天然植被中,以滨海盐生植被为主。林地主要是人工林,主要表现为街道和村庄周围的落叶林,其中落叶阔叶林的面积为 326.372km²,占全区总面积的比例为 4.28%。草地面积最小,面积为 32.619km²,仅占总面积的 0.43%。人工表面的总面积 966.774km²,占全区的比例为 12.67%。湿地面积所占面积较大,面积为 1975.203km²,占全区的面积比例为 25.88%。在湿地中,水库/

坑塘的面积最大，为1174.998km²，占全区的面积比例为15.39%。草本湿地也占湿地的较大比例，面积为355.953km²，占全区总面积的4.66%。其他类别的面积也很大，主要是沿海的滩涂，无植被生长或者低植被覆被的沿海地区，面积为601.583km²，所占全区总面积的比例与人工表面所占比例相似，为7.88%（表8-17）。

表8-17　2010年黄河三角洲土地覆被二级类面积及比例

类型	面积/km²	比例/%	类型	面积/km²	比例/%
温性草甸	1.470	0.02	建设用地	919.375	12.04
草丛	29.290	0.38	交通用地	47.399	0.62
草本绿地	1.859	0.02	裸土	563.589	7.38
水田	2.156	0.03	盐碱地	37.994	0.50
旱地	3707.876	48.58	落叶阔叶林	326.372	4.28
灌木湿地	282.273	3.70	落叶阔叶灌丛	0.896	0.01
草本湿地	355.953	4.66	乔木园地	1.654	0.02
水库/坑塘	1174.998	15.39	灌木园地	17.387	0.23
河流	135.387	1.77	乔木绿地	0.577	0.01
运河/水渠	26.592	0.35	总计	7633.096	100.00

8.5.3　黄河三角洲各类型土地覆被特征

（1）黄河三角洲林地特征

林地分布的空间特征主要有两方面：一方面是人工的乔木林，主要分布在道路两旁和居住地周围。黄河三角洲地区地势平坦，城镇和村庄分布均匀，村庄周围多分布落叶阔叶林。另一方面是人工的灌木园地，主要是低矮的枣林（图8-16）。

（2）黄河三角洲草地特征

黄河三角洲草地面积很小，主要分布在黄河故道、黄河两侧、弃耕的土地以及海边不适合农作物生长的沿海条带地区。这些草丛中有白茅、拂子茅、狼牙根等植物（吴立新，2005）。

白茅是轻度耐盐植物，所以这种草丛主要分布在黄河故道和黄河的淤积滩地。这种土地海拔为4m左右，含盐量低于0.3%，土壤为沙质土。这种草地的季节变化明显，夏初旱季是白茅生长的旺季。另外一种草丛为茵陈蒿，这种草可以种植在含盐量低于0.5%的土壤，主要功能是改良盐碱土地，对提高土壤的肥力具有重要的意义。盐生的草丛在近海的盐碱地有大面积的分布。主要分布在自然保护区的核心区和缓冲区内，这一地带的面积较大，人类活动较少，这种地区的盐碱化程度较高。主要分布在平均海潮线以上的近海滩地，地势平坦，可以从影像上看出这种地块呈现灰白色盐霜裸地块。这种草丛呈现明显的带状分布。耕地与海洋的过渡带中也生长着一种抗盐性较好的草丛，这种草丛在近海区呈现狭长的带状特点。

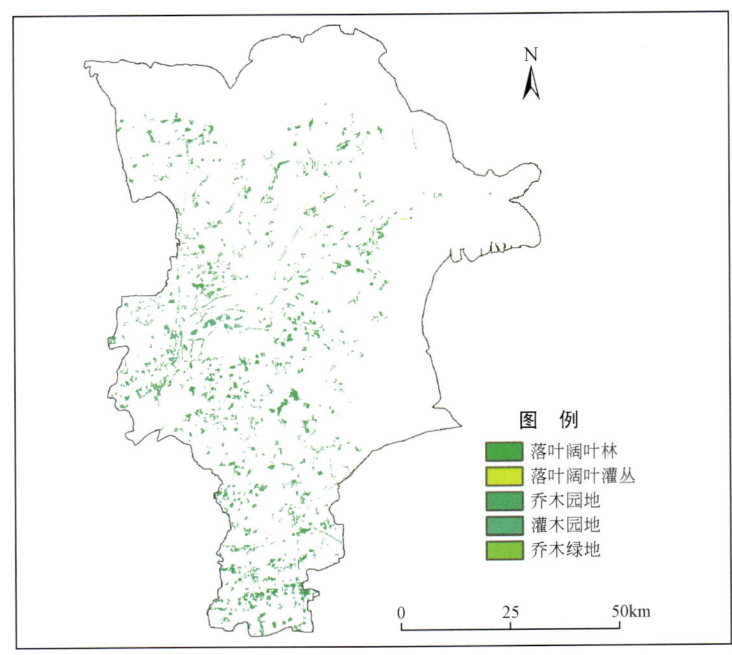

图 8-16 2010 年黄河三角洲林地分布图

（3）黄河三角洲人工表面特征

2010 年黄河三角洲地区有人工表面 966.774km², 分布均匀, 并且沿交通沿线分布, 与地区经济发展水平高度相关（图 8-17）。通过近 10 年的发展状况来看, 城镇的发展迅速, 部分县城的变化超过 7%。

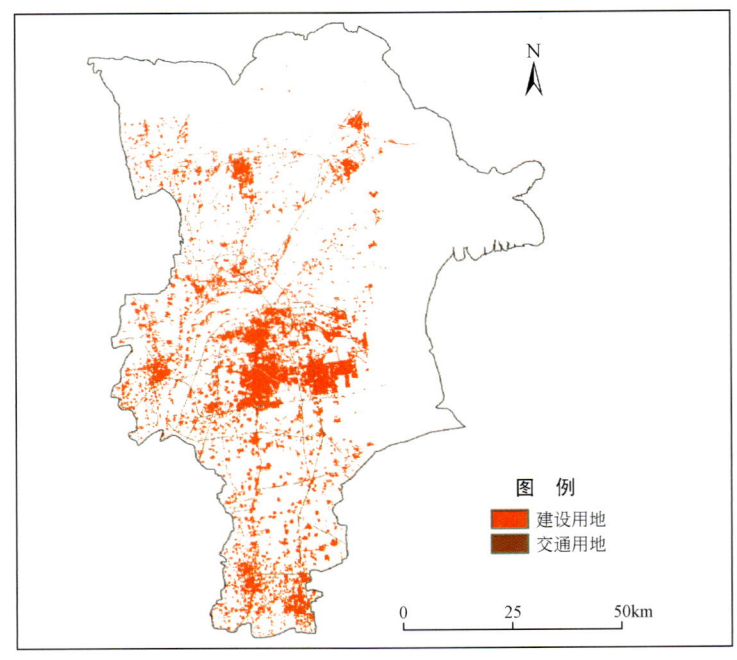

图 8-17 2010 年黄河三角洲人工表面分布图

(4) 黄河三角洲湿地特征

黄河三角洲的湿地变化很大,一方面是水体的变化,另外是沼泽类的变化。沿海主要是人工的盐场,所占面积比例较大。另外是沿海的水体,分布在沿海的滩涂与海洋之间。黄河三角洲的沼泽植被是草本湿地,在该地区分布较为广泛,面积较大,主要是芦苇沼泽(图8-18)。芦苇沼泽主要分布在黄河口管理站东部和东北部。空间分布特点主要表现以下3个特点:①生长在黄河现行河道的两侧,这一带经常被泛滥的河水覆被,土壤主要为沼泽土,含盐量很低;②生长在黄河防洪坝以内的广大地区,这一带或常年性积水或季节性积水,土壤的含盐量高,并且覆盖度很高;③生长在近海滩涂上,土壤含盐量较高,但是这一带的芦苇覆盖度较低。常年积水的地区也有部分沼泽的分布。

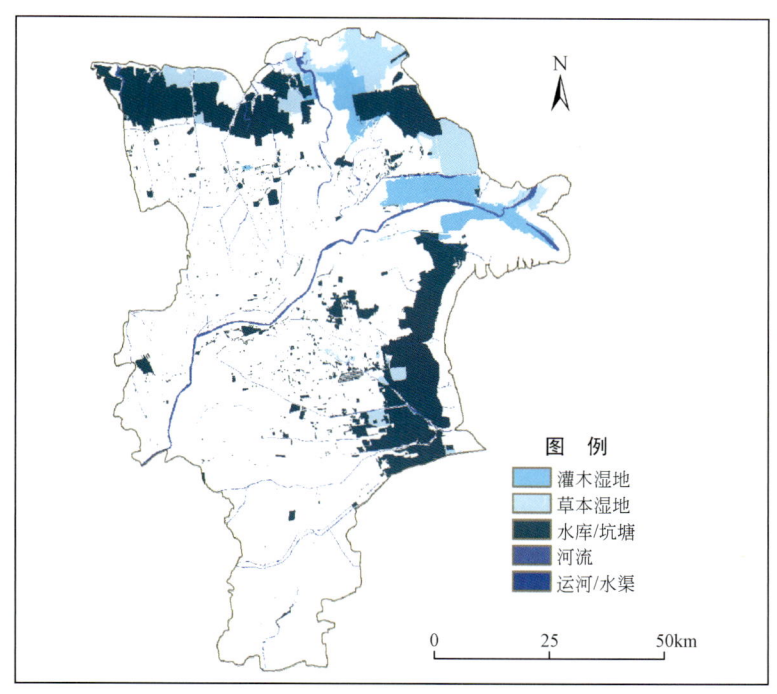

图 8-18　2010 年黄河三角洲湿地分布图

(5) 黄河三角洲耕地特征

黄河三角洲的土地特征明显,耕地总量呈减少趋势。黄河三角洲的农用土地不多,耕地、园地和牧草在内的农业用地占全区的比例低于全省的其他地区。另外,黄河三角洲的耕地质量差、生产率低。全区的中低产田地占的比重很大。由于城市扩展和工业的发展,占用了大量的耕地,尤其是河口和东营两区,耕地减少的最多(图8-19)。

(6) 黄河三角洲其他类型土地覆被特征

黄河三角洲地区的其他类别主要是盐碱地和裸土,而且占的比重较大。裸土的分布主要是沿海洋分布,尤其是入海口处形成的大面积淤积形成的裸土。盐碱地的分布主要分布于黄河近入海口的两侧和近海的耕地与海洋之间。沿黄河两岸形成块状的分布,面积较大,分布集中。

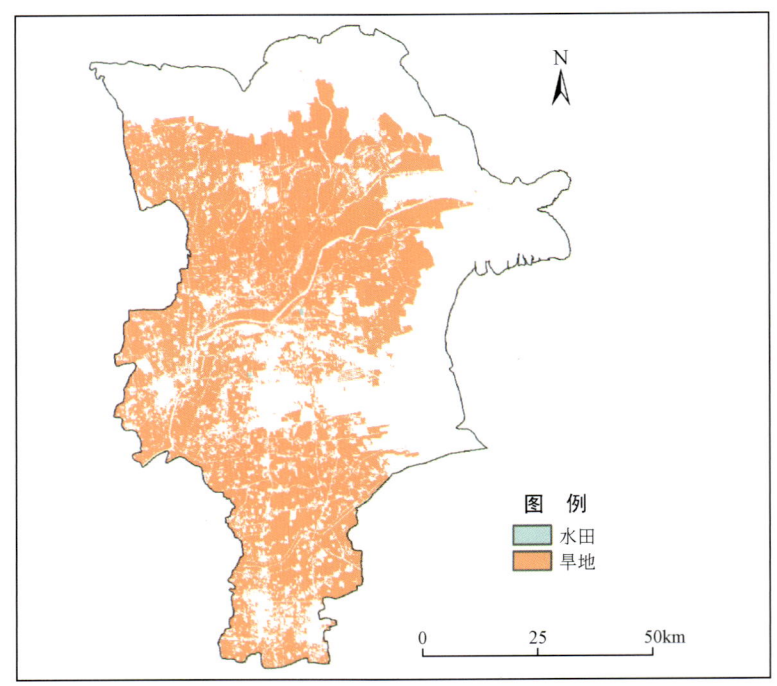

图 8-19　2010 年黄河三角洲耕地分布图

8.6　海河河口土地覆被特征

海河河口位于天津市东部沿海，地处华北平原北部、山东半岛与辽东半岛交汇处，属海河流域下流，北与河北省唐山市丰南区为邻，南与河北省黄骅市为邻，地理位置位于 117°10′~118°10′E、38°30′~39°20′N。

8.6.1　海河河口自然地理背景与社会经济特点

海河河口位于中纬度欧亚大陆东岸，主要受季风环流的支配，是东亚季风盛行的地区，属大陆性季风气候，并具有海洋性气候特点：春季多风，干旱少雨；夏季炎热、湿度大、降水集中；秋季气爽、风和日丽；冬季寒冷，干燥少雪（吴忱，2008）。

海河河口年平均气温为 12.0~14.5℃，1 月最冷，平均气温为 -2℃；7 月最热，平均气温为 28℃。海河河口年平均降水量为 520~660mm，降水随季节变化显著，冬季、春季少，夏季集中（吴忱，2008；庄长伟等，2009）。降水在地区分布上，山地多于平原，沿海多于内地。在季节分布上，6 月、7 月、8 月 3 个月降水量占全年的 75% 左右（卢路等，2011）。海河河口日照时间较长，年日照时数为 2500~2900 小时。

近年来，由于海河流域水资源开发迅速增加，入海径流量和入海沙量急剧减少，海岸波浪侵蚀和潮流携带进入河口的泥沙量急剧增多（王兆印等，2006）。1958~1989 年，淤积在海河拦潮闸下游 11km 长的河道内的泥沙为 1800 万 m³,河宽由 1958 年的 250m 缩窄为 1990 年的 100m,而临近挡潮闸的河床则被淤高了 6m(王兆印等,2006)。河口拦门沙已经从挡潮闸下游 10km 处沿河道上移到闸下游 4.8km 处,同时河口拦门沙的河底高程已经从 –3.2m 上升到 0.5m(王兆印等,2006;叶青超,1989;郑建平等,2005)。

8.6.2 海河河口各类型土地覆被特征

2010 年海河河口的土地覆被中湿地所占面积最大,为 972.375km²,占海河河口总面积的 45.10%(图 8-20,表 8-18)。土地覆被二级类里,水库/坑塘面积为 725.126km²,占总面积的 33.63%,主要分布在渤海湾沿海区域。草本湿地面积为 187.632km²,占总面积的 8.70%,相对集中地分布在水库/坑塘附近。河流的面积为 50.274km²,占总面积的 2.33%。运河/水渠相对较少,面积为 9.344km²,占总面积的 0.43%。

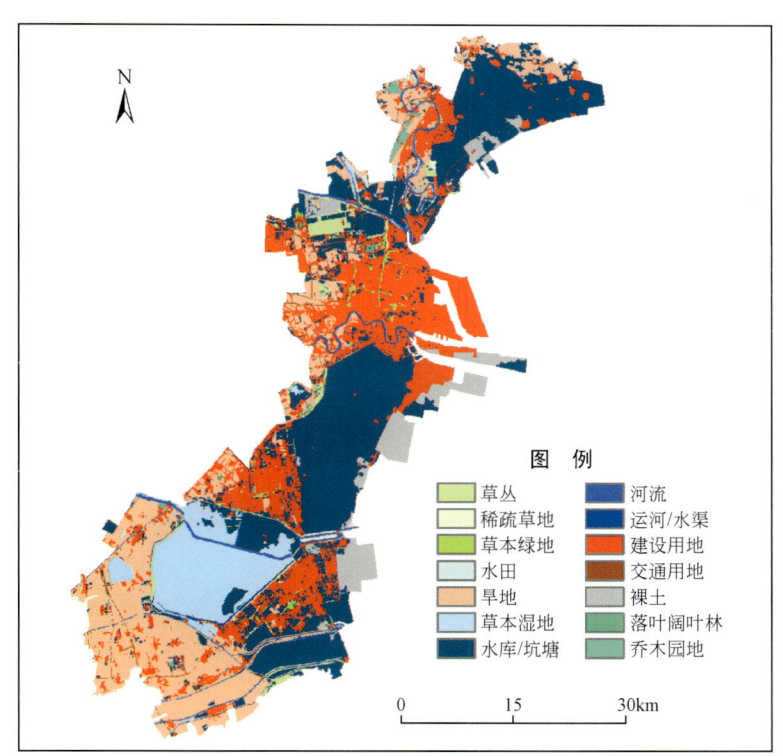

图 8-20 2010 年海河河口土地覆被图

表 8-18 2010 年海河河口土地覆被二级类面积及比例

类型	面积/km²	比例/%	类型	面积/km²	比例/%
落叶阔叶林	2.763	0.13	运河/水渠	9.344	0.43
乔木园地	9.363	0.43	水田	2.650	0.12
草丛	46.626	2.16	旱地	445.559	20.67

续表

类型	面积/km²	比例/%	类型	面积/km²	比例/%
稀疏草地	6.215	0.29	建设用地	531.181	24.64
草本绿地	10.920	0.51	交通用地	12.182	0.57
草本湿地	187.632	8.70	裸土	116.079	5.38
水库/坑塘	725.126	33.63	总面积	2155.913	100.00
河流	50.274	2.33			

人工表面的面积为543.363km²，占海河河口总面积的25.20%。二级类里，建设用地分布相对集中，面积为531.181km²，占总面积的24.64%。交通用地的面积为12.182km²，占总面积的0.57%。

耕地的面积为449.140km²，占海河河口总面积的20.87%。二级类里，旱地为主要类型，面积为446.320km²，占总面积的20.74%，主要分布在海河河口的西南部。水田面积相对较少，为2.820km²，占总面积的0.13%。

裸土的面积为116.079km²，占海河河口总面积的5.38%，主要分布在渤海湾沿海地区的水库/坑塘附近。

草地的面积为63.761km²，占海河河口总面积的2.96%。二级类里，草丛的面积为46.626km²，占总面积的2.16%。稀疏草地的面积为6.215 m²，占总面积的0.29%。草本绿地的面积为10.920km²，占总面积的0.51%。草地主要分布在水库/坑塘附近。

林地所占面积相对较少，为12.126km²，占海河河口总面积的0.56%。二级类包括落叶阔叶林和乔木园地。其中乔木园地的面积为9.363km²，占总面积的0.43%。落叶阔叶林的面积为2.763km²，占总面积的0.13%。

8.7 辽河三角洲土地覆被特征

辽河三角洲位于辽宁省西南部辽河平原南端，是由辽河、大辽河、大凌河等冲积而成的冲积、海积平原，包括辽宁省盘锦市域和营口市区及其老边区的全部，盘锦市是其主体和核心（刘振乾等，2000）。辽河三角洲是我国四大河口三角洲（黄河、长江、珠江、辽河）之一，也是中国北方滨海湿地和滩涂分布最集中的区域（刘振乾等，2000；张绪良等，2009）。

8.7.1 辽河三角洲自然地理和环境特征概况

辽河三角洲地处中朝准地台华北断坳下辽河断陷带，东为胶辽台降，北为赤峰—开原超岩石圈断裂，西至燕山台褶带，南至渤海。辽河三角洲地貌类型包括盐碱化三角洲平原、芦苇盐碱沼泽洼地、滨海芦苇盐土湿地、风成砂地等陆地地貌类型，石质岸堤、防波堤、盐田等人工地貌和潮滩等三角洲岸滩地貌类型，以及水下三角洲平原、拦门沙浅滩、海底冲刷槽、古河道等三角洲外缘水下地貌类型。

辽河三角洲的气候属暖温带大陆性半湿润季风气候，四季分明、雨热同季。年平均气温为 8.3~8.4℃，无霜期为 170~200 天，≥10℃ 积温为 3428~3448℃；多年平均降水量为 612~640 mm，降水主要集中于夏季，8~9 月降水量占全年降水量的 63%；年蒸发量为 1392~1705mm，是年降水量的 2.5 倍左右。辽河三角洲共有大、中、小河流 21 条，河流总长度为 622.15km，河网密度为 0.15km/km^2。其中大凌河和双台子河的河流径流及大气降水是辽河三角洲潮上带湿地的主要补给水源，海水是潮间带湿地的主要补给水源。

辽河三角洲滨海湿地土壤的成土母质有冲积—洪积物、冲积物、海积—冲积物和风积物，土壤共分为水稻土、盐土、草甸土、沼泽土与风沙土 5 个土类、10 个亚类、24 个土属、64 个土种，其中水稻土、盐土、草甸土、沼泽土 4 个土类占辽河三角洲土壤总面积的 99.7%（黄桂林等，2000）。

辽河三角洲具有丰富的水资源、油气资源、港口资源和多样的湿地资源，经济与工农业生产发达。芦苇湿地中栖息着丹顶鹤、黑嘴鸥等珍稀鸟类 200 多种，在世界生物多样性保护中占有重要地位。目前，辽河三角洲已发展成为以农业、石化工业为主的综合型区域，在国家及区域经济发展中占据重要的地位（周广胜等，2006）。

8.7.2 辽河三角洲各类型土地覆被特征

2010 年辽河三角洲的土地覆被中草本湿地主要分布于双台子河口，形状类似葫芦，以芦苇湿地为主（图8-21），是亚洲第一大芦苇分布区、世界第二苇场（肖笃宁等，2003），

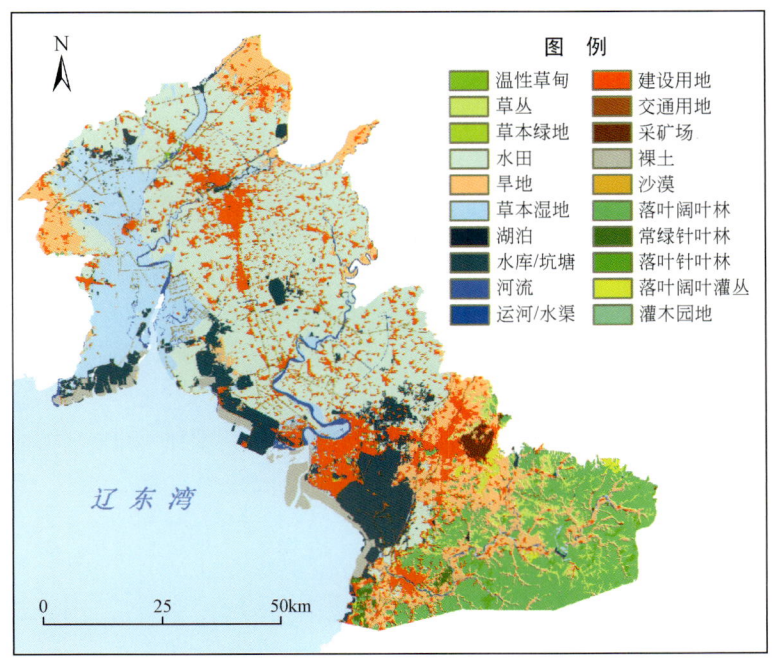

图 8-21 2010 年辽河三角洲土地覆被图

2010年辽河三角洲草本湿地的总面积为804.636km²。辽河三角洲是辽宁省主要商品粮——优质大米出口基地，2010年水田面积为2335.860km²，占辽河三角洲总面积的33.85%。旱地主要分布在盘锦的东北部和营口的中部，总面积为859.654km²，占辽河三角洲总面积的12.46%。林地主要分布于辽河三角洲的东南部，以落叶阔叶林为主，面积为803.984km²；落叶针叶林、常绿针叶林、落叶阔叶灌丛和灌木园地的面积较小。水库/坑塘主要分布于沿海地区。建设用地主要是盘锦市区、营口市区以及散落于水田和旱地中的村落，总面积为897.971km²，占土地总面积的13.01%。辽河三角洲道路密集，交通用地贯穿于居住地之间，面积为87.066km²，占总面积的1.26%（表8-19）。

表8-19 2010年辽河三角洲各土地覆被类型的面积及比例

类型	面积/km²	比例/%	类型	面积/km²	比例/%
落叶阔叶林	803.984	11.65	河流	96.230	1.39
常绿针叶林	20.486	0.30	运河/水渠	16.844	0.24
落叶针叶林	26.142	0.38	水田	2335.860	33.85
落叶阔叶灌丛	34.368	0.50	旱地	859.654	12.46
灌木园地	1.428	0.02	建设用地	897.971	13.01
温性草甸	3.289	0.05	交通用地	87.066	1.26
草丛	139.423	2.02	采矿场	31.024	0.45
草本绿地	0.627	0.01	裸土	150.981	2.19
草本湿地	804.636	11.66	沙漠	0.042	0.00
湖泊	2.442	0.04	总计	6901.056	100.00
水库/坑塘	588.560	8.53			

8.8 西北干旱区土地覆被特征

西北干旱区主要是指年降水量小于200mm、干燥度大于3.5的中国干旱区（赵松乔等，1985）。西北干旱区是我国三大自然区之一，其基本轮廓是由一系列著名的高大山脉、若干大型盆地、剥蚀低山与高原组成，干旱区的南缘和西南缘是昆仑山、喀喇昆仑山和祁连山，西缘是帕米尔高原和准噶尔西部山地，北缘西段为阿尔泰山，贺兰山和阴山余脉狼山位于干旱区东端，干旱区被山地分隔成准噶尔盆地、塔里木盆地、阿拉善高原和河西走廊等若干个区域（倪健等，2005）。在行政区划上，包括新疆维吾尔自治区的全部、内蒙古自治区西部和甘肃省的河西走廊以及宁夏贺兰山西坡地区，总面积为155.808万km²，约占全国国土总面积的16.40%。

8.8.1 西北干旱区自然环境基本特征

西北干旱区位于中国西北部，深居内陆，位于中纬度亚欧大陆中心，为我国海拔

1000～1500m 的广阔内陆高原和盆地以及海拔为 3000～5000m 的断块（赵松乔等，1985）。西北干旱区四周为高原和一系列高山所环绕，湿润的海洋水汽很难到达，因此，该地区主要的自然特征是气候极其干燥，景观以各种类型的温带和暖温带荒漠为主，特别是广布分布的茫茫沙漠和砾石累累的戈壁（李中强，2005）。西北干旱区气候是显著的大陆性气候，主要表现为气温冷热变化剧烈、干旱少雨、多风沙（赵济和陈传康，1999）。天山为西北干旱区新疆境内气候带划分的重要分界线。天山主脊以北地区属于中温带，包括准噶尔盆地及其周边山地和伊犁谷地，平原地区的年平均温度一般不足 10℃；天山主脊以南的新疆广大地区属于暖温带范围，包括塔里木盆地和吐鲁番-哈密盆地及其周边山地，平原地区的年平均温度一般在 10℃ 以上。阿拉善高原和河西走廊因海拔略高和纬度偏北，温度明显低于塔里木盆地，除了疏勒河谷温度稍高外，平原地区的年平均温度一般不足 10℃，与准噶尔盆地相近，也属于中温带的范围（倪健等，2005）。地区内降水稀少，而且时空分布极不均，区内年降水量一般为 200mm 以下，并自东向西逐渐递减，至黑河下游以及塔里木盆地东部形成两个极端干旱中心，年降水量分别为 50mm 及 25mm 以下；吐鲁番盆地西部的托克逊多年平均降水量仅为 3.9mm，是全国最低纪录。自此向西，受大西洋及北冰洋气团影响，降水略有增加，塔里木盆地及准噶尔盆地西部边缘分别达到 100mm 及 200mm 左右，在天山很阿尔泰山的上部，分别可达 400～600mm 及 600～800mm，伊犁谷地个别迎风坡更是高达 1000mm 以上（李中强，2005）。时间分布上，往往连续几个月乃至半年以上滴雨不降，而在 1～2 天之内骤降全年降水量的 1/2 乃至 2/3 以上（赵松乔等，1985）。西北干旱区地面风速分布特点是北部大南部小，高山区大，中低山区小（刘海燕等，2008），春季风速最大，夏季次之，冬季最小，以月份计，风速以 4～5 月最大，12 月和 1 月最小（陈曦，2010）。总之，西北干旱区由于地处中纬度亚欧大陆中心，青藏高原北部，受地形地貌及大气环流的影响，干旱少雨，水资源匮乏，植被稀疏，灾害频繁，环境容量有限，属于西北干旱生态脆弱区（赵跃龙，1999），对全球变化的响应十分敏感，是全球变化研究领域中不可忽视的重要组成部分。

  20 世纪以来，西北干旱区由于人类活动的作用，人地关系的矛盾愈来愈尖锐，导致植被破坏、土地沙漠化、土壤盐渍化、河流萎缩、湖泊干涸、河湖水质变差，广大内陆河流域的生态环境呈现出明显的溯源恶变规律（张阳生和马乃喜，1988；张阳生，1996），严重威胁着人类的生存环境，进而严重制约区域经济社会的可持续发展（夏军，1999）。国家为了有效地控制西北干旱区的沙漠化和草地退化，已在西北干旱区启动了退耕还林还草、防沙治沙试点示范工程、天然林保护等重大生态环境建设工程（钱鞠等，2003）。但是，长期以来，普遍存在生态建设就是植树造林的片面认识，因此在干旱区大规模营造防护林，既无助于防患沙尘暴，也不符合水资源短缺的客观实际，还存在许多需要解决的问题（王苏民等，2002）。因此，对于实施重大的改造大自然的计划或工程的区域，必须开展动态监测土地覆被变化，不断地总结成功经验，吸取失败教训，及时加以修正和改进（郑度，2006，2007）。

8.8.2 西北干旱区土地覆被整体特征

(1) 总体土地覆被特征

在干旱区，水是一切生态过程的驱动力，但水的空间分布极不均衡，山区过分集中，而干旱平原区过分稀少，这种自然条件使干旱区的土地利用与土地覆被表现出与湿润区截然不同的特点（程国栋和肖笃宁，1999），不同类型面积与分布相差较大（图8-22，表8-20）。2010年土地覆被以其他类型为主，占区域总面积的比例高达63.21%；其次是草地，为23.62%；湿地和人工表面分布面积相对较少，均不足整个区域面积的1%，其中人工表面面积最少，仅占区域总面积的0.65%。

表8-20 2010年西北干旱区土地覆被类型的面积及比例

类型		甘肃	内蒙古	宁夏	新疆	总计
林地	面积/km²	2 588.049	8 743.224	247.946	95 822.158	107 401.377
	比例/%	2.41	8.14	0.23	89.22	100.00
草地	面积/km²	32 472.541	122 571.294	3 196.368	209 777.209	368 017.412
	比例/%	8.82	33.31	0.87	57.00	100.00
湿地	面积/km²	512.840	1 545.641	15.788	8 328.596	10 402.865
	比例/%	4.93	14.86	0.15	80.06	100.00
耕地	面积/km²	9 177.916	10 338.461	1 054.491	56 618.320	77 189.188
	比例/%	11.89	13.39	1.37	73.35	100.00
人工表面	面积/km²	1 354.600	1 579.623	96.070	7 105.525	10 135.818
	比例/%	13.36	15.58	0.95	70.10	100.00
其他	面积/km²	138 179.009	210 649.807	2 277.861	633 818.732	984 925.409
	比例/%	14.03	21.39	0.23	64.35	100.00
总计	面积/km²	184 284.954	355 428.050	6 888.524	1 011 470.540	1 558 072.069
	比例/%	11.83	22.81	0.44	64.92	100.00

西北干旱区有林地107 401.377km²，占全区总面积的6.89%。林地主要分布在新疆，占全区林地面积的89.22%，其次内蒙古，占8.14%，宁夏林地面积最少，仅占0.23%。全区有草地368 017.412km²，占全区总面积的23.62%。草地主要分布在内蒙古和新疆，二省草地面积占全区草地面积的90.31%，其次甘肃省8.82%，宁夏草地面积所占的比例最少，仅占0.87%。全区有湿地10 402.865km²，占全区总面积的0.67%。湿地主要分布在新疆，占全区湿地面积的80.06%，其次是内蒙古，占14.86%，宁夏湿地面积最少，仅占0.15%。全区有耕地77 189.188km²，占全区总面积的4.95%。耕地主要分布在新疆，占全区耕地面积的73.35%，内蒙古和甘肃耕地面积相近，分别占全区耕地面积的13.39%和11.89%；宁夏耕地所占比例最小。全区有人工表面10 135.818km²，占全区总面积的0.65%。人工表面主要分布在新疆，占全地区人工表面面积的70.10%，其次是内蒙古

占 15.58%，甘肃占 13.36%，宁夏所占面积最少。全区有其他类型的面积为 984 925.409km²，占全区总面积的 63.21%，是西北干旱区主要的土地覆被类型，主要分布在新疆，占全区面积的 64.35%，其次是内蒙古，占 21.39%，甘肃占 14.03%，宁夏所占面积最少，仅占 0.23%。

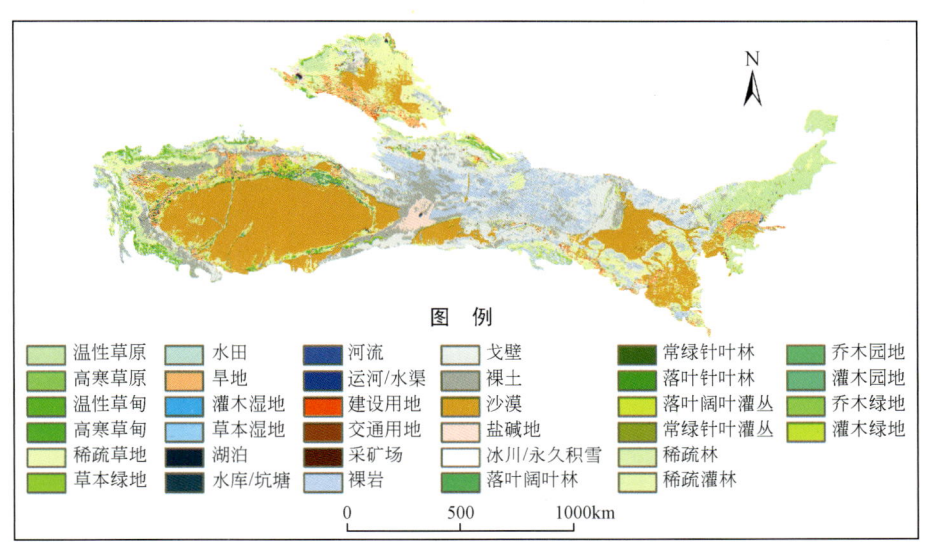

图 8-22　2010 年西北干旱区土地覆被图

（2）西北干旱区不同省区土地覆被特征

西北干旱区由于其特殊的地域环境，使其自然环境差异显著，极端生境多样，虽然土地覆被类型多样，但是均具有"荒漠"的烙印（表 8-21）。甘肃、新疆和内蒙古以其他类型为主，其次是草地；宁夏则以草地为主，其次是其他类型。

表 8-21　2010 年西北干旱区各省（自治区）土地覆被类型结构　　（单位:%）

类型	甘肃	内蒙古	宁夏	新疆	全区
林地	1.40	2.46	3.60	9.47	6.89
草地	17.62	34.49	46.40	20.74	23.62
湿地	0.28	0.43	0.23	0.82	0.67
耕地	4.98	2.91	15.31	5.60	4.95
人工表面	0.74	0.44	1.39	0.70	0.65
其他	74.98	59.27	33.07	62.66	63.21
总计	100.00	100.00	100.00	100.00	100.00

林地以新疆为最高，达 9.47%，甘肃最低，仅为 1.40%；宁夏由于水热条件优于其他三省区，草地所占比例最大。新疆的湿地占其面积比例最高，达 0.82%；由于大量湖泊、泡子的存在，内蒙古湿地所占比例也较高，为 0.43%。垦殖率宁夏最高，达 15.31%；其次是新疆，为 5.60%，内蒙古地处荒漠草原区以畜牧业为主，垦殖率最低，

仅为2.91%。其他类型分布最为广泛，比例最高的为甘肃，达74.98%，宁夏最低，也高达33.07%。

8.8.3 西北干旱区各类型土地覆被特征

(1) 西北干旱区林地特征

2010年西北干旱区有林地107 401.377km²，占总面积的6.89%。林地主要分布在新疆内陆河流域河流沿岸及绿洲内部农田防护林及防风固沙林。在西北干旱区所包括的4个省（自治区）拥有的林地面积中，新疆的林地面积最多，为89.22%；其次是内蒙古和甘肃，分别为8.14%和2.41%；拥有林地面积最少的是宁夏，仅为0.23%（图8-23，表8-22）。

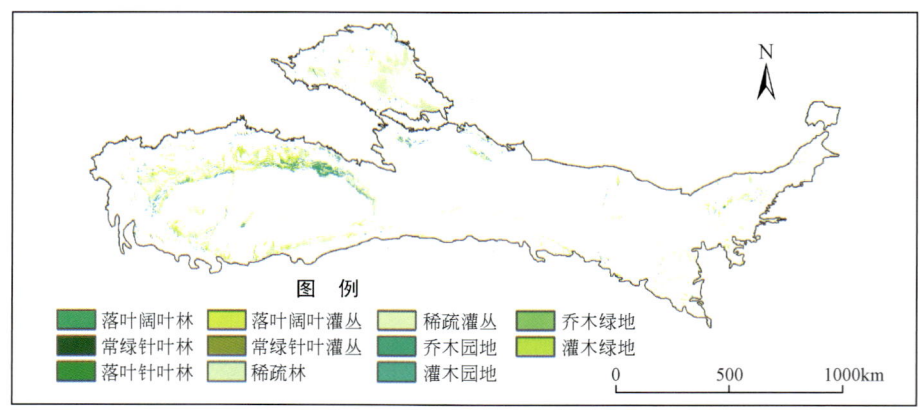

图8-23 2010年西北干旱区林地分布图

表8-22 2010年西北干旱区林地面积及占全区面积比例 （单位：km²）

类型	甘肃	内蒙古	宁夏	新疆	总计	比例
落叶阔叶林	69.236	554.613	0.303	7 932.049	8 556.202	7.97%
常绿针叶林	82.112	0.177	0.000	496.955	579.245	0.54%
落叶针叶林	0.000	0.000	0.000	352.591	352.591	0.33%
落叶阔叶灌丛	708.751	2 020.359	152.502	17 344.206	20 225.818	18.83%
常绿针叶灌丛	0.000	0.000	0.000	896.112	896.112	0.83%
稀疏林	29.078	672.057	0.000	1 397.758	2 098.893	1.95%
稀疏灌丛	1 681.914	5 449.174	64.549	63 999.094	71 194.730	66.29%
乔木园地	5.168	2.048	0.281	2 102.065	2 109.561	1.96%
灌木园地	3.788	18.021	30.311	1 216.494	1 268.614	1.18%
乔木绿地	6.815	26.044	0.000	58.486	91.345	0.09%
灌木绿地	1.187	0.731	0.000	26.348	28.266	0.03%
总计	2 588.049	8 743.224	247.946	95 822.158	107 401.377	100.00%
比例	2.41%	8.14%	0.23%	89.22%	100.00%	

不同林地类型中，西北干旱区林地主要是稀疏灌丛，占总林地面积的66.29%，主要分布在新疆塔克拉玛干沙漠边缘、古尔班通古特沙漠，内蒙古阿拉善高原亦有零星分布；其次是落叶阔叶灌丛，占18.83%，主要分布在绿洲内部的农田防护林及外围的防风护沙林以及内蒙古黑河下游沿岸地带；乔木园地和灌木园地分别占1.96%和1.18%，主要是苹果、枣树等经济作物，主要分布在新疆南疆的绿洲内部；常绿针叶林占0.54%，主要分布在甘肃祁连山区、新疆天山南北两侧和昆仑山北侧阴坡地区；落叶针叶林占0.33%，主要分布在新疆巴里坤地区的山地；稀疏林占1.95%，主要分布在新疆塔里木河下游地区；乔木绿地和灌木绿地覆被所占比例都不足1%，零星分布在城市内部。

（2）西北干旱区草地特征

2010年，西北干旱区有草地面积368 017.412km²，占总面积的23.62%，是西北干旱区分布相对比较集中的土地覆被类型。草地集中分布在内蒙古的西部、新疆西部和甘肃祁连山山前冲积洪积出山口地区。在西北干旱区所包括的4个省（自治区）拥有的草地面积中，新疆的草地面积最多，占57.00%；其次是内蒙古，占33.31%；拥有草地面积最少的是宁夏，仅占0.87%（图8-24，表8-23）。

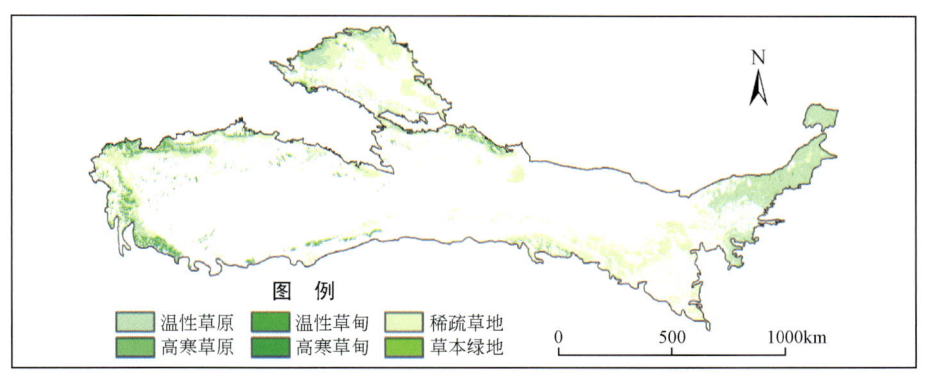

图8-24　2010年西北干旱区草地分布图

表8-23　2010年西北干旱区草地面积及占全区面积比例　　（单位：km²）

类型	甘肃	内蒙古	宁夏	新疆	总计	比例
温性草原	2 800.433	81 980.843	178.297	43 452.148	128 411.721	34.89%
高寒草原	1 174.023	0.000	0.000	6 677.586	7 851.609	2.13%
温性草甸	140.315	1 053.814	0.000	13 811.342	15 005.471	4.08%
高寒草甸	270.808	0.000	0.000	11 029.878	11 300.686	3.07%
稀疏草地	28 083.828	39 534.878	3 018.071	134 766.220	205 402.996	55.81%
草本绿地	3.134	1.760	0.000	40.036	44.929	0.01%
总计	32 472.541	122 571.294	3 196.368	209 777.209	368 017.412	100.00%
比例	8.82%	33.31%	0.87%	57.00%	100.00%	

不同草地类型中,西北干旱区草地主要是稀疏草地,占草地面积的55.81%,主要分布在各省(自治区)低矮山地丘陵等水分条件相对较差的区域;其次为温性草原,占总草地面积的34.89%,主要分布在内蒙古阴山北部和新疆山区的低山丘陵区;温性草甸和高寒草甸占7.15%,主要分布在新疆高山地区局部地段;草本绿地是市政建设的重要组成部分,主要分布在城市内部。

(3) 西北干旱区湿地特征

2010年西北干旱区有湿地10 402.865km², 占总面积的0.67%。湿地主要分布在塔里木河及其主要支流沿岸河谷地段以和黄河内蒙古段。在西北干旱区所包括的4个省(自治区)拥有的湿地中, 新疆的湿地面积最多, 占80.06%; 其次是内蒙古, 占14.86%, 甘肃占4.93%, 宁夏所占比例最少, 主要原因是西北干旱区在宁夏总土地面积较小, 但并不代表湿地面积比例小(图8-25, 表8-24)。

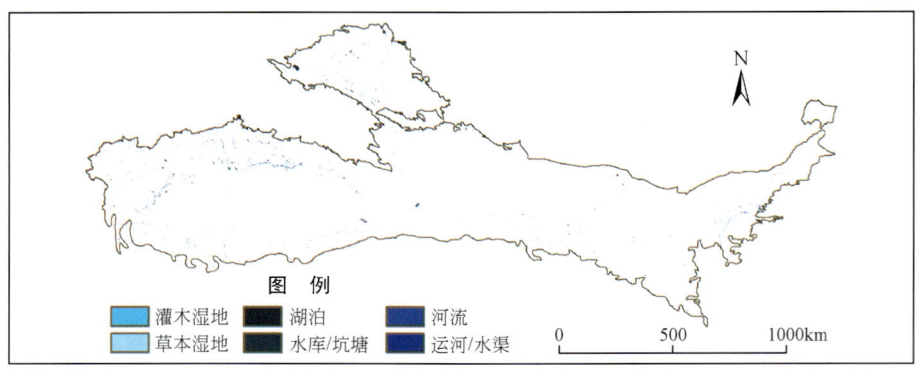

图8-25 2010年西北干旱区湿地分布图

表8-24 2010年西北干旱区湿地面积及占全区面积比例 (单位:km²)

类型	甘肃	内蒙古	宁夏	新疆	总计	比例
灌木湿地	0.000	19.094	0.000	0.000	19.094	0.18%
草本湿地	155.587	637.958	0.293	1 677.413	2 471.250	23.76%
湖泊	42.782	327.583	0.000	1 392.386	1 762.752	16.94%
水库/坑塘	119.687	42.631	5.905	1 633.367	1 801.590	17.32%
河流	191.201	409.076	9.590	3 447.436	4 057.304	39.00%
运河/水渠	3.582	109.300	0.000	177.995	290.876	2.80%
总计	512.840	1 545.641	15.788	8 328.596	10 402.865	100.00%
比例	4.93%	14.86%	0.15%	80.06%	100.00%	

不同湿地类型中,西北干旱区湿地主要是河流,占总湿地面积的39.00%,主要是塔里木河和黄河以及其主要支流;其次是草本湿地,占23.76%,广泛分布在新疆沿塔里木河段及内蒙古沿黄河地段的地下水较浅地区;湖泊和水库/坑塘所占比例相近,分别占

16.94%和17.32%，其中湖泊主要分布在新疆和内蒙古，水库/坑塘主要分布在新疆和甘肃。其他类型所占比例很小，零散分布上在局部地段。

（4）西北干旱区耕地特征

2010年西北干旱区有耕地77 189.188km^2，占总面积的4.95%。由于水热条件的限制，耕地是西北干旱区分布最为集中的土地覆被类型之一，主要集中分布在新疆和甘肃的绿洲区以及内蒙古的黄河流经的平原区。在西北干旱区所包括的4个省（自治区）拥有的耕地面积中，新疆的耕地面积最多，占73.35%；其次是内蒙古，占13.39%；拥有耕地面积最少的是宁夏，仅占1.37%（图8-26，表8-25）。

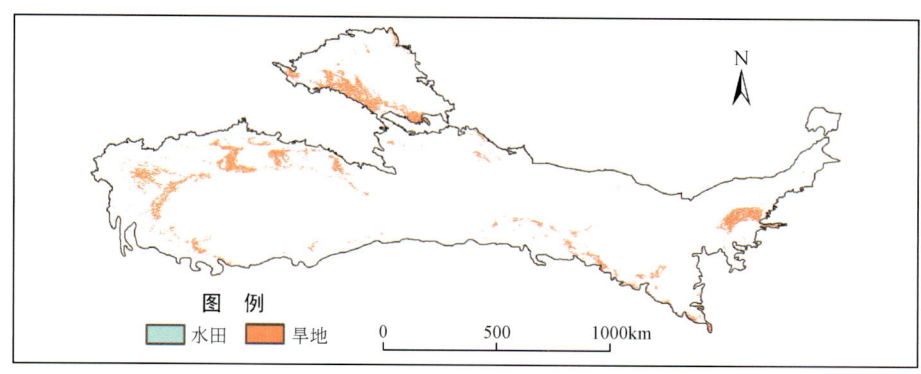

图8-26 2010年西北干旱区耕地分布图

表8-25 2010年西北干旱区耕地面积及占全区面积比例 （单位：km^2）

类型	甘肃	内蒙古	宁夏	新疆	总计	比例
水田	16.376	1.413	2.722	349.240	369.750	0.48%
旱地	9 161.540	10 337.048	1 051.770	56 269.080	76 819.438	99.52%
总计	9 177.916	10 338.461	1 054.491	56 618.320	77 189.188	100.00%
比例	11.89%	13.39%	1.37%	73.35%	100.00%	

西北干旱区耕地主要是旱地，占99.52%。水田占0.48%，主要分布在新疆绿洲、甘肃河西走廊绿洲和内蒙古黄河沿岸等地。

（5）人工表面特征

2010年西北干旱区有人工表面10 135.818km^2，占总面积的0.65%。人工表面主要分布在平原、河流谷地、交通沿线，与地区经济发展水平高度相关。在西北干旱区所包括的4个省（自治区）拥有的人工表面面积中，新疆的人工表面面积最多，占70.10%；其次是内蒙古，占15.58%；甘肃占13.36%；拥有人工表面面积最少的是宁夏，仅占0.95%（图8-27，表8-26）。

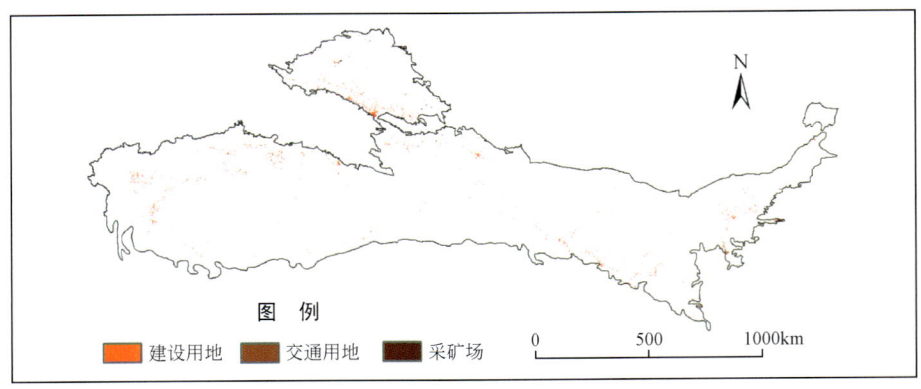

图 8-27　2010 年西北干旱区人工表面分布图

表 8-26　2010 年西北干旱区人工表面面积及占全区面积比例　　（单位：km²）

类型	甘肃	内蒙古	宁夏	新疆	总计	比例
建设用地	1 054.336	931.092	70.440	5 959.282	8 015.150	79.08%
交通用地	279.488	357.538	15.489	910.166	1 562.681	15.42%
采矿场	20.777	290.993	10.140	236.077	557.987	5.51%
总计	1 354.600	1 579.623	96.070	7 105.525	10 135.818	100.00%
比例	13.36%	15.58%	0.95%	70.10%	100.00%	

经济越发达，居住地分布越多、越集中。建设用地占 79.08%，主要分布在新疆、内蒙古和甘肃的城市地区。交通用地占 15.42%，其分布没有明显的聚集特征。采矿场占 5.51%，主要分布在矿产资源丰富的内蒙古和新疆。

（6）西北干旱区其他类型土地覆被特征

2010 年西北干旱区有其他类型面积为 984 925.409km²，占总面积的 63.21%，是西北干旱区面积最大的土地覆被类型。在西北干旱区所包括的 4 个省（自治区）拥有的其他类型面积中，新疆的面积最多，占 64.35%；其次是内蒙古，占 21.39%；宁夏仅占 0.23%（图 8-28，表 8-27）。

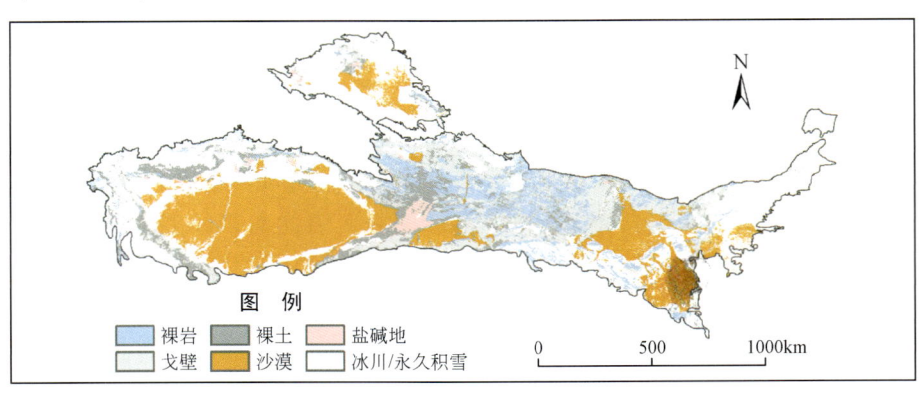

图 8-28　2010 年西北干旱区其他类型分布图

表 8-27　2010 年西北干旱区其他类型土地覆被面积及占全区面积比例　　　（单位：km²）

类型	甘肃	内蒙古	宁夏	新疆	总计	比例
裸岩	44 091.795	37 013.446	1 122.762	65 861.406	148 089.408	15.04%
戈壁	54 038.722	71 010.182	0.000	99 550.973	224 599.876	22.80%
裸土	22 183.331	19 472.837	671.038	116 289.806	158 617.012	16.10%
沙漠	16 692.772	81 174.108	481.873	320 819.843	419 168.595	42.56%
盐碱地	842.684	1 979.235	2.189	20 102.785	22 926.893	2.33%
冰川/永久积雪	329.707	0.000	0.000	11 193.919	11 523.626	1.17%
总计	138 179.009	210 649.807	2 277.861	633 818.732	984 925.409	100.00%
比例	14.03%	21.39%	0.23%	64.35%	100.00%	

西北干旱区其他类型土地覆被中，主要是沙漠，占总其他类型面积的 42.56%，主要是塔克拉玛干沙漠、库姆塔格沙漠、巴丹吉林沙漠和腾格里沙漠四大沙漠；其次是戈壁，占总其他类型面积的 22.80%；裸土占其他类型总面积的 16.10%，主要分布在新疆、内蒙古和甘肃的干旱石质山区；裸岩占 15.04%，主要分布在地处新疆、甘肃和内蒙古交界的噶顺戈壁以及各省（自治区）石质山高山区，其他地区仅是零星分布。盐碱地占 2.33%，主要分布在新疆的罗布泊地区以及绿洲内部的盐碱地。冰川/永久积雪占 1.17%，仅分布在新疆石质山高山地区。

第 9 章 中国分省土地覆被特征

我国的省（自治区、直辖市、特别行政区）、市（地区、州、盟）、区（县）级行政区域长期以来形成了具有独特经济、文化、地理、道路、民俗等特征的地域格局。因自然条件和人文因素的差异，各地区土地覆被存在区域差异，不同的土地覆被又影响到资源环境的开发与利用。因此，开展省（自治区、直辖市、特别行政区）、市（地区、州、盟）级行政区域土地覆被的特点研究对土地覆被变化过程的自然限制力和人为驱动力分析、生态环境建设及资源开发具有重要意义。

9.1 北京市土地覆被特征

北京市位于华北平原的北端，北京的西、北和东北三面群山环绕，山区面积占61.4%，东南连接着大平原，平原面积占38.6%，地势西北高东南低（刘松等，2011）。西以太行山与山西高原毗邻，北以燕山山地与内蒙古高原接壤，东北山地与松辽大平原相通，东南距渤海约150km，依山傍海。山地海拔一般为1000~1500m，平原海拔高度为20~60m，与河北省交界的东灵山海拔2303m，是北京的最高峰。北京属暖温带半湿润季风大陆性气候，四季分明，雨热同季。年平均气温10~12℃，年平均降雨量450~670mm，年无霜期为180~200天。北京植被类型为暖温带落叶阔叶林和温带针叶林（王云霞，2010）。北京下设东城区、西城区、朝阳区、丰台区、石景山区、海淀区、门头沟区、房山区、通州区、顺义区、昌平区、大兴区、怀柔区、平谷区、密云区和延庆区16区。

9.1.1 北京市土地覆被总体特征

北京是中国的首都，也是中国的政治、文化、经济中心。北京市的土地资源经过长期的自然与人文因素综合作用，形成了较为独特的土地利用特征。土地覆被以林地为主，占土地面积的56.50%，其次是人工表面和耕地，两者分别占土地面积的17.91%、17.20%，草地占土地面积的6.43%，湿地占1.75%，其他类型仅为0.21%（图9-1，表9-1）。

第9章 中国分省土地覆被特征

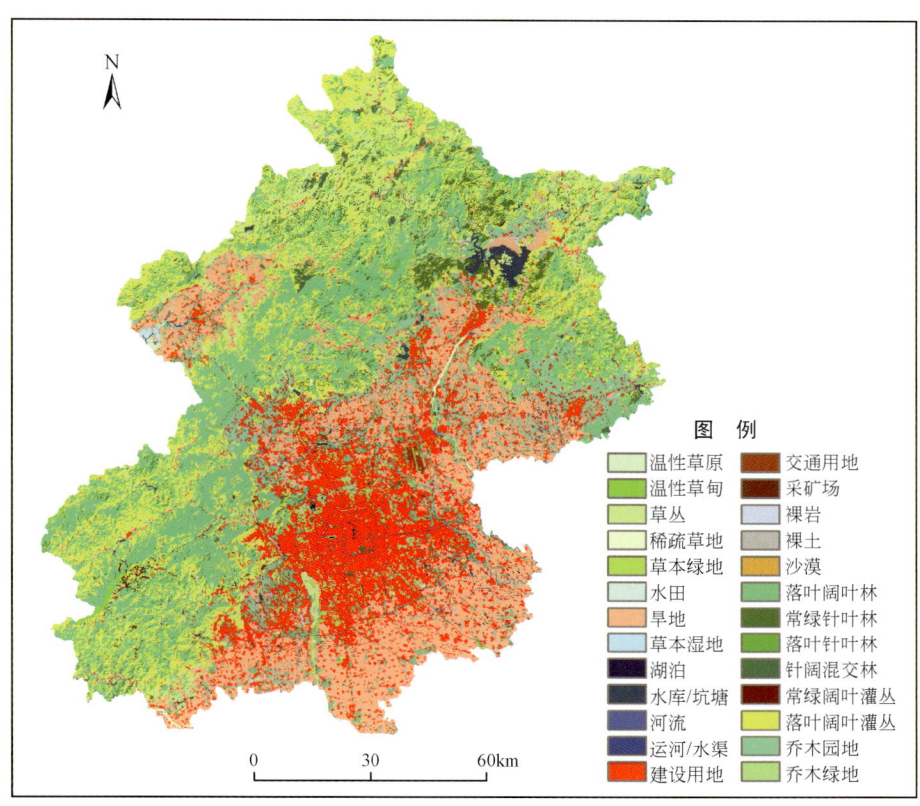

图 9-1　2010 年北京市土地覆被现状图

表 9-1　2010 年北京市土地覆被结构　　　　　　　　　　　（单位:%）

区（县）	林地	草地	耕地	湿地	人工表面	其他	总计
东城区	7.65	0.51	0.00	2.51	89.33	0.00	100.00
西城区	2.54	0.77	0.00	3.61	93.08	0.00	100.00
朝阳区	14.04	6.29	3.58	2.06	73.93	0.10	100.00
丰台区	19.56	9.12	1.41	0.28	68.88	0.74	100.00
石景山区	28.71	7.77	0.01	1.76	61.76	0.00	100.00
海淀区	30.06	4.61	8.59	2.42	54.26	0.06	100.00
门头沟区	90.92	2.88	1.03	0.37	4.76	0.02	100.00
房山区	59.94	6.80	16.13	0.78	15.94	0.42	100.00
通州区	9.25	2.49	51.86	3.81	32.32	0.27	100.00
顺义区	21.32	3.62	44.67	1.71	28.43	0.24	100.00
昌平区	63.02	4.20	9.45	1.43	21.71	0.19	100.00
大兴区	7.32	3.61	55.64	0.53	32.71	0.19	100.00
怀柔区	77.72	10.63	6.27	0.74	4.55	0.08	100.00
平谷区	72.94	2.03	11.83	1.86	11.05	0.30	100.00

续表

区（县）	林地	草地	耕地	湿地	人工表面	其他	总计
密云县	70.74	8.16	10.66	4.45	5.65	0.35	100.00
延庆县	67.01	10.71	16.10	1.59	4.50	0.09	100.00
全市合计	56.50	6.43	17.20	1.75	17.91	0.21	100.00

注：密云县与延庆县2015年撤县设区。

不同区的土地覆被与其地形地貌及生态经济功能定位密切相关。定位为生态涵养发展区的怀柔区、平谷区、门头沟区、密云区、延庆区林地面积比例均超过67%，其中门头沟区更是高达90.92%。作为首都功能核心区的东城区、西城区及城市功能拓展区功能定位的海淀区、朝阳区、丰台区及石景山区人工表面所占比例均在50%以上，其中东城区和西城区人工表面占90%左右。作为城市发展新区的通州、顺义、大兴，由于地处东南平原地区，处于城市扩张边缘区，垦殖率分别为51.86%、44.67%和55.64%（表9-1）。

9.1.2 北京市不同类型土地覆被特征

北京市依山傍水，西、北和东北群山环绕，东南是缓缓向渤海倾斜的大平原，同时作为中国的政治、经济、文化中心，人为干预规划的因素占绝大多数，因此北京市的土地覆被具有明显区别于其他省份的空间格局（图9-1）。具体表现在不同土地覆被类型的空间分布具有明显的人为特征。

（1）林地

2010年北京市有林地9269.275 km^2，占全市土地面积的56.50%，是北京市的主要土地覆被类型。林地集中分布在北部、西部山区房山区、门头沟区、昌平区、延庆区、怀柔区、密云区和平谷区。全市中，林地面积占全市林地面积的比例以怀柔区为最高，是17.80%，其次是密云区，为16.99%；比例最小的是西城区，仅占0.01%。

林地以落叶阔叶灌丛和落叶阔叶林为主，分别占总林地面积的42.30%、39.39%，主要集中分布在北部、西部山区，其他区零星分布。其次是乔木园林，占9.07%，主要分布在平谷区、昌平区、顺义区、密云区。常绿针叶林占6.43%，主要分布在密云、怀柔两区，其余区呈零星斑块状分布。其他类型林地所占比例都很小。

（2）草地

2010年北京市有草地1054.475 km^2，占全市土地面积的6.43%。草地主要分布在北部山区。全市中，怀柔区草地所占比例最大，占全市草地面积的21.39%；其次是延庆区和密云区，分别占20.25%和17.22%；西城区比例最小，仅占0.02%。

草地中草丛占草地面积的比例最大，为77.22%，主要分布在北部山区的低矮地区。其次是草本绿地，占17.87%，主要是城市中的绿化草地。其他草地类型所占面积极少。

（3）耕地

2010年北京市有耕地2821.985 km^2，占全市土地面积的17.20%。耕地集中分布在东南平原区；延庆区靠近河北省地界，有大片分布。全市中，大兴区耕地所占比例最大，占全市耕地面积的 20.42%；通州、顺义、房山和延庆四区的耕地面积占全市的比例均在 10% 以上；东城区和西城区没有耕地分布。

耕地中旱地是主要的耕地类型；水田所占比例极小，仅有 3.152km^2。

（4）湿地

2010 年北京市有湿地 286.783km^2，占全市土地面积的 1.75%。湿地主要分布在密云、通州、延庆三区。全市中，密云区湿地占比例最大，占全市湿地面积的 34.58%；其次是通州区，占 12.03%；丰台区比例最小，仅占 0.30%。

湿地中水库/坑塘占湿地面积的比例最大，为 65.58%，主要是密云水库。其次是河流，占 17.71%，主要是流入水库/坑塘、湖泊的水系。草本湿地占 12.88%，主要分布在密云和延庆两区，水库/坑塘周边。湖泊所占面积极小，比例为 2.61%。

（5）人工表面

2010 年北京市有人工表面 2938.139km^2，占全市土地面积的 17.91%，略大于耕地面积。人工表面沿主城区向周围辐射，西北山区分布稀少、东南平原区密集。全市中，朝阳区人工表面所占比例最大，占全市人工表面面积的 11.69%；其次是大兴区，占 11.53%；房山区占 10.82%；比例最小的是东城区占 1.28%，主要是因为东城区本身面积较小。

人工表面以建设用地为主，所占比例高达 94.41%；其次是交通用地，所占比例为 4.32%，多为线形分布，中尺度遥感监测很难全面反映其现状，仅在中分辨率能识别的情况下其面积远小于实际现状。采矿场所占面积最小，仅 1.26%，主要分布在房山区。

（6）其他类型土地覆被

2010 年北京市有其他类型土地覆被 35.176km^2，仅占全市土地面积的 0.21%，分布有裸岩、裸土和沙漠/沙地 3 种土地覆被类型，其中裸土占 83.45%，裸岩占 16.45%。裸岩、裸土以极细碎的斑块分布于除东城、西城、石景山区以外的各区。其中以房山、密云所占比例最大，分别为 24.10% 和 15.87%。

9.2 天津市土地覆被特征

天津市地处华北平原东北部、东临渤海、北枕燕山，是太平洋西岸环渤海经济圈的中心。天津市的地势北高南低，可分为山地丘陵区、平原区、低平海岸带区，其中平原面积占全市陆地面积的 93%。天津市气候属暖温带半湿润海洋性过渡气候，年内温差较大，降雨不均，四季分明，多年年平均降水量约为 600mm（甘心泰等，2011），年平均气温为 12℃ 左右，平均无霜期为 190 天左右（刘勇，2007）。天津植被类型为暖温带落叶阔叶林，混有温性针叶林和次生草灌丛（伍春华，2005）。天津市下设和平区、河东区、河西区、南开区、河北区、红桥区、东丽区、西青区、津南区、北辰区、武清区、宝坻区、滨海新区、宁河区、静海区和蓟州区 16 区。

9.2.1 天津市土地覆被总体特征

天津是中国北方最大的沿海开放城市,受海洋气候的影响比较明显,加之地形地貌、经济等多方面的影响,天津市的土地利用集约化程度较高。天津市土地覆被以耕地为主,占土地面积的52.30%,其次是人工表面,占土地面积的23.16%,湿地占土地面积的17.43%,林地仅4.67%,草地和其他类型面积不足2.50%(图9-2,表9-2)。

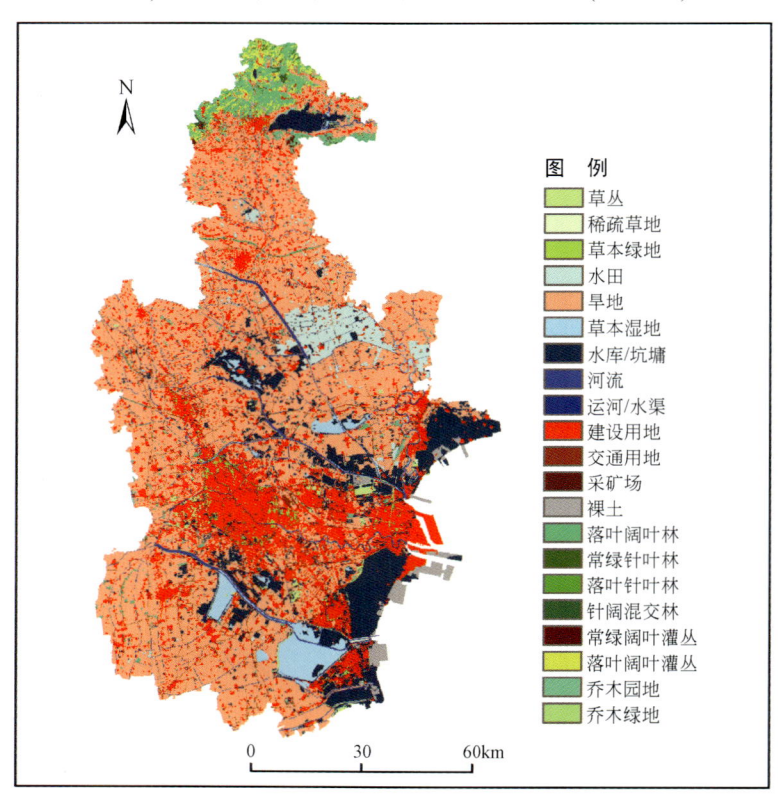

图9-2 2010年天津市土地覆被现状图

表9-2 2010年天津市土地覆被结构 （单位:%）

区（县）	林地	草地	耕地	湿地	人工表面	其他	总计
和平区	0.00	0.75	0.00	2.91	96.34	0.00	100.00
河东区	0.00	1.84	0.00	2.09	96.07	0.00	100.00
河西区	0.00	2.22	0.00	4.02	93.76	0.00	100.00
南开区	0.00	1.78	0.00	4.33	93.90	0.00	100.00
河北区	0.00	3.71	0.00	3.46	92.82	0.00	100.00
红桥区	0.00	5.03	0.00	5.65	89.32	0.00	100.00
东丽区	0.53	3.93	29.70	12.70	53.15	0.00	100.00
西青区	1.06	4.92	33.42	20.85	39.67	0.08	100.00

续表

区（县）	林地	草地	耕地	湿地	人工表面	其他	总计
津南区	0.32	3.04	37.56	13.56	45.51	0.00	100.00
北辰区	1.27	2.91	46.60	10.18	39.03	0.00	100.00
武清区	0.95	0.45	68.81	10.10	19.67	0.01	100.00
宝坻区	1.14	0.16	73.87	10.27	14.56	0.00	100.00
滨海新区	0.56	2.96	20.79	45.10	25.20	5.39	100.00
宁河县	0.60	0.24	72.75	15.10	11.32	0.00	100.00
静海县	0.91	0.25	72.06	10.22	16.55	0.00	100.00
蓟县	29.21	0.55	47.97	7.27	14.83	0.16	100.00
全市合计	4.67	1.42	52.30	17.43	23.16	1.02	100.00

注：宁河县、静海县和蓟县于2015年、2016年先后撤县设区。

不同区的土地覆被与其地形地貌及空间发展战略密切相关。天津市的土地覆被中心城区（和平、河东、河西、南开、河北、红桥共五区）人工表面所占比重均超过89%；环城四区（东丽、喜庆、津南、北辰共四区）人工表面和耕地各占较大比重；远郊区（武清、宝坻、宁河区、静海区、蓟州区共五区）耕地超过人工表面占据所在县土地覆被的绝大比例。天津市土地覆被所呈现的特点是：除滨海新区外，由中心城区向远郊区人工表面逐渐减少，耕地逐渐增加。其中滨海新区由于地处渤海沿岸，湿地占绝大比重，比例高达45.10%（表9-2）。

9.2.2 天津市不同类型土地覆被特征

由于天津地处华北平原、濒临渤海、北靠燕山山脉，加之政府行为的影响，天津市的土地覆被空间格局具有明显地域特点（图9-2）。

(1) 林地

2010年天津市有林地545.639km^2，占全市土地面积的4.67%。林地集中分布在蓟州区北部。全市中，林地面积占全市林地面积的比例以蓟州区最高，为85.07%，其他区有零星分布。

林地中以落叶阔叶林为主，占总林地面积的54.08%，主要集中分布在蓟州区北部，于桥水库南面亦有小片分布，其他区零星分布。其次是落叶阔叶灌丛，占23.41%，主要分布在蓟州区北部山前地带。乔木园林占17.96%，呈零星斑块状分布在各个区公园等绿化区。其他类型林地所占比例都很小。

(2) 草地

2010年天津市有草地165.597km^2，仅占全市土地面积的1.42%。草地主要分布在环城四区及滨海新区。全市中，滨海新区草地所占比例最大，占全市草地面积的38.59%；其次是西青区和东丽区，分别占16.84%和11.34%；中心六区所占比例均不超过1%。

草地主要有草丛、稀疏草地和草本绿地3种类型。草丛占草地面积的比例为62.24%，主要分布在滨海地区湿地沼泽附近。草本绿地，占 33.96%，主要是城市中的绿化草地。稀疏草地，占 3.80%，绝大部分分布在滨海新区，津南区亦有少量分布。

（3）耕地

2010 年天津市有耕地面积 6112.127km²，占全市土地面积的 52.30%，是天津市主要的土地覆被类型。由于天津地处平原，土地肥沃，耕地在除中心六区以外的其他区均大片分布。全市中，宝坻区耕地所占比例最大，占全市耕地面积的 18.24%；武清区、宁河区、静海区三区的耕地面积占全市的比例均在 15% 以上。

耕地中旱地占耕地面积的比例为 94.39%，广泛分布于中心六区以外的各区；耕地中水田仅占 5.61%，主要分布在宝坻区和宁河区。

（4）湿地

2010 年天津市有湿地 2036.644km²，占全市土地面积的 17.43%，是天津市比较重要的土地覆被类型。湿地主要分布在靠近渤海地区。全市中，滨海新区所占湿地占比例最大，占全市湿地面积的 47.85%；其次是宁河区，占 9.60%；和平区比例最小，仅占 0.01%。

湿地中水库/坑塘占湿地面积的比例最大，为 70.30%，主要分布在滨海新区、武清区、宝坻区及蓟州区的于桥水库。其次是草本湿地，占 16.00%，主要分布在静海区、滨海新区、宁河县水库/坑塘周边。河流占 10.02%，主要是流入水库/坑塘、渤海的水系，与大大小小的水库/坑塘相连。运河/水渠占 3.68%，主要与河流相连。乔木湿地、灌木湿地和湖泊基本没有分布。

（5）人工表面

2010 年天津市有人工表面 2706.863km²，占全市土地面积的 23.16%，所占面积仅次于耕地。人工表面沿中心城区与天津港连城一线向周围辐射。全市各区中，滨海新区人工表面所占比例最大，占全市人工表面面积的 20.12%；其次是武清区，占 11.43%；比例最小的是和平区占 0.35%，主要是因为和平区本身面积较小。

人工表面中以建设用地为主，所占比例达 94.33%；其次是交通用地，占 5.52%；采矿场仅占 0.15%，主要分布在蓟州区别山镇。

（6）其他类型土地覆被

2010 年天津市有其他类型土地覆被 119.569km²，且只有裸土一种类型，仅占全市土地面积的 1.02%。裸土主要集中分布在滨海新区，约占 97.36%。

9.3　河北省土地覆被特征

河北省位于华北平原腹地，兼跨内蒙古高原，北京、天津两市的外围，东临渤海，地势由西北向东南倾斜。西北部为山区、丘陵和高原、东南部为广阔的平原，全省分为坝上高原、燕山和太行山地、河北平原三大地貌单元。河北省西北坝上高原、围场山地、张家口、宣化河谷盆地、蔚县盆地、丰宁山地属温带大陆性气候，其余地区皆为暖温带大陆性季风气候；年平均气温为 0~13℃，年平均降水量为 350~800mm（王宇等，2006；张贵军, 2005)。河北省主要植被类型为落叶阔叶乔木树种占优势的暖温带落叶阔叶林，同时由于海拔高度的不同，尚存在一些针叶乔木树种为主的寒温带针叶林分布，目前较完整的天然植被主要存在于燕山和太行山地，其他地区的天然植被规模较小，或不具有连续性（张智婷，2009）。河北省共设石家庄、唐山、秦皇岛、邯郸、邢台、保定、张家口、承德、沧州、廊坊和衡水 11 个地级市。

9.3.1 河北省土地覆被总体特征

河北省西北高、东南低，有高原、山地、丘陵、平原、盆地等各种地貌类型，土地覆被类型复杂。土地覆被以耕地为主，其次是林地，两者占土地面积的比例的 79.08%，草地占 10.24%，人工表面占 8.52%，湿地占 1.95%，其他类型所占面积比例不足 0.3%（图 9-3，表 9-3）。

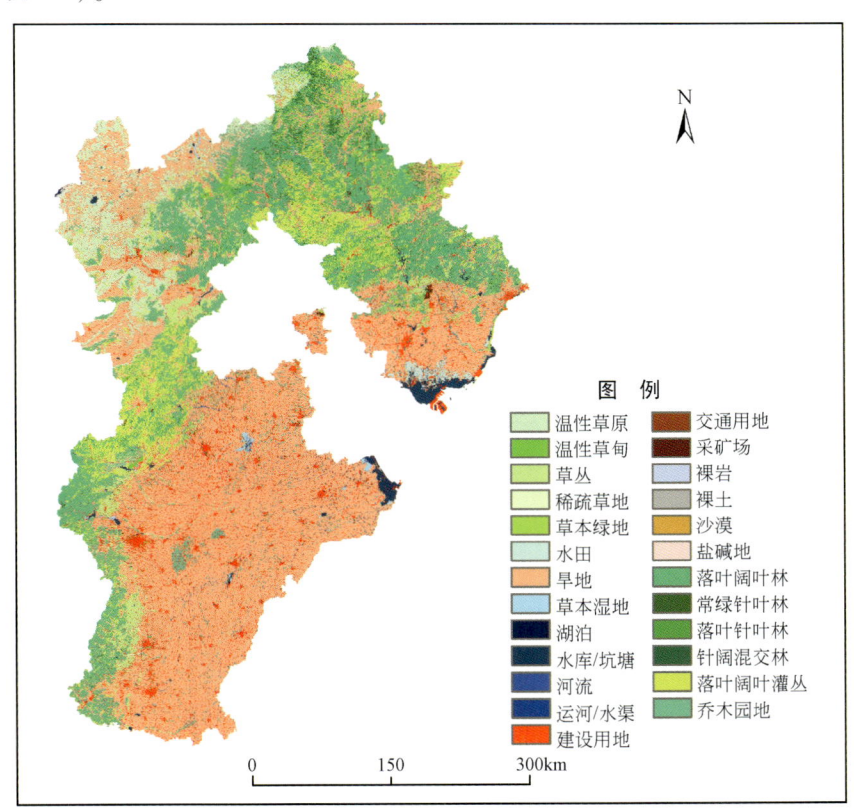

图 9-3 2010 年河北省土地覆被现状图

表 9-3 2010 年河北省土地覆被结构　　　　　　　　　　（单位：%）

市	林地	草地	耕地	湿地	人工表面	其他	总计
石家庄市	30.46	7.64	47.82	1.00	12.98	0.11	100.00
唐山市	13.53	5.41	55.73	9.16	16.11	0.05	100.00

续表

市	林地	草地	耕地	湿地	人工表面	其他	总计
秦皇岛市	42.41	10.18	36.74	2.06	8.51	0.10	100.00
邯郸市	15.63	2.28	67.76	0.63	13.68	0.03	100.00
邢台市	13.24	10.84	62.92	0.45	12.42	0.12	100.00
保定市	39.67	2.94	45.61	1.39	10.35	0.04	100.00
张家口市	28.41	29.24	37.83	0.89	3.23	0.40	100.00
承德市	73.62	8.87	15.02	0.50	1.46	0.53	100.00
沧州市	1.08	0.20	79.17	6.89	12.65	0.01	100.00
廊坊市	3.84	0.41	77.40	1.04	17.28	0.04	100.00
衡水市	2.26	0.27	83.09	1.21	13.16	0.01	100.00
全省合计	32.96	10.24	46.12	1.95	8.52	0.22	100.00

不同市的土地覆被与其地形、地貌相关较大，承德、秦皇岛地处燕山山脉，其林地占比大，占土地面积比例分别为73.62%、42.41%；而石家庄、保定两市位于太行山及华北平原交界处，耕地、林地为两种主要的土地覆被类型，所占比例均超过30%，如石家庄耕地所占比例为47.82%，林地所占比例为30.46%，保定耕地所占比例为45.61%，林地所占比例为39.67%。张家口地处内蒙古高原和华北平原的过渡带，山地丘陵分布其中，因此草地、耕地、林地均占较大比重，比例分别为29.24%、37.83%和28.41%。其他市大部分位于华北平原，地势平坦，土壤肥沃，耕地所占比例较大，均超过55%（表9-3）。

9.3.2 河北省不同类型土地覆被特征

河北省西北高、东南低，且濒临渤海，兼具平原、盆地、丘陵山地、高原等地貌特点，这些地形地貌差异决定了土地覆被具有西北部与东南部明显不同的特征（图9-3）。

(1) 林地

2010年河北省有林地61 878.646km²，占全省土地面积的32.96%。林地集中分布在秦皇岛北部、承德市及张家口市东部的燕山山脉、保定市西南部、石家庄市西部、邢台市西部、邯郸市西部的太行山脉。全省各市中，林地面积占全省林地面积的比例以承德市最高，为46.98%，其次是张家口市，为16.89%，再次为保定市，为14.23%；比例最小的是沧州市，仅占0.25%。

林地中以落叶阔叶林为主，占总林地面积的57.69%，主要分布在秦皇岛北部、承德市北部及张家口市东部的燕山山脉和石家庄市西部、邢台市西部、邯郸市西部的太行山脉。落叶阔叶灌丛占33.80%，主要分布在保定市西北部太行山区及承德市南部燕山山区。其他类型林地所占比例都很小。

(2) 草地

2010年河北省有草地19 217.089km²，占全省土地面积的10.24%。草地主要分布在燕山、太行山山前过渡带及张家口、承德西北部坝上草原地区。全省各市中，张家口市草地所占比例最大，占全省草地面积的55.99%；其次是承德市，占18.23%；衡水市比例最小，仅占0.12%。

草地中温性草原占草地面积的比例最大，为56.26%，主要分布在张家口、承德西北部坝上草原地区。其次是草丛，占40.18%，主要分布在燕山和太行山的低山地区。温性草甸占2.02%，主要分布在张家口市与承德市交界。其他草地类型分布很少，稀疏草地主要分布在唐山市和邢台市，草本绿地主要是各市在城市中的绿化草地。

(3) 耕地

2010年河北省有耕地86 581.127 km^2，占全省土地面积的46.12%。河北大部地处华北平原，耕地广泛分布。全省各市中，地处内蒙古高原边缘的张家口市耕地所占比例最大，占全省耕地面积的16.08%；保定市和沧州市的耕地面积占全省的比例均在10%以上；秦皇岛市比例最小，仅占3.30%。

耕地中旱地占耕地面积的比例为99.08%；耕地中水田仅占0.92%，主要分布在唐山市和秦皇岛市靠海地区。

(4) 湿地

2010年河北省有湿地3654.147 km^2，占全省土地面积的1.95%。湿地主要分布在唐山及沧州沿海地区。全省各市中，唐山市湿地占比最大，占全省湿地面积的34.07%；其次是沧州市，占26.53%；邢台比例最小，仅占1.55%。

湿地中水库/坑塘占湿地面积的比例最大，为68.25%，主要分布在唐山市和沧州市。其次是草本湿地，占14.68%，主要分布在保定、张家口、沧州市。河流占13.28%，主要是海河流域的各支流水系。

(5) 人工表面

2010年河北省有人工表面15 989.083 km^2，占全省土地面积的8.52%。人工表面主要分布在经济比较发达，且地势平缓的东南平原区，西北山区明显稀疏。全省各市中，保定市人工表面所占比例最大，占全省人工表面面积的14.37%；其次是唐山市，占13.70%，石家庄市占11.42%；比例最小的是承德市，仅占3.62%。

人工表面中以建设用地为主，所占比例达94.35%；其次是交通用地，占4.37%，多呈线形分布在各个地区；采矿场面积占1.28%，主要分布在唐山市北部。

(6) 其他类型土地覆被

2010年河北省有其他类型土地覆被418.775 km^2，仅占全省土地面积的0.22%。其他类型土地覆被主要分布在张家口和承德市内蒙古高原地区。全省各市中，承德占比最大，占全省其他类型土地覆被面积的49.93%；其次是张家口市，占35.30%；衡水市分布最少，仅占0.16%。

其他类型土地覆被中沙漠/沙地所占比例最大，为35.94%，主要分布在承德坝上草原地区；其次是裸土，占35.59%，主要分布在承德、张家口，其他各市均有少量分布。盐碱地占28.13%，主要分布在张家口市，靠近集宁市附近。

9.4 山西省土地覆被特征

山西省位于黄河中游东岸，华北平原西面的黄土高原上，地势东北高、西南低，地貌类型复杂多样，有山地、丘陵、台地、平原，山多川少。由于东部山岭阻挡，气候受海洋影响较弱，在气候类型上属于温带大陆性季风气候。同时，又由于受内蒙古冬季冷气团的袭击，北部比较寒冷，南部受夏季暖湿气团的影响，比较湿润。山西的气候南北气温差异大，北部年平均气温仅4~6℃，而南部可达13~14℃，降水分布主要受季风环流控制，分布极不均匀，大体由东南向西北逐渐递减，全省年均降水量为400~650mm。山西植被从南到北可分为：南部和东南部是以落叶阔叶林、次生落叶灌丛为主或针叶阔叶混交林分布区，也是植被类型最多、种类最丰富的地区；中部是以针叶林及中生的落叶灌丛为主、落叶阔叶林为次分布区，是林地分布面积较大的地区；北部和西北部是温带灌草丛和半干旱草原分布区，森林植被较少。山西省共设太原、大同、阳泉、长治、晋城、朔州、晋中、运城、忻州、临汾和吕梁11个地级市（山西省人民政府，2015）。

9.4.1 山西省土地覆被总体特征

山西省位于黄土高原上，沟壑纵横，水土流失严重，水资源短缺，土地覆被也以耕地为主，其次是草地和林地，三者占土地面积的比例超过95%，人工表面占4.12%，湿地和其他类型仅占0.49%（图9-4，表9-4）。

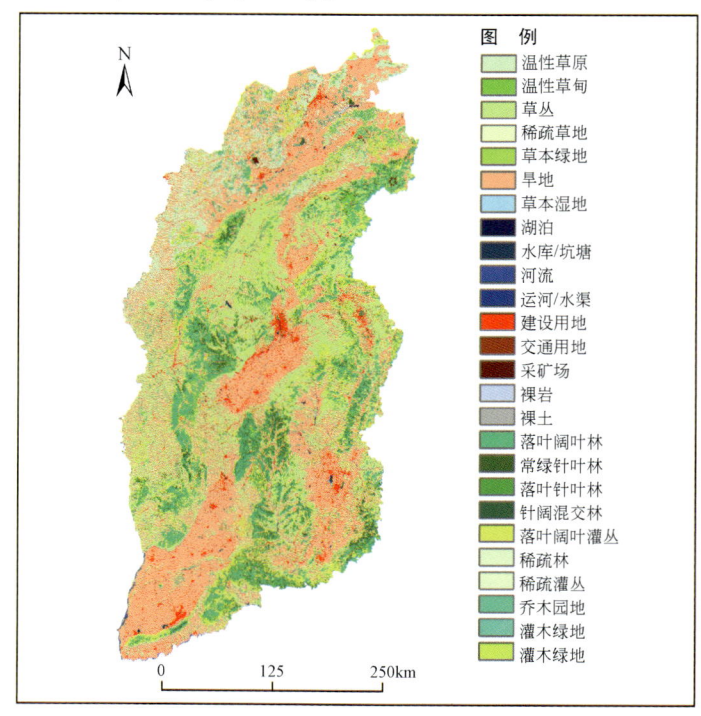

图9-4　2010年山西省土地覆被现状图

表 9-4 2010 年山西省土地覆被结构　　　　　　　　　　（单位:%）

市	林地	草地	耕地	湿地	人工表面	其他	总计
太原市	28.10	36.09	25.80	0.69	9.31	0.01	100.00
大同市	32.68	20.52	42.66	0.44	3.51	0.19	100.00
阳泉市	34.79	39.41	18.52	0.02	7.25	0.00	100.00
长治市	30.23	22.97	40.47	0.54	5.79	0.00	100.00
晋城市	47.18	18.06	30.03	0.36	4.37	0.00	100.00
朔州市	21.33	23.09	51.32	0.22	3.97	0.07	100.00
晋中市	32.12	32.10	30.72	0.19	4.85	0.02	100.00
运城市	21.43	10.43	59.90	1.83	6.23	0.18	100.00
忻州市	24.64	42.74	30.12	0.18	2.26	0.06	100.00
临汾市	31.78	27.15	38.22	0.20	2.64	0.02	100.00
吕梁市	31.03	33.49	32.49	0.25	2.66	0.08	100.00
全省合计	29.71	28.46	37.21	0.43	4.12	0.06	100.00

山西省盆地较多，耕地面积所占比例相对较大，如大同、朔州、长治、运城，分别地处大同盆地、长治盆地、运城盆地，耕地所占比例分别为 42.66%、51.32%、40.47%、59.90%。其余各市由于沟壑、丘陵山地较多，耕地不占绝对优势，基本与草地或林地相当。人工表面主要分布在低平的沟谷或盆地内。湿地、其他类型土地覆被分布极少（表 9-4）。

9.4.2　山西省不同类型土地覆被特征

山西省南北横跨 6 个纬度，水热条件分布、地貌类型的显著差异决定了土地覆被具有明显不同的空间格局（图 9-4）。

（1）林地

2010 年山西省有林地 46 584.814km^2，占全省土地面积的 29.71%，是山西省主要土地覆被类型之一。林地主要分布在吕梁山、王屋山、五台山、中条山及黄土高原台地和沟壑坡地上。全省各市中，林地面积占全省林地面积的比例以吕梁市最高，为 14.08%，其次是临汾市，为 13.85%，忻州、晋中也均超过 10%；比例最小的是阳泉市，占 3.41%。

林地中以落叶阔叶灌丛为主，占总林地面积的 46.25%，主要分布在沟壑的坡地上。其次是落叶阔叶林，占 40.04%，主要分布在海拔较高的山脉及黄土高原台地上。常绿针叶林占 12.07%，主要分布在各个山脉的阴坡。其他类型林地所占比例都很小。

（2）草地

2010 年山西省有草地 44 625.251km^2，占全省土地面积的 28.46%，是山西省主要的土地覆被类型之一。草地主要分布在黄土高原的梁、峁、沟谷等地形部位。全省各市中，忻州市草地所占比例最大，占全省草地面积的24.09%；其次是吕梁市，占15.86%，临汾占13.30%，晋中占11.79%；运城市比例最小，占3.34%。山西省草地与林地类型分布有明显的一致性。

草地中草丛占绝对优势，比例为79.11%，主要分布在东西两侧的太行山和吕梁山低矮沟壑地区。温性草原次之，比例为20.26%，主要分布在忻州、朔州、大同和吕梁四市。温性草甸占0.45%，主要分布在忻州市和长治市。草本绿地主要是各地市在城市中的绿化草地。

(3) 耕地

山西省地处黄土高原，旱地是其唯一的耕地类型。2010年山西省有耕地58 340.960km^2，占全省土地面积的37.21%。耕地广泛分布在沟谷盆地、坡度小于25°的坡地及黄土高原塬上。全省各市中，地处运城盆地毗邻关中平原的运城市耕地所占比例最大，占全省耕地面积的14.66%；临汾市次之，占13.30%；忻州、吕梁和大同市的耕地面积占全省的比例均在10%以上；阳泉市比例最小，仅占1.45%。

(4) 湿地

2010年山西省有湿地673.612km^2，占全省土地面积的0.43%。湿地主要分布在黄河及其支流水系。全省各市中，运城湿地所占比例最大，占全省湿地面积的38.84%；其次是长治市，占11.16%；阳泉市比例最小，仅占0.16%。

湿地中河流占湿地面积的比例最大，为49.23%，主要分布在黄河及其支流水系。其次是水库/坑塘，占31.62%，主要分布在长治、运城。草本湿地占11.10%，主要分布在长治、运城和大同三市。湖泊及运河/水渠面积较小，所占比例均不超过5%。

(5) 人工表面

2010年山西省有人工表面6459.573km^2，占全省土地面积的4.12%。人工表面主要分布在盆地区及塬上，由于其地势低平，利于建筑。全省各市中，运城市人工表面所占比例最大，占全省人工表面面积的13.77%；其次是长治市，占12.51%，晋中市占12.32%；比例最小的是阳泉市，仅占5.13%。

人工表面以建设用地为主，所占比例达91.55%；其次是采矿场面积，占4.76%，由于山西煤矿较多，因此采矿场在各个市均有分布，其中以大同为最多。交通用地占3.68%，由于多为线形分布，中尺度遥感监测很难全面反映交通用地现状，仅在中分辨率能识别的情况下其面积远小于实际现状。

(6) 其他类型土地覆被

其他类型土地覆被仅有裸土和裸岩两种类型，其中裸土占98.03%。2010年山西省有裸岩裸土覆被99.976km^2，仅占全省土地面积的0.06%，是山西省最少的土地覆被类型。裸岩裸土覆被主要分布在裸露山地上。全省各市中，大同裸土裸岩所占比例最大，占全省裸岩裸土面积的27.33%；其次是运城市，占25.90%；阳泉市分布最少，仅占0.08%。

9.5 内蒙古自治区土地覆被特征

内蒙古自治区位于中国北部边疆，由东北向西南斜伸，呈狭长形，东西直线距离为

2400km，南北跨度为 1700km，横跨东北、华北、西北三大区。全自治区地势较高，平均海拔高度为 1000m 左右，基本上是一个高原型的地貌区。在世界自然区划中，属于著名的亚洲中部蒙古高原的东南部及其周沿地带，统称内蒙古高原，是中国四大高原中的第二大高原。内蒙古自治区所处纬度较高，高原面积大，距离海洋较远，边沿有山脉阻隔，气候以温带大陆性季风气候为主。有降水量少而不匀、风大、寒暑变化剧烈的特点。大兴安岭北段地区属于寒温带大陆性季风气候，巴彦浩特—海勃湾—巴彦高勒以西地区属于温带大陆性气候。全年太阳辐射量从东北向西南递增，降水量由东北向西南递减。年平均气温为 0～8℃，气温年差平均为 34～36℃。年总降水量为 50～450mm，东北降水多，向西部递减。内蒙古自治区植被类型丰富多样，由东向西分别为森林草原带、草原荒漠带、荒漠带。内蒙古自治区共设呼和浩特市、包头市、乌海市、赤峰市、通辽市、鄂尔多斯市、呼伦贝尔市、巴彦淖尔市、乌兰察布市 9 个地级市，兴安盟、锡林郭勒盟、阿拉善盟 3 个盟（内蒙古自治区人民政府，2016）。

9.5.1 内蒙古自治区土地覆被总体特征

内蒙古自治区地形狭长，海拔较高，呈带状分布，从东向西由湿润、半湿润区逐步地过渡到半干旱、干旱区。土地覆被以草地为主，占全区土地面积比例为 46.02%，其次是其他类型土地覆被，占土地面积的比例 20.88%，林地达 17.54%，垦殖率为 10.24%，湿地为 4.14%，人工表面为 1.19%（图 9-5，表 9-5）。

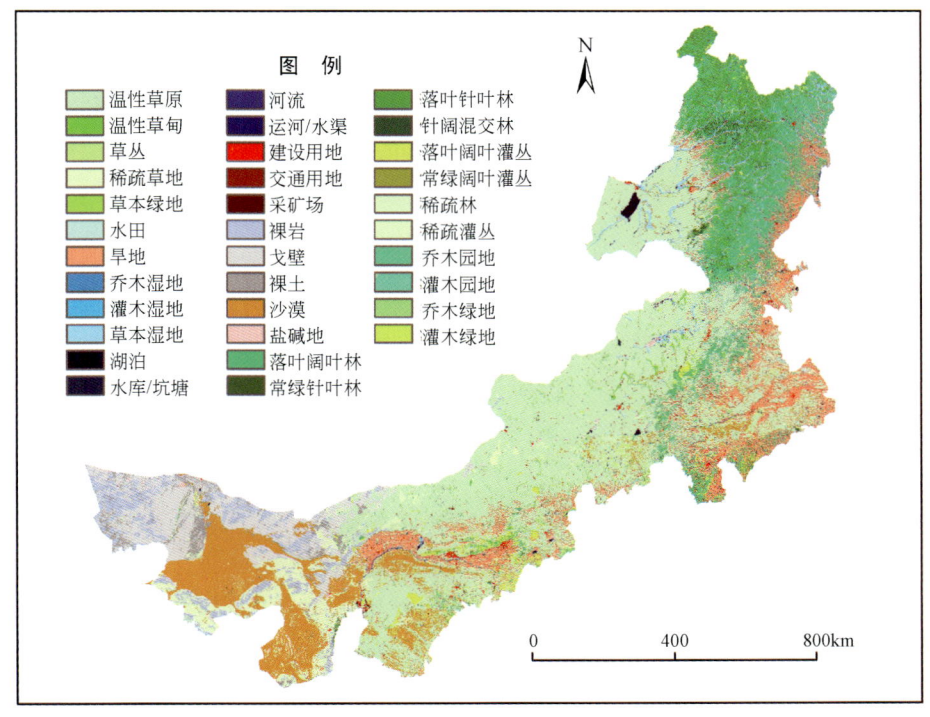

图 9-5　2010 年内蒙古自治区土地覆被现状图

表 9-5　2010 年内蒙古自治区土地覆被结构　　　　（单位:%）

市（盟）	林地	草地	耕地	湿地	人工表面	其他	总计
呼和浩特市	29.39	32.93	32.99	0.68	3.73	0.28	100.00
包头市	6.29	76.45	13.40	0.54	2.52	0.80	100.00
乌海市	11.02	51.31	8.64	2.46	20.81	5.76	100.00
赤峰市	21.78	46.20	23.14	1.98	2.47	4.43	100.00
通辽市	10.84	42.37	38.06	1.43	3.13	4.18	100.00
鄂尔多斯市	8.85	63.07	5.80	0.62	1.25	20.41	100.00
呼伦贝尔市	49.09	26.64	9.19	13.64	0.97	0.47	100.00
巴彦淖尔市	6.67	54.76	14.06	1.45	1.13	21.92	100.00
乌兰察布市	10.91	70.09	15.56	0.60	1.13	1.71	100.00
兴安盟	21.71	39.75	28.42	6.39	2.25	1.48	100.00
锡林郭勒盟	4.93	88.50	1.55	2.26	0.68	2.08	100.00
阿拉善盟	2.02	16.65	0.25	0.11	0.18	80.79	100.00
全自治区合计	17.54	46.02	10.24	4.14	1.19	20.88	100.00

不同市（盟）区域的土地覆被与所处的气候带及地貌相关较大。内蒙古东北部降水较多，气温较低，且多山地丘陵，呼伦贝尔市、兴安盟、赤峰市森林覆盖率高，其中呼伦贝尔市林地占土地面积的比例达 61.74%；而处于内蒙古西部干旱地区的阿拉善盟仅占 2.41%，其中稀疏灌丛占绝大多数。处于内蒙古东部高原地区及内蒙古中部的半湿润半干旱、干旱半干旱地区，草地是主要的土地覆被类型，主要有呼和浩特、包头、鄂尔多斯、赤峰、通辽、乌兰察布、锡林郭勒等市（盟）。其他类型土地覆被主要分布在内蒙古西部干旱半干旱、干旱区的阿拉善盟。另外一些处于农牧交错带的市（盟），如呼伦贝尔、赤峰、通辽、兴安盟等，耕地亦占一定比例（表 9-5）。

9.5.2　内蒙古自治区不同类型土地覆被特征

内蒙古自治区地域狭长、纬度较高，降水量由东向西减少，热量由东向西增加和海拔高度不同而带来的水热条件变化等气候和地貌条件的显著差异决定了土地覆被具有东西明显不同的空间格局（图 9-5）。

(1) 林地

2010 年内蒙古自治区有林地 200 976.564km^2，占全自治区土地面积的 17.54%。林地集中分布在阴山和大兴安岭山区，干旱半干旱区分散分布有稀疏林。全自治区各市（盟）中，林地面积占全自治区林地面积的比例以呼伦贝尔市最高为 61.74%，其次是赤峰市，为 9.41%；比例最小的是乌海市，仅占 0.09%。

林地以落叶阔叶林为主，占总林地面积的 54.61%，主要分布在大兴安岭山区阳坡。其次是落叶针叶林，占 24.03%，主要分布在大兴安岭山区阴坡。落叶阔叶灌丛占

12.60%，主要分布在大兴安岭边缘低山地区、阴山山区周边。稀疏林和稀疏灌丛合计占5.74%，主要分布在内蒙古东部林地草原过渡带和阿拉善高原。其他类型林地所占比例都很小。

（2）草地

2010年内蒙古自治区有草地527 307.422km^2，占全自治区土地面积的46.02%。草地主要分布在除大兴安岭山区及阿拉善高原的其他地区。全自治区各市（盟）中，锡林郭勒盟草地所占比例最大，占全自治区草地面积的33.55%；其次是呼伦贝尔市，占12.77%；乌海市比例最小，仅占0.16%。

草地中温性草原占草地面积的比例最大，为88.65%，广泛分布在除大兴安岭山区及阿拉善荒漠的其他地区。其次是稀疏草地，占8.76%，主要分布在降水稀少的干旱地区，沙漠边缘地带。温性草甸占1.96%，主要分布在大兴安岭山区的高山地区。其他类型草地所占比例很小。

（3）耕地

2010年内蒙古自治区有耕地117 283.978km^2，占全自治区土地面积的10.24%。耕地主要分布在黄河流域沿河及农牧交错带地区。全自治区各市（盟）中，呼伦贝尔市草原开垦面积巨大，耕地所占比例最大，占全区耕地面积的19.81%；通辽市中部为西辽河冲积平原，土壤肥沃，耕地所占比例相对较大，占全区耕地面积的19.11%；赤峰市和兴安盟的耕地面积占全自治区的比例均在10%以上；乌海市比例最小，仅占0.12%。

耕地中旱地占耕地面积的比例为99.25%；耕地中水田仅占0.75%，主要分布在兴安盟和通辽市西部靠近松嫩平原地区。

（4）湿地

2010年内蒙古自治区有湿地47 465.444km^2，占全自治区土地面积的4.14%。湿地主要是分布在呼伦贝尔及锡林郭勒的沼泽湖泊。全自治区各市（盟）中，呼伦贝尔湿地占比例最大，占全自治区湿地面积的72.64%；其次是锡林郭勒盟，占9.53%；乌海市比例最小，占0.09%。

湿地中草本湿地占湿地面积的比例最大，为81.26%，主要分布在呼伦贝尔和锡林郭勒。其次是湖泊，占8.54%，主要是呼伦湖以及各个草原的大小泡子。河流占6.65%，主要分布在黄河流经内蒙古河段、流入呼伦湖的河流及流经赤峰的老哈河、西辽河等。灌木湿地占2.08%，主要分布在大兴安岭山区。其他类型湿地分布较少。

（5）人工表面

2010年内蒙古自治区有人工表面13 588.999km^2，占全自治区土地面积的1.19%。内蒙古自治区大部分土地为牧区，因此人工表面分布稀疏，主要分布在农牧交错带。全自治区各市（盟）中，呼伦贝尔市人工表面所占比例最大，占全自治区人工表面面积的18.13%；其次是赤峰市，占15.79%，通辽市占13.55%；比例最小的是乌海市仅占2.54%。

人工表面以建设用地为主，所占比例达66.92%；其次是交通用地，占23.43%；采矿场占9.66%，主要是因为内蒙古矿产资源丰富，采矿业发达，主要分布在呼伦贝尔市、锡林郭勒盟、阿拉善盟、鄂尔多斯市。

（6）其他类型土地覆被

2010 年内蒙古自治区有其他类型土地覆被 239 242.000km^2，占全自治区土地面积的 20.88%，是内蒙古自治区最主要的土地覆被类型之一。其他类型土地覆被主要分布在内蒙古西部降水稀少的地区。全自治区各市（盟）中，最西端阿拉善盟的其他类型土地覆被所占比例最大，占全自治区其他类型土地覆被面积的 80.86%；其次是地处库布其沙漠的鄂尔多斯市，占 7.41%；呼和浩特市其他类型土地覆被分布最少，仅占 0.02%。

其他类型土地覆被中沙漠/沙地所占比例最大，为 43.28%，主要是巴丹吉林沙漠、腾格里沙漠、乌兰布和沙漠、库布齐沙漠、毛乌素沙地、浑善达克沙地等；其次是戈壁，占 29.80%，主要分布在内蒙古西部；裸岩占 15.94%，裸土占 8.67%，与戈壁分布地区相近。盐碱地占 2.49%，主要分布在内蒙古中东部草原区域的湖泊泡子周围。

9.6 辽宁省土地覆被特征

辽宁省位于我国东北地区南部，南临黄海、渤海，东与朝鲜一江之隔。省内地势北高南低，地貌划分为三大区，山地丘陵分列东西，向中部平原倾斜。地处中纬度地区，属于温带大陆性季风气候区，境内雨热同季，日照丰富，积温较高，冬长夏暖，春秋季短，四季分明。雨量不均，东湿西干。全年平均气温为 7~11℃，年降水量为 600~1100mm。东部山地丘陵区年降水量在 1100mm 以上；西部山地丘陵区与内蒙古高原相连，年降水量为 400mm 左右，是全省降水最少的地区；中部平原降水量比较适中，年平均降水量为 600mm 左右。辽宁植被丰富，分为 3 个植被带，温带针阔叶混交林带、暖温带落叶阔叶林带、温带森林草原带。辽宁共设沈阳、大连、营口、鞍山、抚顺、本溪、丹东、锦州、阜新、辽阳、铁岭、朝阳、盘锦、葫芦岛 14 个省辖市（辽宁省人民政府，2007）。

9.6.1 辽宁省土地覆被总体特征

辽宁省山地丘陵分立东西两侧，林地资源丰富，中间平原，农业发达，土地覆被也以耕地为主，其次是林地，两者占土地面积的比例达 86.81%，人工表面为 7.81%，湿地为 3.93%，草地为 1.31%，其他类型仅 0.14%（图 9-6，表 9-6）。

不同区域的土地覆被与其地形关系密切，沈阳、锦州、阜新、盘锦四市绝大部分位于中部平原地区，耕地是主要的土地覆被类型，所占比例分别为 72.90%、65.11%、67.65% 和 57.52%；而大连、鞍山、营口、辽阳、铁岭、朝阳、葫芦岛是兼有平原和山区丘陵地形，因此主要的土地覆被类型为耕地和林地，两种覆被类型所占总面积比例高达 80% 以上；抚顺、本溪、丹东位于长白山区，林地是主要的土地覆被类型。盘锦、营口、大连属于沿海城市，湿地所占比例相对较多（表 9-6）。

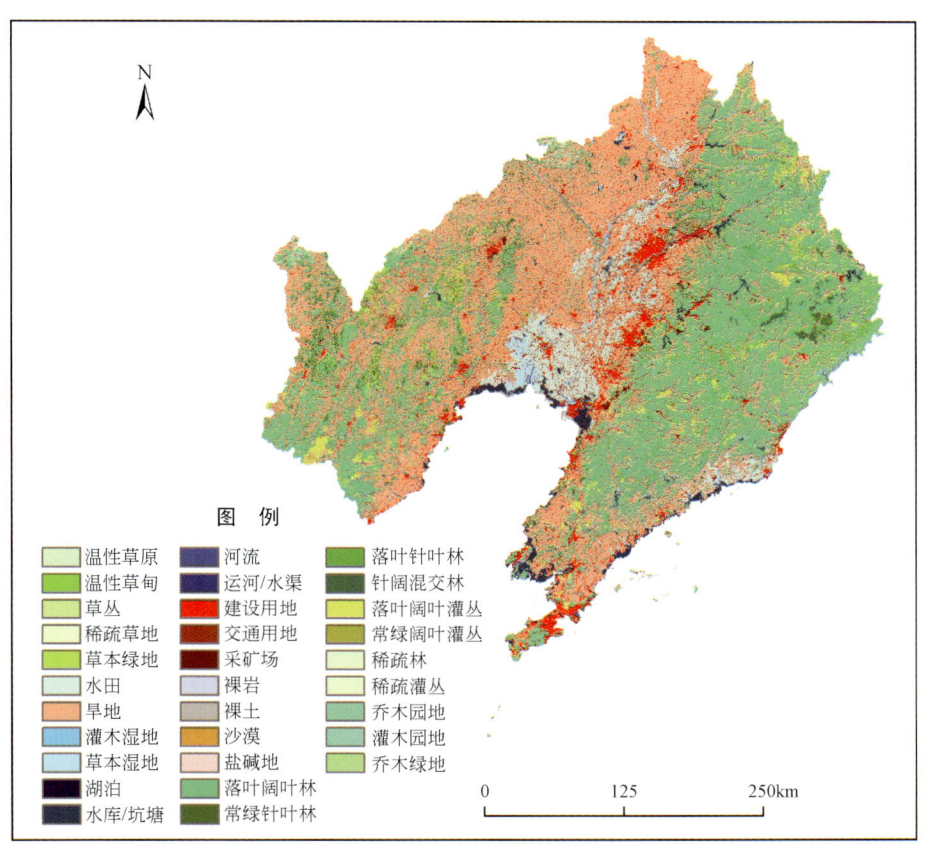

图 9-6 2010 年辽宁省土地覆被现状图

表 9-6 2010 年辽宁省土地覆被结构 （单位：%）

市	林地	草地	耕地	湿地	人工表面	其他	总计
沈阳市	6.06	0.37	72.90	5.21	15.28	0.18	100.00
大连市	33.77	0.92	45.53	7.28	12.21	0.29	100.00
鞍山市	46.80	2.59	37.49	1.98	10.98	0.17	100.00
抚顺市	74.16	0.62	20.12	1.84	3.18	0.08	100.00
本溪市	80.21	0.88	12.84	2.89	3.13	0.05	100.00
丹东市	68.85	0.67	23.15	4.31	2.95	0.07	100.00
锦州市	21.67	0.45	65.11	3.84	8.81	0.12	100.00
营口市	43.56	3.56	32.21	7.29	13.24	0.13	100.00
阜新市	22.44	1.92	67.65	1.44	6.47	0.07	100.00
辽阳市	37.95	1.59	42.95	3.57	13.88	0.07	100.00
盘锦市	0.11	0.11	57.52	28.31	13.75	0.21	100.00
铁岭市	34.85	0.49	54.30	2.71	7.59	0.06	100.00

续表

市	林地	草地	耕地	湿地	人工表面	其他	总计
朝阳市	47.37	3.25	44.10	1.25	3.86	0.17	100.00
葫芦岛市	44.62	0.57	46.22	1.85	6.48	0.25	100.00
全省合计	42.23	1.31	44.58	3.93	7.81	0.14	100.00

9.6.2 辽宁省不同类型土地覆被特征

辽宁省降水量由东向西减少、热量的由南向北减少以及由海拔高度不同而带来的水热条件变化等气候和地貌条件的显著差异，决定了土地覆被具有东西与南北明显不同的空间格局（图9-6）。

（1）林地

2010年辽宁省有林地61 678.598km^2，占全省土地面积的42.23%。林地集中分布在辽宁东西两侧的丘陵山区。全省各市中，林地面积占全省林地面积的比例丹东市最高，为16.38%，其次是朝阳市，为15.13%，抚顺市是13.55%；比例最小的是盘锦市，仅占0.01%。

林地以落叶阔叶林为主，占总林地面积的80.19%，主要分布在西部长白山脉及西部努鲁儿虎山、松岭、黑山、医巫闾山山区。其次是落叶阔叶灌丛，占9.16%，主要分布在辽宁东西两侧丘陵低山区。常绿针叶林占6.35%，落叶针叶林占3.01%，主要分布在东西两侧海拔较高阴坡。其他类型林地所占比例都很小。

（2）草地

2010年辽宁省有草地1920.219km^2，占全省土地面积的1.31%。草地主要分布在辽宁西部边缘靠近内蒙古高原的部分区域。全省各市中，朝阳市草地所占比例最大，占全省草地面积的33.36%；其次是鞍山市，占12.47%；盘锦市比例最小，仅占0.20%。

草地中草丛占草地面积的比例最大，为64.40%，主要分布在辽宁东西两侧丘陵低山地区。其次是温性草原，占27.78%，主要分布在朝阳市和阜新市。温性草甸占3.12%，主要分布在沈阳市和锦州市。草本绿地主要是城市中的绿化草地。

（3）耕地

2010年辽宁省有耕地65 110.677km^2，占全省土地面积的44.58%。耕地广泛分布在除东西两侧丘陵海拔较高的地区年的广大地区，在辽河平原分布比较集中。全省各市中，地处辽河平原中部的沈阳市耕地所占比例最大，占全省耕地面积的14.41%；朝阳市、铁岭市和阜新市的耕地面积占全省的比例均在10%以上；本溪市比例最小，仅占1.66%。

耕地中旱地占耕地面积的比例为88.82%；耕地中水田仅占11.18%，主要分布在辽河沿岸及盘锦、营口、丹东、大连靠海附近。

（4）湿地

2010年辽宁省有湿地5742.462km^2，占全省土地面积的3.93%。湿地主要分布在沿海的盘锦市和大连市。全省各市中,盘锦湿地所占比例最大,占全省湿地面积的17.30%;其次是大连市,占16.41%;阜新市比例最小,仅占2.60%。

湿地中水库/坑塘占湿地面积的比例最大,为41.76%,主要分布在沿海的大连、锦州、盘锦、营口。其次是草本湿地,占33.82%,主要分布在盘锦、锦州、沈阳。河流占22.66%,辽宁大小水系众多,分布广泛。湖泊主要分布在辽宁丘陵大连境内。

(5) 人工表面

2010年辽宁省有人工表面11 402.169km^2,占全省土地面积的7.81%。人工表面呈连续状分布在辽宁中部,形成辽宁中部城市群,大连市亦有大片分布。全省各市中,沈阳市人工表面所占比例最大,占全省人工表面面积的17.24%;其次是大连市,占13.86%,鞍山市占8.92%;比例最小的是本溪市,仅占2.31%。人工表面面积最多的地区都在辽河平原,是东北地区经济发展的重要地域和辽宁省的经济核心地带,是东北亚地区少有的都市密集区。

人工表面以建设用地为主,所占比例达90.69%;其次是交通用地,占5.35%,广泛分布在全省各个市区;采矿场面积占3.96%,主要分布在朝阳、鞍山等矿业城市。

(6) 其他类型土地覆被

2010年辽宁省有其他类型土地覆被202.940km^2,占全省土地面积的0.14%。其他类型土地覆被主要分布在沿海城市及辽北与内蒙古接界处。全省各市中,大连所占比例最大,占全省其他类型面积的18.64%;其次是朝阳市,占16.44%;辽阳市其他类型分布最少,仅占0.05%。

其他类型土地覆被中裸土所占比例最大,为54.87%,主要分布在沿海的大连、葫芦岛、抚顺;其次是沙地,占27.72%,主要分布在沈阳靠近通辽地区。盐碱地占12.15%,主要分布在朝阳市。

9.7 吉林省土地覆被特征

吉林省位于中国东北地区的中部,地势由东南向西北倾斜,呈现明显的东南高、西北低的特征。以中部大黑山为界,可分为东部山地和中西部平原两大地貌区。东部山地分为长白山中山低山区和低山丘陵区,中西部平原分为中部台地平原区和西部草甸、湖泊、湿地、沙地区。吉林省位于中纬度欧亚大陆的东侧,属于温带大陆性季风气候,四季分明,雨热同季。从东南向西北由湿润气候过渡到半湿润气候再到半干旱气候。全省气温、降水、湿度、风以及气象灾害等都有明显的季节变化和地域差异。冬季平均气温在-11℃以下。夏季平原平均气温在23℃以上。年平均降水量为400~600mm,但季节和区域差异较大,80%集中在夏季,以东部降雨量最为丰沛。吉林省大部属于中国东部季风区,仅西北镇赉、白城、洮安、双辽一隅属中国西北干旱区内蒙古温带草原地区的科尔沁草原区。前者东部属东北东部山地针阔叶混交林区,西部属东北平原森林草原、草甸草原区。吉林省辖长春市1个副省级城市,吉林市、四平、通化、白山、辽源、白城、松原7个地级市和延边朝鲜族自治州(以下简称"延边州")(吉林省人民政府,2015)。

9.7.1 吉林省土地覆被总体特征

吉林省可分为东部山地和中西部平原两大地貌区，土地覆被以林地为主，其次是耕地，两者占土地面积的比例高达87.49%，其他类型土地覆被均不足5%（图9-7，表9-7）。

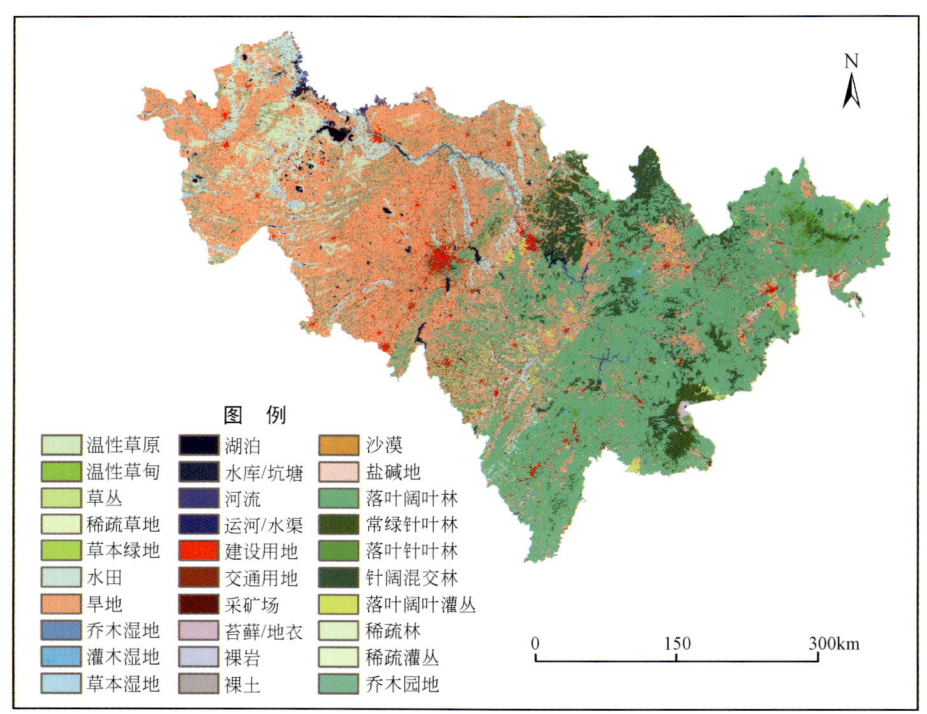

图9-7 2010年吉林省土地覆被现状图

表9-7 2010年吉林省土地覆被结构 （单位:%）

市（州）	林地	草地	耕地	湿地	人工表面	其他	总计
长春市	12.03	0.51	72.59	4.11	10.56	0.21	100.00
吉林市	56.79	0.12	37.74	3.04	2.29	0.01	100.00
四平市	12.76	0.90	75.32	2.25	8.46	0.32	100.00
辽源市	36.41	0.01	55.41	2.14	6.03	0.00	100.00
通化市	66.65	0.09	28.69	2.45	2.10	0.02	100.00
白山市	86.19	0.35	9.25	1.52	1.41	1.28	100.00
松原市	5.97	7.90	69.91	8.39	5.08	2.75	100.00
白城市	4.57	17.76	60.69	8.87	3.57	4.54	100.00
延边州	83.08	0.37	13.44	1.33	1.67	0.11	100.00
全省合计	44.86	3.54	42.63	3.88	3.99	1.11	100.00

吉林省中西部的平原区（长春、四平、辽源、松原、白城），耕地是主要的土地覆被类型，所占比例均超过50%，其中四平市最高，达75.32%，而西部山区相对较少，其中以白山市为最低，仅为9.25%。而林地分布与耕地恰好相反，主要分布在西部山区（延边州、白山、吉林、通化），所占比例均超过55%，其中白山市更是高达86.19%。人工表面是长春市所占比例最高，其他类型土地覆被是位于最西部的白城市最高（表9-7）。

9.7.2 吉林省不同类型土地覆被特征

吉林省降水量和地势均由东南向西北降低，这种显著差异决定了土地覆被具有东南与西北明显不同的空间格局（图9-7）。

(1) 林地

2010年吉林省有林地85 676.049 km^2，占全省土地面积的44.86%，是吉林省最主要的土地覆被类型。林地集中分布在吉林东部长白山山区及中东部，呈斑块状分布。全省各市（州）中，林地面积占全省林地面积的比例延边州最高，为41.94%，其次是白山市，为17.52%；比例最小的是白城市，仅占1.37%。

林地以落叶阔叶林为主，占总林地面积的79.27%，主要分布在长白山山区及中东部。其次是针阔混交林，占11.40%，主要分布在延边州的张广才岭及吉林市的老爷岭。常绿针叶林占4.67%，主要分布在延边州南部及白山市东部长白山山区的高山地区和吉林市西北部。落叶针叶林占2.75%，主要分布在延边州东北部高岭和老松岭附近，通化、长春、白山亦有少量分布。落叶阔叶灌丛占1.84%，主要分布在辽源、延边州、吉林市。其他类型林地分布较少。

(2) 草地

2010年吉林省有草地6751.195 km^2，占全省土地面积的3.54%。草地主要分布在吉林西部平原区，其中白城草地所占比例最大，占全省草地面积的67.78%；其次是松原市，占24.76%。

草地中温性草原占草地面积的比例最大，为93.62%，主要分布在白城和松原两市。其次是草丛，占5.76%，主要分布延边州北部。温性草甸仅占0.48%，主要分布在吉林西部水量丰富的地方。稀疏草地占0.13%，分布在白城市，草本绿地主要是在城市中的绿化草地。

(3) 耕地

2010年吉林省有耕地81 406.403 km^2，占全省土地面积的42.63%，是吉林省两种主要土地覆被类型之一。耕地广泛分布吉林中西部的松辽平原地区。全省各市（州）中，白城市耕地所占比例最大，占全省耕地面积的19.21%；其次是长春市，占18.33%，松原市18.18%，四平市和吉林市的耕地面积占全省的比例均在10%以上；白山市比例最小，仅占1.98%。

耕地中旱地占耕地面积的比例为89.25%；水田占10.75%，主要分布在松花江中下游水系及嫩江上游水系的沿岸易灌溉地区。

（4）湿地

2010年吉林省有湿地7405.692km²，占全省土地面积的3.88%，略高于草地。湿地主要分布在松花江河流沿岸。全省各市（州）中，白城市湿地占比例最大，占全省湿地面积的30.84%；其次是松原市，占23.99%；辽源市比例最小，仅占1.49%。

湿地中草本湿地占湿地面积的比例最大，为40.01%，主要分布在松花江河流和嫩江上游沿岸。其次是河流占23.75%，主要是松花江的大小支流。水库/坑塘占18.37%，主要分布在长春、白城、吉林市。湖泊占13.59%，主要分布在分布在白城和松原的大小泡子。灌木湿地占3.62%，主要分布在延边州。

（5）人工表面

2010年吉林省有人工表面7623.681km²，占全省土地面积的3.88%，略大于湿地面积。人工表面主要分布在除自然条件不适宜人居住的高山高寒区外的交通、河流沿线及农业区。全省各市（州）中，长春市人工表面所占比例最大，占全省人工表面面积的28.47%；其次是四平市，占16.00%，松原市占14.11%；比例最小的是白山市，仅占3.23%。

人工表面以建设用地为主，所占比例达90.09%；其次是交通用地，占9.41%，呈线形分布在全省各市（州）中；采矿场占0.51%，除辽源市、松原市和通化市分布较少以外，其他各市（州）分布相差不大。

（6）其他类型土地覆被

2010年吉林省有其他类型土地覆被2114.171km²，占全省土地面积的1.11%。其他类型土地覆被主要分布在白城和松原草地周围及湖泊泡子周边。全省各市（州）中，白城市所占比例最大，占全省其他类型土地覆被面积的55.27%；其次是松原市，占27.54%；辽源市几乎没有分布。

其他类型土地覆被中盐碱地所占比例最大，为80.16%。其次是苔藓/地衣，占11.64%，仅分布在白山市和延边州的林地地区。沙地占7.12%，主要分布在白城市和松原市。

9.8 黑龙江省土地覆被特征

黑龙江省位于中国东北部，是中国位置最北、纬度最高的省份。黑龙江省地势大致是西北部、北部和东南部高，东北部、西南部低，主要由山地、台地、平原和水面构成。西北部为东北—西南走向的大兴安岭山地，北部为西北—东南走向的小兴安岭山地，东南部为东北—西南走向的张广才岭、老爷岭、完达山脉，东北部的三江平原、西部的松嫩平原，是中国最大的东北平原的一部分。黑龙江省属中温带，寒温带大陆性季风气候。四季分明，夏季雨热同季，冬季漫长。全省年平均气温为-4~5℃，全省年平均降水量为400~650mm。中部山区最多，东部次之，西部和北部最少。5~9月生长季降水量可占全年总量的80%~90%。全省湿润系数为0.7~1.3，西南部地区低于0.7，属半干旱地区。黑龙江省土地条件居全国之首，土壤有机质含量高于全国其他省份，黑土、黑钙土和草甸土等占耕地的60%以上，是世界著名的三大黑土带之一。黑龙江省下辖13个市（地区），分别是哈尔滨、大庆、齐齐哈尔、牡丹江、佳木斯、鸡西、双鸭山、鹤岗、绥化、七台河、伊春、黑河和大兴安岭地区（黑龙江省人民政府，2012）。

9.8.1 黑龙江省土地覆被总体特征

黑龙江省属中温带，寒温带大陆性季风气候，且地貌多以山地、平原为主，水资源丰富，因此土地覆被也以林地为主，其次是耕地，两者占土地面积的比例高达85.33%，湿地也高达10.58%，人工表面为2.62%，草地为1.30%，其他类型仅为0.17%（图9-8，表9-8）。

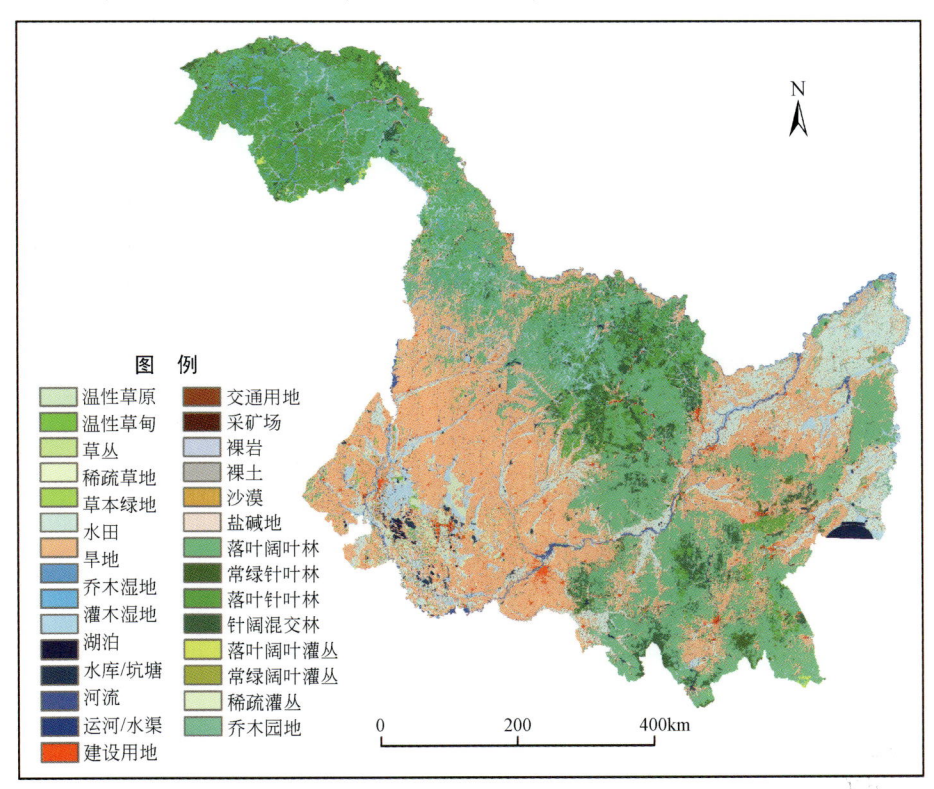

图 9-8　2010 年黑龙江省土地覆被现状图

表 9-8　2010 年黑龙江省土地覆被结构　　　　　　　　（单位:%）

市（地区）	林地	草地	耕地	湿地	人工表面	其他	总计
哈尔滨市	41.70	0.07	50.42	3.95	3.83	0.02	100.00
齐齐哈尔市	3.18	1.93	77.85	12.02	4.83	0.20	100.00
鸡西市	31.41	0.21	49.95	15.62	2.80	0.00	100.00
鹤岗市	40.19	0.26	46.71	10.23	2.59	0.01	100.00
双鸭山市	35.60	0.08	54.63	7.37	2.33	0.00	100.00
大庆市	4.33	12.60	51.44	23.80	4.98	2.86	100.00

续表

市（地区）	林地	草地	耕地	湿地	人工表面	其他	总计
伊春市	84.80	0.31	8.85	4.70	1.34	0.00	100.00
佳木斯市	13.79	0.03	71.22	12.38	2.58	0.01	100.00
七台河市	41.70	0.08	51.77	1.99	4.46	0.00	100.00
牡丹江市	70.47	0.10	25.40	2.24	1.78	0.00	100.00
黑河市	51.89	0.15	32.25	14.34	1.35	0.02	100.00
绥化市	15.65	4.45	65.99	9.61	4.18	0.13	100.00
大兴安岭地区	82.06	0.71	1.56	14.75	0.91	0.01	100.00
全省合计	44.36	1.30	40.97	10.58	2.62	0.17	100.00

大兴安岭地区、牡丹江市、伊春市、黑河市四市（地区）几乎都处于山区，因此林地面积均超过50%，其中伊春市和大兴安岭地区更是高达80%以上，分别为82.06%和84.80%，而地处松嫩平原的齐齐哈尔市林地面积最小，所占比例为3.18%，但是其耕地所占比例则是最高的，为77.85%。另外耕地面积所占比例超过其市域面积50%的还有地处松嫩平原的哈尔滨市、绥化市、大庆市和地处三江平原的佳木斯市、双鸭山市。黑龙江省河流纵横、湖泊众多，是全国湿地资源分布面积最大的省份之一，所占比例超过市域面积10%的有大庆市、大兴安岭地区、鸡西市、佳木斯市齐、齐齐哈尔市、黑河市和鹤岗市（表9-8）。

9.8.2 黑龙江省不同类型土地覆被特征

黑龙江省东西、南北跨越空间大，地域差异带来的气候差异，加之地貌条件的差异决定了土地覆被具有不同的空间格局（图9-8）。

（1）林地

2010年黑龙江省有林地200 745.767km²，占全省土地面积的44.36%，是黑龙江省主要的土地覆被类型。林地集中分布在大兴安岭地区的大兴安岭、黑河市和伊春市的小兴安岭、牡丹江市的张广才岭、老爷岭、太平岭山区和位于鸡西市、双鸭江市的完达山山区。全省各市（地区）中，林地面积占全省林地面积的比例大兴安岭地区最高，为26.48%，其次是黑河市，为17.29%；比例最小的是大庆市，仅占0.46%。

林地以落叶阔叶林为主，占总林地面积的64.15%，主要分布在各山地丘陵的低山地区及山地平原过渡带。其次是落叶针叶林，占23.37%，主要分布在大小兴安岭、张广才岭山区的高山地区。针阔混交林占9.98%，主要分布在高山地区与低山区过渡带及阴阳坡转换地带。常绿针叶林占2.09%，主要分布在大小兴安岭等高山的背风坡。

（2）草地

2010年黑龙江省有草地5895.284km²，占全省土地面积的1.30%。草地主要分布在各山区丘陵低矮地带和平原靠近湿地附近。全省各市（地区）中，大庆市草地所占比例最大，占全省草地面积的45.26%；其次是绥化市，占26.34%；七台河市比例最小，仅占 0.09%。

草地中温性草原占草地面积的比例最大，为 76.78%，主要分布在松嫩平原的大庆市、小兴安岭的低山地区。其次是温性草甸，占 16.25%，主要分布在大小兴安岭和长白山脉山区的高山地区及黑龙江附近。草丛占 6.93%，主要分布在在各山区丘陵低矮地带。其他类型分布较少。

(3) 耕地

2010 年黑龙江省有耕地 185 390.946 km^2，占全省土地面积的 40.97%。耕地广泛分布在松嫩平原和三江平原。全省各市（地区）中，齐齐哈尔市耕地所占比例最大，占全省耕地面积的 17.74%；哈尔滨市、佳木斯市和绥化市的耕地面积占全省的比例均在 12% 以上；大兴安岭地区比例最小，仅占 0.55%。

耕地中旱地占耕地面积的比例为 80.54%；水田占 19.46%，主要分布在三大河流及其支流沿岸。

(4) 湿地

2010 年黑龙江省有湿地 47 900.309 km^2，占全省土地面积的 10.58%。湿地是主要分布在大小兴安岭、三江平原和松嫩平原的草本湿地、大小兴安岭的乔木湿地及灌木湿地以及黑龙江、松花江及嫩江等江河以众多的湖泊和泡沼。全省各市（地区）中，黑河市湿地占比例最大，占全省湿地面积的 20.02%；其次是大兴安岭地区，占 19.94%；七台河市比例最小，仅占 0.26%。

湿地中草本湿地占湿地面积的比例最大，为 67.96%，主要分布在大小兴安岭、三江平原和松嫩平原。其次是河流占 10.35%，主要是三大河流及其支流水系。灌木湿地占 9.08%，灌木湿地占 2.14%，主要分布在大小兴安岭。水库/坑塘占 5.03%，主要分布在东北平原，与耕地分布相似。湖泊占 4.80%，主要分布在大庆和鸡西市。

(5) 人工表面

2010 年黑龙江省有人工表面 11 841.078 km^2，占全省土地面积的 2.62%。人工表面主要分布在东北平原区。全省各市（地区）中，齐齐哈尔市人工表面所占比例最大，占全省人工表面面积的 17.22%；其次是哈尔滨市，占 17.16%，绥化市占 12.32%；比例最小的是七台河市，仅占 2.33%。

人工表面以建设用地为主，所占比例达 80.04%；其次是交通用地，占 17.10%，呈线状广泛分布在全省各市（地区）中。采矿场占 2.86%，主要分布在大兴安岭地区、黑河市、鸡西市。

(6) 其他类型土地覆被

2010 年黑龙江省有其他类型土地覆被 770.949 km^2，占全省土地面积的 0.17%。其他类型土地覆被主要分布在大庆市，占全省其他类型土地覆被面积的 78.46%；其次是齐齐哈尔市，占 10.74%。

不同类型土地覆被中盐碱地所占比例最大，为 81.87%，主要分布在大庆市的湖泊、泡沼周围；其次是沙漠/沙地，占 14.04%，零星分布在草原周围。裸土占 4.08%，除七台河市外均有少量分布，其中以哈尔滨市为最多。

9.9 上海市土地覆被特征

上海是中国最大的工商业城市和著名的国际都会，地处长江入海口，东向东海，南濒杭州湾，西与江苏、浙江两省相接。上海市是长江三角洲冲积平原的一部分，平均海拔高度为4m左右。西部有天马山、薛山、凤凰山等残丘，天马山为上海陆上最高点，海拔高度99.8m，立有石碑"佘山之巅"。海域上有大金山、小金山、浮山（乌龟山）、佘山岛、小洋山岛等岩岛。在上海北面的长江入海处，有崇明岛、长兴岛、横沙岛3个岛屿。崇明岛为中国第三大岛。上海属北亚热带季风性气候，春秋较短，冬夏较长，雨热同期，日照充分，雨量充沛，年平均气温为15.8℃，年降水量为1145.1mm。上海市境内天然植被残剩不多，绝大部分是人工栽培作物和林木。上海市下辖16区、1地级县，分别是：黄浦区、徐汇区、长宁区、静安区、普陀区、闸北区、虹口区、杨浦区、闵行区、宝山区、嘉定区、浦东新区、金山区、松江区、青浦区、奉贤区和崇明县（上海市人民政府，2010）。

9.9.1 上海市土地覆被总体特征

上海位于长江入海口，地势平坦，交通便利，自开埠以来一直是中国的经济金融中心，土地覆被受政治、经济等人为影响较大，土地利用的集约化程度较高。土地覆被以耕地为主，占土地面积的46.47%，其次是人工表面，占土地面积的34.54%，湿地占土地面积的10.25%，林地占8.31%，草地仅占0.43%（图9-9，表9-9）。

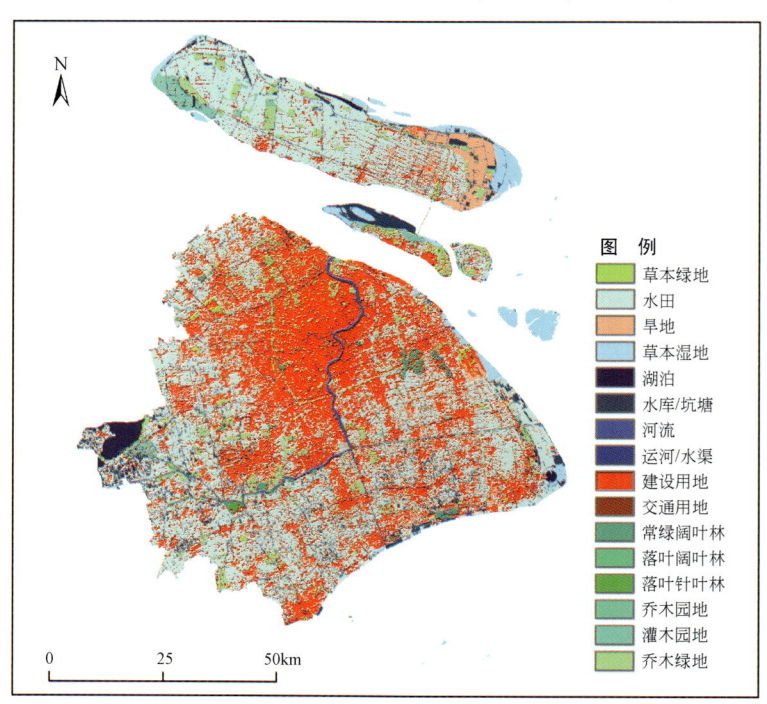

图9-9　2010年上海市土地覆被现状图

表 9-9 2010 年上海市土地覆被结构 （单位:%）

区（县）	林地	草地	耕地	湿地	人工表面	总计
黄浦区	3.49	0.00	0.00	15.81	80.70	100.00
徐汇区	7.71	0.00	0.20	6.00	86.10	100.00
长宁区	13.15	2.11	1.85	2.26	80.62	100.00
静安区	1.57	0.00	0.00	3.70	94.73	100.00
普陀区	13.48	0.02	0.21	1.77	84.52	100.00
闸北区	5.58	0.00	0.00	1.30	93.12	100.00
虹口区	3.84	0.00	0.00	3.33	92.83	100.00
杨浦区	10.08	2.04	0.36	10.05	77.47	100.00
闵行区	7.05	0.45	24.35	4.50	63.65	100.00
宝山区	13.84	0.78	15.37	3.51	66.50	100.00
嘉定区	4.74	1.37	46.35	2.48	45.06	100.00
浦东新区	5.09	0.49	41.28	7.85	45.30	100.00
金山区	4.30	0.36	58.91	5.74	30.68	100.00
松江区	10.48	0.49	44.39	7.58	37.06	100.00
青浦区	6.46	0.74	51.46	17.63	23.71	100.00
奉贤区	3.98	0.04	47.82	9.08	39.09	100.00
崇明县	12.63	0.14	59.32	15.94	11.97	100.00
全市总计	8.31	0.43	46.47	10.25	34.54	100.00

上海市的土地覆被中心城区（黄浦区、徐汇区、长宁区、静安区、普陀区、闸北区、虹口区、杨浦区）人工表面所占比重均超过75%，基本没有耕地；其次是靠近中心城区较近的闵行区和宝山区，人工表面的比重也超过了60%，其他郊县耕地的比重略大于人工表面。由于地处长江入海口，湿地占一定比重，其中黄浦区、杨浦区、青浦区及崇明县所占比重均超过其自身面积的10%（表9-9）。

9.9.2 上海市不同类型土地覆被特征

作为中国最发达的城市之一，上海市的土地覆被空间格局明显受经济行为和政府行为的双重影响（图9-9）。

(1) 林地

2010年上海市有林地661.189km^2，占全市土地面积的8.31%。林地主要分布在上海市郊区。全市各区（县）中，林地面积占全市林地面积的比例以崇明县最高，为45.11%，其次是浦东新区，占11.64%，松江区占9.59%。中心城区分布极少。

林地以乔木绿地为主，占总林地面积的74.69%，呈斑块状分布在各个区（县）公园的绿化区。其次是灌木园地，占17.80%，主要分布在崇明县西部。青浦区也有小片分布。

常绿阔叶林占6.40%，主要分布在浦东新区。其他类型分布较少。

(2) 草地

2010年上海市草地中只有草本绿地，草本绿地覆被面积仅33.822km²，占全市土地面积的0.43%。草地主要分布在上海市郊区。全市各区（县）中，浦东新区草地所占比例最大，占全市草地面积的21.75%；其次是嘉定区和青浦区，分别占18.66%和14.64%。

(3) 耕地

2010年上海市有耕地3695.297km²，占全市土地面积的46.47%，是上海市主要的土地覆被类型。由于上海地处冲积平原，土地肥沃，耕地在除中心城区以外的其他区（县）均大片分布。全市中，崇明县耕地所占比例最大，占全市耕地面积的37.90%；浦东新区、金山区、青浦区和奉贤区四区的耕地面积占全市的耕地比例的9%以上。

水田占耕地面积的比例为90.41%，广泛分布；旱地仅占9.59%，主要分布在崇明县和浦东新区靠近东海地区。

(4) 湿地

2010年上海市有湿地815.080km²，占全市土地面积的10.25%，是上海市比较重要的土地覆被类型。湿地主要分布在靠近东海沿海和长江流经地区，市内主要以线状和斑块状存在。全市中，崇明县所占湿地占比例最大，占全市湿地面积的46.17%；其次是浦东新区，占14.55%；青浦区占14.47%，静安区比例最小，仅占0.03%。

湿地中水库/坑塘占湿地面积的比例最大，为44.05%，主要分布在郊区的大小坑塘。其次是草本湿地，占26.78%，主要分布在崇明县和浦东新区的沿海沿江。河流占11.81%，主要是流入黄浦江水系，与大大小小的水库/坑塘及长江相连。湖泊占9.26%，主要是青浦区的淀山湖。运河/水渠占8.11%，主要与河流相连，形状规则。

(5) 人工表面

2010年上海市有人工表面2746.557km²，占全市土地面积的34.54%，所占面积仅次于耕地。人工表面由中心城区向周围郊区辐射。全市中，浦东新区人工表面所占比例最大，占全市人工表面面积的24.93%；其次是崇明县，占10.29%；比例最小的是黄埔区占0.60%，主要是因为黄埔区本身面积较小。

人工表面以建设用地为主，所占比例达98.27%；其次是交通用地由于多为线状分布。全市没有采矿场分布。

9.10 江苏省土地覆被特征

江苏省位于中国大陆东部沿海中心，地跨长江、淮河南北，京杭大运河从中穿过。江苏地形以平原为主，主要有苏南平原、苏中江淮平原、苏北黄淮平原组成，河湖众多，水网密布。气候上属于温带向亚热带的过渡性气候，全省年平均气温为13~16℃，江南为15~16℃，江淮流域为14~15℃，淮北及沿海为13~14℃，由东北向西南逐渐增高。地带性植被类型依次为落叶阔叶林、落叶常绿阔叶混交林和常绿阔叶林。江苏共辖1个副省级城市、12个地级市，分别为：南京市、无锡市、徐州市、常州市、苏州市、南通市、连云港市、淮安市、盐城市、扬州市、镇江市、秦州市和宿迁市（江苏省人民政府，2014）。

9.10.1 江苏省土地覆被总体特征

江苏省位于长江三角洲平原，与上海、浙江共同构成的长江三角洲城市群已成为国际六大世界级城市群之一，土地覆被以耕地为主，其次是人工表面，两者占土地面积的比例接近 80%。由于江苏省地跨长江、淮河，省内湖泊众多，河网密布，湿地亦占一定比例，达 15.41%。林地仅占 4.40%，草地不足 0.2%，其他类型土地覆被仅 0.07%（图 9-10，表 9-10）。

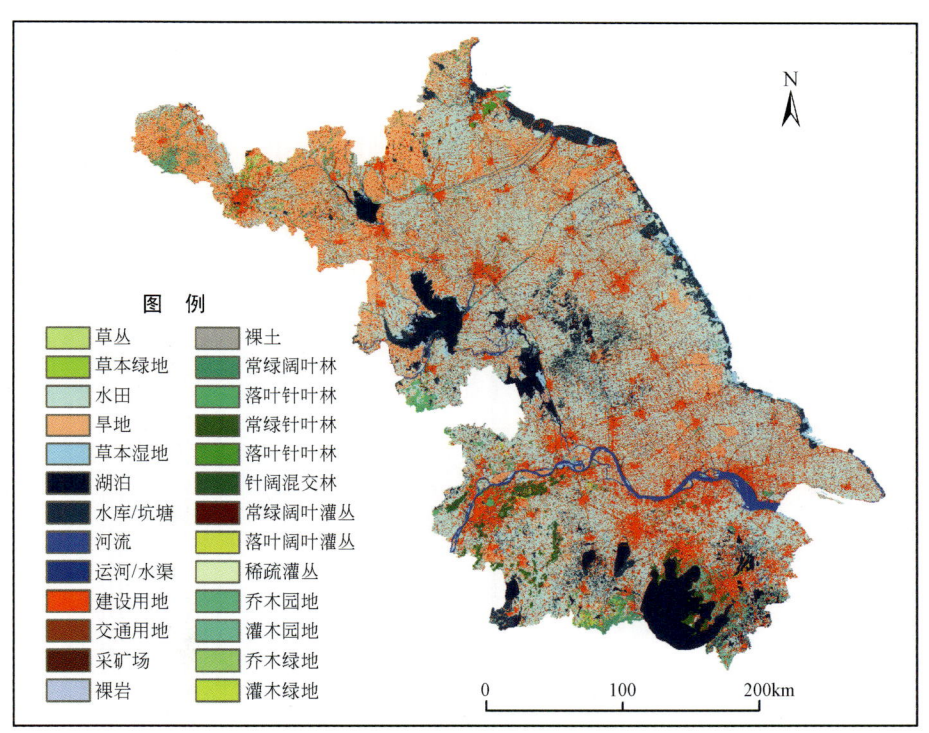

图 9-10 2010 年江苏省土地覆被现状图

表 9-10 2010 年江苏省土地覆被结构　　　　　　　　　　（单位：%）

市	林地	草地	耕地	湿地	人工表面	其他	总计
南京市	10.81	0.12	50.17	15.15	23.76	0.00	100.00
无锡市	12.95	0.01	34.33	22.25	30.47	0.00	100.00
徐州市	6.57	1.23	64.96	4.25	22.82	0.18	100.00
常州市	6.23	0.01	49.26	16.45	28.05	0.00	100.00
苏州市	9.04	0.25	27.90	36.73	26.07	0.00	100.00
南通市	0.54	0.02	61.26	7.68	30.50	0.00	100.00

续表

市	林地	草地	耕地	湿地	人工表面	其他	总计
连云港市	3.62	0.02	66.01	10.99	18.79	0.57	100.00
淮安市	3.79	0.03	59.29	18.61	18.22	0.06	100.00
盐城市	0.50	0.01	65.84	11.99	21.65	0.00	100.00
扬州市	1.09	0.00	55.39	21.43	22.08	0.00	100.00
镇江市	9.73	0.08	53.67	10.72	25.78	0.02	100.00
泰州市	0.15	0.00	56.03	15.62	28.20	0.00	100.00
宿迁市	1.90	0.00	60.35	16.06	21.67	0.01	100.00
全省合计	4.40	0.17	56.18	15.41	23.77	0.07	100.00

江苏全省地势低平，河网密布，不同市的土地覆被相关不大，除苏州市湿地是其主要的土地覆被类型外，其他城市的最大的土地覆被类型均是耕地，其次是人工表面（淮安市湿地略多于人工表面）（表9-10）。

9.10.2 江苏省不同类型土地覆被特征

江苏省地理上跨越南北，气候、植被同时具有南方和北方的特征。这种显著差异决定了土地覆被具有南北不同的空间格局（图9-10）。

（1）林地

2010年江苏省有林地4488.030km^2，占全省土地面积的4.40%。林地集中分布在苏北徐州市、淮安市盱眙丘陵、南京市附近的宁镇山脉、茅山山区及太湖沿岸丘陵。全省各市中，林地面积占全省林地面积的比例以苏州市最高，为17.44%，其次是徐州市，为16.30%；比例最小的是泰州市，仅占0.19%。

林地以落叶阔叶林为主，占总林地面积的28.97%，主要分布在淮安市盱眙丘陵、连云港市黄窝及花果山附近。其次是常绿针叶林，占18.36%，主要分布在宁镇山脉和茅山山地附近。灌木园地占16.32%，主要分布在苏州市。常绿阔叶林占12.08%，主要分布在无锡市附近的宜溧山地。乔木园地占10.04%，主要分布在徐州市。针阔混交林占7.58%，主要分布在宁镇山脉。落叶阔叶灌丛占3.26%，主要分布在常州市和南京市。其他类型林地所占比例都很小。江苏同时具有南方和北方的气候、植被特点，因此其林地植被类型丰富，各种类型均有分布。

（2）草地

2010年江苏省有草地178.239km^2，仅占全省土地面积的0.17%。草地主要分布在徐州地区丘陵和苏州园林中。全省各市中，徐州市草地所占比例最大，占全省草地面积的76.49%；其次是苏州市，占12.37%；泰州市比例最小，仅占0.02%。

草地仅有草丛和草本绿地两种类型，其中草丛主要分布在徐州市，草本绿地主要分布在苏州市和南京市。

(3) 耕地

2010年江苏省有耕地57 285.905km²，占全省土地面积的56.18%。耕地广泛分布在江苏省各市。全省各市中，盐城市耕地所占比例最大，占全省耕地面积的17.63%；徐州市和淮安市的耕地面积占全省的比例均在10%以上；无锡市比例最小，仅占2.78%。

水田占耕地面积的比例为78.74%，主要分布在苏中和苏北地区。旱地占21.26%，旱地主要分布在苏北地区。

(4) 湿地

2010年江苏省有湿地15 714.846km²，占全省土地面积的15.41%。江苏河网纵横，湖泊众多，湿地分布广泛。全省各市中，苏州湿地占比例最大，占全省湿地面积的20.24%；其次是淮安市，占11.91%；盐城市占11.70%；镇江市比例最小，占2.62%。

湿地中湖泊占湿地面积的比例最大，为37.40%，主要分布在太湖、洪泽湖、高邮湖等大小湖泊。其次是水库/坑塘，占37.12%，一部分呈条带状分布在盐城和连云港的沿海，另一部分呈细碎斑块状广泛分布在各地。河流占15.63%，主要分布在流入长江、淮河及各大湖泊水库的水系，除常州市分布较少外，其他各市均匀分布。运河/水渠占5.09%，主要分布在盐城市、南通市和泰州市。草本湿地占4.76%，主要分布在各湖泊、水库周围。

(5) 人工表面

2010年江苏省有人工表面24 235.470km²，占全省土地面积的23.77%。人工表面分布广泛，其中长江沿岸分布密度较大。全省各市中，盐城市人工表面所占比例最大，占全省人工表面面积的13.71%；其次是南通市，占11.45%，徐州市占10.48%；比例最小的是镇江市，占4.08%。

人工表面以建设用地为主，所占比例高达96.64%；其次是交通用地，占2.98%，主要呈线状分布在全市各市；采矿业面积仅占0.38%，主要分布在南京市、常州市、淮安市和镇江市等。

(6) 其他类型土地覆被

2010年江苏省有其他类型土地覆被70.560km²，仅占全省土地面积的0.07%，主要分布在苏北的连云港市和徐州市。

其他类型土地覆被仅有裸岩和裸土两种类型，其中裸土所占比例较大，为83.01%，主要分布在连云港市和徐州市；裸岩占16.99%，主要分布在徐州市。

9.11　浙江省土地覆被特征

浙江省地处中国东南沿海长江三角洲南翼，东临东海，南接福建，西与江西、安徽相连，北与上海、江苏接壤。浙江省地形复杂，地势由西南向东北倾斜，大致可分为浙北平原、浙西丘陵、浙东丘陵、中部金衢盆地、浙南山地、东南沿海平原及滨海岛屿等6个地形区。浙江属亚热带季风气候，季风显著，四季分明，年气温适中，光照较多，雨量丰沛，空气湿润，雨热季节变化同步，气候资源配置多样，气象灾害繁多，年平均气温为15~18℃，年平均降水量为980~2000mm。浙江地带性植被为中亚热带常绿阔叶林，在全国植被分区上属于中亚热带常绿阔叶林北部亚地带和南部亚地带。浙江省下辖杭州、宁波2个副省级城市，温州、绍兴、湖州、嘉兴、金华、衢州、台州、丽水、舟山9个地级市，共11个省辖市（浙江省人民政府，2015）。

9.11.1 浙江省土地覆被总体特征

浙江省大部分地区为山地、丘陵，气温适中，降水丰沛，土地覆被也以林地为主，占土地面积的61.03%，其次是耕地，占土地面积的20.78%，人工表面达10.49%，湿地为6.31%，草地为1.33%，其他类型仅占0.07%（图9-11，表9-11）。

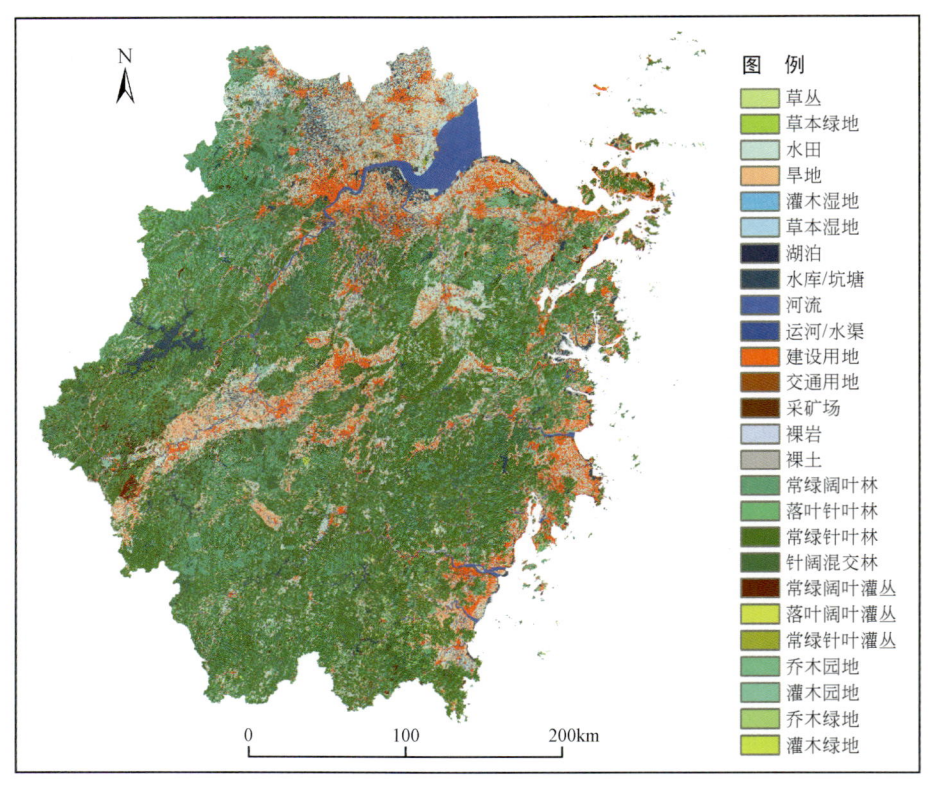

图9-11　2010年浙江省土地覆被现状图

表9-11　2010年浙江省土地覆被结构　　　　　　　　　　　　（单位:%）

市	林地	草地	耕地	湿地	人工表面	其他	总计
杭州市	69.69	0.95	12.17	7.66	9.44	0.09	100.00
宁波市	43.11	1.35	24.61	9.73	21.16	0.04	100.00
温州市	68.78	1.91	16.76	4.46	7.98	0.12	100.00
嘉兴市	4.09	0.91	49.84	24.96	20.20	0.00	100.00
湖州市	45.25	1.11	30.77	9.45	13.37	0.05	100.00

续表

市	林地	草地	耕地	湿地	人工表面	其他	总计
绍兴市	49.24	0.99	28.94	7.59	13.23	0.02	100.00
金华市	59.84	1.35	25.44	3.29	10.06	0.02	100.00
衢州市	70.31	1.45	19.68	2.63	5.92	0.01	100.00
舟山市	50.03	2.65	18.86	10.34	18.05	0.07	100.00
台州市	59.89	1.30	19.86	4.24	14.63	0.08	100.00
丽水市	81.65	1.48	12.49	2.04	2.20	0.14	100.00
全省合计	61.03	1.33	20.78	6.31	10.49	0.07	100.00

浙南和浙东的山区、丘陵的森林覆盖率高，其中浙南的丽水市林地占其城市土地面积的比例达81.65%；而地处浙北平原地区，林地分布相对较少，其中嘉兴市林地占土地面积的比例最低，仅为4.09%，其他地区均超过40%。以耕地比例所代表的垦殖率以浙北平原的嘉兴市为最高，达49.84%。浙江经济发达，人工表面也占一定比例，其中宁波、嘉兴甚至超过20%。由于浙江沿江、沿海，降水丰沛，河网密布，因此其湿地面积也很大，其中位于钱塘江入海口的嘉兴市所占面积更是高达24.96%（表9-11）。

9.11.2 浙江省不同类型土地覆被特征

浙江省地形复杂，地理特征丰富，由西南向东北倾斜的地势决定了土地覆被具有西南与东北明显不同的空间格局（图9-11）。

(1) 林地

2010年浙江省有林地63 746.538km²，占全省土地面积的61.03%。林地广泛分布在除浙北的冲积平原外的全省各地。全省各市中，林地面积占全省林地面积的比例以丽水市最高，为22.11%，其次是杭州市，为18.45%；比例最小的是嘉兴市，仅占0.32%。

林地中以常绿针叶林为主，占总林地面积的51.42%，广泛分布在浙江的山地丘陵间。其次是常绿针叶林，占28.70%，与常绿针叶林间或分布。针阔混交林占12.04%，主要分布在丽水、温州、杭州的山地丘陵地区。其他类型林地所占比例很小。

(2) 草地

2010年浙江省有草地1384.392km²，占全省土地面积的1.33%。草地主要分布在山地丘陵低矮地区零星分布。全省各市中，丽水市草地所占比例最大，占全省草地面积的18.50%；其次是温州市，占15.82%；舟山市比例最小，占2.44%。

草地中只有草丛和草本绿地两种覆被类型，其中草丛占草地面积的比例为84.08%，主要分布在山地丘陵低矮地区。草本绿地主要是城市中的绿化草地。

(3) 耕地

2010年浙江省有耕地21 702.077km²，占全省土地面积的20.78%。耕地集中分布在金衢盆地及浙北冲积平原。全省各市中，地处金衢盆地的金华市耕地所占比例最大，占全省耕地面积的 12.80%；嘉兴市、绍兴市和宁波市的耕地面积占全省的比例均在 10% 以上；舟山市比例最小，仅占 1.11%。

耕地中旱地占耕地面积的比例为 29.02%，主要分布在丘陵地带的金华市、温州市、宁波市等；水田占 70.98%，主要分布在沿河流方便灌溉、地势低平处。

(4) 湿地

2010 年浙江省有湿地 6590.414km^2，占全省土地面积的 6.31%。湿地主要分布在钱塘江流经地区及沿海城市。全省各市中，杭州市湿地所占比例最大，占全省湿地面积的 19.61%；其次是嘉兴市，占 18.61%；舟山市比例最小，占 2.00%。

湿地中以水库/坑塘占湿地面积的比例最大，为 48.60%，主要分布在湖州市的大小坑塘及各河流上的水库，如新安江水库、紧水滩水库、飞云湖水库等。其次是河流，占 45.73%，主要分布在入海的大小河流流经的城市嘉兴市、宁波市、杭州市、温州市等。

(5) 人工表面

浙江经济发达，人工表面所占比例较大，2010 年浙江省有人工表面 10 960.959km^2，占全省土地面积的 10.49%。人工表面主要分布在东部沿海地区及河流、交通线附近。全省各市中，宁波市人工表面所占比例最大，占全省人工表面面积的 17.92%；其次是杭州市，占 14.53%，台州市占 12.68%；比例最小的是舟山市仅占 2.10%。

人工表面以建设用地为主，所占比例达 96.70%；其次是交通用地，占 2.84%，均以线状形式分布在全省各市；采矿场面积仅占 2.80%，主要分布在湖州市和杭州市。

(6) 其他类型土地覆被

2010 年浙江省有其他类型土地覆被 73.850km^2，仅占全省土地面积的 0.07%。其他类型土地覆被主要分布在丽水市、杭州市和温州市等。其中丽水市所占比例为 32.55%；杭州市所占比例为 21.16%；温州市占 18.54%；嘉兴市所占比例最小，仅为 0.06%。

其他类型土地覆被中只有裸岩和裸土两种土地覆被类型，其中裸土所占绝对比例，高达 90.39%，主要分布在丽水、杭州和温州三市；其次是裸岩，仅占 9.61%，主要分布在温州市、杭州市、台州市。

9.12 安徽省土地覆被特征

安徽省地处长江、淮河中下游，长江三角洲腹地，平原与丘陵、低山相间排列。全省大致可分为淮北平原、江淮丘陵、皖西大别山区、沿江平原和皖南山区 5 个自然区域。安徽地处暖温带与亚热带过渡地区，气候温暖湿润，四季分明。全省年平均气温为 14~17℃，气温一般南高于北；年平均降水量约为 1200mm，一般南部多于北部，山地多于平原。全省可分为淮河流域—暖温带半湿润季风气候、淮河以南、黄山山脉以北—北亚热带湿润季风气候和黄山山脉以南—中亚热带湿润季风气候。自然植被和土壤由南而北分别为落叶阔叶林（棕壤），落叶阔叶、常绿阔叶混交林（黄棕壤）和常绿阔叶林（黄红壤）。安徽省共辖 16 个地级市，分别为：合肥市、芜湖市、蚌埠市、淮南市、马鞍山市、淮北市、安庆市、黄山市、滁州市、阜阳市、宿州市、六安市、亳州市、池州市和宣城市（安徽省人民政府，2013）。

9.12.1 安徽省土地覆被总体特征

安徽省气候适宜，降水丰富，地形多以山地、丘陵、平原，因此土地覆被也以耕地为主，其次是林地，两者占土地面积的比例达 80.47%，人工表面为 10.73%，湿地为 7.11%，草地为 1.57%，其他类型土地覆被仅为 0.12%（图 9-12，表 9-12）。

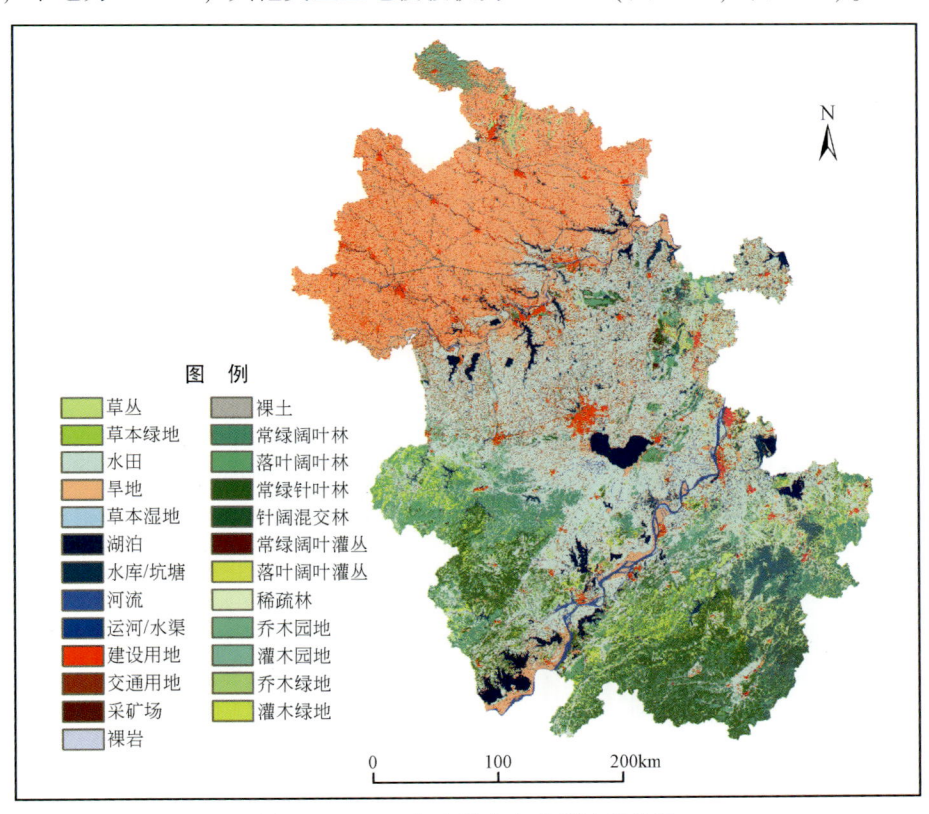

图 9-12　2010 年安徽省土地覆被现状图

表 9-12　2010 年安徽省土地覆被结构　　　　　　　　（单位:%）

市	林地	草地	耕地	湿地	人工表面	其他	总计
合肥市	5.26	0.39	67.33	12.58	14.43	0.01	100.00
芜湖市	14.71	0.95	65.37	11.01	7.94	0.02	100.00
蚌埠市	0.67	0.03	72.87	8.75	17.53	0.15	100.00
淮南市	1.50	0.01	60.98	13.41	23.97	0.13	100.00
马鞍山市	11.14	0.34	62.09	14.65	11.76	0.02	100.00
淮北市	1.60	3.09	74.25	3.53	17.31	0.21	100.00

续表

市	林地	草地	耕地	湿地	人工表面	其他	总计
铜陵市	21.65	0.55	54.04	14.57	9.17	0.01	100.00
安庆市	39.42	2.07	42.51	12.48	3.45	0.06	100.00
黄山市	83.71	1.59	11.88	1.52	1.17	0.14	100.00
滁州市	11.86	1.02	65.60	9.67	11.81	0.05	100.00
阜阳市	0.25	0.00	71.03	3.64	25.04	0.04	100.00
宿州市	9.98	2.23	68.00	1.70	17.95	0.14	100.00
六安市	32.47	2.61	50.42	6.03	7.96	0.51	100.00
亳州市	0.37	0.00	79.19	1.92	18.51	0.01	100.00
池州市	58.13	6.17	26.66	6.47	2.53	0.05	100.00
宣城市	57.04	1.36	34.81	3.40	3.38	0.01	100.00
全省合计	26.41	1.57	54.06	7.11	10.73	0.12	100.00

安徽省的皖南山区、皖西大别山区、江淮丘陵林地资源丰富，其中黄山市林地占其城市土地面积的比例达83.71%；而地处淮北平原和沿江平原的地区林地分布少，其中亳州市、阜阳市、蚌埠市均不足1%。以耕地比例所代表的垦殖率则与林地分布刚好相反，亳州市、阜阳市、蚌埠市、淮北市均达70%以上，亳州市更是高达79.19%；黄山市耕地最少，占黄山市土地面积的11.88%。湿地则主要分布在长江、淮河流经的马鞍山市、铜陵市、淮南市、合肥市等地区，其中以马鞍山市为最高，约占其城市面积的14.65%（表9-12）。

9.12.2 安徽省不同类型土地覆被特征

安徽省地跨南北两方，分属我国3个自然地理分区，降水和热量均由南向北减少，这种水热条件的变化，加之地貌条件的影响，决定了土地覆被具有南北明显不同的空间格局（图9-12）。

（1）林地

2010年安徽省有林地37 005.764km^2，占全省土地面积的26.41%。林地集中分布在皖西大别山区、皖南山区、江淮丘陵。全省各市中，林地面积占全省林地面积的比例以黄山市最高，为21.89%，其次是宣城市，为18.97%；比例最小的是阜阳市，仅占0.07%。

林地以常绿针叶林为主，占总林地面积的39.61%，主要分布在皖西大别山区南部安庆市及皖南山区。其次是常绿阔叶林，占28.56%，主要分布在大别山区中东部六安市与安庆市交界处和皖南山区南部、东部。落叶阔叶林占14.67%，主要分布在江淮丘陵及皖西大别山区西部安庆市。落叶阔叶灌丛占13.01%，主要分布在皖西大别山中部安庆市、江淮丘陵。乔木园地占2.36%，主要分布在宿州市。其他类型林地所占比例都很小。

（2）草地

2010年安徽省有草地2204.496km^2，占全省土地面积的1.57%。草地仅有草丛和草本绿地，其中草丛占 99.99%，草本绿地仅占 0.01%。草丛主要分布在皖西大别山区和皖南山区低矮区域。全省各市中，池州市草地所占比例最大，占全省草地面积的 23.575%；其次是六安市，占 21.80%；阜阳和亳州几乎没有草地分布。

(3) 耕地

2010 年安徽省有耕地 75 749.323km²，占全省土地面积的 54.06%。耕地广泛分布在除皖西大别山区、皖南山区以外的地区，分布比较集中的地区是淮北平原和沿江平原。全省各市中，六安市耕地所占比例最大，占全省耕地面积的 12.27%；其次是滁州市，占 11.69%，合肥市占 10.55%；铜陵市比例最小，仅占 0.76%。

耕地中旱地占耕地面积的比例为 38.43%；水田占 61.57%。安徽省是中国南北不同耕种制度的转换区，以淮河为界，淮河以北主要是旱地，淮河以南主要是水田。

(4) 湿地

2010 年安徽省有湿地 9963.382km²，占全省土地面积的 7.11%。湿地主要分布在长江和淮河流经的城市。全省各市中，安庆市湿地所占比例最大，占全省湿地面积的 19.21%；其次是合肥市，占 14.99%；淮北市比例最小，仅占 0.97%。

湿地中水库/坑塘占湿地面积的比例最大，为 38.59%，各市中大小水库/坑塘均有分布，其中以滁州市分布最为广泛。其次是湖泊占 35.74%，主要分布在安庆市、合肥市、六安市、滁州市和池州市。河流占 23.18%，主要分布在淮河、长江流经的安庆市、芜湖市、六安、池州市。

(5) 人工表面

2010 年安徽省有人工表面 15 032.301km²，占全省土地面积的 10.73%。人工表面主要分布在除自然和交通条件不适宜人为居住的山区外的交通、河流沿线及农业区。全省各市中，阜阳市人工表面所占比例最大，占全省人工表面面积的 16.87%；其次是宿州市，占 11.85%，合肥市占 11.40%；比例最小的是铜陵市仅占 0.65%。

人工表面中以建设用地为主，所占比例达 95.35%；其次是交通用地，占 3.93%，多以线状形式分布在全省各市；采矿场占 0.72%，主要分布在合肥市、滁州市和宜城市。

(6) 其他类型土地覆被

2010 年安徽省有其他类型土地覆被 167.507km²，占全省土地面积的 0.12%。其他类型土地覆被主要分布在皖西大别山区及淮南山区边缘。全省各市中，六安市所占比例最大，占全省其他类型土地覆被面积的 55.82%；其次是黄山市，占 8.21%；铜陵市其他类型分布最少，仅占 0.05%。

其他类型土地覆被仅有裸岩和裸土两种类型，其中裸土所占比例较大，为 79.25%，主要分布在六安市、安庆市、蚌埠市；其次是裸岩，占 20.75%，主要分布在黄山市和宿州市。

9.13 福建省土地覆被特征

福建省位于中国东南沿海，东北与浙江省毗邻，西、西北与江西省接界，西南与广东省相连，东隔台湾海峡与台湾岛相望。福建省陆地平面形状似一斜长方形，地势西北高，东南低，依山傍海，九成陆地面积为丘陵地带，闽西与闽中两大山带大体平行，闽西山带以武夷山脉为主；闽中山带从北至南分为鹫峰山脉、戴云山脉、博平岭。福建省受季风环流和地形的影响，形成温带暖热湿润的亚热带海洋性季风气候。气候区域差异较大，闽东南沿海地区属南亚热带气候，闽东北、闽北和闽西属中亚热带气候，各气候带内的水热条件的垂直分异也较明显。福建省年平均气温为17～21℃，年降水量为1400～2000mm，从东南向西北递减。福建省在植被上以鹫峰山—戴云山—博平岭一线划分为东南部与西北部两大地带，东南部为南亚热带季风常绿阔叶林地带，西北部为中亚热带常绿阔叶林地带。福建省下辖9个地级市，分别是福州市、厦门市、泉州市、漳州市、莆田市、宁德市、南平市、三明市、龙岩市（福建省人民政府，2015）。

9.13.1 福建省土地覆被总体特征

福建省多丘陵，降水丰沛，土地覆被以林地为主，占土地面积的84.12%，为中国森林覆盖率最高的省份。其次是耕地，占总面积的9.48%，人工表面占总面积的4.13%，草地和其他类型的面积均不足1%（图9-13，表9-13）。

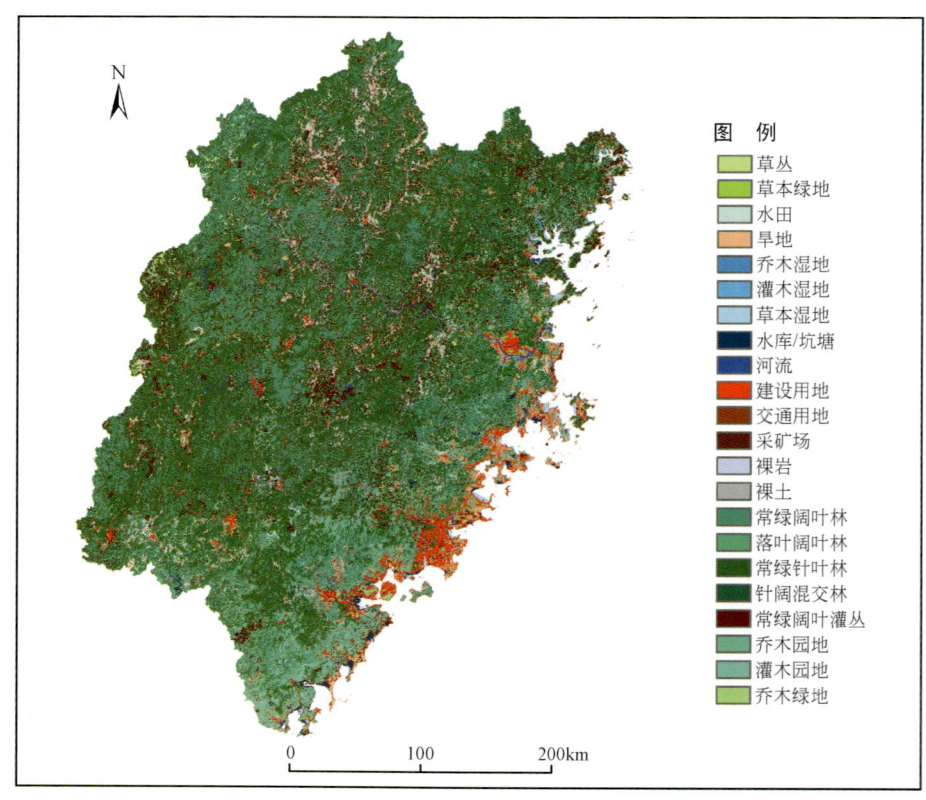

图9-13　2010年福建省土地覆被现状图

表 9-13　2010 年福建省土地覆被结构　　　　　　　　（单位:%）

市	林地	草地	耕地	湿地	人工表面	其他	总计
福州市	74.79	0.90	13.05	3.54	7.67	0.04	100.00
厦门市	64.33	0.23	5.79	4.57	25.08	0.00	100.00
莆田市	69.36	0.99	14.37	2.82	12.45	0.00	100.00
三明市	89.35	0.98	7.24	0.96	1.47	0.00	100.00
泉州市	77.53	0.56	8.61	1.63	11.62	0.05	100.00
漳州市	84.45	0.51	6.67	2.72	5.63	0.02	100.00
南平市	85.87	0.51	11.75	0.86	1.01	0.01	100.00
龙岩市	87.98	0.54	8.23	0.80	2.44	0.01	100.00
宁德市	86.12	0.61	9.94	1.81	1.52	0.00	100.00
全省合计	84.12	0.67	9.48	1.60	4.13	0.01	100.00

由于福建地貌以丘陵为主，各地市的土地覆被特点大同小异。林地占据各地市土地覆被类型的绝对优势，占比均超过 60%，三明市的森林覆盖率甚至接近 90%。其他类型土地覆被面积较小。耕地占比超过 10% 的地市有莆田市、福州市和南平市，其中莆田市最高，为 14.37%；人工表面占比超过 10% 的市有厦门市、莆田市、泉州市等发达城市，其中厦门最高 25.08%；湿地和草地的覆被类型占比不超过 5%，其中草地覆被占比为 0.20%~1.00%（表 9-13）。

9.13.2　福建省不同类型土地覆被特征

福建省受季风环流和海拔高度不同而带来的水热条件变化等气候和地貌条件的差异，决定了土地覆被具有不同的空间格局（图 9-13）。

（1）林地

2010 年福建省有林地 102 680.789km²，占全省土地面积的 84.12%。林地广泛分布在山地丘陵地带。全省各市中，林地面积占全省林地面积的比例以南平市最高，为 21.98%，其次是三明市，为 19.98%；超过 10% 的还有龙岩市、宁德市、漳州市；比例最小的是厦门市，仅占 0.98%。

林地以常绿针叶林为主，占林地总面积的 50.33%，主要分布在各山地丘陵海拔超过 500m 的地区。其次是常绿阔叶林，占 30.14%，主要分布在各山区丘陵海拔为 100~500m 的地区。常绿阔叶灌木林占 10.87%，分布在海拔较低的沟谷附近。乔木园地和灌木园地的比例分别为 6.04% 和 1.80%，主要分布在沿海地区。其他类型林地所占比例都很小。

（2）草地

2010 年福建省有草地 814.745km²，占全省土地面积的 0.67%。草地主要分布在山地丘陵沟谷地带。全省各市中，三明市草地所占比例最大，占全省草地面积的 27.72%；其次是南平市，占 16.29%；厦门市比例最小，仅占 0.44%。

不同类型草地中，草丛占草地面积的比例最大，为90.84%，主要分布在丘陵山地的沟谷地区。草本绿地为9.16%，主要是城市中的绿化草地。

(3) 耕地

2010年福建省有耕地面积11 568.439km^2，占全省土地总面积的9.48%。耕地主要分布在河谷、低矮丘陵及东南沿海。全省各市中，南平市耕地所占比例最大，占全省耕地面积的26.68%；三明市、龙岩市、福州市和宁德市的耕地面积占全省的比例均在10%以上；厦门市比例最小，仅占0.78%。

耕地中，旱地占耕地面积的比例为38.30%，主要分布在南平市、福州市、泉州市；水田占61.70%，主要分布在低矮的丘陵地带，多以梯田的形式存在，分布较多的是南平市、三明市和龙岩市。

(4) 湿地

2010年福建省有湿地1948.596km^2，占全省土地面积的1.60%。湿地主要分布在沿海及山区沟谷河流。全省各市中，福州湿地所占比例最大，占全省湿地面积的21.08%；其次是漳州市，占17.58%；厦门市比例最小，仅占3.67%。

湿地中，河流占湿地面积的比例最大，为42.00%，主要分布在山区沟谷地带。其次是水库/坑塘，占38.27%，主要分布在沿海地区的漳州市、福州市、宁德市和泉州市。草本湿地占18.42%，主要分布在水库/坑塘周围。

(5) 人工表面

2010年福建省有人工表面5036.708km^2，占全省土地面积的4.13%。人工表面主要分布在山区外的交通、河流沿线和沿海地区。全省各市中，泉州市人工表面所占比例最大，占全省人工表面面积的25.79%；其次是福州市，占17.65%，漳州市占14.10%；比例最小的是宁德市仅占3.93%。

人工表面以建设用地为主，所占比例达88.11%；其次是交通用地占9.38%，主要以线状形式分布在全省各市；采矿场面积占2.51%，主要分布在泉州市、三明市、龙岩市。

(6) 其他类型土地覆被

2010年福建省有其他类型土地覆被17.241km^2，占全省土地面积的0.01%。其他类型土地覆被零星分布。

其他类型土地覆被中只有裸岩和裸土两种类型。裸土所占比例较大，为69.93%，主要分布在福州市、漳州市、南平市、泉州市。裸岩占30.07%，主要分布在泉州市、福州市。

9.14 江西省土地覆被特征

江西省处于中国东南偏中部，长江中下游南岸。境内除北部较为平坦外，东、西、南部三面环山，中部丘陵起伏，成为一个整体向鄱阳湖倾斜而往北开口巨大盆地。西面是幕阜山、九岭山和罗霄山脉；东面是怀玉山和武夷山脉；南面是九连山和大庾岭，北面紧邻鄱阳湖和长江，中南部红岩丘陵和盆谷交错，北半部是宽广的平原，称为鄱阳湖平原、鄱阳盆地或豫章平原。江西的气候属于亚热带季风气候，1月平均气温为3~9℃，7月平均气温为 27～41℃。年降水量为 1200～1900mm，表现为南多北少、东多西少、山区多盆地少。江西省地带性植被为常绿阔叶林，并含有一些南亚热带、热带成分和北亚热带、暖温带成分。江西省共设南昌市、景德镇市、萍乡市、九江市、新余市、鹰潭市、赣州市、吉安市、宜春市、抚州市、上饶市 11 个地级市（江西省人民政府，2016）。

9.14.1 江西省土地覆被总体特征

江西省境内 70% 以上区域为山地丘陵，因此土地覆被也以林地为主，占土地面积的比例为 65.90%。其次是耕地，为 20.68%。人工表面为 5.71%，湿地为 5.50%，草地为 2.09%，其他类型面积仅为 0.11%（图 9-14，表 9-14）。

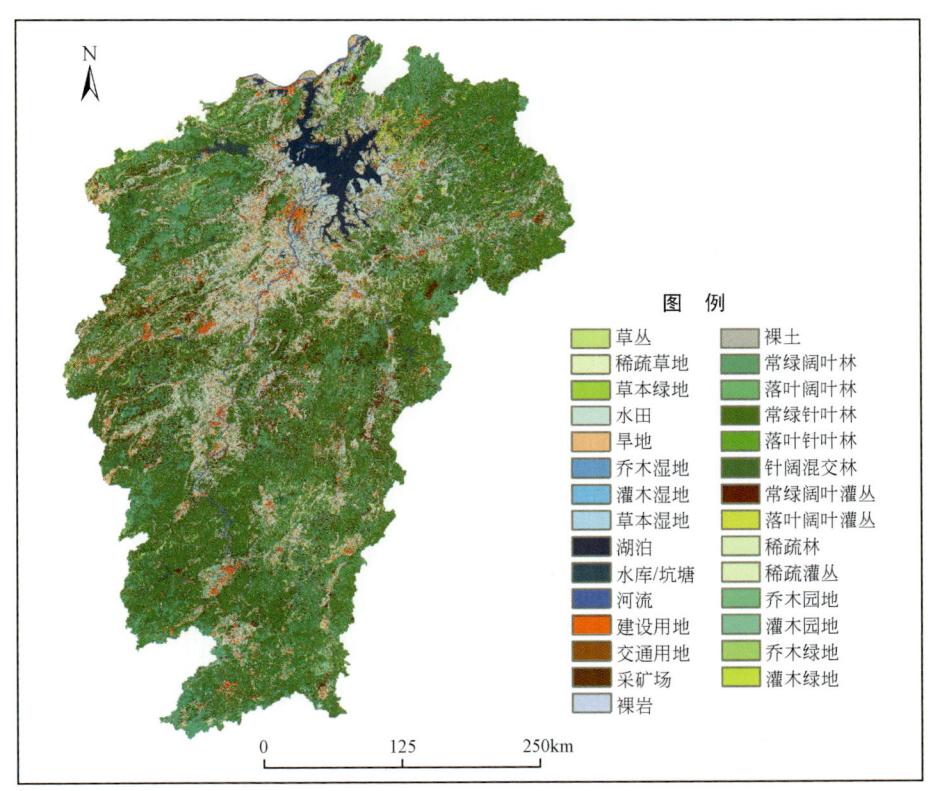

图 9-14　2010 年江西省土地覆被现状图

表 9-14　2010 年江西省土地覆被结构　　　　　　　　　　　（单位：%）

市	林地	草地	耕地	湿地	人工表面	其他	总计
南昌市	17.68	0.42	44.71	24.19	12.78	0.22	100.00
景德镇市	73.54	0.83	16.39	2.92	6.24	0.09	100.00
萍乡市	71.68	3.22	15.71	1.00	8.23	0.17	100.00
九江市	53.11	3.33	22.73	14.65	6.10	0.08	100.00

续表

市	林地	草地	耕地	湿地	人工表面	其他	总计
新余市	48.84	1.31	32.56	4.17	13.08	0.05	100.00
鹰潭市	61.53	0.95	24.31	4.62	8.53	0.06	100.00
赣州市	79.34	3.29	11.83	1.33	4.00	0.19	100.00
吉安市	69.03	1.96	21.80	2.55	4.61	0.05	100.00
宜春市	57.29	1.29	30.64	3.47	7.28	0.03	100.00
抚州市	74.44	0.90	18.42	2.28	3.90	0.07	100.00
上饶市	65.48	1.70	18.75	8.44	5.52	0.12	100.00
全省合计	65.90	2.09	20.68	5.50	5.71	0.11	100.00

江西省除南昌市外，其他市的土地覆被相差不大。南昌位于鄱阳湖平原上，因此主要的土地覆被类型是耕地和湿地，分别占44.71%和24.19%。其他市的主要地貌类型是山地丘陵，因此林地是其主要的土地覆被类型，各个城市所占比例均超过45%，地处赣南山区的赣州市森林覆盖率更是高达79.34%。人工表面超过10%的仅有南昌市和新余市（表9-14）。

9.14.2 江西省不同类型土地覆被特征

江西省三面环山，海拔由南向北降低，降水量由南向北减少，这些气候和地貌条件的差异决定了土地覆被具有南北明显不同的空间格局（图9-14）。

(1) 林地

2010年江西省有林地110 015.220km^2，占全省土地面积的65.90%。林地广泛分布在除鄱阳湖平原之外的山区丘陵。全省各市中，林地面积占全省林地面积的比例以赣州市最高，为28.45%，其次是吉安市，为15.85%；比例最小的是南昌市，仅占1.16%。

林地以常绿针叶林为主，占总林地面积的59.33%，在山区广泛分布。其次是常绿阔叶林，占21.20%，主要分布在山区海拔较低处。常绿阔叶灌丛占8.68%，主要分布在吉安市、赣州市和抚州市。针阔混交林占8.11%，主要分布在赣州市、上饶市、抚州市。其他类型林地所占比例都很小。

(2) 草地

2010年江西省有草地3495.895km^2，占全省土地面积的2.09%。草地主要分布在山区沟谷及海拔较低的山冈。全省各市中，赣州市草地所占比例最大，占全省草地面积的37.08%；其次是九江市，占18.19%；南昌市比例最小，仅占0.87%。

草地有草丛、稀疏草地和草本绿地3种类型，其中草丛占草地面积的比例最大，为72.05%，主要分布在山区沟谷及海拔较低的山冈；稀疏草地占27.62%，主要分布在赣州市；草本绿地仅占0.33%，主要是在城市中的绿化草地。

(3) 耕地

2010年江西省有耕地34 528.366km^2，占全省土地面积的20.68%。耕地集中分布在鄱阳湖平原上。全省各市中，宜春市耕地所占比例最大，占全省耕地面积的16.56%；吉安市、赣州市、九江市、上饶市和抚州市的耕地面积占全省的比例均在10%以上；萍乡市所占比例最小，仅占1.74%。

耕地中旱地占耕地面积的比例为23.61%，主要分布在赣州市、宜春市、抚州市的山区；水田占76.39%，主要分布在鄱阳湖平原，山区亦有少量梯田水田存在。

(4) 湿地

2010年江西省有湿地9188.677km²，占全省土地面积的5.50%。湿地主要分布在鄱阳湖及其周边大小湖泊河流。全省各市中，九江市湿地占比例最大，占全省湿地面积的30.44%；其次是上饶市，占20.87%；南昌市，占18.96%；萍乡市比例最小，仅占0.42%。

湿地中湖泊占湿地面积的比例最大，为42.39%，主要分布在九江市、上饶市和南昌市。其次是水库/坑塘，占30.93%，主要分布在九江市、上饶市、宜春市。河流占24.99%，主要是流入鄱阳湖的大小河流，以吉安市所占面积最大。

(5) 人工表面

2010年江西省有人工表面9533.116km²，占全省土地面积的5.71%，略大于湿地面积。全省各市中，赣州市人工表面所占比例最大，占全省人工表面面积的16.52%；其次是宜春市，占14.25%，上饶市占13.16%；比例最小的是鹰潭市，仅占3.19%。

人工表面以建设用地为主，所占比例达90.14%；其次是交通用地，占8.59%，呈线状形式分布在全省各市；采矿场占1.28%，在全省均有分布，其中以赣州市分布面积最大。

(6) 其他类型土地覆被

2010年江西省有其他类型土地覆被面积181.941km²，占全省土地面积的0.11%。其他类型土地覆被主要沿河分布。全省各市中，赣州市其他类型所占比例最大，占全省其他类型面积的41.99%；其次是上饶市，占15.19%；新余市其他类型分布最少，仅占0.80%。

其他类型土地覆被中裸土所占比例最大，为89.53%，在全省各市均有一定面积分布，其中以赣州市分布面积最大；裸岩占10.47%，主要分布在赣州市和南昌市。

9.15 山东省土地覆被特征

山东省地处中国东部、黄河下游，东临海洋，西接大陆。东部的山东半岛突出于黄海、渤海之间，隔渤海海峡与辽东半岛遥遥相对，西部内陆部分自北而南依次与河北、河南、安徽、江苏四省接壤。山东地形，中部突起，为鲁中南山地丘陵区；东部半岛大都是起伏和缓的波状丘陵区；西部、北部是黄河冲积而成的鲁西北平原区，是华北大平原的一部分。山东的气候属暖温带季风气候类型。降水集中，雨热同季，春秋短暂，冬夏较长。年平均气温为11~14℃，全省气温地区差异东西大于南北。年平均降水量为550~950mm，由东南向西北递减。植被以北温带针、阔叶树种为主。山东省下辖济南市、青岛市、淄博市、枣庄市、东营市、烟台市、潍坊市、济宁市、泰安市、威海市、日照市、滨州市、德州市、聊城市、临沂市、菏泽市、莱芜市2个副省级市和15个地级市（山东省人民政府，2015）。

9.15.1 山东省土地覆被总体特征

山东省地处山东丘陵和华北平原，气候适宜，土地肥沃，土地覆被以耕地为主，占土地面积的比例为60.60%，其次是人工表面，所占比例为15.83%，林地和湿地分别为12.64%、6.08%，草地为4.09%，其他类型土地覆被仅为0.76%（图9-15，表9-15）。

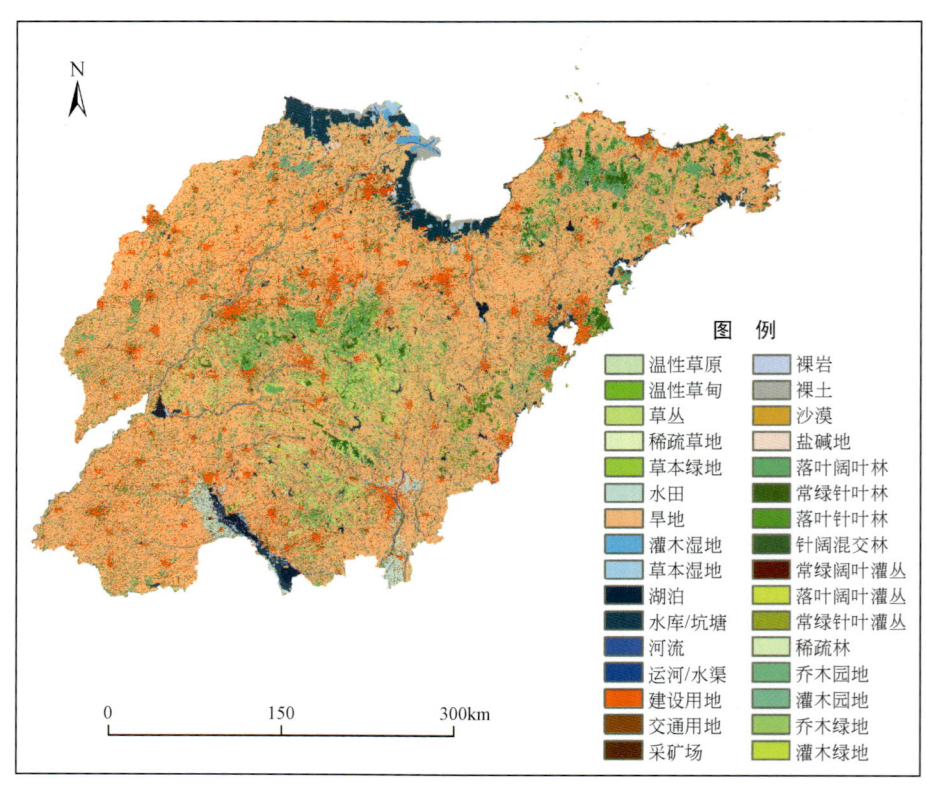

图9-15　2010年山东省土地覆被现状图

表9-15　2010年山东省土地覆被结构　　　　　　　　　　（单位:%）

市	林地	草地	耕地	湿地	人工表面	其他	总计
济南市	15.85	6.34	54.49	2.09	21.03	0.20	100.00
青岛市	14.93	2.55	59.40	5.00	17.76	0.36	100.00
淄博市	21.52	12.79	44.53	1.52	19.08	0.56	100.00
枣庄市	13.39	6.46	59.27	2.37	18.42	0.08	100.00
东营市	4.58	0.43	48.90	25.83	12.77	7.49	100.00
烟台市	21.87	5.04	55.00	4.10	13.46	0.53	100.00

续表

市	林地	草地	耕地	湿地	人工表面	其他	总计
潍坊市	10.71	3.71	62.03	8.44	13.95	1.15	100.00
济宁市	7.52	3.27	61.72	12.29	14.93	0.26	100.00
泰安市	14.76	7.41	59.00	4.60	13.89	0.35	100.00
威海市	16.65	1.45	60.14	7.17	14.42	0.17	100.00
日照市	15.63	3.83	65.46	3.74	11.24	0.10	100.00
莱芜市	20.18	18.08	41.31	2.32	17.64	0.47	100.00
临沂市	13.08	9.08	63.33	3.24	11.24	0.03	100.00
德州市	6.82	0.03	70.50	1.64	21.01	0.01	100.00
聊城市	11.33	0.01	66.77	1.58	20.14	0.17	100.00
滨州市	8.60	0.40	60.57	13.17	15.42	1.84	100.00
菏泽市	8.17	0.02	70.78	2.17	18.86	0.01	100.00
全省合计	12.64	4.09	60.60	6.08	15.83	0.76	100.00

鲁中南山区和半岛丘陵的地市林地面积比例均超过10%，其中烟台市最高，为21.87%。而湿地则是以位于黄河三角洲的东营市为最高，达25.83%。山东省是全国粮食作物重点产区，耕地在土地覆被类型中占据绝对比重，在各个地市中所占比例均是最大，超过40%，其中又以菏泽市为最高，达70.78%。山东省人口众多，整体经济比较发达，人工表面也是其重要的一种土地覆被类型，所占各地市面积的比例均超过10%，以济南市最高为21.03%（表9-15）。

9.15.2 山东省不同类型土地覆被特征

山东省地势由中间向周围降低，东临海洋，西接大陆，造成山东省东西部水热条件和地貌条件的显著差异，决定了土地覆被具有东西明显不同的空间格局（图9-15）。

(1) 林地

2010年山东省有林地19 770.982km²，占全省土地面积的12.64%。林地集中分布在鲁中南山地丘陵和半岛丘陵。全省各市中，林地面积占全省林地面积的比例以半岛丘陵的烟台市最高为15.11%，其次是临沂市，为11.38%；比例最小的是东营市，占1.77%。

林地以落叶阔叶林为主，占总林地面积的76.96%，广泛分布在全省各地。其次是常绿针叶林，占10.47%，主要分布在烟台的昆嵛山、青岛的崂山、威海的牙山及鲁中南山区的淄博。

(2) 草地

2010年山东省有草地6397.361km²，占全省土地面积的4.09%。草地主要分布在鲁西南山区丘陵低矮地带。全省各市中，临沂市草地所占比例最大，占全省草地面积的24.42%；其次是淄博市，占11.82%；聊城市比例最小，仅占0.02%。

草地中草丛占草地面积的比例最大，为 98.80%，主要分布在鲁中南山区丘陵。其余类型分布较少。

（3）耕地

2010 年山东省有耕地 94 752.828km^2，占全省土地面积的 60.60%，是山东省主要的土地覆被类型。耕地广泛分布在除鲁中南山地丘陵陡坡外的地区。全省各市中，临沂市耕地所占比例最大，占全省耕地面积的 11.50%；其次是潍坊市，为 10.45%，莱芜市比例最小，仅占 0.98%。

耕地中旱地占耕地面积的比例为 98.40%；水田仅占 1.60%，主要分布在济宁市和临沂市。

（4）湿地

2010 年山东省有湿地 9503.615km^2，占全省土地面积的 6.08%。湿地主要分布在黄河三角洲、渤海湾、微山湖周围。全省各市中，东营市湿地占比例最大，占全省湿地面积的 20.70%；其次是济宁市，占 14.51%；莱芜市比例最小，仅占 0.55%。

湿地中水库/坑塘占湿地面积的比例最大，为 57.37%，主要分布在东营市、滨州市、潍坊市。其次是河流，占 19.75%，广泛分布在山东省各市，其中以临沂市为最多。湖泊占 10.34%，主要分布在微山湖所在的济宁市。草本湿地占 6.99%，主要分布在黄河三角洲所占的东营市和微山湖所在的济宁市。灌木湿地占 3.00%，主要分布在黄河入海口的东营市。运河/水渠占 2.55%，除威海市和莱芜市没有分布外，其他各市均有少量分布，其中以滨州市分布最多。

（5）人工表面

2010 年山东省有人工表面 24 751.863km^2，占全省土地面积的 15.83%。山东省经济发达，人口众多，人工表面广泛分布在全省各地，形成了山东半岛城市群、济南都市圈和鲁南城市带 3 个较大的城市群。全省各市中，菏泽市人工表面所占比例最大，占全省人工表面面积的 9.27%；其次是潍坊市，占 9.00%，德州市占 8.78%；比例最小的是莱芜市，仅占 1.60%。

人工表面以建设用地为主，所占比例达 93.94%；其次是交通用地，占 5.09%，呈线状广泛分布于全省各市。采矿场占 0.96%，除东营市和聊城市没有分布外，其他各市均有少量分布，其中以济宁市分布最多。

（6）其他类型土地覆被

2010 年山东省有其他类型土地覆被 1191.110km^2，占全省土地面积的 0.76%。其他类型土地覆被主要分布在渤海湾和黄河三角洲附近。全省各市中，东营市其他类型土地覆被所占比例最大，占全省其他类型土地覆被面积的 47.92%；其次是潍坊市，占 15.47%；菏泽市其他类型土地覆被分布最少，仅占 0.06%。

其他类型土地覆被中裸土所占比例最大，为 76.17%，主要分布在东营市、潍坊市、滨州市；其次是裸岩，占 13.96%，主要分布在淄博市、潍坊市、济宁市、烟台市、泰安市。盐碱地占 8.58%，主要分布在滨州市和东营市。沙地占 1.29%，主要分布在聊城市。

9.16 河南省土地覆被特征

河南省位于中国中东部，地势西高东低，北、西、南三面千里太行山脉、伏牛山脉、桐柏山脉、大别山脉沿省界呈半环形分布；中、东部为华北平原南部；西南部为南阳盆地，跨越黄河、淮河、海河、长江四大水系，山水相连。河南属暖温带-亚热带、湿润-半湿润季风气候，全省年平均气温为12~16℃，年平均降水量为500~900mm，南部及西部山地较多，大别山区可达1100mm以上。河南省植被分属于亚热带常绿阔叶林区域和暖温带落叶阔叶林区域。河南省下辖18个地级市，分别为：郑州市、开封市、洛阳市、平顶山市、安阳市、鹤壁市、新乡市、焦作市、濮阳市、许昌市、漯河市、三门峡市、商丘市、周口市、驻马店市、南阳市、信阳市和济源市（河南省人民政府，2015）。

9.16.1 河南省土地覆被总体特征

河南省大部分位于处于平原盆地区域，气候适宜、土壤肥沃，土地覆被也以耕地为主，所占土地面积的比例高达62.96%，其次是林地，占土地面积的比例为20.87%，人工表面为11.72%，湿地和草地仅为4.25%，其他类型土地覆被面积仅为0.20%（图9-16，表9-16）。

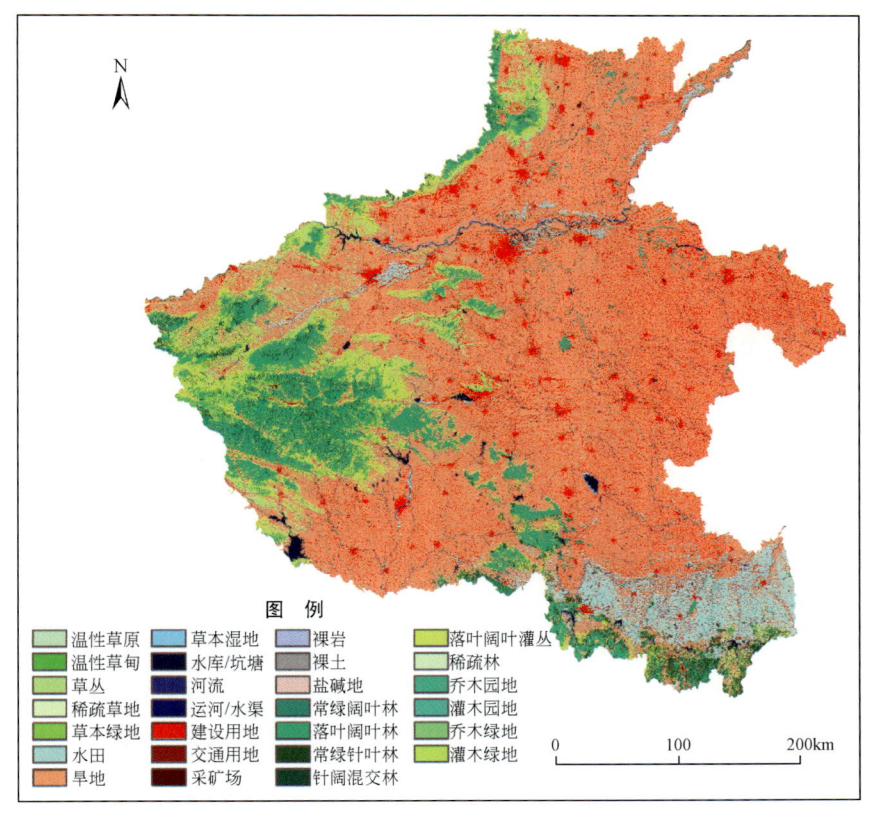

图9-16 2010年河南省土地覆被现状图

表 9-16 2010 年河南省土地覆被结构　　　　　　　　（单位:%）

市	林地	草地	耕地	湿地	人工表面	其他	总计
郑州市	12.32	3.69	64.03	2.59	16.71	0.67	100.00
开封市	2.35	0.00	79.49	1.29	16.58	0.29	100.00
洛阳市	45.45	6.29	41.90	1.22	5.10	0.04	100.00
平顶山市	24.20	3.59	58.05	2.22	11.70	0.24	100.00
安阳市	19.48	3.71	64.77	0.33	11.69	0.03	100.00
鹤壁市	16.02	4.93	65.79	0.90	11.97	0.38	100.00
新乡市	12.13	1.37	70.73	1.21	14.07	0.49	100.00
焦作市	12.77	2.72	64.89	1.28	17.66	0.68	100.00
濮阳市	2.73	0.03	80.55	1.89	14.79	0.01	100.00
许昌市	6.54	2.36	73.60	0.69	16.80	0.01	100.00
漯河市	0.24	0.00	77.76	0.90	21.03	0.07	100.00
三门峡市	57.97	8.73	29.65	0.86	2.64	0.14	100.00
南阳市	32.52	2.96	55.08	2.51	6.77	0.16	100.00
商丘市	1.11	0.04	74.30	1.20	23.35	0.01	100.00
信阳市	21.83	0.07	68.20	2.79	6.64	0.46	100.00
周口市	0.57	0.00	77.18	1.09	21.16	0.00	100.00
驻马店市	9.74	0.01	75.43	2.07	12.67	0.07	100.00
济源市	40.08	13.51	36.39	3.04	6.94	0.03	100.00
全省合计	20.87	2.52	62.96	1.74	11.72	0.20	100.00

地处豫西山地的三门峡市、洛阳市、南阳市和太行山区的济源市森林覆盖率高，其中三门峡市林地占土地面积的比例达 57.97%；而地处豫东平原的周口、商丘、漯河等市林地分布少，其中漯河市林地占土地面积的比例最低，仅为 0.24%。以耕地比例所代表的垦殖率除三门峡市、济源市和洛阳市比例低于 45% 以外，其他的地市的垦殖率均在 55% 以上，以豫东平原地区的地市为最高，其中濮阳市耕地比例达 80.55%。人工表面也是其重要的土地覆被类型，其中以商丘市最高，为 23.35%。其他类型土地覆被所占比例均不大（表 9-16）。

9.16.2　河南省不同类型土地覆被特征

河南省水热分布由南至北递减，年总辐射量由南至北递增和海拔不同而带来的水热条件变化等气候和地貌条件的显著差异，决定了土地覆被具有东西与南北明显不同的空间格局（图 9-16）。

（1）林地

2010 年河南省有林地 34 573.864 km^2，占全省土地面积的 20.87%。林地集中分布在太行山脉、大别山区、豫西山地。全省各市中，林地面积占全省林地面积的比例以南阳市最高，为 24.94%，其次是洛阳市，为 20.01%；比例最小的是漯河市，仅占 0.02%。

林地以落叶阔叶林为主，占总林地面积的 48.19%。其次是落叶阔叶灌丛，占 40.17%，主要分布在各山区的边缘地区。常绿针叶林占 7.60%，主要分布在信阳市。针阔混交林占 3.19%，主要分布在南阳市、洛阳市和三门峡市等。其他类型林地所占比例都很小。

（2）草地

2010 年河南省有草地 4166.077km^2，占全省土地面积的 2.52%。草地主要分布在太行山脉和豫西山地边缘地区。全省各市中，洛阳市草地所占比例最大，占全省草地面积的 22.97%；其次是三门峡市，占 20.80%；漯河市、开封市只有零星草地分布。

草地中草丛占草地面积的比例最大，为 99.68%，主要分布在太行山脉和豫西山地边缘地区。草本绿地主要是城市中的绿化草地。

（3）耕地

2010 年河南省有耕地 104 290.014km^2，占全省土地面积的 62.96%。耕地集中分布在豫东平原和南阳盆地。全省各市中，地处南阳盆地的南阳市耕地所占比例最大，占全省耕地面积的 14.01%；其次是信阳市，占 12.37%；驻马店市，占 10.92%；济源市比例最小，仅占 0.66%。

耕地中旱地占耕地面积的比例为 91.32%；水田仅占 8.68%，主要分布在信阳市及黄河沿岸各市。

（4）湿地

2010 年河南省有湿地 2880.316km^2，占全省土地面积的 1.74%。湿地主要分布在黄河、淮河及汉江主要河流沿岸。全省各市中，南阳市湿地占比例最大，占全省湿地面积的 23.15%；其次是信阳市，占 18.35%；鹤壁市比例最小，仅占 0.66%。

湿地中水库/坑塘占湿地面积的比例最大，为 55.83%，主要分布在南阳市和信阳市。其次是河流，占 29.97%，主要分布在汉江流经的南阳和淮河流经的信阳。运河/水渠占 10.19%，主要分布在周口市和驻马店市。草本湿地占 4.01%，主要分布在驻马店和平顶山市。

（5）人工表面

2010 年河南省有人工表面 19 408.689km^2，占全省土地面积的 11.72%。人工表面集中分布在豫东平原区，豫西山地分布稀少。全省各市中，周口市人工表面所占比例最大，占全省人工表面面积的 13.05%；其次是商丘市，占 12.87%，驻马店市占 9.86%；比例最小的是济源市仅占 0.68%。

人工表面以建设用地为主，所占比例达 97.13%；其次是交通用地占 2.53%，以线状形态分布全省各市；采矿场占 0.34%，主要分布在郑州市和鹤壁市。

（6）其他类型土地覆被

2010 年河南省有其他类型土地覆被 329.222km^2，仅占全省土地面积的 0.20%。全省各市中，信阳市其他类型土地覆被所占比例最大，占全省其他类型土地覆被面积的 26.64%；其次是郑州市，占 15.35%；周口市没有其他类型土地覆被分布。

其他类型土地覆被中裸土所占比例最大，为 95.64%，主要分布在信阳市、郑州市、新乡市和南阳市；其次是裸岩，占 3.94%，主要在南阳市、三门峡市和信阳市。盐碱地占 0.41%，主要分布在安阳市。

9.17 湖北省土地覆被特征

湖北省地处长江中游，位于中国地势第二级阶梯向第三级阶梯过渡地带，地势呈三面高起、中间低平、向南敞开、北有缺口的不完整盆地。地貌类型多样，山地、丘陵、岗地和平原兼备。湖北省西、北、东三面被武陵山、巫山、大巴山、武当山、桐柏山、大别山、幕阜山等山地环绕，山前丘陵岗地广布，中南部为江汉平原，与湖南省洞庭湖平原连成一片，地势平坦，土壤肥沃，除平原边缘岗地外，海拔多在35m以下，略呈由西北向东南倾斜的趋势。湖北省地处亚热带，位于典型的季风区内。全省除高山地区外，大部分为亚热带季风性湿润气候，全省年平均气温为15~17℃，年平均降水量为800~1600mm，降水地域分布呈由南向北递减趋势。湖北省在植被区划上属于亚热带常绿阔叶林区域（方辉亚等，1995）。湖北省下辖武汉市1个副省级城市，黄石市、十堰市、宜昌市、襄阳市、鄂州市、荆门市、孝感市、荆州市、黄冈市、咸宁市、随州市11个地级市，恩施土家族苗族自治州（以下简称"恩施州"）1个自治州，仙桃市、潜江市、天门市3个省直管市，神农架林区1个林区（湖北省人民政府，2015）。

9.17.1 湖北省土地覆被总体特征

湖北省地形复杂多变，土地覆被以林地为主，其次是耕地，两者占土地面积的比例接近88%，湿地为7.55%，人工表面为4.32%，草地和其他类型的面积总计不足1%（图9-17，表9-17）。

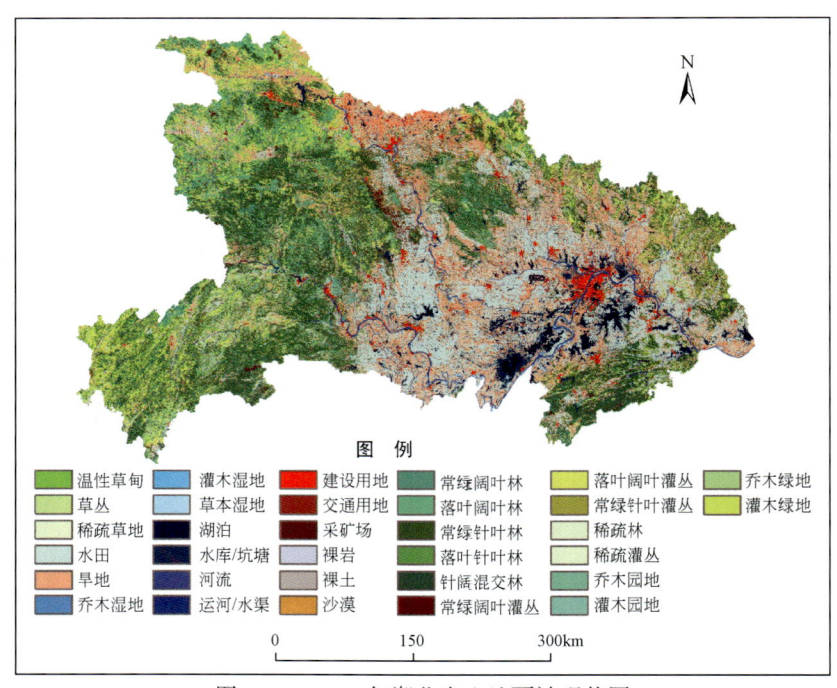

图9-17　2010年湖北省土地覆被现状图

表 9-17　2010 年湖北省土地覆被结构　　　　　　　　　　（单位:%）

市（州）	林地	草地	耕地	湿地	人工表面	其他	总计
武汉市	7.12	0.12	50.38	24.89	17.46	0.03	100.00
黄石市	33.28	2.36	46.10	13.01	5.24	0.01	100.00
十堰市	77.98	0.42	18.44	2.02	1.13	0.00	100.00
宜昌市	67.05	0.86	25.22	3.97	2.88	0.03	100.00
襄樊市	49.59	0.47	40.09	4.12	5.70	0.03	100.00
鄂州市	4.53	0.30	50.99	32.08	12.06	0.04	100.00
荆门市	28.43	0.77	58.94	6.92	4.92	0.02	100.00
孝感市	17.27	0.50	67.39	8.53	6.30	0.01	100.00
荆州市	3.74	0.29	66.95	23.13	5.89	0.00	100.00
黄冈市	36.98	2.03	50.32	7.36	3.28	0.03	100.00
咸宁市	53.10	1.83	31.76	9.03	4.24	0.03	100.00
随州市	56.36	0.96	35.50	3.45	3.74	0.00	100.00
恩施州	79.42	0.50	18.61	0.85	0.61	0.02	100.00
省直管市[①]	30.03	0.32	53.16	10.56	5.81	0.11	100.00
全省合计	48.15	0.78	39.18	7.55	4.32	0.02	100.00

鄂西山地的十堰市、恩施州、宜昌市，鄂东南丘陵的咸宁市及鄂东北丘陵的随州市森林覆盖率均超过 50%，其中以十堰市最高为 77.98%；而地处江汉平原的武汉市、荆州市和鄂州市森林覆盖率不足 10%，其中荆州市林地占土地面积的比例最低，仅为 3.74%。与森林覆盖率相反，以耕地比例所代表的垦殖率以江汉平原的市州为最高，其中孝感市耕地比例达 67.39%。湿地则是地处长江沿岸的武汉市、鄂州市、荆州市所占比例较高，其中鄂州市最高，为 32.08%（表 9-17）。

9.17.2　湖北省不同类型土地覆被特征

湖北省地势呈三面高起、中间低平、海拔变化大，这些地形条件带来的水热条件变化的显著差异，决定了土地覆被具有明显不同的空间格局（图 9-17）。

(1) 林地

2010 年湖北省有林地 89 511.206km^2，占全省土地面积的 48.15%。林地集中分布在鄂西山地、鄂东南低山丘陵和鄂东北低山丘陵。全省各市（州）中，林地面积占全省林地面积的比例以恩施州最高为 21.35%，其次是十堰市，为 20.63%；比例最小的是鄂州市，仅占 0.08%。

林地以常绿针叶林为主，占总林地面积的 47.46%，主要分布在鄂西山地中南部和鄂东南低山丘陵。其次是落叶阔叶灌丛，占 29.88%，主要分布在鄂西山地低山地区和鄂东

---

① 为仙桃市、潜江市和天门市。

北低山丘陵。落叶阔叶林占16.49%，主要分布在鄂西山地北部及大洪山附近。常绿阔叶林占3.30%，主要分布在恩施州和十堰市。其他类型林地所占比例都很小。

（2）草地

2010年湖北省有草地1458.065 km^2，占全省土地面积的0.78%。草地主要分布在鄂西山地、鄂东北低山丘陵和鄂东南低山丘陵的山前低岗。全省各市（州）中，黄冈市草地所占比例最大，占全省草地面积的24.31%；其次是宜昌市，占12.54%；鄂州市比例最小，仅占0.33%。

草地中草丛占草地面积的比例最大，为99.86%。其次是温性草甸，占0.11%，主要分布在鄂西山地高山地区。草本绿地主要是城市中的绿化草地。

（3）耕地

2010年湖北省有耕地72 825.986 km^2，占全省土地面积的39.18%。耕地集中分布在江汉平原及各山区丘陵的平缓区域。全省各市（州）中，地处江汉平原的荆州市耕地所占比例最大，占全省耕地面积的12.94%；黄冈市和襄阳市的耕地面积占全省的比例均在10%以上；鄂州市比例最小，仅占1.12%。

耕地中旱地占耕地面积的比例为50.10%，主要分布在鄂东北丘陵、鄂西山区北部及江汉平原少水地区；耕地中水田占49.90%，主要分布在江汉平原长江、鄂东沿江平原等地。

（4）湿地

2010年湖北省有湿地14 035.382 km^2，占全省土地面积的7.55%。湿地主要分布在长江沿岸的荆州市、武汉市、黄冈市等。全省各市（州）中，荆州市湿地占比例最大，占全省湿地面积的23.18%；其次是武汉市，占15.21%；恩施州比例最小，仅占1.45%。

湿地中湖泊占湿地面积的比例最大，为37.59%，主要分布在长江流经的武汉市、荆州市、省直管市和黄冈市。其次是水库/坑塘，占32.27%，主要分布在荆州市、荆门市、武汉市。河流占26.01%，主要是长江的各大小水系。草本湿地占3.35%，主要分布在荆州市和省直管市。

（5）人工表面

2010年湖北省有人工表面8022.317 km^2，占全省土地面积的4.32%。人工表面主要分布在河流沿线及江汉平原，其中以武汉市为中心，形成明显的城市圈。全省各市（州）中，武汉市人工表面所占比例最大，占全省人工表面面积的18.67%；其次是襄樊市，占14.01%，荆州市占10.32%；比例最小的是恩施州，仅占1.84%。

人工表面以建设用地为主，所占比例达75.20%；其次是交通用地，占24.47%，以线状形式分布在全省；采矿场占0.33%，主要分布在黄石市和十堰市等矿产资源城市。

（6）其他类型土地覆被

2010年湖北省有其他类型土地覆被43.023 km^2，仅占全省土地面积的0.02%。全省各市（州）中，省直管市其他类型土地覆被所占比例最大，占全省其他类型土地覆被面积的26.17%；其次是宜昌市，占13.28%；随州市分布最少，仅占0.08%。

其他类型土地覆被中裸土所占比例最大，为95.60%，主要分布在省直管市、随州、宜昌等；其他类型所占比例极小。

9.18 湖南省土地覆被特征

湖南省地处长江中游，云贵高原向江南丘陵和南岭山脉向江汉平原过渡地带，东、南、西三面环山，中部丘岗起伏，北部湖盆平原展开，沃野千里，形成了朝东北开口的不对称马蹄形地形。大体可分为湘东侵蚀构造山丘区，湘南侵蚀溶蚀构造山丘区，湘西侵蚀构造山地，湘西北侵蚀构造山区、湘北冲积平原区及湘中侵蚀剥蚀丘陵区等6个地貌区。湖南属亚热带季风气候，年平均气温为16~18℃，年平均降水量为1200~1700mm。湖南省在植被区划上属于亚热带常绿阔叶林地带（陈仲伯，2004；邓美成和屈运炳，1993）。湖南省下辖长沙市、株洲市、湘潭市、衡阳市、邵阳市、岳阳市、张家界市、益阳市、常德市、娄底市、郴州市、永州市、怀化市13个地级市，湘西土家族苗族自治州（以下简称"湘西州"）1个自治州（湖南省人民政府，2015）。

9.18.1 湖南省土地覆被总体特征

湖南省以山地、丘陵为主，占全省土地面积的65%以上，土地覆被以林地为主，占土地面积的61.27%；其次是耕地，占土地面积的29.33%，湿地为3.89%，人工表面占3.21%，草地占2.09%，其他类型土地覆被面积仅为0.21%（图9-18，表9-18）。

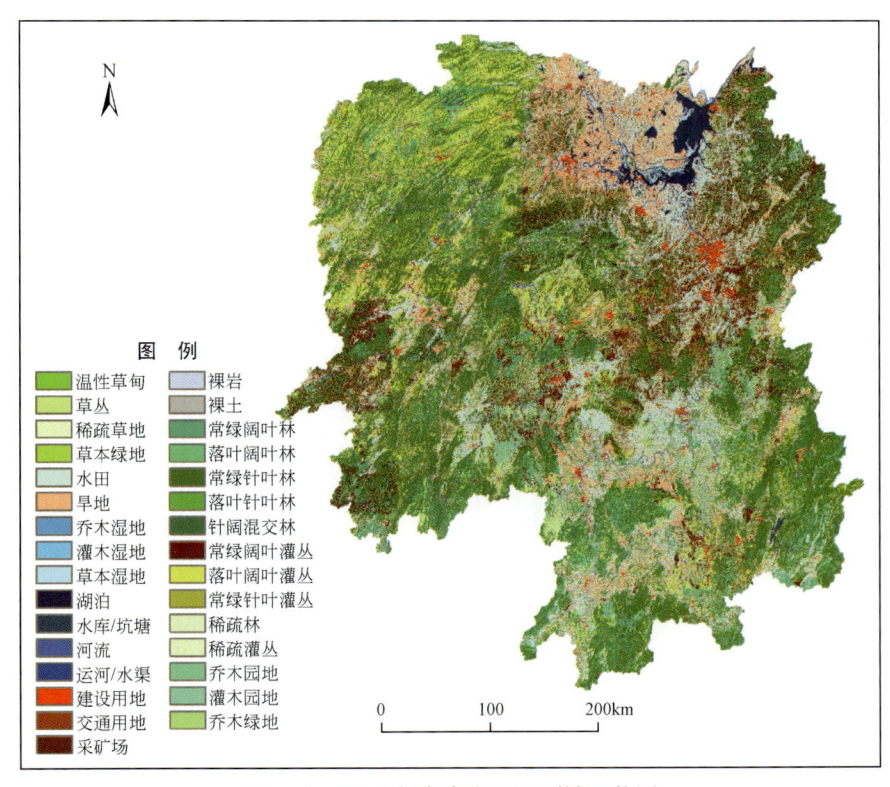

图9-18　2010年湖南省土地覆被现状图

表 9-18　2010 年湖南省土地覆被结构　　　　　　　　　　（单位:%）

市（州）	林地	草地	耕地	湿地	人工表面	其他	总计
长沙市	56.93	0.50	33.53	2.27	6.65	0.12	100.00
株洲市	68.34	1.01	24.37	2.05	3.96	0.27	100.00
湘潭市	52.04	0.62	38.53	2.65	6.14	0.01	100.00
衡阳市	48.17	0.44	44.92	2.27	3.50	0.70	100.00
邵阳市	65.62	5.10	25.74	1.12	2.38	0.04	100.00
岳阳市	46.03	0.37	34.03	16.32	3.17	0.08	100.00
常德市	43.83	0.54	43.36	7.56	4.66	0.05	100.00
张家界市	81.71	6.16	8.18	1.80	2.08	0.07	100.00
益阳市	48.97	0.13	36.61	11.61	2.62	0.06	100.00
郴州市	68.70	1.04	25.16	2.12	2.33	0.65	100.00
永州市	59.78	3.88	31.07	1.56	3.26	0.46	100.00
怀化市	71.36	2.16	21.71	2.22	2.54	0.02	100.00
娄底市	67.78	1.03	25.80	1.62	3.72	0.06	100.00
湘西州	73.41	3.82	20.50	0.85	1.40	0.02	100.00
全省合计	61.27	2.09	29.33	3.89	3.21	0.21	100.00

湘西山区的张家界市、湘西州、怀化市、邵阳市，湘南山丘区的永州和郴州市，湘东山丘株洲市、长沙市和湘中剥蚀丘陵的娄底市森林覆盖率均超过 55%，其中以张家界市最高，为 81.71%；而地处洞庭湖平原的常德市森林覆盖率最低，占 43.83%。以耕地比例所代表的垦殖率以洞庭湖平原的市（州）为最高，其中衡阳市耕地比例达 44.92%。湿地则是地处洞庭湖的岳阳市为最高，达 16.32%。人工表面则是以经济发达的省会城市长沙市为最高，约占 6.65%（表 9-18）。

9.18.2　湖南省不同类型土地覆被特征

湖南省地势呈三面高起、中间丘岗起伏、海拔变化大，这些地形条件带来的水热条件变化的显著差异，决定了土地覆被具有明显不同的空间格局（图 9-18）。

(1) 林地

2010 年湖南省有林地 129 812.976 km^2，占全省土地面积的 61.27%。林地广泛分布在除洞庭湖平原和河谷平原盆地外的山区丘陵。全省各市（州）中，林地面积占全省林地面积的比例以怀化市最高，为 15.15%，其次是邵阳市，为 10.52%；比例最小的是湘潭市，仅占 2.01%。

林地以常绿针叶林为主，占总林地面积的 52.28%，主要分布在湘东、湘南山地和湘西南部山区。其次是落叶阔叶灌丛，占 16.23%，主要分布在湘西山地低山地区。常绿阔叶灌丛占 13.57%，主要分布在怀化市西部、湘中剥蚀丘陵及湘东山丘。常绿阔叶林占 12.19%，主要分布在湘南山丘地带。其他类型林地所占比例都很小。

(2) 草地

2010 年湖南省有草地 4422.303 km^2，占全省土地面积的 2.09%。草地主要分布在湘西山地、湘南低山丘陵和湘东低山丘陵的山前低岗。全省各市（州）中，邵阳市草地所占比例最大，占全省草地面积的 23.99%；其次是永州市，占 19.52%；益阳市比例最小，仅占 0.37%。

草地中草丛占草地面积的比例最大，为 99.96%。其次是温性草甸，占 0.04%，主要分布在各山地高山地区。草本绿地主要是城市中的绿化草地。

(3) 耕地

2010 年湖南省有耕地 62 138.796 m^2，占全省土地面积的 29.33%。耕地集中分布在洞庭湖平原、河谷平原盆地及湘中丘陵地区。全省各市（州）中，地处洞庭湖平原的常德市耕地所占比例最大，占全省耕地面积的 12.69%；永州市和衡阳市的耕地面积占全省的比例均在 10% 以上；张家界市比例最小，仅占 1.25%。

耕地中旱地占耕地面积的比例为 42.47%，主要分布在湘南丘陵、湘西山区北部及洞庭湖平原少水地区；水田占 57.53%，主要分布在洞庭湖平原、湘东低岗地区及衡阳盆地。

(4) 湿地

2010 年湖南省有湿地 8248.490 km^2，占全省土地面积的 3.89%。湿地主要分布在澧水、湘江、沅江流经周边及洞庭湖周边区域。全省各市（州）中，岳阳市湿地占比例最大，占全省湿地面积的 29.43%；其次是益阳市，占 17.35%；娄底市和湘西州比例最小，仅占 1.59%。

湿地中湖泊占湿地面积的比例最大，为 40.98%，主要分布在岳阳市、益阳市、常德市。其次是河流，占 34.37%，除湘潭市分布较少外，其他各市（州）分布相差不大，其中怀化市分布最多。水库/坑塘占 11.84%，主要分布在常德市、岳阳市、郴州市和益阳市。草本湿地占 9.50%，主要是洞庭湖周围的岳阳市、益阳市和常德市。乔木湿地占 2.90%，主要分布在益阳市和岳阳市。其他类型分布很少。

(5) 人工表面

2010 年湖南省有人工表面 6805.653 km^2，占全省土地面积的 3.21%。人工表面主要分布在洞庭湖平原、衡阳盆地及河流沿线。全省各市州中，常德市人工表面所占比例最大，占全省人工表面面积的 12.47%；其次是长沙市，占 11.54%；比例最小的是张家界市，仅占 2.92%。

人工表面以建设用地为主，所占比例达 74.71%；其次是交通用地 25.05%，以线状形式广泛分布全省各市（州）；采矿场占 0.24%，主要分布在邵阳市、永州市和衡阳市。

(6) 其他类型土地覆被

2010 年湖南省有其他类型土地覆被 435.929km^2，仅占全省土地面积的 0.21%。全省各市（州）中，郴州市其他类型土地覆被所占比例最大，占全省其他类型土地覆被面积的 28.78%；其次是衡阳市，占 24.50%；湘西州分布最少，仅占 0.78%。

其他类型土地覆被中裸岩所占比例最大，为 77.30%，主要分布在郴州、衡阳、永州等市；裸土为 22.70%，主要分布在永州、郴州、衡阳等市。

9.19 广东省土地覆被特征

广东省地处中国大陆最南部，地貌类型复杂多样，有山地、丘陵、台地和平原，地势总体北高南低，北部多为山地和高丘陵；南部则为平原和台地。全省山脉大多与地质构造的走向一致，以北东—南西走向居多，如斜贯粤西、粤中和粤东北的罗平山脉和粤东的莲花山脉；粤北的山脉则多为向南拱出的弧形山脉，此外粤东和粤西有少量北西—南东走向的山脉；山脉之间有大小谷地和盆地分布。平原以珠江三角洲平原最大，潮汕平原次之，此外还有高要、清远、杨村和惠阳等冲积平原。台地以雷州半岛—电白—阳江一带和海丰—潮阳一带分布较多。广东省属于东亚季风区，从北向南分别为中亚热带、南亚热带和热带气候，年平均气温为 19~24℃，年平均降水量为 1300~2500mm，降雨的空间分布基本上也呈南高北低的趋势。在植被类型中，有属于地带性植被的北热带季雨林、南亚热带季风常绿阔叶林、中亚热带典型常绿阔叶林和沿海的热带红树林，还有非纬度地带性的常绿落叶阔叶混交林、常绿针阔叶混交林、常绿针叶林。广东省辖广州、深圳 2 个副省级市，珠海、汕头、佛山、韶关、湛江、肇庆、江门、茂名、惠州、梅州、汕尾、河源、阳江、清远、东莞、中山、潮州、揭阳、云浮 19 个地级市（广东省人民政府，2015）。

9.19.1 广东省土地覆被总体特征

广东省大部分位于山区丘陵，水热资源丰富，土地覆被以林地为主，占土地面积的 65.65%，其次是耕地，占土地面积的 21.30%，人工表面占 7.28%，湿地占 5.05%，草地和其他类型面积总计不足 0.8%（图 9-19，表 9-19）。

粤东、粤西和粤北多山地丘陵，整体上森林覆盖率高，其中粤东的梅州市林地占土地面积的比例达 82.70%；而冲积平原和粤东的台地，林地分布相对较少，其中珠江三角洲的中山市林地占土地面积的比例最低，仍然占 22.75%。以耕地比例所代表的垦殖率以冲积平原地区的市为最高，其中雷州半岛的湛江市耕地比例最高为 56.06%。广东省整体上经济发达，人工表面也占较大的比重，其中经济较为发达的广州、深圳、珠海、汕头、佛山、东莞、中山市人工表面所占比例均超过 20%，其中东莞市更是高达 47.94%。由于珠江的存在，珠海市的湿地所占比重高达 26.40%（表 9-19）。

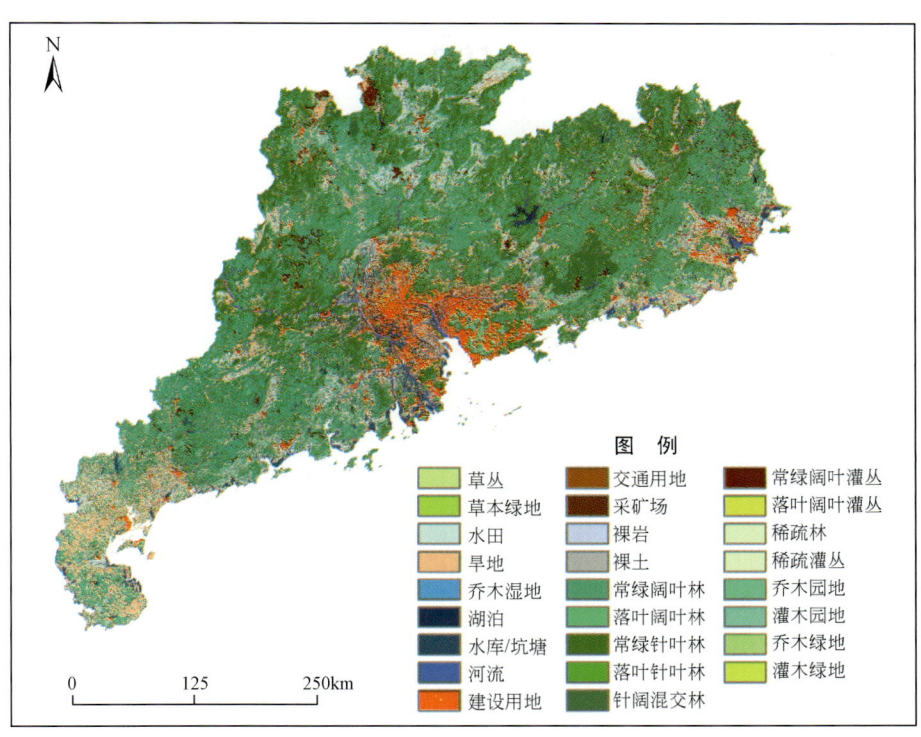

图 9-19　2010 年广东省土地覆被现状图

表 9-19　2010 年广东省土地覆被结构　　　　　　　　（单位:%）

市	林地	草地	耕地	湿地	人工表面	其他	总计
广州市	49.29	0.19	20.95	8.65	20.79	0.14	100.00
韶关市	76.29	0.14	19.82	1.25	1.87	0.64	100.00
深圳市	49.14	0.97	3.63	3.10	42.73	0.43	100.00
珠海市	32.82	0.20	17.50	26.40	22.67	0.42	100.00
汕头市	29.87	0.04	30.63	15.86	23.34	0.26	100.00
佛山市	23.75	0.01	17.77	24.30	34.09	0.08	100.00
江门市	56.09	0.04	24.25	11.20	7.87	0.55	100.00
湛江市	32.28	0.02	56.06	5.27	6.24	0.14	100.00
茂名市	70.96	0.12	21.32	2.88	4.61	0.10	100.00
肇庆市	76.19	0.00	15.30	5.23	2.94	0.33	100.00
惠州市	70.29	0.12	17.86	3.99	7.44	0.30	100.00
梅州市	82.70	0.03	11.58	1.30	2.68	1.70	100.00
汕尾市	56.05	0.35	28.94	7.30	6.20	1.16	100.00
河源市	82.41	0.15	11.32	2.94	2.13	1.06	100.00
阳江市	68.51	0.14	22.89	4.06	3.82	0.58	100.00

续表

市	林地	草地	耕地	湿地	人工表面	其他	总计
清远市	72.25	0.37	21.46	2.26	2.97	0.68	100.00
东莞市	29.38	0.64	10.21	11.65	47.94	0.17	100.00
中山市	22.75	0.04	22.47	21.85	32.75	0.13	100.00
潮州市	62.55	0.17	19.02	7.17	9.76	1.34	100.00
揭阳市	56.49	0.02	27.83	4.56	10.85	0.25	100.00
云浮市	72.26	0.12	20.50	2.91	3.96	0.25	100.00
全省合计	65.65	0.14	21.30	5.03	7.28	0.60	100.00

9.19.2 广东省不同类型土地覆被特征

广东省受地貌条件和经济政策的影响，决定了土地覆被具有明显的山区与平原差异较大的空间格局（图9-19）。

（1）林地

2010年广东省有林地116 487.224km^2，占全省土地面积的65.65%。林地广泛分布在除珠江三角洲平原、潮汕平原和雷州半岛外的区域。全省各市中，林地面积占全省林地面积的比例以韶关市最高为12.05%，其次是清远市，为11.80%；比例最小的是中山市，仅占0.34%。

林地以常绿阔叶林为主，占总林地面积的54.35%，主要分布在粤北、粤东、粤西的低山地区。其次是常绿针叶林，占29.84%，主要分布在粤北、粤东、粤西的海拔较高山区。针阔混交林占7.33%，主要分布在粤东北丘陵。乔木园地占5.31%，主要分布在雷州半岛和惠州市。其他类型林地所占比例都很小。

（2）草地

2010年广东省有草地255.063km^2，仅占全省土地面积的0.14%。草地主要分布在各山区丘陵边缘。全省各市中，清远市草地所占比例最大，占全省草地面积的27.77%；其次是韶关市，占10.20%；肇庆市比例最小，仅占0.12%。

草地中草丛占草地面积的比例最大，为79.13%，主要分布在清远市、韶山市和河源市。草本绿地主要是珠江三角洲地区城市中的绿化草地。

（3）耕地

2010年广东省有耕地37 797.828km^2，占全省土地面积的21.30%。耕地广泛分布在山区的沟谷，海拔较低的丘陵、低岗，台地及冲积平原上。全省各市中，地处雷州半岛的湛江市耕地所占比例最大，占全省耕地面积的18.13%；其次是清远市，占10.81%；深圳市比例最小，仅占0.18%。

耕地中旱地占耕地面积的比例为48.25%，分布在雷州半岛及山区不易灌溉区域；水田占51.75%，主要分布在江河周围及低平的丘陵低岗的梯田。

(4) 湿地

2010 年广东省有湿地 8920.971km², 占全省土地面积的 5.03%。湿地主要分布在珠江和韩江沿岸及沿海地区。全省各市中, 江门市湿地占比例最大, 占全省湿地面积的 11.64%; 其次是佛山市, 占 10.34%; 深圳市比例最小, 仅占 0.66%。

湿地中水库/坑塘占湿地面积的比例最大, 为 68.36%, 主要分布在珠江流经的江门、佛山和雷州半岛的湛江市。其次是河流, 占 28.12%, 主要分布在肇庆市、广州市和清远市。湖泊占 3.50%, 主要分布在河源市和韶关市。

(5) 人工表面

2010 年广东省有人工表面 12 912.505km², 占全省土地面积的 7.28%。人工表面主要分布在珠江三角洲平原、潮汕平原及江河沿岸。全省各市中, 广州市人工表面所占比例最大, 占全省人工表面面积的 11.55%; 其次是佛山市, 占 10.02%, 东莞市占 9.09%; 比例最小的是阳江市, 占 2.30%。

人工表面以建设用地为主, 所占比例达 96.70%; 其次是采矿场面积占 1.80%, 主要分布邵阳市和清远市。交通用地占 1.50%, 以线状形式广泛分布全省各市。

(6) 其他类型土地覆被

2010 年广东省有其他类型土地覆被 1056.569km², 仅占全省土地面积的 0.60%。其他类型土地覆被主要分布在山区边缘。全省各市中, 梅州市其他类型土地覆被所占比例最大, 占全省其他类型土地覆被面积的 25.52%; 其次是河源市, 占 15.63%; 中山市分布最少, 仅 0.21%。

其他类型土地覆被中裸土所占比例最大, 为 98.68%, 主要分布在梅州市、河源市、清远市和韶关市; 其次是裸岩, 占 1.32% 主要分布在江门市、汕尾市和湛江市。

9.20　广西壮族自治区土地覆被特征

广西壮族自治区位于华南地区西部, 南濒北部湾, 与越南接壤, 处于被称为中国地势第二级阶梯的云贵高原的东南边缘, 两广丘陵的西部, 南边朝向北部湾。整个地势为四周多山地与高原, 而中部与南部多为平地, 因此地势自西北向东南倾斜, 西北与东南之间呈盆地状, 素有 "广西盆地" 之称。广西地处低纬度, 北回归线横贯全区中部, 属亚热带季风气候区。全区年平均气温为 16.5~23.1℃, 各地年降水量均在 1070mm 以上, 大部分地区为 1500~2000mm。降水具有东部多、西部少, 丘陵山区多、河谷平原少, 夏季迎风坡多、背风坡少的特点。广西地跨中亚热带常绿阔叶林带、南亚热带常绿季雨林带、北热带季节性林带。广西壮族自治区共设南宁市、柳州市、桂林市、玉林市、梧州市、钦州市、百色市、贵港市、河池市、来宾市、北海市、崇左市、防城港市、贺州市 14 个地级市 (广西壮族自治区人民政府, 2016)。

9.20.1　广西壮族自治区土地覆被总体特征

广西壮族自治区位于云贵高原东南边缘, 多山地丘陵, 属亚热带季风气候, 气候适宜、降水丰富，土地覆被以林地为主，森林覆盖率高达 67.12%；其次是耕地，耕地占土地面积的比例为 26.82%，人工表面和湿地仅为 4.10%，草地和其他类型的面积不足 2%（图 9-20，表 9-20）。

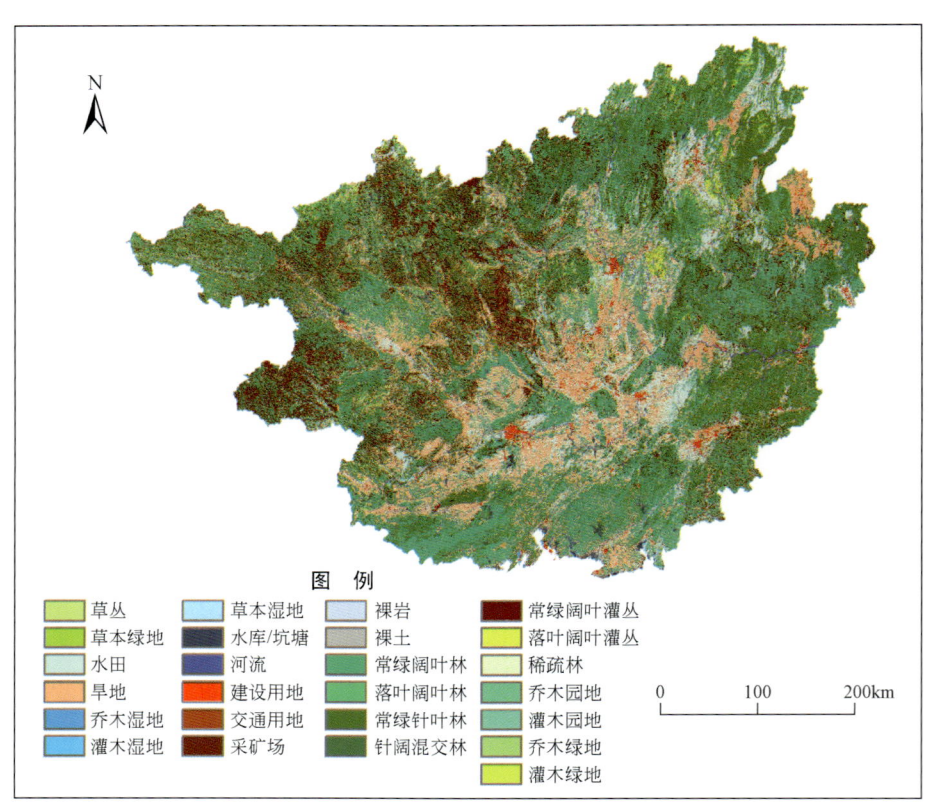

图 9-20　2010 年广西壮族自治区土地覆被现状图

表 9-20　2010 年广西壮族自治区土地覆被结构　　　　　　　　（单位:%）

市	林地	草地	耕地	湿地	人工表面	其他	总计
南宁市	45.02	1.13	46.96	2.06	4.83	0.00	100.00
柳州市	67.59	1.04	26.95	1.90	2.52	0.00	100.00
桂林市	71.46	1.69	23.78	1.37	1.71	0.00	100.00
梧州市	84.15	0.22	11.35	2.27	2.01	0.00	100.00
北海市	44.49	0.10	40.57	8.87	5.98	0.00	100.00
防城港市	75.73	0.85	18.61	3.22	1.57	0.02	100.00
钦州市	67.89	0.77	27.31	1.92	2.09	0.01	100.00
贵港市	47.83	0.44	43.93	2.85	4.94	0.00	100.00
玉林市	69.99	0.59	24.15	1.47	3.80	0.00	100.00
百色市	76.36	4.04	17.72	0.98	0.90	0.00	100.00
贺州市	73.59	0.02	22.51	1.21	2.67	0.00	100.00

续表

市	林地	草地	耕地	湿地	人工表面	其他	总计
河池市	73.95	4.38	19.30	1.33	1.04	0.00	100.00
来宾市	50.98	1.56	41.30	1.77	4.38	0.00	100.00
崇左市	61.76	1.78	33.69	1.37	1.40	0.01	100.00
全自治区合计	67.12	1.96	26.82	1.72	2.37	0.00	100.00

广西水热资源丰富，各个市的森林覆盖率均很高，其中广西东部的梧州市最高为84.15%，广西南部的海港城市北海市最低为44.49%。而地处中部平原盆地的南宁市、贵港市、来宾市和北海市的耕地面积所占比例较高，其中南宁市最高为46.96%。其他类型在各市所占的比例均不超过10%（表9-20）。

9.20.2 广西壮族自治区不同类型土地覆被特征

广西壮族自治区四周多山地高原、中部和南部多平地的地形特点，决定了土地覆被具有四周与中间明显不同的空间格局（图9-20）。

(1) 林地

2010年广西壮族自治区有林地158 747.073 km²，占全自治区土地面积的67.12%。林地分布在自治区四周的山地高原。全自治区各市中，林地面积占全区林地面积的比例以百色市最高为17.42%，其次是河池市，为15.60%；比例最小的是北海市，仅占0.95%。

林地以常绿阔叶林为主，占总林地面积的39.54%，广泛分布周围山地。其次是常绿针叶林，占33.17%，主要分布在周围山地的海拔较高处。常绿阔叶灌丛占16.62%，主要分布在广西西部的山区。针阔混交林占4.89%，主要分布在广西北部的山区。其他类型林地所占比例都很小。

(2) 草地

2010年广西壮族自治区有草地4647.221 km²，仅占全自治区土地面积的1.96%。草地主要分布在山区高原海拔最高处。全自治区各市中，河池市草地所占比例最大，占全自治区草地面积的31.59%；其次是百色市，占31.48%；贺州市比例最小，仅占0.06%。

草地仅有草丛和草本绿地两种类型，其中草丛占草地面积的比例最大，为99.99%，主要分布在百色市和河池市。草本绿地为0.01%，主要是城市中的绿化草地。

(3) 耕地

2010年广西壮族自治区有耕地63 426.134 km²，占全区土地面积的26.82%。耕地广泛分布在自治区山间盆地、低矮丘陵及广西中部南部的平地。全自治区各市中，南宁市耕地所占比例最大，占全区耕地面积的16.35%；河池市、桂林市和百色市的耕地面积占全自治区的比例均在10%以上；防城港市比例最小，仅占1.75%。

耕地中旱地占耕地面积的比例为62.57%，主要分布在自治区的中西部；水田占37.43%，主要分布在自治区东部的低矮丘陵。

（4）湿地

2010年广西壮族自治区有湿地4079.166km²，占全自治区土地面积的1.72%。湿地主要分布在西江沿岸及沿海城市。全自治区各市中，南宁市湿地占比例最大，占全自治区湿地面积的11.17%；其次是河池市，占10.90%；贺州市比例最小，仅占3.48%。

湿地中河流占湿地面积的比例最大，为52.58%，主要分布在西江的各支流水系，以柳州市分布最多。其次是水库/坑塘，占44.22%，主要分布在南宁市、河池市和百色市。草本湿地占1.66%，主要分布在北海市。乔木湿地占1.43%，主要分布在北海市、防城港市和钦州市等沿海城市。

（5）人工表面

2010年广西壮族自治区有人工表面5606.241km²，占全自治区土地面积的2.37%，略大于草地面积。全自治区各市中，南宁市人工表面所占比例最大，占全自治区人工表面面积的19.02%；其次是来宾市，占10.47%；比例最小的是防城港市仅占1.66%。

人工表面以建设用地为主，所占比例达85.85%；其次是交通用地13.03%，以线状形式广泛分布全自治区各市；采矿场占0.85%，主要分布在柳州市、梧州市、玉林市和百色市。

（6）其他类型土地覆被

2010年广西壮族自治区有其他类型土地覆被5.318km²。只有裸土和裸岩两种类型，其中裸土所占比例为63.64%，主要分布在防城港市和崇左市；裸岩主要分布在百色市和钦州市。

9.21　海南省土地覆被特征

海南省位于中国最南端，形似一个呈东北至西南向的椭圆形大雪梨，海南岛四周低平，中间高耸，以五指山、鹦哥岭为隆起核心，向外围逐级下降。山地、丘陵、台地、平原构成环形层状地貌，梯级结构明显。海南岛地处热带北缘，属热带季风气候，长夏无冬，年平均气温为22~27℃，海南省雨量充沛，年降水量为1000~2600mm，年平均降水量为1639mm。海南的植被生长快，植物繁多，是热带雨林、热带季雨林的原生地。海南省的行政区域包括海南岛、三沙群岛（西沙、中沙、南沙）的岛礁及其海域。下设海口市、三亚市、三沙市3个地级市及16个省直辖县市（海南省人民政府，2016）。

9.21.1　海南省土地覆被总体特征

海南省地处热带北缘，水热条件好，土地覆被以林地为主，森林覆盖率为57.16%；其次是耕地，占土地面积的比例21.36%；其他类型土地覆被占13.91%，湿地占5.49%；人工表面占1.85%；草地仅为0.23%（图9-21，表9-21）。

第9章 中国分省土地覆被特征

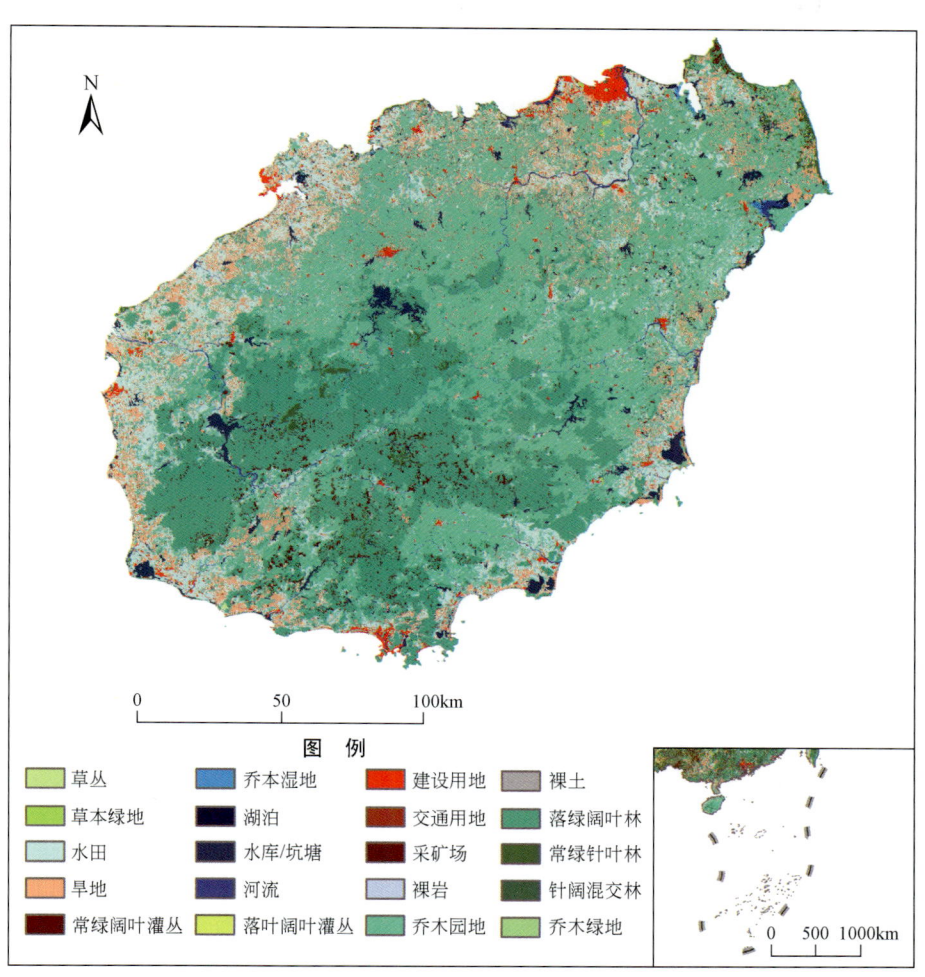

图 9-21　2010 年海南省土地覆被现状图

表 9-21　2010 年海南省土地覆被结构　　　　　　　　　　（单位:%）

市（县）	林地	草地	耕地	湿地	人工表面	其他	总计
海口市	53.92	0.55	33.14	4.87	7.44	0.07	100.00
三亚市	65.84	0.41	24.90	3.18	4.95	0.73	100.00
三沙市	0.58	0.00	0.00	17.07	0.00	82.35	100.00
省直辖县市[①]	69.66	0.25	25.08	3.07	1.66	0.29	100.00
全省合计	57.16	0.23	21.36	5.49	1.85	13.91	100.00

　　海南中间凸起，向四周降低，林地是其主要的土地覆被类型，其中以省直辖县市最高，为 69.66%。耕地则以最外围的海口市为最高，达 33.14%。三沙市主要是西、南、

---

① 共 16 个。

中沙群岛，土地覆被主要是其他类型，另外有少量的湿地（表9-21）。

9.21.2 海南省不同类型土地覆被特征

海南省地形地貌决定了海南岛的土地覆被呈现环状分布（图9-21）。具体表现在不同土地覆被类型的空间分布处于不同圈层。

（1）林地

2010年海南省有林地23 216.925km²，占全省土地面积的57.16%。林地占据了海南岛的内圈。全省各市（县）中，林地面积占全省林地面积的比例以省直辖县市最高，为89.27%，其次是三亚市，为5.38%；比例最小的是三沙市，仅占0.17%。

林地以乔木园地为主，占总林地面积的58.33%，主要分布在海南偏东北。其次是常绿阔叶林，占37.47%，主要分布在海南偏西南。其他类型林地所占比例都很小。

（2）草地

2010年海南省有草地93.324km²，仅占全省土地面积的0.23%。草地主要分布在海南岛西南部。全省各市（县）中，省直辖县市草地所占比例最大，占全省草地面积的78.58%；其次是海口市，占13.15%；三沙市没有分布。

草地仅有草丛和草本绿地两种类型，其中草丛占草地面积的比例最大，为79.63%，主要分布在海南西南部。草本绿地主要是城市中的绿化草地，以海口市分布最多。

（3）耕地

2010年海南省有耕地8674.382km²，占全省土地面积的21.36%。耕地集中分布在海南岛的最外环。全省各市（县）中，省直辖县市耕地所占比例最大，占全省耕地面积的86.04%；海口市占8.52%；三沙市没有分布。

耕地中旱地占耕地面积的比例为43.10%，主要分布在海南东北部；水田占56.90%，主要分布在海南西南部。

（4）湿地

2010年海南省有湿地2231.308km²，占全省土地面积的5.49%。湿地主要分布在海南岛各处。全省各市（县）中，三沙市湿地占比例最大，占全省湿地面积的51.54%；其次是省直辖市，占40.88%；三亚市比例最小，占2.70%。

湿地中湖泊占湿地面积的比例最大，为51.54%，主要分布在三沙市。其次是水库/坑塘，占37.65%，主要由中间向四周流经的河流旁。河流占10.36%，主要由海南中间向四周辐射的河流。

（5）人工表面

2010年海南省有人工表面752.323km²，占全省土地面积的1.85%。人工表面主要分布在海南岛外围。全省各市（县）中，省直辖县市人工表面所占比例最大，占全省人工表面面积的65.46%；其次是海口市，占22.05%，三亚市占12.49%。

人工表面以建设用地为主，所占比例达85.80%；其次是交通用地占9.69%，以线状形式广泛分布除三沙市外的全省各市（县）；采矿场占 4.50%，以省直辖县市为最多，其次是三亚市。

（6）其他类型土地覆被

2010 年海南省有其他类型土地覆被 5649.565km²，占全省土地面积的 13.91%。其他类型土地覆被主要分布在海南省的小岛屿。全省各市（县）中，三沙市其他类型土地覆被所占比例最大，占全省其他类型土地覆被面积的 98.20%；其次是省直辖县市，占 1.53%；海口市分布最少，仅占 0.03%。

其他类型土地覆被中裸岩所占比例最大，为 97.98%，只分布在三沙市；其次是裸土，占 2.02%，主要分布在省直辖县市。

9.22 重庆市土地覆被特征

重庆市位于中国内陆西南部、长江上游地区，地跨青藏高原与长江中下游平原的过渡地带。重庆地势由南北向长江河谷逐级降低，西北部和中部以丘陵、低山为主，东北部靠大巴山和东南部连武陵山两座大山脉。重庆气候温和，属亚热带季风性湿润气候，年平均气温在 18℃左右，年降水量为 1000~1450mm。重庆市下辖 19 个直管区，包括万州区、黔江区、涪陵区、渝中区、大渡口区、江北区、沙坪坝区、九龙坡区、南岸区、北碚区、渝北区、巴南区、长寿区、江津区、合川区、永川区、南川区、綦江区、大足区；15 个县，包括潼南县、铜梁县、荣昌县、璧山县、梁平县、城口县、丰都县、垫江县、武隆县、忠县、开县、云阳县、奉节县、巫山县、巫溪县；4 个自治县，包括酉阳土家族苗族自治县（以下简称"酉阳县"）、秀山土家族苗族自治县（以下简称"秀山县"）、彭水苗族土家族自治县（以下简称"彭水县"）、石柱土家族自治县（以下简称"石柱县"）；1 个国家级新区，为重庆两江新区（重庆市人民政府，2015）。

9.22.1 重庆市土地覆被总体特征

重庆市有"山城"之称，气候温和，雨量充沛，土地覆被以林地为主，森林覆盖率为 56.76%，其次是耕地，占土地面积的比例为 31.36%，草地为 7.43%，人工表面为 2.58%，湿地为 1.86%，其他类型土地覆被的面积不足 0.02%（图 9-22，表 9-22）。

重庆海拔较高的东南部和北部森林覆盖率相对其他地区较高，其中地处大巴山区的城口县森林覆盖率最高为 82.03%，而市中心的渝中区森林覆盖率最低为 18.83%。重庆西部除去东北西南向的山脉外海拔相对较低，耕地的面积相对较大，其中以垫江县耕地比例所占最高，达 59.26%。重庆为四个直辖市之一，以渝中区为中心有大量的人工表面类型的存在。草地所占比例最高的则是重庆北部海拔为 500~1000m 的巫山县、奉节县、云阳县，其中以巫山县最高，为 25.16%。湿地则以长江穿城而过的渝中区为最高，达 14.90%（表 9-22）。

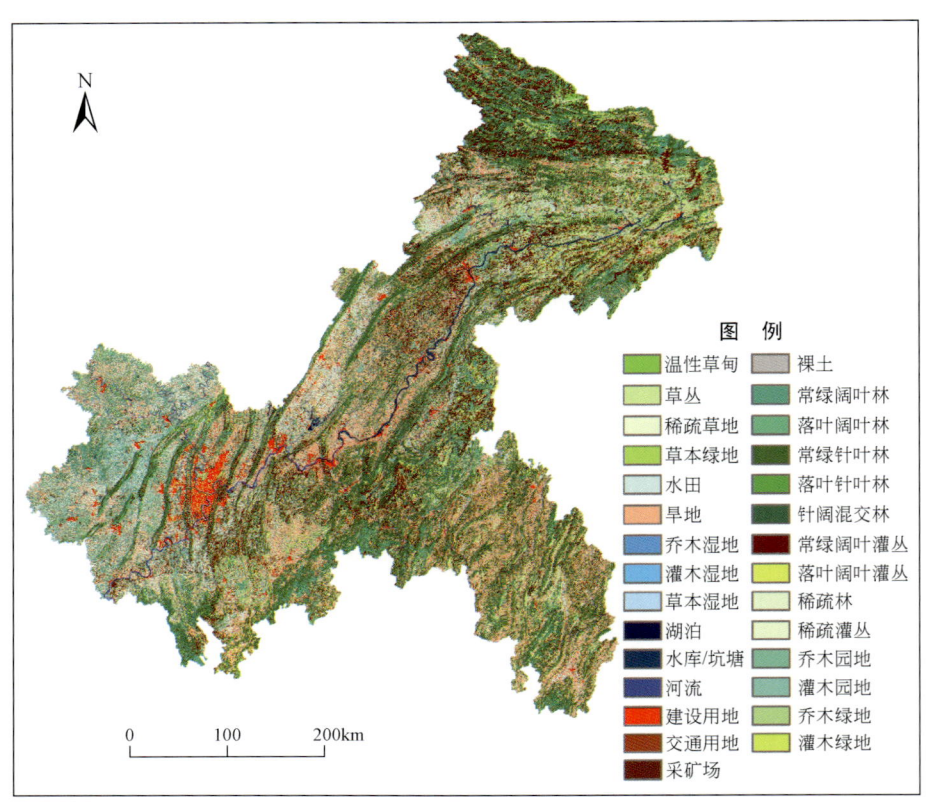

图 9-22 2010 年重庆市土地覆被现状图

表 9-22 2010 年重庆市土地覆被结构 （单位:%）

区（县）	林地	草地	耕地	湿地	人工表面	其他	总计
万州区	61.07	4.40	28.34	3.50	2.69	0.00	100.00
涪陵区	53.16	1.20	37.59	3.46	4.59	0.00	100.00
渝中区	18.83	0.00	0.37	14.90	65.90	0.00	100.00
大渡口区	35.10	0.67	18.34	10.22	35.67	0.00	100.00
江北区	30.86	2.31	30.02	8.54	28.28	0.00	100.00
沙坪坝区	40.79	1.82	26.82	2.49	28.09	0.00	100.00
九龙坡区	36.78	1.09	32.58	3.82	25.73	0.00	100.00
南岸区	42.00	1.61	20.66	9.56	26.18	0.00	100.00
北碚区	53.13	2.54	31.28	2.53	10.52	0.00	100.00
綦江区	59.82	1.72	36.49	0.58	1.38	0.01	100.00
大足区	45.98	0.00	49.90	1.12	2.99	0.00	100.00
渝北区	44.35	5.03	34.63	2.03	13.96	0.00	100.00
巴南区	54.78	2.62	36.05	2.50	4.05	0.00	100.00

续表

区（县）	林地	草地	耕地	湿地	人工表面	其他	总计
黔江区	56.68	5.95	35.61	0.61	1.15	0.01	100.00
长寿区	36.74	2.73	46.28	6.13	8.12	0.00	100.00
江津区	52.84	1.50	39.77	3.38	2.51	0.00	100.00
合川区	43.59	0.36	50.56	3.33	2.15	0.00	100.00
永川区	46.71	0.00	48.42	1.49	3.38	0.00	100.00
南川区	54.46	1.80	42.00	0.19	1.54	0.00	100.00
潼南县	47.75	0.02	48.28	1.90	2.04	0.01	100.00
铜梁县	51.37	0.00	44.50	1.50	2.63	0.00	100.00
荣昌县	44.11	0.00	51.94	1.40	2.55	0.00	100.00
璧山县	50.13	0.01	44.91	1.19	3.76	0.00	100.00
梁平县	52.58	5.17	39.29	0.40	2.56	0.00	100.00
城口县	82.03	14.27	3.21	0.26	0.23	0.00	100.00
丰都县	58.36	1.59	34.95	2.46	2.63	0.00	100.00
垫江县	31.62	4.54	59.26	1.55	3.03	0.00	100.00
武隆县	77.26	2.53	18.12	0.90	1.14	0.05	100.00
忠县	49.01	1.14	42.65	4.70	2.51	0.00	100.00
开县	55.87	9.95	31.42	1.39	1.38	0.00	100.00
云阳县	55.23	20.68	19.61	3.54	0.91	0.03	100.00
奉节县	60.49	21.47	15.21	1.96	0.78	0.09	100.00
巫山县	55.11	25.16	16.10	2.60	0.98	0.06	100.00
巫溪县	75.47	13.77	9.79	0.47	0.45	0.05	100.00
石柱县	73.30	5.73	18.41	0.82	1.74	0.00	100.00
秀山县	54.03	8.51	35.15	0.97	1.32	0.01	100.00
酉阳县	54.09	12.57	32.33	0.60	0.41	0.01	100.00
彭水县	56.78	7.92	34.21	0.63	0.42	0.05	100.00
全市合计	56.76	7.43	31.36	1.86	2.58	0.02	100.00

9.22.2 重庆市不同类型土地覆被特征

重庆市山地、丘陵、盆地交错分布，海拔起伏较大，由此带来的水热条件变化较大，因此重庆市的土地覆被斑块破碎，但是整体上仍具有其自身的空间格局特点（图9-22）。

(1) 林地

2010年重庆市有林地46 764.265km^2，占全市土地面积的56.76%。林地集中分布在重庆北部和重庆的东部，除了大巴山区呈东西向带状分布外，其他地区均是东北西南走向分布。全市各区（县）中，林地面积占全市林地面积的比例以巫溪县最高，为6.50%，由此可见，各区（县）除了中心区外，其他区（县）林地分布比较分散，比例最小的是渝中区，仅占0.01%。

林地以常绿针叶林为主，占总林地面积的41.33%，主要分布在各山区丘陵海拔在1000m以上的地区。其次是常绿阔叶灌丛，占19.30%，主要分布在重庆北部、重庆中部山区海拔在1300以上区域。常绿阔叶林占18.54%，主要分布在重庆西部海拔较低处。落叶阔叶林占7.62%，与常绿阔叶林分布相似。落叶阔叶灌丛占5.23%，与常绿阔叶灌丛分布类似。针阔混交林占3.91%。其他类型林地所占比例都很小。

（2）草地

2010年重庆市有草地6124.089km^2，占全市土地面积的7.43%。草地主要分布在重庆北部和重庆东部的山区低山地区。全市各区（县）中，奉节县草地所占比例最大，占全市草地面积的14.37%；其次是云阳县，占12.28%；渝中区没有分布。

草地中草丛占草地面积的比例最大，为96.74%。其次是温性草甸，占3.26%，主要分布在大巴山区的高山地区。草本绿地主要是江北区城市中的绿化草地。

（3）耕地

2010年重庆市有耕地25 833.112km^2，占全市土地面积的31.36%。耕地广泛分布在重庆西部及重庆北部、东部山区的盆地、低平地区。全市各区（县）中，酉阳县耕地所占比例最大，占全市耕地面积的6.47%；其次是彭水县，占5.16%；渝中区比例最小，几乎没有分布。

耕地中旱地占耕地面积的比例为74.10%；水田占25.90%，主要分布在重庆市西部低平地区。

（4）湿地

2010年重庆市有湿地1529.468km^2，占全市土地面积的1.86%。湿地主要分布在长江沿岸。全市各区（县）中，云阳县湿地占比例最大，占全市湿地面积的8.40%；其次是万州区，占7.90%；渝中区比例最小，仅占0.22%。

湿地中水库/坑塘占湿地面积的比例最大，为55.39%，主要分布在云阳县和万州区。其次是河流，占41.02%，主要分布在长江流经的各区（县）。湖泊占3.30%，主要分布在长寿区。

（5）人工表面

2010年重庆市有人工表面2122.940km^2，占全市土地面积的2.58%，略大于湿地面积。人工表面集中分布在重庆西部，以渝中区为中心，向四周辐射开来。全市各区（县）中，渝北区人工表面所占比例最大，占全市人工表面面积的9.58%；其次是涪陵区，占6.37%；比例最小的是城口县仅占0.36%。

人工表面以建设用地为主，所占比例达92.94%；其次是交通用地占4.83%，以线状形式广泛分布全市各区（县）；采矿场面积占2.23%，其中以渝北区为最多。

（6）其他类型土地覆被

重庆市其他类型土地覆被类型仅有裸土一种，2010年重庆市有裸土覆被13.459km^2

仅占全市土地面积的 0.02%。全市各区（县）中，奉节县裸土所占比例最大，占全市裸土面积的 26.85%；其次是巫溪县，占 16.29%；彭水县占 13.08%；巫山县占 13.07%。

9.23 四川省土地覆被特征

四川省位于我国西南腹地的长江上游，处于第一级青藏高原和第二级长江中下游平原的过渡带，高低悬殊，西高东低的特点特别明显。西部为高原、山地；东部为盆地、丘陵。全省可分为四川盆地、川西高山高原区、川西北丘状高原山地区、川西南山地区、米仓山大巴山中山区五大部分。四川气候总的特点是区域表现差异显著，川西南山地亚热带半湿润气候区，全年气温较高，年平均气温为 12~20℃，年降水量为 900~1200mm；川西北高山高原高寒气候区，海拔高差大，气候立体变化明显，从河谷到山脊依次出现亚热带、暖温带、中温带、寒温带、亚寒带、寒带和永冻带，总体上以寒温带气候为主，年平均气温为 4~12℃，年降水量为 500~900mm。四川植被区划分为常绿阔叶林植被带、亚高山暗针叶林植被带、高原森林、草甸植被带和高原灌丛、草甸植被带。四川省下辖成都市 1 个副省级市，自贡市、攀枝花市、泸州市、德阳市、绵阳市、广元市、遂宁市、内江市、乐山市、南充市、宜宾市、眉山市、广安市、达州市、雅安市、巴中市、资阳市 17 个地级市，阿坝藏族羌族自治州（以下简称"阿坝州"）、甘孜藏族自治州（以下简称"甘孜州"）、凉山彝族自治州（以下简称"凉山州"）3 个自治州（四川省人民政府，2016）。

9.23.1 四川省土地覆被总体特征

四川省大部分位于青藏高原边缘，多山地丘陵，土地覆被也以林地为主，其次是草地，两者占土地面积的比例为 72.98%；垦殖率为 21.08%；其他类型土地覆被为 3.19%；湿地为 1.96%；人工表面所占比例最少，仅为 0.79%（图 9-23，表 9-23）。

地处山区的雅安市、攀枝花市、凉山州、乐山市、广元市的森林覆盖率高，其中地处川西高原和四川盆地交界处的雅安市林地占土地面积的比例达 78.24%；而地处四川盆地的自贡市和内江市，林地分布少，其中自贡市林地占土地面积的比例最低，为 13.62%。以耕地比例所代表的垦殖率以四川盆地地区的地市为最高，其中内江市耕地比例达 80.04%；由于海拔和低温限制，川西高原的阿坝州和甘孜州耕地所占比例都较低，都小于 1.5%，其中甘孜州耕地仅占土地面积的 1.12%。草地则主要分布在受海拔和低温限制的川西高原，其中以甘孜州为最高，达 47.69%。由于若尔盖湿地的存在，阿坝州的湿地比例均在高于其他地区。人工表面则主要分布在人工密集、经济发达的成都平原、四川盆地，其中成都市比例最高，为 10.39%。其他类型土地覆被均以甘孜州为最高，为 6.26%（表 9-23）。

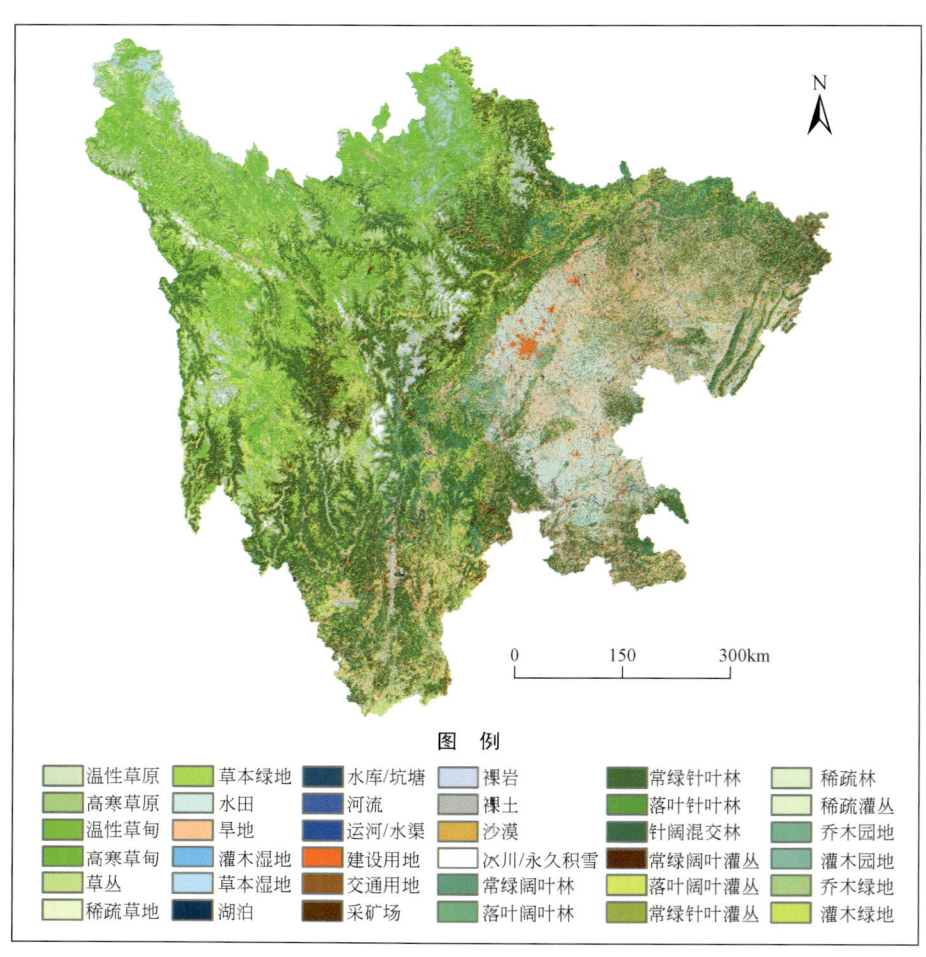

图 9-23　2010 年四川省土地覆被现状图

表 9-23　2010 年四川省土地覆被结构　　　　　　　　　　（单位：%）

市（州）	林地	草地	耕地	湿地	人工表面	其他	总计
成都市	31.83	1.48	54.02	1.30	10.39	0.99	100.00
自贡市	13.62	0.01	82.72	2.03	1.62	0.00	100.00
攀枝花市	63.34	14.40	19.38	1.19	1.44	0.24	100.00
泸州市	48.22	1.15	47.71	1.84	1.07	0.02	100.00
德阳市	21.83	1.75	68.23	1.32	4.97	1.90	100.00
绵阳市	53.34	3.58	39.30	1.26	1.33	1.19	100.00
广元市	62.66	0.43	35.01	1.14	0.59	0.16	100.00
遂宁市	23.95	0.01	71.14	2.42	2.17	0.31	100.00
内江市	15.89	0.00	80.04	2.31	1.75	0.01	100.00
乐山市	69.21	1.22	26.45	1.69	1.18	0.25	100.00

续表

市（州）	林地	草地	耕地	湿地	人工表面	其他	总计
南充市	28.34	0.00	68.35	2.06	1.17	0.08	100.00
眉山市	39.75	0.07	55.56	2.25	2.19	0.19	100.00
宜宾市	36.31	0.08	61.11	1.27	1.13	0.10	100.00
广安市	39.50	0.52	56.47	2.08	1.40	0.03	100.00
达州市	51.79	1.27	44.80	1.23	0.86	0.06	100.00
雅安市	78.24	5.96	10.43	1.15	0.54	3.69	100.00
巴中市	58.10	0.24	40.37	0.94	0.33	0.01	100.00
资阳市	23.55	0.00	72.99	2.16	1.25	0.05	100.00
阿坝州	43.20	45.54	1.46	3.98	0.10	5.71	100.00
甘孜州	42.97	47.69	1.12	1.91	0.05	6.26	100.00
凉山州	69.21	14.44	14.97	0.71	0.29	0.38	100.00
全省合计	47.99	25.00	21.08	1.96	0.79	3.19	100.00

9.23.2 四川省不同类型土地覆被特征

四川省受海拔高程的影响，垂直地带性明显，四川省各市（州）的土地覆被具有明显不同的空间格局（图9-23）。

(1) 林地

2010年四川省有林地233 263.958km²，占全省土地面积的47.99%，是四川省所占面积最大的土地覆被类型。林地集中分布在川西南山地、川西高山区及米仓山大巴山区。全省各市（州）中，林地面积占全省林地面积的比例以甘孜州最高，为27.57%；其次是凉山州，为17.88%；比例最小的是自贡市，仅占0.26%。

林地以常绿针叶林为主，占总林地面积的49.59%，主要分布在川西高原的高山地区。其次是落叶阔叶灌丛，占25.63%，主要分布在川西高平原区及高山区常绿针叶林以上。常绿阔叶灌丛占8.64%，主要分布在川西南山区低山区。常绿阔叶林占6.40%，落叶阔叶林占3.90%，二者均分布在青藏高原与四川盆地交界处及四川盆地内。其他类型林地所占比例都很小。

(2) 草地

2010年四川省有草地121 512.975km²，占全省土地面积的25.00%。草地主要分布在川西北高原区及凉山州。全省各市（州）中，甘孜州草地所占比例最大，占全省草地面积的58.75%；其次是阿坝州，占31.10%；凉山州占7.16%。

草地中高寒草甸占草地面积的比例最大，为61.46%，主要分布在川西北高原地区。其次是高寒草原，占20.47%，川西北高原区及凉山州低山地区。草丛占3.17%，主要分布在凉山州。稀疏草地占9.33%，主要分布在降水较少的高原地区。草丛占6.41%，主要分布在凉山州和攀枝花市。草本绿地主要是城市中的绿化草地。

（3）耕地

2010 年四川省有耕地 102 485.963km²，占全省土地面积的 21.08%。耕地集中分布在四川省东部四川盆地内。全省各市（州）中，凉山州耕地所占比例最大，占全省耕地面积的 8.81%；其次是南充市，占 8.32%；阿坝州比例最小，仅占 1.19%。

耕地中旱地占耕地面积的比例为 61.39%，主要分布在四川盆地南北两侧；水田占 38.61%，主要分布在成都平原及长江沿岸两侧。

（4）湿地

2010 年四川省有湿地 9508.713km²，占全省土地面积的 1.96%。湿地主要分布在阿坝州和甘孜州及主要河流沿岸。全省各市（州）中，阿坝州湿地占比例最大，占全省湿地面积的 34.72%；其次是甘孜州，占 30.03%；德阳市比例最小，仅占 0.82%。

湿地中草本湿地占湿地面积的比例最大，为 52.43%，主要分布在阿坝州和甘孜州。其次是河流，占 33.64%，主要分布在长江、黄河流经的城市，其中以甘孜州为最高。水库/坑塘占 10.92%，主要分布在资阳市和绵阳市。湖泊占 2.97%，湖泊主要分布在甘孜州、凉山州和阿坝州。

（5）人工表面

2010 年四川省有人工表面 3827.792km²，占全省土地面积的 0.79%。人工表面主要集中分布在成都平原。全省各市（州）中，成都市人工表面所占比例最大，占全省人工表面面积的 32.89%；其次是德阳市，占 7.67%，绵阳市占 7.05%；比例最小的是巴中市仅占 1.06%。

人工表面以建设用地为主，所占比例达 89.08%，以成都市为中心，形成城市圈；其次是交通用地，占 10.16%，以线状形式广泛分布全省各市（州）；采矿场占 0.76%，主要分布在攀枝花市和凉山州。

（6）其他类型土地覆被

2010 年四川省有其他类型土地覆被 15 516.216 m²，占全省土地面积的 3.19%。其他类型土地覆被主要分布在川西高原高山地带。全省各市（州）中，甘孜州的其他类型土地覆被所占比例最大，占全省其他类型土地覆被面积的 60.37%；其次是阿坝州，占 30.56%；内江市和自贡市几乎没有分布。

其他类型土地覆被中裸土所占比例最大，为 48.67%，主要分布在甘孜州和阿坝州及雅安市海拔较高的地区；其次是裸岩，占 39.11%，与裸岩分布地区相近。冰川/永久积雪占 12.03%，主要分布在甘孜州、阿坝州、雅安市、凉山州的高山地区。沙漠/沙地占 0.19%，主要是阿坝州的草地沙化形成。

9.24　贵州省土地覆被特征

贵州省位于中国西南的东南部，地貌属于中国西南部高原山地，境内地势西高东低，自中部向北、东、南三面倾斜。全省地貌可概括分为高原、山地、丘陵和盆地四种基本类型，是全国唯一没有平原分布的省份。贵州岩溶地貌发育非常典型，境内岩溶分布范围广泛，形态类型齐全，地域分布明显，构成一种特殊的岩溶生态系统。大部分地区温和湿润，气候垂直变化明显，年平均气温为 14~18℃，年降水量为 1100~1300mm。贵州省地带性植被是亚热带常绿阔叶林，在东、西部同时发育了湿润性常绿阔叶林和半湿润常绿阔叶林，二者之间又有过度类型。贵州省下辖贵阳市、六盘水市、遵义市、安顺市、铜仁地区、黔西南布依族苗族自治州（以下简称"黔西南州"）、毕节地区、黔东南苗族侗族自治州（以下简称"黔东南州"）和黔南布依族苗族自治州（以下简称"黔南州"）（贵州省人民政府，2015）。

9.24.1 贵州省土地覆被总体特征

贵州省处于云贵高原向东部低山丘陵过渡的高原斜坡地带，垂直差异明显，土地覆被类型斑块破碎，以林地为主，森林覆盖率为 55.29%；其次是耕地，占土地面积的比例为 25.10%；草地为 17.45%；人工表面为 1.42%；其他类型和湿地的面积不足 1%（图9-24，表9-24）。

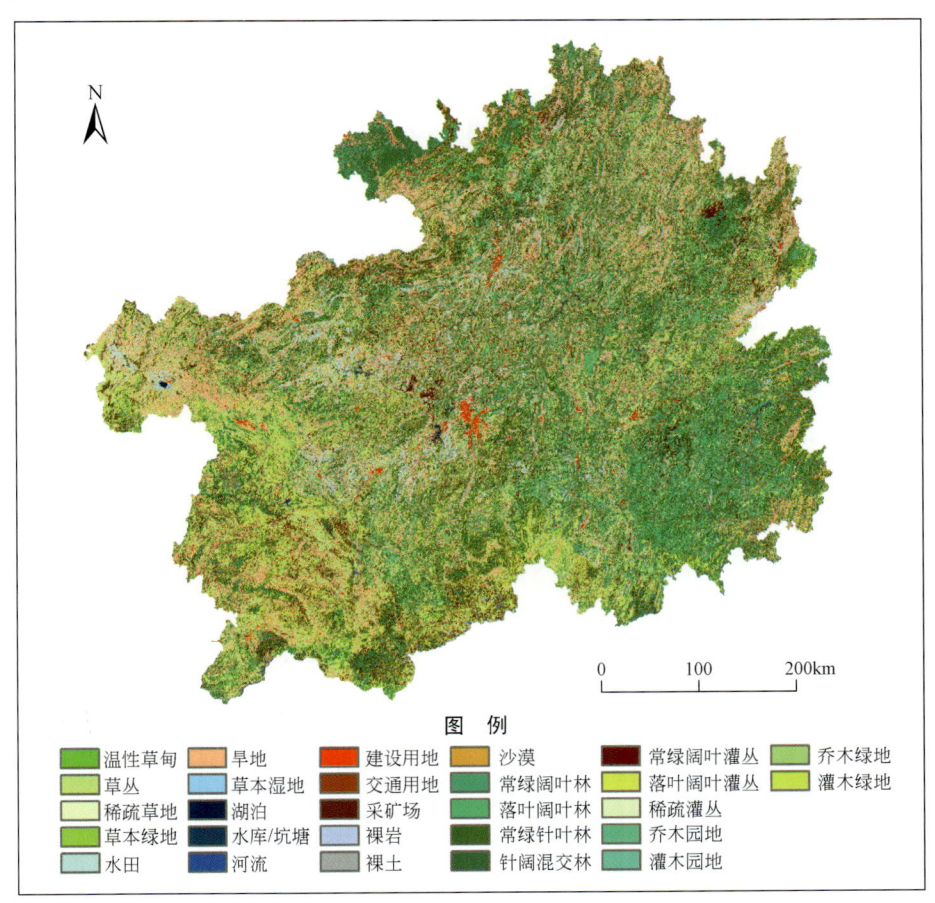

图 9-24　2010 年贵州省土地覆被现状图

表 9-24　2010 年贵州省土地覆被结构　　　　　　　　（单位:%）

市（州、地区）	林地	草地	耕地	湿地	人工表面	其他	总计
贵阳市	46.17	13.17	34.44	1.33	4.89	0.00	100.00
六盘水市	48.25	24.40	24.75	0.50	1.73	0.36	100.00
遵义市	58.38	11.61	28.04	0.51	1.46	0.01	100.00
安顺市	44.95	22.70	29.52	0.78	1.97	0.08	100.00
铜仁地区	50.03	18.14	29.71	0.60	1.45	0.08	100.00
黔西南州	55.31	23.96	18.81	1.10	0.81	0.00	100.00
毕节地区	41.09	19.33	37.54	0.73	1.29	0.02	100.00
黔东南州	70.25	14.14	13.96	0.66	0.95	0.03	100.00
黔南州	61.66	18.39	18.30	0.58	1.06	0.01	100.00
全省合计	55.29	17.45	25.10	0.70	1.42	0.04	100.00

贵州省各市（州、地区）的土地覆被相差不大，土地覆被类型均是林地最高，森林覆盖率均超过 40%，其中黔东南州最高为 70.25%，毕节地区最低为 41.09%；其次是耕地，除黔南州、黔东南州和黔西南州的草地略多于耕地外，其他地区均是耕地是仅次于林地的覆被类型，其中最高的是毕节地区，为 37.45%，黔东南州最低为 13.96%；然后是草地，以六盘水市为最高，达 24.40%，遵义市最低为 11.61%（表 9-24）。

9.24.2　贵州省不同类型土地覆被特征

贵州省境内山峦起伏，垂直分异明显，造成各市（州、地区）的土地覆被类型斑块破碎（图 9-24）。

（1）林地

2010 年贵州省有林地 97 372.621km^2，占全省土地面积的 55.29%。林地呈破碎状分布在全省各市（州、地区），其中贵州东部分布相对集中。全省各市（州、地区）中，林地面积占全省林地面积的比例以黔东南州最高为 21.85%，其次是遵义市，为 18.45%；比例最小的是贵阳市，占 3.81%。

林地以常绿针叶林为主，占总林地面积的 44.32%，主要分布在黔东南州、黔南州和遵义市。其次是落叶阔叶灌丛占 15.02%，主要分布在毕节地区、黔南州和黔西南州。常绿阔叶灌丛，占 13.00%，主要分布在毕节地区、黔西南州和遵义市。常绿阔叶林占 11.98%，主要分布在黔东南州和遵义市。落叶阔叶林占 11.01%，主要分布在黔东南州、遵义市和黔南州。其他类型林地所占比例都很小。

（2）草地

2010 年贵州省有草地 30 725.339km^2，占全省土地面积的 17.45%。草地分布比较均匀，主要分布在各山地丘陵的低矮地区。全省各市（州、地区）中，毕节地区草地所占比例最大，占全省草地面积的 16.89%；其次是黔南州，占 15.67%；贵阳市比例最小，占 3.45%。

草地中几乎全部是草丛，占 99.89%，主要分布在各山地丘陵的低矮地区。

(3) 耕地

2010 年贵州省有耕地 44 193.968km^2，占全省土地面积的 25.10%。耕地广泛分布各山地的盆地及缓坡地带，耕地类型主要是梯田。全省各市（州、地区）中，毕节地区耕地所占比例最大，占全省耕地面积的 22.81%；其次是遵义市占 19.53%；六盘水市比例最小，也占 5.55%。

耕地中旱地占耕地面积的比例为 81.23%，主要分布在各山区盆地不易灌溉处，以毕节地区为最高，其次是遵义市；水田占 18.77%，主要分布在各山区河流水库旁的盆地及缓坡。

(4) 湿地

2010 年贵州省有湿地 1225.973km^2，占全省土地面积的 0.70%。湿地分布均匀，主要分布在山区的沟谷。全省各市（州、地区）中，黔东南州湿地占比例最大，占全省湿地面积的 16.35%；其次是毕节地区，占 16.09%；六盘水市比例最小，占 4.05%。

湿地中河流占湿地面积的比例最大，为 58.45%，其中黔东南州分布最多，其次是铜仁地区。其次是水库/坑塘，占 33.40%，其中以黔西南州为最高，其次是毕节地区。湖泊占 6.77%，主要分布在贵阳市和毕节地区。草本湿地占 1.38%，分布在毕节地区。

(5) 人工表面

2010 年贵州省有人工表面 2503.935km^2，占全省土地面积的 1.42%。人工表面主要分布在除自然条件不适宜人类居住的干旱无水源区外的交通、河流沿线及农业区。全省各市（州、地区）中，遵义市人工表面所占比例最大，占全省人工表面面积的 17.97%；其次是贵阳市，占 15.71%，毕节地区占 13.84%；比例最小的是黔西南州，仅占 5.42%。

人工表面以建设用地为主，所占比例达 88.51%；其次是交通用地占 11.14%，以线状形式广泛分布在全省各市（州、地区）；采矿场占 0.35%，以黔南州为最多。

(6) 其他类型土地覆被

2010 年贵州省有其他类型土地覆被 76.381km^2，占全省土地面积的 0.04%。其他类型土地覆被主要分布在贵州西南海拔较高的地方。全省各市（州、地区）中，六盘水市其他类型土地覆被所占比例最大，占全省其他类型土地覆被面积的 47.09%；其次是铜仁地区，占 18.23%；贵阳市几乎没有分布。

其他类型土地覆被中裸岩所占比例最大，为 71.59%，主要分布在贵州西南海拔较高区域；其次是沙漠/沙地，占 21.39%，主要分布在铜仁地区和黔东南州。裸土，占 7.02%，主要分布在遵义市和铜仁地区。

9.25　云南省土地覆被特征

云南省地处中国西南边陲，属山地高原地形，以元江谷地和云岭山脉南段宽谷为界，分为东西两大地形区。东部为滇东、滇中高原，是云贵高原的组成部分，平均海拔

2000m左右，表现为起伏和缓的低山和浑圆丘陵，发育着各种类型的岩溶（喀斯特）地貌；西部高山峡谷相间，地势险峻，山岭和峡谷相对高差超过1000m。全省地势呈现西北高、东南低，自北向南呈阶梯状逐级下降，从北到南的每千米距离，海拔平均降低6m。北部是青藏高原南延部分，海拔一般为3000～4000m，有高黎贡山、怒山、云岭等巨大山系和怒江、澜沧江、金沙江等大河自北向南相间排列，三江并流，高山峡谷相间，地势险峻；南部为横断山脉，山地海拔不到3000m，主要有哀牢山、无量山、邦马山等，地势向南和西南缓降，河谷逐渐宽广；在南部、西南部边境，地势渐趋和缓，山势较矮，宽谷盆地较多，海拔为800～1000m，个别地区下降至500m以下，主要是热带、亚热带地区。云南气候基本属于亚热带高原季风型，立体气候特点显著，类型众多、年温差小、日温差大、干湿季节分明、气温随地势高低垂直变化异常明显。滇西北属寒带型气候，长冬无夏，春秋较短；滇东、滇中属温带型气候，四季如春，遇雨成冬；滇南、滇西南属低热河谷区，有一部分在北回归线以南，进入热带范围，长夏无冬，一雨成秋。在一个省区内，同时具有寒、温、热（包括亚热带）三带气候。全省平均气温，最热（7月）月平均气温为19～22℃，最冷（1月）月平均气温为6～8℃，年温差一般只有10～12℃。全省降水的地域分布差异大，最多的地方年降水量可达2200～2700mm，最少的仅有584mm，大部分地区年降水量在1000mm以上。云南是全国植物种类最多的省份，被誉为"植物王国"。热带、亚热带、温带、寒温带等植物类型都有分布，古老的、衍生的、外来的植物种类和类群很多。云南省下辖昆明市、曲靖市、玉溪市、保山市、昭通市、丽江市、普洱市、临沧市8个地级市，楚雄彝族自治州（以下简称"楚雄州"）、红河哈尼族彝族自治州（以下简称"红河州"）、文山壮族苗族自治州（以下简称"文山州"）、西双版纳傣族自治州（以下简称"西双版纳州"）、大理白族自治州（以下简称"大理州"）、德宏傣族景颇族自治州（以下简称"德宏州"）、怒江傈僳族自治州（以下简称"怒江州"）、迪庆藏族自治州（以下简称"迪庆州"）8个自治州（云南省人民政府，2015）。

9.25.1 云南省土地覆被总体特征

云南省地处青藏高原和云贵高原，气候类型复杂多样，同时具有寒、温、热（包括亚热带）三带气候，垂直分异明显，土地覆被主要以林地为主，森林覆盖率为67.77%；其次是耕地，垦殖率为15.98%，草地为13.94%，人工表面、湿地和其他类型土地覆被的面积均不足1%（图9-25，表9-25）。

不同市（州）的土地覆被相差较大，水热条件充足的西双版纳州、普洱市和德宏州的森林覆盖率均超过80%，其中西双版纳州林地占土地面积的比例达86.83%；其他地区的森林覆盖率均超过48%，曲靖市的森林覆盖率最低，为48.62%。以耕地比例所代表的垦殖率以滇东起伏和缓的低山的市（州）为最高，其中曲靖市耕地比例最高为29.45%；由于地形和低温限制，迪庆州、丽江市和怒江州耕地所占比例都较低，都小于10%，而草地面积则由于地形和热量的限制，怒江州、迪庆州和丽江市所占的比例则相对较高，其中丽江市最高为 26.85%（表 9-25）。

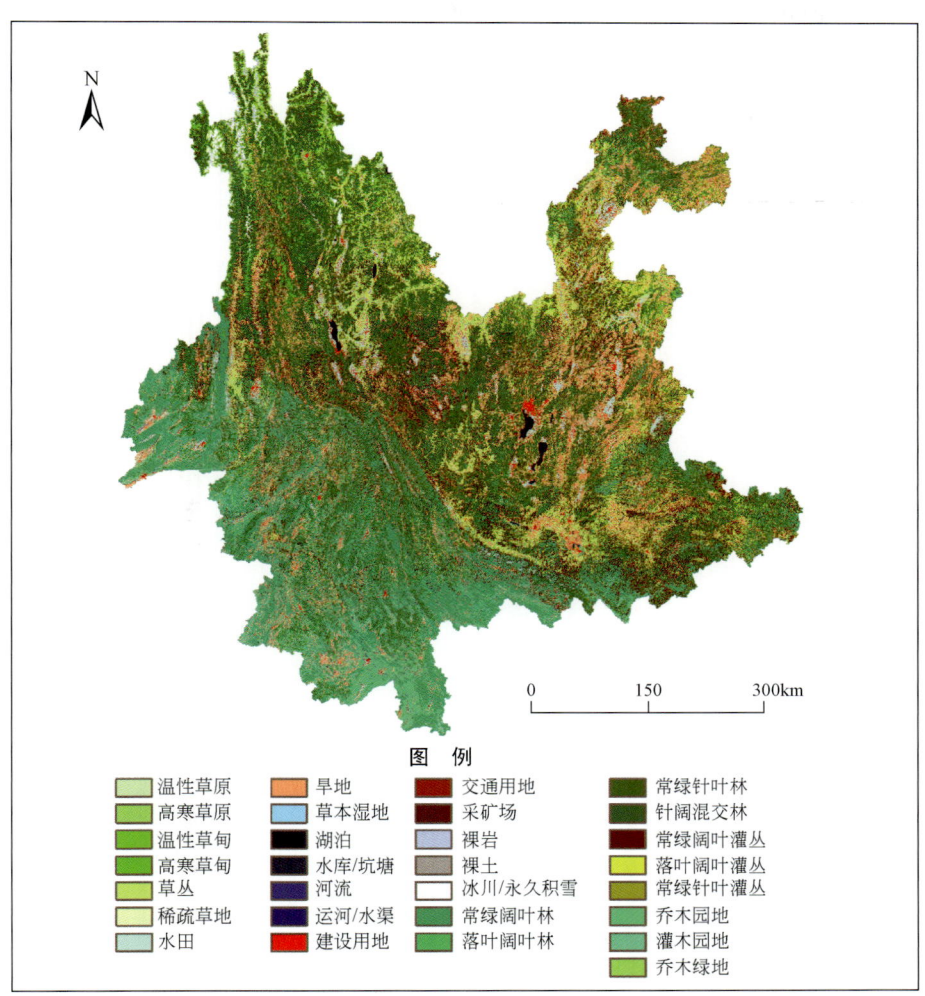

图 9-25　2010 年云南省土地覆被现状图

表 9-25　2010 年云南省土地覆被结构　　　　　　　　　　　　　（单位:%）

市（州）	林地	草地	耕地	湿地	人工表面	其他	总计
昆明市	51.32	19.21	23.91	2.35	3.12	0.10	100.00
曲靖市	48.62	19.88	29.54	0.61	1.32	0.02	100.00
玉溪市	64.19	18.02	13.64	2.54	1.54	0.08	100.00
保山市	72.49	9.95	15.94	0.48	1.04	0.09	100.00
昭通市	58.75	11.52	27.95	0.79	0.94	0.06	100.00
丽江市	63.68	26.85	6.92	0.90	0.93	0.71	100.00
普洱市	84.51	1.04	13.28	0.53	0.59	0.05	100.00
临沧市	77.78	2.29	18.83	0.43	0.62	0.07	100.00

续表

市（州）	林地	草地	耕地	湿地	人工表面	其他	总计
楚雄州	68.62	11.53	18.63	0.64	0.55	0.03	100.00
红河州	65.94	17.38	14.88	0.74	1.01	0.05	100.00
文山州	65.76	22.57	10.52	0.50	0.54	0.11	100.00
西双版纳州	86.83	0.02	11.97	0.55	0.56	0.07	100.00
大理州	62.54	16.47	17.77	1.43	1.70	0.09	100.00
德宏州	81.57	0.25	15.91	0.78	1.35	0.15	100.00
怒江州	62.34	23.25	8.85	0.40	0.14	5.03	100.00
迪庆州	66.92	25.34	3.50	0.39	0.24	3.61	100.00
全省合计	67.77	13.94	15.98	0.82	0.98	0.51	100.00

9.25.2 云南省不同类型土地覆被特征

云南省东西地形差异明显、水热条件由南向北减少和海拔高不同而带来不同的气候和地貌条件的显著差异，决定了土地覆被具有南北明显不同的空间格局（图9-25）。

（1）林地

2010年云南省有林地259 702.721km^2，占全省土地面积的67.77%。林地广泛分布在云南省各山地丘陵区。全省各市（州）中，林地面积占全省林地面积的比例以普洱市最高，为14.41%，其次是红河州，为8.17%；比例最小的是怒江州，仅占3.50%。

林地以常绿针叶林为主，占总林地面积的41.96%，主要分布在滇北、滇中、滇东的高山区。其次是常绿阔叶林，占29.15%，主要分布在滇西南山区。常绿阔叶灌丛占14.44%，主要分布在常绿针叶林海拔较低处。灌木园地占9.35%，主要分布在滇西南地区低海拔地区。落叶阔叶灌丛占3.18%，主要分布在滇东北和滇西北。其他类型林地所占比例都很小。

（2）草地

2010年云南省有草地53 405.983km^2，占全省土地面积的13.94%。草地主要分布在滇北高山区及滇中和滇东的低山区。全省各市（州）中，文山州草地所占比例最大，占全省草地面积的13.28%；其次是曲靖市，占10.77%；西双版纳州比例最小，仅占0.01%。

草地中草丛占草地面积的比例最大，为82.06%，主要分布在滇南和滇西北地区。其次是高寒草原和高寒草甸，分别占6.21%和6.15%，主要分布在滇北高海拔地区。其他类型分布较少。

（3）耕地

2010年云南省有耕地61 248.453km^2，占全省土地面积的15.98%。耕地广泛分布各山区的沟谷平缓地区，主要是梯田的形式。全省各市（州）中，处于滇东云贵高原低矮丘陵的曲靖市耕地所占比例最大，占全省耕地面积的13.95%；其次是昭通市，占10.24%；

迪庆州比例最小，仅占 1.33%。

耕地中旱地占耕地面积的比例为 86.64%；水田占 13.36%，主要分布在滇中，其中以曲靖市为最高，其次是大理州、昭通市。

(4) 湿地

2010 年云南省有湿地 3156.806km²，占全省土地面积的 0.82%。湿地主要分布在澜沧江和长江支流的水系及其沿岸的湖泊、水库。全省各市（州）中，昆明市湿地占比最大，占全省湿地面积的 15.65%；其次是大理州，占 12.78%；怒江州比例最小，仅占 1.83%。

湿地中湖泊占湿地面积的比例最大，为 34.91%，主要分布在昆明市、大理州和玉溪市。其次是河流，占 34.13%，主要分布在长江支流流经的昭通市和澜沧江流经的普洱市。水库/坑塘占 29.68%，主要分布在红河州、普洱市、楚雄市。草本湿地占 0.85%，主要分布在迪庆州和红河州。

(5) 人工表面

2010 年云南省有人工表面 3742.136km²，占全省土地面积的 0.98%，略大于湿地面积。全省各市（州）中，昆明市人工表面所占比例最大，占全省人工表面面积的 17.51%；其次是大理州，占 12.86%，曲靖市占 10.23%；比例最小的是怒江州，仅占 0.56%。

人工表面以建设用地为主，所占比例达 91.36%；其次是交通用地占 7.28%，以线状形式广泛分布全省各市（州）；采矿场占 1.35%，主要分布在昆明市、红河州、文山州和丽江市。

(6) 其他类型土地覆被

2010 年云南省有其他类型土地覆被 1939.106km²，占全省土地面积的 0.51%。其他类型土地覆被主要分布在滇北海拔较高的地区。全省各市（州）中，最北端的迪庆州其他类型土地覆被占比最大，占全省其他类型土地覆被面积的 43.14%；其次是怒江州，占 37.85%；曲靖市分布最少，仅占 0.34%。

其他类型土地覆被中冰川/永久积雪所占比例最大，为 43.34%，主要分布在滇北海拔较高的雪山地区；其次是裸岩，占 29.46%，与冰川/永久积雪分布相似的海拔相对较低处。裸土占 27.19%，在各个市（州）均有分布，其中以迪庆州为最高，最少的是曲靖市。

9.26 西藏自治区土地覆被特征

西藏自治区位于我国西南边陲，青藏高原的西南部，平均海拔 4000m 以上，是青藏高原的主体部分，有着"世界屋脊"之称。西藏地形复杂，地貌基本上可分为极高山、高山、中山、低山、丘陵和平原等 6 种类型。西藏可分为 3 个不同的自然区：北部是藏北高原，位于昆仑山、唐古拉山和冈底斯山、念青唐古拉山之间，占全自治区面积的 2/3；在冈底斯山和喜马拉雅山之间，即雅鲁藏布江及其支流流经的地方，是藏南谷地；藏东是高山峡谷区，为一系列由东西走向逐渐转为南北走向的高山深谷，系著名的横断山脉的一部分。西藏高原复杂多样的地形地貌，形成了独特的高原气候。除呈现西北严寒干燥，东南温暖湿润的总趋向外，还有多种多样的区域气候和明显的垂直气候带。与中国大部分地区相比，西藏的空气稀薄，日照充足，气温较低，降水较少，年平均最高气温为-3~12℃，年降水量自东南低地的5000mm，逐渐向西北递减到50mm。西藏自治区下辖5个地级市（拉萨市、昌都市、林芝市、山南市、日喀则市）、2个地区（那曲地区、阿里地区）（西藏自治区人民政府，2016）。

9.26.1 西藏自治区土地覆被总体特征

西藏自治区位于青藏高原，温度较低、气候干燥、多大风，土地覆被也以草地为主，占土地面积的比例超过70%，其次是林地，占14.23%，其他类型土地覆被为9.93%，湿地为4.48%，人工表面和耕地的面积不足1%（图9-26，表9-26）。

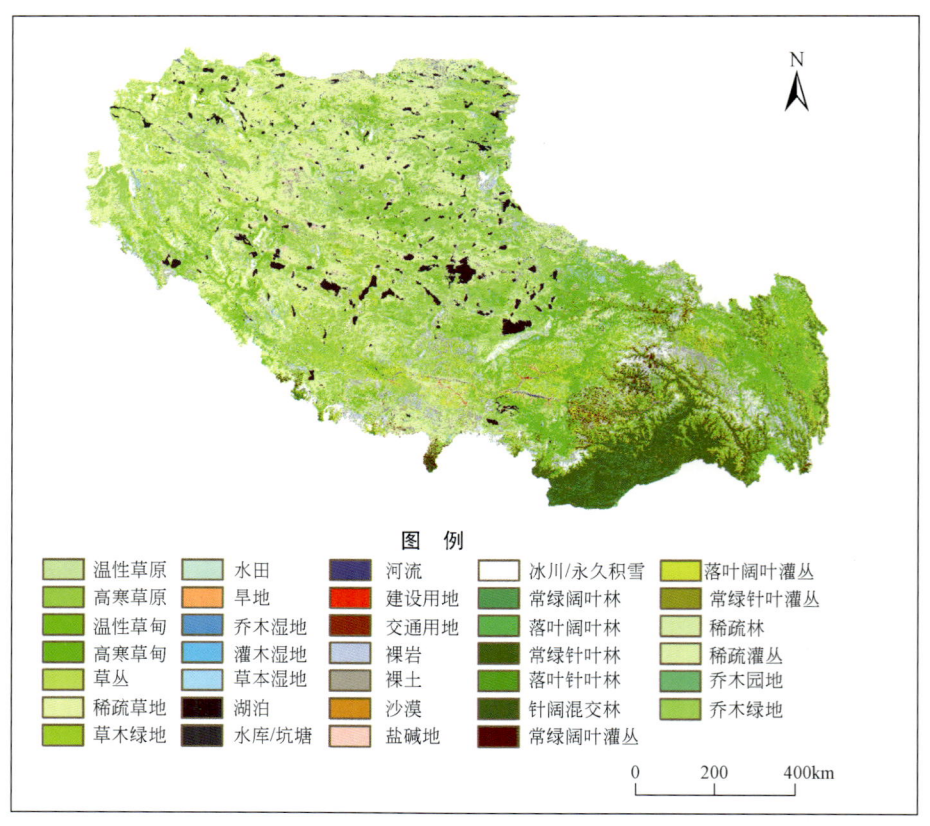

图9-26　2010年西藏自治区土地覆被现状图

表9-26　2010年西藏自治区土地覆被结构　　　　　　（单位:%）

市（地区）	林地	草地	耕地	湿地	人工表面	其他	总计
拉萨市	16.75	67.88	2.34	4.93	0.39	7.71	100.00
昌都地区	27.46	56.25	1.27	0.55	0.02	14.46	100.00
山南地区	46.96	40.56	1.37	2.36	0.04	8.70	100.00

续表

市（地区）	林地	草地	耕地	湿地	人工表面	其他	总计
日喀则地区	8.67	72.66	0.66	4.29	0.05	13.67	100.00
那曲地区	2.03	81.92	0.04	7.89	0.09	8.03	100.00
阿里地区	2.48	85.07	0.01	4.02	0.02	8.40	100.00
林芝地区	59.12	27.60	1.11	0.68	0.02	11.48	100.00
合计	14.23	70.83	0.48	4.48	0.05	9.93	100.00

注：因昌都、日喀则、山南、林芝在2014年后撤地设市，故此表仍沿用其为地区的名称。

降水量比较多的藏东高山峡谷区的森林覆盖率高，其中林芝林地占土地面积的比例达59.12%；而藏北高原的那曲林地分布最少，仅为2.03%。草地的分布与林地分布相反，藏北高原分布相对较多，而藏东地区分布较少，阿里所占比例高达85.07%，林芝仅为27.60%。其他类型土地覆被则主要分布在藏东和藏南，其中昌都最高，为14.46%。湿地则是以藏北的那曲最高，为7.89%。由于受海拔、温度的限制，耕地和人工表面所所占比例均很小（表9-26）。

9.26.2 西藏自治区不同类型土地覆被特征

西藏自治区降水量和温度由东向西减少和海拔高度不同而带来的水热条件变化等气候和地貌条件的显著差异，决定了土地覆被具有东西明显不同的空间格局（图9-26）。

(1) 林地

2010年西藏自治区有林地171 066.662km^2，占全自治区土地面积的14.23%。林地集中分布在藏东的高山峡谷区。全自治区各市（地区）中，林地面积占全自治区林地面积的比例以林芝最高，为39.65%，其次是山南，为21.66%；比例最小的是拉萨市，仅占2.90%。

林地以常绿针叶林为主，占总林地面积的43.02%，主要分布在藏东南高山峡谷阴坡。其次是落叶阔叶灌丛，占40.36%，主要分布在藏东和藏南谷地的阳坡及阿里地区。常绿阔叶灌丛占5.85%，常绿阔叶林占5.00%，二者主要分布在藏东南高山峡谷阳坡。常绿针叶灌丛占2.23%，主要分布在林芝。其他类型林地所占比例都很小。

(2) 草地

2010年西藏自治区有草地851 766.338km^2，占全自治区土地面积的70.83%，是西藏最主要的土地覆被类型。草地主要分布在藏北高原。全自治区各市（地区）中，那曲地区草地所占比例最大，占全自治区草地面积的33.95%；其次是阿里地区，占33.68%；拉萨市比例最小，仅占2.36%。

草地中稀疏草地占草原面积的比例最大，为46.00%，主要分布在藏北高原和藏南山地降水稀少的高寒荒漠地区。其次是高寒草原，占33.59%，主要分布在藏北高原及藏南、藏东山地阳坡地区。高寒草甸，占19.95%，主要分布在藏北高原靠近沼泽湖泊处。

(3) 耕地

2010年西藏自治区有耕地5791.179km^2，占全自治区土地面积的0.48%。耕地主要分布在藏东和藏南温度稍高的区域。全自治区各市（地区）中，昌都耕地所占比例最大，占全自治区耕地面积的 24.06%；其次是林芝，占 21.98%；阿里地区比例最小，仅占 0.33%。

耕地中旱地占耕地面积的比例为 96.31%；耕地中水田仅占 3.69%，主要分布在林芝和山南的河谷地带。

（4）湿地

2010 年西藏自治区有湿地 53 816.129km^2，占全自治区土地面积的 4.48%。湿地主要分布在藏北高原。全自治区各市（地区）中，那曲地区湿地占比例最大，占全自治区湿地面积的 51.77%；其次是阿里地区，占 25.18%；昌都比例最小，仅占 1.12%。

湿地中湖泊占湿地面积的比例最大，为 58.24%，其次是草本湿地，占 35.10%，两者分布近似，主要分布在藏北高原。河流占 6.05%，主要分布在那曲和日喀则。其他类型分布很少。

（5）人工表面

2010 年西藏自治区有人工表面 655.773km^2，仅占全自治区土地面积的 0.05%，是分布最少的土地覆被类型。人工表面主要分布在藏北地区。全自治区各市（地区）中，那曲地区人工表面所占比例最大，占全自治区人工表面面积的 46.91%；其次是拉萨市，占 17.53%，比例最小的是林芝，仅占 2.73%。

人工表面以交通用地为主，所占比例达 61.18%，主要分布在那曲地区，占整个西藏交通用地面积的 60% 以上，此外阿里、拉萨和日喀则交通用地也相对较多；其次是建设用地，占 38.82%，主要分布在拉萨、日喀则和那曲。

（6）其他类型土地覆被

2010 年西藏自治区有其他类型土地覆被 119 386.545km^2，占全自治区土地面积的 9.93%。其他类型土地覆被主要分布在藏北高原降水稀少及藏东和藏南高山地区。全自治区各市（地区）中，那曲地区其他类型土地覆被所占比例最大，占全自治区其他类型土地覆被面积的 23.75%；其次是阿里地区，占 23.72%；拉萨市其他类型土地覆被分布最少，仅占 1.91%。

其他类型土地覆被中裸土所占比例最大，为 39.89%，主要分布在藏北高原降水稀少及藏南、藏东高山地区；其次是裸岩，占 33.28%，与裸土分布地区相近。冰川/永久积雪占 23.04%，主要分布在各地区的高山地区。盐碱地占 3.49%，主要分布在藏北高原的阿里和那曲地区以及藏南的日喀则。沙漠/沙地占 0.29%，主要分布在那曲和山南。

9.27 陕西省土地覆被特征

陕西省位于中国西北部，地域南北长、东西窄，陕西地势的总特点是南北高、中部低，地势由西向东倾斜的特点也很明显。北山和秦岭把陕西分为三大自然区域：北部是陕北高原，中部是关中平原，南部是秦巴山区。陕北黄土高原海拔为 800~1300m，约占全省总面积 45%。其北部为风沙区，南部是丘陵沟壑区。关中平原西起宝鸡，东至潼关，平均海拔为 520m。东西长 360km，面积约占全省土地总面积的 19%。这里地势平坦，交通便利，气候温和，物产丰富，经济发达，粮油产量和国民生产总值约占全省的 2/3，是全省的精华之地,号称"秦川八百里"。陕南秦巴山地包括秦岭、巴山和汉江谷地,约占全省土地总面积的36%。陕西省地跨北温带和亚热带,整体属大陆季风性气候,由于南北延伸很长,达到800km以上,所跨纬度多,从而引起境内南北间气候的明显差异。长城沿线以北为温带干旱半干旱气候、陕北其余地区和关中平原为暖温带半湿润气候、陕南盆地为北亚热带湿润气候、山地大部为暖温带湿润气候。陕西温度的分布,基本上是由南向北逐渐降低,各地的年平均气温为7~16℃。其中陕北为7~12℃;关中为12~14℃;陕南的浅山河谷为全省最暖地区,多为14~16℃。年降水量的分布是南多北少,由南向北递减,受山地地形影响比较显著。受气候的影响,陕西的植被分区由北到南依次是温带草原区、暖温带落叶阔叶林区和亚热带常绿阔叶林3个植被区域。陕西省下辖宝鸡市、咸阳市、铜川市、渭南市、汉中市、安康市、商洛市、榆林市、延安市9个地级市,和西安市1个副省级市(陕西省人民政府,2009)。

9.27.1 陕西省土地覆被总体特征

陕西省横跨秦岭,兼有南北方气候,且多山地、高原,土地覆被也以林地为主,森林覆盖率为45.83%,其次是耕地,占土地面积的比例为26.69%,草地为23.65%,人工表面为2.01%,其他为1.25%,湿地仅占0.57%(图9-27,表9-27)。

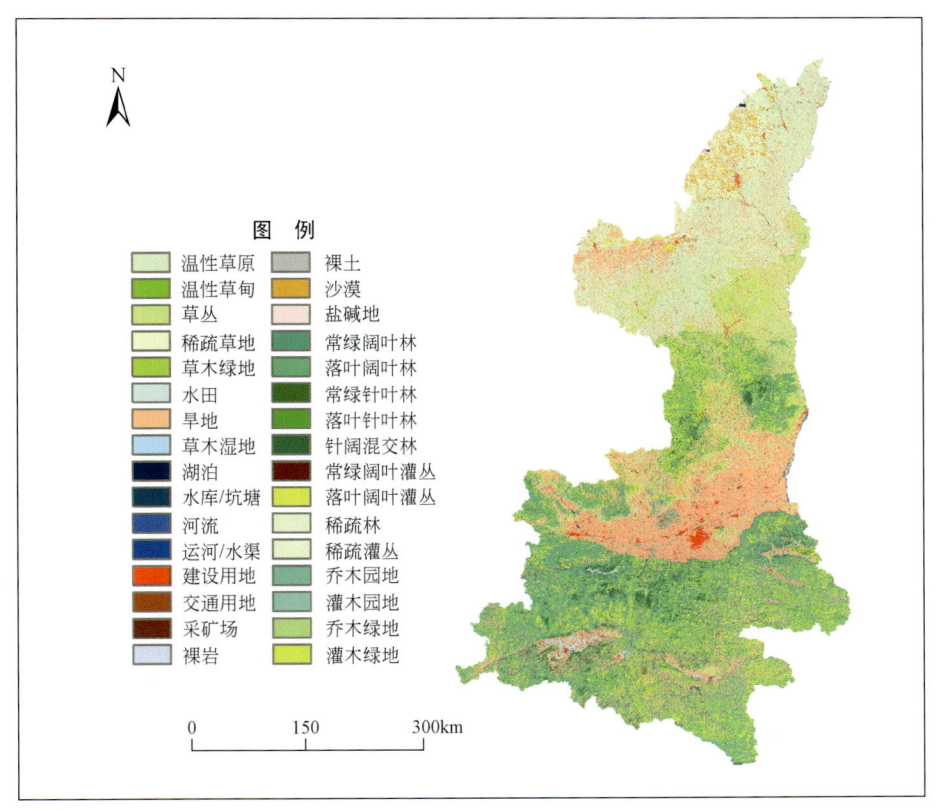

图9-27　2010年陕西省土地覆被现状图

表 9-27　2010 年陕西省土地覆被结构　　　　　　　　（单位：%）

市	林地	草地	耕地	湿地	人工表面	其他	总计
西安市	48.36	2.59	39.47	0.54	8.54	0.48	100.00
铜川市	43.32	17.19	37.14	0.15	2.08	0.12	100.00
宝鸡市	63.24	6.93	26.20	0.46	2.80	0.37	100.00
咸阳市	22.91	14.88	55.54	0.48	6.03	0.16	100.00
渭南市	16.46	12.13	64.73	1.49	5.05	0.15	100.00
延安市	41.37	41.72	15.87	0.23	0.79	0.02	100.00
汉中市	75.21	0.41	22.22	0.70	1.15	0.30	100.00
榆林市	4.74	63.74	24.35	0.51	1.46	5.20	100.00
安康市	76.80	0.85	20.94	0.90	0.30	0.21	100.00
商洛市	81.05	0.93	16.85	0.40	0.57	0.19	100.00
全省合计	45.83	23.65	26.69	0.57	2.01	1.25	100.00

降水量比较多的商洛市、安康市、汉中市和宝鸡市的森林覆盖率高，其中商洛市林地占土地面积的比例达 81.05%；而地处的陕北的榆林市林地占土地面积的比例最低，仅为 4.74%。以耕地比例所代表的垦殖率以关中平原地区的市为最高，其中渭南市耕地比例达 64.73%；受地形限制，延安市和商洛市的耕地所占比例都较低，都小于 20%，其中延安市耕地最低为 15.87%。由于降水较少、气候干燥，草地和其他类型土地覆被均是陕北地区所占比例较大。人工表面和湿地所占比例较大的则主要分布在关中平原（表 9-27）。

9.27.2　陕西省不同类型土地覆被特征

陕西省降水量和热量的由南向北减少，海拔高度不同而带来的水热条件变化等气候和地貌条件的显著差异，决定了土地覆被具有南北明显不同的空间格局（图 9-27）。

（1）林地

2010 年陕西省有林地 94 208.691km^2，占全省土地面积的 45.83%。林地集中分布在陕南的秦岭山区、大巴山区及关中平原北部的北山山脉。全省各市中，林地面积占全省林地面积的比例以汉中市最高，为 21.61%，其次是安康市，为 19.20%；比例最小的是铜川市，仅占 1.79%。

林地以落叶阔叶林为主，占总林地面积的 54.00%，主要分布在北山山脉、秦岭、大巴山山区。其次是落叶阔叶灌丛，占 35.70%，主要分布在黄土高原及秦岭山区的低山地区。针阔混交林占 7.81%，主要分布在秦岭海拔较高地区。其他类型林地所占比例都很小。

（2）草地

2010 年陕西省有草地 48 607.460km^2，占全省土地面积的 23.65%。草地主要分布在陕北。全省各市中，榆林市草地所占比例最大，占全省草地面积的 56.31%；其次是延安市，占 31.79%；汉中市比例最小，仅占 0.23%。

草地中温性草原占草地面积的比例最大，为 58.96%，主要分布在陕北的温带草原气候区。其次是草丛，占 32.59%，主要分布在黄土高原及陕南山区的高山地区。稀疏草地占 8.41%，主要分布在榆林市降水较少内蒙古高原区域。草甸占 0.02%，主要分布在秦岭安康市高山地区。草本绿地主要是西安和咸阳城市中的绿化草地。

(3) 耕地

2010 年陕西省有耕地 54 858.140km²，占全省土地面积的 26.69%。耕地主要分布在汉江盆地及秦岭以北的关中平原、黄土高原坡地小于 25°的地区。全省各市中，榆林市耕地所占比例最大，占全省耕地面积的 19.07%；渭南市、汉中市、延安市和咸阳市的耕地面积占全省的比例均在 10% 以上；铜川市比例最小，仅占 2.63%。

耕地中旱地占耕地面积的比例为 98.42%，主要分布在秦岭以北；耕地中水田仅占 1.58%，主要分布在汉江盆地，渭河河谷地带也有零星分布。

(4) 湿地

2010 年陕西省有湿地 1169.352km²，占全省土地面积的 0.57%。湿地主要分布在秦岭的沟谷、渭河、黄河水系和黄土高原的沟壑等地区。全省各市中，榆林市湿地占比例最大，占全省湿地面积的 18.74%；其次是安康市，占 18.03%；铜川市比例最小，仅占 0.50%。

湿地中河流占湿地面积的比例最大，为 63.66%，主要分布在流经的汉中、安康、榆林、渭南。其次是水库/坑塘，占 30.69%，主要分布在汉江、黄河、渭河水库所在的安康、榆林、渭南等。湖泊占 4.08%，主要分布在榆林市。草本湿地占 1.47%，主要分布在渭南市。

(5) 人工表面

2010 年陕西省有人工表面 4140.761km²，占全省土地面积的 2.01%。人工表面主要分布在汉江盆地、关中平原及陕北榆林。全省各市中，西安市人工表面所占比例最大，占全省人工表面面积的 20.84%；其次是渭南市，占 15.77%，榆林市占 15.18%；比例最小的是安康市，仅占 1.68%。

人工表面以建设用地为主，所占比例达 93.04%；其次是交通用地占 4.88%，主要以线状形式广泛分布全省各市。采矿场占 2.08%，主要分布在榆林市等矿产资源丰富城市。

(6) 其他类型土地覆被

2010 年陕西省有其他类型土地覆被 2565.224km²，占全省土地面积的 1.25%。其他类型土地覆被主要分布在陕北黄土高原降水稀少的地区。全省各市中，最北端的榆林市其他类型土地覆被所占比例最大，占全省其他类型土地覆被面积的 87.00%；其次是汉中市，占 3.22%；铜川市其他类型分布最少，仅占 0.18%。

其他类型土地覆被中沙漠/沙地所占比例最大，为 81.40%，主要分布在榆林的毛乌素沙地；其次是裸土，占 14.07%，主要分布在陕北黄土高原和秦岭、大巴山区。裸岩占 3.09%，主要分布在宝鸡市、西安市和汉中市。盐碱地占 1.44%，主要分布在榆林市。

9.28 甘肃省土地覆被特征

甘肃省处于西北干旱、半干旱区，位于黄土高原、内蒙古高原和青藏高原的交汇处，境内地形复杂，山脉纵横交错，海拔相差悬殊，以山地和高原为主，区域差异明显，河西走廊绿洲、沙漠、戈壁相间；陇中、陇东黄土广泛分布，沟壑纵横；陇南山大河深，峰锐坡陡，地形复杂。甘肃省深居大陆腹地，东部受季风影响，西部受西风气流控制，气候条件复杂，年平均降水量为 30～500mm，年平均气温为 2～12℃。陇南山地南部季风影响最明显，为亚热带湿润气候；陇南山地北部和陇中、陇东黄土高原地区，季风影响自东向西减弱，属暖温带、温带湿润、半湿润、半干旱气候；西北部基本不受季风影响而为西风气流控制区，属干旱气候；西南部包括祁连山地在内，仅东段受季风影响，其余受西风气流影响；甘南高原季风影响较强，再加上海拔较高，为高寒湿润气候。从南部白龙江河谷的亚热带，到北部祁连山海拔 4800m 以上的寒带，涵盖了众多气候带，气候类型十分复杂。甘肃省植被类型从东南向西北分为常绿阔叶落叶阔叶混交林带，落叶阔叶林带，森林草原带，草原带，荒漠草原带，荒漠带和高原草甸草原带。甘肃省共设兰州、天水、白银、金昌、嘉峪关、武威、庆阳、平凉、张掖、酒泉、定西、陇南 12 个地级市，临夏回族自治州（以下简称"临夏州"）、甘南藏族自治州（以下简称"甘南州"）2 个自治州（甘肃省人民政府，2008）。

9.28.1 甘肃省土地覆被总体特征

甘肃省大部位于干旱、半干旱地区，气候干燥、多大风，土地覆被也以其他类型土地覆被类型为主，占总面积比例为 40.35%，其次是草地，占土地面积的比例为 27.80%，耕地为 17.29%，林地占 13.02%，人工表面和湿地的面积均不足 1%（图 9-28，表 9-28）。

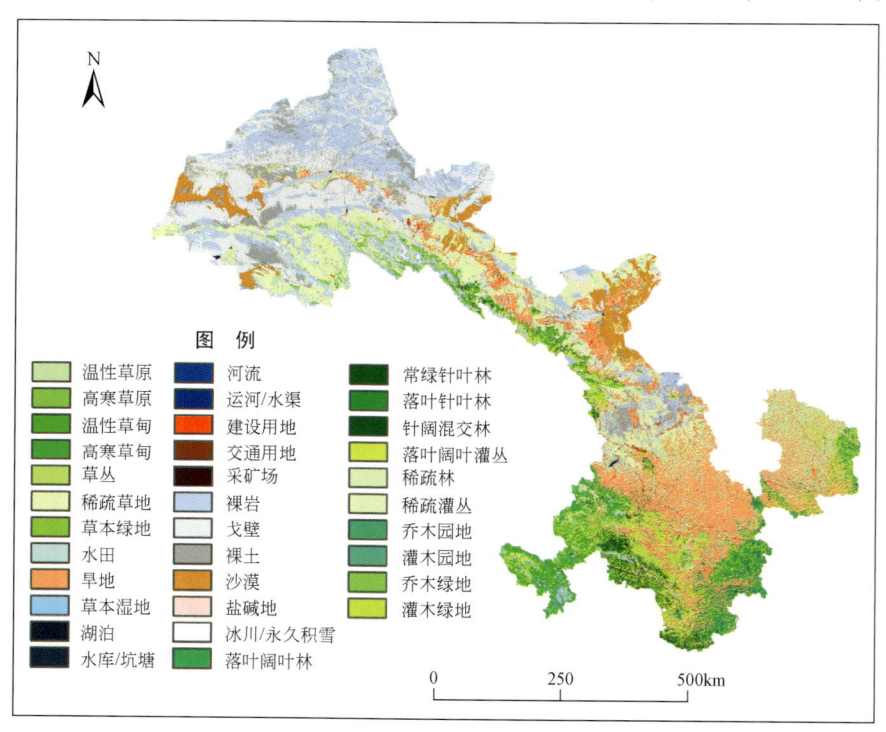

图 9-28　2010 年甘肃省土地覆被现状图

表 9-28　2010 年甘肃省土地覆被结构　　　　　　　　（单位:%）

市（州）	林地	草地	耕地	湿地	人工表面	其他	总计
兰州市	7.96	40.31	23.15	0.30	2.90	25.38	100.00
嘉峪关市	0.72	15.67	9.01	1.10	7.48	66.02	100.00
金昌市	1.75	42.43	17.20	0.16	2.32	36.14	100.00
白银市	1.48	34.18	31.92	0.26	1.66	30.49	100.00
天水市	32.23	14.18	51.79	0.19	1.36	0.26	100.00
武威市	11.21	29.08	15.94	0.18	1.48	42.11	100.00
张掖市	9.65	52.62	11.30	0.65	1.15	24.62	100.00
平凉市	25.18	15.28	57.15	0.06	2.15	0.17	100.00
酒泉市	0.52	17.02	1.99	0.38	0.32	79.79	100.00
庆阳市	19.18	42.10	37.78	0.12	0.70	0.13	100.00
定西市	14.43	22.27	61.01	0.26	1.56	0.47	100.00
陇南市	56.62	11.30	30.26	0.34	0.52	0.96	100.00
临夏州	7.69	36.45	46.26	1.55	1.93	6.12	100.00
甘南州	37.75	51.35	4.58	3.62	0.48	2.21	100.00
全省合计	13.02	27.80	17.29	0.64	0.90	40.35	100.00

降水量比较多的陇南市、甘南州、天水市的森林覆盖率高，其中陇南林地占土地面积的比例达 56.62%；而干旱区的河西走廊及黄土高原西部边缘的白银市，林地分布少，其中酒泉市林地占土地面积的比例最低，仅为 0.52%。以耕地比例所代表的垦殖率以黄土高原地区的市（州）为最高，其中定西市耕地比例达 61.01%；由于干旱和低温限制，河西走廊和甘南州耕地所占比例都较低，都小于 20%，其中酒泉市耕地仅占土地面积的 1.99%。其他类型主要分布在白银和乌鞘岭以西市，其中以酒泉市所占比例最大为 79.79%。由于沼泽与水库存在，甘南州与临夏州的湿地比例高于其他地区（表 9-28）。

9.28.2　甘肃省不同类型土地覆被特征

甘肃省降水量由东向西减少、热量的由南向北减少和海拔高度不同而带来的水热条件变化等气候和地貌条件的显著差异，决定了土地覆被具有东西与南北明显不同的空间格局（图 9-28）。

(1) 林地

2010 年甘肃省有林地 55 377.069km^2，占全省土地面积的 13.02%。林地集中分布在庆阳市东部的子午岭、天水南部的秦岭山区、陇南市、甘南州的东部及河西走廊的祁连山山区。全省各市（州）中，林地面积占全省林地面积的比例以陇南市最高为 28.46%，其次是甘南州，为 25.02%；比例最小的是嘉峪关市，仅占 0.02%。

林地以落叶阔叶灌丛为主，占总林地面积的 58.49%，主要分布在黄土高原及低山地区。其次是落叶阔叶林，占 20.94%，主要分布在陇南秦岭山区。常绿针叶林占 14.73%，主要分布在甘南山地及祁连山山区的高山地区。稀疏灌丛占 3.32%，主要分布在分布在降水稀少的干旱地区。其他类型林地所占比例都很小。

（2）草地

2010 年甘肃省有草地 118 274.854km²，占全省土地面积的 27.80%。草地主要分布在甘南州、黄土高原、河西走廊沙漠绿洲过渡带及祁连山山区。全省各市（州）中，酒泉市草地所占比例最大，占全省草地面积的 24.12%；其次是张掖市，占 17.17%；嘉峪关市比例最小，仅占 0.15%。

草地中稀疏草地占稀疏植被面积的比例最大，为 51.00%，主要分布在降水稀少的干旱区。其次是温性草原，占 27.36%，主要分布在黄土高原、甘南州和祁连山山区的低山地区。其次是高寒草甸，占 10.72%，主要分布在甘南州和祁连山山区的高山地区。草丛占 4.21%，主要分布在陇东黄土高原、天水和陇南山区森林气候区。温性草甸占 3.87%，主要分布在甘南州和祁连山山区海拔较低处。高寒草原占 2.84%，与高寒草甸分布类似。草本绿地主要是酒泉和张掖两市城市中的绿化草地。

（3）耕地

2010 年甘肃省有耕地 73 540.191km²，占全省土地面积的 17.29%。耕地广泛分布在除甘南高原、陇南陡山、祁连山高山区、河西走廊无水源地段的地区，分布比较集中的地区有河西走廊绿洲、黄土高原、天水盆地、陇南山谷等地。全省各市（州）中，地处黄土高原的定西市耕地所占比例最大，占全省耕地面积的 16.27%；庆阳市、陇南市和天水市的耕地面积占全省的比例均在 10% 以上；嘉峪关市比例最小，仅占 0.15%。

耕地中旱地占耕地面积的比例为 99.95%；耕地中水田仅占 0.05%，主要分布在白银市黄河沿岸、陇南河谷地带，在兰州市、张掖市和甘南州的局部地段也有零星分布。

（4）湿地

2010 年甘肃省有湿地 2727.850km²，占全省土地面积的 0.64%。湿地主要分布在甘南州、酒泉市及主要河流沿岸。全省各市（州）中，甘南州湿地占比例最大，占全省湿地面积的 48.76%；其次是酒泉市，占 23.07%；平凉市比例最小，仅占 0.26%。

湿地中草本湿地占湿地面积的比例最大，为 52.13%，主要分布在甘南州和酒泉市。其次是河流，占 31.29%，主要分布在黄河流经的甘南州和黑河流经的酒泉市和张掖市。水库/坑塘占 10.89%，主要分布在黄河、黑河和石羊河流域水库所在临夏州、酒泉市和武威市。湖泊占 5.56%，主要分布在酒泉市的祁连山山区。

（5）人工表面

2010 年甘肃省有人工表面 3843.610km²，占全省土地面积的 0.90%，略大于湿地面积。全省各市（州）中，酒泉市人工表面所占比例最大，占全省人工表面面积的 13.79%；其次是武威市，占 12.43%，张掖市占 11.57%；比例最小的是嘉峪关市仅占 2.38%。人工表面面积最多的地区都在河西走廊的主要原因是干旱区土地资源丰富，建设用地供应充足并且成本低。

人工表面以建设用地为主，所占比例达 87.75%；其次是交通用地，占 10.75%，以线状形式广泛分布于全省各市（州）。采矿场占 1.51%，主要分布在白银市、酒泉市和陇南市。

(6) 其他类型土地覆被

2010 年甘肃省有其他类型土地覆被 171 679.250km²，占全省土地面积的 40.35%，是甘肃省最主要的土地覆被类型。其他类型土地覆被主要分布在河西降水稀少的地区。全省各市（州）中，最西端的酒泉市其他类型土地覆被所占比例最大，占全省其他类型土地覆被面积的 77.93%；其次是武威市，占 7.93%；平凉市其他类型土地覆被分布最少，仅占 0.01%。

其他类型土地覆被中裸岩所占比例最大，为 35.08%，主要分布在河西地区及黄土高原西北边缘兰州市、白银市等降水稀少的地区；其次是戈壁，占 34.75%，主要分布在酒泉市，是噶顺戈壁。裸土占 18.64%，分布与裸岩大体相似。沙漠/沙地占 10.50%，主要分布在酒泉市的库姆塔格沙漠、张掖市的巴丹吉林沙漠和武威市的腾格里沙漠。冰川/永久积雪占 0.52%，主要分布在张掖市和酒泉市的祁连山山高山地区。盐碱地占 0.51%，主要是次生盐渍化，主要分布在河西走廊绿洲内部。

9.29 青海省土地覆被特征

青海省地处青藏高原东北部，全省均属高原范围。地形复杂，地貌多样。全省平均海拔超过 3000m，海拔 5000m 以上的山脉和谷地大都终年积雪，广布冰川。山脉之间，镶嵌着高原、盆地和谷地。西部极为高峻，自西向东倾斜降低，东西向和南北向的两组山系构成了青海地貌的骨架。其地形可分为祁连山地、柴达木盆地和青南高原 3 个自然区域。青海的地形大势是盆地、高山和河谷相间分布的高原。它是"世界屋脊"青藏高原的一部分。青海省是长江、黄河、澜沧江的发源地，被誉为"三江源""三江源头""江河源头"和"中华水塔"。中国最大的内陆高原咸水湖也在青海。青海属于高原大陆性气候，具有气温低、昼夜温差大、降雨少而集中、日照长、太阳辐射强等特点。各地区气候有明显差异，东部湟水谷地，年平均气温为 2~9℃，年降雨量为 250~550mm。柴达木盆地年平均温度为 2~5℃，年降雨量近 200mm。东北部高山区和青南高原温度低，除祁连山、阿尔金山和江河源头以西的山地外，年降雨量一般为 100~500mm。青海省辖西宁市 1 个地级市、海东地区 1 个地区和玉树藏族自治州（以下简称"玉树州"）、海西蒙古族藏族自治州（以下简称"海西州"）、海北藏族自治州（以下简称"海北州"）、海南藏族自治州（以下简称"海南州"）、黄南藏族自治州（以下简称"黄南州"）、果洛藏族自治州（以下简称"果洛州"）等 6 个民族自治州（青海省人民政府，2015）。

9.29.1 青海省土地覆被总体特征

青海省海拔较高、温度较低、降水稀少、多大风，土地覆被也以草地为主，其次是其他类型土地覆被，两者占土地面积的比例为 87.30%。湿地为 6.96%，林地占 4.22%，耕地为1.26%，人工表面仅为0.26%（图9-29，表9-29）。

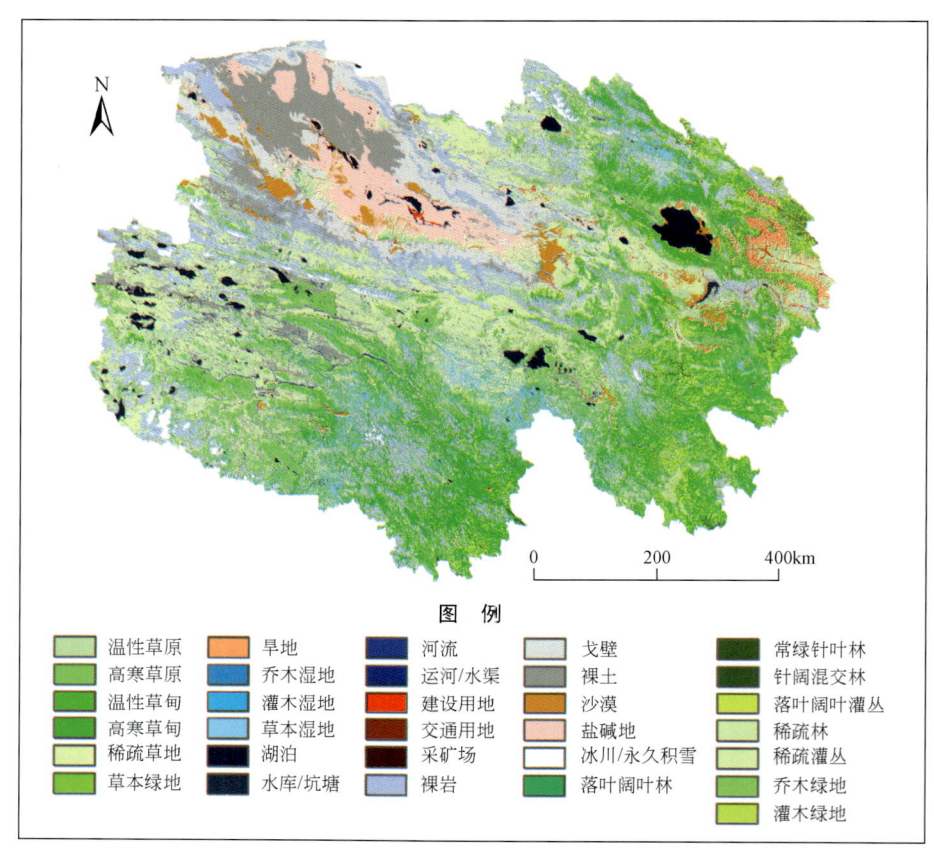

图9-29 2010年青海省土地覆被现状图

表9-29 2010年青海省土地覆被结构　　　　　　　　　　（单位：%）

市（州、地区）	林地	草地	耕地	湿地	人工表面	其他	总计
西宁市	20.29	43.13	28.87	0.51	3.67	3.53	100.00
海东地区	17.52	50.70	25.03	0.57	1.29	4.88	100.00
海北州	13.48	54.02	2.62	14.39	0.42	15.07	100.00
黄南州	17.61	74.55	1.51	3.57	0.42	2.36	100.00
海南州	8.55	67.35	3.41	7.71	0.39	12.60	100.00
果洛州	10.96	70.38	0.05	9.59	0.12	8.90	100.00
玉树州	2.05	67.48	0.01	10.71	0.06	19.68	100.00
海西州	0.56	38.28	0.20	3.45	0.26	57.25	100.00
全省合计	4.22	54.11	1.26	6.96	0.26	33.18	100.00

青海省东部海拔较低，水热条件相对较好的各市（州、地区）森林覆盖率相对较高，其中西宁林地占土地面积的比例为20.29%；而青海省西部的高原区林地分布少，其中海

西州林地占土地面积的比例最低，仅为 0.56%。以耕地比例所代表的垦殖率以青海省东部的市为最高，其中西宁市耕地比例为 28.87%；由于干旱和低温限制，海西州和果洛州耕地所占比例都较低，都小于 1%。由于海西州地处柴达木盆地，其他类型土地覆被所占比例较高，达 57.25%。除海西州外，草地均是其他市（州、地区）的主要土地覆被类型，其中以黄南州最高，为 74.55%（表9-29）。

9.29.2 青海省不同类型土地覆被特征

青海省降水量及热量由东向西减少，海拔高度的不同而带来的水热条件变化等气候和地貌条件的显著差异，决定了土地覆被具有显著的区域特征（图9-29）。

(1) 林地

2010 年青海省有林地 29 379.677km^2，占全省土地面积的 4.22%。林地集中分布在青海省东部海拔在 4000m 以下的山区及玉树州东南部靠近四川省地区。全省各市（州、地区）中，林地面积占全省林地面积的比例以果洛州最高，为 27.68%，其次是海北州，为 15.79%；比例最小的是西宁市，占 5.22%。

林地以落叶阔叶灌丛为主，占总林地面积的 88.38%。其次是常绿针叶林，占 9.80%，主要分布在青海省东部山地的阴坡。稀疏灌丛占 1.55%，主要分布在降水稀少的干旱地区。其他类型林地所占比例都很小。

(2) 草地

2010 年青海省有草地 376 986.344km^2，占全省土地面积的 54.11%。草地广泛分布祁连山地和青海高原。全省各市（州、地区）中，玉树州草地所占比例最大，占全省草地面积的 36.68%；其次是海西州，占 30.54%；西宁比例最小，仅占 0.86%。

草地中稀疏草地占草地面积的比例最大，为 34.83%，主要分布在青海高原西部干旱少雨地区。其次是高寒草甸占 23.23%，主要分布在青海高原的东部和祁连山山区的高山地区。高寒草原占 20.20%，与高寒草甸分布区域基本类似。温性草原占 16.05%，主要分布在青海高原的西部和祁连山山区的低山地区。温性草甸占 5.68%，主要分布在青海高原的西部和祁连山山区的低山水分充足地区。草本绿地主要是西宁市城市中的绿化草地。

(3) 耕地

青海省的耕地类型只有旱地一种，2010 年青海省有耕地 8760.622km^2，占全省土地面积的 1.26%。耕地集中分布在湟水谷地，共和盆地亦有少量分布。全省各市（州、地区）中，海东地区耕地所占比例最大，占全省耕地面积的 37.12%；西宁市、海南州和海北州的耕地面积占全省的比例均在 10% 以上；玉树州比例最小，仅占 0.23%。

(4) 湿地

2010 年青海省有湿地 48 517.847km^2，占全省土地面积的 6.96%。湿地主要分布在青南高原、祁连山区及柴达木盆地的大小盐湖。全省各市（州、地区）中，玉树州湿地占比例最大，占全省湿地面积的 45.23%；其次是海西州，占 21.39%；西宁市比例最小，仅占 0.08%。

湿地中草本湿地占湿地面积的比例最大，为57.91%，主要分布在青海高原的玉树州、果洛州、海西州东南部和祁连山区的海北州。其次是湖泊，占29.50%，主要是海西州的大小盐湖、玉树州西南部、青海湖。河流占10.80%，主要分布在三江源区所在的玉树州和海西州。其他类型分布不大。

（5）人工表面

2010年青海省有人工表面1830.236km^2，与全省土地面积的0.26%，是青海省最少的土地覆被类型。全省各市（州、地区）中，海西州人工表面所占比例最大，占全省人工表面面积的42.64%；其次是西宁市，占15.13%，海南州占9.31%；比例最小的是黄南州，仅占4.12%。

人工表面以建设用地为主，所占比例达57.77%，集中分布在海西州、海东地区和西宁市附近；其次是交通用地，占28.76%，主要以线状形式广泛分布在全省各市（州、地区）。采矿场占13.47%，主要分布在海西州，占全省采矿场面积的92.78%。

（6）其他类型土地覆被

2010年青海省有其他类型土地覆被231 171.318km^2，占全省土地面积的33.18%，所占比例仅次于草地。其他类型土地覆被主要分布在柴达木盆地降水稀少区域及青藏高原和祁连山的高山地区。全省各市（州、地区）中，海西州其他类型土地覆被所占比例最大，占全省其他类型土地覆被面积的74.50%；其次是玉树州，占17.45%；西宁市其他类型土地覆被分布最少，仅占0.12%。

其他类型土地覆被中裸岩所占比例最大，为39.05%，主要分布在各高大山脉的高山地区。其次是裸土，占27.56%，主要分布在柴达木盆地及青海高原西北可可西里山脚等降水稀少的地区。盐碱地占13.29%，主要分布在柴达木盆地。戈壁占13.08%，主要分布在柴达木盆地。沙漠/沙地占4.85%，主要分布在柴达木盆地和共和盆地。冰川/永久积雪占2.17%，主要分布在阿尼玛卿山、可可西里山、巴颜喀拉山、祁连山高山地区。

9.30 宁夏回族自治区土地覆被特征

宁夏回族自治区居黄河上游，南北狭长，地势南高北低，西部高差较大，东部起伏较缓。黄河纵贯全自治区北部全境，灌溉农业发达。从西面、北面至东面，由腾格里沙漠、乌兰布和沙漠和毛乌素沙地相围，南面与黄土高原相连。地貌复杂，山地迭起，盆地错落，大体可分为黄土高原、鄂尔多斯台地、洪积冲积平原和六盘山、罗山、贺兰山南北中三段山地。全自治区可分为南部暖温带平原地带、中部中温带半荒漠地带和北部中温带荒漠地带。全年平均气温为5~9℃，降水量南多北少，大多集中在夏季。干旱山区年平均降水400mm，引黄灌区年平均157mm。宁夏回族自治区共设银川市、石嘴山市、吴忠市、固原市、中卫市5个地级市（宁夏回族自治区人民政府，2015）。

9.30.1 宁夏回族自治区土地覆被总体特征

宁夏回族自治区土地覆被以草地为主，占土地面积的42.73%，其次是耕地，占土地面积的比例为33.63%，其他类型为10.50%，林地为8.83%，人工表面为3.24%，湿地为1.06%（图9-30，表9-30）。

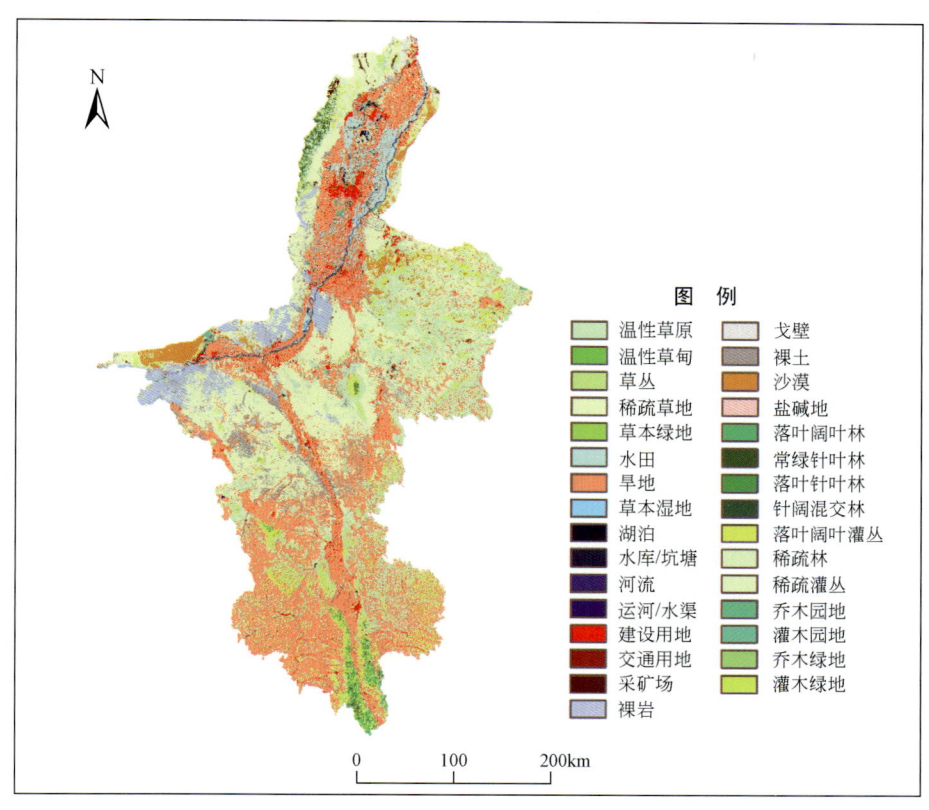

图 9-30　2010 年宁夏回族自治区土地覆被现状图

表 9-30　2010 年宁夏回族自治区土地覆被结构　　　　　　　　　　（单位:%）

市	林地	草地	耕地	湿地	人工表面	其他	总计
银川市	7.83	42.89	29.52	2.25	7.09	10.42	100.00
石嘴山市	7.01	40.35	30.45	3.61	8.63	9.94	100.00
吴忠市	5.38	58.73	24.57	0.74	2.12	8.46	100.00
固原市	20.89	21.09	56.36	0.20	1.27	0.20	100.00
中卫市	4.73	41.05	30.07	0.71	2.38	21.07	100.00
全自治区合计	8.83	42.73	33.63	1.06	3.24	10.50	100.00

宁夏北部的固原市地处黄土高原地区，湿地和其他类型占其自身面积比例较小，均小于1%，而耕地、林地和草地所占比例则相对较高，其中耕地和林地均是各地级市中比例最高的，分别为56.36%和20.89%。而中卫市地处黄土高原和腾格里沙漠边缘，草原、耕地、其他类型土地覆被是其主要的土地覆被类型，其中其他类型所占比例是各市中最高的，达21.07%。草地则是以靠近沙漠的吴忠市最大，为58.73%（表9-30）。

9.30.2 宁夏回族自治区不同类型土地覆被特征

宁夏回族自治区降水量由南向北减少、蒸发量的由南向北增加，不同的水热条件变化，决定了土地覆被具有南北明显不同的特征（图9-30）。

(1) 林地

2010年宁夏回族自治区有林地4589.629km^2，占全自治区土地面积的8.83%。林地集中分布在黄土高原沟壑、六盘山区和贺兰山区。全自治区各市中，林地面积占全自治区林地面积的比例以固原市最高为47.94%，其次是吴忠市，为18.99%；比例最小的是石嘴山市，仅占6.23%。

林地以落叶阔叶灌丛为主，占总林地面积的74.46%，主要分布在黄土高原及低山地区。其次是稀疏灌丛，占8.53%，主要分布在主要分布在宁夏北部靠近沙漠降水稀少地区。落叶阔叶林，占6.64%，主要分布在六盘山山区。常绿针叶林占5.96%，主要分布在贺兰山山地区。其他类型林地所占比例都很小。

(2) 草地

2010年宁夏回族自治区有草地22 203.202km^2，占全自治区土地面积的42.73%。草地主要分布在黄土高原及六盘山山区。全自治区各市中，吴忠市草地所占比例最大，占全自治区草地面积的42.89%；其次是中卫市，占25.24%；石嘴山市比例最小，仅占7.41%。

草地中稀疏草地占草地面积的比例最大，为61.60%，其次是温性草原占38.33%，二者主要分布在降水稀少的干旱区。草本绿地主要是城市中的绿化草地。其他类型分布很少。

(3) 耕地

2010年宁夏回族自治区有耕地17 474.942km^2，占全自治区土地面积的33.63%。耕地主要分布在黄土高原、黄河流经的卫宁和银川平原。全自治区各市中，地处黄土高原的固原市耕地所占比例最大，占全区耕地面积的33.96%；除石嘴山市以外，其他地市所占比例均超过10%。

耕地中旱地占耕地面积的比例为92.72%；水田仅占7.28%，主要分布在宁夏平原的黄河沿岸。

(4) 湿地

2010年宁夏回族自治区有湿地552.186km^2，占全自治区土地面积的1.06%。湿地主要分布在黄河沿岸。全自治区各市中，银川市湿地所占比例最大，占全自治区湿地面积的30.42%；其次是石嘴山市，占26.66%；固原市比例最小，仅占3.83%。

湿地中水库/坑塘占湿地面积的比例最大，为41.52%，主要分布在黄河流经的银川市、石嘴山市和吴忠市。其次是河流，占35.48%，主要黄河流经的城市。草本湿地占13.14%，主要分布在黄河沿岸的吴忠市、石嘴山市和银川市。湖泊占6.65%，主要分布在石嘴山市。运河/水渠占3.21%，主要分布在银川市和石嘴山市。

(5) 人工表面

2010年宁夏回族自治区有人工表面1684.337km², 占全自治区土地面积的3.24%。人工表面主要分布黄河沿岸及平原地带。全自治区各市中, 银川市人工表面所占比例最大, 占全自治区人工表面面积的31.49%; 其次是石嘴山市, 占20.89%, 吴忠市占20.45%; 比例最小的是固原市, 仅占7.92%。

人工表面以建设用地为主, 所占比例达84.09%; 其次是交通用地, 占10.18%, 主要以线状形式广泛分布在全省各市。采矿场面积占5.73%, 主要分布在中卫市和石嘴山市等。

(6) 其他类型土地覆被

2010年宁夏回族自治区有其他类型土地覆被5453.639km², 占全自治区土地面积的10.50%。其他类型土地覆被主要分布在宁夏中部、北部靠近沙漠、降水稀少的地区。全自治区各市中, 中卫市其他类型土地覆被所占比例最大, 占全自治区其他类型土地覆被面积的52.74%; 其次是吴忠市, 占25.15%; 固原市分布最少, 仅占0.38%。

其他类型土地覆被中裸土所占比例最大, 为39.12%, 主要分布在宁夏中部、北部靠近沙漠降水稀少的地区; 其次是裸岩, 占35.27%, 集中分布在中卫市和吴忠市。沙漠/沙地占23.14%, 除固原市外均有分布, 其中地处腾格里沙漠的中卫市所占面积最大。戈壁占1.48%, 主要分布在石嘴山市。盐碱地占0.99%, 主要分布在吴忠市和石嘴山市。

9.31 新疆维吾尔自治区土地覆被特征

新疆维吾尔自治区位于亚欧大陆中部, 中国西北边陲。新疆远离海洋, 四周高山环抱, 形成"三山夹两盆"地形格局, 北面是阿尔泰山, 南面是昆仑山, 天山横亘中部, 把新疆分为南北两部分, 习惯上称天山以南为南疆, 天山以北为北疆, 哈密、吐鲁番一带称东疆。南疆的塔里木盆地是中国最大的盆地。位于塔里木盆地中部的塔克拉玛干沙漠是中国最大、世界第二大流动沙漠。贯穿塔里木盆地的塔里木河长约2100km, 是中国最长的内陆河。北疆的准噶尔盆地是中国第二大盆地, 盆地中部的古尔班通古特沙漠面积约4.8万km², 是中国第二大沙漠。新疆深居内陆, 远离海洋, 高山环列, 湿润的海洋气流难以进入, 形成了极端干燥的大陆性气候, 气温变化大, 日照时间长, 降水量少, 空气干燥, 年平均气温为10.4℃, 冬季气温北疆高于南疆, 夏季气温南疆高于北疆。年平均降水量为188mm, 北疆稍多于南疆。新疆的植被分区由南到北依次是青藏高原高寒植被区、温带荒漠区和温带草原区。新疆设乌鲁木齐市、克拉玛依市2个地级市, 吐鲁番地区、哈密地区、阿克苏地区、喀什地区、和田地区、阿勒泰地区6个地区, 昌吉回族自治州(以下简称"昌吉州")、博尔塔拉蒙古自治州(以下简称"博尔塔拉州")、巴音郭楞蒙古自治州(以下简称"巴音郭楞州")、克孜勒苏柯尔克孜自治州(以下简称"克孜勒苏柯尔克孜州")、伊犁哈萨克自治州(以下简称"伊犁州")5个自治州, 石河子市、阿拉尔市、图木舒克市、五家渠市4个直管市(新疆维吾尔自治区人民政府, 2015)。

9.31.1 新疆维吾尔自治区土地覆被总体特征

新疆维吾尔自治区大部位于干旱区,气候干燥、多大风,土地覆被也以其他类型土地覆被为主,其次是草地,两者占土地面积的比例超过85%,林地占7.44%,垦殖率为4.96%,人工表面和湿地的面积不足2%(图9-31,表9-31)。

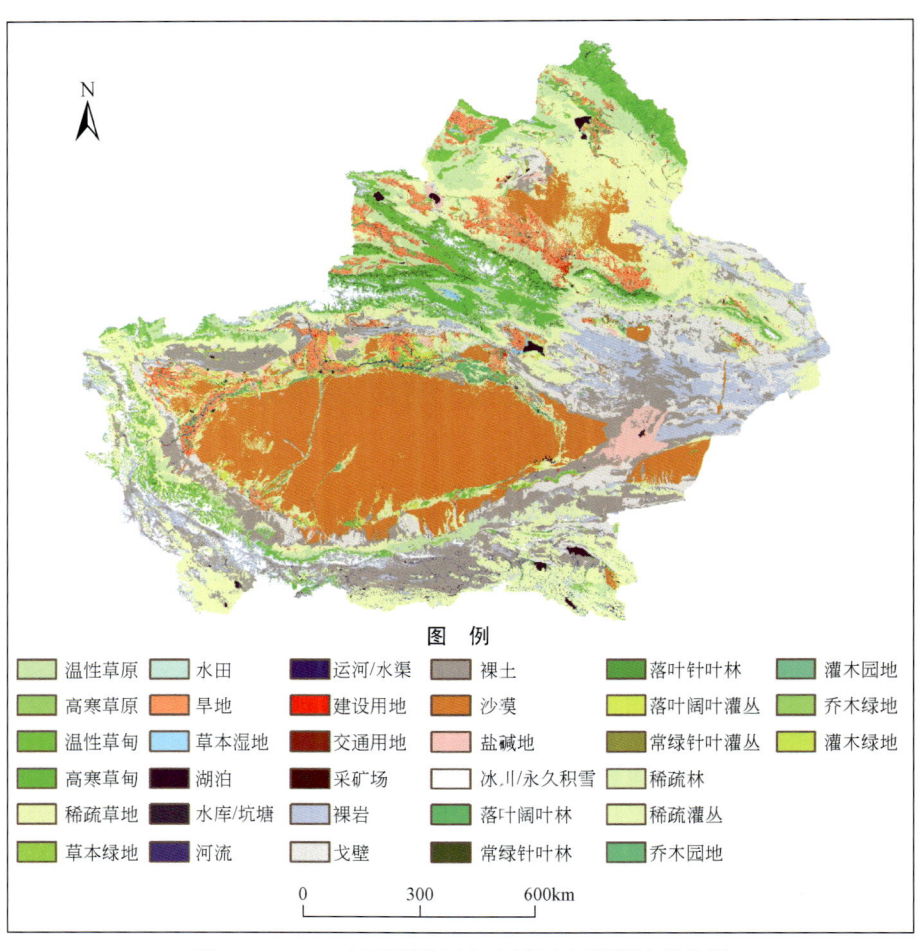

图9-31 2010年新疆维吾尔自治区土地覆被现状图

表9-31 2010年新疆维吾尔自治区土地覆被结构 (单位:%)

市(州、地区)	林地	草地	耕地	湿地	人工表面	其他	总计
乌鲁木齐市	15.84	61.61	9.03	1.11	4.73	7.67	100.00
克拉玛依市	18.29	37.66	12.28	2.41	4.08	25.29	100.00
吐鲁番地区	1.97	15.15	0.71	0.12	0.60	81.45	100.00
哈密地区	1.99	29.87	1.14	0.06	0.35	66.58	100.00

续表

市（州、地区）	林地	草地	耕地	湿地	人工表面	其他	总计
昌吉州	11.27	45.64	15.42	0.53	1.58	25.57	100.00
博尔塔拉州	5.19	62.95	12.40	3.93	0.95	14.58	100.00
巴音郭楞州	5.33	25.78	1.35	2.11	0.17	65.26	100.00
阿克苏地区	12.92	19.46	9.15	1.80	0.71	55.95	100.00
克孜勒苏柯尔克孜州	2.32	61.75	1.65	0.62	0.21	33.45	100.00
喀什地区	13.08	21.14	9.08	1.32	1.24	54.13	100.00
和田地区	5.95	19.83	1.49	0.94	0.09	71.70	100.00
伊犁州	9.52	60.78	17.02	1.09	1.71	9.88	100.00
塔城地区	5.89	62.60	12.54	0.72	1.10	17.15	100.00
阿勒泰地区	15.78	70.55	3.47	1.82	0.32	8.07	100.00
直管市①	26.06	10.71	46.24	6.12	4.78	6.09	100.00
全自治区合计	7.44	33.81	4.96	1.37	0.59	51.84	100.00

天山和阿勒泰区域的森林覆盖率相对较高，其中自治区直辖市林地占其土地面积的比例最高为 26.06%；而地处塔里木盆地、吐鲁番盆地和准噶尔盆地的地州市林地分布少，其中吐鲁番地区林地占其土地面积的比例最低，仅为 1.97%。以耕地比例所代表的垦殖率以天山边缘的地州市为最高，其中自治区直管市的耕地比例最高为 46.24%；由于干旱和低温限制，塔里木盆地、吐鲁番盆地和准噶尔盆地耕地所占比例都较低，其中吐鲁番地区耕地仅占其土地面积的 0.71%。塔里木盆地、吐鲁番盆地和准噶尔盆地的地州市的土地覆被主要以草原和其他类型土地覆被为主，比例都大于 50%。由于北疆的降水量明显优于南疆，因此草地主要分布在北疆的西北部。由于沼泽与水库存在，自治区直管市与博尔塔拉州的湿地比例高于其他地区（表9-31）。

9.31.2 新疆维吾尔自治区不同类型土地覆被特征

新疆维吾尔自治区水热条件受天山、昆仑山、阿勒泰山等高大山脉的影响，水平地带性和垂直地带性明显，也体现在土地覆被空间差异特征显著（图9-31）。

（1）林地

2010 年新疆维吾尔自治区林地 121 388.013 km²，占全自治区土地面积的 7.44%。林地集中分布在昆仑山北部边缘、天山山脉、阿勒泰山脉、准噶尔盆地、塔里木盆地外围和周围山脉的低山丘陵区。全自治区各市（州、地区）中，巴音郭楞州林地面积占全自治区林地面积的比例最高，为 20.69%，其次是阿勒泰地区，为 15.18%；比例最低的是博尔

---

① 石河子市、阿拉尔市、图木舒克市、五家渠市共 4 个市。

塔拉州，仅占1.06%。

林地以稀疏灌丛为主，占总林地面积的58.34%，主要分布在准噶尔盆地、塔里木盆地外围和周围山脉的低山区等降水稀少的地区。其次是落叶阔叶灌丛，占16.28%，主要分布在塔里木盆地周边低山地区。常绿针叶林占7.83%，主要分布在天山山脉高山区。落叶阔叶林，占7.81%，主要分布在天山南缘的巴音郭楞州、阿克苏地区和阿勒泰山脉的阿勒泰地区。落叶针叶林占4.58%，主要分布在阿勒泰山脉。其他类型林地所占比例都很小。

(2) 草地

2010年新疆维吾尔自治区有草地551 699.420km^2，占全自治区土地面积的33.81%。草地主要分布在巴音郭楞州、南疆地区、昆仑山北缘、准噶尔盆地、塔里木盆地外围和周围山脉的低山丘陵区。全自治区各市（州、地区）中，巴音郭楞州草地所占比例最大，占全自治区草地面积的22.03%；其次是阿勒泰地区，占14.94%；自治区直管市比例最小，仅占0.15%。

草地中稀疏草地占草地面积的比例最大，为53.54%，其分布与稀疏灌丛分布区域类似，主要分布在准噶尔盆地、塔里木盆地外围和周围山脉的干旱少雨区。其次是温性草原，占22.85%，主要分布在阿尔金山、天山、塔尔巴哈台山和阿勒泰山山区的低山地区。温性草甸，占22.85%，主要分布在天山、阿勒泰山和昆仑山山区中低海拔区。高寒草甸占3.68%，高寒草原占1.56%，二者主要分布在天山和昆仑山山区的高海拔区。草本绿地主要是乌鲁木齐市、克拉玛依市和自治区直管市等城市中的绿化草地。

(3) 耕地

2010年新疆维吾尔自治区有耕地80 964.469km^2，占全自治区土地面积的4.96%。耕地集中分布在昆仑山、天山、阿勒泰山等山脚下的绿洲区。全自治区各市（州、地区）中，塔城地区耕地所占比例最大，占全自治区耕地面积的14.69%；阿克苏地区、昌吉州、喀什地区和伊犁州的耕地面积占全自治区的比例均在10%以上；吐鲁番地区比例最小，仅占0.61%。

耕地中旱地占耕地面积的比例为99.55%；水田仅占0.45%，主要分布在和田地区、阿克苏地区和乌鲁木齐地区的河流周边。

(4) 湿地

2010年新疆维吾尔自治区有湿地22 275.396km^2，占全自治区土地面积的1.37%。湿地主要分布在巴音郭楞州、和田地区、阿克苏地区及主要河流沿岸。全自治区各市（州、地区）中，巴音郭楞州湿地占比例最大，占全自治区湿地面积的44.71%；其次是和田地区，占10.43%；吐鲁番地区比例最小，仅占0.36%。

湿地中河流占湿地面积的比例最大，为42.69%，主要分布在塔里木河流经的巴音郭楞州、和田地区和阿克苏地区。其次是湖泊，占29.50%，主要分布在巴音郭楞州、阿勒泰地区和博尔塔拉州。草本湿地占17.81%，主要分布在巴音郭楞草原所在的巴音郭楞州及其他各湖泊周围。水库/坑塘占9.08%，主要是塔里木河、额尔齐斯河、玛纳斯河等河流周边的水库及灌溉坑塘。其他类型分布较少。

（5）人工表面

2010年新疆维吾尔自治区有人工表面9559.936km²，占全自治区土地面积的0.59%，是全自治区分布最少的土地覆被类型。全自治区各市（州、地区）中，喀什地区人工表面所占比例最大，占全自治区人工表面面积的14.49%；其次是昌吉州，占12.13%，塔城地区占10.90%；比例最小的是克孜勒苏柯尔克孜州仅占1.55%。

人工表面以建设用地为主，所占比例达85.00%；其次是交通用地，主要以线状形式广泛分布于自治区各市（州、地区）。采矿场占2.95%，主要分布在塔城地区、喀什地区和阿勒泰地区。

（6）其他类型土地覆被

2010年新疆维吾尔自治区有其他类型土地覆被845 843.346km²，占全自治区土地面积的51.84%，是新疆维吾尔自治区最主要的土地覆被类型。其他类型土地覆被主要分布在极端干旱地区、各山脉的高海拔地区及绿洲内部的次生盐渍化区。全自治区各市（州、地区）中，巴音郭楞州其他类型土地覆被所占比例最大，占全自治区其他类型土地覆被面积的36.38%；其次是和田地区，占21.03%；自治区直管市分布最少，仅占0.06%。

其他类型土地覆被中沙漠/沙地所占比例最大，为38.69%，主要是塔克拉玛干沙漠、库姆塔格沙漠西端和古尔班通古特沙漠。其次是裸土，占24.74%，主要分布在塔里木盆地、吐鲁番盆地外围山地的降水稀少地区。戈壁占15.52%，主要分布在巴音郭楞州、吐鲁番地区和哈密地区的戈壁滩。裸岩占14.05%，与裸土分布相似，但分布海拔比裸土稍高。冰川/永久积雪占4.61%，主要分布在昆仑山和天山的西段及阿尔天山的高海拔地区。盐碱地占2.40%，主要分布在绿洲内部、过渡带及河流湖泊旁。

9.32 台湾省土地覆被特征

台湾省位于中国东南沿海，是中国神圣领土不可分割的一部分。台湾省是一个岛屿省份，岛屿众多，海岸线长，而台湾本岛是一个多山的海岛，高山多集中在中部偏东地区，就形成了东部多山地，中部多丘陵，西部多平原的地形特征。北回归线通过台湾省中南部，将台湾省南北划为两个气候区，北部属亚热带季风气候，南部则为热带季风气候，且台湾省四面环海，受海洋性季风调节，终年气候宜人，冬无严寒，夏无酷暑，全年气温偏高，平均气温在22℃左右。台湾降水丰沛、气候湿润，是中国降雨量最丰沛的地区之一，平均年降雨量超过2000mm，随着季节、位置、海拔的不同，降雨量也随之变化。来自太平洋的东南季风受到台湾山脉的阻挡，东部地区在迎风坡上降水较多，西部地区在背风坡上降水较少，因此台湾东部、北部降水量大且全年有雨。台湾中南部的雨季主要集中在夏季。受气候影响，台湾的植被分区为南亚热带季风常绿阔叶林带和北热带半常绿季雨林、湿润雨林带。台湾省下辖高雄市、花莲县、基隆市、嘉义市、嘉义县、苗栗县、南投县、台北市、澎湖县、屏东县、新北市、台东县、台南市、台中市、桃园县、新竹市、新竹县、宜兰县、云林县和彰化县20个市（县）（中共中央台湾工作办公室，2011）。

9.32.1 台湾省土地覆被总体特征

台湾省多丘陵,降水丰沛,土地覆被也以林地为主,占土地面积的比例为67.80%。其次是耕地,占21.96%,人工表面为5.76%,湿地为3.73%,草地和其他类型土地覆被的面积均不足1%(图9-32,表9-32)。

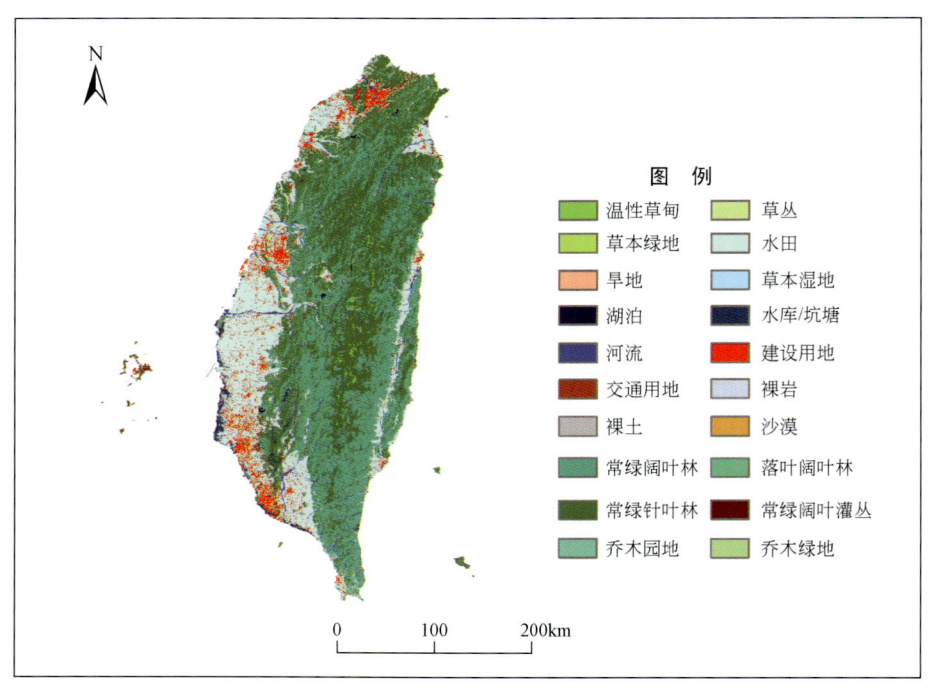

图9-32 2010年台湾省土地覆被现状图

表9-32 2010年台湾省土地覆被结构 （单位:%）

市（县）	林地	草地	耕地	湿地	人工表面	其他	总计
高雄市	67.83	0.76	15.71	5.31	10.29	0.10	100.00
花莲县	85.13	1.11	10.12	2.49	1.13	0.01	100.00
基隆市	75.18	0.49	11.67	1.39	11.27	0.00	100.00
嘉义市	15.01	0.00	49.75	1.57	33.67	0.00	100.00
嘉义县	55.27	0.24	35.31	4.82	4.32	0.03	100.00
苗栗县	79.73	0.22	15.73	1.88	2.40	0.05	100.00
南投县	87.27	1.97	6.60	3.01	1.13	0.02	100.00
台北市	52.00	0.24	14.18	4.45	29.13	0.00	100.00
澎湖县	74.45	0.00	0.05	0.29	24.35	0.86	100.00
屏东县	58.22	0.14	31.80	4.77	5.03	0.04	100.00

续表

市（县）	林地	草地	耕地	湿地	人工表面	其他	总计
新北市	81.95	0.26	8.95	1.80	7.04	0.00	100.00
台东县	85.93	0.41	9.83	2.36	1.35	0.12	100.00
台南市	33.11	0.04	40.17	10.07	16.62	0.00	100.00
台中市	61.45	2.06	21.74	3.21	11.45	0.09	100.00
桃园县	41.94	0.20	43.67	2.94	11.25	0.00	100.00
新竹市	30.07	0.00	40.45	2.77	26.71	0.00	100.00
新竹县	82.51	0.23	14.27	0.94	2.01	0.03	100.00
宜兰县	81.43	0.37	12.83	3.38	1.87	0.12	100.00
云林县	12.02	0.06	74.06	6.58	7.23	0.05	100.00
彰化县	8.66	0.19	75.90	4.52	10.71	0.02	100.00
全省合计	67.80	0.69	21.96	3.73	5.76	0.05	100.00

中东部市（县）的地貌类型主要是山地丘陵，森林覆盖率较高，其中以南投县为最高，其森林覆盖率高达87.27%，而地处台湾省西部平原的彰化县森林覆盖率仅为8.66%。耕地和人工表面则与林地分布刚好相反，主要分布在台湾西部的平原地区，其中耕地所占其全部面积以彰化县为最高，垦殖率高达75.90%；人工表面比例最高的则是嘉义市，高达33.67%。湿地则是西南沿海城市相对较高，其中最高的是台南市，为10.07%。草地和其他类型土地覆被所占比例极少（表9-32）。

9.32.2 台湾省不同类型土地覆被特征

台湾省受季风环流和海拔高度不同而带来的水热条件变化等气候和地貌条件的差异决定了土地覆被具有不同的空间格局（图9-32）。具体表现在台湾省土地覆被沿中央山脉呈条带状的分布格局。

(1) 林地

2010年台湾省有林地24 623.760km^2，占土地面积的67.80%。林地集中分布在台湾岛的中东部山地丘陵地区及火烧岛。全省各市（县）中，林地面积占全省林地面积的比例以花莲县最高，为15.91%，其次是南投县，为14.54%；台东县为12.49%；比例最小的是嘉义市，仅占0.04%。

林地以常绿阔叶林为主，占总林地面积的50.77%，主要分布在台湾中东部山地丘陵地区。其次是常绿针叶林，占48.38%，主要分布在中东部山脉海拔较高处。其他类型林地所占比例都很小。

(2) 草地

2010年台湾省有草地251.714km^2，占土地面积的0.69%。草地主要分布在台湾中央山脉的山顶。全省各市（县）中，南投县草地所占比例最大，占全省草地面积的

32.02%；其次是花莲县，占 20.35%；嘉义市和新竹市几乎没有分布。

草地中温性草甸占草地面积的比例最大，为 80.21%，主要分布在中央山脉山顶；草丛为 18.56%，主要分布在台湾省阿里山附近的丘陵山地区域。其他类型草地分布很少。

（3）耕地

2010 年台湾省有耕地 7975.559km²，占土地面积的 21.96%。耕地分布在台湾省西部的平原地区和台湾西部中央山与海岸山之间的谷地。全省各市（县）中，云林县耕地所占比例最大，占全省耕地面积的 12.59%；台南市、屏东县和彰化县的耕地面积占全省耕地面积的比例均在在 10% 以上；澎湖县没有耕地分布。

耕地中水田占耕地面积比例的 99.96%，旱地仅占耕地面积比例的 0.04%，全部在花莲县。

（4）湿地

2010 年台湾省有湿地 1356.471km²，占全省土地面积的 3.73%。湿地主要分布在台湾西南部沿海城市及中央山发育的河流。全省各市（县）中，台南市湿地占比例最大，占全湿地面积的 16.71%；其次是高雄市，占 11.61%；澎湖县比例最小，仅占 0.03%。

湿地中河流占湿地面积的比例最大，为 50.14%，主要分布在由中央山脉发育的河流流经的城市。其次是水库/坑塘，占 43.45%，主要分布在西南沿海城市，以台南市和高雄市分布最多。湖泊占 3.43%，主要分布在阿里山山区。草本湿地占 2.98%，主要分布在西南沿海的水库/坑塘旁。

（5）人工表面

2010 年台湾省有人工表面 2091.905km²，占土地面积的 5.76%。人工表面集中分布在台湾岛西部的平原区。全省各市（县）中，台南市人工表面所占比例最大，占全省人工表面面积的 17.89%；其次是高雄市，占 14.58%，台中市占 12.15%；比例最小的是基隆市，仅占 0.72%。

人工表面以建设用地为主，所占比例达 99.75%；其次是交通用地，占 0.25%，多为线型分布于全省各市（县）。

（6）其他类型土地覆被

2010 年台湾省有其他类型土地覆被 18.524km²，占土地面积的 0.05%，是台湾省分布最少的土地覆被类型。其他类型土地覆被零星分布在山地丘陵。

其他类型土地覆被中裸土占其他类型土地覆被面积的比例为 66.81%，主要分布在云林县。裸岩占 32.09%，主要分布在台东县和澎湖县。沙漠/沙地占 1.10%，分布在宜兰县。

9.33　香港和澳门特别行政区土地覆被特征

香港和澳门特别行政区，位于中国华南地区，珠江口两侧，北接广东省深圳市和珠海市。香港和澳门属亚热带季风气候，同时亦带有热带气候的特性，年平均气温约为 22℃，春、夏季潮湿多雨，秋、冬季的相对湿度较低且雨量较少。台风季节为 5~10 月，以 7~9

月最为频密。香港和澳门降水丰沛、气候湿润,是中国降雨量丰富的地区之一,平均年降雨量超过 2000mm。香港和澳门地区经济发达,人口众多,是世界上人口密度最大的地区之一(国务院港澳事务办公室,2016)。

9.33.1 香港和澳门特别行政区土地覆被总体特征

香港和澳门特别行政区多丘陵和人造陆地,降水丰沛。其中香港土地覆被以林地为主,占香港土地面积的比例为 75.52%。其次是耕地,占 13.19%,人工表面为 7.90%,湿地为 3.39%。澳门土地覆被以人工表面为主,占澳门土地面积的比例为 64.93%。其次是林地,占 22.72%,耕地占 5.68%,湿地占 4.75%,草地占 1.91%(图 9-33,表 9-33)。

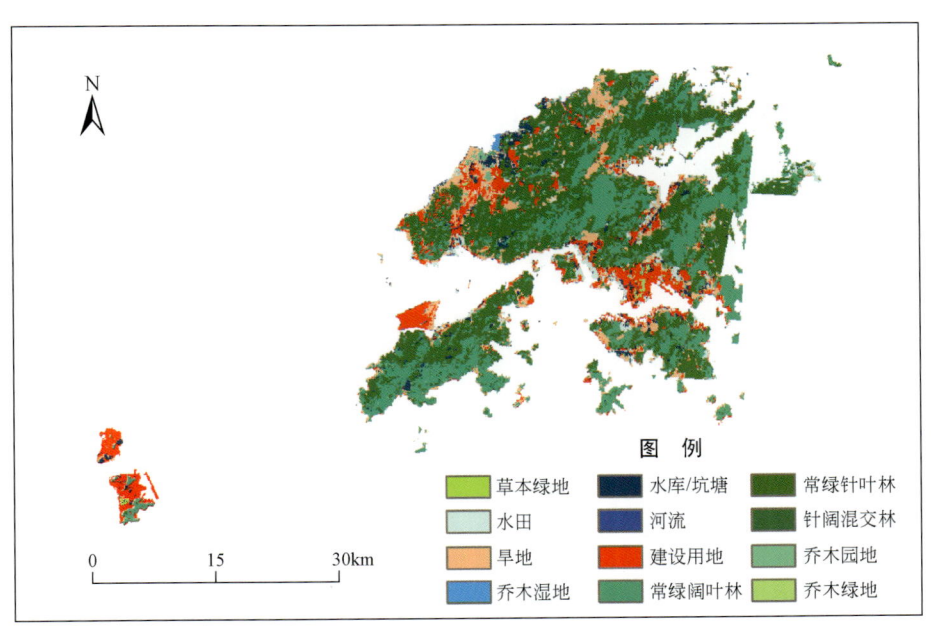

图 9-33　2010 年香港和澳门特别行政区土地覆被现状图

表 9-33　2010 年香港和澳门特别行政区土地覆被结构　　　　(单位:%)

特别行政区	林地	草地	耕地	湿地	人工表面	其他	总计
香港	75.52	0.00	13.19	3.39	7.90	0.00	100.00
澳门	22.72	1.91	5.68	4.75	64.93	0.00	100.00

9.33.2 香港和澳门特别行政区不同类型土地覆被特征

香港和澳门特别行政区土地覆被受气候、地貌条件和强度人类活动的影响,土地覆被以林地和人工表面为主。

（1）林地

2010年香港有林地812.919km²，占土地面积的75.52%。澳门有林地5.746km²，占澳门土地面积的22.72%。主要类型为常绿阔叶林和常绿针叶林，集中分布在香港和澳门的郊野公园及城市绿化地带。

（2）草地

2010年香港几乎没有草地分布。澳门有草地0.482km²，占澳门土地面积的0.482%，主要类型为城市绿化的草本绿地。

（3）耕地

2010年香港有耕地141.992km²，占土地面积的13.19%，旱地所占耕地比例为74.22%。澳门有耕地面积1.437km²，占澳门土地面积的5.68%，旱地所占耕地比例为85.04%。

（4）湿地

2010年香港有湿地36.536km²，占土地面积的3.39%。澳门有湿地面积1.202km²，占澳门土地面积的4.75%。主要类型为水库/坑塘。

（5）人工表面

2010年香港有人工表面84.996km²，占香港土地面积的7.90%。人工表面集中分布在地形平缓地区，如香港的元朗、九龙、香港岛的北部等。2010年澳门有人工表面16.419km²，占澳门土地面积的64.93%，主要在澳门半岛。

第 10 章　中国土地覆被地图集

基于 2010 年全国土地覆被数据集，2017 年由中国地图出版社正式出版了《中华人民共和国土地覆被地图集》（1∶100 万）。该地图集是国家基本比例尺专题地图，全面、系统地反映了我国经济发展最快的 1990~2010 年我国土地覆被时空格局及变化。本书与该地图集交相呼应，可互为参考。

10.1　地图集总体设计

《中华人民共和国土地覆被地图集》（1∶100 万）按国际标准分幅设计，地图集内容由三部分组成：第一部分包括序言、前言、编辑委员会成员和参加单位、目录、总图例及 6 幅序图［中国行政区划（1∶1600 万）、中国 2010 年土地覆被（1∶900 万）、中国 2010 年植被覆盖度（1∶1600 万）、中国 2010 年植被地上生物量（1∶1600 万）、中国 2010 年环境灾害星影像（1∶900 万）和中国土地覆被地图分幅索引（1∶1600 万）］；第二部分是 61 幅国家标准分幅 2010 年（1∶100 万）、2000 年（1∶200 万）和 1990 年（1∶200 万）的中国土地覆被地图与中英文文字说明，以及 1 幅 2010 年南海诸岛土地覆被地图（1∶600 万）；第三部分为地图集编制说明。

10.1.1　地理基础底图

地理基础底图包括对整个地图集专题内容起着重要控制作用的水系、居民地、道路、境界等底图要素，提供了理解土地覆被类型与自然、社会、经济等因素之间关系的重要信息。同时，还包括数学基础（地图投影和比例尺）和地理要素，是 1∶100 万土地覆被地图不可缺少的控制基础与骨架，对土地覆被地图的专题内容起到空间定位与控制作用。此外，还反映了土地覆被专题内容同地理要素整体之间或某些要素之间的关系。

10.1.2　版面设计

《中华人民共和国土地覆被地图集》（1∶100 万）为四开本，尺寸为 40.5cm×56.5cm，每个分幅图由四个版面（即一个印张）组成，各个版面的内容规定如下：

1）第一版面，由三部分组成，上半部分为图名及分幅名称、分幅索引、分幅编辑委员会人员名单，下半部分为分幅土地覆被地图简要文字说明（中、英对照）。

2）第二、三版面为展开的分幅 2010 年土地覆被地图，上为统一的图名"中国土地覆被地图",下行为分幅土地覆被地图的编号与地名,图右为该图的图例,图下为1:100万比例尺。

3) 第四版面由两部分组成,上半部分为2000年1:200万分幅土地覆被地图,下半部分为1990年1:200万分幅土地覆被地图,图右为图例。

4) 在上述四个版式设置的基础上,考虑中国1:100万分幅土地覆被地图的制图内容和图例系统及地图集的美观性和协调性,对展开页、单页外图廓尺寸规定如下:①展开页外图廓尺寸为81cm×56.5cm。分幅图中的每幅图高度都一样,只是宽度随着纬度的升高而减小,排版时以中心线为对称轴居中排版。序图中的全国图,由于受比例尺的限制,图幅尺寸不一定与规定的完全一致,但相差不大,按版式规定居中排版,"天"大"地"小,两边对称。②单页外图廓尺寸为40.5cm×56.5cm,1990年和2000年1:200万土地覆被地图按单页二拼版式规定排版,如图10-1所示;第一、第四两个版面合成为一个展开页,按展开页二拼版式规定排版,如图10-2所示。

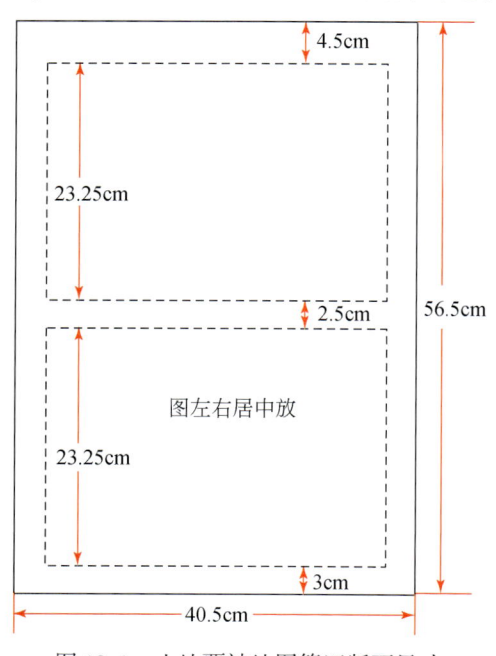

图 10-1 土地覆被地图第四版面尺寸

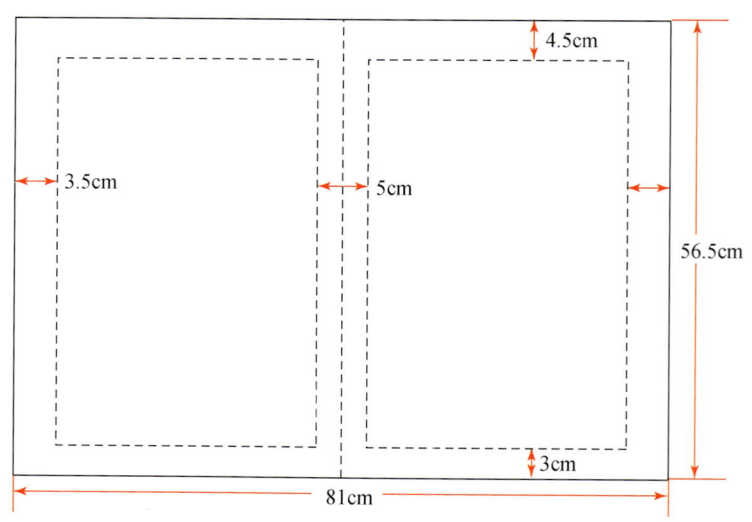

图 10-2 土地覆被地图第一、第四版面页尺寸

10.1.3 地图投影、分幅、编号与图名

《中华人民共和国土地覆被地图集》(1:100万)第二部分中61幅国家标准分幅采用正轴等角割圆锥投影,即兰伯特投影(Lambert conformal conic),按照1:100万地图的纬

度划分原则分带投影,即从赤道开始,每隔纬差4°为一个投影带,在同一投影带内再按经差6°分幅,每个专题图单独计算投影坐标。每幅图的直角坐标是以图幅的中央经线作为y轴,中央经线与图幅南纬线交点为原点,过原点切线为x轴,组成直角坐标。中国1:100万土地覆被地图的分幅与国家1:100万地形图相同(图10-3),图幅的编号规定,以纬差4°为一列,由赤道向北依次用拉丁字母A、B、C、D、E……表示;经差6°为一行,从经度180°起算,由西向东依次用阿拉伯数字1、2、3、4……60表示。标注图号时,列号在前,行数居后,如北京幅为"J-50"。除了分幅图号外,同时应标出图名和图幅名。总图名是"中国土地覆被地图"。

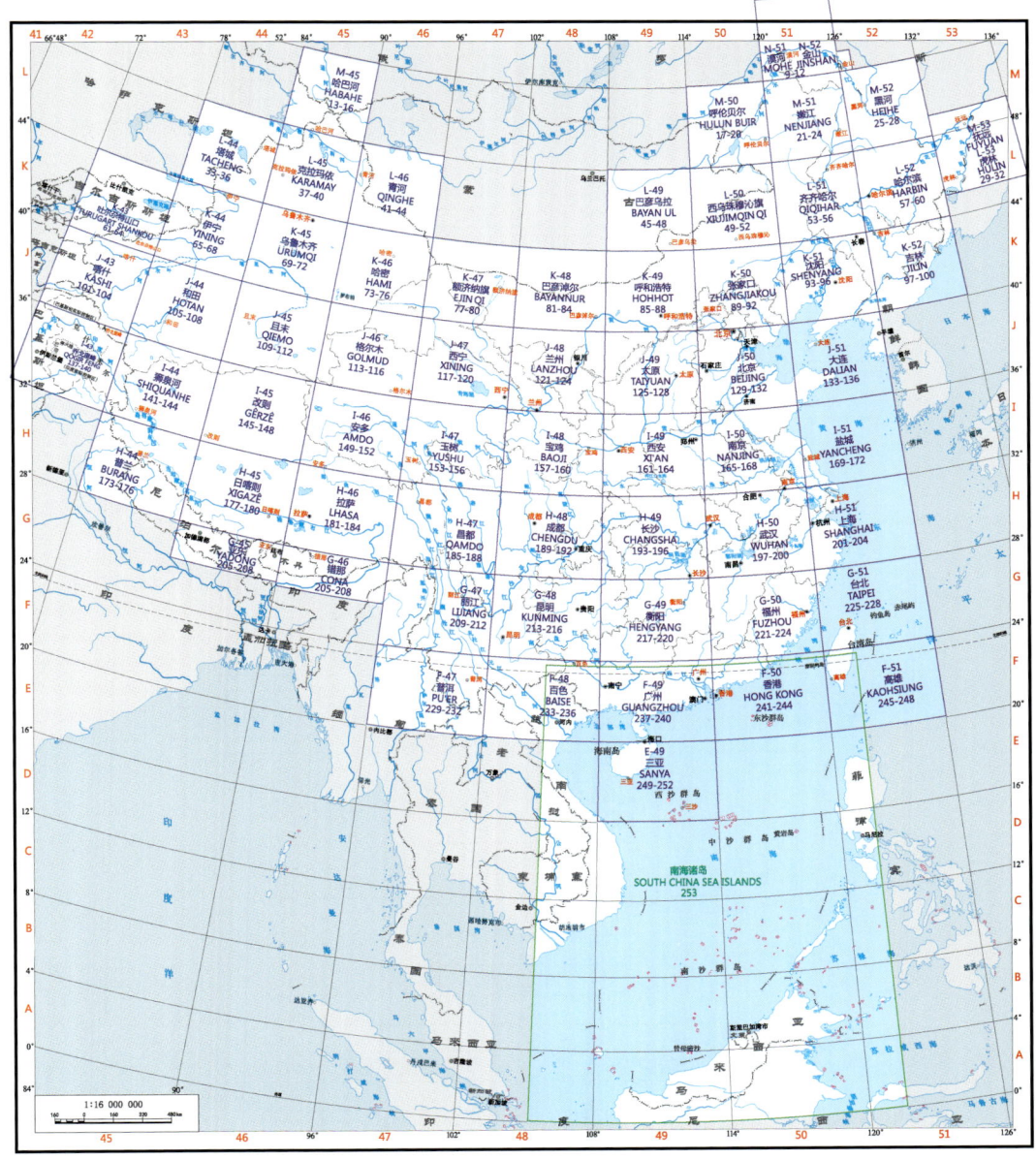

图10-3 中国1:100万土地覆被地图分幅索引

10.1.4 制图工艺设计

该地图集是以卫星遥感解析判读 30m 空间分辨率土地覆被数据为基本资料,应用 2009 年出版的 1∶100 万中国地貌图集数字地理底图为基础,在对制图区域土地覆被特征分析研究的基础上,制定图例和图形设计,建立 1∶100 万土地覆被地图的色彩数据库、符号数据库和注记库,把土地覆被类型数据,应用 MapGIS 制图软件缩编处理成 1∶100 万和 1∶200 万土地覆被地图。这种工艺具有速度快、修改方便、质量好、成本低的特点。地图集的制图工艺流程如图 10-4 所示,整个工艺流程分为以下 4 个阶段。

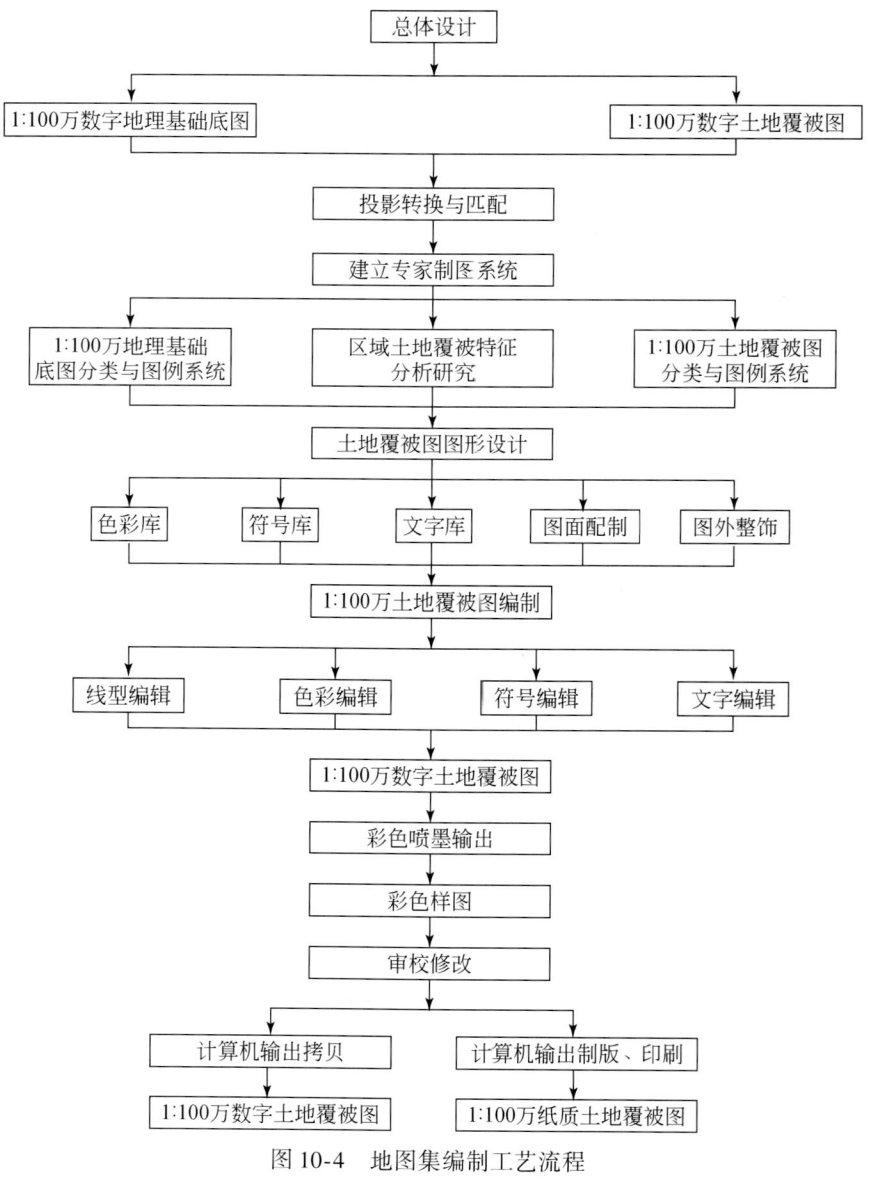

图 10-4 地图集编制工艺流程

（1）编辑准备

包括搜集、分析评价和确定编图资料，根据编图的要求选定地图投影、比例尺、图例系统、表示方法等。

（2）数字化

将原始资料转化为计算机可接受的数字，如基础底图数据库、土地覆被分类数据库、色彩数据库、符号数据库和注记库等。

（3）数据处理和图形编辑

数字化信息输入计算机后要进行以下工作：地图投影转换、对专题内容数据进行选取与概括、各种土地覆被类型的色彩、符号、注记的编辑处理等。

（4）制版、印刷与装订

《中华人民共和国土地覆被地图集》（1∶100万）采用全数字地图出版系统，应用计算机直接制版技术、地图色彩管理及远程制版打样技术，充分保证了地图集海量数据的完整转换、地图细碎图斑的高分辨率输出和地图色彩三位一体的准确还原。

地图集封面选择与专题内容呼应的墨绿色，封面上的字与图采用特种PVC热熔、烫金及压凹技术。封面内衬板使用4mm分层压叠的荷兰箱板材料，有效保证了封面的挺度和厚度；环衬采用桦树灰色丝绸纸；背脊采用手工拔圆定形工艺，弧形书脊与封面间自然过渡。地图集制版采用富士热敏CTP版材，网线为200dpi；印刷选用157g太空梭无光铜亚粉纸。地图集装帧采用传统手工蝴蝶装专利技术，使每幅展开页都能完全展示，保证了大幅面标准分幅地图的图面完整性。

10.2 地图集色彩库

10.2.1 色彩设计的基本要求

《中华人民共和国土地覆被地图集》（1∶100万）的色彩设计，是在分析中国土地覆被空间分布特征的基础上确定的。在深刻了解中国土地覆被不同类型在地理区域分布位置、面积大小、相邻类型关系的基础上，建立土地覆被地图的色彩模型，提出适用于中国土地覆被类型的色彩库，使各类型的色彩明显予以区分，达到清晰易读的效果，体现内容表达的科学性与艺术性的结合。该地图集色彩设计的主要原则包括：

（1）与土地覆被地图的性质与用途相一致

土地覆被是自然地理最基本的要素之一，其类型的分布状况对自然界其他要素（光、热、水、气、土壤等）与国民经济等都有直接或间接的影响，土地覆被地图的色彩设计既要反映类型的特点和分布规律，又要增强美感，便于阅读。

（2）与土地覆被地图的内容相适应

中国土地覆被数据集包括6个一级类和40个二级类，不同的内容应设计不同的色彩，且不仅要表现出对象的质量和数量特征，还应反映各种土地覆被类型之间的相互关系。

(3) 充分利用色彩的感觉与象征性

土地覆被地图的色彩设计，必须考虑提高土地覆被类型的认知效果。有明确色彩特征的特殊土地覆被类型，一般可用相似的颜色，如林地类型采用绿色系，湿地类型采用蓝色系，沙漠类型采用浅黄底色加棕色沙点符号；没有明确色彩特征的土地覆被类型，可以借助于色彩的象征性，如建设用地类型用朱红色，盐碱地类型用白底加紫色符号，冰川/永久积雪类型采用白底加蓝色点符号。

(4) 反映不同区域土地覆被类型特点以及它们之间的联系

中国土地覆被类型的分布受地势西高东低、东部雨水多、西北部干旱、低纬度温度高及高纬度温度低等自然与环境要素的影响，表现出明显的地域分异特征。色彩设计要能使各种土地覆被类型之间有足够的区域对比性，设计时采用东部、南部以绿色、蓝色为主色调，西部、北部以黄棕色为主色调的表现方法。

10.2.2　色彩库设计原理与方法

土地覆被类型的色彩是物体反射的可见光作用于视觉器官的一种反映。根据色彩与光的关系，色在不同波长（红、橙、黄、绿、青、蓝、紫的七色光）刺激下在眼中形成不同的视觉反映，分为无彩色系和有彩色系。无彩色系主要指白色、黑色和黑白色调混合而成的各种深浅不同的灰色，按照一定的变化规律排成的一个色系。有彩色系，主要指红、橙、黄、绿、青、蓝、紫色。土地覆被地图依据色相与色调、亮度、饱和度的变化，表达不同土地覆被类型的性质和特征，设色方法如下：

(1) 色相与色调

色相与色调是指色彩的相貌，即色彩的类别。

天然色：为了便于联想与表意明确，土地覆被地图上的设色尽可能与制图对象的自然色相接近。如林地类型就是采用绿色调来表示。

象征、涵义：色彩有冷暖之分，利用色彩给人的感觉，结合土地覆被类型特性进行不同类型的色彩设计。如以暖色（红色）表示建设用地，以冷色（蓝色）表示湿地类型。

假定色：个体符号、线状符号、面状符号采用有条件设色或按一定标志设色。如沙漠采用棕色的点状个体符号，组成不同沙漠类型的形象图案，叠加在浅黄色的底色上，表示不同的沙漠类型。

(2) 亮度

亮度是指色彩本身的明暗程度，分两种情况：同色相不同亮度和不同色相不同亮度。色彩中黄色亮度最高，蓝、紫色亮度最低，红、绿色为中间亮度。亮度的变化，可用一种颜色加些黑色或白色，加白色就变浅明，加黑色就变深暗。土地覆被地图中同一色相的不同亮度更能表达同一大类中不同类型的差异，如草地类型采用草黄色调，为了区分温带草原、高寒草原、温带草甸、高寒草甸、草丛、稀疏草地、草本绿地，采用同一色调的不同亮度，即草黄—浅草黄—韭黄—嫩草色来表示。

(3) 饱和度

饱和度是指色彩接近标准色的纯净程度，表示颜色所含有色成分的比例越大，则色彩越纯，比例越小则色彩纯度越低。单色是最纯的颜色，为极限纯度。如果当一种颜色被另外一种颜色掺入时，它的纯度就会产生变化，掺入量直接影响其颜色的纯度。土地覆被地图上常用色彩的饱和程度来表示不同的土地覆被类型，如旱地、水田均在黄色中掺入15%～35%的品色，纯度产生变化，变成不同深度的金黄色。

10.2.3 专题类型色彩设计

《中华人民共和国土地覆被地图集》（1∶100万）的6个一级类和40个二级类采用以下分类配色设计（图10-5）：

(1) 林地

阔叶林、针叶林、灌丛均采用绿色系，绿色是自然的代表色，一种稳重而积极的颜色。绿色充满了生活的朝气，希望的活力，绿色还是宁静的象征。林地中的园地和绿地，应该采用嫩绿色，在人们的眼里，洋溢着年青、希望、快活、明朗，而且很醒目。但由于其在1∶100万土地覆被地图中面积很小，又零散分布，如果采用嫩绿色很难区分，考虑到园地和绿地是人工林地，把色彩设计由嫩绿色改为偏暖的色调，如灌木园地用豆黄色、灌木绿地用木材色、乔木园地、乔木绿地用不同深浅的新茶色，使这些类型在林地的绿色系中得到清楚的反映。

(2) 草地

采用草黄色调，同一色调的不同亮度从草黄—浅草黄—韭黄—嫩草色来表示不同草地类型（温性草原、高寒草原、温性草甸、高寒草甸、草丛、稀疏草地、草本绿地）的特点。

(3) 湿地

采用蓝色系。蓝色被认为是一种高深莫测而严肃的颜色，淡蓝色友善、扩张，易于创造气氛，深蓝色则坚实、紧缩，湿地中的类型（乔木湿地、灌木湿地、草本湿地、湖泊、河流、水库/坑塘、运河/水渠）采用了不同深浅的蓝色。

(4) 耕地

采用金黄色系，表示水田、旱地类型，金黄色是暖色系中的代表颜色，含有成熟与收获之意，象征着太阳、希望、积极、欢乐、愉快、光明、展望。耕地中的水田偏红呈橙红色，旱地偏黄呈蛋黄色。

(5) 人工表面

建设用地采用朱红色，红色是一种具有强烈刺激性的颜色，表示着生命、热情、精力充沛，同时引人注目。交通用地根据不同的道路类别再进一步区分，采用黑白线条符号表示铁路，黄内芯红边线线条符号表示高速公路，橙红色线条符号表示国道，棕色线条符号表示省道。采矿场采用褐色。

(6) 其他类型

苔藓/地衣采用C45%、Y20%、K10%混合变成春水色。裸岩用棕色加20%的黑色，变成暗棕色。戈壁用浅黄色做底色，叠加棕色空心三角符号表示。裸土用土黄色加20%的黑色，变成暗土黄色。沙漠采用浅黄色做底色，叠加棕色沙点及不同的沙漠类型像型符号表示。盐碱地采用白色做底色，叠加C50%、M55%混合变成浅紫色符号表示。冰川/永久积雪采用白色做底色，叠加 C50% 点符号表示。

一级类		二级类		填充颜色				填充图案				线型					
	名称		色号	C	M	Y	K	图案号	图案高	图案宽	图案色	线型	线颜色	线宽	X系数	Y系数	辅助颜色
林地																	
		常绿阔叶林	1795		70	90											
		落叶阔叶林	1796	55		100											
		常绿针叶林	1797	90	40	60											
		落叶针叶林	1798	75	30	65											
		针阔混交林	1819	60		90											
		常绿阔叶灌丛	1800	45		80	20										
		落叶阔叶灌丛	1801	30		85	15										
		常绿针叶灌丛	1802	60		60	60										
		稀疏林	1812	30		100	20										
		稀疏灌丛	1813	18		70	20										
		乔木园地	1803	30	30	100											
		灌木园地	1804	15	20	100											
		乔木绿地	1805	30	20	90											
		灌木绿地	1806	10	30	80											
草地																	
		温性草原	1807	15		85											
		高寒草原	1853	7		60	5										
		温性草甸	1765	30		75											
		高寒草甸	1852	20		55	5										
		草丛	1808	35		85	5										
		稀疏草地	1814	10		75	20										
		草本绿地	1768	45		65											
耕地																	
		水田	1810		35	50											
		旱地	1811		15	60											
湿地																	
		乔木湿地	1820	80		20		44	2	2	9						
		灌木湿地	1821	70		15		26	0	2	9						
		草本湿地	1822	60		10		84	3	3	9						
		滨海草本湿地	1851	50	50	5		84	3	3	9						
		湖泊	1772	80	35												
		水库/坑塘	1809	70	20												
		盐田	1820	30	60												
		河流	1774	100	10							线型随底图，只编辑河流形状					
		运河/水渠	1774	100	10							线型随底图，只编辑河流形状					
人工表面																	
		建设用地	1781		80	60											
		道路用地	1783	40	55	80											
		高速公路			90	90						1	1791	0.5	0.45			
						70						1	1792	0.3	0.25			
		国道		15	65	75						1	1793	0.35	0.3			
		省道		40	55	80						1	1783	0.25	0.2			
		铁路					70					111	1168	0.5	0.3	5	4	3	9
		采矿场	1784	40	55	80	15											
其他																	
		苔藓/地衣	1815	45		20	10											
		裸岩	1818	10	40	60	20											
		戈壁	1753/1783	40	55	10/80		121	5	5	1783							
		裸土	1816		10	70	20											
		沙漠	1753/1754	10	20	10/40		29	1.5	1.5	1754	覆盖填充地貌图中沙漠符号						
		盐碱地			50	55		118	3	3	1817							
		冰川/永久积雪	9/134	50				29	1.5	1.5	134							

图 10-5　土地覆被地图集分类配色表

10.3　地图集符号库与注记库

《中华人民共和国土地覆被地图集》（1∶100 万）的符号库与注记库由符号、文字注记两部分组成。符号库具有共同性、抽象性、系统性与可视化等特性，不仅能表示各种土地覆被类型，而且能反映各类型的内部特征、结构、相互联系与动态变化。土地覆被地图符号库和注记库，采用 MapGIS 制图软件，建立了实用且灵活多变的符号和注记，显著提高了地图集的制作速度和效果。

10.3.1　符号库

(1) 点状符号

又称为个体符号，包括几何符号、象形符号，是指土地覆被图中某个点上配置的定点符号和定位符号，如土地覆被地图中，居民地是依比例的红色面状多边形影像图斑显示它的分布位置，但不知道居民地的名称、行政等级、人口数量，而 1∶100 万地理基础底图上居民地，如首都、省会、地、县、乡镇、村以点状图形符号及地名注记来表示居民地的属性，即它们在经济、政治、科学技术、文化教育中心的地位。如表 10-1 所示，这些个体符号结构简单，区别明显，便于定位，易于比较。

表 10-1　点状符号

名称	符号	符号说明
居民地	—	图上面积大于 5mm² 时用真形绘出，名称中去掉"市、县、镇、乡"，但只有 2 个字时则需保留
首都	★北京	符号外圆直径为 3.5mm，线粗 0.15mm，内接正五角星，颜色为 YM100，注记为黑体 4.5mm
省级行政中心	⊙西安	符号外圆直径为 2.2mm，内圆直径为 1.0mm，线粗 0.15mm，注记为黑体 4.0mm
地区、盟行政公署、自治州行政中心	西昌	在地名下方加下划线，线粗 0.15mm。字体大小随居民地级别设定
地级市行政中心	◎淄博	符号外圆直径为 1.6mm，内圆直径为 0.75mm，线粗 0.15mm，注记为中等线 3.25mm
县级行政中心（外国主要城市同）	⊙延庆	符号外圆直径为 1.6mm，内实心圆直径为 0.5mm，线粗 0.1mm，注记为宋体 2.5mm
乡镇、村庄（外国其他城市同）	○回龙观	符号圆直径为 1.0mm，线粗 0.1mm，注记为中等线 2mm
外国首都	⊙平壤	符号外圆直径为 1.8mm，线粗 0.12mm，内实心圆直径为 1.0mm，注记为黑体 4mm

(2) 线状符号

是指沿某一方向延伸，呈线状分布的物体，如道路、河流等，此类物体的长度是依比例的，而宽度则不依比例，称半依比例符号，如表 10-2 所示，铁路、高速公路、国道、省道，这些线状符号构图比较简洁，常用颜色、形状来反映不同道路性质特征。体现等级差别的线状符号，等级越高的对象，线状符号宽度越宽，结构越复杂。随着等级的降低，符号的宽度、复杂度也降低。体现定位线状符号，其标注位置严格表示在现象的中心线上。

表 10-2　线状符号

名称	符号	符号说明
铁路	2.5　0.5　0.5　2.5	边线色 K70，填充 K70
高速公路	0.1　0.5	边线色 M90、Y90，填充 Y70
国道	0.35	填充 C15，M65，Y75
省道	0.3	填充 C40，M55，Y80

(3) 面状符号

是一种呈面状分布的类型，占有较大面积或范围的自然现象和社会经济现象，如湖泊、海洋、水库、沼泽、林地、耕地、草地等。其平面轮廓不仅能依比例尺缩小表示，且缩小后图形能与实地形状保持相似，既属面状符号，又属依比例符号。其形式主要有图纹和色彩两种。

1）图纹按形式分为三类：第一类是土地覆被地图类型单元通过规则的"四方连续"或聚集构成点纹的面状符号，如表 10-3 中的沙漠、盐碱地、冰川/永久积雪等。第二类是线条通过粗细、方向、疏密等结构形式形成的线纹面状符号，如表 10-4 中的乔木湿地、灌木湿地、草本湿地等。第三类是由点纹和线纹相结合而衍生的混合图纹符号，如表 10-5 中的国界、省界、地级界等。

表 10-3　点纹面状符号

名称	符号
沙漠	
盐碱地	
冰川/永久积雪	

表 10-4　线纹面状符号

名称	符号
乔木湿地	
灌木湿地	
草本湿地	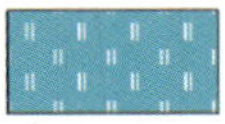

表 10-5　混合图纹符号

名称	符号
国界、未定国界	
省界（省、自治区、直辖市）、特别行政区界	
地级界（地级市、自治州）、盟、地区界	

2）色彩是 1∶100 万土地覆被地图一种重要表示手段，面状图纹符号以突出土地覆被类型为原则，其次考虑图纹符号的用色。土地覆被地图类型包括 40 类，其中湿地植被类型有 3 类，主要用不同的蓝色予以突出，图纹符号采用反白色。沙漠类型图斑底色用浅黄色，图纹符号采用较深的棕色点。冰川/永久积雪底色用白色，图纹符号采用蓝色点。

10.3.2　注记库

《中华人民共和国土地覆被地图集》（1∶100 万）是一种专题地图，注记库分为名称注记和说明注记两种，包括地理基础底图注记，土地覆被图专题内容注记，如河流、湖泊、海洋、山脉、平原、高原、盆地、沙漠、城镇等地理名称；土地覆被地图图廓内外说明文字，包括图例中的中英文对照说明、图名、比例尺等。这些注记是土地覆被地图的语言，具有土地覆被符号的某些功能，因而弥补了符号的不足，同时增加了土地覆被地图的可读性，可翻译和传输土地覆被的类型信息，起到土地覆被地图符号不能或难以起到的作用，使土地覆被地图的信息更丰富和深化。

注记库的设计，主要是通过字体、字号、字间隔、字位、字色等，使土地覆被地图注记具有某种语言的符号意义。

（1）字体

指注记的类型，土地覆被地图上使用的字体主要有宋体、等线体、仿宋体、隶书等。

用不同的字体区分不同地物,例如用等线体表示最小一级或最大一级居民地名称,耸肩等线体表示山脉名称,长等线体表示山峰名称,它具有笔画粗壮、严肃、稳重、醒目等特点。宋体是现代汉字的印刷体,此种字体横细、竖粗、笔端带棱角,字形方正、端庄、整齐、笔画清晰。地图上的文字说明常用宋体,河流、湖泊、海洋的名称注记都用左斜宋。

(2) 字号

指注记的大小,注记是反映被注记对象的重要性和数量等级。地物之间的等级关系是人为确定的,表达了人对地物之间关系的认识,等级高的地物,其相应名称的地位越高,其作用也越大,因而赋予其注记大而明显,反之则小。例如居民地注记分为5级(首都;省会、自治区、直辖市人民政府驻地;地区盟行政公署、自治州、地级市政府驻地;县级行政中心;乡镇、村庄),山脉名称分3级,水系名称分4级,群岛名称分3级,具体设置如表10-6所示。一幅图中同类对象的注记字号应保持一致。

表10-6　注记图例表

名称	符号	符号说明
山脉(3级)	太行山脉	耸肩中等线 4.5mm、4.0mm、3.5mm,颜色 K70
山峰、山隘	太白山 3767	中长等线高 2.0mm、宽 1.75mm,颜色 K100
河流名称(4级)	黄河 黄河 黄河 黄河	左斜宋 2.0mm ~ 3.75mm,颜色 C100,M40
运河、渠道(2级)	运河 运河 渠道 渠道	左斜宋 2.0 ~ 2.75mm,颜色 C100,M40。
湖泊(3级)	湖泊 湖泊 湖泊	左斜宋 1.75 ~ 3.0mm,颜色注于湖内为白,注于湖外为 C100,M40
水库(2级)	水库 水库	左斜宋 1.75 ~ 2.25mm,颜色注于湖内为白,注于湖外为 C100,M40
海洋(3级)	东海 东海 东海	左斜宋 4.5 ~ 4.5mm,颜色 C100,M10
海峡、海湾、海口、海港、海沟、海槽(4级)	台湾 海 峡	左斜宋 2.0 ~ 4.0mm,颜色 C100,M10
岛屿、岬、角、礁、滩(4级)	海南岛 海南岛 海南岛 海南岛	宋体 3.0 ~ 4.5mm,颜色 K70
盆地、沙漠(2级)	塔里木盆地 塔里木盆地	宋体高 3 ~ 3.5mm,宽 4.0 ~ 4.5mm,颜色 K70

(3) 字间隔

指注记中字与字之间的间隔距离,例如固定间隔点状地物居民地名称注记,用小间隔注记;活动间隔如线状地物,河流、山脉、区域等名称注记,则采用较大间隔注记(通常为字的 4 ~ 5 倍),当河流很长时就要沿河流的走向分段重复注记。

(4) 字位

指注记说明对象所安放的位置,字位的选择是明确显示被注对象,允许有一定的灵活性,即可以注在物体的上下左右适当位置上,尽量避免压盖其他地理要素。

(5) 字色

指注记所用颜色,主要强化分类概念,要根据地物注记在土地覆被地图中所占的比重和性质来决定颜色的选择,例如水系名称、河流、湖泊、海洋注记用 C100 M10 的蓝色,居民地名称注记用 K100 的黑色,清晰易读。

对点状地物,其注记多以水平字列,对线状地物注记多用雁行字列,垂直字列或水平字列沿线状地物排列。对面状地物注记则选择其中部或面状地物伸展方向,以不同的字列注出,以能充分显示其面状分布为原则。

对图廓内外说明部分的文字,包括每幅 1:100 万土地覆被地图的图名、图例、比例尺、经纬度等,其字体、大小、位置、间距、颜色等均具有一定规格,需按照标准规范制作,以保证整本地图集的统一协调与美观。

10.3.3 沙漠类型符号

地图集中的沙漠,如新疆的塔克拉玛干沙漠、古尔班通古特沙漠、库穆塔格沙漠,内蒙古的巴丹吉林沙漠、腾格里沙漠、毛乌素沙地、浑善达克沙地等,面积很大,但 1:100 万土地覆被数据集提供的沙漠没有细分到沙漠的具体类型。

依据中国 1:100 万地貌图中的风成地貌类型(包括:①平原,包括平沙地、缓起伏沙地、风蚀洼地、风蚀波状平原;②风积丘陵,包括草灌丛沙堆、梁窝状沙丘、沙垄、抛物线状沙丘、蜂窝状沙丘、蜂窝状沙垄、树枝状沙垄、新月形沙丘和沙丘链、格状沙丘和沙丘链、鱼鳞状沙丘、新月形沙垄、线状沙丘、羽毛状沙垄、星状沙丘和沙丘链、复合型沙丘和沙丘链、复合型沙垄、复合型穹状沙丘、复合型蜂窝状沙丘、复合型链状沙丘、复合型链垄状沙丘、综合型星状沙丘、综合型星链状沙丘;③风积沙山,包括星型链状沙山、星形垄状沙山、复合型链状沙山、综合型星链状沙山、综合型星垄状沙山;④风蚀丘陵,包括风蚀雅丹、风蚀长丘、风蚀楔形丘和风蚀城堡等),考虑沙漠的形态特征,设计能够形象、生动、客观地体现不同沙漠地貌类型的符号(图 10-6)。用计算机建立沙漠符号库,对于同样的沙漠类型,简单的、小规模、方向性不强的沙丘,可直接从符号库中选择进行自动填充。对于复杂的沙漠类型,如复合型沙丘和沙山,规模宏大、方向性强,而且沙丘具有叠置特征,同时沙丘也有一些拐弯和宽窄变化,不能采用自动填充的方法,需要设置不同大小和长短的沙漠类型符号,通过人机交互填充。这些符号可随着制图比例尺的变化设定相应的数据参数来改变其大小,以适应不同比例尺地图的要求。

地图集中的沙漠类型,采用 1:100 万中国地貌图集中的沙漠类型分类,将沙漠符号叠加到 1:100 万土地覆被地图中,如果套合发现沙漠分布范围有误差,则以土地覆被地图的范围为准进行修改。

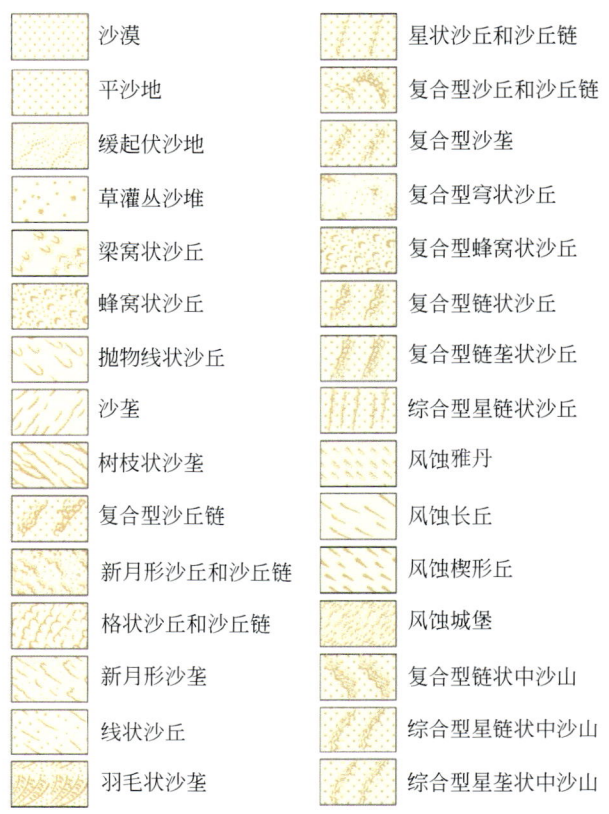

图 10-6 沙漠类型符号

10.4 制图综合

《中华人民共和国土地覆被地图集》（1:100 万）是由 30m 空间分辨率土地覆被数据产品直接缩编到 1:100 万和 1:200 万地图，数据量大、小图斑多。根据制图规范及人眼读图的可视化要求，最小图斑边长不小于 0.3~0.4mm，即在 1:100 万比例尺地图上，最小图斑面积不小于 0.15mm^2。因此，在专题数据编辑前，为保留更多原始数据信息，同时保证制图的质量和效率，根据人眼读图的极限能力，地图集对小于 0.16mm^2 面积的图斑，采用 ArcGIS 软件进行数据融合。

地理基础底图中对居民地、水系和道路这 3 个要素的表示，按照 1:100 万普通地图的制图规范进行制图综合，而土地覆被地图中这 3 个要素是专题内容，应按 1:100 万土地覆被地图的制图规范要求进行制图综合。

(1) 居住地

土地覆被数据中的居住地边界范围显示非常清晰，但无名称、行政等级等信息。因此，在居住地图斑上叠加了 1:100 万地理基础底图上的首都、省和自治区首府、地级市、县及县以下居住地符号和地名注记，体现了它们在政治和社会、经济方面的地位和作用。

（2）水系

1∶100万地理基础底图上的水系是按地形图的制图规范综合而成的，河流是以中轴线综合的单线河，它的长度是依比例的，而宽度是不依比例的，小型水库、水井用点符号表示。地图集中的水系要以土地覆被数据中的水系为准，结合地理基础底图对水系进行编辑、综合和修正。

（3）道路

土地覆被数据没有根据道路的性质进行详细分类（如铁路、高速公路、国道、省道），统归为交通用地。地图集根据1990年、2000年、2010年中国地图出版社出版的《中国地图集》，对交通用地数据按照不同的道路等级进行了编辑和综合，反映了这3个时期土地覆被中道路的现状和动态变化。

参 考 文 献

安徽省人民政府. 2013. 徽风皖韵. http：//www.ah.gov.cn/UserData/SortHtml/1/8394315416.html.

白照广, 沈中, 王肇专, 等. 2009. 环境减灾-1A, 1B 卫星技术. 航天器工程, (6): 1-11.

毕艳玲. 2005. 基于 GEOimage 的 SPOT5 数据处理. 林业调查规划, 30 (2): 11-15.

曹军胜, 朱清科, 薛智德. 2008. 黄土高原地区土地植被承载力与植被生态恢复建设. 西北林学院学报, 23 (1): 39-43.

曹永旺, 延军平. 2015. 气候变化下四川盆地气候生产力时空响应. 农业现代化研究, 2: 20.

陈富龙, 王超, 张红, 等. 2008. 单极化合成孔径雷达影像在土地利用分类中的潜力分析. 遥感技术与应用, 23 (3): 289-293.

陈鹏飞, 王卷乐, 廖秀英, 等. 2010. 基于环境减灾卫星遥感数据的呼伦贝尔草地地上生物量反演研究. 自然资源学报, 25 (7): 1122-1131.

陈述彭, 胡如忠, 刘高焕, 等. 2001. CBERS-1 卫星图像在黄河三角洲可持续发展中的应用研究. 航天返回与遥感, 22 (3): 34-39.

陈伟荣, 郭德方. 1995. 比值合成和特征主成分选择技术在提取油区信息中的应用. 遥感技术与应用, 10 (3): 33-39.

陈曦. 2010. 中国干旱区自然地理. 北京: 科学出版社.

陈小良. 2009. 基于面向对象技术的土地利用/覆被分类研究. 北京: 中国地质大学硕士学位论文.

陈鑫. 2006. 基于决策树技术的遥感影像分类研究. 南京: 南京林业大学硕士学位论文.

陈佑启, Verburg P H. 2000. 中国土地利用/土地覆盖的多尺度空间分布特征分析. 地理科学, 20 (3): 197-202.

陈云浩, 冯通, 史培军, 等. 2006. 基于面向对象和规则的遥感影像分类研究. 武汉大学学报: 信息科学版, 31 (4): 316-320.

陈仲伯. 2004. 湖南省生态环境可持续发展战略研究. 湖南: 中南大学出版社.

程国栋, 肖笃宁. 1999. 论干旱区景观生态特征与景观生态建设. 地球科学进展, 14 (1): 11-15.

程红芳, 章文波, 陈锋. 2008. 植被覆盖度遥感估算方法研究进展. 国土资源遥感, 1 (1): 16-21.

程克非, 程蕾, 黄永东. 2012. 基于 J48 决策树算法的水质评价方法. 计算机工程, 38 (11): 264-267.

程乾, 王人潮. 2005. 数字高程模型和多时相 MODIS 数据复合的水稻种植面积遥感估算方法研究. 农业工程学报, 21 (5): 89-92.

从丽侠. 2007. 闽江福州段水质遥感监测及其与土地利用联动分析. 福州: 福建农林大学硕士学位论文.

代玉丽. 2011. 应用环境星监测北部湾地区采伐和造林动态的研究. 林业资源管理, (4): 122-126.

戴锦芳. 2002. 长江三角洲土资源遥感动态分析. 地球信息科学, 4 (4): 69-74.

党安荣, 毛其智. 2000. 人居环境研究中多源遥感信息融合试验. 清华大学学报 (自然科学版), 40 (S1): 7-10.

邓燔, 陈秋波, 陈秀龙. 2007. 海南热带天然林, 桉树林和橡胶林生态效益比较分析. 华南热带农业大学学报, 13 (2): 19-23.

邓美成, 屈运炳. 1993. 湖南省地理. 长沙: 湖南出版社.

丁美花, 谭宗琨, 熊文兵, 等. 2008. 基于 MODIS 数据提取广西甘蔗信息技术初步研究. 西南大学学报: 自然科学版, 30 (9): 94-100.

董思永, 张宏民. 2012. 砀山县耕地养分状况与施肥对策建议. 安徽农学通报, 18 (16), 75-75.

杜凤兰，田庆久，夏学齐，等．2004．面向对象的地物分类法分析与评价．遥感技术与应用，19（1）：20-23．

范泽孟，李婧，岳天祥．2013．黄土高原生态系统过渡带土地覆盖的时空变化分析．自然资源学报，28（3）：426-436．

方辉亚，张元俊，刘妙龙．1995．湖北省农业资源与综合农业区划．武汉：湖北科技出版社．

冯朝阳，张淑敏，张宝雷，等．2009．山区遥感图像自动分类研究——以西南地区为例（英文）．地球空间信息科学学报，（3）：191-196．

冯俐丽，段绍光，赵义民．2002．河南平原绿化发展研究．地域研究与开发，21（3）：78-81．

福建省人民政府．2015．省情概况．http：//www.fj.gov.cn/szf/gk/．

甘甫平，王润生，王永江，等．1999．基于遥感技术的土地利用与土地覆盖的分类方法．国土资源遥感，11（4）：40-45．

甘肃省人民政府．2008．走进甘肃．http：//www.gansu.gov.cn/col/col10/index.html．

甘心泰，苏根成，匡文慧．2011．近20年天津市土地利用变化以及驱动力分析．长江大学学报（自然科学版），8（11）：261-264．

高峻．1997．上海自然植被的特征、分区与保护．地理研究，16（3）：82-88．

高伟．2010．基于特征知识库的遥感信息提取技术研究．武汉：中国地质大学．

高喜霞，柴红梅，陈庆华．2008．Quick Bird影像在城市中的应用研究．测绘与空间地理信息，31（2）：65-66．

宫鹏，黎夏，徐冰．2006．高分辨率影像解译理论与应用方法中的一些研究问题．遥感学报，10（1）：1-5．

古丽，加帕尔，陈曦，等．2009．干旱区荒漠稀疏植被覆盖度提取及尺度扩展效应．应用生态学报，20（12）：2925-2934．

广东省人民政府．2015．广东概况．http：//www.gd.gov.cn/gdgk/．

广西壮族自治区人民政府．2016．广西概况．http：//www.gxzf.gov.cn/zjgx/．

贵州省人民政府．2015．多彩贵州．http：//www.gzgov.gov.cn/dcgz/．

郭利华，常荣涛，李立伟，等．2011．河南省平原绿化三期工程规划布局及发展建议．河南林业科技，31（2）：31-33．

郭伟伟，王秀兰，冯仲科，等．2012．基于NDVI的植被覆盖度变化的研究与分析——以河北省张家口市为例．测绘与空间地理信息，35（7）：63-66．

郭亚鸽，于信芳，江东，等．2012．面向对象的森林植被图像识别分类方法．地球信息科学学报，14（4）：514-522．

郭云开，王杨．2013．路域植被覆盖度时空变化遥感定量反演．测绘通报，（5）：23-27．

郭中伟，李典谟，甘雅玲．2001．森林生态系统生物多样性的遥感评估．生态学报，21（8）：1369-1384．

国家林业局．2013-08-01．全国平原绿化三期工程规划（2011～2020年）．

国务院港澳事务办公室．2016．港澳概况．http：//www.hmo.gov.cn/．

国政．2011．西南地区天然林保护工程综合效益评价研究．北京：北京林业大学博士学位论文．

海南省人民政府．2016．海南省情．http：//www.hainan.gov.cn/hn/zjhn/．

韩贵锋，徐建华，袁兴中．2008．城市化对长三角地区主要城市植被物候的影响．应用生态学报，19（8）：1803-1809．

韩杰．2011．基于波谱标准差异常的动态阈值HJ-1A/B卫星云检测方法研究．焦作：河南理工大学硕士学位论文．

何永涛，李文华，李贵才，等. 2004. 黄土高原地区森林植被生态需水研究. 环境科学，25（3）：35-39.
河南省人民政府. 2015. 河南概况. http：//www. henan. gov. cn/hngk/.
河南省统计局. 2013. 河南统计年鉴（2012）. 北京：中国统计出版社.
黑龙江省人民政府. 2012. 省情. http：//www. hlj. gov. cn/sq/.
侯元兆，2007. 桉树发展需要变革思路. 全国桉树调查，2007，（3）：1-42.
候学煜. 2001. 1：1 000 000 中国植被图集. 北京：科学出版社.
胡宝荣. 2009. 基于遥感与GIS技术的汶川县地震前后生态环境质量评价. 成都：成都理工大学硕士学位论文.
胡进刚，张晓东，沈欣，等. 2006. 一种面向对象的高分辨率影像道路提取方法. 遥感技术与应用，21（3）：184-188.
湖北省人民政府. 2015. 湖北省情. http：//www. hubei. gov. cn/2015change/2015sq/.
湖南省人民政府. 2015. 湖南省情. http：//www. hunan. gov. cn/sq/.
黄秉维. 1958. 中国综合自然区划的初步草案. 地理学报，（4）：348-365.
黄桂林，张建军，李玉祥. 2000. 辽河三角洲湿地分类及现状分析——辽河三角洲湿地资源及其生物多样性的遥感监测系列论文之一. 林业资源管理，（4）：51-56.
黄慧萍，吴炳方，李苗苗，等. 2004. 高分辨率影像城市绿地快速提取技术与应用. 遥感学报，8（1）：68-74.
黄彦，朱艳，王航，等. 2011. 基于遥感与模型耦合的冬小麦生长预测. 生态学报，31（4）：1073-1084.
黄奕龙，傅伯杰，陈利顶. 2003. 黄土高原水土保持建设的环境效应. 水土保持学报，17（1）：29-32.
吉林省人民政府. 2014. 走进吉林. . http：//www. jl. gov. cn/zjjl/.
贾宝全. 2013. 基于TM卫星影像数据的北京市植被变化及其原因分析. 生态学报，33（5）：1654-1666.
贾福娟，吴雁林，黄颖，等. 2009. 环境减灾-1A，1B卫星宽覆盖多光谱CCD相机技术. 航天器工程，（6）：37-42.
贾建华，刘良云，竞霞，等. 2005. 基于多时相MODIS监测冬小麦的种植面积. 遥感信息，（6）：49-51.
贾坤，姚云军，魏香琴，等. 2013. 植被覆盖度遥感估算研究进展. 地球科学进展，28（7）：774-782.
贾慎修. 1985. 中国草地区划的商讨. 资源科学，（2）：1-13.
贾耀锋，毛龙江. 2009. 黄土高原地区生态环境建设的理论问题探讨. 安徽农业科学，37（32）：15954-15955.
江东，王乃斌. 2002. NDVI曲线与农作物长势的时序互动规律. 生态学报，22（2）：247-253.
江苏省人民政府. 2014. 走进江苏. http：//www. jiangsu. gov. cn/zgjszjjs_ 4758/.
江西省人民政府. 2016. 览省情. http：//www. jiangxi. gov. cn/lsq/.
金焰，张咏，牛志春，等. 2010. 环境一号卫星CCD数据在生态环境监测和评价工作中的应用价值研究. 环境监控与预警，2（4）：29-35.
金勇进，蒋妍，李序颖. 2002. 抽样技术. 北京：中国人民大学出版社.
金羽. 2006. 海南省生态评价与生态功能区划研究. 北京：中国科学院生态环境研究中心博士学位论文.
李爱农，蒋锦刚，边金虎，等. 2012. 基于AROP程序包的类Landsat遥感影像配准与正射纠正试验和精度分析. 遥感技术与应用，27（1）：23-32.
李传荣，贾媛媛，胡坚，等. 2008a. HJ-1光学卫星遥感应用前景分析. 国土资源遥感，9（3）：45-46.
李传荣，唐伶俐，胡坚，等. 2008b. HJ-1光学卫星应用潜力. 科技导报，26（13）：56-59.
李丹. 2010. 砀山县水果产业化现状分析与持续发展对策. 滁州学院学报，12（1）：83-84.
李来胜. 1997. 四川盆地农业气候资源的合理开发利用. 自然资源，（1）：41-46.

李明诗, 孙力, 常瑞雪. 2013. 基于 Landsat 图像的南京城市绿地时空动态分析. 东北林业大学学报, 41 (6): 55-60.

李平华, 程燕. 2002. 陕西关中地区水文气候状况对全球变暖的响应问题探讨. 灾害学, 17 (2): 37-41.

李巧萍, 丁一汇. 2004. 植被覆盖变化对区域气候影响的研究进展. 南京气象学院学报, 27 (1): 131-140.

李万, 张忠兰, 苗俊明. 1989. 中国南方灌丛草坡分区及其综合利用. 地理科学, 9 (4): 311-316.

李先. 2009. 面向对象的土地利用变化检测方法研究. 阜新: 辽宁工程技术大学硕士学位论文.

李小文. 2006. 定量遥感的发展与创新. 河南大学学报（自然科学版）, 35 (4): 49-56.

李谢辉. 2005. MODIS 数据在干旱区土地覆盖变化与气候因子敏感性分析中的应用. 乌鲁木齐: 新疆大学硕士学位论文.

李秀彬. 1996. 全球环境变化研究的核心领域——土地利用/土地覆被变化的国际研究动向. 地理学报, (6): 553-558.

李勇, 杨晓光, 王文峰, 等. 2010. 气候变化背景下中国农业气候资源变化 Ⅰ. 华南地区农业气候资源时空变化特征. 应用生态学报, 21 (10): 2605-2614.

李增加, 马友鑫, 李红梅, 等. 2008. 西双版纳土地利用/覆盖变化与地形的关系. 植物生态学报, 32 (5): 1091-1103.

李中强. 2005. 中国西北干旱区水生植物多样性研究. 武汉: 武汉大学博士学位论文.

李宗翰. 2014. 华中地区植物生活型多样性格局模型研究. 北京: 华北电力大学硕士学位论文.

辽宁省人民政府. 2007. 走进辽宁. http://www.ln.gov.cn/zjln/.

林辉. 2012. SPOT5 图像融合算法研究. 林业调查规划, 37 (2): 1-3.

凌飞龙, 李增元, 陈尔学, 等. 2012. Envisat ASAR 的区域森林——非森林制图. 遥感学报, 16 (5): 1100-1113.

刘海燕, 方创琳, 蔺雪芹. 2008. 西北地区风能资源开发与大规模并网及非并网风电产业基地建设. 资源科学, 30 (11): 1668-1676.

刘纪远. 1996. 中国资源环境遥感宏观调查与动态研究. 北京: 中国科学技术出版社.

刘纪远, 张增祥, 徐新良, 等. 2009. 21 世纪初中国土地利用变化的空间格局与驱动力分析. 地理学报, 64 (12): 1411-1420.

刘纪远, 张增祥, 庄大方. 2003. 20 世纪 90 年代中国土地利用变化时空特征及其成因分析. 地理研究, 22 (1): 1-12.

刘纪远. 1996. 中国资源环境遥感宏观调查与动态研究. 北京: 中国科学技术出版社.

刘纪远. 1997. 国家资源环境遥感宏观调查与动态监测研究. 遥感学报, 1 (3): 225-230.

刘其霞, 常杰, 江波, 等. 2006. 浙江省常绿阔叶生态公益林生物量. 生态学报, 25 (9): 2139-2144.

刘睿, 冯敏, 孙九林, 等. 2012. 基于环境减灾卫星 CCD 数据与决策树技术的植被分类研究. 地理科学, 32 (12): 1488-1495.

刘顺喜, 王忠武, 尤淑撑. 2013. 中国民用陆地资源卫星在土地资源调查监测中的应用现状与发展建议. 中国土地科学, (4): 91-96.

刘松, 阿部慎介, 邢静波. 2011. 北京市矿山废址的生态恢复及可持续利用. 管理学家, (11): 334-335.

刘廷祥. 2012. 东北地区农林交错带土地利用变化及其对区域气温影响模拟研究. 北京: 中国科学院研究生院（东北地理与农业生态研究所）博士学位论文.

刘晓娜, 封志明, 姜鲁光, 等. 2012. 西双版纳橡胶林地的遥感识别与数字制图. 资源科学, 34 (9): 1769-1780.

刘晓冉，李国平，范广洲，等. 2007. 我国西南地区1960~2000年降水资源变化的时空特征. 自然资源学报, 22（5）：783-792.

刘莺迎. 2008. 决策树分类算法的分析和比较. 科技情报开发与经济,（2）：65-67.

刘勇. 2009. 天津市生态足迹的计算与动态分析. 河北农业科学, 13（11）：69-72.

刘振乾，吕宪国，刘红玉. 2000. 黄河三角洲和辽河三角洲湿地资源的比较研究. 资源科学, 22（3）：60-65.

卢路，于赢东，刘家宏，等. 2011. 海河流域的水文特性分析. 海河水利,（6）：1-4.

卢远，刘卓颖. 2003. 南方丘陵山区遥感影像特征选择与自动分类方法. 广西师范学院学报（自然科学版）,（z1）：206-210.

陆灯盛，游先祥. 2003. 遥感技术在资源环境中应用的现状及趋势. 北京林业大学学报, 25（12）：8388.

罗开盛，李仁东，常变蓉. 2013. 利用面向对象分类技术的大尺度土地覆被调查方法. 中国科学院大学学报, 30（6）：770-778.

罗震，杨存建，李小文. 2009. 基于高分辨率遥感影像的农村聚落信息的提取. 地理空间信息, 7（2）：80-82.

骆成凤. 2005. 中国土地覆盖分类与变化监测遥感研究. 北京：中国科学院研究生院（遥感应用研究所）博士学位论文.

美国地质调查局. LANDSAT卫星数字产品数据库. http：//glovis. usgs. gov/.

孟庆香，刘国彬，杨勤科. 2009. 黄土高原土地利用动态变化及其生态效应. 中国水土保持科学, 7（2）：48-53.

明冬萍，骆剑承，周成虎，等. 2005. 高分辨率遥感影像信息提取及块状基元特征提取. 数据采集与处理, 20（1）：34-39.

明冬萍，王群，杨建宇. 2008. 遥感影像空间尺度特性与最佳空间分辨率选择. 遥感学报,（4）：529-537.

内蒙古自治区人民政府. 2015. 内蒙古概况. http：//www. nmg. gov. cn/ququ/.

倪健，郭柯，刘海江，等. 2005. 中国西北干旱区生态区划. 植物生态学报, 29（2）：175-184.

宁夏回族自治区人民政府. 2015. 塞上江南. http：//www. nx. gov. cn/ssjn. htm.

彭光雄，宫阿都，崔伟宏，等. 2012. 多时相影像的典型区农作物识别分类方法对比研究. 地球信息科学学报, 11（2）：225-230.

蒲智，刘萍，杨辽，等. 2006. 面向对象技术在城市绿地信息提取中的应用. 福建林业科技, 33（1）：40-44.

濮静娟. 1992. 遥感图像目视解译原理与方法. 北京：中国科学技术出版社.

齐述华，李召良，王长耀. 2008. 1982~2001年间我国受旱和受旱成灾耕地的遥感提取研究. 中国农业大学学报, 13（6）：43-48.

钱鞠，王根绪，马金辉，等. 2003. 西北干旱区生态环境建设支撑体系的构建. 干旱地区农业研究, 21（1）：102-107.

钱乐祥，丁圣彦. 2005. 珠江三角洲土地覆盖变化对地表温度的影响. 地理学报, 60（5）：761-770.

钱巧静，谢瑞，张磊，等. 2005. 面向对象的土地覆盖信息提取方法研究. 遥感技术与应用, 20（3）：338-342.

青海省人民政府. 2015. 大美青海. http：//www. qh. gov. cn/dmqh/.

曲伟，路京选，李琳，等. 2011. 环境减灾小卫星影像水体和湿地自动提取方法研究. 遥感信息, 4：28-33.

冉慧，邢立新，潘军，等. 2010. 遥感技术与陆地生态系统碳循环研究. 环境科学与管理, 35（3）：

117-121.

盛文萍, 李玉娥, 高清竹, 等. 2010. 内蒙古未来气候变化及其对温性草原分布的影响. 资源科学, 32 (6): 1111-1119.

任继周. 2008. 分类, 聚类与草原类型. 草地学报, 16 (1): 4-10.

任宪韶, 吴炳方. 2014. 流域耗水管理方法与实践. 北京: 科学出版社.

山东省人民政府. 2015. 省情. http://www.sd.gov.cn/art/2014/5/14/art_ 163_ 1.html.

山西省人民政府. 2015. 走进山西. http://www.shanxigov.cn/n16/n8319541/n8319597/n8319777/8393537.html.

陕西省人民政府. 省情概况. http://www.sxsdq.cn/sqgk/zhjs/.

上海市人民政府. 走进上海. http://www.shanghai.gov.cn/nw2/nw2314/nw2318/index.html.

邵宏波, 梁宗锁, 邵明安. 2004. 黄土高原生态环境建设与生物技术的潜在应用. 水土保持学报, 18 (3): 154-159.

邵璞, 曾晓东. 2012. 土地利用和土地覆盖变化对气候系统影响的研究性. 气候与环境研究, 17 (1): 103-111.

余之祥, 骆永明. 2007. 长江三角洲水土资源环境与可持续性. 北京: 科学出版社.

沈泽昊, 刘增力, 伍杰. 2004. 生物多样性. 贡嘎山东坡植物区系的垂直分布格局. 12 (1): 89-98.

沈照庆, 王建宾, 陈性义, 等. 2009. 高光谱海洋遥感影像处理系统集成与应用研究. 海洋测绘, 29 (2): 49-52.

史培军, 李晓兵, 周武光. 2000. 利用"3S"技术检测我国北方气候变化的植被响应. 第四纪研究, 20 (3): 220-228.

史晓亮, 李颖, 严登华, 等. 2013. 流域土地利用/覆被变化对水文过程的影响研究进展. 水土保持研究, 20 (4): 301-308.

舒若杰, 高建恩, 赵建民, 等. 2006. 黄土高原生态分区探讨. 干旱地区农业研究, 24 (3): 143-148.

四川省人民政府. 2016. 四川概况. http://www.sc.gov.cn/10462/wza2012/scgk/scgk.shtml.

宋丰顺. 2004. 安徽砀山地区梨种质资源的 RAPD 研究. 合肥: 安徽农业大学硕士学位论文.

苏大学. 1996. 1:1 000 000 中国草地资源图的编制与研究. 自然资源学报, 1996, (1): 75-83.

苏晓燕, 黄标, 王虹, 等. 2013. 我国华南地区不同利用条件下土壤演变对障碍因子的影响. 土壤 (*Soils*), 45 (1): 135-142.

苏簪铀, 邱炳文, 陈崇成. 2009. 基于面向对象分类技术的景观信息提取研究. 遥感信息, (2): 42-46.

孙家柄. 2009. 遥感原理与应用. 武汉: 武汉大学出版社.

孙中平, 熊文成, 魏斌, 等. 2010. 环境一号卫星 CCD 影像质量评价研究. 红外, 31 (9): 30-36.

覃德华, 毕晓丽, 葛剑平. 2007. 近 30 年来卧龙自然保护区土地覆盖变化动态分析. 安徽农业科学, 35 (23): 7237-7239.

谭炳香, 李增元, 陈尔学, 等. 2008. 高光谱遥感外来物种监测研究进展. 全国生物多样性保护及外来有害物种防治交流研讨会论文集. 中国环境科学业学会.

唐克丽. 1998. 黄土高原生态环境建设关键性问题的研讨. 水土保持通报, 18 (1): 1-7.

唐明. 2011. 北京城区可吸入颗粒物分布与土地覆盖类型的关系研究. 北京: 首都师范大学博士学位论文.

唐世浩, 朱启疆, 周宇宇, 等. 2003. 一种简单的估算植被覆盖度和恢复背景信息的方法. 中国图像图形学报: A 辑, 8 (11): 1304-1308.

田国良. 1991. 土壤水分的遥感监测方法. 环境遥感, 6 (2): 89-99.

童庆禧. 1994. 遥感科学技术进展. 地理学报, 49 (S1): 616-624.
汪承义, 赵忠明. 2006. 遥感影像流程化处理系统的设计与实现. 测绘科学, 31 (6): 105-106.
汪求来. 2008. 面向对象遥感影像分类方法及其应用研究——以深圳市福田区植被提取为例. 南京：南京林业大学硕士学位论文.
王荷生. 1997. 华北植物区系地理. 北京：科学出版社.
王宏志, 李仁东. 2000. 华中地区土地资源利用信息系统的快速建立. 湖北大学学报：自然科学版, 22 (4): 393-396.
王惠林. 2007. 基于知识的遥感图像分类方法研究——以腾格里沙漠南部地区为例. 兰州：兰州大学硕士学位论文.
王蕾, 黄华国, 张晓丽, 等. 2007. 基于知识规则的马尾松林遥感信息提取技术研究. 北京林业大学学报, 29 (3): 124-130.
王力, 李裕元, 李秧秧. 2004. 黄土高原生态环境的恶化及其对策. 自然资源学报, 19 (2): 263-271.
王立辉, 黄进良, 孙俊英. 2010. 基于时序MODIS-EVI监测华中地区耕地复种指数. 长江流域资源与环境, 19 (5): 529-534.
王桥, 吴传庆, 厉青. 2010. 环境一号卫星及其在环境监测中的应用. 遥感学报, 14 (1): 113-126.
王树东, 欧阳志云, 张翠萍, 等. 2012a. 海南岛主要森林类型时空动态及关键驱动因子. 生态学报, 32 (23): 7364-7374.
王树东, 张立福, 陈小平, 等. 2012b. 基于Landsat TM的热带精细地物信息提取的模型与方法——以海南岛为例. 生态学报, 32 (22): 7036-7044.
王思远, 刘纪远. 2002. 近10年中国土地利用格局及其演变. 地理学报, 57 (5): 523-530.
王苏民, 林而达, 佘之祥. 2002. 环境演变对中国西部发展的影响及对策. 北京：科学出版社.
王天永, 陈怀智. 2001. 黄土高原地区生态环境建设途径. 中国水土保持, (5): 4-5.
王婷, 周廷刚, 吴忠芳. 2008. 基于知识规则的遥感影像土地利用分类研究. 地理与地理信息科学, 24 (4): 32-35.
王文芳, 付东洋. 2011. 卫星地面站接收与处理系统关键流程分析. 信息技术, (9): 34-37.
王小平, 李弘毅. 2006. 黄土高原生态恢复与重建研究. 中国水土保持, (6): 23-25.
王宇, 尹君, 杨敏, 等. 2006. 河北省生态系统服务价值变化研究. 中国生态农业学报, 14 (4): 240-243.
王圆圆, 李京. 2007. 基于决策树的高光谱数据特征选择及其对分类结果的影响分析. 遥感学报, 11 (1): 69-76.
王云霞. 2010. 北京市生态承载力与可持续发展研究. 北京：中国矿业大学博士学位论文.
王兆印, 程东升, 刘成. 2006 人类活动对典型三角洲演变的影响——Ⅱ 黄河和海河三角洲. 泥沙研究, (1): 76-80.
王正兴, 王亚琴. 2012. 遥感数据时间分辨率对土地覆盖变化监测的影响. 自然资源学报, 27 (12): 2153-2165.
韦晶, 孙林, 刘双双, 等. 2015. 大气颗粒物污染对土地覆盖变化的响应. 生态学报, 35 (16): 5495-5506.
韦希勤. 2011. 森林覆盖率有关问题的探讨. 世界林业研究, 24 (2): 76-80.
魏宏伟, 田庆久. 2012. HJ1B-CCD影像的质量评估及分析. 遥感信息, (5): 31-36.
温兴平, 胡光道, 杨晓峰. 2007. 基于C5.0决策树分类算法的ETM+影像信息提取. 地理与地理信息科学, 23 (6): 26-29.

吴炳方，苑全治，颜长珍，等 . 2014. 21 世纪前十年的中国土地覆盖变化 . 第四纪研究，34（4）：723-731.

吴炳方 . 2000. 全国农情监测与估产的运行化遥感方法 . 地理学报，55（1）：25-35.

吴忱 . 2008. 华北地貌环境及其形成演化 . 北京：科学出版社 .

吴传钧，郭焕成 . 1994. 中国土地利用 . 北京：科学出版社 .

吴海平，刘顺喜，黄世存 . 2009. 基于 HJ-1 A/B 卫星 CCD 数据的土地宏观监测试验研究 . 遥感技术与应用，（6）：788-792.

吴海平，周连芳，刘江辉，等 . 2012. 面向土地利用宏观监测的国产资源卫星中分辨率数据覆盖能力研究 . 遥感信息，1：013.

吴建国，吕佳佳 . 2008. 土地利用变化对生物多样性的影响 . 生态环境，17（3）：1276-1281.

吴立新 . 2005. 黄河三角洲草地资源的调查与研究 . 四川草原，112（3）：13-16

吴文斌，杨鹏，张莉，等 . 2009. 四类全球土地覆盖数据在中国区域的精度评价 . 农业工程学报，25（12）：167-173.

伍春华 . 2005. 天津市林业建设规划研究 . 天津：天津大学硕士学位论文 .

西藏自治区人民政府 . 2008. 认识西藏 . http：//www.xizang.gov.cn/rsxz/index.jhtml.

夏军 . 1999. 区域水环境及生态环境质量评价：多级关联评估理论与应用 . 武汉：武汉水利电力大学出版社 .

项南 . 1993. 独领风骚的华南经济 . 学术评论，（4）：2-5.

肖笃宁，裴铁凡，赵羿 . 2003. 辽河三角洲湿地景观的水文调节与防洪功能 . 湿地科学，1（1）：21-25.

新疆维吾尔自治区人民政府 . 2015. 新疆概况 . http：//egov.xinjiang.gov.cn/xjgk/index.htm.

徐涵秋，杜丽萍 . 2010. 遥感建筑用地信息的快速提取 . 地球信息科学学报，12（4）：574-578.

徐涵秋 . 2005. 利用改进的归一化差异水体指数（MNDWI）提取水体信息的研究 . 遥感学报，9（5）：589-595.

徐涵秋 . 2012. Landsat 遥感影像正规化处理的模型比较研究 . 地球信息科学学报，10（3）：294-301.

徐新良，刘纪远，庄大方 . 2012. 国家尺度土地利用/覆被变化遥感监测方法 . 安徽农业科学，40（4）：2365-2369.

徐玉湄，谭琳珊，朱亚平，等 . 2012. 海洋卫星数据处理系统的设计与实现 . 海洋测绘，32（4）：54-56.

许炯心 . 2008. 黄土高原地区沙尘暴高发带的跃变现象 . 中国沙漠，28（1）：149-153.

许民 . 2010. 高分辨率遥感影像融合方法研究及融合效果评价 . 兰州：兰州大学硕士学位论文 .

许学工，林辉平，付在毅，等 . 2001. 黄河三角洲湿地区域生态风险评价 . 北京大学学报：自然科学版，37（1）：111-120.

闫立沙 . 2011. 华东区域土地利用/覆被变化及驱动力模型研究 . 青岛：山东科技大学硕士学位论文 .

闫利，孙颖超 . 2009. 基于影像多种特征的决策树分类方法 . 地理空间信息，7（6）：15-17.

颜梅春 . 2007. 高分辨率影像的植被分类方法对比研究 . 遥感学报，11（2）：235-240.

杨朝兴 . 2010. 林业科学发展思路与效果的实证研究——浅析河南林业生态省建设 . 当代经济，（3）：70-71.

杨桄，张柏，边红枫，等 . 2006. 基于 TM 遥感影像的玉米地专题信息自动提取 . 资源科学，28（4）：91-96.

杨桂山 . 2001. 长江三角洲近 50 年耕地数量变化的过程与驱动机制研究 . 自然资源学报，16（2）：121-127.

杨立民，朱智良 . 1999. 全球及区域尺度土地覆盖土地利用遥感研究的现状和展望 . 自然资源学报，

14(4)：340-344.

杨民胜，彭彦．2001．中国桉树人工林发展现状和实木加工利用前景．桉树科技，(1)：1-6.

杨仁忠，蔡兴文，杨蕾，等．2009．通用遥感卫星快视处理系统技术研究．遥感应用，5(1)：32-35.

杨淑红．2009．河南林业生态省建设之环城林带的构建．中国城市林业，7(2)：25-27.

杨永顺，董贵华，赵旭东，等．2011．环境卫星 CCD 与 Landsat TM 影像质量及生态监测应用比对研究——以青海湖区域为例．中国环境监测，(3)：9-13.

姚永慧，张百平，韩芳，等．2010．横断山区垂直带谱的分布模式与坡向效应．山地学报，28(1)：11-20.

姚玉璧，王毅荣，李耀辉，等．2005．中国黄土高原气候暖干化及其对生态环境的影响．资源科学，27(5)：146-152.

姚允龙，吕宪国，王蕾．2009．流域土地利用/覆被变化水文效应研究的方法评述．湿地科学，7(1)：83-88.

叶青超．1989．华北平原地貌体系与环境演化趋势．地理研究，8(3)：10-20.

于冰洋，严明，伍菲，等．2010．宽刈幅多光谱影像正射纠正技术研究．国土资源遥感，22(3)：31-35.

于贵瑞．2003．全球变化与陆地生态系统碳循环和碳蓄积．北京：气象出版社．

俞军，Bo R．2007．基于多时相影像的农业作物非参数与概率分类（英文）．遥感学报，11(5)：748-755.

喻光明，王朝南，钟儒刚，等．1996．基于 DEM 的洪涝灾害信息提取与损失估算．国土资源遥感，1(145)：42-50.

袁爱荣，屈巧格，何明珍．2009．河南省平原绿化发展现状，问题与对策．河南林业科技，29(3)：79-80.

袁位高，沈爱华，江波，等．2009．浙江省常绿阔叶林凋落物特征研究．浙江林业科技，29(3)：1-4.

岳天祥．2001．生物多样性研究及其问题．生态学报，21(3)：462-467.

云南省人民政府．2015．云南概况．http：//www.yn.gov.cn/yn_yngk/index.html.

张安定，彭笃明，李德一，等．2007．基于 TM 影像的果园空间信息提取技术研究．测绘科学，32(5)：121-123.

张勃，王东，王桂钢，等．2015．西南地区近14a 植被覆盖变化及其与气候因子的关系．长江流域资源与环境，24(6)：956-964.

张翀，任志远，李小燕．2012．黄土高原植被对气温和降水的响应．中国农业科学，45(20)：4205-4215.

张党权．2012．中国华南地区物种多样性分布及其影响因子研究．南京：南京信息工程大学硕士学位论文．

张定祥，李宪文，刘莉．2006．我国土地资源遥感调查与监测技术体系建设构想．国土资源信息化，(3)：2-6.

张峰，吴炳方，黄慧萍，等．2003．泰国水稻种植区耕地信息提取研究．自然资源学报，18(6)：766-772.

张贵军．2005．河北省土地利用变化及其驱动机制研究．保定：河北农业大学硕士学位论文．

张国斌，张勃，王东，等．2016．近14年西南地区植被季节变化及与气候关系．遥感信息，31(1)：89-95.

张厚华，黄占斌．2001．黄土高原生物气候分区与该区生态系统的恢复．干旱区资源与环境，15(1)：64-71.

张健，谢正栋，彭补拙．2010．基于遥感技术应用的土地资源调查研究综述//Proceedings of 2010 The 3rd International Conference on Computational Intelligence and Industrial Application (Volume 9).

张京红,陶忠良,刘少军,等.2010.基于 TM 影像的海南岛橡胶种植面积信息提取.热带作物学报,31(4):661-665.

张俊香,延军平.2003.关中平原小麦产量对气候变化区域响应的评价模型研究.干旱区资源与环境,17(1):85-90.

张磊,董立新,吴炳方,等.2007.三峡水库建设前后库区10年土地覆盖变化.长江流域资源与环境,16(1):107-112.

张莉莉.2012.基于 GIS 的海南岛橡胶种植适宜性区划.海口:海南大学硕士学位论文.

张睿,马建文.2009.支持向量机在遥感数据分类中的应用新进展.地球科学进展,24(5):555-562.

张文辉,刘国彬.2007.黄土高原植被生态恢复评价,问题与对策.林业科学,43(1):102-106.

张绪良,张朝晖,谷东起,等.2009.辽河三角洲滨海湿地的演化.生态环境学报,18(3):1002-1009.

张阳生,马乃喜.1988.西北内陆河流域生态环境的溯源恶变及其防治——以塔里木河流域为例.西北大学学报(自然科学版),3:14.

张阳生.1996.西北干旱区持续发展的思考.干旱区地理,19(1):28-31.

张银辉,赵庚星.2000.利用 ENVI 软件卫星遥感耕地信息自动提取技术研究.四川农业大学学报,18(2):170-172.

张增祥,汪潇,王长耀,等.2012.基于框架数据控制的全国土地覆盖遥感制图研究.地球信息科学学报,11(2):216-224.

张智婷.2009.河北省自然保护区规划和管理有效性评估.保定:河北农业大学博士学位论文.

赵济,陈传康.1999.中国地理.北京:高等教育出版社.

赵江红.2005.平原绿化技术措施探讨.林业资源管理,(3):55-58.

赵凯,徐剑波,赵之重,等.2013. HJ-1 A/B CCD 与 Landsat TM/ETM+ 植被指数的交互比较.遥感技术与应用,28(4):674-680.

赵少华,秦其明,张峰,等.2011.基于环境减灾小卫星(HJ-1B)的地表温度单窗反演研究.光谱学与光谱分析,31(6):1552-1556.

赵松乔,牛文元,王德辉.1985.中国自然地理总论.北京:科学出版社.

赵艳霞,王馥棠,刘文泉.2003.黄土高原的气候生态环境,气候变化与农业气候生产潜力.干旱地区农业研究,21(4):142-146.

赵英时.2003.遥感应用分析原理与方法.北京:科学出版社.

赵宇鸾,李秀彬,辛良杰,等.2012.华北平原"杨上粮下"现象的驱动机制——以河北省文安县为例.地理研究,31(2):323-333.

赵跃龙.1999.中国脆弱生态环境分布及其综合治理.北京:中国环境出版社.

浙江省人民政府.2015.了解浙江. http://www.zj.gov.cn/col/col789/index.html.

郑度.2006.中国西北干旱区环境问题与生态建设.河北师范大学学报(自然科学版),30(3):349-352.

郑度.2007.中国西北干旱区土地退化与生态建设问题.自然杂志,29(1):8-11.

郑建平,王芳,华祖林,等.2005.海河河口生态需水量研究.河海大学学报:自然科学版,33(5):518-521.

中共中央台湾工作办公室.2011.宝岛台湾. http://www.gwytb.gov.cn/bttw/201101/t20110131_1740202.htm.

中国科学院《中国自然地理》编委会.1981.中国自然地理——土壤地理.北京:科学出版社.

中国资源卫星应用中心.2009. HJ-1-A、B 卫星介绍. http://www.cresda.com/n16/n1130/n1582/8384.html.

中华人民共和国环境保护部.2012.环境一号卫星数据特点. http://www.zhb.gov.cn/ztbd/rdzl/wxyg/

hjwx/201210/t20121012_237611.htm.

重庆市人民政府. 2015 重庆概况. http://www.cq.gov.cn/cqgk/82835.shtml.

周成虎, 程维明, 钱金凯. 2009. 数字地貌遥感解析与制图. 北京: 科学出版社.

周广胜, 王玉辉. 1999. 土地利用/覆盖变化对气候的反馈作用. 自然资源学报, 14 (4): 318-322.

周广胜, 周莉, 关恩凯, 等. 2006. 辽河三角洲湿地与全球变化. 气象与环境学报, 22 (4): 8-12.

周国琼. 2012. 面向对象的 TM 影像分类. 昆明: 昆明理工大学硕士学位论文.

周红妹, 杨星卫. 1995. NOAA 气象卫星云检测方法的研究. 环境遥感, 10 (2): 137-142.

周俊起. 2010. 大黄堡湿地评价与景观修复技术研究. 天津: 天津大学硕士学位论文.

周前祥, 姜世忠. 2002. 多源遥感影像信息融合研究现状与展望. 宇航学报, 23 (5): 89-94.

周前祥, 敬忠良, 姜世忠. 2003. 不同光谱与空间分辨率遥感图像融合方法的理论研究. 遥感技术与应用, 18 (1): 41-46.

周文君, 沙丽清, 沈守艮, 等. 2008. 西双版纳橡胶林土壤呼吸季节变化及其影响因子. 山地学报, 26 (3): 317-325.

周秀佳. 1984. 上海的主要自然植被类型及其分布. 植物生态学报, 8 (3): 189-198.

周忠泽, 蒙仁宪. 1996. 华东地区植被概况. 安徽大学学报 (自然科学版), 20 (4): 62-68.

朱素云, 刘浩, 董晓龙. 2007. 海洋二号有效载荷微波散射计数据处理系统的设计. 遥感技术与应用, 22 (2): 152-154.

朱泰峰, 张凤荣, 李灿, 等. 2013. 基于植被覆盖率的农村居民点整理潜力估算及实证. 农业工程学报, 29 (1): 240-249.

庄长伟, 欧阳志云, 徐卫华, 等. 2009. 基于 MODIS 的海河流域生态系统空间格局. 生态学杂志, 28 (6): 1149-1154.

祖琪, 袁希平, 莫源富, 等. 2011. 基于面向对象分类方法在 SPOT 影像中的地物信息提取. 中国岩溶, 30 (2): 227-232.

Addink E A, de Jong S M, Pebesma E J. 2007. The importance of scale in object-based mapping of vegetation parameters with hyperspectral imagery. Photogrammetric Engineering & Remote Sensing, 73 (8): 905-912.

Aguirre-Gutiérrez J, Seijmonsbergen A C, Duivenvoorden J F. 2012. Optimizing land cover classification accuracy for change detection, a combined pixel-based and object-based approach in a mountainous area in Mexico. Applied Geography, 34: 29-37.

Anderson J R. 1976. A Land Use and Land Cover Classification System for Use with Remote Sensor Data. US Government Printing Office.

Baatz M, Benz U, Dehghani S, et al. 2001. eCognition user guide. Definiens Imaging GmbH.

Baatz M, Schäpe A. 1999. Object-oriented and multi-scale image analysis in semantic networks//2nd international symposium: operationalization of remote sensing. 1999. 16 (20): 7-13.

Bai Y, Han X, Wu J, et al. 2004. Ecosystem stability and compensatory effects in the Inner Mongolia grassland. Nature, 431 (7005): 181-184.

Bartholomé E, Belward A S. 2005. GLC2000: a new approach to global land cover mapping from Earth observation data. International Journal of Remote Sensing, 26 (9): 1959-1977.

Benz U C, Hofmann P, Willhauck G, et al. 2004. Multi-resolution, object-oriented fuzzy analysis of remote sensing data for GIS-ready information. ISPRS Journal of Photogrammetry and Remote sensing, 58 (3): 239-258.

Bian J, Li A, Jin H, et al. 2013. Auto-registration and orthorecification algorithm for the time series HJ-1A/B

CCD images. Journal of Mountain Science, 10 (5): 754-767.

Bicheron P, Leroy M, Brockmann C, et al. 2006. Globcover: A 300 m global land cover product for 2005 using ENVISAT MERIS time series//Proceedings of the Recent advances in quantitative remote sensing symposium, Valencia.

Birdsey R, Cannell M, Galinski W, et al. 2000. IPCC special report on land use, land-use change and forestry. Intergovernmental Panel on Climate Change.

Bouvet A, Le Toan T. 2011. Use of ENVISAT/ASAR wide-swath data for timely rice fields mapping in the Mekong River Delta. Remote Sensing of Environment, 115 (4): 1090-1101.

Boyd D S, Foody G M. 2011. An overview of recent remote sensing and GIS based research in ecological informatics. Ecological Informatics, 6 (1): 25-36.

Burnett C, Blaschke T. 2003. A multi-scale segmentation/object relationship modelling methodology for landscape analysis. Ecological Modelling, 168 (3): 233-249.

Burrough P A, van Gaans P F M, MacMillan R A. 2000. High-resolution landform classification using fuzzy k-means. Fuzzy sets and systems, 113 (1): 37-52.

Canny J. 1986. A computational approach to edge detection. Pattern Analysis and Machine Intelligence, IEEE Transactions on, (6): 679-698.

Carlson T N, Ripley D A. 1997. On the relation between NDVI, fractional vegetation cover, and leaf area index. Remote Sensing of Environment, 62 (3): 241-252.

Chander G, Haque M O, Micijevic E, et al. 2008. L5 TM radiometric recalibration procedure using the internal calibration trends from the NLAPS trending database//Optical Engineering+ Applications. International Society for Optics and Photonics, 708114-708114-12.

Chander G, Markham B. 2003. Revised Landsat-5 TM radiometric calibration procedures and postcalibration dynamic ranges. Geoscience and Remote Sensing, IEEE Transactions on, 41 (11): 2674-2677.

Charney J G. 1975. Dynamics of deserts and drought in the Sahel. Quarterly Journal of the Royal Meteorological Society, 101 (428): 193-202.

Chen J, Huang J, Hu J. 2011. Mapping rice planting areas in southern China using the China Environment Satellite data. Mathematical and Computer Modelling, 54 (3): 1037-1043.

Chen J, Pan D, Mao Z. 2006. Optimum segmentation of simple objects in high-resolution remote sensing imagery in coastal areas. Science in China Series D: Earth Sciences, 49 (11): 1195-1203.

Chen K, Blong R. 2003. Identifying the characteristic scale of scene variation in fine spatial resolution imagery with wavelet transform-based sub-image statistics. International Journal of Remote Sensing, 24 (9): 1983-1989.

Cortes C, Vapnik V. 1995. Support-vector networks. Machine Learning, 20 (3): 273-297.

Costa M P F, Niemann O, Novo E, et al. 2002. Biophysical properties and mapping of aquatic vegetation during the hydrological cycle of the Amazon floodplain using JERS-1 and Radarsat. International Journal of Remote Sensing, 23 (7): 1401-1426.

Definiens A G. 2009. Definiens eCognition developer 8 user guide. Definens AG, Munchen, Germany.

DeFries R S, Hansen M C, Townshend J R G, et al. 2000. A new global 1-km dataset of percentage tree cover derived from remote sensing. Global Change Biology, 6 (2): 247-254.

Di Gregorio A, Jansen L J M. 1998. Land Cover Classification System (LCCS): classification concepts and user manual. FAO, Rome.

Ding X W, Li X F. 2011. Monitoring of the water-area variations of Lake Dongting in China with ENVISAT ASAR images. International Journal of Applied Earth Observation and Geoinformation, 13 (6): 894-901.

Di Gregorio A, Jansen L J M. 2005. Land Cover Classification System. Enviroment and Natural Resources Services Series 8. Rome: FAO.

Drăguţ L, Tiede D, Levick S R. 2010. ESP: a tool to estimate scale parameter for multiresolution image segmentation of remotely sensed data. International Journal of Geographical Information Science, 24 (6): 859-871.

Elassal A A. 1987. General cartographic transformation package (GCTP), Version II. US Department of Commerce, National Oceanic and Atmospheric Administration, National Ocean Service, Charting and Geodetic Services.

Elmqvist B, Ardö J, Olsson L. 2008. Land use studies in drylands: an evaluation of object-oriented classification of very high resolution panchromatic imagery. International Journal of Remote Sensing, 29 (24): 7129-7140.

Evans T L, Costa M. 2013. Landcover classification of the Lower Nhecolândia subregion of the Brazilian Pantanal Wetlands using ALOS/PALSAR, RADARSAT-2 and ENVISAT/ASAR imagery. Remote Sensing of Environment, 128: 118-137.

E Y H, Wang J H, Gao S Y, et al. 2007. Monitoring of vegetation changes using multi-temporal NDVI in peripheral regions around Minqin oasis, Northwest China//Geoscience and Remote Sensing Symposium, 2007. IGARSS 2007. IEEE International. 2007: 3448-3451.

Feranec J, Hazeu G, Christensen S, et al. 2007. Corine land cover change detection in Europe (case studies of the Netherlands and Slo-vakia). Land Use Policy, 24 (1): 234-247.

Friedl M A, McIver D K, Hodges J C F, et al. 2002. Global land cover mapping from MODIS: algorithms and early results. Remote Sensing of Environment, 83 (1): 287-302.

Fousseni F. 2012. 多哥北部自然保护区土地利用变化, 植被状态及人类干扰的研究. 北京: 北京林业大学博士学位论文.

Friedl M A, McIver D K, Hodges J C F, et al. 2002. Global land cover mapping from MODIS: algorithms and early results. Remote Sensing of Environment, 83 (1): 287-302.

Gao B C. 1996. NDWI——A normalized difference water index for remote sensing of vegetation liquid water from space. Remote Sensing of Environment, 58 (3): 257-266.

Gao F, Masek J, Wolfe R E. 2009. Automated registration and orthorectification package for Landsat and Landsat-like data processing. Journal of Applied Remote Sensing, 3 (1): 033515-033515-20.

Gong P, Marceau D J, Howarth P J. 1992. A comparison of spatial feature extraction algorithms for land-use classification with SPOT HRV data. Remote Sensing of Environment, 40 (2): 137-151.

Guo Q, Kelly M, Gong P, et al. 2007. An object-based classification approach in mapping tree mortality using high spatial resolution imagery. GIScience & Remote Sensing, 44 (1): 24-47.

Guo X D, Fu B J, Ma K M, et al. 2001. Utility of semivariogram for spatial variation of soil nutrients and the robust analysis of semivariogram. Journal of Environmental Sciences, 13 (4): 453-458.

Gutman G, Huang C, Chander G, et al. 2013. Assessment of the NASA – USGS global land survey (GLS) datasets. Remote Sensing of Environment, 134: 249-265.

Hansen M C, Defries R S, Townshend J R G, et al. 2000. Global land cover classification at 1 km spatial resolution using a classification tree approach. International journal of remote sensing, 21 (6-7): 1331-1364.

Hansen M C, Loveland T R. 2012. A review of large area monitoring of land cover change using Landsat data. Remote Sensing of Environment, 122 (1): 66-74.

Hansen M C, Reed B, Defries R S, et al. 2000. A comparison of the IGBP DISCover and University of Maryland 1 km global land cover products. International Journal of Remote Sensing, 21 (6-7): 1365-1373.

Henderson- Sellers A, Pitman A J. 1992. Land-surface schemes for future climate models: Specification, aggregation, and heterogeneity. Journal of Geophysical Research: Atmospheres, 97 (D3): 2687-2696.

Herold M, Mayaux P, Woodcock C E, et al. 2008. Some challenges in global land cover mapping: An assessment of agreement and accuracy in existing 1 km datasets. Remote Sensing of Environment, 112 (5): 2538-2556.

Herold N D, Haack B N, Solomon E. 2004. An evaluation of radar texture for land use/cover extraction in varied landscapes. International Journal of Applied Earth Observation and Geoinformation, 5 (2): 113-128.

Hess L L, Melack J M, Novo E M L M, et al. 2003. Dual-season mapping of wetland inundation and vegetation for the central Amazon basin. Remote Sensing of Environment, 87 (4): 404-428.

Homer C, Huang C, Yang L, et al. 2004. Development of a 2001 national land-cover database for the United States. Photogrammetric Engineering & Remote Sensing, 70 (7): 829-840.

Houzelle S, Giraudon G. 1991. Data fusion using SPOT and SAR images for bridge and urban area extraction//Geoscience and Remote Sensing Symposium, 1991. IGARSS'91. Remote Sensing: Global Monitoring for Earth Management, International IEEE, 3: 1455-1458.

Huang C, Goward S N, Masek J G, et al. 2009. Development of time series stacks of Landsat images for reconstructing forest disturbance history. International Journal of Digital Earth, 2 (3): 195-218.

IGBP. 1990. The InternationalGeosphere- Biosphere Programme: a study of global change- the initial core projects. IGBP Global Change Report No. 12, InternationalGeosphere- Biosphere Programme, Stockholm, Sweden.

Ju J, Gopal S, Kolaczyk E D. 2005. On the choice of spatial and categorical scale in remote sensing land cover classification. Remote Sensing of Environment, 96 (1): 62-77.

Jung M, Henkel K, Herold M, et al. 2006. Exploiting synergies of global land cover products for carbon cycle modeling. Remote Sensing of Environment, 101 (4): 534-553.

Justice C O, Vermote E, Townshend J R G, et al. 1998. The moderate resolution imaging spectroradiometer (MODIS): Land remote sensing for global change research. Geoscience and Remote Sensing, IEEE Transactions on, 36 (4): 1228-1249.

Kauth R J, Thomas G S. 1976. The tasselled cap--a graphic description of the spectral-temporal development of agricultural crops as seen by Landsat//LARS Symposia, 41-45.

Kelly M, Estes J E, Knight K A. 1999. Image interpretation keys for validation of global land-cover data sets. Photogrammetric Engineering and Remote Sensing, 65 (9): 1041-1050.

Kim M, Warner T A, Madden M, et al. 2011. Multi-scale GEOBIA with very high spatial resolution digital aerial imagery: scale, texture and image objects. International Journal of Remote Sensing, 32 (10): 2825-2850.

Lavalle C, Mccormick N, Kasanko m, et al. 2002. Monitoring, planning and forecasting dynamics in European Areas: The territorial approach as key to implement European policies. CORP, 2002: 367-373.

Laur H, Bally P, Meadows P, et al. 2004. ERS SAR Calibration. Derivation of the backscattering coefficient $\delta°$ in ESA ERS SAR PRI Products. ESA/ESRIN, ES-TN-RS-PM-HL09, (2).

Liu C, Shao Z, Chen M, et al. 2013. MNDISI: a multi-source composition index for impervious surface area estimation at the individual city scale. Remote Sensing Letters, 4 (8): 803-812.

Lopes A, Touzi R, Nezry E. 1990. Adaptive speckle filters and scene heterogeneity. Geoscience and Remote Sensing, IEEE Transactions on, 28 (6): 992-1000.

Lu D, Batistella M, Moran E. 2007. Land-cover classification in the Brazilian Amazon with the integration of Landsat ETM+ and Radarsat data. International Journal of Remote Sensing, 28 (24): 5447-5459.

Maeda J, Iizawa T, Ishizaka T, et al. 1998. Segmentation of natural images using anisotropic diffusion and linking of boundary edges. Pattern Recognition, 31 (12): 1993-1999.

Mariz C, Gianelle D, Bruzzone L, et al. 2009. Fusion of multi-spectral SPOT-5 images and very high resolution texture information extracted from digital orthophotos for automatic classification of complex Alpine areas. International Journal of Remote Sensing, 30 (11): 2859-2873.

Mather P, Tso B. 2009. Classification Methods for Remotely Sensed data. New York: CRC Press.

Mccallum I, Obersteiner M, Nilsson S, et al. 2006. A spatial comparison of four satellite derived 1 km global land cover datasets. International Journal of Applied Earth Observation & Geoinformation, 8 (4): 246-255.

Montandon L M, Small E E. 2008. The impact of soil reflectance on the quantification of the green vegetation fraction from NDVI. Remote Sensing of Environment, 112 (4): 1835-1845.

Mountrakis G, Im J, Ogole C. 2011. Support vector machines in remote sensing: a review. ISPRS Journal of Photogrammetry and Remote Sensing, 66 (3): 247-259.

Nammalwar P, Ghita O, Whelan P F. 2010. A generic framework for colour texture segmentation. Sensor Review, 30 (1): 69-79.

NASA. 2011-10-03. ASTER Global Digital Elevation Model (ASTER GDEM). http://reverb.echo.nasa.gov/reverb/.

Nijland W, Addink E A, De Jong S M, et al. 2009, Optimizing spatial image support for quantitative mapping of natural vegetation. Remote Sensing of Environment, 113 (4): 771-780.

Otsu N. 1979. An automatic threshold selection method based on discriminate and least squares criteria. Denshi Tsushin Gakkai Ronbunshi, 63: 349-356.

Passot X. 2000. VEGETATION image processing methods in the CTIV. Proceedings of Vegetation, 2: 3-6.

Penman J, Gytarsky M, Hiraishi T, et al., 2003. Good guidance for land use, land-use change and forestry. IPCC national greenhouse gas inventories programme. Japan.

Pilli R. 2012. Calibrating CORINE Land Cover 2000 on forest inventories and climatic data: An example for Italy. International Journal of Applied Earth Observation and Geoinformation, 19: 59-71.

Qiu J. 2009. Where the rubber meets the garden. Nature News, 457 (7227): 246-247.

Quinlan J R. 1986. Induction of decision trees. Machine learning, 1 (1): 81-106.

Quinlan J R. 1996. Learning decision tree classifiers. ACM Computing Surveys (CSUR), 28 (1): 71-72.

Ranchin T, Naert B, Albuisson M, et al. 2001. An automatic method for vine detection in airborne imagery using the wavelet transform and multiresolution analysis. Photogrammetric Engineering and Remote Sensing, 67 (1): 91-98.

Roerink G J, Menenti M, Verhoef W. 2000. Reconstructing cloudfree NDVI composites using Fourier analysis of time series. International Journal of Remote Sensing, 21 (9): 1911-1917.

Sedano F, Gong P, Ferrao M. 2005. Land cover assessment with MODIS imagery in southern African Miombo ecosystems. Remote Sensing of Environment, 98 (4): 429-441.

Sepulcre-Cantó G, Gellens-Meulenberghs F, Arboleda A, et al. 2013. Estimating crop-specific evapotranspiration using remote-sensing imagery at various spatial resolutions for improving crop growth modelling. International Journal of Remote Sensing, 34 (9-10): 3274-3288.

Sexton J O, Urban D L, Donohue M J, et al. 2013. Long-term land cover dynamics by multi-temporal classification across the Landsat-5 record. Remote Sensing of Environment, 128: 246-258.

Shanmugam P, Ahn Y H, Sanjeevi S. 2006. A comparison of the classification of wetland characteristics by linear spectral mixture modelling and traditional hard classifiers on multispectral remotely sensed imagery in southern India. Ecological Modelling, 194 (4): 379-394.

Singh A. 1985. Postlaunch corrections for Thematic Mapper 5 (TM-5) radiometry in the Thematic Mapper image processing System (TIPS). Photogrammetric Engineering and Remote Sensing, 51: 1385-1390.

Sivanpillai R, Smith C T, Srinivasan R, et al. 2006. Estimation of managed loblolly pine stand age and density with Landsat ETM+ data. Forest Ecology and Management, 223 (1): 247-254.

Small D S A. 2008. Guide to ASAR Geocoding. RSL-ASAR-GC-AD, 2008, 1.0, 20-34.

Sugumaran R, Harken J, Gerjevic J. 2004. Using remote sensing data to study wetland dynamics in Iowa. Iowa Space Grant (Seed) Final Technical Report, University of Northern Iowa, Cedar Falls. 1-17.

Sulla-Menashe D J, Olofsson P, Stehman S V, et al. 2010. Validation of Global Land Cover Products using an Independent Global Reference Validation Database//AGU Fall Meeting Abstracts. 1: 0313.

Trias-Sanz R. 2006. Texture orientation and period estimator for discriminating between forests, orchards, vineyards, and tilled fields. Geoscience and Remote Sensing, IEEE Transactions on, 44 (10): 2755-2760.

Tucker C J. 1979. Red and photographic infrared linear combinations for monitoring vegetation. Remote sensing of Environment, 8 (2): 127-150.

Turner B L, Skole D L, Sanderson S, et al. 1995. Land-use and land-cover change. Science/Research Plan. Global Change Report (Sweden).

Ugarriza L G, Saber E, Vantaram S R, et al. Automatic image segmentation by dynamic region growth and multi-resolution merging. Image Processing, IEEE Transactions on, 2009, 18 (10): 2275-2288.

US-SGCR/CENR. 1995. Our changing planet, the FY 1995 U. S. Global Change Research Program. Washington D C: USGCRIO.

Van Coillie F M B, Lievens H, Joos I, et al. 2011. Training neural networks on artificially generated data: anovel approach to SAR speckle removal. International Journal of Remote Sensing, 32 (12): 3405-3425.

Vaughan R A, Rothery D A. 1995. Volcano detection and monitoring using AVHRR data: the Krafla eruption, 1984. Remote Sensing, 16 (6): 1001-1020.

Verburg P H, Van De Steeg J, Veldkamp A, et al. 2009. From land cover change to land function dynamics: amajor challenge to improve land characterization. Journal of Environmental Management, 90 (3): 1327-1335.

Vitousek P M. 1994. Beyond global warming: ecology and global change. Ecology, 75 (7): 1861-1876.

Vogelmann J E, Howard S M, Yang L, et al. 2001. Completion of the 1990s National Land Cover Data Set for the conterminous United States from Landsat Thematic Mapper data and ancillary data sources. Photogrammetric Engineering and Remote Sensing, 67 (6): 650-662.

Walter V. 2004. Object-based classification of remote sensing data for change detection. ISPRS Journal of Photogrammetry and Remote Sensing, 58 (3): 225-238.

Wang Q, Wu C Q, Li Q, et al. 2010. Chinese HJ-1A/B satellites and data characteristics. Science China Earth Sciences, 53 (1): 51-57.

Wang X, Wang Q, Ling F, et al. 2009. Principal component analysis and its application on banana fields mapping using ENVISAT ASAR data in Zhangzhou, Fujian province. Geo-spatial Information Science, 12 (2): 142-145.

Wasige J E, Groen T A, Smaling E, et al. 2013. Monitoring basin-scale land cover changes in Kagera Basin of

Lake Victoria using ancillary data and remote sensing. International Journal of Applied Earth Observation and Geoinformation, 21: 32-42.

Wickham J D, Stehman S V, Fry J A, et al. 2010. Thematic accuracy of the NLCD 2001 land cover for the conterminous United States. Remote Sensing of Environment, 114 (6): 1286-1296.

Wu B F, Gommes R, Zhang M, et al. . 2015. Global crop monitoring: a satellite-based hierarchical approach. Remote Sens, 7: 3907-3933.

Wu F, Zhan J, Yan H, et al. 2013. Land cover mapping based on multisource spatial data mining approach for climate simulation: a case study in the farming-pastoral ecotone of North China. Advances in Meteorology, (2): 1375-1383.

Xiao X, Boles S, Liu J, et al. 2002. Characterization of forest types in Northeastern China, using multi-temporal SPOT-4 VEGETATION sensor data. Remote Sensing of Environment, 82 (2): 335-348.

Yagci A L, Di L, Deng M. 2013. The effect of land-cover change on vegetation greenness-based satellite agricultural drought indicators: a case study in the southwest climate division of Indiana, USA. International Journal of Remote Sensing, 34 (20): 6947-6968.

Yalniz I Z, Aksoy S. 2010. Unsupervised detection and localization of structural textures using projection profiles. Pattern Recognition, 43 (10): 3324-3337.

Yan G, Mas J F, Maathuis B H P, et al. 2006. Comparison of pixel-based and object-oriented image classification approaches—a case study in a coal fire area, Wuda, Inner Mongolia, China. International Journal of Remote Sensing, 27 (18): 4039-4055.

Yan G. 2003. Pixel based and object oriented image analysis for coal fire research. Enschede, Holanda for the degree of master.

Yu Q, Gong P, Clinton N, et al. 2006. Object-based detailed vegetation classification with airborne high spatial resolution remote sensing imagery. Photogrammetric Engineering & Remote Sensing, 72 (7): 799-811.

Zha Y, Gao J, Ni S. 2003. Use of normalized difference built-up index in automatically mapping urban areas from TM imagery. International Journal of Remote Sensing, 24 (3): 583-594.

Zimmerer K S, Bassett T J. 2003. Political Ecology: an Integrative Approach to Geography and Environment-Development Studies. New York & London: Guilford Press.

索　引

B
变化检测　　14

C
草地　　125

D
地面样本　　8
多尺度分割　　65

F
分类系统　　2

G
耕地　　143
灌丛　　158
光学数据　　9

J
建设用地　　17
精度验证　　47
决策树分类　　87

K
空间变化　　5
空间格局　　262

L
雷达数据　　73
林地　　2

M
面向对象　　74

R
人工表面　　25

S
湿地　　6
随机抽样　　164

T
土地覆被　　1
土地覆盖　　1
土地利用　　2
土地资源　　5

Y
遥感监测　　7
遥感数据　　6

Z
植被覆盖度　　24
质量控制　　149
制图综合　　378
中国分省土地覆被　　260
自动分类　　10